Traumurlaub

Die schönsten Reiseziele und besten Tipps für
100 Länder

Weltbild

Inhalt

- Wie man dieses Buch benutzt 4
- Jeder hat seine Vorlieben 6
- Jedem seine Reise 10
- Jedem seine Traumreise 14
  - Faszination Wüste 14
  - Unvergessliche Kreuzfahrten 16
  - Reisen mit Kindern 17
  - Wale und Delfine 18
  - Kulturreisen 20
  - Abenteuerreisen 21
  - Fair reisen 22
  - All-inclusive-Reisen 24
  - Im Trend: Spa 25
  - Unvergessliche Nächte 26
- Jedem sein Reiseziel 28
- Jedem sein Klima 40
- Tropische Reiseziele 44
- Weltkarte 46
- Reiseziele von A bis Z 48
- Die Länder von A bis Z 49

Wie man dieses

Der erste Teil steht unter dem Motto:
Das Reiseziel auswählen

■ **Jeder hat seine Vorlieben**
Wer **begeistert sich für was?**
Meer, Berge, Wüste, antikes
Erbe, Museen …?

■ **Jedem seine Reise**
Wie und wie lange will man verreisen? Als Paar, mit Kindern, mit Senioren …? Für ein langes Wochenende, eine Woche oder länger?

■ **Jedem seine Traumreise**
Welchem **Trend** will man sich anschließen? Walbeobachtungen, Übernachtungen in der Wüste, Kultururlaub …?

■ **Jedem sein Reiseziel**
Was in den **einzelnen Ländern zu beachten ist,** verdeutlicht eine Tabelle mit Angaben zu Reisekosten und -dauer, zu Gesundheitshinweisen und erforderlichen Reisedokumenten.

■ **Jedem sein Klima**
Mit welchem **Wetter** zu rechnen ist, zeigt eine Tabelle mit den Maximal- und Minimaltemperaturen für jeden Monat weltweit.

■ **Tropische Reiseziele**
Eine Tabelle informiert über **klimatische Besonderheiten** und damit günstige und ungünstige Reisezeiten.

Buch benutzt

Die Länder von A bis Z
von Ägypten bis Zypern

DIE KARTE
- ⊛ Hauptstadt
- ◉ Stadt
- ∴ Kulturdenkmal, archäologische Stätte
- ⇜ Panorama, eindrucksvolle Landschaft, Wandergebiet
- ✈ Strand, bemerkenswerte Küste, Meeresgrund, Tauchgebiet
- 🐾 Außergewöhnliche Tierwelt, Tierpark
- ★ Landestypische Kunst und Traditionen

REISEHIGHLIGHTS:
- Touristische Attraktionen des Landes: Landschaften, Tier- und Pflanzenwelt, Kulturdenkmäler, Städte …
- Sportliche Aktivitäten: Wandertouren, Tauchen, Angeln, Skifahren …

TRAUMHAFTE FOTOS …
… stimmen auf das Reiseziel ein.

REISEINFORMATIONEN:
Praktische Infos zu Formalitäten, Gesundheit, Flugdauer und Zeitverschiebung, durchschnittlichen Reisekosten, Sprache, Währung, Bevölkerung, Religionen, Festen und Feiertagen, Einkäufen.

BESTE REISEZEIT:
Der Kalender mit den Piktogrammen zeigt die optimalen Termine bezüglich des Klimas, zum Fotografieren, zum Tauchen, für Kulturreisen …

HINWEISE
Informieren über die Plus- und Minuspunkte der Länder, über Sicherheit, über Trends, Empfehlungen …

Das Reiseziel auswählen

Jeder hat seine Vorlieben
Archäologiefan oder Wanderer, Liebhaber von Stränden oder Wüstennächten – die Typologie der Reisenden ist ein weites Feld. Diese Übersicht listet Reiseziele nach den wichtigsten touristischen Kriterien auf.

JEDER HAT SEINE VORLIEBEN	LANDSCHAFT	MEER	SCHNEE	WÜSTE	FAUNA (LAND)	FAUNA (MEER)	HISTORISCHE BAUTEN	STÄDTE	MUSEEN UND DENKMÄLER	FESTE UND BRÄUCHE
Ägypten		•••		•••			•••	••	••	
Alaska	•••		•		•					
Algerien				•••			•		•	
Antarktis	•••				•••					
Argentinien	••				••		•			
Armenien	•						•			
Äthiopien	••				•		••		•	
Australien	••	•••		•	••	•				
Azoren	•	•				•				
Balearen	•	•••							•	
Baltische Staaten	••							••		
Belgien	•						•	••		
Bolivien	•••						•			
Borneo	•	••			•	•				
Botswana	••				•••					
Brasilien	•	•••			•		•	••		•••
Bulgarien	••	•	••				••	•		
Chile	•••	•			•••	•••	••			
China	•••			•			•••	•		
Costa Rica	•••	••								
Dänemark								•		
Deutschland	•			•			•		•	•
Dominikan. Republik		•••					•			
Ecuador	•••				•••	•	•			
England	•	•					•	•		
Finnland	••			•••						••

••• sehr interessant   •• interessant   • weniger interessant

Das Reiseziel auswählen

JEDER HAT SEINE VORLIEBEN

	LANDSCHAFT	MEER	SCHNEE	WÜSTE	FAUNA (LAND)	FAUNA (MEER)	HISTORISCHE BAUTEN	STÄDTE	MUSEEN UND DENKMÄLER	FESTE UND BRÄUCHE
Frankreich	●●●	●●●	●●				●●●	●●●	●●●	●
Französisch-Guayana	●●				●●		●			
Griechenland	●●	●●●					●●●	●●	●●●	
Großbritannien	●●				●		●	●●●	●●●	
Guadeloupe	●●	●●●								
Guatemala	●●							●●		●●
Hongkong								●●●		●
Indien	●●●	●●		●	●●		●●●	●●	●	●●●
Indonesien	●●●	●●●				●●	●●●	●		●●
Irland	●●						●		●	●
Island	●●●				●	●				
Israel	●	●					●●●		●	
Italien	●●	●●●	●●				●●●	●●●	●●●	●●
Japan	●●						●●	●●		●
Jemen	●●						●●●	●●		●●
Jordanien	●	●		●●●			●●●		●	
Kambodscha							●●●	●		
Kanada	●●●		●●●		●●●			●		
Kanaren	●	●●								
Kap Verde	●●	●●								●●
Kenia	●●	●●●			●●●					
Komoren		●				●				
Kroatien	●	●●●					●●	●	●	
Kuba	●	●●●					●●	●		●●●
Laos	●●						●●			
Libanon	●●	●					●●			
Libyen	●●			●●●			●●			
Liparische Inseln	●	●								
Madagaskar	●●●	●●			●●●					
Madeira	●●	●●							●	
Malaysia	●●●	●●●			●	●				

Das Reiseziel auswählen

JEDER HAT SEINE VORLIEBEN

	LANDSCHAFT	MEER	SCHNEE	WÜSTE	FAUNA (LAND)	FAUNA (MEER)	HISTORISCHE BAUTEN	STÄDTE	MUSEEN UND DENKMÄLER	FESTE UND BRÄUCHE
Malediven		•••								
Mali	••			••						•••
Malta		••					•	•		•
Marokko	••	••		••			••	•••	•	•
Martinique	•	•••								
Mauretanien	••	•		•••	•					
Mauritius	•	•••				••				•
Mexiko	•••	••					•••	••	•	
Mongolei	••			••						••
Montenegro	••	••								
Myanmar	•••						•••			
Namibia	•••			•••	•••	••				
Nepal	•••				••		••	••		
Neukaledonien	••	•••								•
Neuseeland	••	••			•	•				••
Niederlande	••							•••	•••	
Niger	•			•••	••					••
Norwegen	•••		•••					•		
Oman	••	•		••			•			
Österreich	•		•••				•		••	•
Peru	•••						•••	••		•
Philippinen	••	••						•		
Polen	•				•			••	•	
Polynesien		•••					•		•	
Portugal	••	••				•	••	••		•
Réunion	••	••								
Rumänien	•	•			•		•			
Russland	••						••	••	••	
Sansibar		•••					••			

••• sehr interessant   •• interessant   • weniger interessant

Das Reiseziel auswählen

	LANDSCHAFT	MEER	SCHNEE	WÜSTE	FAUNA (LAND)	FAUNA (MEER)	HISTORISCHE BAUTEN	STÄDTE	MUSEEN UND DENKMÄLER	FESTE UND BRÄUCHE
				JEDER HAT SEINE VORLIEBEN						
Sardinien		●●					●		●	
Schottland	●						●	●		●
Schweden	●●		●●●					●		
Schweiz	●●●		●●●							
Senegal	●●	●●●			●●			●	●	
Seychellen		●●●			●	●●				
Simbabwe	●●				●●		●			
Singapur								●●●		●
Sizilien	●	●●					●●	●●	●	●
Slowakei	●						●	●		
Slowenien	●●	●	●				●			
Spanien	●	●●●					●●●	●●●	●●●	●●
Sri Lanka		●●●			●		●●●			●●
Südafrika	●●	●●			●●●	●		●		
Südkorea	●	●					●	●		
Syrien		●					●●●			
Tansania	●●●	●●			●●●		●			
Thailand	●	●●●					●●●	●●		●
Tibet	●●						●●			●
Tschechien	●●●						●●	●●●	●	
Tunesien	●●	●●●		●●●			●●	●		
Türkei	●●	●●					●	●●●	●●	
Ungarn	●						●	●		
USA	●●●	●●	●	●●●	●			●●●	●●	
Usbekistan	●●						●●●	●●	●●	
Venezuela	●●●	●●●				●	●			
Ver. Arab. Emirate		●						●		
Vietnam	●●	●						●●●		
Wales	●									●
Zypern	●	●●●					●		●	

Das Reiseziel auswählen

Jedem seine Reise
Ob mit 20 Jahren oder mit 60, mit Kindern oder als Paar, in zwei Wochen oder in zwei Tagen – man reist immer anders! Folgende Übersicht listet die Reiseziele nach diesen Kriterien auf.

JEDEM SEINE REISE

	ZU ZWEIT REISEN	MIT KINDERN REISEN	MIT SENIOREN REISEN	EIN LANGES WOCHENENDE	EINE WOCHE	ZWEI WOCHEN UND LÄNGER	DEN KOMFORT GENIESSEN	ABENTEUER ERLEBEN	BEGEGNUNG MIT ETHNIEN	SPORTLICHER URLAUB
Ägypten		●	●		●				●	
Alaska						●		●		
Algerien					●	●		●		
Antarktis						●				
Argentinien						●				
Armenien					●					
Äthiopien					●	●			●	
Australien						●	●	●	●	●
Azoren					●			●		●
Balearen		●	●		●		●			●
Baltische Staaten	●		●	●						
Belgien	●		●	●			●			
Bolivien						●			●	
Borneo						●		●	●	
Botswana						●		●		
Brasilien						●				●
Bulgarien					●					
Chile						●		●		
China						●			●	
Costa Rica		●				●		●		
Dänemark	●	●		●						
Deutschland	●			●			●			
Dominikan. Republik		●			●	●	●			●
Ecuador						●			●	
England	●	●	●	●						
Finnland		●	●	●	●			●		●

Das Reiseziel auswählen

JEDEM SEINE REISE

	ZU ZWEIT REISEN	MIT KINDERN REISEN	MIT SENIOREN REISEN	EIN LANGES WOCHENENDE	EINE WOCHE	ZWEI WOCHEN UND LÄNGER	DEN KOMFORT GENIESSEN	ABENTEUER ERLEBEN	BEGEGNUNG MIT ETHNIEN	SPORTLICHER URLAUB
Frankreich	●	●	●	●	●	●	●			●
Französisch-Guayana						●		●		
Griechenland	●	●	●		●		●		●	
Großbritannien		●	●	●	●		●			
Guadeloupe		●	●		●					●
Guatemala						●			●	
Hongkong					●		●			
Indien						●			●	
Indonesien	●					●			●	
Irland	●	●	●	●	●					●
Island		●			●			●		
Israel					●				●	
Italien	●	●	●	●	●		●			●
Japan						●	●		●	
Jemen					●				●	
Jordanien	●				●				●	
Kambodscha						●	●		●	
Kanada		●				●	●			●
Kanaren	●	●	●			●	●			●
Kap Verde					●				●	●
Kenia	●	●				●		●		
Komoren					●				●	
Kroatien	●	●	●	●	●					
Kuba					●					
Laos						●			●	
Libanon	●				●				●	
Libyen					●				●	
Liparische Inseln	●				●					●
Madagaskar						●		●		●
Madeira	●	●	●	●			●			●
Malaysia	●					●				

Das Reiseziel auswählen

JEDEM SEINE REISE

	ZU ZWEIT REISEN	MIT KINDERN REISEN	MIT SENIOREN REISEN	EIN LANGES WOCHENENDE	EINE WOCHE	ZWEI WOCHEN UND LÄNGER	DEN KOMFORT GENIESSEN	ABENTEUER ERLEBEN	BEGEGNUNG MIT ETHNIEN	SPORTLICHER URLAUB
Malediven	●					●	●			●
Mali					●			●	●	
Malta	●	●	●	●						●
Marokko	●	●	●	●	●			●	●	
Martinique	●	●	●		●					●
Mauretanien					●			●		
Mauritius	●	●				●	●			●
Mexiko	●		●			●			●	
Mongolei						●		●	●	
Montenegro		●		●						
Myanmar						●			●	
Namibia	●					●		●		
Nepal						●			●	
Neukaledonien						●				●
Neuseeland	●					●		●		
Niederlande	●	●	●	●			●			
Niger					●			●	●	
Norwegen		●	●		●		●			
Oman					●				●	
Österreich	●		●	●	●		●			
Peru	●					●			●	
Philippinen						●		●	●	
Polen	●		●	●	●					
Polynesien	●					●				●
Portugal	●	●	●	●	●					●
Réunion	●				●					●
Rumänien			●	●	●					
Russland			●		●					
Sansibar					●					

	ZU ZWEIT REISEN	MIT KINDERN REISEN	MIT SENIOREN REISEN	EIN LANGES WOCHENENDE	EINE WOCHE	ZWEI WOCHEN UND LÄNGER	DEN KOMFORT GENIESSEN	ABENTEUER ERLEBEN	BEGEGNUNG MIT ETHNIEN	SPORTLICHER URLAUB
Sardinien	●	●	●		●		●			
Schottland	●		●	●						
Schweden	●		●	●	●		●			●
Schweiz		●	●	●	●		●			●
Senegal					●			●	●	
Seychellen	●					●	●			●
Simbabwe	●					●		●	●	
Singapur						●	●			
Sizilien	●	●	●		●		●			
Slowakei			●		●					
Slowenien			●		●					
Spanien	●	●	●	●	●		●			●
Sri Lanka	●					●			●	
Südafrika						●			●	
Südkorea						●			●	
Syrien					●					
Tansania		●				●				
Thailand	●		●			●	●			
Tibet	●					●		●	●	
Tschechien	●	●	●	●						
Tunesien		●	●	●	●		●			●
Türkei	●	●	●	●	●				●	
Ungarn	●		●	●	●					
USA	●	●	●			●	●			●
Usbekistan					●				●	
Venezuela	●					●		●		
Ver. Arab. Emirate				●	●		●			
Vietnam	●					●			●	
Wales	●		●	●	●					
Zypern	●	●			●					

Das Reiseziel auswählen

Jedem seine Traumreise
Faszination Wüste

Stille und Weite: Die Wüste beeindruckt ihre Besucher nach wie vor.

Der Charakter von Wüstenreisen hat sich gewandelt: Waren sie im vergangenen Jahrhundert noch lebensgefährliche Exkursionen in unerforschte, einsame Weiten, sind Ausflüge in die Wüste heute etwas unspektakulärer, aber nicht minder mitreißend. Man könnte tausende Gründe für die Faszination anführen, die die Wüste auf die Menschen ausübt: die Suche nach dem verlorenen Paradies, ein Mittel zur Stressbewältigung, Selbstverwirklichung … Beinahe jeder Reisende hat seine eigene Motivation für einen Wüstenbesuch.

Die Wüste hält in der Tat kostbare Erfahrungen bereit: Am unvergleichlich klaren Abendhimmel funkeln und glitzern die Sterne, und wenn nach der äußerst kalten Nacht das wärmende Licht des anbrechenden Tages durchkommt, breitet sich eine tiefe, magische Stille aus.

Es bleibt zu hoffen, dass sich die wachsende Popularität nicht negativ auf die berühmten Fähigkeiten und die Professionalität der Reiseführer und Kameltreiber auswirkt. Und dass den Wüstenbesuchern auch in Zukunft die gleichen hervorragenden Sicherheitsbedingungen geboten werden.

Um dabei das ökologische Gleichgewicht nicht zu stören, ist für die Wüstenregionen eine strikte Umwelt- und Tourismuspolitik nötig. ■

Das Reiseziel auswählen

WÜSTENZIELE

	Ziele	Bemerkungen	Zeitpunkt	Preise
Ägypten	Libysche Wüste (Weiße Wüste und Oasen von Siwa), Wüste Sinai	Der Sinai ist bekannt, doch die bizarre Weiße Wüste auf der anderen Nilseite gilt noch als Geheimtipp.	Mitte Okt. bis Ende April	Circa 1200 Euro für elf Tage
Algerien	Assekrem, Tassili N'Ajjer, Atakor, Tassili-Plateau im Hoggar, Tassili Immidir, Tadrart, Tefedest-Gebirge	Algerien ist zurück: Dieser Trend hat im Jahr 2000 eingesetzt und sich verstärkt. Die Preise sind günstig und der Hoggar bietet ein außergewöhnliches Erlebnis.	Mitte Okt. bis Mitte April	800 Euro pro Woche außerhalb der Saison, 1500 Euro für 15 Tage
Chile	Atacama-Wüste	Absolute Trockenheit, einzigartige Farben, komplettiert mit dem bolivianischen Salar von Lipietz – das lässt die hohen Kosten für einen Urlaub mit Reiseleitung fast vergessen.	Okt. bis März	Eine kombinierte Chile-Bolivien-Reise (20 Tage) kostet circa 3000 Euro
Israel	Wüste von Judäa, Negev	Die Wüsten sind unbekannter, lassen sich aber gut mit mit Jerusalem und Eilat zu einer einwöchigen Reise kombinieren. Die Reisekosten sind relativ hoch.	Ende Okt. bis Ende April	Mindestens 1300 Euro für acht Tage
Jemen	Ausläufer der Rub al-Khali, Wadi Hadramaut	Ein wundervolles Land mit magischen Namen. Bedauerlicherweise unruhige bis gefährliche politische Lage. Ein eher teurer Urlaub.	Okt. bis April	Circa 1400 Euro für 12 Tage
Jordanien	Wadi Rum	Die Welt des Lawrence von Arabien, eine der farbenprächtigsten Wüsten. Eine recht kahle Landschaft, die Reise ist teurer.	Okt. bis Mitte Mai	1300 Euro für neun Tage außerhalb der Saison
Libyen	Fessan (Tassili Akakus und Tassili Maghidet)	Der erhabene Fessan bietet Tassilis, Ergs (Sandmeere in der Sahara) und goldenes Licht. Die Preise sind adäquat, ähnlich wie im benachbarten Algerien.	Ende Okt. bis Ende März	80 Euro pro Woche außerhalb der Saison
Marokko	Ergs des Großen Südens	Die Vorsahara überzeugt mit günstigen Preisen.	Anfang Okt. bis Ende April	Unter 800 Euro pro Woche
Mauretanien	Adrar im Norden, Tagant im Süden	Eine Meharée zwischen Chinguetti und Ouadane ist inzwischen ein großer Klassiker. Man ist zunehmend weniger allein, doch grandiose Panoramen und Oasen entschädigen.	Ende Okt. bis Ende April	800 Euro pro Woche außerhalb der Saison
Mongolei	Wüste Gobi	Eine Meharée in einer Wüste voller Steine und Legende mit echten Trampeltieren – und für relativ viel Geld.	Juni bis Aug.	Man bezahlt mindestens 2500 Euro für zwei Wochen.
Niger	Aïr-Gebirge, Blaue Berge, Arakao, Osten des Ténéré	Für viele ist die „Krabbenschere" von Arakao am Rand des Aïr ein Wunder. Tröstlich für den, der den sagenhaften Ténéré nur streift...	Anfang Nov. bis Ende März	Um die 1000 Euro pro Woche
Oman	Wahiba-Wüste	Eine der letzten Wüsten, die sich dem Tourismus öffnet. Es sind zahlreiche Wadis und Djebels zu sehen. Der einzige Minuspunkt sind die sehr hohen Kosten.	Mitte Okt. bis Mitte April	Zwischen 1200 und 1300 Euro pro Woche
Tunesien	Östlicher Großer Erg	Sowohl die Vorsahara als auch die Preise erinnern an Marokko.	Anfang Okt. bis Ende April	Unter 800 Euro pro Woche

Anmerkung: Finanziell gesehen sind die Zeiten außerhalb der Saison im Dezember und Januar, also vor und nach den Feiertagen, am günstigsten. Bei Reiseantritt am 7. Januar sind im Vergleich zur Reise, die am 31. Dezember angetreten wird, Einsparungen von bis zu 200 Euro möglich.

Das Reiseziel auswählen

Jedem seine Traumreise
Unvergessliche Kreuzfahrten

Die modernen Kreuzfahrtschiffe erscheinen gigantisch.

Nach dem Vorbild der USA werden auch in Europa zunehmend Kreuzfahrten auf Schiffen für bis zu 3000 Passagiere angeboten. Die Giganten werden als „schwimmende Hotels", „Fun Ships" oder „Megaships" bezeichnet, sind über 300 Meter lang und 70 Meter hoch und bieten auf etwa zehn Decks Platz für 1500 Kabinen – von edlen Außenkabinen mit Balkon bis zu preisgünstigeren Innenkabinen. Luxusliner haben ausschließlich Außenkabinen. Die Kreuzfahrten von heute richten sich nicht nur an Urlauber, die mit einem guten Buch in der Hand im Liegestuhl ein Sonnenbad nehmen möchten. Neben dem Müßiggang vor türkisblauem Horizont verführen zahlreiche Einrichtungen zu Aktivitäten: Schwimmbecken, Whirlpools, Kletterwände, Eislaufbahnen, Tennisplätze, speziell angelegte Strecken für Jogger, Fitnessstudios, Basketballplätze, Minigolfanlagen …

Auch die Kultur kommt nicht zu kurz: Es finden Theateraufführungen mit zum Teil berühmter Besetzung statt sowie Tanzveranstaltungen. Für das leibliche Wohl sorgen drei bis vier Restaurants an Bord mit erstklassigen Chefköchen. Zerstreuung findet der Kreuzfahrer in Wein- und Champagnerbars, bei Videospielen und in Internetcafés. Und natürlich existieren auf jedem Luxusliner auch ausgesuchte Wellnessangebote. ■

■ Routen
Hauptsächlich im Mittelmeer. Abfahrten von Nizza oder Italien gehen in Richtung Kroatien, Griechenland, Zypern, Ägypten. Auf die Antillen erfolgt die Abfahrt in Miami, vorbei an Jamaika, den Kaimaninseln und Mexiko nach Puerto Rico oder Saint-Martin.

■ Reisezeit
Für Mittelmeerkreuzfahrten das ganze Jahr über, meist aber zwischen April und Oktober; für Fahrten auf die Antillen während der Trockenzeit, also von Januar bis Juni.

■ Preise
Eine einwöchige Mittelmeerkreuzfahrt auf einem moderneren Dampfer gibt es ab 800 Euro. Eine achttägige Kreuzfahrt auf die Antillen auf einem amerikanischen Riesenkreuzer kostet 1500 bis 2000 Euro (pro Person in einer Doppelkabine, inklusive Vollpension und Hin- und Rückflug). Frühbucher bekommen Preisnachlässe von bis zu 20% für die zweite Person und teilweise ist ein Kind oder Jugendlicher unter 18 Jahren in der Kabine der Eltern (oder zweier Erwachsener) frei.

■ Schiffstypen
Von großen Seglern und Jachten über kleine Passagierschiffe, legendäre Kreuzer wie die Queen Mary 2 bis zu lokalen Schiffen wie den Postschiffen in Norwegen, den Feluken in Ägypten oder das Flusskreuzfahrtschiff Bou-el-Mogdad, das auf dem Senegal verkehrt.

■ Trends
Von Mai bis September: östliches und westliches Mittelmeer (Balearen, Spanien, Nordafrika), Indischer Ozean (von Kenia nach Réunion), die Fjorde Norwegens, die Ostsee.
Von Oktober bis April: Südamerika (von Brasilien bis Feuerland), Antarktis, Mittelmeer.

Jedem seine Traumreise

Reisen mit Kindern

Fernreisen mit Kindern waren lange Zeit eher die Ausnahme als die Regel: Viele Eltern scheuten sie aufgrund der Strapazen für ihre Kinder und wegen der unzureichenden medizinischen Versorgung in einigen Gebieten. In den letzten Jahren jedoch haben sich die Reiseveranstalter umgestellt, nicht zuletzt auch dank der Familienangebote in einigen Clubhotels rund um das Mittelmeer. Inzwischen werden spezielle Broschüren für den Urlaub mit Kindern herausgegeben, in denen Hochglanzfotos zeigen, wie die Kleinen die Sahara-Dünen hinuntersausen oder in Tierparks auf Entdeckungsreise gehen.

Auch was die medizinische Versorgung und Betreuung betrifft, haben sich die Zustände verbessert. Die meisten Reiseveranstalter arbeiten mit seriösen, zuverlässigen Gesellschaften zusammen, die in Notfällen einen schnellen Rücktransport in die Heimat gewährleisten können.

Kinder haben zudem andere Interessen, Bedürfnisse und Ansprüche als Erwachsene, auf die man sich auch im Urlaub einstellen muss. Es kann schnell Langeweile aufkommen, und um dies zu verhindern, bieten immer mehr Reiseveranstalter zu bestimmten Tageszeiten eine Kinderbetreuung oder spezielle Kinderanimationsprogramme an.

Die Preise für einen Familienurlaub sind inzwischen angemessen. Sie sind zwar genauso unbeständig wie die Kosten für Reisen ohne Kinder, und nach wie vor ist ein Urlaub mit der ganzen Familie ein kostspieliges Unterfangen, doch auch hier bieten die Reiseveranstalter Lösungen an. Schläft etwa ein Kind unter 12 Jahren im Zimmer zweier Erwachsener, bezahlt es oft nur 50 %, und bei größeren Familien ist die Unterbringung des jüngsten Kindes manchmal sogar kostenlos.

Angebote für Familien sind ein Wachstumsmarkt mit Zukunft. ∎

REISEZIELE MIT KINDERN

	REISEHIGHLIGHTS	BESTE REISEZEIT	REISEKOSTEN*
Ägypten	Geschichte, Nil-Kreuzfahrten, Baden im Roten Meer	März bis Juni und Sept. bis Dez.	750 € für eine Woche
Australien	Tiere (Känguruhs, Koalabären), Meer	Frühling bis Herbst	2500 € für 15 Tage
Costa Rica	Wälder, Tiere	Dez. bis April	1700 € für 15 Tage
Kanada	Tiere (Karibus, Bären, Delfine)	Juni bis Aug.	1300 € für 16 Tage
Kenia	Schutzgebiete, Begegnungen mit den Massai	Juni bis Okt.	1600 € für zehn Tage
Marokko	Wüstentrips, Dromedare	Okt. bis März	900 € für eine Woche
Senegal	Vögel, Siedlungen	Okt. bis Juni	1500 € für zehn Tage
Südafrika	Schutzgebiete	Von Mai bis Okt.	1500 € für zwölf Tage
Thailand	Elefanten, Natur	Nov. bis Feb.	1200 € für zwölf Tage
USA	Nationalparks im Westen	Juli bis Sept.	1500 € für 15 Tage

* Die angegebenen Preise sind lediglich Richtwerte.

Das Reiseziel auswählen

Jedem seine Traumreise
Wale und Delfine

Delfinbeobachtungen erfreuen sich weltweit immer größerer Beliebtheit.

Wale und Delfine sind die Stars der Meere und Ozeane der Welt. Mittlerweile existieren zahlreiche Angebote rund um Walbeobachtungen & Co. Der International Fund for Animal Welfare (IFAW) betrachtet die Freizeitaktivität als „die Walfang-Alternative des 21. Jahrhunderts".
Die Begeisterung der Menschen für die imposantesten Tiere der Welt, die bis zu 30 Meter lang und mehr als 150 Tonnen schwer werden können, bringt aber auch Probleme mit sich, denn sie bedroht das natürliche Gleichgewicht und stört den Lebensrhythmus der Meeressäuger. Die ausgesprochen friedlichen Bartenwale sind besonders beliebt und beinahe jedes Land am Meer wirbt mit den Terminen, zu denen diese Giganten an ihren Küsten vorbeiziehen. Bei Walbeobachtungstouren fährt man beispielsweise mit Schwimmwesten ausgestattet in Schlauchbooten aufs Meer hinaus. Bei ruhiger See sind die Wale praktisch immer zu den angekündigten Zeiten zu sehen. Sämtliche Reiseveranstalter bieten solche organisierten Ausflüge an, doch auch Individualreisende finden zahlreiche lokale Anbieter.
Spätestens seit dem Film „The Deep Blue" sind auch Delfine immer mehr in den Mittelpunkt des touristischen Interesses gerückt. Man kann die intelligenten Tiere in allen Meeren der Welt bewundern und sich manchmal sogar beim Tauchen von ihnen begleiten lassen.

ORTE UND ZEITEN FÜR WAL- UND DELFINBEOBACHTUNGEN

	ORTE	ARTEN	ZEITEN
Antarktis	Küste	Buckelwale	Jan. bis März
Antillen	Hauptsächlich Scotts Head auf Dominica	Wale, Spinnerdelfine	Vor allem Mai bis Nov.
Argentinien	Halbinsel Valdés	Glattwale	Mai bis Nov.
Azoren	Faial und Pico (Lajes do Pico)	Blauwale, Pottwale, Delfine	April bis Sept.
Dänemark	Färöer Inseln	Weißschnauzendelfine, Grindwale, Pottwale Schweinswale	Sommer
Dominikanische Republik	Samaná Bay	Buckelwale mit Kälbern	Jan. bis April
Frankreich	Vor der Atlantik- und der Mittelmeerküste	Delfine, Schweinswale	ganzjährig
Griechenland	Mittelmeer	Große Tümmler	Juni bis Sept.
Großbritannien	Vor Cornwall Vor der schottischen Nordküste, vor der walisischen Westküste	Große Tümmler, Schweinswale Mehrere Delfinarten, darunter Große Tümmler	Sommer Sommer
Irland	Vor der Westküste	Grindwale, Delfine, Schweinswale	Spätsommer und früher Herbst
Island	Grindavik und Sandgerdi, vor Keflavík (im Südwesten der Insel)	Vor allem Weißschnauzendelfine und kleine Finnwale, (manchmal) Buckelwale, (selten) Bryde- und Blauwale	April bis Okt.
Italien	Vor der Küste Liguriens und Sardiniens	Mehrere Delfinarten	Sommer
Kanada	Sankt-Lorenz-Golf, Tadoussac Hudson Bay und Nunavut Vancouver Island	Finnwale, Blauwale Weißwale (Belugas) Grauwale	April bis Dez. Juli bis Aug. Frühling
Kroatien	Vor der dalmatischen Küste	Große Tümmler	Juni bis Sept.
Mexiko	Baja California (Ensenada, Cabo San Lucas, Laguna Ojo de Libre und San Ignacio)	Buckelwale, Grauwale	Jan. bis April
Neuseeland	Kaikura (Ostküste der Südinsel)	Wale, Pottwale, Delfine	ganzjährig
Polynesien	Austral-Inseln	Buckelwale	Juli bis Okt.
Spanien	Atlantik- und Südküste, vor Algeciras Vor den Kanaren	Mehrere Delfinarten Delfine, Finnwale	Juni bis Sept. Sommer
USA	Alaska (Skagway, Sitka) Hawaii (Lahaina)	Grauwale Grauwale	Sommer Dez. bis einschließlich April

Das Reiseziel auswählen

Jedem seine Traumreise
Kulturreisen

Der Trend geht zum Bildungsurlaub. Die Besucher möchten Land und Leute kennenlernen und die Kultur und Geschichte des bereisten Landes entdecken. Kulturwochenenden oder längere Reisen mit entsprechenden Angeboten sind heute in weiten Kreisen populär.

Aus den Komplettangeboten ergeben sich für den Reisenden sowohl Vor- als auch Nachteile. Die Hotels und die Flüge bei solchen Angeboten etwa sind meist mittelmäßig. Dafür aber kümmert sich der Reiseveranstalter um alles Organisatorische, etwa um die Ticketreservierung für Ausstellungen oder Konzerte. So muss der Besucher für Karten nicht anstehen und erhält zudem noch einen Anfahrtsplan.

Auch thematische Reisen und Kreuzfahrten dieser Art sind in Mode. Sie werden von spezialisierten und eher exquisiten Reiseveranstaltern für ein ausgewähltes Publikum sorgfältig zusammengestellt und erfüllen einen gewissen intellektuellen Anspruch.

Trotz der breiten Konkurrenz erfreuen sich diese Reiseveranstalter nach wie vor großer Beliebtheit. Vermutlich, weil ein Kulturlaub gemeinhin als sehr anspruchsvoll gilt und somit die relativ hohen Preise in Kauf genommen werden.

Die Veranstalter von Themenreisen bieten ihren Kunden sehr viel für ihr Geld. So engagieren sie beispielsweise häufig renommierte Vortragsredner und die Reisenden logieren in Hotels der Luxuskategorie.

Eine organisierte Kulturreise ist insgesamt teurer als eine Reise, die der Besucher selbst plante. Aber dafür bekommt der Reisende eine gewisse Garantie dafür, dass ihm nichts Bedeutendes entgeht. ∎

Wien gehört zu den großen Kulturzentren Europas.

■ Ziele

Die beliebtesten europäischen Ziele für Kulturreisen sind die großen Hauptstädte wie London, Wien, Paris oder Madrid. Ganz besonders dann, wenn dort Ausstellungen großer Künstler stattfinden. Spezialisierte Reiseveranstalter bieten außerdem Themenreisen in Länder an, die für ihre kulturellen Traditionen bekannt sind, etwa nach Ägypten. Daneben stehen weitere lohnende Ziele im Programm, die der Tourismus gerade erst für sich entdeckt, beispielsweise Armenien.

■ Reisezeit

Zu jeder Jahreszeit, besonders aber im Frühling. Am beliebtesten sind die (langen) Wochenenden zwischen Ostern und Mai/Juni.

■ Preise

Für ein Kulturwochenende (drei Tage/zwei Nächte) in Westeuropa bezahlt man mindestens 400 Euro pro Person, inklusive Hin- und Rückreise (Flugzeug oder Bahn), Transfers, Übernachtung im Doppelzimmer und Eintritt. Eine zweiwöchige Themenreise mit einem spezialisierten Reiseveranstalter in fernere Länder wie Brasilien oder China kostet mindestens 3000 Euro (alles inklusive).

Das Reiseziel auswählen

Jedem seine Traumreise
Abenteuerreisen

Wahre Abenteuer gibt es nicht mehr – jedenfalls nicht mehr solche, wie sie beispielsweise der Schriftsteller und Weltenbummler Joseph Conrad einst erlebte. Nichtsdestotrotz warten auf den Reisenden unter dem Begriff „Abenteuertourismus" Erlebnisse, die wohl unvergesslich sein werden, wie zum Beispiel lange Fußmärsche in Regionen, in die sich nur wenige Fremde wagen. Darin besteht schließlich das Abenteuer! Eine konventionelle Vietnam-Reise beispielsweise, die an der Mandarinstraße an der Küste entlang, durch Städte und zu den bekanntesten Sehenswürdigkeiten führt, ist manch einem vielleicht zu langweilig. Alternativ kann man das Land etwa mit einem auf Trekkingtouren spezialisierten Reiseveranstalter erkunden und durch die im äußersten Norden gelegene Gebirgsregion Tonkin zu den ethnischen Minderheiten der Hmong, Nung und Dao wandern.

Bei einer solchen Reise marschiert der Besucher täglich fünf bis sechs Stunden durch unwegsames, zum Teil sumpfiges Gelände und begnügt sich mit einfachen Mahlzeiten und spartanischen Unterkünften. Lebt die einheimische Bevölkerung noch nach alter Tradition und man kann an ihrem Alltagsleben teilhaben, ist dies ein überwältigendes Erlebnis. Zudem sind die meisten dieser Reiseanbieter ausgesprochen seriös, achten darauf, dass die Reisegruppen nicht zu groß werden, und verlassen sich darauf, dass ihre Teilnehmer den Einheimischen mit Respekt begegnen.

Man bezeichnet diese Art des Reisens heute in der Tourismusbranche als „Abenteuertourismus", aber neben solchen „kontrollierten Abenteuern" hat nach wie vor natürlich jeder die Möglichkeit, einen Flug zu buchen, allein zu reisen und sich mit öffentlichen Verkehrsmitteln im Land fortzubewegen. Wenn man sich vor der Abreise bei den offiziellen Stellen über die Lage vor Ort erkundigt und sich sorgfältig vorbereitet, sind die Risiken einer solchen Individualreise gut kalkulierbar. Wer unterwegs in finanzielle Schwierigkeiten gerät, erhält weltweit in den meisten Poststellen Hilfe: Hier hilft die Western Union aus, allerdings gegen hohe Gebühren. ∎

Ein Abenteuerurlaub ermöglicht den Kontakt mit anderen Kulturen.

Veranstalter, die auf Abenteuerurlaub spezialisiert sind:

▶ **DAV Summit Club GmbH,** 089/64 24 00
www.dav-summit-club.de

▶ **Die Zugvögel,** Agentur für Abenteuerreisen und Erlebnisreisen, 0751/55 76 525
www.abenteuerurlaub-online.de

▶ **GEO-TOURS,** 040/491 98 32, www.geotours.de

▶ **Sigl Reisevermittlung,** Fax: 08342/91 93 38
www.erlebnisreisen-weltweit.de

▶ **Moja Travel,** Erlebnisreisen und Aktivurlaub weltweit, 0800/776 77 90
www.moja-travel.net

▶ **Wikinger Reisen,** 02331/90 48 04
www.wikinger-reisen.de

Das Reiseziel auswählen

Jedem seine Traumreise
Fair reisen

Fairer Tourismus, der die einheimische Wirtschaft unterstützt, existiert auch in Mali.

Immer mehr Urlauber interessieren sich für fairen Tourismus, sowohl aus ökologischen als auch aus egalitären Gründen: Der Massentourismus hat die Lebensbedingungen der Bevölkerung verändert und viele haben inzwischen erkannt, wie wichtig es ist, diese zu wahren. Zudem profitiert der Großteil der einheimischen Bevölkerung bis jetzt nur wenig von den Gewinnen aus dem Tourismus, und immer mehr Menschen sind der Ansicht, dass sich das ändern muss.

Was versteht man unter fairem Tourismus? Ein Dorf in Lateinamerika oder Schwarzafrika zum Beispiel hat den Wunsch und über lokale, nicht von der Regierung geführte Organsationen (Non-Government Organisation, NGO) auch die Möglichkeit, ein Projekt zur Förderung der einheimischen Wirtschaft zu initiieren. Dies kann zum einen auf Basis des (selbstverständlich fairen) Handels geschehen, zum anderen aber auch mithilfe des Tourismus gelingen. Eine westliche NGO nimmt sich dieses Projekts an und unterstützt die Bewohner etwa dabei, in ihrem Dorf einfache, doch mit gewissem Komfort ausgestattete Unterkünfte zu schaffen. In denen können Reisende logieren, die sich für die Bräuche und das Kunsthandwerk der Dorfbewohner interessieren

und dabei die Lebensgewohnheiten der Menschen teilen möchten. Die Unterkünfte werden von den Dorfbewohnern verwaltet. So erhalten sie auch die Möglichkeit, selbst über die Verwendung der Einnahmen zu entscheiden, also zum Beispiel einen Teil für den Bau einer Schule zu verwenden. Die NGO sichert derweil die Fortführung des Projekts.
All dies ist mit großer Disziplin und äußerst korrekt organisiert, ohne die einheimische Bevölkerung zu bevormunden. Fairer Tourismus liegt im Trend und hat weltweit bereits einen Anteil an allen Reisen von circa 5 %.

■ Reiseziele

Fairer Tourismus entwickelt sich weltweit, die zahlreichsten und am besten durchdachten Angebote aber findet man heute in Schwarzafrika, insbesondere in Burkina Faso, Benin und Mali, sowie in Lateinamerika, vor allem in Bolivien, Brasilien, Ecuador und Peru. Es existieren noch weitere Angebote.

■ Nicht zu verwechseln

Fairer Tourismus
Die lokale Bevölkerung ist in vollem Umfang an der Unterbringung und Betreuung der Touristen beteiligt und die Vermittlungsangebote sind auf ein Minimum beschränkt. So bleibt für die Bevölkerung ein angemessener Anteil aus den Erlösen der Einrichtung.

Verantwortlicher Tourismus
Dieser Begriff bezieht sich eher auf die lokale Bevölkerung, die die Verantwortung dafür trägt, bei der Durchführung touristischer Projekte auch Umweltaspekte zu beachten.

Solidarischer Tourismus
Der Tourist solidarisiert sich mit der einheimischen Bevölkerung durch das Geld, das er für seine Reise ausgibt, aber vor allem durch seine bewusste Haltung: Er weiß, dass sein Geld zum Bau wichtiger lokaler Einrichtungen verwendet wird, etwa für Schulen oder Krankenstationen.

Nachhaltiger Tourismus
Der nachhaltige Tourismus legt den Schwerpunkt auf den Respekt vor der Umwelt und den Menschen im Land. Er tangiert nicht allein die Urlauber, sondern auch die einheimische Bevölkerung. Wie der Name bereits sagt, ist er langfristig angelegt und dient insbesondere dazu, die geschaffene Infrastruktur zu erhalten.

Hilfreiche Adressen

▶ **Fairunterwegs** (ein unabhängiges, nicht gewinnorientiertes Reiseportal) Arbeitskreis Tourismus & Entwicklung Missionsstr. 21, CH 4003 Basel, 0041/61/261 47 42
www.fairunterwegs.org

▶ **Kate** Kontaktstelle für Umwelt & Entwicklung, Blumenstr. 19, 70182 Stuttgart, 0711/248 39 10
www.kate-stuttgart.org

▶ **VERBRAUCHER INITIATIVE e.V.** Elsenstraße 106, 12435 Berlin, 030/536 07 33. Ein Portal für fairen Handel und fairen Tourismus.
www.oeko-fair.de

▶ **Fairreisen** Weltweitwandern GmbH Kleegasse 3, 8020 Graz, 0043/316/583 50 40
www.fairreisen.at/fairreisen

Wichtige Webseiten

▶ www.projects-abroad.de (Adressen für Praktikumsplätze weltweit)

▶ www.world-tourism.org (für einen weltweiten ethischen Reisekodex)

Das Reiseziel auswählen

Jedem seine Traumreise
All-inclusive-Reisen

Warum heißt es „all-inclusive" und nicht „alles inklusive"? Vielleicht, weil es des angelsächsischen Pragmatismus bedurfte, um alles in ein Angebot zusammenzufassen und so ein gewisses Sicherheitsgefühl zu schaffen, an dem die Anhänger dieser Urlaubsform Gefallen finden. Das Konzept ist häufig auf eine Woche („neun Tage/sieben Nächte") Urlaub am Meer im Clubhotel mit Swimmingpool ausgerichtet.

Im Preis ist alles enthalten: Hin- und Rückreise mit Bahn oder Flugzeug, Transfer vom Flughafen zum Hotel, Übernachtungen im Doppelzimmer, Reiseversicherung und sämtliche Mahlzeiten (Frühstück, Mittag- und Abendessen). Außerdem sind die Getränke enthalten, und das macht den Unterschied zwischen All-inclusive und Vollpension. Die Halbpension umfasst dagegen nur Übernachtung, Frühstück und Abendessen. Bei All-inclusive-Angeboten sind allerdings fast nie die Flugsteuern und -gebühren enthalten, die sich auf bis zu 10 % des Gesamtbetrags belaufen können. Frühbucher können hier sparen. Wer All-inclusive bucht, muss sich also um nichts kümmern, hat dabei aber auch nicht das Gefühl, in eine „organisierte Reise" gezwängt zu werden.

Im Hotel gibt es meist vielfältige Ausflugsangebote, die Abwechslung vom Strandleben versprechen. Wurden diese Ausflüge jedoch nicht schon vor Reiseantritt gebucht, können sie zu einem teuren Vergnügen werden. Wer sich also erst am Urlaubsort für einen Ausflug entscheidet, sollte die verschiedenen Angebote auf jeden Fall vergleichen.

Was unterscheidet nun einen „All-inclusive"-Urlaub von einem maßgeschneiderten organisierten Urlaub?
Im letzteren Fall plant der Tourist seinen Aufenthalt zusammen mit dem Reiseveranstalter und äußert seine Wünsche. Der Veranstalter legt ihm dann ein darauf zugeschnittenes Angebot vor, das Flüge, die Unterbringung im Hotel oder einer anderen Unterkunft, unter Umständen einen Mietwagen (und Hotelreservierungen entlang der Reiseroute), Vorschläge für Ausflüge, Restaurants und Ähnliches umfasst. ■

Einige Beispiele
(Preise pro Person für eine Woche)

▶ **Ägypten** Die Preise für eine Woche reichen von 700 Euro außerhalb der Saison in Hurghada bis zu 1400 Euro für die Neujahrswoche in einem Vier-Sterne-Hotel in Sharm El-Scheich.

▶ **Dominikanische Republik** Rund 1000 Euro für eine Woche in einem Vier-Sterne-Hotel in Punta Cana außerhalb der Schulferien und nicht über Weihnachten/Neujahr (dann etwa 1300 Euro).

▶ **Kenia** Je nach Reisezeit 1000 bis 1300 Euro für ein Drei-Sterne-Hotel mit Halbpension an einem Strand südlich von Mombasa.

▶ **Marokko** Knapp 400 Euro in einem einfachen Drei-Sterne-Hotel in Marrakesch. In einem Riad ist mit dem gleichen Betrag zu rechnen, allerdings nur für Hin- und Rückflug und Unterkunft (Verpflegung exklusive).

▶ **Martinique** 650 bis 1300 Euro für sieben Nächte mit Hin- und Rückflug und Unterkunft in einem Appartement am Meer mit Kinderclub.

▶ **Mauritius** Ab 1700 Euro in einem Vier-Sterne-Hotel mit Halbpension, und ab etwa 1900 Euro in einem Spa Resort Hotel.

▶ **Mexiko** 700 bis 800 Euro für ein Zwei-Sterne-Hotel an der mexikanischen Riviera mit Flug, Unterbringung und Frühstück.

▶ **Senegal** Unter 1000 Euro für einen organisierten Urlaub mit Halbpension in einem Drei-Sterne-Hotel in Casamance.

▶ **Spanien** (Kanaren) 700 bis 1100 Euro für ein Vier-Sterne-Hotel an der Südküste Teneriffas.

▶ **Tunesien** Etwa 400 Euro für ein Drei-Sterne-Hotel in Hammamet außerhalb der Schulferien und Feiertage (in der Hochsaison über 600 Euro).

Jedem seine Traumreise

Im Trend: Spa

Eine junge Frau ruht entspannt auf einer Matte, vor ihr tanzen Lichter, über ihr spannt sich die Arkade eines Hammam. Ein solches Bild hat wohl jeder schon einmal in einem Reisekatalog gesehen. Spa ist ein neuer Trend, der die bisherigen Angebote der Hotels und Reiseveranstalter ergänzt. Spa ist die Abkürzung für „Sanitas per Aquam" und verbirgt in der Regel ein luxuriöses und erlesenes Wellnesscenter, das unterschiedlich ausgestaltet sein kann: in Nordafrika etwa im Stil eines maurischen Palastes, in Indien wie ein umgestalteter Maharadschapalast. Alles dreht sich um Wasser, sowohl Salz- als auch Süßwasser, das in den verschiedensten Formen zur Anwendung kommt. Spa wird heute immer stärker mit Urlaub assoziiert, wie auch die zahlreichen Reisekataloge illustrieren, die sich vornehmlich an eine zahlungskräftige und reifere Kundschaft richten, aber bald auch jüngere oder weniger vermögende Reisende begeistern wollen.

Die auf diesen Sektor spezialisierten Anbieter versprechen, dass das Reiseerlebnis erst durch ein ansprechendes Hotel mit Wellnessbereichen in den exotischsten und erlesensten Varianten perfekt ist.

Die Spa-Angebote basieren meist auf der Thalassotherapie. Sie wird ergänzt durch Massagen, Aromatherapien, alternative Heilmethoden, dem Streben nach dem Zen… ∎

Einige Reiseziele

▶ **Indien** Einige ehemalige Maharadschapaläste werden zu luxuriösen Wellness-Tempeln ausgebaut und machen dem Himalaya und Bhutan ernsthaft Konkurrenz.

▶ **Marokko** In der Thalassotherapie setzt das Land auf die beiden Orte Agadir und Essaouira, in denen in naher Zukunft mehrere Wellnesscenter eröffnen werden. Das Highlight in diesem Bereich aber bleibt Marrakesch mit seinen vielfältigen Spa-Angeboten. Das hiesige Arganöl ist charakteristisch für das Land und auch Wüstensandmassagen sind im Angebot.

▶ **Mauritius** Neben dem Meer locken die Thalassotherapie und die ohnehin sehr luxuriösen Einrichtungen der Insel.

▶ **Österreich** Die wunderbaren Hotels und die Thermalquellen in Tirol haben ihren ganz eigenen Charme.

▶ **Seychellen** Das ideale Ziel für große Hotelketten, die mit dem tropischen Flair werben, von dem viele träumen.

▶ **Thailand** Das futuristische Bangkok errichtet zurzeit Spa-Resorts, die zu den luxuriösesten weltweit zählen.

▶ **Tunesien** Das Land des Jasmins ist gemeinsam mit Marokko das beliebteste Spa-Reiseziel der Europäer. Die angebotene Thalassotherapie ist das zugkräftigste Argument für eine Wellnessreise nach Tunesien und konkurriert mit den Einrichtungen an der europäischen Atlantikküste. Hammamet ist eines der Zentren im Land, aber auch Djerba hat Reisenden neben Aufenthalten in der Wüste noch einiges zu bieten.

▶ **Türkei** Das Land besticht durch die eindrucksvollen Küsten der Ägäis, die antiken Stätten an der Südküste und das Kurangebot von Pammukale.

▶ **Vereinigte Arabische Emirate** Dubai kombiniert den Wellness-Trend mit Finanzkraft und Innovationen.

Wasser: Im Spa kommt und führt alles zu ihm.

Das Reiseziel auswählen

Jedem seine Traumreise
Unvergessliche Nächte

Übernachtungen im Iglu in kristallklaren, eiskalten Nächten im hohen Norden.

Die Zeiten, als Urlauber bei ihren Reisevorbereitungen keinen Wert auf das Ambiente ihrer Unterkunft legten – es sei denn, sie wollen dort wirklich nur schlafen –, sind endgültig vorbei.
Heute werden Qualität und Originalität der Unterkunft für die meisten Reiseveranstalter immer wichtiger. Und selbstverständlich haben Übernachtungen an ausgefallenen Orten ihren Preis.
Viele exotische Angebote, die man einmal ausprobieren sollte, garantieren neben kulturellen und soziologischen Aspekten auch unvergessliche Eindrücke.

Im Folgenden findet sich ein Überblick über die neuesten Trends in der Hotelleriebranche weltweit. Neben den genannten Angeboten existiert auch die Möglichkeit, in den verschiedensten Palästen, Pagoden, Klöstern, Gebäuden der Heilsarmee, Missionen oder Jugendherbergen zu nächtigen. Wobei Letztere in einigen Fällen nicht einfach nur preisgünstige Übernachtungsmöglichkeiten sind, sondern mittlerweile durchaus attraktive Alternativen darstellen.
In puncto Extravaganz belegen die Eishotels, die es hauptsächlich in Kanada und Finnland gibt, die vorderen Plätze, sowohl für ihre Lage

als auch für ihr Preis-Leistungs-Verhältnis. Allerdings sind diese Hotels ein vergänglicher Luxus, denn sie müssen jedes Jahr wieder neu errichtet werden. Für 50 Zimmer braucht man mindestens 20000 Tonnen Schnee und 3000 Tonnen Eis. Das Design der Eisunterkünfte ist außergewöhnlich: Vom Boden über die Betten bis zur Decke ist alles vollständig aus Eis gebaut. Die Temperatur übersteigt dementsprechend auch nur selten den Gefrierpunkt. Pro Person und Nacht muss man circa 300 Euro einplanen.

Ein anderes Highlight sind Übernachtungen in Höhlenwohnungen. Diese Art von Unterkünften sind schon lange zu haben und derzeit ausgesprochen beliebt. In manchen Gegenden wie beispielsweise im tunesischen Matmata oder auch im türkischen Kappadokien sind sie eine Art Markenzeichen. Eine der weniger bekannte Regionen mit Wohnhöhlen ist etwa der Westen Frankreichs. Die Höhlen sind zwar oft feucht und kühl, garantieren aber unvergessliche Erlebnisse und mit unter 400 Euro pro Woche relativ günstig. ∎

UNTERKÜNFTE		
	Länder	**Beschreibung**
Carbet	Französisch-Guayana	Große, offene Hütte, die Schutz bietet und inzwischen als Etappenunterkunft für Touristen auf Rundreise dient.
Funduk	Jemen und arabische Länder	Ursprünglich ein Zwischenlager oder eine Raststätte für Kaufleute. Heute ist es eine charakteristische Unterkunft der arabischen Länder des mittleren Ostens.
Hazienda	Mexiko, Lateinamerika allgemein	Einige der früheren Landgüter sind heute charakteristische Hotels.
Iglu	Kanada, Grönland, hoher Norden allgemein	Obwohl sie Konkurrenz von den Eishotels bekommen, sind Iglus im hohen Norden sehr beliebt.
Jurte	Zentralasien	Transportables Zelt aus Holz und Wollfilz, in dem die Nomaden der Turkstämme und die Mongolen leben.
Motu	Polynesien	Kleines Atoll mit Bungalows, Restaurants und allen Arten von Wassersport- und Tauchangeboten.
Parador	Spanien	In Hotels umgewandelte alte Schlösser oder Klöster – schön, teuer und fast immer ausgebucht. Man sollte vorab reservieren.
Pousada	Portugal	Kleine, staatlich verwaltete Hotels, denen inzwischen die Quintas (Landgüter) im Douro-Tal und auf Madeira Konkurrenz machen.
Riad	Marokko	Traditionelles Wohnhaus in Marokko, insbesondere in Marrakesch, mit Innenhöfen mit zentralen Springbrunnen und einem Zellije-Dekor (emaillierte Fliesen).
Ryokan	Japan	Typische, japanisch eingerichtete Unterkunft, die gern von Familien genutzt wird. Der Aufenthalt in einem Ryokan ist günstiger als in einem Hotel.

Die marokkanischen Riads sind ein Erfolgskonzept.

Das Reiseziel auswählen

Jedem sein Reiseziel
Reisekosten und -dauer, Infrastruktur und Sicherheit – die Kriterien, nach denen Reisende ihr Ziel auswählen, sind ausgesprochen viel-

JEDEM SEIN REISEZIEL

	UNGEFÄHRER TICKETPREIS	DURCHSCHNITTLICHE KOSTEN BEI EINEM REISEUNTERNEHMEN	GESUNDHEITS-VORSORGE	DOKUMENTE	>
Ägypten	Flug Frankfurt–Kairo: ab 405 €	800 € für eine einwöchige Kreuzfahrt auf dem Nil		EU, Schweiz: P, Visum	
Alaska	Flug Frankfurt–Anchorage: ab 980 €	3000 € für 2 Wochen Wandertour		EU, Schweiz: P, optisch lesbarer Pass, sonst Visum	
Algerien	Flug Frankfurt–Algier: ab 260 €; Flug Frankfurt–Tamanrasset: ab 670 €	900 € für 1 Woche in der Wüste		EU, Schweiz: P, Visum	
Antarktis	Flug Frankfurt–Ushuaia ab 1200 €	Mindestens 4500 € für 10 Tage Kreuzfahrt		EU, Schweiz: P	
Argentinien	Flug Frankfurt–Buenos Aires A/R: ab 675 €	2200 € für 12 Tage Wandertour oder Rundfahrt	MP im Grenzgebiet von Bolivien und Paraguay	EU, Schweiz: P	
Armenien	Flug Frankfurt–Eriwan A/R: ab 490 €	1500 € für 12 Tage (Kultur und Touren)		EU, Schweiz: P und Visum	
Äthiopien	Flug Frankfurt–Addis-Abeba A/R: ab 550 €	2500 € für 2 Wochen Wander- oder Allradtour	GFP empfohlen, MP unter 2000 Meter	EU, Schweiz: P, Visum (auch bei der Ankunft)	
Australien	Flug Frankfurt–Sydney A/R: ab 820 €	Zwischen 2000 € und 2500 € für 2 Wochen Rundtour		EU, Schweiz: P, Elektronisches Visum vor Ort (kostenlos)	
Azoren	Flug Frankfurt–Ponta Delgada: ab 512 €	1200 € für 8 Tage Wandertour		EU: PA oder P	
Balearen	Flug Frankfurt–Palma A/R: ab 170 €	900 € für 1 Woche Wandertour		EU: PA oder P	
Baltische Staaten	Flug Frankfurt–Riga A/R: ab 250 €	Circa 350 € für ein langes Wochenende (4 Tage) (Riga und Tallinn)		EU, Schweiz: P	
Belgien	ICE Frankfurt–Brüssel A/R: 200 € A/R	Zwischen 150 und 200 € für 2 Tage und 2 Nächte in Brüssel		EU, Schweiz: PA (Schengener Abkommen)	
Bolivien	Flug Frankfurt–La Paz A/R: ab 1000 €	Zwischen 2500 und 3000 € für 3 Wochen (Wander-)Tour (in Kombination mit Peru)	Außerhalb vom Altiplano, GFP empfohlen, MP unter 2500 Meter	EU, Schweiz: P	
Botswana	Flug Frankfurt–Gaborone A/R: ab 700 €	Mindestens 3000 € für 12 Tage Fotosafari	MP in bestimmten Regionen	EU, Schweiz: P	
Brasilien	Flug Frankfurt–Rio de Janeiro A/R: ab 400 €	Circa 2000 € für 12 Tage klassische Rundtour	GFP im Westen, MP im Amazonasgebiet empfohlen	EU, Schweiz: P,	
Bulgarien	Frankfurt–Sofia A/R: ab 230 €; Frankfurt–Varna A/R: ab 270 €	Circa 1000 € für eine Woche Wandertour, 650 € am Meer		EU: PA oder P	
Chile	Flug Frankfurt–Santiago A/R: ab 700 €	Mindestens 3000 € für 2 Wochen		EU, Schweiz: P	

Die Preisangaben in der Übersicht sollen nur der ersten Orientierung dienen. Meist repräsentieren sie einen Durchschnitt aus verschiedenen Tarifen. Flugpreise gelten im Allgemeinen für Hin- und Rückflug.

Das Reiseziel auswählen

fältig. Die folgende Übersicht ermöglicht eine umfassende Sicht auf die Reiseziele und einen Vergleich ihrer besonderen Merkmale.

DAUER DER ANREISE	ZEITUNTERSCHIED	INFRASTRUKTUR	SICHERHEIT	ANDRANG
Frankfurt–Kairo: 4 Std.	12 Uhr in Frankfurt: gleiche Zeit (S), 13 Uhr (W) in Kairo	Gute Einrichtungen am Nil, Unterkünfte in guter Qualität	Starke Polizeipräsenz an touristischen Reisezielen erforderlich	Stark auf dem Nil von Okt. bis Mai, am Roten Meer von März bis Juni und von Sept. bis Dez.
Frankfurt–Anchorage: 15 Stunden	12 Uhr in Frankfurt: 3 Uhr in Anchorage	Gute Infrastruktur		Mäßig
Frankfurt–Algier: 2 Std. 30 Min.	12 Uhr in Frankfurt: gleiche Zeit (W), 11 Uhr (S) in Algier	Gutes Straßennetz	Erhöhte Vorsicht im Norden geboten	Mäßig, aber stark an einigen Punkten in der Wüste an Weihnachten und Silvester
Frankfurt–Ushuaia: 17 Stunden	12 Uhr in Frankfurt: 7 Uhr (S), 8 Uhr (W) auf Höhe der Halbinsel Palmer			Mäßig
Frankfurt–Buenos Aires: 14 Stunden	12 Uhr in Frankfurt: 7 Uhr (S), 8 Uhr (W) in Buenos Aires	Gute Unterkünfte, ein Auto zu mieten ist teuer	Erhöhte Vorsicht in den Städten geboten	Durchschnittlich, stark während unseres Winters
Frankfurt–Eriwan: 6 Stunden	12 Uhr in Frankfurt: 15 Uhr in Eriwan	Nur begrenzt Unterkünfte und schwierige Straßenverhältnisse	Nicht allein reisen	Mäßig
Frankfurt–Addis-Abeba: 8 Stunden	12 Uhr in Frankfurt: 13 Uhr (S), 14 Uhr (W) in Addis-Abeba	Schwierige Routen- und Straßenverhältnisse	Nicht allein reisen	Durchschnittlich
Frankfurt–Sydney: 21 Stunden	12 Uhr in Frankfurt: 20 Uhr (April–Okt.), 22 Uhr (Nov.–März) in Sydney	Gute Infrastruktur		Stark am Jahresende in Sydney
Frankfurt–Ponta Delgada: 4 Std. 30 Min.	12 Uhr in Frankfurt: 10 Uhr auf den Azoren	Gute Unterkünfte und Straßen		Durchschnittlich
Frankfurt–Palma: 2 Std. 15 Min.	12 Uhr in Frankfurt: gleiche Zeit in Palma	Gute Infrastruktur		Sehr stark Juli/Aug., Mai/Juni und Sept./Okt.
Frankfurt–Riga: 2 Std. 15 Min.	12 Uhr in Frankfurt: 13 Uhr in Riga	Gute Infrastruktur		Durchschnittlich
ICE Frankfurt–Brüssel: 3 Std. 30 Min.	12 Uhr in Frankfurt: gleiche Zeit in Brüssel	Gute Infrastruktur		Durchschnittlich
Frankfurt–La Paz: 16 Stunden	12 Uhr in Frankfurt: 6 Uhr (S), 7 Uhr (W) in La Paz	Wenig asphaltierte Straßen, Auto am besten mit Fahrer mieten	Ständige Vorsicht bei Individualreisen geboten	Durchschnittlich
Frankfurt–Gaborone: 13 Std. 30 Min. Oft via Johannesburg	12 Uhr in Frankfurt: gleiche Zeit (S), 13 Uhr (W)	Gutes Straßennetz, teure Unterkünfte		Durchschnittlich
Frankfurt–Rio de Janeiro: 13 Stunden; Salvador de Bahia: 11 Stunden	12 Uhr in Frankfurt: 7 Uhr (S), 8 Uhr (W) in Rio de Janeiro	Genügend Zimmer, Mietwagen	Ständige Vorsicht in den großen Städten und Favelas geboten	Stark von Mitte Januar bis Mitte Februar
Frankfurt–Sofia: 2 Std. 30 Min.	12 Uhr in Frankfurt: 13 Uhr in Sofia	Pension und Unterkunft bei Privatleuten überall im Land		Massentourismus im Sommer am Schwarzen Meer
Frankfurt–Santiago: 18 Stunden	12 Uhr in Frankfurt: 7 Uhr (S), 8 Uhr (W) in Santiago	Sehr gute Infrastruktur, gutes Busnetz		Durchschnittlich

GFP: Gelbfieberprophylaxe. MP: Malariaprophylaxe. P: Reisepass. PA: Personalausweis. (S) im Sommer. (W) im Winter

Das Reiseziel auswählen

JEDEM SEIN REIZEZIEL

	UNGEFÄHRER TICKETPREIS	DURCHSCHNITTLICHE KOSTEN BEI EINEM REISEUNTERNEHMEN	GESUNDHEITS-VORSORGE	DOKUMENTE
China	Flug Frankfurt–Peking oder Schanghai A/R: ab 400 €	1500 € für 10 Tage klassische Rundtour	MP für Hainan und Yunnan	EU, Schweiz: P, Visum
Costa Rica	Flug Frankfurt–San José A/R: ab 650 €	Circa 1500 € für 10 Tage, inklusive Flug, Unterkunft, Mietwagen	MP in einigen Regionen (geringes Risiko)	EU, Schweiz: P
Dänemark	Flug Frankfurt–Kopenhagen A/R: ab 120 €	300 € für ein Wochenende in Kopenhagen, inklusive Flug und Unterkunft		EU, Schweiz: PA (Schengener Abkommen)
Deutschland	Flug Frankfurt–Berlin A/R: ab 160 €; Zug Frankfurt–Berlin: 111 €	500 € für eine Woche Kreuzfahrt auf dem Rhein		EU, Schweiz: PA (Schengener Abkommen)
Dominikan. Republik	Flug Frankfurt–Santo Domingo A/R: ab 600 €	Zwischen 800 und 1000 € für eine Woche Badeurlaub alles inklusive.	MP im Westen (geringes Risiko)	EU, Schweiz: P
Ecuador	Flug Frankfurt–Quito A/R: ab 800 €	2000 € für einen zweiwöchigen, klassischen Aufenthalt; 3000 € für einen Aufenthalt inklusive Galápagosinseln	GFP empfohlen, MP empfohlen in ländlichen Gebieten	EU, Schweiz: P
England	Flug Frankfurt–London A/R: ab 150 €; Schiff: 2 Pers./1 Auto: 250 €	Circa 200 € für ein Wochenende nach London im Eurostar		EU, Schweiz: PA
Finnland	Flug Frankfurt–Helsinki A/R: ab 250 €	1300 € für 1 Woche Winterurlaub in Lappland		EU, Schweiz: PA (Schengener Abkommen)
Frankreich	Flug Frankfurt–Berlin A/R: 100 €; Zug Berlin–Paris: 150 €	200 € für ein Wochenende in Paris inklusive Flug und Unterkunft		EU, Schweiz: PA (Schengener Abkommen)
Französisch-Guayana	Flug Frankfurt–Cayenne A/R: ab 1000 €	2000 € für 2 Wochen Abenteuer im Regenwald	GFP obligatorisch, MP im Landesinneren	EU: PA oder P, Schweiz: P
Griechenland	Flug Frankfurt–Athen A/R: ab 210 € Flug Frankfurt–Heraklion A/R: ab 350 €	600 € für eine Woche Kluburlaub; 950 € für 1 Woche Wandertour auf Kreta		EU, Schweiz: PA (Schengener Abkommen)
Guadeloupe	Flug Frankfurt–Pointe-à-Pitre A/R: ab 830 €	1600 € für eine Woche Kreuzfahrt; 800 € für 1 Woche Badeurlaub		EU: PA oder P
Guatemala	Flug Frankfurt–Guatemala A/R: ab 680 €	Von 2000 bis 2500 € für 2 Wochen klassische Reise oder Wandertour	MP über 1500 Meter	EU, Schweiz: P
Hongkong	Flug Frankfurt–Hong Kong A/R: ab 480 €	700 € für einen Aufenthalt von 4 Tagen und 3 Nächten		EU, Schweiz: P, aber sonst Visum für China
Indien	Flug Frankfurt–Bombay oder Flug Frankfurt–New Delhi A/R: ab 500 €	2000 € für 2 Wochen Rundreise durchs Land, inklusive Flug und Halbpension	MP unterhalb von 2000 Meter	EU, Schweiz: P, Visum
Indonesien	Flug Frankfurt–Denpasar (Bali) A/R: ab 750 €	2200 € für 2 Wochen (Rundreise Java-Bali), inklusive Flug und Halbpension	MP außerhalb von Jakarta, Bali, Java	EU, Schweiz: P, Visum (z. T. bei der Ankunft)
Irland	Flug Frankfurt–Dublin A/R: ab 194 €	1200 € für 10 Tage (Themenreise); 300 € für ein Wochenende in Dublin		EU, Schweiz: PA oder P
Island	Flug Frankfurt–Reykjavík A/R: ab 450 €	1000 € für 1 Woche Rundreise		EU, Schweiz: PA (Schengener Abkommen)

Unter www.auswaertiges-amt.de finden Sie aktuelle Reiseinformationen sowie Hinweise zur Sicherheitslage in einzelnen Staaten. Mitunter spricht das **Auswärtige Amt** auch Reisewarnungen aus, wenn bei Reisen in ein Land oder in eine Region eines Landes akute Gefahren für Leib und Leben bestehen. Bitte informieren Sie sich rechtzeitig vor Reisebeginn.

Das Reiseziel auswählen

DAUER DER ANREISE	ZEITUNTERSCHIED	INFRASTRUKTUR	SICHERHEIT	ANDRANG
Frankfurt–Peking: 9 Std. 30 Min.	12 Uhr in Frankfurt: 18 Uhr (S), 19 Uhr (W) in Peking	Unterkünfte sind sehr unterschiedlich und teuer, langsame Eisenbahnverbindungen		Stärker in der Zwischensaison
Frankfurt–San José: 14 Stunden	12 Uhr in Frankfurt: 4 Uhr (S), 5 Uhr (W) in San José	Schwierige Straßenverhältnisse, gute Lodges, Campingplätze		Immer stärker von Dez. bis April
Frankfurt–Kopenhagen: 1 Std. 30 Min.	12 Uhr in Frankfurt: gleiche Zeit in Kopenhagen	Exzellente Infrastruktur, der Aufenthalt ist aber teuer		Durchschnittlich
Frankfurt–Berlin: 1 Std. 5 Min. Zug : 4 Std.		Sehr gute Infrastruktur		Durchschnittlich
Frankfurt–Santo Domingo: 10 Stunden	12 Uhr in Frankfurt: 6 Uhr (S), 7 Uhr (W) in Santo Domingo	Annehmbares Straßennetz		Massen an der Küste im Feb. und am Jahresende
Frankfurt–Quito: 13 Std. 30 Min.n	12 Uhr in Frankfurt: 5 Uhr (S), 6 Uhr (W) in Quito	Schwierige Straßenverhältnisse	Unsicherheit an nördlichen Grenzen, Vorsicht in den Städten	Durchschnittlich
Frankfurt–London: 1 Std. 30 Min.	12 Uhr in Frankfurt: 11 Uhr in London	Gute Infrastruktur		Sehr stark in London im Frühling und Sommer
Frankfurt–Helsinki: 2 Std. 30 Min.	12 Uhr in Frankfurt: 13 Uhr in Helsinki	Gute Infrastruktur		Im Sommer und während der Feste ist viel los
Frankfurt–Paris: 1 Std. 20 Min. ICE: 3 Std. 50 Min.	12 Uhr in Frankfurt: gleiche Zeit in Paris	Gute Infrastruktur		Sehr stark von April bis Sept. in Paris
Frankfurt–Cayenne: 10 Stunden	12 Uhr in Frankfurt: 7 Uhr (S), 8 Uhr (W) in Cayenne	Gute Straßen und Wasserstraßen	Landesunkundige: nicht allein reisen	Durchschnittlich
Frankfurt–Athen: 3 Stunden; Frankfurt–Héraklion: 3 Std. 20 Min.	12 Uhr in Frankfurt: 13 Uhr in Athen	Gute Infrastruktur	Vorsichtig fahren auf Kreta und den Inseln	Im Juli und Aug. sehr volle Strände auf den bekanntesten Inseln
Flug Frankfurt–Pointe-à-Pitre: 9 Std. 20 Min.	12 Uhr in Frankfurt: 6 Uhr (S), 7 Uhr (W) in Pointe-à-Pitre	Gute Infrastruktur		Stark während der Feste und im Feb.
Frankfurt–Guatemala: 14 Stunden	12 Uhr in Frankfurt: 4 Uhr (S), 5 Uhr (W) in Guatemala	Kleine Familienhotels, Zimmer bei Privatpersonen im ganzen Land	Nicht allein reisen oder fahren	Stark von Dez. bis April
Frankfurt–Hong Kong: 11 Stunden	12 Uhr in Frankfurt: 18 Uhr (S), 19 Uhr (W) in Hongkong	Gute Infrastruktur		Stark im Frühjahr und im Herbst
Frankfurt–Bombay: 8 Std. 45 Min.; Frankfurt–Kalkutta: 9 Std. 30 Min.	12 Uhr in Frankfurt: 15.30 Uhr (S), 16.30 Uhr (W) in Kalkutta	Schwierige Straßenverhältnisse, sehr voll, Unterkünfte mit großen Unterschieden		Stark von Nov. bis April
Frankfurt–Jakarta: 15 Stunden	12 Uhr in Frankfurt: 17 Uhr (S), 18 Uhr (W) (regional)	Busse und Züge akzeptabel, verschiedene Unterkünfte	Regional Anschläge und Konflikte	Stark auf Bali zwischen April und Sept.
Frankfurt–Dublin: 2 Stunden	12 Uhr in Frankfurt: 11 Uhr in Dublin, (gleiche Zeit Ende Sept.–Ende Okt.)	Gute Infrastruktur		Durchschnittlich bis stark im Sommer und um den St. Patrick's Day
Frankfurt–Reykjavík: 3 Std. 30 Min.	12 Uhr in Frankfurt: 10 Uhr (S), 11 Uhr (W) in Reykjavík	Gute Infrastruktur		Stark im Sommer, aber viel Platz …

GFP: Gelbfieberprophylaxe. MP: Malariaprophylaxe. P: Reisepass. PA: Personalausweis. (S) im Sommer. (W) im Winter

Das Reiseziel auswählen

JEDEM SEIN REISEZIEL

	UNGEFÄHRER TICKETPREIS	DURCHSCHNITTLICHE KOSTEN BEI EINEM REISEUNTERNEHMEN	GESUNDHEITS-VORSORGE	DOKUMENTE	>
Israel	Flug Frankfurt–Tel-Aviv-Jaffa A/R: ab 350 €	1100 € für 1 Woche Rundreise (historische Sehenswürdigkeiten), alles inklusive		EU, Schweiz: P	
Italien	Flug Frankfurt–Rom A/R: 100 €	400 € für ein Wochenende in Florenz, Rom oder Venedig, alles inklusive		EU, Schweiz: PA (Schengener Abkommen)	
Japan	Flug Frankfurt–Tokio A/R: ab 650 €	3000 € für 2 Wochen (Rundreise zu den historischen Stätten, alles inklusive		EU, Schweiz: P	
Jemen	Flug Frankfurt–Sanaa A/R: ab 550 €	Zwischen 1700 und 2000 € für 2 Wochen Wandertour, alles inklusive	MP unterhalb von 2000 Meter	EU, Schweiz: P, Visum	
Jordanien	Flug Frankfurt–Amman A/R: ab 500 €	1300 € für 9 Tage (Petra und Wanderung im Wadi Rum), alles inklusive		EU, Schweiz: P, Visum	
Kambodscha	Flug Frankfurt–Phnom Penh A/R: ab 600 €	2000 bis 2500 € für 2 Wochen (in Kombination mit Vietnam)	MP in den meisten Regionen, auch Angkor	EU, Schweiz: P, Visum	
Kanada	Flug Frankfurt–Montréal A/R: ab 450 €; Flug Frankfurt–Vancouver A/R: ab 650 €	1500 € für 1 Woche Winterurlaub in Québec		EU, Schweiz: P	
Kanaren	Flug Frankfurt–Teneriffa A/R: ab 300 €	650 € für 1 Woche Kluburlaub, Flug und Halbpension		EU: PA oder P	
Kap Verde	Flug Frankfurt–Sal A/R: ab 700 €	1300 € für 1 Woche Wandertour	GFP empfohlen, MP für São Tiago	EU, Schweiz: P, Visum	
Kenia	Flug Frankfurt–Mombasa oder Nairobi A/R: ab 900/550 €	1200 € für 1 Woche Fotosafari, Flug und Unterkunft inklusive	GFP empfohlen, MP unter 2500 Meter	EU, Schweiz: P, Visum	
Komoren	Frankfurt–Moroni A/R: ab 960 €	1500 € für 1 Woche Badeurlaub alles inklusive	MP	EU, Schweiz: P	
Kroatien	Flug Frankfurt–Dubrovnik A/R: ab 300 €	1000 € für 1 Woche Kreuzfahrt auf einem Schoner		EU: PA oder P	
Kuba	Flug Frankfurt–Havanna A/R: ab 520 €	Weniger als 1000 € für 1 Woche Badeurlaub; 1300 € für 12 Tage Autotour		EU, Schweiz: P, Touristenkarte	
Laos	Flug Frankfurt–Vientiane A/R: ab 620 €	2000 € für 2 Wochen Wandertour (in Kombination mit Kambodscha)	MP, außer in Vientiane	EU, Schweiz: P, Visum	
Libanon	Flug Frankfurt–Beirut A/R: ab 350 €	1100 € für 10 Tage Rundtour, alles inklusive		EU, Schweiz: P, Visum	
Libyen	Frankfurt–Tripolis A/R: ab 650 €; Frankfurt–Ghat A/R: ab 440 €	1000 € für 1 Woche Kameltour		EU, Schweiz: P, Visum	
Liparische Inseln	Flug Frankfurt–Catania A/R: ab 240 €	Circa 1100 € für 1 Woche Wandertour zu den Vulkanen		EU, Schweiz: PA oder P	
Madagaskar	Flug Frankfurt–Antananarivo A/R: ab 990 €	Zwichen 2000 und 2500 € für 2 Wochen Rundtour	MP, v. a. in den Küstenregionen	EU, Schweiz: P, Visum	
Madeira	Flug Frankfurt–Funchal A/R: ab 400 €	900 € für 1 Woche Wandertour (Pico Ruivo)		EU: PA oder P	
Malaysia	Flug Frankfurt–Kuala Lumpur A/R: ab 560 €	3000 € für 2 Wochen (Ost-Malaysia und West-Malaysia)	Geringes Malariarisiko im Landesinneren	EU, Schweiz: P	
Malediven	Flug Frankfurt–Malé A/R: ab 660 €	1700 € für 2 Wochen (in Kombination mit Sri Lanka)		EU, Schweiz: P	

Das Reiseziel auswählen

DAUER DER ANREISE	ZEITUNTERSCHIED	INFRASTRUKTUR	SICHERHEIT	ANDRANG
Frankfurt–Tel-Aviv-Jaffa: 4 Std. 5 Min.	12 Uhr in Frankfurt: 13 Uhr in Jerusalem	Gute Infrastruktur	Anschläge möglich, Vorsicht!	Durchschnittlich
Frankfurt–Rom: 1 Std. 45 Min.	12 Uhr in Frankfurt: gleiche Zeit in Rom	Gute Infrastruktur		Sehr stark in der heiligen Woche und im Sommer
Frankfurt–Tokio: 11 Std. 15 Min.	12 Uhr in Frankfurt: 19 Uhr (S), 20 Uhr (W) in Tokio	Gute Infrastruktur		Durchschnittlich
Frankfurt–Sanaa: 9 Std. 30 Min.	12 Uhr in Frankfurt: 13 Uhr (S), 14 Uhr (W) in Sanaa	Ursprüngliche Unterkünfte	Erhöhte Vorsicht	Aktuell mäßig
Frankfurt–Amman: 4 Std. 30 Min.	12 Uhr in Frankfurt: gleiche Zeit (S), 13 Uhr (W) (Amman)	Gute Infrastruktur		Stark in Petra im Frühling und Sommer
Frankfurt–Phnom Penh: 12 Stunden	12 Uhr in Frankfurt: 17 Uhr (S), 18 Uhr (W) in Phnom Penh	Schwierige Straßenverhältnisse, Mietwagen mit Fahrer nehmen	Minen in abgelegenen Regionen	Touristenmassen in Angkor. Nebensaison wählen.
Frankfurt–Montréal: 7 Std. 40 Min.; Frankfurt–Vancouver: 10 Std.	12 Uhr in Frankfurt: 3 Uhr in Vancouver, 6 Uhr in Montréal	Gute Infrastruktur		Stark im Sommer und Winter
Frankfurt–Las Palmas: 4 Std. 50 Min.	12 Uhr in Frankfurt: 11 Uhr auf Teneriffa	Gute Infrastruktur		Massentourismus außer bei Wanderungen
Frankfurt–Sal: 7 Stunden	12 Uhr in Frankfurt: 9 Uhr (S), 10 Uhr (W) in Sal	Enge Straßen, gute Unterkünfte		Durchschnittlich, Spitzenzeit: Dez.
Frankfurt–Nairobi: 9 Std. 30 Min.	12 Uhr in Frankfurt: 13 Uhr (S), 14 Uhr (W) in Nairobi	Ordentliche Pisten, aber lieber nicht selbst ein Auto mieten	Nicht zur Nordgrenze, allgemeine Vorsicht	Stark Juli/Aug., die Reise frühzeitig buchen
Frankfurt–Moroni: 11 Stunden	12 Uhr in Frankfurt: 13 Uhr (S), 14 Uhr (W) in Moroni	Wenige Busse, viele Taxis	Z. T. angespannte Lage in Nzwani (frz. Anjouan)	Mäßig
Frankfurt–Dubrovnik: 1 Std. 45 Min.	12 Uhr in Frankfurt: gleiche Zeit in Dubrovnik	Gute Unterkünfte, gutes Straßennetz	Auf den markierten Wegen bleiben	Stark im Sommer in Dubrovnik, immer stärker auf den Inseln
Frankfurt–Havanna: 10 Std. 30 Min.	12 Uhr in Frankfurt: 6 Uhr in Havanna	Verschiedene, gute Unterkünfte, annehmbare, einsame Straßen …		Massen an der Küste, wenig im Landesinneren
Frankfurt–Bangkok-Vientiane: 12 Stunden	12 Uhr in Frankfurt: 17 Uhr (S), 18 Uhr (W) in Vientiane	Wenige asphaltierte Straßen, keine Züge		Durchschnittlich bis stark zwischen Nov. und Feb.
Frankfurt–Beirut: 3 Std. 45 Min.	12 Uhr in Frankfurt: 13 Uhr in Beirut	Busse und Taxis, keine Züge	Sehr unsichere Lage, nicht immer bereisbar	Durchschnittlich bis stark in normalen Zeiten
Frankfurt–Tripolis: 3 Stunden	12 Uhr in Frankfurt: 13 Uhr in Tripolis	Gute Infrastruktur	Nicht ohne Führer, v. a. im Grenzgebiet	Immer stärker in der Wüste
Frankfurt–Catania: 2 Std. 30 Min.	12 Uhr in Frankfurt: gleiche Zeit in Catania	Gute Infrastruktur		Sehr stark im Sommer
Frankfurt–Antananarivo: 14 Stunden	12 Uhr in Frankfurt: 13 Uhr (S), 14 Uhr (W) in Antananarivo	Fahren ist schwierig, Allradfahrzeug, am besten mit Führer		Durchschnittlich
Frankfurt–Funchal: 4 Std. 30 Min.	12 Uhr in Frankfurt: 11 Uhr in Madeira	Gute Infrastruktur		Ziemlich stark im Frühjahr (Blüte)
Frankfurt–Kuala Lumpur: 13 Std. 30 Min.	12 Uhr in Frankfurt: 18 Uhr (S), 19 Uhr (W) in Kuala Lumpur	Weniger Komfort in Sarawak und Sabah		Durchschnittlich
Frankfurt–Malé: 10 Stunden	12 Uhr in Frankfurt: 15 Uhr (S), 16 Uhr (W) in Malé	Wasserflugzeuge und Dhonis (Fischerboote), Resorts, z. T. auf Privatinseln		Durchschnittlich, aber stark während der Feste am Jahresende

GFP: Gelbfieberprophylaxe. MP: Malariaprophylaxe. P: Reisepass. PA: Personalausweis. (S) im Sommer. (W) im Winter

Das Reiseziel auswählen

JEDEM SEIN REISEZIEL

	UNGEFÄHRER TICKETPREIS	DURCHSCHNITTLICHE KOSTEN BEI EINEM REISEUNTERNEHMEN	GESUNDHEITSVORSORGE	DOKUMENTE
Mali	Flug Frankfurt–Bamako A/R: ab 630 €	1600 € für 2 Wochen durch das Land der Dogon und auf dem Niger	GFP obligatorisch, MP unabdingbar	EU, Schweiz: P, Visum
Malta	Flug Frankfurt–Valetta A/R: ab 270 €	500 € für 1 Woche Badeurlaub, Flug und Unterkunft inklusive		EU, Schweiz: PA (Schengener Abkommen)
Marokko	Flug Frankfurt–Marrakesch A/R: ab 440 €	700 € für 1 Woche Badeurlaub; 400 € für 1 Woche in Marrakesch (Halbpension)		EU, Schweiz: P, PA ausreichend bei Gruppenreisen
Martinique	Flug Frankfurt–Fort-de-France A/R: ab 830 €	600 € für 1 Woche Badeurlaub, Flug und Unterkunft inklusive; 750 € für 1 Woche Wandertour in der Montagne Pelée		EU, Schweiz: PA oder P
Mauretanien	Flug Frankfurt–Nouakchott A/R: ab 550 €	850 € für 1 Woche Kamelreise (Chinguetti-Ouadane)	GFP empfohlen für den Süden, MP v. a. im Süden	EU, Schweiz: P
Mauritius	Flug Frankfurt–Port Louis A/R: ab 780 €	1000 € für 1 Woche Badeurlaub, Flug und Unterkunft inklusive		EU, Schweiz: P
Mexiko	Flug Frankfurt–Mexico City A/R: ab 510 €; Flug Frankfurt–Cancún A/R: ab 700 €	1000 € für 1 Woche Badeurlaub an der Riviera Maya, Flug und Halbpension inklusive; 1700 € für 2 Wochen Rundreise, Flug und Halbpension inklusive	MP (in Oaxaca und Chiapas)	EU, Schweiz: P
Mongolei	Flug Frankfurt–Ulan-Bator A/R: ab 920 €	2500 € für 2 Wochen Rundreise, alles inklusive		EU, Schweiz: P, Visum
Montenegro	Flug Frankfurt–Podgorica A/R: ab 270 €	700 € für 1 Woche Badeurlaub in Budva, Flug und Halbpension inklusive		EU, Schweiz: P
Myanmar	Flug Frankfurt–Yangon A/R: ab 700 €	2500 € für 2 Wochen Rundreise, mit Fahrer/Führer, alles inklusive	MP unterhalb von 1000 Meter	EU, Schweiz: P
Namibia	Flug Frankfurt–Windhoek A/R: ab 1000 €	1500 € für 12 Tage, Flug, Halbpension und Mietwagen inklusive	MP im Norden	EU, Schweiz: P
Nepal	Flug Frankfurt–Kathmandu A/R: ab 700 €	2500 € für 2 Wochen Trekking	MP im Süden	EU, Schweiz: P, Visum
Neukaledonien	Flug Frankfurt–Nouméa A/R: ab 1500 €	3000 € für 2 Wochen Kreuzfahrt oder Rundreise	MP	EU: PA oder P
Neuseeland	Flug Frankfurt–Auckland A/R: ab 1000 €	3000 € für 3 Wochen Wandertour oder Rundreise		EU, Schweiz: P
Niederlande	ICE Frankfurt–Amsterdam A/R: 203 €	Circa 250 € für langes Wochenende, 4 Tage in Amsterdam, Flug und Unterkunft inklusive		EU, Schweiz: PA (Schengener Abkommen)
Niger	Flug Frankfurt–Niamey A/R: ab 620 €	900 € für 1 Woche Wandertour in der Wüste	GFP obligatorisch, MP unverzichtbar	EU, Schweiz: P, Visum
Norwegen	Flug Frankfurt–Oslo A/R: ab 180 €	2000 € für 13 Tage Kreuzfahrt		EU, Schweiz: PA (Schengener Abkommen)
Oman	Flug Frankfurt–Maskat A/R: ab 450 €	2000 € für 10 Tage Rundtour im Allradfahrzeug		EU, Schweiz: P, Visum

Das Reiseziel auswählen

DAUER DER ANREISE	ZEITUNTERSCHIED	INFRASTRUKTUR	SICHERHEIT	ANDRANG
Frankfurt–Bamako: 7 Stunden	12 Uhr in Frankfurt: 10 Uhr (S), 11 Uhr (W) in Bamako	Wenig Komfort, schwierige Pisten	Im Norden nicht ohne Führer reisen	Durchschnittlich
Frankfurt–Valetta: 2 Std. 30 Min.	12 Uhr in Frankfurt: gleiche Zeit in Valetta	Gute Infrastruktur		Stark von Juli bis Sept.
Frankfurt–Marrakesch: 5 Stunden	12 Uhr in Frankfurt: 10 Uhr (S), 11 Uhr (W) in Marrakesch	Verschiedene Unterkünfte (Riads), gutes Busnetz, Sammeltaxis		Stark im Frühling und Sommer in Marrakesch und Agadir
Frankfurt–Fort-de-France: 9 Std. 30 Min.	12 Uhr in Frankfurt: 6 Uhr (S), 7 Uhr (W) in Fort-de-France	Gute Infrastruktur		Stark während der Feste und im Feb.
Frankfurt–Nouakchott: 6 Std. 30 Min.	12 Uhr in Frankfurt: 10 Uhr (S), 11 Uhr (W) in Nouakchott	Teilweise kaum Infrastruktur, schwierige Pisten	Vorsicht im Grenzgebiet	Stark in Adrar am Jahresende und im Feb.
Frankfurt–Port Louis: 12 Std. 30 Min.	12 Uhr in Frankfurt: 14 Uhr (S), 15 Uhr (W) in Port Louis	Gute Infrastruktur		Stark während der Feste und von Okt. bis März
Frankfurt–Mexico City: 11 Stunden	12 Uhr in Frankfurt: 4 Uhr (S), 5 Uhr (W) in Mexico City	Gute Infrastruktur		Stark von Okt. bis April in Mexico City, Cancun und an der Riviera Maya
Frankfurt–Ulan-Bator: 14 Stunden	12 Uhr in Frankfurt: 18 Uhr (S), 19 Uhr (W) in Ulan-Bator	Schwierige Bedingungen, aber ursprüngliche Unterkünfte (Jurten)	Kaum Individualreisende, informieren!	Durchschnittlich, steigt jedoch
Frankfurt–Podgorica: 3 Stunden	12 Uhr in Frankfurt: gleiche Zeit in Podgorica	Gute Infrastruktur		Durchschnittlich, steigt deutlich im Sommer
Frankfurt–Yangon: 13 Stunden	12 Uhr in Frankfurt: 16.30 Uhr (S), 17.30 Uhr (W) in Yangon	Langsame Züge, schwieriges Fortkommen	Manche Regionen sind nicht zu bereisen, größte Vorsicht!	Durchschnittlich bis stark zwischen Nov. und März
Frankfurt–Windhoek: 10 Stunden	12 Uhr in Frankfurt: gleiche Zeit (S), 13 Uhr (W) in Windhoek	Ausgezeichnete Pisten, unterschiedlich Unterkünfte, aber teuer	Nicht in den Norden fahren	Durchschnittlich
Frankfurt–Kathmandu: 13 Std. 50 Min.	12 Uhr in Frankfurt: 15.45 Uhr (S), 16.45 Uhr (W) in Kathmandu	Gute Trekkingbedingungen, Lodges	Vorsicht, aber Friedensabkommen zwischen Regierung und Mao-Guerilla	Durchschnittlich
Frankfurt–Nouméa: 22 Stunden	12 Uhr in Frankfurt: 21 Uhr (S), 22 Uhr (W) in Nouméa	Gute Infrastruktur		Durchschnittlich
Frankfurt–Auckland: 25 Stunden	12 Uhr in Frankfurt: 23 Uhr (S), 0 Uhr (W) in Auckland	Bed & Breakfast, Campingplätze, Farmen		Durchschnittlich
ICE Frankfurt–Amsterdam: 1 Std. 20 Min.	12 Uhr in Frankfurt: gleiche Zeit in Amsterdam	Gute Infrastruktur		Stark zur Tulpenblüte im Frühling, und in Amsterdam von Mai bis Sept.
Frankfurt–Niamey: 7 Stunden	12 Uhr in Frankfurt: gleiche Zeit (W), 11 Uhr (S) in Niamey	Gute Bedingungen, um die Wüste zu erkunden	Nicht allein reisen	Durchschnittlich bis stark am Jahresende und im Feb.
Frankfurt–Oslo: 2 Stunden	12 Uhr in Frankfurt: gleiche Zeit in Oslo	Gute Infrastruktur		Stark an den Fjorden und bei Kreuzfahrten im Sommer
Frankfurt–Maskat: 7 Std. 30 Min.	12 Uhr in Frankfurt: 14 Uhr (S), 15 Uhr (W) in Masqat	Gute Infrastruktur		Durchschnittlich

GFP: Gelbfieberprophylaxe. MP: Malariaprophylaxe. P: Reisepass. PA: Personalausweis. (S) im Sommer. (W) im Winter

Das Reiseziel auswählen

JEDEM SEIN REISEZIEL

	UNGEFÄHRER TICKETPREIS	DURCHSCHNITTLICHE KOSTEN BEI EINEM REISEUNTERNEHMEN	GESUNDHEITS-VORSORGE	DOKUMENTE
Österreich	Flug Frankfurt–Wien A/R: 150 €	600 € für 1 Woche Wandertour; 500 € für 1 Woche Skifahren (Anfahrt und Unterkunft)		EU, Schweiz: PA (Schengener Abkommen)
Peru	Flug Frankfurt–Lima A/R: ab 700 €	2500 € für 2 Wochen Wandertour auf den Wegen der Inka	MP unterhalb von 1500 Meter	EU, Schweiz: P
Philippinen	Flug Frankfurt–Manila A/R: ab 700 €	2500 € für 2 Wochen Wandertour oder Rundreise	MP unterhalb von 600 Meter außer in städtischen Gebieten	EU, Schweiz: P
Polen	Flug Frankfurt–Warschau A/R: ab 100 €	Circa 400 € für ein langes Wochenende, 4 Tage in Krakau und Warschau, Flug und Unterkunft inklusive		EU, Schweiz: PA (Schengener Abkommen)
Polynesien	Flug Frankfurt–Papeete A/R: 1500 €	3000 € für 12 Tage süßes Nichtstun oder Kreuzfahrt		EU, Schweiz: P
Portugal	Flug Frankfurt–Lissabon A/R: ab 200 €	900 € für 1 Woche Badeurlaub an der Algarve, alles inklusive		EU, Schweiz: PA (Schengener Abkommen)
Réunion	Flug Frankfurt–Saint-Denis A/R: ab 900 €	1500 € für 10 Tage, Halbpension und Ausflüge inklusive		EU: PA oder P, Schweiz: P
Rumänien	Flug Frankfurt–Bukarest A/R: ab 172 €	600 € für 1 Woche Badeurlaub am Schwarzen Meer, Halbpension		EU: PA oder P
Russland	Flug Frankfurt–Moskau A/R: ab 300 €; Frankfurt–Sankt Petersburg A/R: ab 300 €	1300 € für 12 Tage für eine Kreuzfahrt auf der Wolga oder für eine Städtereise von Moskau nach Sankt Petersburg		EU, Schweiz: P, Visum
Sardinien	Flug Frankfurt–Cagliari A/R: ab 275 €	600 € für 1 Woche Badeurlaub mit Halbpension		EU, Schweiz: PA oder P
Schottland	Flug Frankfurt–Glasgow A/R: ab 160 €	1400 € für 2 Wochen Wandertour		EU, Schweiz: PA
Schweden	Flug Frankfurt–Stockholm A/R: ab 160 €	1400 € für 10 Tage Winterurlaub in Lappland, alles inklusive		EU, Schweiz: PA (Schengener Abkommen)
Schweiz	Frankfurt–Genf A/R: ab 100 €; Frankfurt–Zürich A/R: ab 100 €	600 € für 1 Woche Wandertour in den Alpen, alles inklusive		EU: PA (Schengener Abkommen)
Senegal	Flug Frankfurt–Dakar A/R: ab 500 €	800 € für 1 Woche Badeurlaub, mit Halbpension	GFP empfohlen, MP unabdingbar	EU, Schweiz: P
Seychellen	Flug Frankfurt–Mahé A/R: ab 900 €	2200 € für 1 Woche Badeurlaub und Tauchen, mit Halbpension		EU, Schweiz: P
Simbabwe	Flug Frankfurt–Harare A/R: ab 970 €	2500 € für 18 Tage (Viktoriafälle und Nationalparks)	MP unterhalb von 1200 Meter	EU, Schweiz: P, Visum
Singapur	Flug Frankfurt–Singapur A/R: ab 500 €	800 € für einen Blitztrip von 4 Tagen und 3 Nächten		EU, Schweiz: P
Sizilien	Flug Frankfurt–Catania oder Frankfurt–Palermo A/R: ab 240 €	550 € für 1 Woche Kluburlaub		EU: PA oder P
Slowakei	Flug Frankfurt–Bratislava A/R: ab 300 €	950 € für 1 Woche Kombitour: Wandern und Kultur		EU, Schweiz: PA (Schengener Abkommen)
Slowenien	Flug Frankfurt–Ljubljana A/R: ab 280 €	1000 € für 1 Woche Wander- oder Rundtour		EU, Schweiz: PA (Schengener Abkommen)

Das Reiseziel auswählen

DAUER DER ANREISE	ZEITUNTERSCHIED	INFRASTRUKTUR	SICHERHEIT	ANDRANG
Frankfurt–Wien: 1 Std. 30 Min.	12 Uhr in Frankfurt: gleiche Zeit in Wien	Gute Infrastruktur		Stark in Wien an Silvester und im Sommer
Frankfurt–Lima: 18 Stunden	12 Uhr in Frankfurt: 5 Uhr (S), 6 Uhr (W) in Lima	Gute Infrastruktur	In manchen Regionen nicht allein reisen	Stark im Sommer
Frankfurt–Manila: 14 Stunden	12 Uhr in Frankfurt: 18 Uhr (S), 19 Uhr (W) in Manila	Gute Infrastruktur	Vorsicht im Süden	Durchschnittlich
Frankfurt–Warschau: 1 Std. 45 Min.	12 Uhr in Frankfurt: gleiche Zeit in Warschau	Gute Infrastruktur		Durchschnittlich
Frankfurt–Papeete: 20 Std. 30 Min.	12 Uhr in Frankfurt: 0 Uhr des Vortags (S), 1 Uhr (W) in Papeete	Gute Infrastruktur		Durchschnittlich bis stark im Sommer und am Jahresende
Frankfurt–Lissabon: 3 Std. 10 Min.	12 Uhr in Frankfurt: 11 Uhr in Lissabon	Ursprüngliche Unterbringung in Dormidas oder Pousadas		Stark im Juli und Aug. in Lissabon und an der Algarve
Frankfurt–Saint-Denis: 12 Stunden	12 Uhr in Frankfurt: 14 Uhr (S), 15 Uhr (W) in Saint-Denis	Gute Pensionen und Gästezimmer, gutes Straßennetz		Durchschnittlich bis stark im Sommer
Frankfurt–Bukarest: 2 Std. 30 Min.	12 Uhr in Frankfurt: 13 Uhr in Bukarest	Gasthöfe, Unterkünfte bei Privatpersonen, Campingplätze		Stark im Juli/Aug. am Schwarzen Meer
Frankfurt–Moskau: 3 Std. 15 Min.; Frankfurt–Sankt Petersburg: 2 Std. 45 Min.	12 Uhr in Frankfurt: 14 Uhr in Moskau, 21 Uhr in Wladiwostok	Gute Infrastruktur, teure Hotels	Besser nicht in die autonomen Republiken der Kaukasusregion reisen	Stark in Sankt Petersburg im Juni
Frankfurt–Cagliari: 3 Stunden	12 Uhr in Frankfurt: gleiche Zeit in Cagliari	Gute Infrastruktur		Durchschnittlich
Frankfurt–Glasgow: 3 Stunden	12 Uhr in Frankfurt: 11 Uhr in Glasgow	Ursprüngliche Unterkünfte, gutes Straßennetz		Durchschnittlich
Frankfurt–Stockholm: 2 Stunden	12 Uhr in Frankfurt: gleiche Zeit in Stockholm	Gute Infrastruktur		Durchschnittlich
Frankfurt–Genf: 1 Std. 20 Min.	12 Uhr in Frankfurt: gleiche Zeit in Genf	Gute Infrastruktur		Durchschnittlich
Frankfurt–Dakar: 7 Stunden	12 Uhr in Frankfurt: 10 Uhr (S), 11 Uhr (W) in Dakar	Gutes Straßennetz, gute Unterkünfte im Camp oder bei Privatpersonen	Im Süden die Grenzregionen Richtung Gambia und Guinea-Bissau meiden	Stark an den Stränden zwischen Nov. und Mai
Frankfurt–Mahé: 11 Stunden	12 Uhr in Frankfurt: 14 Uhr (S), 15 Uhr (W) in Mahé	Gute Infrastruktur		Stark im Juli/Aug.
Frankfurt–Harare: 12 Stunden	12 Uhr in Frankfurt: gleiche Zeit (S), 13 Uhr (W) in Harare	Ausgezeichnete Lodges, aber teuer	Derzeit wird von Reisen abgeraten.	Durchschnittlich
Frankfurt–Singapur: 12 Stunden	12 Uhr in Frankfurt: 18 Uhr (S), 19 Uhr (W) in Singapur	Gute Infrastruktur		Stark das ganze Jahr über
Frankfurt–Catania: 2 Std. 30 Min.	12 Uhr in Frankfurt: gleiche Zeit in Catania	Gute Infrastruktur		Sehr stark im Juli/Aug. an den Küsten
Frankfurt–Bratislava: 2 Std. 15 Min.	12 Uhr in Frankfurt: gleiche Zeit in Bratislava	Gute Infrastruktur		Mäßig
Frankfurt–Ljubljana: 1 Std. 15 Min.	12 Uhr in Frankfurt: gleiche Zeit in Ljubljana	Gute Infrastruktur		Durchschnittlich

GFP: Gelbfieberprophylaxe. MP: Malariaprophylaxe. P: Reisepass. PA: Personalausweis. (S) im Sommer. (W) im Winter

Das Reiseziel auswählen

JEDEM SEIN REISEZIEL

	UNGEFÄHRER TICKETPREIS	DURCHSCHNITTLICHE KOSTEN BEI EINEM REISEUNTERNEHMEN	GESUNDHEITS-VORSORGE	DOKUMENTE
Spanien	Flug Frankfurt–Barcelona oder Madrid A/R: ab 110 €	500 € für 1 Woche Badeurlaub im Sommer; 1000 € für 1 Woche Wandertour in den Pyrenäen		EU, Schweiz: PA (Schengener Abkommen)
Sri Lanka	Flug Frankfurt–Colombo A/R: ab 750 €	1400 € für 2 Wochen Kulturrundreise im Minibus mit Halbpension	MP außer für Colombo, Kalutara, Nuwara Eliya	EU, Schweiz: P
Südafrika	Flug Frankfurt–Johannesburg: ab 610 €	2500 € für 2 Wochen	MP von Oktober bis Mai	EU, Schweiz: P
Südkorea	Flug Frankfurt–Seoul A/R: ab 700 €	Mindestens 2500 € für 12 Tage		EU, Schweiz: P
Syrien	Flug Frankfurt–Damaskus A/R: ab 400 €	1500 € für 2 Wochen (Kultur in Kombination mit Jordanien), alles inklusive		EU, Schweiz: P, Visum
Tansania	Flug Frankfurt–Dar es Salaam A/R: ab 600 €	2500 € für 2 Wochen (Fotosafari und Sansibar), alles inklusive	GFP empfohlen, MP unter 1800 Meter	EU, Schweiz: P, Visum
Thailand	Flug Frankfurt–Bangkok A/R: ab 640 €	Circa 1000 € für 1 Woche in Bangkok und Phuket	MP in den ländlichen Gebieten	EU, Schweiz: P
Tibet	Flug Frankfurt–Lhasa A/R: ab 1100 €	2500 € für 2 Wochen Wandertour, alles inklusive		EU, Schweiz: P, Visum
Tschechien	Flug Frankfurt–Prag A/R: ab 100 €	350 € für ein langes Wochenende, 3 Tage und 2 Nächte in Prag		EU, Schweiz: PA (Schengener Abkommen)
Tunesien	Flug Frankfurt–Djerba A/R: ab 670 €; Flug Frankfurt–Tunis A/R: ab 340 €	700 € für 1 Woche Badeurlaub, alles inklusive; 800 € für 1 Woche in der Wüste, alles inklusive		EU: PA bei Gruppenreisen, sonst P
Türkei	Flug Frankfurt–Antalya A/R: ab 240 €; Frankfurt–Istanbul A/R: ab 180 €	600 € für 1 Woche Badeurlaub, alles inklusive; 650 € für 1 Woche in Kappadokien, alles inklusive	MP im Südosten (Çukurova, Amikova)	EU: PA oder P
Ungarn	Flug Frankfurt–Budapest A/R: ab 100 €	1700 € für 10 Tage Kreuzfahrt auf der Donau, alles inklusive		EU, Schweiz: PA (Schengener Abkommen)
USA	Flug Frankfurt–New York A/R: ab 550 €; Flug Frankfurt–Los Angeles A/R: ab 680 €	600 € für ein Wochenende in New York; 750 € für 1 Woche mit dem Auto in Florida unterwegs		EU, Schweiz: P (biometrischer Pass, sonst Visum)
Usbekistan	Flug Frankfurt–Taschkent A/R: ab 1200 €	1400 € für 1 Woche Kulturrundreise, alles inklusive		EU, Schweiz: P, Visum
Venezuela	Flug Frankfurt–Caracas A/R: ab 700 €	2500 € für 2 Wochen Wandertour, alles inklusive	GFP empfohlen, MP ländliche Gebiete und Amazonasgebiet	EU, Schweiz: P
Verein. Arab. Emirate	Flug Frankfurt–Dubai A/R: ab 355 €	Ab 700 € für ein Wochenende in Dubai		EU, Schweiz: P
Vietnam	Flug Frankfurt–Ho-Chi-Minh-Stadt A/R: ab 750 €	2000 € für 2 Wochen Rundreise, alles inklusive	MP, besonders im Süden und unterhalb von 1500 Meter	EU, Schweiz: P, Visum
Wales	Flug Frankfurt–Cardiff A/R: ab 325 €	Circa 1000 € für 1 Woche Wandertour		EU, Schweiz: PA oder P
Zypern	Flug Frankfurt–Larnaca A/R: ab 280 €	600 € für 1 Woche Cluburlaub		EU: PA oder P

Das Reiseziel auswählen

DAUER DER ANREISE	ZEITUNTERSCHIED	INFRASTRUKTUR	SICHERHEIT	ANDRANG
Frankfurt–Barcelona: 1 Std. 45 Min.; Frankfurt–Malaga: 2 Std. 50 Min.	12 Uhr in Frankfurt: gleiche Zeit in Madrid	Gute Infrastruktur		Massen-Badetourismus mit langer Tradition – die Nebensaison wählen
Frankfurt–Colombo: 10 Stunden	12 Uhr in Frankfurt: 15.30 Uhr (S), 16.30 Uhr (W) in Colombo	Gutes Zugnetz, gute Straßen und Unterkünfte	Unbedingt den Norden der Insel meiden	Durchschnittlich bis stark im Jan. und Feb.
Frankfurt–Johannnesburg: 14 Std. 20 Min.	12 Uhr in Frankfurt: gleiche Zeit (S), 13 Uhr (W) in Johannesburg	Lodges in den Parks, gute Straßen	Vorsicht geboten	Stark zwischen Nov. und Feb.
Frankfurt–Seoul: 11 Stunden	12 Uhr in Frankfurt: 19 Uhr (S), 20 Uhr (W) in Seoul	Gute Infrastruktur		Durchschnittlich
Frankfurt–Damaskus: 5 Stunden	12 Uhr in Frankfurt: 13 Uhr (S), 14 Uhr (W) in Damaskus	Gutes Bus- und Schienennetz, gute Unterkünfte		Durchschnittlich
Frankfurt–Dar es Salaam: 10 Stunden	12 Uhr in Frankfurt: 13 Uhr (S), 14 Uhr (W) in Dar es Salaam	Unterschiedliche Unterkünfte in den Nationalparks, aber teuer	Nicht in die Grenzgebiete zu Ruanda und Burundi reisen	Stark in den Sommermonaten
Frankfurt–Bangkok: 10 Std. 40 Min.	12 Uhr in Frankfurt: 17 Uhr (S), 18 Uhr (W) in Bangkok	Gutes Straßen- und Schienennetz, unterschiedliche Unterkünfte	Nicht in den äußersten Süden reisen	Stark an den Stränden am Jahresende
Frankfurt–Lhasa: 14 Std. 25 Min.	12 Uhr in Frankfurt: 18 Uhr (S), 19 Uhr (W) in Lhasa	Umherreisen ist schwierig, Unterkünfte z. T. spartanisch		Durchschnittlich
Frankfurt–Prag: 1 Stunde	12 Uhr in Frankfurt: gleiche Zeit in Prag	Gute Infrastruktur		Sehr stark in Prag von Mai bis Aug.
Frankfurt–Djerba: 3 Std. 25 Min.; Frankfurt–Tunis: 2 Std. 25 Min.	12 Uhr in Frankfurt: gleiche Zeit (W), 11 Uhr (S) in Tunis	Gute Infrastruktur		Sehr stark an den Küsten von Juni bis Sept.
Frankfurt–Antalya: 3 Std. 20 Min.; Frankfurt–Istanbul: 2 Std. 45 Min.	12 Uhr in Frankfurt: 13 Uhr in Istanbul	Gute Infrastruktur	Nicht im Südosten reisen	Sehr stark an den Mittelmeerküsten von Juni bis Sept.
Frankfurt–Budapest: 1 Std. 30 Min.	12 Uhr in Frankfurt: gleiche Zeit in Budapest	Gute Infrastruktur		Durchschnittlich bis stark in Budapest im Frühling und Sommer
Frankfurt–New York: 9 Stunden; Frankfurt–Los Angeles: 13 Stunden	12 Uhr in Frankfurt: 3 Uhr in Los Angeles, 6 Uhr in New York	Gute Infrastruktur		Massen im Sommer in den Städten und am Grand Canyon, besser im Frühjahr oder Herbst reisen
Frankfurt–Taschkent: 7 Std. 30 Min.	12 Uhr in Frankfurt: 16 Uhr (W) in Taschkent	Gutes Straßennetz, Gästezimmer	Nicht im südöstlichen Grenzgebiet reisen	Durchschnittlich
Frankfurt–Caracas: 9 Std. 40 Min.	12 Uhr in Frankfurt: 6 Uhr (S), 7 Uhr (W) in Caracas	Posadas, Lodges, Ranches, Camps		Durchschnittlich
Frankfurt–Dubai: 6 Stunden	12 Uhr in Frankfurt: 14 Uhr (S), 15 Uhr (W) in Dubai	Exzellente, ziemlich luxuriöse Infrastruktur		Immer stärker von Nov. bis April
Frankfurt–Ho-Chi-Minh-Stadt: 16 Std. 30 Min.	12 Uhr in Frankfurt: 17 Uhr (S), 18 Uhr (W) in Ho-Chi-Minh-Stadt	Gute Unterkünfte bei Privatpersonen, interessante Züge		Durchschnittlich bis stark
Frankfurt–Cardiff: 2 Std. 35 Min.	12 Uhr in Frankfurt: 11 Uhr in Cardiff	Gute Infrastruktur		Durchschnittlich bis mäßig
Frankfurt–Larnaca: 4 Std. 25 Min.	12 Uhr in Frankfurt: 13 Uhr in Larnaca	Gute Infrastruktur		Sehr stark im Sommer an den Küsten

GFP: Gelbfieberprophylaxe. MP: Malariaprophylaxe. P: Reisepass. PA: Personalausweis. (S) im Sommer. (W) im Winter

Das Reiseziel auswählen

Jedem sein Klima

Sie träumen von der Sonne, während hier langsam der Winter Einzug hält? Sie würden gern nach Norwegen reisen, fürchten aber das raue Klima? Diese Übersicht gibt für jedes Land die Minimal- und Maximaltemperaturen an.

DIE TEMPERATUREN IN DER WELT

Land	Ort	Januar	Februar	März	April	Mai	Juni	Juli	August	Sept.	Okt.	Nov.	Dez.
ÄGYPTEN	Kairo	19/9	20/10	24/12	28/15	32/18	34/20	35/22	34/22	33/20	29/17	25/14	20/10
	Luxor	23/6	25/7	29/11	35/16	39/20	41/23	41/24	41/24	39/22	35/18	30/12	24/8
ALASKA	Anchorage	-6/-13	-3/-11	1/-8	6/-2	12/4	16/8	18/11	17/10	13/5	5/-2	-3/-10	-5/-12
ALGERIEN	Algier	17/6	17/6	19/7	21/9	24/12	28/16	31/19	32/20	30/18	26/14	21/10	18/7
ANTARKTIS	Palmer-Halbinsel	3/-1	3/-1	2/-2	0/-5	-2/-8	-5/-12	-5/-14	-5/-13	-2/-9	0/-6	2/-3	3/-1
ARGENTINEN	Buenos Aires	30/20	29/19	26/17	23/14	19/10	16/8	15/7	17/9	19/10	23/13	25/16	28/18
	Ushuaia	15/6	14/5	12/4	10/2	6/0	5/-1	5/-1	6/-1	9/1	11/2	13/4	13/5
ARMENIEN	Eriwan	1/-8	4/-6	11/0	19/6	24/10	29/14	33/17	32/17	28/12	21/7	12/1	4/-4
ÄTHIOPIEN	Addis Abeba	24/15	24/16	25/17	24/17	25/18	23/17	21/16	21/16	22/16	23/15	23/14	23/14
AUSTRALIEN	Alice Springs	36/21	35/21	33/17	28/13	23/8	20/5	20/4	23/6	27/10	31/15	34/18	35/20
	Darwin	32/25	31/25	32/25	33/24	32/22	30/21	31/21	32/23	33/23	33/25	33/25	33/25
	Perth	32/17	32/17	30/16	25/13	22/10	19/9	18/8	18/8	20/9	22/10	26/13	29/15
	Sydney	26/19	26/19	25/18	22/15	19/11	17/9	16/8	18/9	20/11	22/14	24/16	25/18
AZOREN	Ponta Delgada	17/11	17/11	17/11	18/12	20/13	22/15	25/17	26/18	25/17	22/16	20/14	18/12
BALEAREN	Ibiza	15/8	16/8	17/9	18/11	22/14	26/18	29/20	30/21	27/19	24/16	19/12	16/9
BALT. STAATEN	Riga	-4/-10	-3/-10	2/-7	10/1	16/6	21/9	22/11	21/11	17/8	11/4	4/-1	-2/-7
BELGIEN	Brüssel	6/1	6/1	10/3	13/5	18/9	20/12	22/14	23/13	19/11	14/8	9/4	7/2
BOLIVIEN	La Paz	18/7	18/7	18/7	18/6	18/4	17/3	16/2	17/3	18/4	19/5	19/6	19/6
	Santa Cruz	30/21	30/21	30/20	28/19	26/17	24/15	25/15	27/16	30/18	30/19	31/20	31/21
BORNEO		31/23	32/24	32/24	32/24	32/24	32/23	32/23	32/24	32/24	32/24	32/24	32/24
BOTSWANA	Gaborone	31/17	30/17	28/14	28/10	23/5	21/1	21/1	24/4	27/9	30/10	31/15	31/16
BRASILIEN	Manaus	31/23	30/23	31/23	31/23	31/23	31/23	31/23	33/23	33/24	33/24	32/24	31/24
	Rio de Janeiro	30/23	30/24	29/23	28/22	26/20	25/18	25/18	26/19	25/19	26/20	27/21	29/22
BULGARIEN	Sofia	2/-5	5/-3	10/0	16/5	20/9	24/12	26/14	26/13	23/10	17/6	10/1	4/-3
	Varna (Küste)	6/-1	7/0	10/2	15/7	20/12	25/16	27/18	27/18	24/14	18/10	13/6	8/2
CHILE	Santiago de Chile	30/13	30/12	27/11	23/8	19/6	15/4	15/4	17/5	19/6	22/8	25/10	28/12
CHINA	Guangzhou	18/9	18/10	21/14	25/18	29/22	31/24	32/24	32/24	31/23	29/21	25/15	21/11
	Peking	1/-11	4/-8	11/-1	21/7	27/13	31/19	31/21	30/20	26/14	20/6	10/-2	2/-8
COSTA RICA	San José	23/15	24/15	25/16	26/16	26/17	26/16	25/16	25/17	26/17	25/16	24/16	23/16
DÄNEMARK	Kopenhagen	2/-2	2/-2	5/-1	10/2	15/7	19/11	20/13	20/13	17/10	12/7	7/3	4/-1
DEUTSCHLAND	Berlin	3/-2	4/-2	9/1	13/4	19/9	22/12	24/14	24/14	19/11	13/6	7/2	4/0
	München	3/-4	4/-3	9/0	13/3	18/7	21/10	23/13	23/12	19/9	13/5	7/0	4/-2
DOMINIKAN. REPUBLIK	Santo Domingo	30/20	30/20	30/20	30/21	30/22	31/23	31/23	32/23	31/23	31/22	31/21	30/20
ECUADOR	Guayaquil	31/23	30/23	31/23	30/22	29/21	28/20	28/20	29/20	29/21	29/21	29/21	29/22

Quellen: World Meteorological Organization (WMO), Genf. Erläuterung: Die Temperaturangaben wurden der besseren Lesbarkeit halber auf- oder abgerundet (15,3 wurde beispielsweise 15; 15,7 wurde 16).

Das Reiseziel auswählen

DIE TEMPERATUREN IN DER WELT

		Januar	Februar	März	April	Mai	Juni	Juli	August	Sept.	Okt.	Nov.	Dez.
ENGLAND	London	7/2	8/3	10/4	13/6	17/9	20/12	22/14	22/13	20/11	15/9	10/5	8/3
FINNLAND	Helsinki	-3/-9	-3/-9	1/-6	8/1	16/4	20/9	22/12	20/11	14/6	8/2	3/-2	-1/-7
FRANKREICH	Marseille	10/2	11/3	14/5	17/8	21/12	25/16	28/18	28/18	25/15	20/11	14/6	11/3
	Paris	6/1	7/1	10/3	13/5	17/9	21/12	23/14	23/13	20/11	15/7	9/3	7/2
FRANZÖSISCH-GUAYANA	Cayenne	29/23	29/23	29/23	29/23	29/23	30/22	30/22	31/22	32/21	32/21	31/22	30/22
GRIECHENLAND	Athen	13/5	14/5	16/7	20/10	26/14	31/18	34/21	33/21	29/17	23/13	18/10	14/7
GUADELOUPE	Pointe-à-Pitre	28/19	28/19	29/19	29/21	30/22	30/23	30/23	31/23	31/23	30/22	30/21	29/20
GUATEMALA		24/12	25/13	27/14	28/15	27/16	25/16	25/16	25/16	24/16	24/15	23/14	23/1
HONGKONG		19/14	19/14	21/17	25/20	29/24	30/26	32/27	31/26	30/26	28/23	24/19	21/15
INDIEN	Kalkutta	27/14	30/17	34/22	36/25	36/27	34/26	32/26	32/26	32/24	32/24	30/19	27/14
	Madras	28/21	30/21	32/23	34/26	36/28	37/27	35/26	34/25	34/25	31/24	29/23	28/22
	Mumbai	31/17	31/17	33/21	33/24	33/26	32/26	30/25	30/25	30/24	33/23	33/21	32/18
	Neu-Delhi	21/7	24/10	30/15	36/22	40/26	39/28	35/27	33/26	34/24	33/20	28/13	23/8
	Srinagar	5/-2	8/-1	14/4	19/8	24/11	30/15	30/18	30/18	28/13	22/6	15/1	8/-2
INDONESIEN	Denpasar	33/24	33/24	34/24	34/25	33/24	31/24	30/23	30/23	31/23	34/24	33/26	33/24
	Jakarta	30/24	30/24	32/25	33/25	33/25	31/25	32/25	32/25	33/26	33/26	31/25	32/25
IRLAND	Dublin	8/3	8/3	10/3	11/4	14/7	17/10	19/11	19/11	17/10	14/8	10/4	8/3
ISLAND	Reykjavík	2/-3	3/-2	3/-2	6/0	9/4	12/7	13/8	13/8	10/5	7/2	3/-1	2/-3
ISRAEL	Eilat	21/10	22/11	26/14	31/18	35/22	39/24	40/26	40/26	37/25	33/21	27/16	22/11
	Jerusalem	12/6	13/6	15/8	22/13	25/16	28/18	29/19	29/20	28/19	25/17	19/12	14/8
ITALIEN	Mailand	5/-2	8/0	13/3	18/7	22/11	26/15	29/17	28/17	24/14	19/8	10/4	5/1
	Rom	13/4	14/4	15/6	18/8	22/12	26/16	29/18	29/18	26/16	22/12	17/8	14/5
	Venedig	6/1	8/1	12/4	16/8	21/12	25/16	28/18	27/17	24/14	18/10	12/4	7/0
JAPAN	Tokio	10/2	10/2	13/5	18/11	23/15	25/19	29/26	31/24	27/21	22/15	17/10	12/5
JEMEN	Sanaa	26/3	27/4	28/7	28/9	29/11	31/12	31/12	31/13	29/10	26/4	26/4	26/5
JORDANIEN	Amman	12/4	14/4	17/6	23/10	28/14	31/17	32/19	32/19	31/17	27/14	20/9	14/5
KAMBODSCHA	Phnom Penh	32/22	33/23	35/24	35/25	34/25	34/25	33/25	33/25	32/24	31/24	30/23	30/22
KANADA	Montréal	-7/-17	-5/-15	2/-8	11/0	19/6	23/11	26/14	24/12	19/7	12/2	5/-4	-4/-13
	Vancouver	6/1	8/2	10/3	13/5	17/8	19/11	22/13	22/13	19/11	14/7	9/3	6/1
KANAREN	Las Palmas	21/15	21/15	22/15	22/16	23/17	25/19	27/20	27/21	27/21	26/20	24/18	22/16
KAP VERDE	Praia	25/20	25/19	26/20	26/21	27/21	28/22	28/24	29/24	29/25	29/24	28/23	26/22
KENIA	Mombasa	32/23	32/24	33/24	31/24	29/23	28/21	28/20	28/20	29/21	30/22	31/23	32/23
	Nairobi	25/12	26/12	26/13	24/14	23/13	22/11	21/10	21/10	24/11	25/13	23/13	23/13
KOMOREN	Moroni	30/23	30/23	31/23	30/23	29/21	28/20	28/19	28/18	28/19	29/20	30/22	31/23
KROATIEN	Dubrovnik	12/7	12/6	14/9	17/11	21/15	25/19	28/22	29/22	25/19	21/15	17/10	13/8
KUBA	Havanna	26/19	26/19	28/20	29/21	30/22	30/23	31/24	32/24	31/24	29/23	28/21	27/20
LAOS	Vientiane	28/16	30/19	33/22	34/24	33/25	32/25	31/25	31/25	31/24	31/23	30/19	28/17
LIBANON	Beirut	17/9	18/9	20/11	22/13	25/16	28/19	29/21	30/22	29/21	26/18	23/14	19/11
LIBYEN	Tripolis	18/9	19/10	21/11	22/14	27/17	30/20	32/22	33/23	31/21	28/18	23/13	19/10
MADAGASKAR	Antananarivo	28/17	26/17	25/16	25/15	23/13	21/11	20/10	21/10	23/11	25/13	26/15	26/16
MADEIRA	Funchal	19/13	18/13	19/13	19/14	19/16	22/17	24/19	26/19	24/19	23/18	22/16	19/14

Das Reiseziel auswählen

DIE TEMPERATUREN IN DER WELT

		Januar	Februar	März	April	Mai	Juni	Juli	August	Sept.	Okt.	Nov.	Dez.
MALAYSIA	Kuala Lumpur	32/23	33/23	33/23	33/24	33/24	33/24	32/23	32/23	32/23	32/23	32/23	32/23
MALEDIVEN	Male	30/26	31/26	31/26	32/27	31/26	31/26	31/26	30/26	30/25	30/25	30/25	30/25
MALI	Bamako	33/17	36/20	39/23	40/25	39/25	35/24	32/22	31/22	32/22	35/21	35/18	33/17
	Timbuktu	30/13	33/15	37/19	40/26	42/26	42/27	39/26	37/25	38/25	39/23	35/18	30/14
MALTA	Valletta	14/10	15/10	16/11	18/13	22/16	26/19	29/22	29/23	27/22	24/19	20/16	16/12
MAROKKO	Agadir	20/9	22/9	22/11	22/12	24/15	24/16	26/18	27/18	27/17	26/15	23/12	20/8
	Casablanca	17/7	19/11	21/12	20/13	22/16	24/19	26/20	27/21	26/19	22/15	20/12	20/11
	Marrakesch	18/7	20/8	22/10	24/12	28/15	31/17	36/20	36/20	32/18	27/15	21/10	18/7
MARTINIQUE	Fort-de-France	27/21	27/21	28/22	29/22	29/23	29/23	29/23	29/24	30/24	29/23	29/23	28/22
MAURETANIEN	im Norden	23/10	25/11	28/13	30/14	33/16	36/18	41/23	41/24	37/22	32/19	27/15	22/11
	Nouakchott	29/14	31/15	33/16	33/17	34/19	34/22	32/23	33/24	35/25	36/23	34/19	29/14
MAURITIUS	Port Louis	32/24	32/24	32/24	31/23	29/22	28/20	27/19	27/19	28/19	29/20	30/22	31/23
MEXIKO	Acapulco	30/23	30/26	30/24	31/24	32/25	32/25	32/25	32/25	32/25	32/25	32/25	31/24
	Cancún	28/21	29/21	30/22	32/23	33/24	33/25	33/25	34/25	33/25	31/24	30/23	28/21
	Mexiko-Stadt	21/6	23/7	26/9	27/11	27/12	25/12	23/12	23/12	22/12	22/10	22/8	21/7
MONGOLEI	Ulan-Bator	-7/-33	-1/-30	10/-24	20/-14	28/-6	30/1	31/5	29/3	25/-5	18/-15	6/-25	-5/-32
MONTENEGRO	Podgorica	10/1	11/3	15/6	19/9	24/14	28/17	32/20	32/20	27/17	22/12	15/7	11/3
MYANMAR	Rangun	32/18	35/19	36/21	37/24	33/25	30/25	30/24	30/24	30/24	32/24	32/22	32/19
NAMIBIA	Windhoek	30/17	28/16	27/15	26/13	23/9	20/7	20/6	23/9	29/11	29/15	30/15	30/16
NEPAL	Kathmandu	18/2	20/4	24/8	27/11	28/16	28/19	28/20	28/20	27/18	26/13	23/7	19/3
NEUKALEDONIEN	Nouméa	29/23	29/23	28/23	26/21	24/20	24/19	23/17	23/17	24/18	25/19	27/21	28/22
NEUSEELAND	Auckland	23/16	23/16	22/15	19/13	17/11	14/9	13/8	14/8	16/9	17/11	19/12	21/14
NIEDERLANDE	Amsterdam	5/1	6/1	9/2	12/4	17/8	19/10	21/13	22/12	18/10	14/7	9/4	7/2
NIGER	Niamey	33/16	36/19	39/23	41/27	40/28	37/26	34/24	33/23	34/24	38/24	36/20	33/17
NORWEGEN	Oslo	-2/-7	-1/-7	4/-3	9/1	16/7	20/11	22/12	20/11	15/8	9/4	3/-2	-1/-6
	Karasjok	-9/-21	-10/-22	-3/-17	1/-9	7/-1	14/5	18/8	16/6	9/2	2/-5	-4/-12	-9/-18
OMAN	Maskat	26/17	26/18	30/20	35/24	40/29	40/30	39/30	36/28	36/27	35/25	30/21	27/18
ÖSTERREICH	Wien	3/-2	5/0	10/2	15/6	21/11	23/16	26/15	25/15	20/12	14/7	8/2	4/1
PERU	Cuzco	19/7	19/7	19/6	20/5	20/3	20/0	19/0	20/0	20/4	21/6	21/6	19/6
	Lima	26/19	27/19	26/19	24/18	22/16	20/15	19/15	18/15	19/15	20/15	22/16	24/18
PHILIPPINEN	Manila	30/24	31/24	32/25	34/26	33/27	32/26	31/26	31/26	31/26	31/26	31/25	30/24
POLEN	Warschau	0/-5	2/-4	7/-1	13/2	19/8	22/11	24/13	23/12	18/9	12/4	5/0	2/-3
POLYNESIEN	Tahiti	30/23	31/24	31/24	31/23	31/23	30/23	29/21	28/21	28/21	29/22	30/23	30/23
PORTUGAL	Faro	16/8	17/8	18/9	20/10	22/13	25/16	29/18	29/18	27/17	23/14	19/11	17/9
	Lissabon	15/8	16/9	18/10	19/11	22/13	25/16	27/17	28/18	26/17	22/15	18/11	15/9
REUNION	Saint-Denis	29/23	30/23	29/23	28/22	27/20	26/18	25/18	24/17	25/18	26/19	27/20	28/22
RUMÄNIEN	Küste	3/-4	4/-2	8/1	13/6	19/11	24/16	27/18	26/17	23/14	17/9	11/4	6/-1
	Bukarest	2/-6	4/-3	11/0	18/6	23/11	27/14	29/16	29/15	25/11	18/6	10/2	4/-3
RUSSLAND	Moskau	-6/-12	-4/-11	2/-6	10/2	18/8	22/12	23/14	22/12	15/7	8/2	1/-3	-4/-9
	Sankt Petersburg	-5/-11	-4/-10	1/-5	8/1	16/7	20/11	22/14	20/13	15/8	8/3	2/-2	-2/-7
	Wladiwostok	-9/-16	-6/-14	2/-6	9/1	15/6	17/11	21/15	23/17	19/13	12/5	3/-4	-6/-13

Das Reiseziel auswählen

DIE TEMPERATUREN IN DER WELT

		Januar	Februar	März	April	Mai	Juni	Juli	August	Sept.	Okt.	Nov.	Dez.
SARDINIEN	Cagliari	14/6	15/6	16/7	18/9	22/12	27/16	27/19	30/19	27/17	23/14	18/10	15/7
SCHOTTLAND	Edinburgh	6/1	7/1	9/2	11/3	14/6	17/9	18/11	18/11	16/9	13/6	9/3	7/1
SCHWEDEN	Stockholm	-1/-5	-1/-5	3/-3	9/1	16/6	21/11	22/13	20/13	15/9	10/5	5/1	1/-3
SCHWEIZ	Davos	-2/-11	0/-10	4/-6	8/-2	13/2	16/5	18/7	17/7	14/4	9/0	3/-5	-1/-9
	Genf	4/-2	6/-1	10/1	14/4	18/8	22/11	25/13	24/13	21/10	15/6	8/7	5/-1
SENEGAL	Dakar	26/18	25/18	25/18	25/19	26/20	29/23	27/25	30/25	31/25	31/25	30/23	28/21
SEYCHELLEN	Victoria	30/24	30/25	31/25	32/25	31/25	29/25	28/24	28/24	29/24	30/24	30/24	30/24
SIMBABWE	Harare	26/16	26/16	26/15	26/13	24/9	22/7	22/7	24/9	28/12	28/15	28/16	26/16
SINGAPUR		30/23	31/26	31/24	32/24	32/25	31/25	31/24	31/24	31/24	31/24	31/24	30/23
SIZILIEN	Palermo	15/10	15/10	16/11	18/13	22/16	25/20	28/23	29/24	27/22	23/18	19/14	16/12
SLOWAKEI	Bratislava	2/-4	5/-2	11/1	16/5	22/10	25/13	27/15	22/11	22/11	15/6	8/1	4/-2
SLOWENIEN	Ljubljana	3/-3	6/-2	11/1	14/5	21/10	24/13	27/15	26/14	22/11	15/7	8/2	3/-2
SPANIEN	Barcelona	13/4	15/5	16/7	18/9	21/12	24/16	28/19	28/19	26/17	22/13	17/8	14/6
	Madrid	10/3	12/4	16/6	18/7	21/11	27/15	31/18	31/18	26/15	19/10	13/6	10/4
	Malaga	17/7	18/8	19/9	21/10	24/13	27/17	30/20	30/21	28/18	24/14	20/11	17/8
SRI LANKA	Colombo	31/22	31/23	32/24	32/25	31/26	30/26	30/25	30/25	30/25	30/24	30/23	30/23
SÜDAFRIKA	Johannesburg	26/15	25/14	24/13	21/10	19/7	16/4	17/4	19/6	23/9	24/11	24/13	25/14
	Kapstadt	26/16	27/16	25/14	23/12	20/9	18/8	18/7	18/8	19/9	21/11	24/13	25/15
SÜDKOREA	Seoul	2/-6	4/-4	10/1	18/7	23/13	27/18	29/22	30/22	26/17	20/10	12/3	4/-3
SYRIEN	Damaskus	12/3	14/3	18/5	23/9	29/13	34/16	36/17	36/18	32/15	27/12	20/8	14/4
TANSANIA	Daressalam	30/25	31/25	31/24	30/23	30/22	29/20	29/19	29/19	29/19	29/20	30/22	30/24
	Sansibar	32/24	32/25	32/24	30/25	28/23	28/23	27/22	28/22	28/22	30/23	31/23	31/24
THAILAND	Bangkok	32/21	33/23	34/25	35/26	34/26	33/25	33/25	33/25	32/25	32/24	32/23	31/21
TIBET	Lhasa	7/-10	9/-7	12/-3	16/1	19/5	23/9	22/10	21/9	20/8	16/1	11/-5	8/-9
TSCHECHIEN	Prag	0/-5	3/-4	8/-1	13/3	18/7	21/11	23/12	23/12	19/9	13/4	6/0	2/-3
TUNESIEN	Gabès (im Süden)	16/6	17/7	20/10	22/13	25/17	28/20	32/22	32/23	30/21	26/17	22/12	17/8
	Tunis	16/7	17/7	18/8	21/10	25/14	29/17	33/20	33/21	30/19	25/16	21/11	17/8
TÜRKEI	Ankara	4/-4	6/-3	11/0	17/5	22/9	26/13	30/15	30/15	26/11	20/7	13/2	6/1
	Istanbul	9/3	9/3	11/4	17/8	21/12	26/16	28/19	29/19	25/16	20/12	15/9	11/5
UNGARN	Budapest	1/-4	5/-2	10/2	16/6	21/11	24/14	27/15	26/15	22/12	16/7	8/2	3/-2
USA	Denver	6/-9	8/-7	11/-3	17/1	22/6	27/11	31/15	30/14	25/9	19/2	11/-4	7/-8
	Los Angeles	19/9	19/10	19/11	21/14	21/14	22/15	24/17	25/18	25/18	24/15	21/12	19/9
	New Orleans	16/5	18/7	22/11	26/15	29/18	32/22	33/23	32/23	30/21	26/15	22/11	18/7
	New York	3/-4	4/-3	9/1	15/6	20/11	25/17	28/20	28/20	24/16	18/10	12/5	6/-1
USBEKISTAN	Taschkent	3/-6	7/-3	12/3	18/8	26/13	31/17	33/18	32/16	27/11	18/6	12/2	7/-2
VENEZUELA	Caracas	29/13	31/15	32/15	32/16	32/18	30/18	31/17	29/17	30/17	30/16	30/16	28/14
VEREIN. ARAB. EMIRATE	Dubai	24/14	25/15	28/17	32/20	37/24	39/26	41/29	40/29	39/26	35/23	31/18	26/15
VIETNAM	Hanoi	19/14	20/15	23/18	27/21	32/23	33/26	33/26	32/26	31/25	29/22	25/19	22/15
	Ho-Chi-Minh-Stadt	32/21	33/23	34/24	35/26	34/25	32/25	32/24	32/24	31/24	31/24	31/23	31/21
WALES	Cardiff	7/2	7/2	10/3	13/5	16/8	19/11	21/13	21/12	18/11	14/8	10/5	8/3
ZYPERN	Limassol	16/7	17/8	19/8	23/11	28/15	32/19	34/22	34/22	32/20	28/16	23/13	19/9

43

Das Reiseziel auswählen

Tropische Reiseziele

Auch wenn alle Klischees das besagen, so ist der Himmel über den Tropen keineswegs immer nur wolkenlos. Diese Übersicht informiert über die besten Zeiten für Reisen in Länder, die im tropischen Gürtel liegen.

GÜNSTIGE UND UNGÜNSTIGE REISEMONATE

Land	Januar	Februar	März	April	Mai	Juni	Juli	August	September	Oktober	November	Dezember
ÄGYPTEN	G	G	G	O	O	R	R (sehr große Hitze)	R	O	O	G	G
AUSTRALIEN (ZENTRAL)	O	O	O	G	G	G	G	G	G	G	O	O
AUSTRALIEN (NORD)	O	O	O	G	G	G	G	G	G	G	O	O
AUSTRALIEN (SÜD)	G	G	G	G	O	O	O	O	O	G	G	G
BRASILIEN (NORD)	G	G	O	O	O	O	O	O	O	O	G	G
BRASILIEN (AMAZONAS)	O	O	O	R	R (starke Regenfälle)	R	O	O	G	G	G	O
BRASILIEN (SÜD)	G	G	G	O	O	O	O	O	O	G	G	G
CHINA	G	G	G	G	G	G	G	R (evtl. Wirbelstürme)	R	G	G	G
COSTA RICA	G	G	G	G	O	O	O	O	O	O	G	G
DOMINIKANISCHE REPUBLIK	G	G	G	G	G	O	O	R (evtl. Wirbelstürme)	R	O	G	G
FRANZÖSISCH GUAYANA	O	O	O	O	R	R (starke Regenfälle)	O	O	G	G	G	O
GUADELOUPE	G	G	G	G	G	O	O	R (evtl. Wirbelstürme)	R	O	G	G
GUATEMALA	G	G	G	G	G	O	O	O	R (evtl. Wirbelstürme)	R	G	G
HONGKONG	G	G	G	G	O	O	O	R (evtl. Wirbelstürme)	R	G	G	G
INDIEN	G	G	G	O	R (starker Regen)	R (evtl. Wirbelstürme)	O	O	O	O	R (Wirbelstürme)	G
INDONESIEN	O	O	G	G	G	G	G	G	G	G	O	O
JEMEN	G	O	O	G	G	G	O	O	O	O	O	G
KAP VERDE	G	G	G	G	O	O	O	O	O	O	G	G
KENIA	G	G	G	O	O	G	G	G	G	G	O	G
KUBA	G	G	G	G	G	O	O	R (evtl. Wirbelstürme)	R	O	G	G

Die drei Farben unterscheiden die Reisezeiten. Rot: Von diesen Zeiten ist abzuraten; sei es, weil die Hitze unterträglich ist, sei es, weil Wirbelstürme auftreten können. Orange: Diese Zeiten sind akzeptabel, einem tropischen Regenguss folgt schnell die Sonne. Grün: die besten Reisemonate.

GÜNSTIGE UND UNGÜNSTIGE REISEMONATE

Legende: 🟢 günstig · 🟠 eingeschränkt · 🔴 ungünstig

	Januar	Februar	März	April	Mai	Juni	Juli	August	September	Oktober	November	Dezember
MADAGASKAR	🔴 evtl. Wirbelstürme	🔴	🟠	🟢	🟢	🟢	🟢	🟢	🟢	🟢	🟠	🟠
MALAYSIA	🔴 östlicher Teil	🔴	🟠	🟢	🟢	🟢	🟢	🟢	🟠	🟠	🟠	🟠
MALEDIVEN	🟢	🟢	🟢	🟢	🟠	🟠	🟠	🟠	🟠	🟢	🟢	🟢
MARTINIQUE	🟠	🟠	🟢	🟢	🟢	🟢	🟢	🔴 evtl. Wirbelstürme	🔴	🔴	🟠	🟠
MAURITIUS	🔴 evtl. Wirbelstürme	🔴	🔴	🟢	🟢	🟢	🟢	🟢	🟢	🟢	🟢	🟠
MAYOTTE	🟠	🟠	🟠	🟢	🟢	🟢	🟢	🟢	🟢	🟢	🟠	🟠
MEXIKO	🟢	🟢	🟢	🟢	🟢	🟠	🟠	🔴 evtl. Wirbelstürme	🔴	🟠	🟢	🟢
MYANMAR	🟢	🟢	🟠	🟠	🟠	🟠	🟠	🟠	🟠	🟠	🟢	🟢
NEUKALEDONIEN	🔴 evtl. Wirbelstürme	🔴	🔴	🟢	🟢	🟢	🟢	🟢	🟢	🟢	🟢	🟠
OMAN	🟢	🟢	🟢	🟠	🟠	🟠	🟠	🟠	🟠	🟢	🟢	🟢
PHILIPPINEN	🟢	🟢	🟢	🟢	🟠	🟠	🟠	🔴	🔴	🔴	🟠	🟢
POLYNESIEN	🟠	🟠	🟠	🟢	🟢	🟢	🟢	🟢	🟢	🟢	🟠	🟠
RÉUNION	🔴 evtl. Wirbelstürme	🔴	🔴	🟢	🟢	🟢	🟢	🟢	🟢	🟢	🟢	🟠
SENEGAL	🟢	🟢	🟢	🟢	🟢	🟠	🟠	🟠	🟠	🟢	🟢	🟢
SEYCHELLEN	🟠	🟢	🟢	🟢	🟢	🟢	🟢	🟢	🟢	🟢	🟢	🟠
SRI LANKA	🟢	🟠 Südwestküste	🟠	🟠	🟠 Nordwestküste	🟠	🟠	🟠 Nordwestküste	🟠	🟠	🟢	🟢
SÜDAFRIKA	🟢	🟢	🟢	🟢	🟠	🟠	🟠	🟠	🟢	🟢	🟢	🟢
TANSANIA	🟢	🟢	🟠	🟠	🟠	🟢	🟢	🟢	🟢	🟢	🟠	🟢
THAILAND	🟢	🟢	🟢	🟠	🟠	🟠	🟠	🟠	🟠	🟠	🟢	🟢
USA FLORIDA	🟢	🟢	🟢	🟢	🟢	🟠	🟠	🔴 evtl. Wirbelstürme	🔴	🟠	🟢	🟢
USA LOUISIANA	🟠	🟠	🟢	🟢	🟢	🟠	🟠	🔴 evtl. Wirbelstürme	🔴	🟢	🟢	🟠
VENEZUELA	🟢	🟢	🟢	🟢	🟠	🟠	🟠	🟠	🟠	🟠	🟢	🟢
VEREINIGTE ARABISCHE EMIRATE	🟢	🟢	🟢	🟢	🔴 ◄— sehr große Hitze —►	🔴	🔴	🔴	🔴	🟠	🟢	🟢
VIETNAM	🟢	🟢	🟢	🟢	🟠	🟠	🟠	🟠	🟠	🟠	🟢	🟢

Das Reiseziel auswählen

Reiseziele von A bis Z

Die folgende Liste enthält alle Länder, die in diesem Reiseführer vorgestellt werden.
Sie führt ebenfalls Regionen und Inseln auf, denen kein Extrakapitel gewidmet wurde.

Ägypten 50	Japan 190	Peru 284
Alaska 379	Jemen 194	Philippinen 288
Algerien 56	Jordanien 196	Polen 290
Antarktis 58	Kambodscha 198	Polynesien 292
Argentinien 60	Kanada 200	Portugal 294
Armenien 62	Kanaren 334	Réunion 302
Äthiopien 64	Kap Verde 210	Rumänien 304
Australien 66	Kenia 212	Russland 306
Balearen 334	Kroatien 216	Sansibar 348
Baltische Staaten 72	Kuba 218	Sardinien 188
Belgien 78	Laos 222	Schottland 141
Bolivien 80	Lettland 74	Schweden 312
Borneo 172	Libanon 224	Schweiz 314
Botswana 82	Libyen 226	Senegal 316
Brasilien 84	Litauen 76	Seychellen 318
Bulgarien 90	Madagaskar 228	Simbabwe 320
Chile 92	Madeira 300	Singapur 322
China 94	Malaysia 230	Sizilien 189
Costa Rica 106	Malediven 234	Slowakei 324
Dänemark 108	Mali 236	Slowenien 326
Deutschland 110	Malta 238	Spanien 328
Dominikanische Republik 114	Marokko 240	Sri Lanka 336
Ecuador 116	Martinique 246	Südafrika 338
England 136	Mauretanien 248	Südkorea 342
Estland 72	Mauritius 250	Syrien 344
Finnland 118	Mexiko 252	Tansania 346
Frankreich 120	Mongolei 258	Thailand 350
Französisch-Guayana 126	Montenegro 260	Tibet 97
Griechenland 128	Myanmar 262	Tschechien 354
Großbritannien 136	Namibia 264	Tunesien 356
Guadeloupe 146	Nepal 266	Türkei 360
Guatemala 148	Neukaledonien 268	Ungarn 364
Hongkong 150	Neuseeland 270	USA 366
Indien 152	Niederlande 272	Usbekistan 386
Indonesien 166	Niger 276	Venezuela 388
Irland 174	Nordirland 144	Vereinigte Arabische Emirate 392
Island 178	Norwegen 278	Vietnam 394
Israel 180	Oman 280	Wales 142
Italien 182	Österreich 282	Zypern 398

Die Länder
von A bis Z

Ägypten

REISEHIGHLIGHTS ÄGYPTEN

Die Kulturdenkmäler
- Die Pyramiden in den Nekropolen von Giseh (Cheops, Chephren, Menkaure), Sakkara, Faijum und Memphis
- Die Überreste des antiken Theben: die Tempel in Luxor und Karnak, die Memnonkolosse, die königlichen Gräber (Tal der Könige, Tal der Königinnen)
- Die Tempel von Edfu, Philae, Kom Ombo, Kharga, die umgesetzten Tempel von Abu Simbel in Nubien
- Die Klöster (St. Katharina, St. Simeon)
- Der Hochdamm von Assuan

Die Küsten
- Die Strände am Roten Meer und am Mittelmeer, der Golf von Suez, der Golf von Akaba
- Tauchen (Rotes Meer)

Städte und Dörfer
- Kairo, Alexandria
- Nubische Dörfer

Wüsten und Oasen
- Die Wüste Sinai (Katharinenberg), die Weiße Wüste
- Die Oasen von Siwa und der östlichen Wüste (Dakhla, Farafra, Kharga)

Für einen Stubenhocker, der sich nur ausnahmsweise auf Reisen begeben will, müsste Ägypten weit oben auf der Liste seiner Reiseziele stehen. Denn das Land ist wie ein lebensechtes Geschichtsbuch. Im letzten Jahrzehnt hat ein anderes Ägypten stark an Bedeutung gewonnen, das Land der Badeorte und Tauchreviere am Roten Meer. Eine dritte Attraktion sind die Wüsten – mit der Weißen Wüste, den Oasen und dem Sinai.

Die Kulturdenkmäler

Eine Reise auf dem Nil zwischen Kairo und Assuan – eine Strecke, die man leicht bei einer Kreuzfahrt erschließen kann – ist wie ein Ausflug mitten hinein in die Geschichte. Der „göttliche Fluss" heißt alle willkommen, neben den traditionellen Feluken und Dahabeyas auch Luxusschiffe und Segelyachten.

In Großraum Kairo gilt die Nekropole **Giseh** als touristische Schatzkammer Ägyptens, sogar des Welterbes der Architektur. Sie besteht aus den drei von der **Sphinx** bewachten Pyramiden der Pharaonen Cheops, Chephren und Menkaure. Auch die Kolossalstatue von Ramses II., die Sphinx von **Memphis**, die Nekropole von **Sakkara** (Stufenpyramide des Königs Djoser, Serapeum), sollte man sich nicht entgehen lassen, desgleichen die Totenstadt von **Faijum** mit den Grabporträts sowie die Tempel und Grabstätten der **Sumpflandschaft von Tanis** im Nildelta. Die neueste Entdeckung sind die Grabungsfelder von Abusir nicht weit

Vor dem Tempel von **Abu Simbel** erheben sich vier Kolossalstatuen, die Ramses II. darstellen und von der ihm erwiesenen absoluten Verehrung zeugen.

Ägypten

Die Felukenfahrt nilaufwärts bietet einen authentischen Blick auf Ägypten.

von Sakkara mit Pyramiden und Königstempeln aus der 5. Dynastie. Den zweiten grandiosen archäologischen Schatz Ägyptens stellen die Ruinen der Stadt Theben dar, die unter den Pharaonen Amenophis I. bis IV. und Thutmosis I. bis III. ihre größte Blüte erlebte. Auf dem rechten Nilufer gehören heute der Tempel von Luxor, besonders die Tempelanlage in **Karnak**, zu den bekanntesten Zeugnissen der Vergangenheit. Am Westufer des Nils sind es Medinet Habu und die **Memnonkolosse**. Die zehn Tempel von Gurna und der Tempel der Hatschepsut in Der el-Bahari dienen als Auftakt eines Besuchs des **Tals der Könige** und des **Tals der Königinnen**. Dort liegen die Grabstätten der Pharaonen des Neuen Reiches, dort wurde 1922 der Schatz des Tutanchamun entdeckt.

Auf dem Weg von Luxor nach Süden kommt man an zwei weiteren bedeutenden Tempeln vorbei. Diese sind **Edfu**, der dem Falkengott Horus geweiht ist, und der von Thutmosis III. gegründete Tempel von **Kom Ombo**, wo der Falkengott Horus und der Krokodilgott Sobek verehrt wurden. Bei Assuan liegen der dem Isiskult geweihte Tempel auf der **Insel Philae** und die Attraktionen der Insel Elephantine (Chnum-Tempel und Nilometer).

Nördlich von Assuan bietet sich als architektonisches Kontrastprogramm das alte Kloster **St. Simeon** (6. Jh.) an, das von den Kopten errichtet wurde. Den Kopten begegnet man auch in der Nekropole von al-Bagawat nördlich der Oase **Kharga**, in einer Region, deren kulturelles Erbe weitgehend verkannt wird (Tempel, römische Festungsanlagen).

Im Nassersee ist das alte **nubische Kulturland** versunken, doch durch die vor über 30 Jahren von der Unesco unternommenen Umsetzungsarbeiten gelang in **Abu Simbel** die Rettung der Felsentempel von Ramses II. und Nefertari. Neben weiteren Tem-

REISEINFORMATIONEN

Erste Infos
Fremdenverkehrsamt Ägypten, Kaiserstraße 64 a, 60329 Frankfurt am Main
Ägyptisches Kulturzentrum, www.culture-egypt.com
www.egypt.travel
www.red-sea.com

Formalitäten
Alle Staatsbürger der EU benötigen einen Reisepass, der noch sechs Monate nach der Ausreise gültig ist. Manchmal reicht ein Personalausweis aus, es empfiehlt sich, genaue Informationen einzuholen. Auf jeden Fall besteht Visumspflicht. Das Visum kann man bei der Botschaft, den Konsulaten oder bei der Einreise beantragen. Ein Rückreise- oder Weiterreiseticket ist vorzuweisen.

Gesundheit
Bei Beachtung der üblichen Vorsichtsmaßnahmen gibt es keine Probleme. Impfungen sind nicht vorgeschrieben.

Flugdauer, Zeitverschiebung
Durchschnittliche Flugdauer Frankfurt–Kairo (2924 km) 3 Std. 55 Min.
Charterflüge gehen nach Alexandria, Hurghada, Sharm-el-Sheik. Es gibt auch kombinierte Flüge, z. B. Ankunft in Kairo und Abflug von Luxor oder umgekehrt. Von großen Provinzstädten werden oft auch Direktflüge angeboten. Ägyptens Zeitzone liegt im Winter eine Stunde vor der MEZ, im Sommer entspricht die Uhrzeit der MEZ.

Durchschnittliche Reisekosten
Eine Kreuzfahrt auf dem Nil kostet etwa 750 bis 900 Euro, eine Woche Hotelaufhalt und Tauchen am Roten Meer etwa 700 Euro. Zehn Tage in der Weißen Wüste kommen auf 1200 Euro.

Sprachen, Währung
Die Amtssprache ist Arabisch. Fremdsprachen: Englisch an Touristenorten, manchmal auch Deutsch, da es gelegentlich unterrichtet wird.
Währung: Ägyptisches Pfund. USD oder Euro werden in bar oder als Reiseschecks gern angenommen. 1 USD = 7,50 Ägyptische Pfund, 1 Euro = 7,80 Ägyptische Pfund.

Bevölkerung
Im Verhältnis zur bewohnbaren Fläche, die es sich zu teilen gilt, ist die Bevölkerungszahl sehr hoch. Von den 75 498 000 Einwohnern des Landes leben allein 15 Millionen im Ballungsraum Kairo.

Religionen
94 % der Bevölkerung sind sunnitische Muslime. Daneben gibt es sechs Millionen Kopten (Frühchristen, die Jesus nur in seiner göttlichen Natur anerkennen) sowie eine jüdische Minderheit.

Feste und Feiertage
Februar: Sonnenfest von Abu Simbel (auch im Oktober), Marathon von Luxor. April: Frühlingsfest (erster Montag nach dem koptischen Osterfest), **6. Oktober**: Nationalfeiertag, November: Festival arabischer Musik in Kairo, **Aid al-Fitr**: Ende des Ramadan

Einkäufe
Besonderheiten sind Papyrus und Gewürze (etwa Karkade, Hauptbestandteil des Malventees, eines typischen lokalen Getränks). Auch Silberschmuck und traditionelle Textilien (Schals, Galabias, handgewebte Seide) werden in Ägypten gern gekauft.

Überreste des antiken Dromos, der von mehr als 700 Sphingen gesäumt ist. Er verbindet die Tempel von Luxor und Karnak.

peln hat die Unesco zahlreiche andere architektonische Kostbarkeiten gerettet: Kalabscha, Kertassi, Maharraka, Dakka.

Die moderne Architektur wird mit dem Staudamm von **Assuan**, der mit seinen 111 Meter Höhe den Nil bändigt, eine bedeutende, wenn auch umstrittene Spur hinterlassen. Hinter dem Staudamm erstreckt sich der Nassersee, auf dem man heute kleine Kreuzfahrten machen kann.

Im Sinai, am Fuß des **Katharinenbergs**, liegt das gleichnamige byzantinische Katharinenkloster, das älteste noch existierende Kloster der Welt. Errichtet wurde es im 6. Jh. von Justinian. Es besitzt eine Ikonensammlung sowie Zeugnisse aus dem Leben des Moses.

■ Die Küsten

Trotz seiner Lage am **Mittelmeer** und der feinsandigen Strände bei Alexandria oder Marsa Matruh ließen Badeurlauber Ägypten lange links liegen. In letzter Zeit wurde die Infrastruktur in den Regionen am **Roten Meer** jedoch grundlegend verbessert. Seitdem weitet sich der Badetourismus, der auf 360 Sonnentage im Jahr rechnen kann, ständig aus, vor allem angesichts der relativ niedrigen Preise.

Taucher und Unterwasserfotografen, auch Anfänger, bekommen hier ein Spektakel zu Gesicht, das mit seinen zahlreichen Korallenriffen und vielfältigen Fischarten zu den atemberaubendsten der Unterwasserwelt gehört. Nicht versäumen darf man

BESTE REISEZEIT			
	Nilkreuzfahrten und Wüsten	Rotes Meer	Günstig reisen
Januar	☼		
Februar	☼		
März			
April		☼	
Mai		☼	€
Juni		☼	€
Juli			€
August			€
September		☼	
Oktober		☼	
November	☼	☼	
Dezember	☼		

Alexandria, hier der Blick auf die Meerseite, ist eine freundliche, geschichtsträchtige Stadt.

Hurghada – familiär und mit günstigem Preis-Leistungsverhältnis –, und das kleine, noble **Sharm el-Sheikh** an der Südspitze des Sinai, mit idealen Bedingungen zum Tauchen und Schnorcheln. Weitere «Resorts» sind in **Safaga, El Gouna, Marsa Alam** und **Soma Bay** entstanden.

■ **Städte und Dörfer**

In **Kairo** sind die uralten Viertel und Moscheen (Ibn Tulun, al-Azhar) und die koptischen Kulturdenkmäler – darunter die Kirche St. Sergius, wo die Heilige Familie Zuflucht gefunden haben soll – die Hauptattraktionen einer Stadt, die aus allen Nähten platzt. Unbedingt ins Programm gehört ein Besuch der Museen: des Ägyptischen Museums mit dem Schatz des Tutenchamun, des Koptischen Museums, des Museums für Islamische Kunst, des Mahoud Khalil Museums (Impressionisten).

Alexandria möchte an ihre glanzvolle Vergangenheit anknüpfen, zu der ihr die Ptolemäer, die letzten Pharaonen, zwischen 360 und 30 v. Chr. verholfen hatten. In jüngerer Zeit kam bei Ausgrabungen die Totenstadt ans Tageslicht. Manch berühmter Schatz blieb dagegen unauffindbar, darunter der Leuchtturm von Pharos, die Insel der Kleopatra und die legendäre Bibliothek von Alexandria. Die Erinnerung daran will die neue, futuristische Bibliotheca Alexandrina wachrufen, die vom Griechisch-Römischen Museum flankiert wird.

Ägypten

Blick von der Oase Siwa auf die atemberaubende Landschaft der Weißen Wüste.

Auch Abstecher zur Corniche, einer langen Strandpromenade, den verwinkelten Gassen des Viertels El Mansheya, den Katakomben von Kom el-Shuqafa (1. und 2. Jh.), dem römischen Amphitheater, dem Ras-el-Tin-Palast und der Nekropole von Anfushi lohnen einen Besuch.
Bei Assuan lockt die Umgebung, etwa die Inseln Elephantine und Sehel, wo die Nubier Dörfer mit leuchtend bunt angestrichenen Häusern als Ersatz für die 1970 im Wasser des Nassersees versunkenen Dörfer wiederaufgebaut haben.

■ Wüsten und Oasen
Das Niltal lässt die anderen Landschaften Ägyptens fast in den Hintergrund treten, insbesondere die spektakulären Wüsten an beiden Flussufern, die zu reizvollen Touren einladen. Im Osten, im **Sinai**, liegt der **Mosesberg** (2285 Meter), wo Gott Moses die Zehn Gebote übergab. Noch höher erhebt sich der **Katharinenberg** (2637 Meter), ebenfalls Ziel vieler Bergwanderer. Die eigentliche Wüste fasziniert mit ihren Landschaften aus vielfarbigem Sandstein, etwa dem Color Canyon bei Nuweiba. Im Westen erstreckt sich die **Weiße Wüste**, deren Name von der Kreide hergeleitet ist, die für viele Reliefs und erstaunliche Farbmischungen verwendet wurde. Diese Szenerie zieht sich bis an die libysche Grenze, wo die Oase **Siwa** am Rand des Ägyptischen Sandmeeres liegt. In Siwa selbst befinden sich eine Festung (Shali) sowie Grabstätten auf dem Berg der Toten (26. Dynastie). Auf dem Weg von Siwa zurück an den Nil bieten sich weitere überwältigende Panoramen, die ihren Höhepunkt in den Oasen **Dakhla, Farafra,** vor allem aber **Kharga** finden. ■

HINWEISE
▶ **Pluspunkte**
Die Vielfalt der Reiseangebote, von der Luxuskreuzfahrt bis zum Trip in der Feluke auf dem Nil, vom Badeurlaub am Roten Meer bis zu Wüstentouren. Weltweit berühmt ist die Unterwasserwelt.

▶ **Minuspunkte**
Der islamische Fundamentalismus bedingt eine große Polizeipräsenz in bestimmten Touristenorten. Der Sommer ist zu heiß und nicht als Reisezeit geeignet.

▶ **Sicherheit**
Angefangen von der latenten Attentatsgefahr bis hin zu Gefahren durch Landminen in den Grenzgebieten gäbe es 1000 Gründe, Ägypten als Reiseland zu meiden. Doch für Reisende, die achtsam sind, ohne in Paranoia zu verfallen, gibt es mehr Gründe, die für eine solche Reise sprechen.

▶ **Trends**
Statt großer Kreuzfahrtschiffe nutzt man Feluken der Nilbauern, Boote mit Segeln und Rudern. So eine Fahrt lässt einen den „göttlichen Fluss" auf andere und abenteuerlichere Weise erleben.

Algerien

Tassili N'Ajjer und Hoggar-Massiv bilden in der Sahara ein majestätisches Duo.

REISEHIGHLIGHTS ALGERIEN

Wüste und Wüstentouren
- Tassili-Plateau, Assekrem (Einsiedelei), Tassili N'Ajjer (Felszeichnungen), Tadrart
- Täler (Tefedest, Amadror), Oase (Timimoun)

Landschaften im Norden
- M'Zab, Kabylei

Kulturdenkmäler
- Tlemcen, Tipasa, Djemila, Cherchell, Timgad

Städte
- Algier, Oran, Constantine, El Oued

Küsten
- Mittelmeer (Tipasa)

Algerien

Schon lange bieten Spezialagenturen Individualreisen in die Sahara an, eine Landschaft, die sich mit dem herben Charme der Tassilis und des Hoggar-Gebirges von ihrer schönsten Seite zeigt. Wer kein Wüstenliebhaber ist, dem ist mit Algier, der Kabylei und den römischen Stätten auch der Norden des Landes wieder zugänglich.

■ Wüste und Wüstentouren

Dünen, Ergs, Djebels (Gebirgsketten) und Oasen kennzeichnen die **algerische Sahara** als eine der vielfältigsten Wüsten der Welt. Das **Hoggar-Massiv** im tiefen Süden lässt sich auf Kameltouren (Meharees) oder Rundfahrten im Geländewagen entdecken. Schroffe Gipfel, Lavafelder und Geröllflächen wechseln sich ab, es gibt Felszeichnungen zu sehen und man begegnet den Tuareg. Auf dem **Assekrem** im **Atakor-Massiv** (fast 3000 Meter hoch) liegt die Einsiedelei des Paters Foucauld.
Ebenso faszinierend sind das Tassili-Plateau im Hoggar und das **Tassili N'Ajjer** mit zahlreichen Feenkaminen, tiefen Schluchten, saftig grünen Wadis und Tälern. Besonders beliebt ist das Tassili N'Ajjer mit seinen vielen Felszeichnungen, die wie die Felsmalereien von Djabarren vor viertausend Jahren entstanden.
An den Grenzen Algeriens zu Niger und Libyen bietet der **Tadrart** mit

REISEINFORMATIONEN

Erste Infos
Botschaft: Görschstraße 45–46, 13187 Berlin; Generalkonsulat: Rheinallee 32–34, 53173 Bonn; Internet: www.algerian tourism.com
Formalitäten
EU: Reisepass, Visumspflicht. Für die Durchquerung der Sahara von Algier nach Tamanrasset ist eine Genehmigung erforderlich.
Gesundheit
Keine Gesundheitsprobleme, in der Wüste die üblichen Vorsichtsmaßnahmen beachten.
Flugdauer, Zeitverschiebung
Frankfurt-Algier (1542 km) 2 Std. 30 Min; ab 260 Euro; Frankfurt-Tamanrasset ab 670 Euro. Im Winter MEZ, im Sommer MEZ minus eine Stunde.
Durchschnittliche Reisekosten
Ein Wochenende in Algier kostet etwa 600 Euro. Eine Meharee im Hoggar-Gebirge kommt auf etwa 800 Euro.

Sprachen, Währung
Die Amtssprache ist Arabisch, das Berberische (Tamazught) hat jedoch aufgeholt. Handels- und Verkehrssprache ist Französisch.
Währung: algerischer Dinar, 1 Euro = 96 Dinare.
Bevölkerung
33 333 000 Einwohner, 50 % davon unter zwanzig Jahren. Zur Bevölkerung zählen Berber, Araber (75% der Bevölkerung), Türken und Franzosen. Hauptstadt: Algier.
Religionen
Staatsreligion ist der Islam, daneben katholische und jüdische Minderheiten.
Feste und Feiertage
Januar: Festival des Saharatourismus in Tamanrasset; 5. Juli: Fest der Unabhängigkeit, **Aid al-Fitr:** Ende des Ramadan
Einkäufe
Schmuck aus der Kabylei, Lederartikel und Kupfergegenstände, Töpferwaren

Algerien

Schluchten, steilen Felswänden und Dünengürteln zusätzliche Ausflugsmöglichkeiten. Eine weniger alltägliche Art, den algerischen Süden zu durchqueren, ist eine Tour in die tiefen Schluchten des **Tefedest-Gebirges** und der **Amadror-Ebene** im nördlichen Hoggar. Andere Touren führen nach Ahnet im Tanezrouft.

Auf halbem Weg zwischen Algier und Tamanrasset, am Rand des Westlichen Großen Erg, liegt die verschlafene „Rote Oase" **Timimoun**. In der näheren Umgebung (Tinerkouk, Gourara) kann man Touren durch Dünen und *ksour (*Bersiedlungen) unternehmen. Weitere bekannte Oasen sind el Oued mit seinen Palmenhainen, und el Kantara, wo sich das satte Grün der Palmen mit dem Rot des Gesteins mischt. Weiter nördlich, im Gebiet von Gardhaia, entwickelt sich das Tal des Wadi **M'Zab**, ein ehemals recht unwirtlicher Ort, zusehends zu einer von Traditionen geprägten Region

■ Landschaften im Norden

Den Rückweg an die Mittelmeerküste säumen, soweit das Auge reicht, Gebirge, Wälder und Dörfer der **Kabylei**. Überragt wird die Kette der Großen Kabylei vom **Djurdjura**, in dessen Mittelpunkt sich eine Kuriosität der Natur befindet: die Höhle von Anou Boussouil. Im Süden von Constantine verläuft das von Schluchten durchzogene und vorwiegend mit Zedern bewachsene **Aurès-Massiv**. Die schönste Schlucht ist die, die der Wadi el Abiod geschaffen hat.

■ Kulturdenkmäler

Vor allem in **Tlemcen** finden sich Zeugnisse muslimischer Kunst in den zahlreichen Moscheen aus unterschiedlichen Zeitaltern (Große Moschee, Moschee Sidi Bel Hasan).

Tipasa hat bedeutende Anlagen aus römischer Zeit, darunter **Djemila** mit den Überresten einer von Trajan gegründeten römischen Kolonie und dem Caracalla gewidmeten Triumphbogen. Den Bauwerken von **Cherchell** hat die Zeit zugesetzt, doch eine Bereicherung ist das nahegelegene königliche Mausoleum, das „Grabmal der Christin" (1. Jahrhundert v. Chr.). Die gut erhaltene römische Stadtsiedlung **Timgad** im Aurès-Gebirge wurde von Trajan gegründet. Bedeutend sind auch die Museen von Algier und Constantine.

■ Städte

Die interessanteste Stadt ist das an einer Bucht gelegene **Algier**. Abgesehen von den Moscheen, etwa der Großen Moschee Djamaa el-Kebir und Djamaa Djedid, ist an den meisten Bauwerken wie dem Palast Dar Khedaoudj und Dar Mustafa der türkische Einfluss unübersehbar. Die verwinkelte Kasbah verfällt langsam, doch noch bewahrt sie ihren pittoresken Charakter. **Oran** und **Constantine**, oberhalb des Tals des Rhumel gelegen, sind ebenfalls sehenswert.

■ Küsten

Mittelmeerstrände gibt es nicht unbedingt viele, dafür aber sind sie vom internationalen Tourismus kaum erfasst. Vor allem westlich von Algier gibt es einige Ferienorte an der Küste, etwa rund um Tipasa. ■

HINWEISE

▶ Pluspunkte

Die allmähliche Rückkehr des Tourismus, nicht nur im Süden des Landes. Die Vielgestaltigkeit: Wer sich nicht für die Wüste interessiert, kann auf einer völlig anderen Reise die Stadt Algier, die gebirgige Kabylei oder die römischen Stätten im Norden besuchen.

▶ Minuspunkte

Ein Land auf dem Weg der Besserung und auf der Suche nach einem neuen Image. Die vom internationalen Tourismus sehr wenig besuchte Mittelmeerküste gilt es neu zu beleben.

▶ Sicherheit

Sicherheit ist noch immer ein Thema. Der Norden Algeriens hat mit der Zeit der Terroristenanschläge um das Jahr 1990 noch nicht abgeschlossen. Der Süden dagegen ist nicht betroffen. Nach wie vor empfiehlt es sich für Touristen, vor der Reise genaue Informationen über die Sicherheitslage einzuholen.

▶ Trends

Dass die Vorstellung von einem streng reglementierten Land nicht mehr zutrifft, stellt man spätestens fest, wenn man in ein Kabarett betritt. Bei der Jugend, besonders in Oran, ist derzeit französische Popmusik en vogue (Raï-Welle). Beides dokumentiert den Wandel der algerischen Jugend, die verträumt und gleichzeitig systemkritisch ist.

BESTE REISEZEIT			
	Wüstentouren	Oran und Algier	Aurès-Gebirge, Kabylei
Januar	kalte Nächte		
Februar	🚶		
März	🚶		
April	🚶	☼	
Mai		☼	☼
Juni		☼	☼
Juli			
August			
September		☼	☼
Oktober	🚶		
November	🚶		
Dezember	kalte Nächte 🚶		

Antarktis

Immer häufiger wagen sich Touristen in die Antarktis. Dies mag ein großer Schritt für den Tourismus sein, für Ökologen ist es eher ein Rückschritt, denn man befürchtet einen verstärkten Ansturm von Kreuzfahrtschiffen. Dennoch: Der Gedanke an eine so faszinierende Reise weckt einfach Begeisterung.

 # Antarktis

REISEHIGHLIGHTS ANTARKTIS
Landschaften
- Kreuzfahrten an der Küste von Palmer-Land: Steilhänge aus Eis, Gipfel, Eisberge
- Rossmeer, Vulkan Mount Erebus
- Die Kerguelen, Crozet-Insel, Amsterdam-Insel

Tierwelt
Pinguine, Alke, Sturmvögel, See-Elefanten, Wale, Robben, Seeleoparden, Schwertwale

■ Landschaften
Der Kontinent
Kreuzfahrten entlang der Küste der Halbinsel Palmer, durch den **Lemaire-Kanal** und entlang der Küste von Graham-Land bieten die einzige vernünftige Möglichkeit, die Landschaft zu bewundern. Ergänzt werden sie oftmals durch gelegentliche Zwischenstopps zum Besuch der Forschungsstationen.

Hauptattraktionen dieser ungewöhnlichen Reiseroute sind die Eisberge und ihre oft 50 Meter hohen Steilwände. Die Grenzen für den Tourismus werden immer weiter verscho-

REISEINFORMATIONEN

Erste Infos
Die Verwaltung des „sechsten Kontinents" ist keinem Staat zugeordnet, deshalb muss man sich als Tourist an einen der Spezialveranstalter für Polarreisen wenden, z. B. www.polarreisen.de, www.polarkreuzfahrten.de.
Formalitäten
Ein gültiger Reisepass ist erforderlich.
Gesundheit
Von größter Wichtig-

keit ist ein wirksamer Schutz gegen Kälte, besonders aber gegen den Wind.
Flugdauer, Zeitverschiebung
Dauer des Flugs Frankfurt–Ushuaia (13 634 km) mindestens 15 Std. 12 Uhr mittags MEZ ist auf der Höhe von Palmer-Land 7 Uhr morgens im Sommer und 8 Uhr morgens im Winter.

Durchschnittliche Reisekosten
Reisen werden fast ausschließlich als Kreuzfahrten angeboten. Die Kreuzfahrtschiffe fassen, je nach Anbieter, rund 50 bis 600 Passagiere. Die Reisekosten sind vergleichsweise sehr hoch und bewegen sich für etwa zehn Tage um 4500 Euro. Andererseits wird Manches einiges geboten: Vorträge,

Segeln, Zodiac-Fahrten.
Sprache, Währung
Umgangssprachen sind Englisch oder Spanisch.
Währung: Am gebräuchlichsten sind argentinischer Peso und USD.
Bevölkerung
Ständig wechselndes wissenschaftliches Personal auf den Forschungsstationen.

Antarktis

Drei oder vier Tagesreisen von Kap Hoorn entfernt nähern sich Touristen auf der Höhe von Palmer-Land dem sechsten Kontinent.

ben. Touristen können inzwischen für sehr viel Geld an Bord eines Eisbrechers zum **Ross-Meer** und zum **Vulkan Mount Erebus** fahren.

Die Inselgruppen

Der Mythos, der die mehr als 300 kleineren und größeren Inseln der **Kerguelen** umgibt, hat nach wie vor Bestand. Die von Westwinden gepeitschte, extrem feuchte Inselgruppe, die zum französischen Überseeterritorium Terres Australes et Antarctiques Françaises gehört, beherbergt höchstens 200 Einwohner (im Sommer). Dagegen wimmelt es an den Küsten von Tieren: Es gibt Albatrosse, Pinguine, Sturmvögel, Skuas, See-Elefanten. Und das Inselinnere wäre von Kohl überwuchert, wenn nicht die Stürme und die vor mehr als einem Jahrhundert eingeführten Kaninchen kurzen Prozess damit machten.

Die **Crozet-Inseln** und die **Amsterdam-Insel** sind wesentlich kleiner. Doch auch von diesen Inseln ergreift der Kreuzfahrttourismus Besitz, der zunehmend Züge eines wissenschaftlichen Tourismus annimmt.

■ Die Tierwelt

Die Pinguinkolonien beeindrucken durch ihre Zahl und Organisation. Am schwierigsten zu beobachten ist der Kaiserpinguin. Blauaugenscharben, Alke, Sturmvögel und Skuas ergänzen die Vogelwelt. Meeressäuger wie See-Elefanten, Buckelwale, Robben, Seeleoparden, Schwertwale und Furchenwale gehören zu den Attraktionen, die man von den Kreuzfahrtschiffen aus bewundern kann. Zwar sind solche Schauspiele recht selten, doch es ist vor allem die Entdeckung der antarktischen Tierwelt in ihrer natürlichen Umgebung, die den Reiz einer Seereise ins Innere des „Weißen Paradieses" ausmacht. ■

BESTE REISEZEIT

	Kreuzfahrten	Klima
Januar	⛵	☼
Februar	⛵	☼
März		☼
April		
Mai		
Juni		
Juli		
August		
September		
Oktober		
November		
Dezember	⛵	☼

HINWEISE

▶ **Pluspunkte**
Der außergewöhnliche Charakter der Reise. Kreuzfahrten, die zunehmend unterhaltsam und oft durch Vortragende individuell gestaltet werden. Eine beindruckende und seltene Tierwelt.

▶ **Minuspunkte**
Durch die extrem hohen Preise sind diese Reisen einem ausgewählten Personenkreis vorbehalten. Nachteilig sind auch die wenigen und zeitlich ungünstig gelegenen Reisedaten.

▶ **Trends**
Der Traum in Weiß: Ab Ushuaia läuft die MS Bremen regelmäßig in die Antarktis aus. Zu enormer Preisen gibt es auch Angebote, mystische Orte wie die Kerguelen zu erkunden. Mitunter werden die Reisen von einem deutschsprachigen Wissenschaftler begleitet.

Argentinien

REISEHIGHLIGHTS ARGENTINIEN

Landschaften und Touren
- Iguazú-Wasserfälle, Täler und Hochplateaus der Anden
- Pampa, Patagonien, Gletscher-Park, Feuerland, Aconcagua, Fitz Roy

Bauwerke und Städte
- Spuren der Kolonialzeit, Jesuitenmissionen
- Buenos Aires, Ushuaia

Küsten und Meeresfauna
- Fauna der Halbinsel Valdés und des Gebiets um Ushuaia
- Mar del Plata

Die Wasserfälle von Iguazú gehören neben den Niagarafällen zu den schönsten der Welt.

Argentinien hat sich zu einem Treffpunkt des Welttourismus entwickelt. Diese Begeisterung verdankt es seinen Landschaften, der Meerestierwelt bei der Halbinsel Valdés – aber auch seiner oft verkannten Kolonialarchitektur.

■ Landschaften und Touren

Die **Iguazúfälle** im äußersten Nordosten Argentiniens zählen zu den spektakulärsten Wasserfällen der Welt. Auf einer Länge von 2,5 Kilometer stürzen etwa 275 einzelne Wasserfälle mehr als 70 Meter in die Tiefe. Sie stellen ein würdiges Gegenstück zu den Ketten der **Anden** dar, die von Norden nach Süden verlaufen und immer neue atemberaubende Anblicke bieten. Im Nordwesten erheben sich Hochplateaus. Durchzogen sind sie von Tälern, den Quebradas, Beispiele sind die Valles Calchaquíes,

---

REISEINFORMATIONEN

Erste Infos
Argentinisches Fremdenverkehrsbüro. c/o Botschaft der Republik Argentinien. Kleistr. 23–26. 10787 Berlin; Tel.: 030/22668920

Formalitäten
Staatsbürger der EU, Kanadas und der Schweiz benötigen einen Reisepass mit ausreichender Gültigkeitsdauer sowie ein Rück- bzw. Weiterreiseticket.

Gesundheit
Impfungen sind nicht erforderlich. Für einige ländliche Gebiete an den Grenzen nach Bolivien und Paraguay wird eine Malariaprophylaxe empfohlen, das Risiko ist jedoch gering.

Flugdauer, Zeitverschiebung
Durchschnittliche Flugdauer Frankfurt–Buenos Aires (11 477 km): 14 Std. Um 12 Uhr deutscher Zeit ist es in Argentinien im Sommer 7 Uhr, im Winter 8 Uhr.

Durchschnittliche Aufenthaltskosten
Zehn Tage in den nordwestlichen Anden kosten 2000 Euro, 3000 Euro kommt eine Kombireise nach Argentinien und Chile, der Preis für 14 Tage Kreuzfahrt (Halbinsel Valdés, Feuerland) beläuft sich auf 3500 Euro.

Sprachen, Währung
Amtssprache: Spanisch. Gesprochen werden auch Guaraní und Indiodialekte. Fremdsprachen: Nicht Spanischsprachige bevorzugen bei Unterhaltungen Englisch oder Italienisch.
Währung: argentinischer Peso. 1 USD = 3,10 argentinische Pesos, 1 Euro = 4,27 arg. Pesos.

Bevölkerung
86 % der 40 302 000 Einwohner sind europäischer Abstammung, im Wesentlichen aus Spanien oder Italien, was für eine recht einheitliche Bevölkerungsstruktur sorgt. Daneben gibt es noch 12 % Kreolen und 2 % Indios.
Hauptstadt: Buenos Aires (12 Millionen Einwohner im Großraum).

Religionen
Neun von zehn Argentiniern sind katholisch, pflichtgemäß auch der Präsident. Protestantische und jüdische Minderheiten.

Feste
Januar: Internationales Folklorefestival in Cosquín (Provinz Córdoba). Vor dem Beginn der **Fastenzeit** – Karneval mit Umzügen begleitet von „Murgas". **August**: Schneefestival in San Carlos de Bariloche.

Einkäufe
Stoffe aus den Anden, Pullover aus Guanacowolle, Ponchos. Geschätzt wird auch Silberschmuck. Typische Einkäufe: Lederwaren und Rindfleisch.

Argentinien

vor allem die Schlucht **Quebrada Humahuaca**. Nicht versäumen sollte man Purnamarca und den „Berg der sieben Farben" sowie den Nationalpark Los Cardones (Kakteen) auf dem Weg nach Cachi. Das **Valle de la Luna** verdankt seinen Namen den durch Erosion entstandenen bizarren Steinformationen. Dort finden sich Fossilien seltener Wirbeltiere sowie Fußspuren von Dinosauriern. Westlich von Córdoba ist die Landschaft von Salzgärten, Vulkanen, vielfarbigen Felswänden und Gesteinen sowie alten Indiodörfern geprägt.
Der **Aconcagua**, das „Dach Amerikas" (6959 Meter), ein arides, von stürmischen Winden gepeitschtes und in gleißendes Licht getauchtes Gebiet, ist ein Stelldichein für routinierte Bergwanderer. Nicht weit entfernt hat Erosion die **Puente del Inca** hervorgebracht, eine natürliche Brücke von 50 Meter Länge, die sich über das Flusstal des Las Cuevas spannt. Eine andere Sehenswürdigkeit am Fuß der Anden ist **San Carlos de Bariloche** am See Nahuel Huapi.
Weiter südlich, in der **Pampa**, heißen die Gauchos einen stetig wachsenden Touristenstrom willkommen, insbesondere anlässlich von Festtagen. In **Patagonien**, im äußersten Südwesten, liegt der tiefblaue Lago Argentino, die Pforte zum **Gletscher-Nationalpark** und seinen gewaltigen fließenden Gletschern. Der bekannteste ist der Perito Moreno. Unweit davon erhebt sich das **Fitz-Roy-Massiv**, ein Bergsteigertreffpunkt.
Die Krönung der Reise sind die Seen im Nationalpark Feuerland sowie Ushuaia, die südlichste Stadt der Welt, Ausgangspunkt von Exkursionen in die gleichnamige Bucht und den Beagle-Kanal.

■ Baudenkmäler und Städte

In **Humuhuaca, San Salvador de Jujuy, Salta** (Kathedrale) und den Ruinen von Quilmes nahe Cachi hat die

Kolonialzeit ihre Spuren hinterlassen. Überreste von Missionen (San Ignacio Mini, Santa Ana, San Francisco in Mendoza) aus dem 17. und 18. Jahrhundert zeugen von der Arbeit der Jesuiten bei den Guarani.
Das vom Modernismus geprägte **Buenos Aires** hat zahlreiche Museen und Kirchen zu bieten, die rosafarbene „Casa de gobierno", den Friedhof La Recoleta mit der Grabstätte von Evita Perón, die angesagten Viertel (Palermo, wo der „nuevo tango" gepflegt wird oder San Telmo, ein Montmartre im Kleinformat, das Dorado des argentinischen Tangos). Ushuaia an der Südspitze pflegt seinen Mythos mit einem Museum zum Ende der Welt und einem Meeresmuseum.

Küsten und Meeresfauna

Der Golfo Nuevo bei Puerto Pirámides (**Halbinsel Valdés**) ist die Heimat einer bedeutenden Meeresfauna. Dort tummeln sich Ohrenrobben, Seelöwen, rosafarbene Flamingos, See-Elefanten, Alke, Südkaper (zwischen Mai und Dezember) und die größte Pinguinkolonie der Welt.
In dieser Hinsicht können nur die Südspitze am Beagle-Kanal und das Gebiet von Ushuaia konkurrieren. Badebetrieb herrscht in der Umgebung von Buenos Aires, vor allem in **Mar del Plata**.

HINWEISE

▶ **Pluspunkte**
Eine grandiose Natur, die vom Norden bis zum Süden reicht, ebenso wie ein überwältigendes kulturelles Erbe und die nun schon dauerhafte Wiederbelebung des Tangos.

▶ **Minuspunkte**
Hohe Kosten für geführte Reisen. Umgekehrte Jahreszeiten, der Winter liegt im Juli und August.

▶ **Sicherheit**
Nur in ärmeren und touristischen Vierteln – die sich mitunter überlappen, wie La Boca in Buenos Aires, – ist Wachsamkeit geboten. Sonst gibt es kaum Probleme

▶ **Trends**
Wer nicht gerade ein Tanzgenie ist, ohne es zu wissen, wird wohl kaum in zwei Tagen und mit ein paar Schritten in einer der Tanzschulen von San Telmo in Buenos Aires den Tango erlernen. Man kann hier allerdings Kurse machen oder einfach die Anmut der Tänzer bewundern. Ebenfalls im Trend: Ein Aufstieg auf den Aconcagua. Dazu braucht man kräftige Waden und eine gute Kondition.

BESTE REISEZEIT			
	Nordosten und Buenos Aires	Südspitze	Iguazu Valdés
Januar		☼	
Februar		☼	≋
März		☼	≋
April			≋
Mai	☼		≋
Juni	☼		
Juli	☼		
August			
September			≋
Oktober	☼		≋
November	☼		
Dezember			

Armenien

REISEHIGHLIGHTS ARMENIEN

Kulturdenkmäler
- Kirchen (Etschmiadsin), Klöster (Geghard, Noravank, uralte Friedhöfe (Noratus)
- Griechisch-römischer Tempel (Garni)

Hauptstadt
- Eriwan

Landschaften
- Kleiner Kaukasus

Armenien bietet dem Besucher seine schönen Landschaften im Kaukasus, insbesondere aber sein sakrales Erbe: die uralten Kirchen in den Bergdörfern, die Klöster und die Hauptstadt Eriwan begeistern kunstgeschichtlich Interessierte.

■ Kulturdenkmäler

Das Land kann sich der ältesten kirchlichen Bauwerke der Christenheit rühmen. Am bekanntesten ist die Kathedrale von **Etschmiadsin**, dem „armenischen Rom" aus dem 4. Jahrhundert. Neben ihr liegt ein Museum mit unzähligen Reliquien. Die Kapellen des Klosters in **Geghard** aus dem 4. Jahrhundert wurden aus dem Fels gehauen, das Kloster von Noravank und seine beiden Kirchen liegen wunderschön in den Bergen. Eines der Heiligtümer der Armenisch- Apostolischen Kirche ist das Kloster von Chor Virap (Tiefer Graben) mit dem Berg Ararat im Hintergrund. Andere Klöster sind Hairavank mit Blick auf den Sewansee,

REISEINFORMATIONEN

Erste Infos
Botschaft: Nussbaumallee 4, 14050 Berlin; Internet: www.botschaft-armenien.de.

Formalitäten
Bürger der EU und der Schweiz benötigen einen gültigen Reisepass sowie ein Visum (bei der Botschaft oder auf dem Flughafen Eriwan beantragen, Gültigkeit 21 Tage).

Gesundheit
Keine Besonderheiten.

Flugdauer, Zeitverschiebung
Flug Frankfurt–Erwan via Wien ab 6 Std. 12 Uhr MEZ = 15 Uhr in Armenien.

Durchschnittliche Reisekosten
Eine Kulturreise (1 Woche) kostet etwa 1200 Euro, eine kombinierte Wander- und Kulturreise (14 Tage) 1700 Euro.

Sprachen, Währung
Amtssprache ist Armenisch (wird von 90% der Bevölkerung gesprochen). Weitere Sprachen: Aserbaidschanisch und Russisch. Englisch ist kaum üblich.
Währung: Dram.
1 Euro = 467 Dram.

Bevölkerung
2 972 000 Einwohner, von denen ein Drittel in der Hauptstadt Eriwan lebt. In den Kriegsjahren sind viele Armenier ins Exil gegangen. Größere Gemeinden von Exilarmeniern leben in den USA und Frankreich.

Religionen
Die orthodoxe Armenische Kirche hat ihre uralte Eigenart bewahrt und galt immer als Anwältin der Interessen und der Einheit Armeniens.

Feste und Feiertage
24. April: Medz Yeghem (Gedenktag für die Opfer des Völkermordes); **28. Mai:** Hanrabedutian (Tag der Republik); **10. Juli:** Vardavar (Erinnerung an das alte Rosenfest); **September:** Mussa Ler, der Unabhängigkeitstag, wird auf einem Berg bei Eriwan begangen; **Oktober:** Festival der traditionellen Musik im Gedenken an die Gründung Eriwans.

Einkäufe
Einzigartig: Armenisches Papier, eine Art geruchsneutralisierendes, saugfähiges Papier.

Armenien

Der majestätische Berg Ararat bildet die Kulisse für das Kloster Chor Virap. Blick auf ein authentisches Armenien, das sich dem Tourismus öffnet.

Sanahin – im 10. bis 13. Jahrhundert ein bedeutendes Kirchenzentrum. Weitere Attraktionen sind der Friedhof von Noratus und sein Gräberfeld mit tausend Chatschkaren (Kreuzsteinen) und die vielen kleinen Kirchen aus dem 7. Jahrhundert und später, darunter die Kirche der hl. Hripsime und der hl. Gajane in Karmravor sowie die Kirche des hl. Zoradvor in Eriwan. Viele von ihnen haben eine Stufenkuppel. In **Garni** erhebt sich ein griechisch-römischer Tempel aus dem 1. Jahrhundert v. Chr.

■ **Hauptstadt**
Eriwan, dessen schöne Lage vom Berg Ararat geprägt wird, ist eine der ältesten Städte der Welt. Bekannt ist die Stadt vor allem wegen der Nationalbibliothek Matenadaran, die 10 000 uralte armenische Handschriften birgt, darunter das Etschmiadsin-Evangeliar mit prachtvollen Miniaturen aus dem 6., 7. und 10. Jahrhundert. Weitere Sehenswürdigkeiten sind die Burg Erebuni, die Moschee, der Markt, das Theater und die Museen, z. B. das Paradjanov-Museum mit vielen mittelalterlichen Gemälden.

■ **Landschaften**
Armenien gehört weitgehend zum **Kleinen Kaukasus**, dessen raue Gebirgslandschaft von herber Schönheit geprägt ist. Zunehmend finden sich Wanderer ein, die eine Kombination von Wandertouren und kulturellen Trips zu schätzen wissen. Hochplateaus, Vulkanmassive und tiefe Becken, etwa der **Sewansee**, den die Armenier „blauäugige Schönheit" nennen – sorgen für landschaftliche Abwechslung. Im Westen zeichnen sich am Horizont die verschneiten Hänge des Bergs Ararat ab. ■

HINWEISE
▶ **Pluspunkte**
Wünschen der Touristen wird endlich mehr entsprochen, sowohl was Kulturreisen als auch Landschaftsreisen angeht. Reisevorschläge werden ausgeweitet und abwechslungsreicher gestaltet.

▶ **Minuspunkte**
Die Infrastruktur für den Tourismus ist noch kaum oder gar nicht vorhanden. Armenien ist ein Reiseziel, das sich noch nicht wirklich für den Individualtourismus eignet.

▶ **Sicherheit**
Von Reisen in das Grenzgebiet zu Aserbeidschan und in die Region Berg-Karabach wird abgeraten.

▶ **Empfehlungen**
Die Zeit ist noch nicht gekommen, dass man Armenien wie die meisten anderen Ländern bereisen könnte. Deshalb ist es unbedingt ratsam, ein Auto mit Chauffeur zu mieten oder in einer Gruppe zu reisen. Individuelle Unternehmungen sind nicht ausgeschlossen, doch sollte man sich tunlichst an gute Ratschläge halten.

▶ **Trends**
Ein- oder zweiwöchige Reisen im Frühjahr mit einem speziellen Veranstalter von Wanderreisen buchen, und Wander- oder Bergtouren mit Besichtigungen kleiner Klöster und alter Dorfkirchen kombinieren. Dies entspricht dem neuen Reisetrend.

BESTE REISEZEIT		
	Klima	Natur
Januar		
Februar		
März		
April	☼	🐾
Mai	☼	🐾
Juni	☼	🐾
Juli	☼	
August	☼	
September	☼	
Oktober	☼	
November		
Dezember		

Äthiopien

> **REISEHIGHLIGHTS ÄTHIOPIEN**
> **Kulturdenkmäler**
> - Kirchengeschichtlich bedeutsame Stätten in Lalibela und Aksum, alte Städte (Gondar, Harar)
> - Museum für Archäologie in Addis Abeba
>
> **Landschaften und Tiere**
> - Wasserfälle des Blauen Nil (Tissisat), Hochplateaus (Simien-Nationalpark); Tanasee, Vulkane (Erta Ale), Seen in der Danakil-Senke
> - Nationalparks Awash und Omo

Äthiopien

Äthiopien, das lange als Land aller möglichen Katastrophen wahrgenommen wurde, ist darum bemüht, sein anderes Gesicht zu zeigen: uralte architektonische Schätze, Hochebenen, Seen, eine reiche Flora und Fauna, Vulkane, den Blauen Nil – und alles in einer der angenehmsten Klimazonen Afrikas.

REISEINFORMATIONEN

Erste Infos
Botschaft: Boothstraße 20a, 12207 Berlin, 030/772060; Internet www.tourismethiopia.org

Formalitäten
EU-Bürger und Schweizer benötigen einen Reisepass, der noch mindestens sechs Monate nach der Ausreise gültig ist. Visumspflicht, Visum beim Konsulat oder bei der Ankunft auf einem der internationalen Flughäfen in Addis Abeba und Diredaua beantragen. Letztere Möglichkeit vorab prüfen.

Gesundheit
Außerhalb städtischer Gebiete wird eine Gelbfieberimpfung dringend empfohlen. Für Gebiete unterhalb von 2000 Meter ist eine Malariaprophylaxe unerlässlich. In Addis Abeba gibt es keine Probleme.

Flugdauer, Zeitverschiebung
Flug Frankfurt–Addis Abeba 8 Std. 20 Min. 12 Uhr MEZ = 13 Uhr in Äthiopien (Sommer) bzw. 14 Uhr im Winter.

Durchschnittliche Reisekosten
Recht hohe Kosten von mindestens 2500 Euro für einen zweiwöchigen Aufenthalt, Individualreisen sind kaum verbreitet und nicht ratsam.

Sprache, Währung
Amtssprache ist Amharisch. Sehr viele Dialekte. In den Städten werden Sprachen wie Italienisch und Englisch gesprochen.
Währung: Birr. Es wird empfohlen, sich mit USD einzudecken.
1 USD = 8,80 Birr, 1 Euro = 10,40 Birr.

Bevölkerung
76512000 Einwohner bilden ein buntes Gemisch: Amhara (Mehrheit der Bevölkerung) Oromo, Somal, Danakil, Tigre, Afar. **Hauptstadt:** Addis Abeba.

Religionen
Etwa 52 % der Bevölkerung gehören der orthodoxen Äthiopischen Kirche an, die sich im vergangenen Jahrhundert von den ägyptischen Kopten losgesagt hat, 31 % sind sunnitische Moslems, 11 % bekennen sich zu Stammesreligionen. Auch gibt es eine jüdische Gemeinde (Falaschen).

Feste und Feiertage
19. Januar: Timkat-Prozession (das koptische Erscheinungsfest, auch Ostern ist ein sehr bedeutendes Fest).
6. April: Fest des Sieges. **27. oder 28. September:** Meskel (Auffindung des Kreuzes). **Aid el-Fitr:** Ende des Ramadan.

Einkäufe
Silber- und Bernsteinschmuck, äthiopische Kreuze, Pergamentmalereien, Baumwolltextilien und hochwertige Kaffeesorten.

Äthiopien

Hirten im Simien-Nationalpark. Die Geschichte und die Schönheit Äthiopiens ziehen immer mehr Besucher an.

■ Kulturdenkmäler

Die elf aus dem 12. Jahrhundert stammenden Felsenkirchen in der Klosterstadt **Lalibela** sind in Basaltlava gemeißelt und untereinander durch enge Tunnels verbunden. Sie gehören zu den bemerkenswertesten architektonischen Stätten in Afrika. Im Januar erlebt dieser Ort das koptische Erscheinungsfest „Timkat". Begangen wird es mit Prozessionen zum Klang von Trommeln, koptische Priester und Diakone tragen farbenprächtige Gewänder, und heilige Tabots und Steintafeln werden durch die Stadt getragen.
Ebenso sehenswert wie Lalibela ist **Aksum**, die Wiege des Königreichs der Sabäer, wo der Legende nach ein Palast der Königin von Saba stand. Berühmt ist die Stadt durch ihre imposanten Stelen (die größte misst 33,5 Meter), die Ruinen des Dungur-Palastes und die Kirche der hl. Maria Sion. Der große Basaltobelisk aus dem 4. Jahrhundert, die sogenannte „Flöte Gottes", wurde der Stadt von den Italienern zurückgegeben.

Nicht weit von Aksum liegt das Kloster Debre Damon aus dem 6. Jahrhundert, das älteste Kloster des Landes, wo 600 Mönche leben.
Auch **Gondar**, die Stadt der 44 alten Kirchen und der königlichen Schlösser aus dem 17. und 18. Jahrhundert, lohnt es zu besichtigen, ebenso wie die alte Stadt **Harar** mit weißen Mauern, die sich in 1700 Meter Höhe an den Berg schmiegt und noch immer von Festungsanlagen umgeben ist. Die Kirchen mit ihren illuminierten Handschriften und die mit Malereien nach Motiven aus der Bibel ausgeschmückten Klöster in der Umgebung von **Tana** runden das architektonische Kulturerbe des Landes ab. Das Archäologische Nationalmuseum von **Addis Abeba** zeigt eine Kopie von Lucy, dem berühmten, in der Danakil-Region ausgegrabenen Australopithecus afarensis .

■ Landschaften und Fauna

Äthiopien hat nicht nur das gewaltige Schauspiel der Wasserfälle des **Blauen Nil**, die Tissisat-Fälle, zu bieten, sondern auch Hochlandebenen, die sich zwischen 2000 und 3500 Meter Höhe staffeln. Die eindrucksvollsten Landschaftserlebnisse bietet der **Simien-Nationalpark** nördlich vom

BESTE REISEZEIT

	Klima	Natur
Januar	☼	
Februar	☼	
März	☼	
April	☼	≶
Mai	☼	≶
Juni		≶
Juli		
August		
September		≶
Oktober	☼	≶
November	☼	≶
Dezember	☼	

HINWEISE
▶ Pluspunkte
Eine in Afrika seltene Vielfalt: Äthiopien besitzt nicht nur Relikte einer sehr reichen kirchengeschichtlichen Vergangenheit, sondern auch herrliche Landschaften und eine seltene, vielfältige Tierwelt.
Ein besonders gutes Klima im zentralen Hochland.
Ein anscheinend dauerhafter Frieden mit Eritrea.
▶ Minuspunkte
Individualreisen sind schwer zu organisieren und auf keinen Fall ratsam. Relativ beschwerliche Aufenthaltsbedingungen und kostspielige Dienstleistungen. Verstärkte Regenfälle zwischen Juni und September.
▶ Sicherheit
Von Reisen in die Provinz Ogaden, das Gebiet von Gambela, die Grenzgebiete zu Eritrea und Kenia wird dringend abgeraten. Ein gewisses Risiko ist auch mit Einzelreisen jenseits der touristischen Pfade verbunden.

Tanasee, aus dem stellenweise Pfahlbauten hervorragen. Auf dem See wimmelt es von Papyrusbooten der Fischer. Weitere Attraktionen sind die Sof-Omar-Grotte, die vom Flusslauf des Web ausgehöhlt wurde, die Vulkane (Erta Ale), die Bale-Berge und die Seen in der **Danakil-Senke.** Äthiopien ist der Lebensraum zahlreicher Vogelarten, zum Beispiel der Bartgeier, denen man sich ohne Bedenken nähern kann. Die größte Artenvielfalt trifft man an den Seen im Äthiopischen Graben an, etwa 200 km südlich von Addis Abeba. Fischadler, Flamingos, Ibisse und Marabus sind dort beheimatet.
Löwen, Giraffen, Elefanten, Krokodile und Flusspferde, die klassische afrikanische Tierwelt, bevölkern den **Omo-** und den **Awash-Nationalpark,** beide ein beliebtes Ziel von Fotosafaris. Auf dem Omo-Fluss, der in einem Delta in den Turkana-See in Kenia mündet, kann man Schiffsfahrten unternehmen. ■

Australien

🇦🇺 Australien, das „Lucky Country", verdankt diesen Beinamen seinem Reichtum an Rohstoffen, der Sonne und der Landschaft. Es ist ein so neues Land, dass es außer den Felsmalereien der Ureinwohner, der Aborigines, keine historischen Kostbarkeiten zu bieten hat. Das Land zehrt von seinem Mythos, den es noch zu erforschen gilt. Die berühmten Küsten mit dem Great Barrier Reef als Höhepunkt wetteifern mit den unermesslichen Weiten des Landesinneren.

Landschaften
Zentralaustralien

Natur und Besucher treffen im sogenannten Outback aufeinander, jenen unendlich weiten Regionen im Landesinneren, die von semiariden Buschlandschaften, rotsandigen Flächen, Felsen und dürren Bäumen gekennzeichnet sind.

Dort leben Aborigines und Viehhüter auf riesigen Farmen, dort rollen die gewaltigen Lastwagen, die *road trains*, dort springen Kängurus und weiden wilde Dromedare. Im Herzen des Landes erstreckt sich die Simpson Wüste, das Red Centre – dieser Name kommt von den von Buschwerk durchsetzten roten Sanddünen. Die Schluchten des **King's Canyon**, dann **Alice Springs**, die Wüstenstadt schlechthin, sind ein Vorgeschmack auf **Ayers Rock** (Uluru) jenseits der Ebene. Dieser Inselberg aus

REISEHIGHLIGHTS AUSTRALIEN
Landschaften
- Zentrum: Red Centre (Kings Canyon, Ayers Rock, Olga Mountains, Lake Eyre, Flinders-Kette, Coober Pedy)
- Osten: Blue Mountains, Hunter Valley (Weinanbau)
- Norden: Arnhem Land, Stätten der Ureinwohner im Kakadu-Nationalpark, Kimberley, Bungle Bungle, Regenwälder in Queensland
- Westen: Karijini-Nationalpark, Goldminengebiet von Kalgoorlie
- Süden: Tasmanien

Küsten
- Osten: Randbereiche und Inseln des Great Barrier Reef
- Norden: Melville Island, Bathurst Island
- Westen: Broome, Perth
- Süden: Byron Bay, Sydney, Bundesstaat Victoria
- Tasmanien und Norfolk: Wineglass Bay

Tierwelt
- Wallabys, Koalas, Kängurus, Emus, Delfine, Walhaie, Mantarochen, Meeresschildkröten, Robben, Opossums

Städte
- Sydney, Alice Springs, Melbourne, Adelaide, Perth

Die Felsen vor der Küste von Port Campbell an der Great Ocean Road nehmen immer bizarrere Formen an. Man nennt sie auch die „Zwölf Apostel".

Australien

Koalas warten auf Besucher, vor allem im Featherdale-Nationalpark.

Sandstein, ist mit neun Kilometer Umfang der größte Monolith der Welt und der heilige Berg der Ureinwohner. Sie verzierten seine Höhlen mit Felsgravuren und -malereien. Man kann den 348 Meter hohen Ayers Rock hinaufklettern oder ihn in drei Stunden umrunden. Vor allem kann man ihn bei Sonnenuntergang bewundern, wenn er, wie die 36 Kuppen der **Olga Mountains** 20 Kilometer weiter westlich, in rot-orangefarbenen Tönen erstrahlt.

Vom Red Centre in Richtung Adelaide fährt man mit der Eisenbahn am **Eyre-See** entlang. Dann gelangt man in die **Flinderskette** und die saftiggrünen Landschaften von Wilpena Pound. In **Coober Pedy** entstanden durch den Opalabbau Wohnhöhlen.

Ostaustralien

Nicht weit von Sydney erheben sich die **Blue Mountains** (Blaue Berge), die nach der Farbe ihrer Eukalyptuswälder benannt sind. Dort haben sich senkrechte Steilwände aus Sandstein gebildet, mit Canyons (Grose, Gowett, Cox), Wasserfällen (Katoomba, vor allem aber Govett's Leap) und Höhlen (Jenola). Ganz in der Nähe trifft man auf Spuren der Ureinwohner und den Featherdale Nationalpark, wo Koalas die Touristen erfreuen. Nördlich von Sydney liegt **Hunter Valley.** Dort kann der Weinliebhaber die besten australischen Tropfen kosten. Im Anschluss daran dehnt sich tropischer Regenwald bis südlich von Cairns.

Nordaustralien

Im „Top End" erstreckt sich **Arnhem Land** zwischen den Schluchten des Katherine-Flusses und dem riesigen Kakadu-Nationalpark, wo der Film „Crocodile Dundee" gedreht wurde. Dort liegen Obiri Rock und Nourlangi Rock, zwei mit uralten Felsmalereien geschmückte Stätten der Ureinwohner.

Im Nordwesten, im Gebiet von **Kimberley**, waren vor 40 000 Jahren die ersten Aborigines zu Hause. Auch die Schluchten und Berge von **Bungle Bungle**, an die sich die Tanami-Wüste mit dem gewaltigen Wolfe-Creek-Krater anschließt, sind wirklich eine Reise wert.

REISEINFORMATIONEN

Erste Infos
Australisches Fremdenverkehrsamt, Neue Mainzer Str. 22, 60311 Frankfurt, 069/27 40 06 0
Internet: www.australia.com, www.queensland-europe.com, www.toptouristparks.com

Formalitäten
EU und Schweiz: Man benötigt einen Reisepass, der noch sechs Monate nach der Ausreise gültig ist. Dazu braucht man ein Visum oder eine elektronische Einreisegenehmigung (ETA). Diese wird ohne Weiteres kostenlos von Fluggesellschaften oder Reiseveranstaltern ausgestellt.

Gesundheit
Keine Besonderheiten.

Flugdauer, Zeitverschiebung
Durchschnittliche Flugdauer Paris-Sydney (16 494 km): 21 Std. 12 Uhr in Frankfurt: 18 Uhr in Perth (April bis Oktober), 19 Uhr (November bis März), in Sydney ist es von April bis Oktober 20 Uhr, von November bis März 22 Uhr.

Durchschnittliche Reisekosten
Hin- und Rückflug, Camping und Mietwagen oder Miete für ein Geländefahrzeug kommen auf insgesamt etwa 3000 Euro für drei Wochen. Für eine zweiwöchige Rundreise mit Reiseleitung muss man zwischen 2000 und 2300 Euro rechnen.

Sprache, Währung
Die Amtssprache ist Englisch, daneben gibt es die Dialekte der Ureinwohner. Währung: Australischer Dollar (1 Dollar = 100 Cents), 1 USD = 1 australischer Dollar, 1 Euro = 1,97 australische Dollar.

Bevölkerung
Weil das Land erst in jüngerer Zeit besiedelt wurde, ist die Einwohnerzahl im Vergleich zur Fläche gering. Sie beträgt 20 434 000 Einwohner, davon leben allein sechs Millionen im Ballungsraum Sydney. Die Mehrheit der Australier stammt aus Großbritannien (erste Ankömmlinge 1788), viele stammen aber auch aus Mitteleuropa, Italien und Griechenland. Es gibt 140 000 Ureinwohner (2 %).
Hauptstadt: Canberra.

Religionen
Im Land gibt es ungefähr gleich viele Katholiken (26 %) wie Angehörige der anglikanischen Kirche (26,1 %). Dazu gibt es folgende Minderheiten: Unitarier, Presbyterianer, Orthodoxe und Baptisten.

Feste und Feiertage
26. Januar: Nationalfeiertag, **März:** Festival von Melbourne (Moomba), Sydney: Mardi Gras für Schwule und Lesben, **9. Juni:** Geburtstag der Königin, **26. Dezember:** Boxing Day (zweiter Weihnachtsfeiertag)

Einkäufe
Neben dem Bumerang und dem Didgeridoo, dem traditionellen Musikinstrument, die man im allgemeinen als Kunsthandwerk der Aborigines kennt, sollte man andere Arbeiten nicht vergessen: Zum Beispiel gibt es tolle Holzarbeiten (Malereien, Gravuren). Auch Edelsteine lassen sich hier erwerben (Opale).

Australien lädt ein zu zahllosen Entdeckertouren, wie hier im Gebiet von Bungle Bungle im Norden des Landes.

Im Nordosten liegt auf der Halbinsel Cape York, der äußersten Spitze von **Queensland**, ein eindrucksvoller Urwald. Die „Wet Tropics", die Feuchttropen, und der tropische Regenwald im Lamington-Nationalpark runden das reiche Angebot an Naturschönheiten dieses Staates ab.

Westaustralien

Auf dem Weg von Exmouth ins Landesinnere durchquert man den **Karijini**-Nationalpark mit seinen in Rottönen gefärbten Schluchten, den Wasserfällen und Badeseen.

Die Stadt **Kalgoorlie** zwischen Perth und Adelaide im Südwesten liegt in einer Region, die Ende des 19. Jahrhunderts einen Goldrausch erlebte. Das Museum of Goldfields und die Goldmine von Hannans North zeugen von dieser Vergangenheit.

Südaustralien

Die Insel **Tasmanien**, das Anhängsel Australiens, bietet Nationalparks, Wälder, Seen und Wasserfälle. Sie zieht Wanderer an, die bizarre Landstriche suchen. Dazu zählt der Südwesten der Insel (Mount Field Park), insbesondere aber der Westen, wo der 80 Kilometer lange „Overland Track" den Nationalpark Cradle Mountain durchquert. In diesen Regionen mit Baumfarnen, Heidegewächsen, Beuteltieren und Wallabys, sind Trekkingtouren der neueste Trend. Etwa 100 Kilometer östlich von Hobarth besuchen Touristen gern das alte Straflager von Port Arthur und die Toteninsel.

BESTE REISEZEIT						
	Zentralaustralien	Great Barrier Reef	Sydney	Norden	Süden	Westen
Januar					☼	☼
Februar					☼	☼
März			⊙		☼	☼
April	☼		⊙		☼	☼
Mai	☼			☼		
Juni	☼		⊙	☼		
Juli	☼	〰	⊙	☼		
August	☼	〰	⊙	☼		
September	☼	〰	⊙	☼		
Oktober		〰		☼		☼
November		〰				☼
Dezember		〰				☼

■ Küsten

Ostküste

Das 2500 Kilometer lange **Great Barrier Reef,** den Australiern zufolge das achte Weltwunder, ist schon allein eine Reise wert. Es umfasst 2500 Riffe mit 350 Steinkorallenarten und wurde inzwischen in die Liste des Weltnaturerbes aufgenommen – was beinhaltet, dass die Industrie das Riff nicht weiter verschmutzen und Touristen mit den Korallen pfleglicher umgehen sollen. Auf dem *reef* ist ein Aufenthalt besonders gefragt, denn hier liegen die Traumstrände, etwa auf der Insel Dunk Island östlich von Cairns – auch ein idealer Ausgangspunkt zum restlichen *reef*. Hier treffen sich die Wassersportler. Mit Glasbodenbooten oder einfach Tauchbrille und Schnorchel kann man nach Meerestieren oder Korallen Ausschau halten (Heron Island, Lizard Island, Sandinsel Fraser Island).

Nordküste

An der weniger besuchten Nordküste findet nur eine besondere Form des Tourismus statt, etwa auf **Melville Island** (Besuch bei dem Ureinwohnervolk der Tiwi) und Bathurst Island.

Westküste

Vom internationalen Tourismus noch ziemlich verschonte Strände erstrecken sich um **Broome** (mit seinem unendlichen Cable Beach) und **Perth**, wo Amateursurfer ihr Glück finden. Das ist nicht weiter verwunderlich, denn die australischen Strände bieten – neben denen Hawaiis und Kaliforniens – die schönsten Wellen der Welt für die besten Surfer der Welt. Surfer tummeln sich auch zwischen Brisbane und Melbourne.

Südküste

Weit im Südosten liegt **Byron Bay**, wo man auf eine Klientel trifft, die dem Massentourismus auszuweichen versucht. Dann folgen 30 Kilometer Küste um **Sydney** mit vielen Badeorten. Der mondänste Strand der Stadt ist Bondi Beach. Dort lässt man sich sehen, surft und kultiviert den Mythos der Beach Culture und der *life savers* (Rettungsschwimmer). Südaustralien verdankt seine touristische Anziehungskraft den Stränden an der Südküste im Gebiet um Adelaide, dem Murray-Fluss, der Great Ocean Road (die Küstenstraße im Südosten), den Schätzen des **Bundesstaates Victoria** – etwa dem Wilsons-Promontory-Nationalpark, dem Port Campbell-Nationalpark, dem Otway-Nationalpark mit einem der letzten gemäßigten Regenwälder der Welt und Salzseen in der Desert Wilderness. Zwischen Warrnambool und Kap Otway gibt's von Juni bis September Südkaper (Glattwale) zu sehen. Am Strand von Lorne trifft man auf Schnabeltiere, und Torquay ist ein weltbekanntes Surfzentrum.

Tausende Riffe und hunderte verschiedene Korallen: Das Great Barrier Reef ist so imposant wie fragil.

Australien

Der Circular Quay in Sydney – Symbol einer dynamischen, innovativen Stadt.

Tasmanien und Norfolk

Die tasmanischen Küsten sind ziemlich kühl, aber schön, wie beispielsweise **Wineglass Bay** auf der Halbinsel Freycinet im Osten der Insel. Ungewöhnlich ist die Insel **Norfolk** zwischen Neukaledonien und Neuseeland: In dieser isolierten Region leben zum Teil Nachkommen der Meuterer von der Bounty.

■ Tierwelt

Nur in Australien kommen drei bekannte Beuteltierarten vor: das Wallaby, der Koala (vorwiegend in den Wäldern von Queensland) und natürlich das Känguru. Dieses kann man nicht nur auf Kangaroo Island vor der Küste Adelaides in seiner natürlichen Umgebung beobachten, sondern auch im Kakadu-Nationalpark und im Blue-Mountains-Nationalpark. Auf der Känguru-Insel leben Koalas und Opossums, davor schwimmen Wale. Ausschließlich in Australien leben das Schnabeltier, das Füße mit Schwimmhäuten hat (Lebensraum: Flüsse und Seen), der Emu sowie rund 60 Papageienarten. Viele Arten sind in Tasmanien zu Hause, wo die Tier- und Pflanzenwelt (Regenwälder, Eukalyptus, Mammutbäume) besser erhalten wurde als auf dem benachbarten Festland. Die Meeresfauna an der australischen Westküste ist bemerkenswert. Amateurtaucher begeistern sich für die wilden Delfine im Nationalpark Shark Bay. Von April bis Juni lassen sich am Ningaloo-Riff bei Exmouth imposante Hammerhaie beobachten.

Im Kakadu-Nationalpark kann man die Felsmalereien der Aborigines ansehen und an Fotosafaris zu Riesenkrokodilen und gewaltigen Termitenbauten teilnehmen.

Am Great Barrier Reef leben zwischen September und März Meeresschildkröten und eine Vielfalt von Vögeln sowie Mantarochen und in allen Farben schillernde Fische.

■ Städte

Sydney hat eine besondere Atmosphäre, nicht nur wegen der kühnen Architektur des Opernhauses. Seitdem in der Bucht Industrieanlagen, Frachtschiffe sowie hölzerne Docks allmählich von Vergnügungsbetrieben abgelöst wurden (Segeln, Theater, Restaurants, Boutiquen und das Aquarium in Darling Harbour), hat sich die Stadt zu einem ausgesprochenen Touristenmagneten entwickelt. Ihre Grünflächen (der Königliche Botanische Garten, der Hyde Park), das „alte" Viertel Rocks, die Hafenbrücke (Sydney Harbour Bridge), Extravaganzen wie der „Gay Mardi Gras" und die kulturelle Anziehungskraft (Zeugnisse der Kunst der Ureinwohner und fernöstlicher Kunst im Kunstmuseum, der Art Gallery of New South Wales) komplettieren Sydneys Ruf als interessanteste Stadt des Landes.

Folgende Städte sind einen Besuch wert: **Alice Springs**, (in der Wüste) **Melbourne** (großstädtische Atmosphäre, botanische Gärten), **Adelaide** (Lage am Fuß des Lofty, Tandanya-Institut) sowie **Perth** wegen der Abgeschiedenheit der Stadt, ihres Yachthafens, des Meeresmuseums und des Hafens von Fremantle. ■

HINWEISE

▶ Pluspunkte

Sehr abwechslungsreiches Ziel. Bis auf Liebhaber altehrwürdiger Geschichtsdenkmäler kommt jeder auf seine Kosten: Sonnenhungrige, mutige Taucher, Surfer, Kilometerfresser und alle, die sich für die Tierwelt im Meer und zu Land begeistern. Flugtickets und organisierte Reisen werden immer erschwinglicher.

▶ Minuspunkte

Die Preise sind allgemein relativ hoch. Von Juli bis September herrscht im Südteil ein recht ungünstiges Klima.

▶ Sicherheit

In Australien zu reisen ist unproblematisch. Die üblichen Vorkehrungen reichen aus, wenn man ein Fahrzeug zum Durchqueren der Weiten im Landesinnern mieten oder es mit den Lokalmatadoren unter den Surfern aufnehmen möchte.

▶ Trends

Auf der Suche nach den tiefen Wurzeln des Landes die Belange der Aborigines unterstützen und eine ungewöhnliche Reise nach Arnhem Land unternehmen, das den Ureinwohnern 1931 zurückgegeben wurde. Einheimische Künstler reproduzieren die naturalistischen Motive der Felsmalereien und sind damit international erfolgreich.

Baltische Staaten

Keiner der drei Baltischen Staaten wird jemals zu den ganz großen Reisezielen zählen, doch ganz außer Acht lassen sollte man keines dieser Länder. Heute haben die Hauptstädte, vor allem Riga und Tallinn, einiges zu bieten, daneben wird die reizvolle Natur mit vielen Wäldern und Seen zunehmend zur Geltung gebracht.

Reisehighlights Estland
- Tallinn, Tartu, Narva, Kuressaare
- Pärnu, Haapsalu

Landschaften
- Wälder (Lahemaa-Nationalpark), Seen
- Insel Saaremaa, Otepää, Võru (Skilanglauf)

Estland

Städte

Die am Finnischen Meerbusen gelegene Hauptstadt **Tallinn** ist von Kontrasten geprägt. Wer sich ihr beispielsweise von Süden nähert, fährt lange durch eintönige Viertel, dann folgen Bezirke, in denen moderne Hochhäuser aus dem Boden wachsen, schließlich gelangt man in die Altstadt, eine von Stadtmauer und Türmen umringte Festung. Aufgeteilt ist sie in die Unterstadt und die vom Domberg (Toompea) beherrschte

Vom Domberg (Toompea) fällt der Blick auf die roten Ziegeldächer und barocken Bauwerke der Stadt.

Oberstadt. Ein Spaziergang auf dem Toompea ist ein wirkliches Vergnügen, zum einen wegen der Architektur (orthodoxe Alexander-Newski-Kathedrale, Schloss mit rosafarbener Barockfassade, lutherische Domkirche, St.-Olaf-Kirche), zum anderen wegen der Aussichtsterrassen, die einen schönen Blick auf die rot gedeckten Dächer ermöglichen. Nun gelangt man in die Unterstadt mit dem Rathaus, das früher ein Zentrum des hansischen Handels war. Dicht gedrängt stehen mittelalterliche Häuser aus dem 13. und 14. Jahrhundert, besonders in den Straßen Lai und Pikk.

Vier Kilometer östlich von Tallinn erhebt sich das Schloss Katharinas der Großen, der prunkvolle Kadriorg-Palast, in unmittelbarer Nähe steht ein bescheidenes Sommerhaus, das einst Peter den Großen beherbergte. Sieben Kilometer nordöstlich liegt der Badeort Pirita. Der ganze Stolz des Ortes ist der „Singplatz", wo alle fünf Jahre ein berühmtes Sängerfest stattfindet.

Eine zweite wichtige Stadt ist **Tartu**, ebenfalls eine alte Hansestadt, mit dem Estnischen Nationalmuseum. Dort wird alle vier Jahre ein Sängerfest veranstaltet, dessen Teilnehmer die traditionellen Trachten der Dörfer tragen. Zwei Städte sind wegen ihrer Schlösser einen Besuch wert: **Narva** mit der Hermannsfeste und **Kuressaare** mit der Bischofsburg. Einen Abstecher lohnen auch das Seebad **Pärnu** mit seinen Holzhäusern aus dem frühen 20. Jahrhundert und Haapsalu, das „Venedig der Ostsee".

Baltische Staaten

REISEINFORMATIONEN

Erste Infos
Botschaft: Hildebrandstraße 5, 10785 Berlin, Tel.: 030 254 606 02; www.visitestonia.com, www.tourism.tallinn.ee
Formalitäten
Für EU-Bürger: Personalausweis oder Reisepass.
Gesundheit
Keine Probleme.
Flugdauer, Zeitverschiebung
Flug Frankfurt–Tallinn dauert etwa 2 Std. Die Zeitdifferenz gegenüber der MEZ beträgt plus eine Stunde.

Durchschnittliche Reisekosten
Ein Wochenende in Tallinn (3 Tage und 2 Nächte) kostet etwa 250–300 € inkl. Billigflug z. B. Frankfurt/Hahn-Tallinn und Aufenthalt im Mittelklassehotel. Reisen mit Reiseleitung werden häufig in alle Baltischen Staaten unternommen; sie dauern meist eine Woche und kosten etwa 1400 €.
Sprachen, Währung
Estnisch gehört zu den finno-ugrischen Sprachen. Ein Drittel der Bevölkerung spricht hauptsächlich Russisch.
Währung: Estnische Krone. 1 € = 15,70 Estnische Kronen.
Bevölkerung
Die Bevölkerung besteht zu etwa zwei Dritteln aus alteingesessenen Esten, das dritte Drittel stellen Russen und Ukrainer. Die Einwohnerzahl beträgt insgesamt lediglich 1 316 000.
Hauptstadt: Tallinn.
Religion
Überwiegend Lutheraner, katholische und orthodoxe Minderheiten.

Feste und Feiertage
23.–24. Juni: Johannisfest; Juli: Festival der volkstümlichen Musik in Pirita bei Tallinn, Bierfest in Tallinn; August: Festival „Zeit der weißen Dame" in Haapsula.
Einkäufe
Verschiedene kunsthandwerkliche Gegenstände: Schmuck, Bernsteinketten und andere Gegenstände aus Bernstein, Holzspielzeug, Holzpuppen, Gegenstände aus mundgeblasenem Glas.

REISEHIGHLIGHTS LETTLAND

Städte und Bauwerke
- Riga, Cesis
- Schlösser und Herrenhäuser

Landschaften
- Seen, Wälder, Gauja-Nationalpark
- Gebiet von Daugavpils („Lettische Schweiz")

Küste
- Jurmala

■ Landschaften

Der an der Ostsee gelegene **Lahemaa-Nationalpark** östlich von Tallinn ist mit seinen Wäldern und mit Tieren wie Bär, Elch, Luchs und Wolf der beliebteste Naturpark des Landes, auch findet man dort alte Herrenhäuser (Kolga, Palmse, Sagadi). Insbesondere über die südlichen Landesteile liegen mehr als tausend Seen verstreut, die einen der Reize der estnischen Landschaften ausmachen, die vom Tourismus wenig oder noch gar nicht berührt sind. Die Insel **Saaremaa** ist im Sommer der angenehmste Ort des Landes. Sie besitzt eine üppige Pflanzenwelt in weitgehend ursprünglicher Natur und hat mit dem Meteoritenkrater in Kaali etwas Besonderes zu bieten. Die Regionen im Südosten (**Otepää, Võru**) sind beliebte Skilanglaufgebiete.

Lettland

■ Städte und Bauwerke

Riga, die uralte Hansestadt an der Daugava, ist, begünstigt vom boomenden Billigfliegergeschäft, gerade dabei, sich als Großstadtziel für den Tourismus in Europa zu etablieren. In den alten Vierteln von Riga ist der Barock allgegenwärtig, daneben sieht man Fassaden im historisierenden Stil, dem der echte lettische Jugendstil mit Blumen- und Pflanzenmotiven, Wappen und Masken folgte. Ein beeindruckendes Beispiel für den Jugendstil ist die Alberta-Straße. Sehr viele andere architektonische Kostbarkeiten haben dazu beigetragen, dass der Stadtkern in die Liste des Weltkulturerbes aufgenommen wurde. Im Zweiten Weltkrieg zerstörten deutsche Bomben zwar das Rathaus und das „Schwarzhäupterhaus", doch inzwischen wurden sie wieder aufgebaut. Die Gildenhäuser, das Katzenhaus, die Kirchen (St. Maria Magdalena, St. Petri) und der Dom (13. Jahrhundert) hatten mehr Glück. Bekannt ist die Stadt schließlich auch für ihre Museen (Staatliches Kunst-

Das „Schwarzhäupterhaus" im Herzen der Architekturstadt Riga.

Der Fluss Gauja in Lettland fließt durch den gleichnamigen Nationalpark, der mit Felsen, Höhlen und Burgen übersät ist.

REISEINFORMATIONEN

Erste Infos
Botschaft: Reinerzstraße 40–41, 14193 Berlin; 030/82 60 02 22, www.latviatourism.lv

Formalitäten
EU-Bürger und Schweizer benötigen einen gültigen Personalausweis oder Reisepass.

Gesundheit
Keine Probleme.

Flugdauer, Zeitverschiebung
Die Dauer eines Fluges von Frankfurt nach Riga (1275 km) beträgt etwa 2 Std. MEZ plus 1 Std.

Durchschnittliche Reisekosten
Erhebliche Veränderungen durch Billigflieger, z. B. ab Frankfurt/Hahn. Für Individualreisen oder Reisen mit Reiseleitung entsprechen die Bedingungen mehr oder weniger genau den Angaben für Tallinn (siehe oben).

Sprachen, Währung
Amtssprache ist Lettisch, das zum baltischen Sprachzweig gehört. Gängige Fremdsprachen: Deutsch und Englisch. 40% der Bevölkerung haben Russischkenntnisse oder sprechen Russisch. Währung: Lats. 1 € = 0,71 Lats.

Bevölkerung
Die Einwohnerzahl beträgt 2 260 000, etwa 40% davon sind russischer oder ukrainischer Abstammung.
Hauptstadt: Riga.

Religionen
Überwiegend Lutheraner, katholische und orthodoxe Minderheiten.

Feste und Feiertage
April: Baltisches Ballettfestival in Riga
23.–24. Juni: Johannisfest; Juli: Folklorefestival in Riga, Bierfest in Cesis.

Einkäufe
Beliebt sind Gegenstände aus Ostsee-Bernstein, Wollwaren, Töpferwaren, Korbwaren.

BESTE REISEZEIT

	Klima	Feste
Januar		
Februar		
März		
April		
Mai		
Juni	☼	Johannisfest
Juli	☼	
August	☼	
September		
Oktober		
November		
Dezember		

Im Gebiet von Jurmala fehlt es den Stränden und Dünen an der Ostsee nicht an Charme.

museum, Museum für Stadtgeschichte und Seefahrt, das bewegende Okkupationsmuseum). Auch Volksliedgut und Volkstanz werden gepflegt (Festival im Sommer).
Andere Orte von architektonischem Interesse sind der imposante **Rundale-Palast** bei Bauska, der von Bartolomeo Francesco Rastrelli (dem Architekten des Winterpalastes in Sankt Petersburg), stammt, **Cesis,** eine Stadt aus dem 13. Jahrhundert, deren Schloss nun ein Museum für lettische Geschichte ist, und die Schlösser und Herrenhäuser rund um **Jelgava**. Auch die Burgruinen bei Krimulda und Sigulda nahe Riga (13. Jahrhundert) sind sehenswert.

■ Landschaften

Ein besonderer Reiz geht von den dreitausend Seen und Wäldern Lettlands aus, insbesondere von den Nadelwäldern, die fast die Hälfte des Landes bedecken. Schöne Landschaftsbilder finden sich im **Gauja-Nationalpark** (Hügel, Höhlen), aber auch im Südosten im Gebiet von **Daugavpils** (Dünaburg) in der „Lettischen Schweiz".

■ Küste

In der Umgebung von **Jurmala,** 15 Kilometer von Riga entfernt, erstrecken sich auf fast zehn Kilometer Länge Strände, Dünen, Isbas (die reich geschmückten Fischerhäuser) und Kiefernwälder. Die ständig wechselnden überraschenden Farbschattierungen der Ostsee und die zahlreichen Ferienhäuser sprechen mehr für das Land als die Wassertemperatur, die im Sommer immerhin auf 20 °C steigt.

Litauen

■ Städte

Eine mittelalterliche Burg, Barockkirchen (St. Peter und Paul, St. Johannes, eine mit rosa Anstrich versehene und mit einer vergoldeten Krone geschmückte Kirche), eine Kathedrale, ein Kloster (St. Basilius), mehrere Museen, darunter das Museum für Angewandte Kunst und ein Viertel in der Altstadt, wo sich Backsteinarchitektur, Stuck, Barockfassaden und traditionelle Holzhäuser abwechseln, machen **Wilna** (Vilnius) zum Reiseziel. Auch sind die ältesten Bauwerke der Stadt gut erhalten, und die Altstadt ist in die Liste des Weltkulturerbes eingetragen.
Nicht weit von Wilna wurde der Grutas-Park eröffnet, eine umstrittene Sehenswürdigkeit. Dort findet man eine ganze Reihe von Statuen aus der sowjetischen Ära Litauens, die

Baltische Staaten

> **REISEHIGHLIGHTS LITAUEN**
>
> **Städte**
> ■ Wilna (Vilnius), Kaunas, Trakai
>
> **Küste**
> ■ Dünenlandschaft, Palanga, Halbinsel Neringa
>
> **Landschaften**
> ■ Seen, Wälder, Nemumas-(Memel-)becken

Reizvolles Fischerhaus auf der Halbinsel Neringa in Litauen.

im Zuge der Entsowjetisierung von ihren Sockeln stürzten.
Demnächst wird das jüdische Viertel der Stadt zu neuem Leben erweckt, wo das Jiddische große Bedeutung besaß, bis das Viertel 1943 dem Erdboden gleichgemacht wurde.
Etwa 20 Kilometer nördlich von Wilna wurde ein Skulpturenpark errichtet (Europos Parkas), der Wilna als geographischen Mittelpunkt des europäischen Festlands symbolisieren soll. **Kaunas,** die zweitgrößte Stadt des Landes, lohnt sich wegen ihrer kulturellen Tradition, der Bauwerke aus dem 13. Jahrhundert und ihrer Museen. In der Kleinstadt **Trakai** zeugen die Burg aus dem 15. Jahrhundert und ein Museum von ihrer Vergangenheit als alte Residenz der Großfürsten von Litauen.

■ Küste

Die Dünen an der Ostseeküste machen den Reiz der Landschaft und der kleinen Küstenstadt **Palanga** aus, die man, obwohl in diesen Breiten ungewöhnlich, durchaus als Seebad bezeichnen kann. Der schmale Landstreifen der **Halbinsel Neringa** wird auch als „litauische Sahara" bezeichnet. Zahlreiche Seebäder wie Druskininkai, Neringa, Palanga und Birstonas bauen ihre Kureinrichtungen aus.

■ Landschaften

Die Landschaften Litauens sind mit fünf Nationalparks die vielgestaltigsten Landstriche der Baltischen Staaten – nicht zuletzt wegen der 4000 Seen, der Flüsse, der Wälder und des Nemunas-Beckens. ■

REISEINFORMATIONEN

Erste Infos
Botschaft: Charitéstr. 9, 10117 Berlin, Tel.: 030/ 89068 10;
Internet:
www.travel.lt,
www.tourism.lt
Formalitäten
EU-Bürger und Schweizer: Personalausweis oder Reisepass.
Gesundheit
Nichts zu beachten.
Flugdauer, Zeitverschiebung
Durchschnittliche Flugdauer Frankfurt–Vilnius (1247 km): 2 Std. MEZ plus eine Stunde.
Durchschnittliche Reisekosten
Billigflüge (hin und zurück) unter 200 Euro.
Für Reisen mit Reiseleitung entsprechen die Kosten etwa den für Tallinn und Riga (siehe oben) angegebenen Preisen.
Sprachen, Währung
Amtssprache ist Litauisch, eine sehr alte, mit Polnisch und Russisch verwandte Sprache. Verbreitete Fremdsprachen sind Deutsch und Englisch.
Währung: Litas.
1 Euro = 3,45 Litas.
Bevölkerung
Vier Fünftel der 3 575 000 Einwohner sind Litauer.
Hauptstadt: Wilna. (Vilnius).
Religion
Überwiegend römisch-katholisch.
Orthodoxe und lutherische Minderheiten.
Feste und Feiertage
23.–24. Juni: Johannisfest; letztes Juli-Wochenende: Meeresfestival in Klaipeda; September: Internationales Festival (Theater, Musik, Tanz) in Wilna (Vilnius).
Einkäufe
Ketten und anderes Kunsthandwerk aus Ostseebernstein, Ikonen.

HINWEISE
▶ **Pluspunkte**
Als Ziele von Wochenendreisen wecken Riga und Tallinn immer mehr Interesse, auch weil ihre Flughäfen von Billigfluggesellschaften stark frequentiert werden.
Die Reiseangebote weiten sich aus, für einen besonderen Schub sorgte die Aufnahme der drei Länder in die Europäische Union.
▶ **Minuspunkte**
Das Image als touristisches Ziel bedarf einer gründlichen Überarbeitung, denn die drei Länder werden nach wie vor sehr häufig verwechselt. Auch im Sommer ist das Klima recht ungünstig.

Auf dem Marktplatz von Brüssel, der Grand' Place, bilden die alten Zunfthäuser und das Rathaus eine harmonische Einheit.

Belgien

🇧🇪 Die kühle Nordsee und der graue Himmel ziehen nicht sehr viele Besucher an. Dafür liegen in Belgien architektonisch bedeutsame Kunststädte. Die Ardennen und das Hohe Venn zeigen, dass das Land – entgegen aller Klischees – keineswegs vollständig flach ist.

■ Städte

Brügge ist von romantischen Kanälen durchzogen, daher der Name „Venedig des Nordens". Die alten Giebelhäuser, das Glockenspiel des Belfrieds, der Beginenhof aus alter Zeit, Spitzen und die zahlreichen Museen (wie die „Flämischen Primitiven" im Städtischen Museum) runden das Bild ab.

In **Brüssel** lieben Touristen den Brunnen mit der kleinen Statue des Manneken Pis. Damit können der Marktplatz (Grand-Place) mit dem Rathaus und den barocken Fassaden der Zunfthäuser kaum mithalten. Die Stadt punktet mit renommierten Museen (Musées Royaux des Beaux Arts), Jugendstilbauten (Horta-Museum), der Kathedrale Saint-Michel,

---

REISEINFORMATIONEN

Erste Infos
Belgien Tourismus Brüssel-Wallonie-Ardennen, Cäcilienstr. 46, 50667 Köln, Tel. 0221/277590 Internet: www.opt.be, www.tourisme-flandre.com

Formalitäten
Bürger der EU und der Schweiz benötigen einen Personalausweis (Schengener Abkommen).

Gesundheit
Keine Besonderheiten.

Reisedauer, Zeitverschiebung
Man reist besser per Zug als per Flugzeug an. Keine Zeitverschiebung

Durchschnittliche Reisekosten
Pauschalpreis für 3 Tage und 2 Nächte in Brügge oder Brüssel zwischen 150 und 200 Euro.

Sprache, Währung
Amtssprachen: Französisch, Flämisch, Deutsch. Währung: Euro

Bevölkerung
Mit 10 392 000 Einwohnern ist das Land im Verhältnis zur Fläche dicht besiedelt. Es besteht aus zehn Provinzen. Die Bevölkerung wohnt vor allem in den Städten. Zwischen der flämischsprachigen (überwiegend Flamen) und der französischsprachigen Bevölkerung (Wallonen und 80% der Einwohner Brüssels) bestehen nach wie vor auf vielen Ebenen einige Differenzen.

Hauptstadt: Brüssel.

Religionen
96% der Bevölkerung sind Katholiken; dazu gibt es evangelische, anglikanische und jüdische Minderheiten.

Feste und Feiertage
Karnevalsdienstag: Karneval von Binche. Andere Karnevalshochburgen sind Aalst, die östlichen Bezirke, Malmédy.

März: Ball der toten Ratte in Ostende. **Frühjahr:** Zinneke-Parade (Brüssel). **Christi Himmelfahrt:** Heilig-Blut-Prozession in Brügge. **Pfingsten:** Meeresfest in Ostende.

Einkäufe
Drei Mitbringsel sind ein absolutes Muss: Spitzen aus Brügge (die in Handarbeit angefertigten Klöppelspitzen werden immer rarer), Schokolade und diverse Biersorten.

Belgien

REISEHIGHLIGHTS BELGIEN

Städte
- Brügge, Brüssel, Antwerpen, Gent, Lüttich, Löwen, Dinant, Mons, Tournai, Namur, Bouillon, Beloeil, Arlon

Küsten
- Nordseeküsten, Ostende

Feste
- Karneval, Kirmes

Landschaften
- Deiche und Kanäle in der Umgebung von Damme
- Ardennen, Naturpark Hohes-Venn-Eifel, Höhle von Han

HINWEISE

▶ **Pluspunkte**
Kulturelle und architektonische Vielfalt in den Städten.
Der häufig verkannte Charme der Küste und der Ardennen.

▶ **Minuspunkte**
Das Klima lädt nicht zu längeren Aufenthalten ein.

▶ **Trends**
Die Zinneke-Parade ist nicht so angesagt wie Miesmuscheln mit Pommes frites im Herbst und die verschiedenen Biersorten, doch sie hätte mehr Aufmerksamkeit verdient. Auf dieser alle zwei Jahre stattfindenden Parade zeigt sich die Seele von Brüssel, wenn die Einwohner gemeinsam die Requisiten zusammenbasteln.

dem Palais im Parc du Cinquantenaire, der Avenue Louise, dem Erasmus-Haus, und der Kirche Notre-Dame-du-Sablon.
Highlights der Stadt **Antwerpen** sind die Kathedrale Notre Dame – ein Bauwerk in Brabanter Gotik mit Werken von Rubens –, der Marktplatz mit dem Rathaus und Gildehäusern, kleine Gässchen, der Hafen, die Fassaden aus dem 17. und 18. Jahrhundert, das Rubens-Haus und die zahlreichen Museen. Dazu zählen das Museum Plantin-Moretus und das Museum der Schönen Künste mit vielen Werken altflämischer Meister wie van der Weyden und van Eyck.
In **Gent** gibt es die alten Zunfthäuser an den Uferstraßen Graslei oder Korenlei, die Grafenburg, die Museen (S.M.A.K., Städtisches Museum der Modernen Kunst, Design-Museum, Museum der Schönen Künste) und die Kathedrale Sint-Baafs mit einem Meisterwerk van Eycks, der „Anbetung des Gotteslammes".
Eine Reise wert sind auch: **Lüttich** mit seiner herzlichen Atmosphäre,
den Museen und Kirchen um das Fürstbischöfliche Palais und **Löwen** mit gotischen (Rathaus, Sint Pieterskirche) neben barocken Bauwerken (Fassade der Kirche Sint Michiel, alte Häuser). **Dinant** liegt zwischen Felsen und dem Flusslauf der Maas, mit der Zitadelle und der Stiftskirche Notre Dame. **Mons** (Stiftskirche Sainte Waudru, barocker Belfried), **Tournai** (Kathedrale Notre Dame aus dem 12. und 13. Jahrhundert, Belfried, Tuchhalle), **Namur** (Festung, Kathedrale Saint-Aubin), **Bouillon** (mittelalterliche Burg), **Beloeil** (Schloss der Prinzen von Ligne, 12. Jahrhundert wunderschöne Gartenanlagen), **Arlon** (archäologisches Museum).

BESTE REISEZEIT		
	Mitte und Küsten	Ardennen
Januar		☼
Februar		☼
März		
April		
Mai	☼	
Juni	☼	☼
Juli	☼	☼
August	☼	☼
September	☼	☼
Oktober		
November		
Dezember		☼

■ **Küsten**

Die **Nordsee** ist weder blau noch besonders von der Sonne verwöhnt. Doch hier gibt es weitläufige, gut gepflegte Strände für Wassersport. Am elegantesten ist der Strand von Knokke-le-Zoute. In Richtung Süden liegen einfachere Strände an 70 Kilometer Küste.

■ **Feiertage**

Die Kleinstadt **Binche** hält eine alte Tradition aufrecht und feiert von Karnevalssonntag bis -dienstag ihren Karneval mit Umzügen, in denen der „Gille" erscheint, eine reich verkleidete Gestalt. Dies belegt die Begeisterung für Feste und Jahrmärkte.

■ **Landschaften**

Die ebene Landschaft der flämischen Regionen und die „schemenhaften Landstriche", die Jacques Brel besang, sollten die romantische Atmosphäre vieler Gegenden nicht vergessen lassen: wie die Deiche und Kanäle in der Umgebung von **Damme,** der Stadt des Till Eulenspiegel. Im Osten liegen die sanft gerundeten, bewaldeten **Ardennen**. Ähnlich schön präsentieren sich die Heidegebiete im Naturpark **Hohes Venn-Eifel.** ■

Der Titicacasee, höchstgelegener schiffbarer See der Welt und Perle des Altiplano.

Das zurückhaltende Bolivien steht im Schatten des benachbarten Perus mit seinen unvergleichlichen archäologischen Schätzen. Bolivien ist geprägt durch die Anden, seine Landschaften und die noch bewahrte Identität der Indios.

REISEHIGHLIGHTS BOLIVIEN
Landschaften
- Altiplano, Titicacasee, Cordillera Real
- Oriente (Bootsfahrten auf dem Amazonas)

Städte und Dörfer
- Potosí, Sucre, La Paz, Santa Cruz, Cochabamba
- Indiomärkte, Jesuitenmissionen

Bauwerke
- Kolonialarchitektur, präkolumbische Orte (Tiahuanaco)

Feste und Feiertage
- Indio-Musik, Karneval von Oruro

Bolivien

■ Landschaften

In der Umgebung von La Paz und im Südwesten erstreckt sich auf einer Höhe von 4000 Metern das Bolivianische Hochland, der Altiplano. Er hat unter anderem eine atemberaubenden Andenszenerie und den berühmten Salar de Uyuni, einen Salzsee, zu bieten. Auch Vulkane, Lagunen, (die smaragdgrüne Laguna Verde), Geysire und Canyons prägen die Landschaft. Sehenswert ist das karge **Valle de la Luna** in der Nähe von La Paz. Nicht weit von Sucre liegt der **Tototoro-Nationalpark** mit Canyons und Felsmalereien.

Um den **Titicacasee**, den höchsten schiffbaren See der Erde, ranken sich

---

REISEINFORMATIONEN

Erste Infos
Botschaft: Wichmannstraße 6, 10787 Berlin, Tel. 030/2639150
www.boliviaweb.com

Formalitäten
Staatsbürger der EU und Schweizer benötigen einen Reisepass – selbstverständlich mit ausreichender Gültigkeitsdauer.

Gesundheit
Nicht zu überstürzt in die Anden reisen, sonst besteht die Gefahr der Höhenkrankheit (Soroche). Für die Ebene wird eine Malariaprophylaxe empfohlen, für Gebiete unter 1500 Meter eine Impfung gegen Gelbfieber.

Flugdauer, Zeitverschiebung
Durchschnittliche Flugdauer Frankfurt–La Paz (10490 km): ca. 18 Std., 12 Uhr in Frankfurt = 6 Uhr (Sommer) bzw. 7 Uhr (Winter) in Bolivien.

Durchschnittliche Reisekosten
Mindestens 2500 Euro für eine organisierte Reise nach Westbolivien und Peru. Die Kosten für eine dreiwöchige Wanderreise im Westen Boliviens und im Nordosten Chiles belaufen sich auf mindestens 3000 Euro.

Sprachen, Währung
Amtssprachen: Spanisch, Quechua, Aymara.
Währung: Boliviano,
1 USD = 8,02 Bolivianos,
1 Euro = 11,05 Bolivianos

Bevölkerung
9119000 Einwohner, 60% Indios. Die Aymara und Quechua leben auf dem Altiplano. Die Hauptstadt ist Sucre, Regierungssitz ist La Paz.

Religionen
90% aller Bolivianer sind katholisch.

Feste
Ende Januar: Feria Alacitas in La Paz und Santa Cruz; **Samstag vor Aschermittwoch:** Karneval von Oruro. **Februar:** Karneval in La Paz und Santa Cruz. **10. Februar:** Bergarbeiterfest in Potosí. **März:** Karneval in Tarabuco (Pujllay).

21. Juni: Fest der Sonnenwende in Tiahuanaco.
6. August: Nationalfeiertag. **2. November:** Allerheiligen (Todos Santos).

Einkäufe
Stoffe, Pullover aus den Anden und – in puncto Glauben – Lamaföten und Statuetten der Pachamama (der Fruchtbarkeits- oder Erdgöttin). In der Sagamaga-Straße in La Paz ist die ganze Palette dieser kunsthandwerklichen Mitbringsel im Angebot.

viele Legenden. Von dort sollen die „Sonnenkinder" aufgebrochen sein, die Gründer des Inkareichs. Auf der bolivianischen Seite gelten die Sonneninsel und der uralte Palast Pilkokaina als Hauptattraktionen.
Östlich des Sees erheben sich in der Cordillera Real zwei Bergmassive, der **Illampu**, der mit 6485 Meter Höhe die Kulisse des Altiplano bildet, und der **Illimani**, der mit seinen drei Gipfeln das Tal von La Paz beherrscht. Der östliche Landesteil, der **Oriente**, gehört bereits zum Amazonasgebiet. In dieser Region mit Regenwäldern und Savannen sind Bootstouren möglich (Mercado Nationalpark).

■ Städte und Dörfer

Bolivien gehört zu den wenigen Ländern Lateinamerikas, in denen sich die Lebensart und Bräuche der Indio-Bevölkerung gehalten haben. Sichtbar wird das auf Festen und Märkten wie in Tarabuco.
Spanien hat tiefe Spuren in den Dörfern und Städten hinterlassen. dazu zählen:
– die Weltkulturerbestadt **Potosí**. Ihr Silberberg machte sie im 16. Jahrhundert zur reichsten Stadt der Welt und weckte viele Begehrlichkeiten;
– **Sucre**, eine aus weißem Stein erbaute Stadt, die von der Kathedrale, den Kirchen, Klöstern und dem Gouverneurspalast beherrscht wird;

– **La Paz**, der höchstgelegene Regierungssitz der Welt. Die alten Viertel im Stadtzentrum, die Handwerksbetriebe in der Sagarnata-Straße, die barocke Kirche San Francisco aus dem 16. Jahrhundert und das Nationale Kunstmuseum mit seinen reichen Schätzen sind sehenswert. Die Stadt liegt in einem von hohen Andengipfeln umgebenen Talkessel.
Auch in andere Städte lohnt sich ein Abstecher, etwa in das oberhalb der weiten Chaco-Ebene liegende **Santa Cruz** (Kathedrale, Häuser aus der Kolonialzeit und Jesuitenmissionen), **Cochabamba** (Theresienkirche und Kapuzinerkloster) und **Copacabana** am Ufer des Titicacasees.

■ Bauwerke

Jede Kolonialstadt hat ihre Kirchen, eine Kathedrale und Häuser aus der Zeit der spanischen Eroberung. Deshalb sollte man die Besichtigung eines Ortes aus der vorkolonialen Zeit nicht versäumen. Ein solcher Ort ist **Tiahuanaco**, das zeremonielle Zentrum der Tiwanaku mit einer halb versunkenen Tempelruine und dem Sonnentor. Außerdem gibt es die Inkastädte **Inkallatja** in der Nähe von Cochacamba und das bei Santa Cruz liegende **Samaipata**.
In der Umgebung von Ignacio im Osten trifft man auf Spuren der alten Jesuitenmissionen (ebenfalls Weltkulturerbe der Unesco).

■ Feste und Feiertage

Die Bolivianer lieben Feste. Abends besuchen sie gern eine *pena* und erfreuen sich an der Volksmusik der Indios, gespielt mit Panflöten und Charangos (eine Art Mandoline). Zum Karneval wird die Tradition der Diabladas, der Teufelstänze, gepflegt, an die sich ein Umzug anschließt. Berühmt ist der Karneval in **Oruro**. Kaum weniger renommiert sind die Karnevals von Tarabuco (Pujllay), La Paz und Santa Cruz.

HINWEISE

▶ Pluspunkte

Eine bevorzugte Lage und verschiedene Gebirgsketten für passionierte Bergwanderer. Bolivien ist das einzige Land auf dem amerikanischen Kontirent, in dem die Indos den höchsten Eevölkerungsanteil stellen und ihre Traditionen bewahren konnten.
Das Klima im Altiplano ist von Juni (Osten) bis September günstig.

▶ Minuspunkte

Im Westen erfordern die Höhe und der damit verbundene geringere Sauerstoffgehalt der Luft eine gewisse Akklimatisierung. Es gibt zahlreiche Ratschläge, die sicher ihre Berechtigung haben, was die angespannte politische Lage, die Unsicherheit usw. betrifft – doch hier muss man differenzieren. Wie in den meisten Ländern Südamerikas sind die Kosten für organisierte Reisen hoch.

▶ Sicherheit

Über die Lage in Bolivien, wo mehr als die Hälfte der Bevölkerung unterhalb der Armutsgrenze lebt, wurde schon vieles geschrieben. Man muss nur sehr vorsichtig und misstrauisch sein, etwa in Bezug auf Personenkontrollen – denn Berichte über falsche Polizisten sind keine Märchen –, die Ausfuhr von Cocablättern, die selbst in geringfügigen Mengen verboten ist, und wenn es um Fahrten in abgeschiedene Regionen geht.

BESTE REISEZEIT		
	Anden (Westen des Landes)	Tiefland und Amazonasgebiet
Januar	☼	
Februar		
März		
April		
Mai	☼	
Juni	☼	⋞
Juli	☼	⋞
August	☼	⋞
September	☼	⋞
Oktober	☼	⋞
November		⋞
Dezember		

Eine Herde der großohrigen afrikanischen Elefanten am Ende der Trockenzeit beim Besuch einer der selten gewordenen Wasserstellen.

REISEHIGHLIGHTS BOTSWANA

Landschaften
- Okawango-Delta, Kalahari-Wüste

Tierwelt
- Chobe-Nationalpark, Moremi-Naturreservat, Kalahari-Gemsbok-Nationalpark
- Reservate von Mabuasehube und Mashatu, Salzpfannen von Makgadikgadi und Nxai
- Elefanten, Löwen, Giraffen, Antilopen, Büffel, Gnus, Kudus, Zebras, Springböcke, rosa Flamingos, Geparden; Hyänen, Leoparden

Botswana

▬ *Dieses Land im Süden Afrikas wäre unbedeutend geblieben*, hätte nicht das weltweit einzigartige Binnendelta des Flusses Okawango Bekanntheit erlangt. Die Wildreservate stellen den zweiten gewichtigen Anziehungspunkt des „letzten afrikanischen Garten Eden" dar. Die Reise dorthin ist allerdings mit sehr hohen Kosten verbunden.

REISEINFORMATIONEN

Erste Infos
Botswana Tourism Board, Karl-Marx-Allee 91A, 10243 Berlin, 030/42028464
www.botswana-tourism.de

Formalitäten
Bürger der EU und der Schweiz benötigen einen Reisepass, der noch sechs Monate nach der Ausreise gültig ist. Erforderlich ist auch ein Weiterreise- oder Rückreiseticket.

Gesundheit
Unerlässlich ist eine Malariaprophylaxe, besonders für die Zeit von November bis einschließlich Mai/Juni für Reisen in folgende Gebiete: Boteti, Chobe, Ngamiland, Okawango, Tutume.

Flugdauer, Zeitverschiebung
Durchschnittliche Flugdauer Frankfurt–Gaborone (8437 km): 17 Std. 12 Uhr MEZ = 12 Uhr (Sommerzeit) oder 13 Uhr (Winterzeit) in Botswana.

Durchschnittliche Reisekosten
Circa 2500 Euro für zehn bis zwölf Tage, eine Fotosafari in das Okawango-Delta, den Moreni-Nationalpark und den Nationalpark von Chobe. Diese Reise wird oft mit Namibia und den Viktoria-Fällen in Simbabwe kombiniert.

Sprachen, Währung
Amtssprache Englisch. Nationalsprache Setswana.
Währung: Pula.
1 Euro = 8,61 Pulas, 1 USD = 6,25 Pulas.

Bevölkerung
Mit 1 816 000 Einwohnern, gegliedert in zahlreiche Stämme und 6000 Weiße, gehört das Land zu den am dünnsten besiedelten Gebieten der Welt.
Hauptstadt: Gaborone.

Religionen
80% Christen neben Anhängern von Naturreligionen und einer kleinen muslimischen Minderheit.

Feste und Feiertage
1. Juli: Sir Seretse-Khama-Fest.
30. September: Nationalfeiertag.

Einkäufe
Korbwaren, Textilien und Skulpturen, meist Tierskulpturen.

Botswana

■ Landschaften

Geschwächt von der Durchquerung der flachen Kalahari-Wüste endet der Fluss **Okawango** in einem gewaltigen Binnendelta von 60000 Quadratkilometern Größe, der Hauptattraktion des Landes. Dort kann man im Einbaum, vorbei an Papyrusstauden und Seerosen, den Flusswindungen folgen und eine enorme Vielzahl von Vögeln beobachten, darunter auch Fischadler. Das Gebiet mit seinen zahlreichen Inseln, auf denen sich bisweilen Löwen und Elefanten einfinden, mit den Kanälen und Wasserläufen, die im Sand der Wüste versickern, gilt unter Geographen als einzigartig.

Die orangefarbenen Schattierungen der legendären **Kalahari-Wüste**, dem Rückzugsgebiet der Buschmänner, bereichern diese Naturlandschaft, die so extrem trocken und lebensfeindlich ist, dass sie kaum je von einer Invasion von Geländewagen bedroht werden wird. Die tausend Kilometer lange Strecke durch die Kalahari ist nach wie vor kaum bekannt und darf anscheinend nur unter Beachtung strengster Sicherheitsvorkehrungen und in Begleitung von Buschmännern befahren werden.

■ Tierwelt

Die Fauna Botswanas gehört zu den vielseitigsten im südlichen Afrika. Der **Chobe**-Nationalpark ist der Lebensraum von 30 000 Elefanten – weltweit der höchste Bestand in einem einzelnen Reservat. Auch Löwen, Giraffen, Antilopen, Hyänen und annähernd 500 Vogelarten bevölkern den Nationalpark.

Östlich des Nationalparks im Okawango-Becken liegen die Sumpfgebiete und das Tiefland des **Moremi**-Naturreservats mit Herden von Büffeln, Elefanten, Zebras, Giraffen und Kudus. Am Fluss Linyanti und dem Savuti-Kanal halten sich Giraffen, Büffel, Löwen und Gnus auf.

Südlich des Chobe-Nationalparks und in den Randgebieten der Kalahari erstrecken sich die weißen Weiten der Salzpfannen von **Makgadikgadi** und **Nxai** und bilden ein bizarres Oberflächenrelief. Sie sind Lebensraum von Zebras, Antilopen, Gnus, Giraffen und Rosaflamingos.

Im Südwesten, in den Dünen des **Kalahari-Gemsbok**-Nationalparks und im Wildreservat **Mabuasehube**, sind Antilopen, Geparden, Hyänen, Löwen und fast 200 Vogelarten heimisch. In der anderen Richtung, entlang des Limpopo-Flusses, wird die Erde grün, die Wälder und Flüsse des Farmgebiets **Tuli Block** tauchen auf und enden im Reservat **Mashatu** mit seinen Elefanten-, Löwen- und Leopardenpopulationen. ■

HINWEISE

▶ Pluspunkte

Alles, was ein klassisches Afrika-Erlebnis ausmacht: atemberaubende Landschaften, eine reiche Tierwelt, Volksgruppen, die ihre Traditionen weitgehend bewahrt haben.
Ein noch junger, sanfter Tourismus, der die Natur und die örtlichen Traditionen respektiert.
Die beste Reisezeit stimmt mit den günstigsten Terminen für westliche Reisende überein.

▶ Minuspunkte

Sehr hohe Reisekosten, die voraussichtlich auch hoch bleiben.

▶ Sicherheit

Botswana gilt als sicheres Reiseland.

BESTE REISEZEIT

	Klima	Reservate
Januar		
Februar		
März		
April		🐾
Mai	☼	🐾
Juni	☼	
Juli	☼	
August	☼	🐾
September	☼	🐾
Oktober	☼	🐾
November		
Dezember		

Brasilien

🇧🇷 *Karneval in Rio und der Strand von Copacabana sind das Erste, was einem bei Brasilien einfällt, und beinahe überlagert das die reizvolle Vielfalt des Landes. Doch das „Land der Glut" („Brasa" heißt „rote Glut") bietet auch Naturwunder wie das Amazonasbecken und die Iguaçu-Fälle, Tropenstrände und Städte voll kolonialer Architektur. Diese touristische Vielfalt, kombiniert mit musikalischer Folklore, macht Brasilien zu einem grandiosen Reiseziel.*

■ Landschaften

Auch wenn die Gefahr der Abholzung alles andere als gebannt ist – noch ist das **Amazonasbecken** ein Beispiel für die Großartigkeit der Natur. Das meistgewählte Basislager für Ausflugsfahrten in dem 80 000 Kilometer langen Flusslabyrinth ist Manaus. Der Mix aus Urwald und mystischem Fluss ist perfekt. Der Amazonas ist auf der Höhe von Belém 30 Kilometer breit; er begrenzt das Marajó-Archipel, ein Gebiet aus vielen tausend kleinen Inseln mit riesigen ländlichen Anwesen und einer reichen Vogelwelt. **Marajó** ist ein lohnenswertes, gerade für den Ökotourismus entdecktes Gebiet.

REISEHIGHLIGHTS BRASILIEN

Landschaften

■ Amazonasbecken (Amazonas, Marajó-Archipel, Rio Negro)

■ Urwald, Iguaçu-Fälle, Canyons, Llanos, Feuchtgebiet des Pantanal

Städte und Kulturdenkmäler

■ Rio de Janeiro, Congonhas, Ouro Preto, Parati, Salvador de Bahia, Brasilia, Manaus, Belém, Recife, Olinda, São Luis

Küsten

■ Strände von Copacabana und Ipanema in Rio

■ Strände der Allerheiligenbucht und der Insel Itaparica bei Salvador de Bahia, Angra dos Reis, Ilha Grande

■ Nordosten (Aracajú, Maceió), Gewässer und Korallenriffe des Archipels Fernando de Noronha

Kulturelles Erbe

■ Karneval (Rio de Janeiro, Salvador de Bahia, Recife), musikalische Folklore (Samba, Forró)

Rio, die Bucht und die Christusstatue – eines der schönsten Fotomotive überhaupt

Auf den weiten Flächen der Pantanal-Tiefebene schwimmen bei Überflutung riesige Seerosen.

REISEINFORMATIONEN

Erste Infos
Brasilianisches Fremdenverkehrsamt, Platz der Einheit 1, 60327 Frankfurt, 069/97 50 32 51; Internet: www.braziltour.com/site/ge/home/index.php

Formalitäten
Bürger der EU und der Schweiz benötigen einen Reisepass, der nach Einreise noch sechs Monate gültig ist, sowie ein Rück- oder Weiterreiseticket.

Gesundheit
Für ländliche Gebiete im westlichen Teil ist eine Gelbfieberimpfung nötig, für das Amazonasbecken eine Malariaprophylaxe.

Flugdauer, Zeitverschiebung
Durchschnittliche Flugdauer Frankfurt–Rio de Janeiro (9543 km): 13 Std., Frankfurt–Salvador de Bahia: 11 Std. Um 12 Uhr deutscher Zeit ist es in Rio de Janeiro im Sommer 7 Uhr, im Winter 8 Uhr.

Durchschnittliche Reisekosten
Ein Kurztrip nach Rio de Janeiro kostet 800 Euro, ein All-Inclusive-Badeurlaub an einem Strand im Nordosten kommt auf rund 1000 Euro. 2400 Euro sind für zwei Wochen Pantanal inklusive Reiseleitung zu veranschlagen.

Sprache, Währung
Amtssprache: Portugiesisch, das sich zunehmend zu „Brasilianisch" entwickelt. Englisch ist durchschnittlich, Deutsch kaum geläufig.
Währung: Real; Euro und vor allem US-Dollar mitnehmen.
1 Euro = 2,57 Real,
1 USD = 1,86 Real.

Bevölkerung
Von den 190 011 000 Einwohnern sind 55 % Weiße, 39 % Mischlinge und 6 % Schwarze. Bedeutende Ballungsräume sind São Paulo (16 Millionen) und Rio de Janeiro (10 Millionen).
Hauptstadt: Brasilia.

Religionen
Katholiken stellen die Mehrheit, eine größere Minderheit hängt dem ursprünglich afrikanischen Macumba-Kult an.

Feste und Feiertage
Februar: Karneval in Rio, Salvador de Bahia, Recife, Olinda;
April: Karwoche;
Juni: „Juninas"-Feste im Nordosten.

Einkäufe
Ein originelles Mitbringsel ist eine Hängematte. Zudem gibt es Flechtwaren, Skulpturen aus exotischem Holz, Leder- und Tonwaren, Steinnussartikel, Musikinstrumente, Stickereien und kunstvoll verzierte Kokosnüsse.

Von Manaus aus kann man auch auf dem **Rio Negro** Fahrten mit traditionellen Holzbooten, den Lanchas, machen. Im Grenzgebiet von Argentinien, Brasilien und Paraguay liegen die **Iguaçu-Fälle**, die sich hinter den Niagara-Fällen nicht verstecken müssen: Die 250 Wasserfälle stürzen in zwei Stufen 30 bis 60 Meter in die Tiefe. Auch andere Gegenden bieten vielfältige Landschaften: Canyons (Höhlen und Schluchten des Rio Ribeira und im Nationalpark Chapada dos Guimaraes), **Llanos** (weite Grasebenen), Berge (Nationalpark Serra do Cipó in Minas Gerais), raues Gelände (Pico de Itabira). Das **Pantanal** im Südwesten, eines der größten Binnenland Feuchtgebiete der Welt, verwandelt sich nach der Regenzeit im April in ein gewaltiges Biotop. Hier leben mehr als 650 Vogel- und 250 Fischarten sowie Kaimane, Jagu-

Brasilien

are, Pumas, Luchse, Tukane, Tapire und Jabiru-Störche.

■ Städte und Kulturdenkmäler

Die Bucht von **Rio de Janeiro** ist eines der berühmtesten Fotomotive der Welt. Der Zuckerhut, der Gipfel des Corcovado mit der Christusstatue, die Strände von Copacabana und Ipanema und die Wolkenkratzer bilden ein harmonisches Ganzes. Der Tijuca-Nationalpark – ein großes Waldgebiet – und der Botanische Garten machen Rio zu einer grünen Stadt.

In den Städten und Dörfern in Minas Gerais nördlich von Rio findet sich ein reiches Erbe der Kolonialzeit. Zwei Kleinstädte dieses Bundesstaats sind wegen der erhaltenen Barock- und Rokokowerke des Bildhauers Aleijadinho berühmt: **Congonhas** wegen der Statuen der Propheten und der Figuren der Kreuzwegstationen, und **Ouro Preto** wegen der Dekorierung ihrer Kirchen aus dem 18. Jahrhundert. (Ouro Preto ist ein nationales Kulturdenkmal.)

Die brasilianische Barockkunst erreicht ihren Höhepunkt in **Parati** mit seinen weiß getünchten Häusern, alten Kirchen und berühmten Kirchenfesten, und in **Salvador de Bahia**, der Stadt der 365 Kirchen aus dem 16., 17. und 18. Jahrhundert (Cruzeiro de São Francisco, Aflitos, Carmo, Boa Viagem). Die Stadt von Jorge Amado und Gilberto Gil besitzt einen Charme, der in ganz Lateinamerika seinesgleichen sucht. Diesen verdankt sie vor allem ihrer Altstadt (Pelourinho), die auch ein Zentrum des Capoeira ist. Diese Kombination aus Kampfsport und rhythmischer Musik ist heute weithin bekannt.

Salvador de Bahia ist der krasse Gegensatz zur Hauptstadt **Brasilia**, die vom futuristischen Genie des Architekten Oscar Niemeyer geprägt ist. In zwei Städten finden sich nostalgische Anklänge aus der Blütezeit des Kautschukbooms Ende des 19. und Anfang des 20. Jahrhunderts: In **Manaus** ist es die Oper, ein Nachbau der Pariser Oper Palais Garnier, allerdings in bescheidenerem Maßstab; weitere Sehenswürdigkeiten sind die Markthallen und der schwimmende Markt. In **Belém** erinnern das Théatre de la Paix an die Scala und das Paris N'America an das Pariser Stammhaus der Kaufhauskette Galeries Lafayette. Der Fisch- und Gemüsemarkt „Ver-o-Peso" ist einzigartig. In **Recife**, dem Venedig Brasiliens, nehmen die Kirchen im Rokokostil den Betrachter gefangen, genau wie

Im Pantanal-Matogrossense-Nationalpark leben tausende Tier- und Pflanzenarten.

BESTE REISEZEIT			
	Rio	Amazonasbecken	Salvador de Bahia und Ozean
Januar			
Februar	☼		☼
März			
April			
Mai			
Juni	☼	☔	
Juli	☼	☔	
August	☼	☔	
September	☼	☔	☼
Oktober		☔	☼
November			☼
Dezember	☼		☼

Brasilien

Salvador de Bahia, die Stadt der 365 Kirchen.

die Gotteshäuser in den benachbarten Ortschaften Nazare und **Olinda**. Weiter im Westen liegt **São Luis**. Die vom Barock geprägte Hauptstadt des Bundesstaates Maranhão besitzt eine Kathedrale aus dem 17. Jahrhundert. Unweit der Stadt liegen die Lençóis, eine abwechslungsreiche Dünen- und Seenlandschaft.

■ Küsten

Die Strände erstrecken sich über viele 1000 Kilometer. Die von **Copacabana** und **Ipanema** in Rio de Janeiro sind zweifellos die berühmtesten, aber auch die Strände der **Allerheiligenbucht** und der Insel **Itaparica** gegenüber von Salvador de Bahia sind äußerst schön und zum Teil luxuriös.

Beliebt sind auch die Strände ein paar Dutzend Kilometer südlich von Rio, etwa die von Angra dos Reis oder von der Ilha Grande gegen-über; die schöne, bergige Insel ist von tropischem Regenwald bedeckt.

Im **Nordosten**, der Wiege Brasiliens, findet man viele lange Strände, unter anderem in **Aracajú** (Bundesstaat Sergipe), **Maceió** (Bundesstaat Alagoas) und **Natal** (Bundesstaat Rio Grande do Norte). An der Küste von **Salvador de Bahia** entstehen neue Resorts in rasantem Tempo; die Hotels an dem sechs Kilometer langen Strand der Costa do Sauipe sind etwas für den dickeren Geldbeutel.

Taucher lieben die vielen verschiedenen Korallenriffe um den **Archipel Fernando de Noronha**, 340 Kilometer vor der Nordostküste gelegen. Die Regierung hat die Entwicklung des Massentourismus gestoppt, um die Artenvielfalt der fünf Inseln zu erhalten (Delfine, Schildkröten).

■ Kulturelles Erbe

Zwischen Ende Januar und Mitte Februar zeigt sich Brasilien als weltweit bekannter Ursprungsort des Karnevals. Der Karneval in **Rio de Janeiro**, der meist Anfang Februar auf der Marques-de-Sapucai stattfindet, bleibt sich treu, wurde aber den touristischen Anforderungen etwas

Der bei uns geläufige Begriff „Fest" wird dem Karneval in Rio bei Weitem nicht gerecht.

HINWEISE
▶ Pluspunkte
Hier trifft sich die Welt, für jeden Geschmack ist etwas dabei: Naturschönheit, reizende Kolonialstädte, reiche Traditionen, Ökotourismus.
Die Kosten für Reisen in den Nordosten sind deutlich gesunken, etwa für Charterflüge nach Salvador de Bahia oder für Pauschal-Badeurlaub.
▶ Minuspunkte
Gewisses Sicherheitsrisiko in einigen Großstadtvierteln und in den Favelas.
▶ Sicherheit
In Rio de Janeiro und São Paulo sollten ein paar Vorsichtsmaßnahmen beherzigt werden: Wohlstand nicht öffentlich zeigen, die Favelas meiden, stets vorsichtig sein, auch an sehr touristischen Orten wie Copacabana. Aber Brasilien ist riesig, und im Landesinneren gelten dieselben Vorsichtsmaßnahmen wie in anderen Ländern auch.
▶ Trends
Für einen Badeurlaub ist der Nordosten in Richtung Salvador de Bahia eindeutiger Favorit. Die Preise sind angemessen, manchmal sogar günstiger als die entsprechenden Kategorien in Kuba oder der Dominikanischen Republik. Das stimmt nachdenklich: Wird das mystische Brasilien auf diese Weise zu einem ordinären „Produkt" für Badeurlauber, günstig, aber charakterlos? Und ob nun Trend oder nicht: Eine Ökotourismus-Reise, zum Beispiel in den Pantanal, ein Paradies der Tier- und Pflanzenwelt, ist nie verkehrt.

angepasst (auf dem Sambódromo etwa findet ein Wettbewerb der Sambaschulen statt, für den man lange im Voraus reservieren muss). In **Salvador de Bahia**, **Recife** und **Olinda** im Nordosten werden Konkurrenzveranstaltungen abgehalten.

Überall sind die indischen, portugiesischen und schwarzen Wurzeln der fast 500 Jahre alten musikalischen Folklore zu spüren. Neben Samba tanzt man auch den sinnlichen, vom Akkordeon begleiteten Forró. ■

Bulgarien

REISEHIGHLIGHTS BULGARIEN

Küsten
- Strände am Schwarzen Meer bei Warna im Norden und an der „Sonnenküste" im Süden

Berge und Wandertouren
- Rhodopen (Rila-, Pirin-Gebirge), Balkangebirge, Rosental (Kasanlak)

Kulturdenkmäler
- Klöster, Kirchen mit Ikonostasen (Rila, Batschkowo, Trojan)

Städte
- Plowdiw, Sofia, Weliko Tarnowo, Koprivschtiza, Nessebar, Kasanlak

Das Kloster Rila im Rila-Gebirge strahlt ästhetische Heiterkeit aus.

 # Bulgarien

Tourismus findet in Bulgarien vor allem an den Küsten des Schwarzen Meeres statt, aber diese sind bei Weitem nicht die interessantesten Gebiete des Landes. In den Mittelgebirgen und Klöstern voller Ikonen und Fresken im Landesinneren gibt es wesentlich Reizvolleres zu entdecken.

■ Küsten

Lange galten die Küsten am **Schwarzen Meer** als die Urlaubsorte schlechthin – allerdings mehr oder weniger ausschließlich für die Menschen im Ostblock. Das hat sich geändert; wer zu erschwinglicheren Preisen als am Mittelmeer Urlaub machen möchte, findet an den etlichen hundert Kilometern dieser Küste heute die gleiche Qualität: Sonne, weißen Sand, warmes, flaches Meer – und Möglichkeiten zur Thalassotherapie.

Der Massenbadetourismus in Bulgarien findet seither an der Nordküste bei Warna und an der Südküste („**Sonnenküste**") statt.

■ Berge und Wandertouren

Besonders schön sind die Berge, die leider – oder zum Glück – noch weit-

REISEINFORMATIONEN

Erste Infos
Fremdenverkehrsamt Bulgarien, Eckenheimer Landstr. 101, 60138 Frankfurt/M., 069/29 52 84; Internet www.tourismus-bulgarien.de

Formalitäten
Staatsbürger der EU und der Schweiz benötigen einen gültigen Personalausweis oder Reisepass.

Flugdauer, Zeitverschiebung
Durchschnittliche Flugdauer Frankfurt–Sofia (1400 km): 2 Std. 30 Min. Um 12 Uhr MEZ ist es in Sofia 13 Uhr.

Gesundheit
Keine Besonderheiten.

Durchschnittliche Reisekosten
Für eine Woche Halbpension an der Schwarzmeerküste bezahlt man mit Hin- und Rückflug etwa 600 Euro, für eine Woche Skifahren bei Bansko 400 Euro (mit Flug und Unterkunft). Zwei Wochen Wanderreise mit Reiseleitung in den Gebirgen im Westen kosten 1000 Euro.

Sprachen, Währung
Amtssprache: Bulgarisch (kyrillische Schrift). Fremdsprachen: Russisch, Deutsch; Französisch (Schulfach).
Währung: Lew.
1 Euro = 1,96 Lew.

Bevölkerung
Unter den 7 323 000 Einwohnern bilden Türken und Roma verhältnismäßig große Minderheiten. Hauptstadt: Sofia.

Religionen
Ein Viertel aller Einwohner ist orthodox, Muslime, Katholiken und Protestanten bilden Minderheiten.

Feste und Feiertage
1. März: „Baba Marta" (Fest zum Winterende); Frühjahr: orthodoxes Osterfest; Mai: Rosenfest in der Region Kazanlak.

Einkäufe
Vor allem zwei Souvenirs sind typisch: Ikonen und Spitze (Tischdecken).

Bulgarien

gehend vom Tourismus übergangen werden. Im Südwesten erheben sich die **Rhodopen** und die Massive des **Rila-** und **Pirin-Gebirges** fast 3000 Meter hoch. Den Wanderer erwartet hier eine atemberaubende Kulisse: Wälder, smaragdgrüne Seen und Kalksteinkämme.
Im Winter ist Skisport angesagt, vorwiegend um die Kleinstadt **Bansko** herum. Die Landesmitte durchziehen auf 600 Kilometern das **Balkangebirge** und die Sredna Gora.
Das **Rosental** bei Kasanlak ist von Mitte Mai bis Mitte Juni von Millionen Damaszener-Rosen bedeckt. Alljährlich gibt es hier ein Rosenfest.

■ Kulturdenkmäler
Und dann sind da noch die Klöster! **Rila**, das bemerkenswerteste unter ihnen, besitzt einen großen, gepflasterten Klosterhof, Galerien aus Holz und – das Highlight – eine mit Fresken ausgeschmückte Kirche mit einer großartigen Ikonostase. Diese mit Ikonen geschmückte Wand aus vergoldetem Holz, die den Gemeinderaum vom Altar trennt – ein typisches Merkmal orthodoxer Kirchen –, stellt eines der kunstvollsten Symbole byzantinischer Kunst dar.
Das **Kloster Batschkowo** bei Plowdiw ist weniger eindrucksvoll, aber die beiden Kirchen mit ihren Fresken sind typisch für ihre Zeit. Das Kloster bei **Trojan** bietet eine schöne Ikonostase und Fresken; es beherbergte einst Wassil Lewski, einen Helden des Widerstands gegen die Türken. Die Felsenkirchen von Iwanowo und Bojana komplettieren das herausragende architektonische Erbe.

■ Städte
Die Mariza fließt durch **Plowdiw**, die reizvollste Stadt des Landes mit ihrem französischen Touch. Man kann das Lamartine-Haus besuchen, in dem der französische Dichter auf seiner Rückreise aus dem Orient rastete, und uralte Viertel, die das Flair eines Freilichtmuseums verbreiten. Außerdem sind ein bedeutendes ethnographisches Museum, Moscheen, mehrere Kirchen mit Ikonostasen und ein erst vor Kurzem ausgegrabenes antikes Theater zu sehen.
Sofia liegt am Fuß des beliebten Witoscha-Gebirges. Es gehört nicht zu den berühmtesten Städten Osteuropas, hat aber einige Attraktionen zu bieten. Sofias bekanntestes Bauwerk ist die neobyzantinische Alexander-Newski-Kathedrale mit ihren vergoldeten Kuppeln. Daneben fallen verschiedene Architekturstile ins Auge: wuchtige Gebäude im sow-

BESTE REISEZEIT

	Schwarzes Meer	Landesinneres	Skifahren im Pirin-Gebirge
Januar			❄
Februar			❄
März			❄
April			
Mai		☼	
Juni	☼	☼	
Juli	☼	☼	
August	☼	☼	
September	☼	☼	
Oktober		☼	
November			
Dezember			

HINWEISE
▶ Pluspunkte
Angemessene Preise für Dienstleistungen, gute Infrastruktur – ein toller Mittelmeerersatz für Badeurlauber. Wandertourismus und Kulturreisen lassen sich problemlos kombinieren. Die weitgehend unbekannte Lebensweise ist von westlichen Klischees ziemlich weit entfernt.
▶ Minuspunkte
Das touristische Gesicht des Landes ist noch recht undefiniert und meist nur an den Küsten des Schwarzen Meeres zu erkennen.
▶ Sicherheit
Autofahrer müssen mit Schlaglöchern rechnen und die steigende Zahl der Autodiebstähle in Städten fürchten; sonst sind die Probleme die gleichen wie in Westeuropa.
▶ Trends
Die Küste am Schwarzen Meer zieht immer mehr Touristen an, denn dort ist der Badeurlaub erschwinglicher als am Mittelmeer. Die Balneotherapie etabliert sich zunehmend und wird damit kostspieliger.

jetischen Stil (Haus der Partei), hübsche Fassaden, Kirchen (St.-Nikolai-Kirche), die Synagoge mit einem beeindruckenden Kronleuchter, und westeuropäische Vermächtnisse, die zunehmend prägnanter werden.
Die ehemalige Hauptstadt des Bulgarischen Reiches, **Weliko Tarnowo**, thront auf drei Hügeln. Sie bietet eine alte Festungsanlage, mittelalterliche Kirchen, eine Altstadt mit Häusern aus dem 19. Jahrhundert und eine Markt- und Handelsstraße (Samowodska). Auch die Holzhäuser von **Koprivschtiza** lohnen einen Abstecher. Das Küstenstädtchen **Nessebar** wurde dank der Denkmäler aus Spätantike und byzantinischer Zeit (Kirchen, Basilika der hl. Sophie) als Weltkulturerbe anerkannt.
Kasanlak kam 1944 plötzlich zu Ruhm, als hier das Grab eines thrakischen Fürsten und Heeresführers entdeckt wurde.   ■

Chile

Kann eine Wüste vegetationsloser, trockener und zugleich farbiger sein als die Atacama?

Chile

 Der langgestreckte Landstrich nennt vielfältige Landschaften, ein reiches architektonisches Erbe, die Anden, eine üppige Flora und die geheimnisvollen Statuen der Osterinsel sein Eigen. Und er gewinnt immer mehr Fans.

■ Landschaften und Wandertouren

Der schmale, von den Anden begrenzte Landstreifen erstreckt sich schier endlos von Norden nach Süden. Die landschaftlichen Highlights Chiles sind:
– der von Vulkanen umgebene, sehr hoch gelegene **Lago Chungará** und der Nationalpark **Lauca**;
– die **Atacama-Wüste**, die trockenste Gegend der Welt. Man gelangt über den Marktort San Pedro de Atacama in sie, trifft dann auf Salzseen (Salzablagerungen, etwa der Salar de Ata-

REISEINFORMATIONEN

Erste Infos
Botschaft der Republik Chile, Mohrenstr. 42, 10117 Berlin, 030/726 20 35; Internet: www.abc-latina.com/de/chile/tourismus.htm
Formalitäten
Staatsbürger der EU und der Schweiz benötigen einen nach Einreise noch sechs Monate gültigen Reisepass, eine Touristenkarte sowie ein Rück- oder Weiterreiseticket.

Gesundheit
Keine besonderen Risiken bis auf Höhenkrankheit.
Flugdauer, Zeitverschiebung
Durchschnittliche Flugdauer Frankfurt–Santiago (12 080 km): 18 Std. Um 12 Uhr deutscher Zeit ist es in Chile im Sommer 7 Uhr, im Winter 8 Uhr.
Durchschnittliche Reisekosten
Ein Reise von 15 bis 20 Tagen kostet mindestens

3000 Euro, vor allem, wenn auch die Osterinsel besucht wird. Individualtrips mit Mietauto sind nur unwesentlich billiger.
Sprachen, Währung
Amtssprache: Spanisch; Fremdsprachen: Englisch, Deutsch ist nur vereinzelt geläufig.
Währung: Chilenischer Peso. Mitnahme von US-Dollar wird empfohlen.
1 USD = 516 Chilenische Pesos,

1 Euro = 714 chilenische Pesos.
Bevölkerung
Von den 16 285 000 Einwohnern sind 92 % Mestizen, außerdem leben Europäer und Inder in Chile.
Hauptstadt: Santiago.
Religionen
Vier Fünftel der chilenischen Bevölkerung sind katholisch, Protestanten und Juden bilden Minderheiten.

Feste und Feiertage
21. Mai: Tag der Marine; **erster Montag im September:** Tag der nationalen Einheit; **18. September:** Unabhängigkeitstag; **Dezember:** Fest der heiligen Jungfrau in Andacollo (Norden).
Einkäufe
Man bekommt Textilien (Ponchos, Decken), hochwertige Stoffe (Alpaka), Silberschmuck und Korbwaren.

Chile

> **REISEHIGHLIGHTS CHILE**
>
> **Landschaften und Wandertouren**
> - Anden, Atacama-Wüste, Patagonien, Feuerland
> - Geysire, Vulkane, Weinberge, Seen, Fjorde
>
> **Tier- und Pflanzenwelt**
> - Lamas, Alpakas, Guanakos, Pinguine, See-Elefanten
> - Wälder, Araukarien
>
> **Kulturdenkmäler und Städte**
> - Statuen auf der Osterinsel, Kirchen, Valparaiso, Santiago
>
> **Küsten**
> - Arica, Viña del Mar, Kap Hoorn

cama und der Salar de Surire), Lagunen (Miscanti, Miñique), die Geysire des El Tatio und den Kupfer-Tagebau von Chuquicamata nördlich von Calama;
– Weinberge und eine „Weinstraße" im Herzen des Landes;
– die Vulkane Osorno, Michinmahuida und Corcovado;
– der glitzernd blaue **San-Rafael-Gletscher**, der immer wieder gewaltige Eisbrocken verliert;
– der **Nationalpark Torres del Paine** mit seinen blaugrünen Seen und den hohen Granitwänden;
– **Feuerland** und die Fjorde im südlichen **Patagonien**, die von Wind, Regen, Unwetter, schroffen Gipfeln und zerklüfteten Felsen geprägt sind und ein raues Schauspiel darbieten.

In den meisten dieser Gegenden gibt es gute Wandermöglichkeiten. Manche Berge sind nur von erfahrenen Alpinisten zu besteigen.

■ Tier- und Pflanzenwelt

30 Nationalparks und ebenso viele Reservate bieten einer Vielzahl von Tieren einen Rückzugsort. Im Nationalpark Lauca grasen unter anderem Lamas und Alpakas. Bedrohte Tierarten werden zunehmend geschützt: im Lauca-Nationalpark etwa die domestizierten Alpakas, die wild lebende Lama-Unterart der Vikunjas und Chinchillas; im Salar de Atacama Rosaflamingos; im Nationalpark Torres del Paine die wild lebende, kurzfellige Lama-Art der Guanakos und Pumas. Kondor und Adler leben in den Anden, Robben, Pinguine und See-Elefanten in den Fjorden, besonders in der Laguna San Rafael.

In Araukanien, einem Waldgebiet südöstlich von Concepción, wächst die hübsche Araukarie, eine große Kiefernart Südamerikas.

■ Kulturdenkmäler und Städte

Auf der **Osterinsel** haben Polynesier vor 5000 Jahren Heiligtümer und monumentale Steinskulpturen „aufgestellt"– warum, bleibt wohl ihr Geheimnis. Der Rano Raraku ist einer der Vulkane, die sie umgeben. Er lieferte das Material für die Statuen.
Chile besitzt zahllose Kirchen. Einige davon sind sehr alt, etwa die in San Pedro de Atacama. Die auf **Chiloé**, die auch zu den älteren Götteshäusern gehören, sind meist aus bunt bemaltem Holz erbaut. Typisch für diese Insel sind zudem Blockhütten aus Holz, die auf Pfählen stehen.
Hochinteressant ist die Stadt **Valparaiso**, die sich über viele *cerros* (Hügel) erstreckt. Die ungeordnete Besiedlung und die pastellfarbenen Häuser machen ihren speziellen Reiz aus.

Ein Besuch in **Santiago**, einer vom Modernismus geprägten Stadt, lohnt sich nur wegen des Präsidentenpalasts La Moneda und der Museen (Geschichtsmuseum, Museum für präkolumbische Kunst).

■ Küsten

Die Küstenregionen sind touristisch wenig attraktiv, nur im Norden, rund um **Arica** und in **Viña del Mar** finden sich schöne Strände.
Der schwarze Felsen am **Kap Hoorn**, der südlichste Punkt Südamerikas, war Zeuge legendärer Heldentaten, von denen bis heute auf Schiffsfahrten erzählt wird. ■

> **HINWEISE**
>
> ▶ **Pluspunkte**
> Die Anden bedienen sowohl eingefleischte Bergwanderer als auch Naturliebhaber.
> Patagonien ist ein Mythos.
> Die reiche Tierwelt ist durch eine große Artenvielfalt gekennzeichnet, für deren Erhalt immer mehr getan wird.
>
> ▶ **Minuspunkte**
> Das teuerste Urlaubsland in ganz Lateinamerika.
> Die Küstenorte sind für Badeurlaub kaum erschlossen.
> Die beste Reisezeit liegt für Besucher aus nördlichen Ländern ungünstig.
>
> ▶ **Sicherheit**
> Der Lebensstandard, der im Vergleich zu anderen südamerikanischen Ländern höher ist, hält das Risiko gering.
>
> ▶ **Trends**
> Concha y Toro, Cousino, Macul und Santa Rita sind Weingüter, die man besichtigen kann. Dort werden einige beliebte chilenische Weine gekeltert.

BESTE REISEZEIT			
	Norden	Mitte	Süden
Januar	☼	☼	☼
Februar	☼	☼	☼
März	☼	☼	
April		☼	
Mai			
Juni			
Juli			
August			
September		☼	
Oktober		☼	☼
November		☼	☼
Dezember	☼	☼	☼

China

In den mystischen Landschaften der Seidenstraße treffen die Hirten von Xinjiang heute nicht selten auf Bergwanderer.

🇨🇳 Als die Regierung um 1980 herum Chinas Grenzen für den Fremdenverkehr öffnete, strömte eine wahre Flut von Touristen ins Land. Alle suchten sie hinter so magischen Namen wie Verbotene Stadt, Chinesische Mauer und Seidenstraße die Wirklichkeit. Heute erreicht man Peking so problemlos wie New York, und das Reich der Mitte ist eines der beliebtesten Reiseziele der Welt. Man kann das riesige Land auf eigene Faust bereisen, doch mit Reiseleitung fährt man meist besser.

REISEHIGHLIGHTS NORDEN UND NORDWESTEN
Gansu, Xinjiang
Städte
■ Orte an der Seidenstraße: Xi'an, Lanzhou, Bingling, Dunhuang, Mogao, Ürümqi, Turpan, Kashgar
Landschaften und Wandertouren
■ Trekking in den Wüsten (Taklamakan, Zentrale Dsungarei), Tianshan

Der Norden und der Nordwesten

Gansu, Xinjiang

■ Städte

In dieser Region liegen die legendären Orte der **Seidenstraße**. Der alte Handelsweg zwischen dem Westen und dem Fernen Osten verlief vom Mittelmeer bis zur ehemaligen Hauptstadt Xi'an.
Die erste Etappe auf dem Weg von **Xi'an** sind die buddhistischen Höhlen des **Bingling-Tempels**, die mit Lehmfiguren, Steinstatuen und Wandmalereien ausgeschmückt sind. Es folgen **Lanzhou**, die stark industriell geprägte Hauptstadt der Provinz Gansu, und **Dunhuang**, der wohl bedeutendste Knotenpunkt der Seidenstraße. Die Statuen und Wandmalereien der nahen 492 **Mogao-Grotten** sind Highlights buddhistischer Kunst.
Ürümqi, die Hauptstadt der Region Xinjiang, ist mit den 20 Moscheen eine Hochburg des chinesischen Islam. In der **Turpan-Senke** stehen die Ruinen der alten Kaiserstadt Gaochang. Die Oase wird von den Bergen der Wüste Gobi umringt. **Kashgar** am Tor zum Pamir-Gebirge ist die letzte Station der Seidenstraße auf chinesischem

China

Die Uiguren, die weitab von Peking leben, trocknen ihre Traubenernte in der Sonne.

Boden; hier thront die größte Moschee des Landes (Id Kha).

■ Landschaften und Wandertouren

Seit Jacques Lanzmann, Schriftsteller, Abenteurer und passionierter Wanderer, die Sandwüste **Taklamakan** durchquert und bekannt gemacht hat, ist sie bei Trekkern angesagt. Die Reise ist mühevoll, aber von seltener Schönheit, und wird noch lange ein ungewöhnliches Erlebnis bleiben.

Mit der **Zentralen Dsungarei** findet sich im Grenzgebiet zu Sibirien und der Mongolei eine weitere Wüste. Zwischen den beiden Wüsten ragt das **Tianshan** auf. Die hiesigen Oasen dienten den Kaufleuten der Seidenstraße als Orientierungspunkte.

REISEINFORMATIONEN

Erste Infos
Fremdenverkehrsamt der Volksrepublik China, Ilkenhansstr. 6, 60433 Frankfurt, 069/52 01 35; Internet: www.fac.de

Formalitäten
Bürger der EU und der Schweiz benötigen einen Reisepass, der noch mindestens sechs Monate nach der Rückreise gültig ist, zudem ein Visum mit zwei Monaten Gültigkeit; dieses besorgt entweder der Reiseveranstalter oder man beantragt es selbst beim Konsulat (Verzögerung einplanen). Ein Rück- oder Weiterreiseticket ist ebenfalls erforderlich. Wer einen Aufenthalt in Hongkong oder Macao plant, braucht ein Visum, das für zwei Einreisen gilt. Um von Nepal nach Tibet reisen zu dürfen, muss man einer Reisegruppe angehören. Für die Einreise nach Tibet sowie für bestimmte Provinzen im Nordosten und Westen des Landes ist eine gesonderte Genehmigung erforderlich.

Gesundheit
Impfungen sind nicht vorgeschrieben, für die Provinzen Henan und Yunnan aber ist eine Malariaprophylaxe unerlässlich. Ein sehr geringes Malariarisiko besteht in Regionen wie Guangdong, Guizhou, Guangxi, Sichuan und Fuijn.

Flugdauer, Zeitverschiebung
Durchschnittliche Flugdauer Frankfurt – Peking (7810 km): 9 Std. 30 Min.
Wer nach Yunnan möchte, sollte in Bangkok oder Hongkong landen. Nach Tibet fliegt man am besten über Katmandu nach Lhasa, dann geht es weiter mit dem Bus. Es gibt viele Inlandsflüge, aber eine Fahrt mit der Eisenbahn sollte man sich nicht entgehen lassen. Um 12 Uhr deutscher Zeit ist es in China im Sommer 18 Uhr, im Winter 19 Uhr.

Durchschnittliche Reisekosten
Von November bis März kostet eine Woche Peking 750 Euro. Für eine klassische zweiwöchige Reise mit Reiseleitung (Peking, Große Mauer, Xi'an, Schanghai, Suzhou, Jangtse, Guilin, Kanton, Hong Kong) bezahlt man etwa 2000 Euro.

Sprache, Währung
Amtssprache: Mandarin, das von 70% der Chinesen gesprochen wird. Im Osten leben sieben Millionen Muslime, die Turksprachen sprechen, im Südwesten dominieren hingegen tibetische Dialekte. Fremdsprachen: Englisch hört man in den Großstädten, allgemein ist es aber noch nicht sehr geläufig.
Währung: Renminbi.
1 Euro = 10,50 Renminbi-Yuan.
Der Umtausch von Euro gestaltet sich problemlos; der Hong Kong-Dollar ist ebenfalls gültiges Zahlungsmittel. Es empfiehlt sich, mindestens einen Wechselbeleg aufzuheben, damit man bei der Ausreise die restlichen Yuan zurücktauschen kann. Kreditkarten werden vom Handel, in Geschäften und in den großen Hotels in den Großstädten akzeptiert.

Bevölkerung
In China leben 1321852000 Einwohner – ein Fünftel der Weltbevölkerung. Die überwiegende Mehrheit (95%) sind Han-Chinesen, den Rest stellen 55 andere Volksgruppen wie Uiguren, Mandschuren und Mongolen. In Yunnan leben zahlreiche Minderheiten.

Hauptstadt: Peking. In diesem Ballungsraum leben mit 15000000 Einwohnern fast ebenso viele Menschen wie in Schanghai.

Religionen
Buddhismus und Taoismus sind die am weitesten verbreiteten Religionen. Daneben gibt es Muslime (hauptsächlich im Westen) und auch Christen.

Feste und Feiertage
Achtung, die Kalender können sich unterscheiden (Mondkalender, tibetischer Mondkalender).
Januar: Laternenfest (15. Tag des ersten Mondmonats); **Februar:** Chinesisches Neujahrsfest (2010, Jahr des Tigers: 14. Februar, 2011, Jahr des Hasen: 3. Februar); **April:** Fest der Lichten Klarheit/Totengedenktag am 4. und 5. April; **Juni:** Drachenbootfest (5. Tag des 5. Mondmonats); **Juli:** Geisterfest (15. Tag des 7. Mondmonats);
1. Oktober: Nationalfeiertag.

Einkäufe
Durch den guten Wechselkurs von Euro und Renminbi hat sich Peking innerhalb kürzester Zeit zu einer Einkaufsstadt entwickelt, die mit günstigen Preisen besticht. Interessante Angebote hier sind die traditionell hergestellten Handwerksartikel, Perlen, Wollwaren, Lackgegenstände und Textilien aus Seide.
In Tibet kann man vor allem Kaschmirpullover, Kunst (Malereien) und Kräutermedizin erwerben.

China

REISEHIGHLIGHTS SÜDWESTEN
Tibet
Landschaften und Wandertouren
- Berge, Seen, Kailash

Städte und Kulturdenkmäler
- Lhasa
- Klosteranlagen (Gyantse, Shigatse, Kangding, Tagong)

Der Südwesten

Tibet

■ Landschaften und Wandertouren

Jeder Globetrotter träumt davon, eines Tages nach **Tibet** zu fahren. Das „Dach der Welt" ist das Ziel zahlreicher Rundreisen und Touren, und seine Landschaft bildet eine der großartigsten Kulissen der Welt: ockerfarbene Erde, Felsen, Krater und Berge, auf denen Yaks weiden. Die Bergseen Tibets (Türkissee, Manasarovarsee) sind wahre Touristenmagneten, genau wie das mehr oder weniger traditionelle Leben der Bevölkerung mit ihren Gebeten, Tänzen und ihrer klösterlichen Musik. Es stellt sich jedoch die Frage, was in

Ein tibetischer Mönch zwischen Gebet und Musik – wie lange sind solche traditionellen Bilder wohl noch zu bewundern?

	BESTE REISEZEIT				
	Nordwesten	Peking und Nordosten	Mitte	Tibet und Südwesten	Süden und Südosten
Januar		☼			
Februar					
März					☼
April		☼	☼	☼	☼
Mai	☼	☼	☼	☼	
Juni	☼	☼	☼	☼	
Juli	☼			☼	
August	☼			☼	
September	☼	☼	☼	☼	
Oktober		☼	☼		☼
November					☼
Dezember					☼

Der Potala, ein Palastberg aus Heiligtümern und Pagoden, ist eine spektakuläre Huldigung Buddhas.

Zukunft aus diesen Besonderheiten wird: Im Juli 2006 wurde in mehr als 5000 Meter Höhe das letzte Teilstück der Eisenbahnlinie zwischen Golmud und Lhasa eröffnet …

Beim Anstieg nach Westen stößt man auf den Karakorum-Highway, wo Tadschikistan, Indien und Pakistan aufeinander treffen. Die schöne, aber halsbrecherische Straße verläuft durch das Karakorum-Gebirge über den Khunjerab-Pass nach Pakistan. Im Westen entspringen am **Berg Kailash** vier große heilige Flüsse: der Karnali, der Indus, der Brahmaputra und der Satluj. Auch der Berg selbst gilt den Tibetern und Indern als heilig, sie betrachten ihn als den Thron Shivas und umrunden ihn auf Pilgerfahrten (Kora). Die Reisenden können es ihnen auf Höhentouren in der Begleitung von Sherpas und mit Yaks gleichtun. Unweit des Kailash liegt **Tirthapuri**, ein ebenfalls bedeutendes Heiligtum.

In der entgegengesetzten Richtung, an der Grenze zu Sichuan, erstreckt sich die Region **Kham**, ein Nomadengebiet mit vielen Klosteranlagen.

■ Städte und Kulturdenkmäler

Lhasa, das „Land der Götter", ist eine heilige Stadt und ein mystischer Ort. Die Zentralregierung ist bemüht, die Stadt zu kontrollieren und vergessen zu lassen, dass man hier nach wie vor die Rückkehr des Dalai Lama erwartet, und holt sie immer mehr aus ihrer Abgeschiedenheit heraus.

Die bedeutendsten Bauwerke der Stadt sind der Potala-Palast, der Bergpalast Buddhas, der Jokhangtempel, der älteste Tempel, der Norbu Lingka (die Sommerresidenz des Dalai Lama), das einstmals größte Kloster der Welt, das Drepung-Kloster, und das Sera-Kloster. Lhasa hat Probleme damit, die Echtheit seines historischen tibetischen Viertels zu bewahren.

Guru Rinpoche, eine Inkarnation Buddhas, brachte den Buddhismus im 8. Jahrhundert von Indien nach Tibet und meditierte unterwegs in

Die Mitte

Anhui, Hubei, Jiangsu, Sichuan, Zhejiang

■ Städte

Schanghai ist die größte und kosmopolitischste Stadt des Landes und stark westlich orientiert. Die Uferpromenade, den Bund, muss man gesehen haben, genau wie die Altstadt. Weitere Attraktionen sind das Museum mit Sammlungen von Bronzestatuen, Porzellan und Jade, der Garten des Mandarins Yu und der Jadebuddha-Tempel.

Ganz in der Nähe befindet sich **Suzhou**, die Stadt der Kanäle, die an Venedig erinnern. Auch die Gärten sind berühmt. Die Umgebung ist von Pfahldörfern gespickt, unter ihnen etwa 100 Grotten. Während des Aufstands der Tibeter 1959 wurden die meisten großen Klöster gewaltsam zerstört, aber die übrig gebliebenen Kultstätten erfreuen sich ständig wachsender Besucherzahlen.

Pflichtstopps auf dem Weg von Lhasa nach Katmandu sind **Gyantse** mit den riesigen Stupas, kuppelförmigen Gräbern und Denkmälern, und **Shigatse** mit dem Tashilhumpo-Kloster und den zahllosen Buddhastatuen. Die Klöster **Kangdings** im Osten gehören dem Gelug-Orden an. Kangding und Tagong zählen neben Gyantse und Shigatse zu den weltweit bekanntesten buddhistischen Klosteranlagen außerhalb von Lhasa.

REISEHIGHLIGHTS MITTE

Anhui, Hubei, Jiangsu, Sichuan, Zhejiang

Städte
■ Schanghai, Suzhou, Nanjing

Landschaften
■ Gebirge von Sichuan, Jiuzhaigu-Tal, Flusslauf des Jangtse, Huangshan-Gebirge, Emei Shan

Kulturdenkmäler
■ Klöster und Tempel in Sichuan, Tausend-Buddha-Felsen, Buddhas von Leshan und Dazu.

Die Nanjing-Straße in Schanghai. Die größte Stadt des Landes orientiert sich schon lange am Westen.

das bekannte Zhouzuang mit seinen Steinbrücken und Kanälen.
Nanjing am Jangtse erlebte seine Blütezeit unter der Ming-Dynastie. Die Grabstätte des Kaisers Hongwu stammt aus dieser Zeit.

■ Landschaften

In den östlichen Ausläufern Tibets liegt Sichuan; seine Einwohner sind von derselben Religiosität beseelt wie die Tibeter. Durch seine Gebirge, Schluchten und über 4000 Meter hohen Gebirgspässe kann sich Sichuans Schönheit mit der von Tibet messen. Im Jiuzhaigu-Tal erwarten den Besucher zahllose Seen, Wasserfälle und Bambuswälder, im Wolong-Naturreservat der Große Panda.
Am **Jangtse**, in der Provinz Hubei, steht der umstrittene Drei-Schluchten-Damm, der größte Staudamm der Welt. Hier verliert der alte „Blaue Fluss" seinen Reiz, dem auf einer Schifffahrt durch die von hohen Felsen umgebenen Schluchten Qutang, Wu und Xiling nach Yichang dahin jeder erlegen ist.
Dann passiert der Fluss einige alte Städte (Shashi, Jingzhou), bis im Süden zwischen Wuhan und Schanghai die Kiefern und bizarren Gipfel des **Huangshan-Gebirges** auftauchen. Wichtigste Sehenswürdigkeit in diesem Teil Chinas ist der Berg **Emei Shan**, eine Hochburg des chinesischen Buddhismus.

■ Kulturdenkmäler

Sichuan ist reich an buddhistischen Klöstern und Tempeln. Bei Nanjing liegt der Tausend-Buddha-Felsen, die berühmte Felsenklosteranlage. Jangtse und Chang-Jiang flussaufwärts begegnen einem grandiose Zeugnisse des buddhistischen Glaubens wie der 71 Meter hohe sitzende Großen Buddha in **Leshan**.

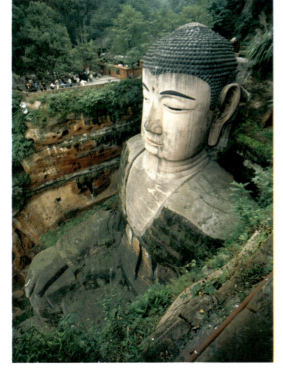

Der aus dem roten Untergrund herausgemeißelte Buddha zeigt es deutlich: Wie in Myanmar oder Sri Lanka gaben sich auch die buddhistischen Bildhauer in Leshan nicht mit halben Sachen zufrieden.

> **REISEHIGHLIGHTS NORDOSTEN**
> *Henan, Liaoning, Shaanxi, Shanxi*
> **Städte**
> ■ Peking, Shenyang, Xi'an
> **Kulturdenkmäler**
> ■ Chinesische Mauer, Ming-Gräber, Longmen-Grotten, Tempel (Taishan)
> **Landschaften**
> ■ Lössplateau von Shaanxi, Schluchten des Gelben Flusses

Der Nordosten

Henan, Liaoning, Shaanxi, Shanxi

■ Städte

Die meisten Chinaurlauber besuchen die Hauptstadt **Peking**. Leider bedrohen Luftverschmutzung und Bauprojekte ihre berühmten Strukturen: Opfer sind die *hutongs* (enge Gassen mit Hofhäusern) und die *siheyuans* (Wohnhöfe) in den historischen Vierteln (*nanchizi*) und dem Viertel um den Glockenturm.
Noch erhalten sind die Verbotene Stadt, der alte Kaiserpalast mit seinen Schätzen, der Tian'anmen-Platz mit dem Denkmal für die Helden des Vol-

Die Chinesische Mauer, hier auf Höhe von Jinshanling, ist als Weltkulturerbe anerkannt.

Peking ist sehr schnelllebig, aber das Purpurrot der Dächer der Verbotenen Stadt ist eine Konstante – ein Symbol des Unantastbaren.

kes und der Mao-Gedenkstätte, der Himmelstempel mit den tausenden blauen Ziegeln und der Sommerpalast, Residenz der letzten Kaiserin. Ein weiteres gewichtiges Argument für einen Aufenthalt in Peking ist der Besuch einer Peking-Oper mit ihren prachtvollen Kostümen.
Nordöstlich von Peking liegt **Shenyang**: imposant, aber oft verkannt. Die drittgrößte Stadt des Landes ist das Tor zur Mandschurei und hat wunderbare alte Viertel zu bieten. **Xi'an** war 1200 Jahre lang Hauptstadt und Startpunkt der Seidenstraße. Hier gibt es fast genauso viel Sehenswertes zu bestaunen: die Große Wildgans-Pagode, den Stelenwald im Provinzmuseum, die jungsteinzeitliche Ausgrabungsstätte der Yangshao-Kultur, die Allee mit Tierskulpturen, die zum Grab des Generals Han Huo Qubing (1. Jahrhundert v. Chr.) führt, die Terrakotta-Armee des Qin Shihuangdi (6000 lebensgroße Krieger, 1000 Reiter) und Denkmäler aus der Zeit der Tang-Dynastie (Pagoden, Tempel, Moschee, Grabhügel der Kaiserin Wu Zetian).

■ Kulturdenkmäler

Neben den erwähnten Kulturdenkmälern ist die **Chinesische Mauer** eine der Hauptattraktionen des weltwei-

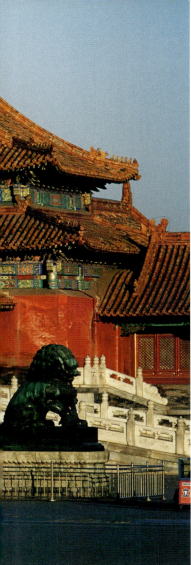

Felsengrotten sind zwischen dem 5. und dem 11. Jahrhundert entstanden. Zu den Statuen, die aus dem Felsen gehauen wurden, zählt auch ein Buddha aus dem 5. Jahrhundert.
Auf der Halbinsel Shandong ragt das **Taishan-Massiv** auf. Der „heilige Berg des Ostens" wird in ganz China verehrt, seine Hänge sind von Tempeln übersät.

■ Landschaften

Die Provinz **Shaanxi** (Chen-si), durch die der Hwangho fließt, besteht aus einem gewaltigen Lössplateau, das so spektakulär wie fruchtbar ist. Die Region heißt auch „Land der gelben Erde"; die monotone Landschaft unterbrechen Schluchten, die den Landstrich ähnlich bizarr machen wie die Nachbarprovinz mit dem fast gleichlautenden Namen **Shanxi** (Chan-si). Die mittelhohen Gebirgszüge dort begrenzt im Nordosten der 2900 Meter hohe Wutai-Shan, einer der fünf heiligen Berge des Landes.
Der **Gelbe Fluss** hat hier Schluchten wie das Drachentor geschaffen.

ten Tourismus. Die Nordstaaten begannen ab dem 3. Jahrhundert v. Chr. mit der Errichtung der 6000 Kilometer langen Mauer zum Schutz gegen die Mongolen. Vom Ausgangspunkt am Golf von Bo Hai zieht sie sich bis zum Südrand der Gobi.
Eine zweite berühmte Anlage befindet sich in der Nähe von Peking: die 13 Grabstätten von Kaisern der Ming-Dynastie und die von Tierskulpturen gesäumte Allee dorthin. Die dritte Kostbarkeit sind die **Longmen-Grotten**: Diese buddhistischen

In Xi'an bewacht die Terrakotta-Armee das Mausoleum des Qin Shihuangdi.

REISEHIGHLIGHTS SÜDOSTEN
Kanton, Guangxi
Landschaften
■ Die Höhlen von Guilin
Städte
■ Kanton, Macao, Nanning

Der Südosten

Kanton, Guangxi

■ Landschaften

Und noch mehr Naturwunder: Bei einer Schiffsfahrt auf dem Fluss Lijiang zwischen Guilin und Yang Shuo eröffnen sich Ausblicke auf die zuckerhutförmigen Karstberge und die **Höhlen von Guilin**.
Südwestlich von Guilin erstreckt sich die Provinz Kanton. Ihre Hauptattraktion ist der Baiyunshan, der „Berg der Weißen Wolke", den man auch besteigen kann. Bekannt sind vor allem die hiesigen Plantagen, die hochwertigen Tee anbauen.

■ Städte

Von Süden aus stößt man auf die Stadt **Kanton** (Guangzhou), die genau wie Peking oder Schanghai – wenn nicht gar mehr – von Betonbauten und Geldgier dominiert wird. Sie verliert ihr historisches Herz, hat aber noch einige interessante Anlagen zu bieten (Tempel der Sechs Banyan-Bäume, Jahrhunderte alte Bonsais im Ahnentempel der Familie Chen). Wenn die chinesische Regierung den Sonderstatus auch in Zukunft beibehält, wird **Macao** im Tourismus weiterhin auf seine Spielkasinos setzen.

China

Im autonomen Guangxi an der Grenze zu China und Vietnam leben die Zhuang, eine ethnische Minderheit.

Doch außer diesen ist hier beinahe nichts geboten; man kann höchstens in den engen, gepflasterten Gassen spazieren gehen oder die barocken Kirchen der Stadt besuchen, um auf den Spuren der einstigen portugiesischen Kolonialmacht zu wandeln. Das Museum in **Nanning**, der Hauptstadt von Guangxi, besitzt berühmte Bronzetrommeln, und in Wuzhou ehrt ein Denkmal Sun Yat-sen, den Begründer der Kuomintang.

> **REISEHIGHLIGHTS SÜDEN**
> *Yunnan*
> **Landschaften und Wandertouren**
> ■ Reisterrassen, „Steinwald", Suo-Tal
> **Städte und Kulturdenkmäler**
> ■ Lijiang, Dali, Kunming, Shangri-La

Der Süden

Yunnan

■ Landschaften und Wandertouren

An der Grenze zu Laos und Vietnam liegt die Region Yunnan, die immer beliebter wird. Das verdankt sie unter anderem ihrer hübschen Natur, die vom Vorgebirge des Himalaya und den Reisterrassen geprägt wird. An Tibet erinnert der „Steinwald" bei Kunming, eine Karstlandschaft mit bis zu 30 Meter hohen Kalksteinsäulen. Im Süden der Provinz liegt das **Suo-Tal**, das Gebirgszüge, Plateaus (Loo-Wu-Chang) und Berggipfel (Tian-Zi-Shan) säumen.

Ebenfalls im Süden leben einige ethnische Minderheiten, etwa die Dai und die Miao, die sich ihre Sitten und Bräuche bewahrt haben.

■ Städte und Kulturdenkmäler

Die alte Stadt **Lijiang** wird vom Jadedrachen-Schneeberg (5596 Meter) überragt. Mit ihren 350 Brücken und dem Netz aus Kanälen gilt sie als Chinas „Klein-Venedig".

Die Region zieht seit einigen Jahren einen beachtlichen Touristenstrom an, nicht zuletzt mit ihren Zeugnissen des buddhistischen Einflusses: die Pagoden von **Dali**, die Pagoden der Tang-Dynastie, der taoistische Tempel von **Kunming**, das tibetische Kloster **Shangri-La**, der sagenumwobene Ort mitten im „Land des Göttlichen und des Friedens", das weiße Pagoden dominieren. ■

HINWEISE
▶ **Pluspunkte**

Man findet hier eines der breitesten Tourismus-Angebote weltweit.
Individualreisen sind nicht mit besonderen Risiken verbunden.
Die Reisekosten werden vor allem durch die günstigeren Flugpreise immer erschwinglicher.

▶ **Minuspunkte**

Hotels sind teuer und oft nicht in allen Kategorien vorhanden.
Es treten Verständigungsschwierigkeiten auf; Englisch ist kaum geläufig, auch nicht in Peking.
Die Zentralmacht beeinträchtigt Tibet und unterdrückt die alten Traditionen und die Authentizität.

▶ **Sicherheit**

Individualreisende sollten in Xinjiang, an der chinesisch-pakistanischen Grenze und in der Inneren Mongolei vorsichtig sein. Wegen der Vogelgrippe ist auch auf den Märkten einiger Regionen Vorsicht angebracht. Ansonsten gibt es aber keine Probleme, China ist ein sicheres Land.

▶ **Trends**

Die Fahrt auf der Eisenbahnstrecke zwischen Golmud und Lhasa, die im Juli 2006 eröffnet wurde und die höchstgelegene der Welt ist, erfreut sich wachsender Beliebtheit.

Zusammen mit dem Poás und dem Irazú bildet der Vulkan Arenal das Rückgrat Costa Ricas – ein Traum für Bergwanderer.

Costa Rica

🇨🇷 Christoph Kolumbus taufte das Land einst als „reiche Küste". Heute wird sie als Reiseziel immer beliebter, was auch dem intelligenten Ökotourismus in den rund 30 Nationalparks des Landes zu verdanken ist.

REISEINFORMATIONEN

Erste Infos
Tourismusbüro Costa Rica, Severinstr. 10–12 D, 50678 Köln, 0221/ 9311093; Internet: www.visitcostarica.com/ict/paginas/home.asp

Formalitäten
Staatsbürger der EU und der Schweiz benötigen einen noch sechs Monate nach Einreise gültigen Reisepass. Bei einer Zwischenlandung in den USA wird ein elektronischer Reisepass notwendig.

Gesundheit
Impfungen sind nicht vorgeschrieben. Für einige Tieflandgebiete wird eine Malariaprophylaxe empfohlen (das Risiko ist allerdings gering).

Flugdauer, Zeitverschiebung
Durchschnittliche Flugdauer Frankfurt–San José (9360 km): 14 Std. (wenige Direktflüge, meist Zwischenlandungen in den USA). Um 12 Uhr deutscher Zeit ist es in Costa Rica im Sommer 4 Uhr, im Winter 5 Uhr.

Durchschnittliche Reisekosten
Für zehn Tage bezahlt man mit Hin- und Rückflug, Unterkunft und Mietwagen (mit oder ohne Fahrer) rund 1500 Euro. Der Preis für eine zweiwöchige Rundreise mit Reiseleitung liegt bei 2000 Euro.

Sprachen, Währung
Amtssprache: Spanisch. Fremdsprachen: Englisch ist weit verbreitet.
Währung: Colón. 1 USD = 495 Colones, 1 Euro = 581 Colones.

Bevölkerung
Die große Mehrheit (85%) der 4133900 „Ticos" hat europäische Wurzeln. Mestizen, Mulatten und Chinesen sind die Minderheiten.
Hauptstadt: San José.

Religionen
Der Katholizismus ist Staatsreligion (88% der Bevölkerung). Protestanten sind in der Unterzahl.

Feste und Feiertage
April: Karwoche (große Prozessionen); **12. Oktober:** Unabhängigkeitstag; **Oktober:** Karneval in Puerto Limón.

Einkäufe
Holz-, Leder- und Korbwaren, Hängematten und hochwertiger Kaffee sind gängige Mitbringsel.

Costa Rica

> **REISEHIGHLIGHTS COSTA RICA**
> **Landschaften, Wandertouren, Tierwelt**
> - Pflanzenwelt (tropische Regenwälder, Tierbeobachtungen in Baumkronen)
> - Tierwelt (Leguane, Kaimane, Quetzals, Jaguare), Vulkane (Arenal, Poás, Irazú)
> - Wandertouren, Rafting
>
> **Küsten**
> - Strände am Atlantik (Tortuguero) und Pazifik (Nicoya)
> - Tauchen (Kokos-Insel)

■ Landschaften, Wandertouren, Tierwelt

In allen 33 Nationalparks des Landes findet sich der Besucher im Urwald wieder. Seine Tier- und Pflanzenwelt weist eine unglaubliche Artenvielfalt auf. Costa Rica gilt als Vorreiter des Ökotourismus. Die umweltbewussten Behörden haben ein Viertel der Gesamtfläche des Landes unter Naturschutz gestellt und sich dem Ökotourismus verschrieben. Ein Symbol dafür ist das Nationale Institut für Artenvielfalt (InBio) in San José.

Die Landesmitte ist von tropischen Regenwäldern (Monteverde) und Krüppelwäldern bedeckt. Hier erstrecken sich große Bergketten wie Guanacaste, Cordillera Central, Cordillera de Talamanca sowie der Nationalpark La Amistad; das Gebiet, das sie zusammen bilden, lädt zu grandiosen Touren ein – zu Fuß, zu Pferd oder mit abenteuerlicheren Fortbewegungsmitteln. Leguane, Kaimane und Vögel, darunter der Quetzal, bevölkern den Nationalpark **Santa Rosa** an der Pazifikküste, und Lederschildkröten legen hier ihre Eier ab. Mittlerweile verbergen sich die Quetzals rund um Monteverde. Im **Corcovado-Nationalpark** auf der unwirtlichen Halbinsel Osa sind Hunderte Vogelarten, Alligatoren, Reptilien und Jaguare zuhause – und Anakondas, die einen das Gruseln lehren werden! Bei **Tortuguero** im gleichnamigen Nationalpark beherbergt der undurchdringliche Urwald Krokodile und Brüllaffen. Costa Rica kann zudem noch mit Kolibris, Papageien, Erdbeerfröschchen und Tapiren aufwarten. Urlauber können sich an aktiven Vulkanen austoben, etwa auf dem **Arenal**, dem **Poás** oder dem **Irazú**. Der Irazú ist leicht zu erklimmen, und von oben hat man den auf dem amerikanischen Kontinent einzigartigen Blick auf Atlantik und Pazifik gleichzeitig.

Ebenso einzigartig ist die Eisenbahnfahrt von Puerto Limón nach Puntarenas, die von der Atlantikküste quer durch den Urwald und die Cordillera Central bis zur Pazifikküste verläuft. Man kann auch Floßfahrten unternehmen, vor allem auf dem Río Corobici, dem Río Pacuare und dem Río Chirripó.

■ Küsten

Die Küstengebiete Costa Ricas werden kaum als Teil des Badeparadieses am Karibischen Meer betrachtet. Dabei gehören sie geographisch und von ihrer Schönheit her eindeutig dazu. An den palmengesäumten Stränden der **Atlantikküste** mit ihren beeindruckenden Korallenriffen fällt oft Regen. Das Interessanteste in diesem Gebiet ist das Dorf Tortuguero, das nur mit dem Boot oder Flugzeug zu erreichen ist. Vor allem im Sommer kann man dort die seltene Grüne Meeresschildkröte bei der Eiablage beobachten.

Die **Pazifikküsten** des Landes sind beliebte Touristenziele. Südlich von Puntarenas und um die Halbinsel Nicoya finden sich viele Strände (etwa bei Tamarindo), an denen die Wellen aber manchmal sehr heftig sind. Am Golf von Papagayo sollen Wassersportmöglichkeiten geschaffen werden (Tauchen, Angeln, Surfen). Taucher fahren mit dem Boot von der Südküste aus in die Nähe der **Kokos-Insel**, wo sich Marline, Rochen, Walhaie und (besonders zur Zeit der Eiablage) Meeresschildkröten beobachten lassen. ■

HINWEISE

▶ **Pluspunkte**
Die Nationalparks sind grandios und Ökotourismus wird hier besonders groß geschrieben.
Hier herrscht schon lange Frieden (es gibt keine Armee) und die politische Lage ist stabil, was dem Reisenden ein Gefühl der Sicherheit gibt.

▶ **Minuspunkte**
Außer Natur und Stränden gibt es kaum touristische Alternativen.

▶ **Sicherheit**
Costa Rica gilt als sicheres Land. Es besteht ein gewisses Diebstahlrisiko bei Autos.

▶ **Trends**
Costa Rica ist sehr beliebt bei umweltbewussten Touristen und Eltern, die ihren Kindern Traumhaftes zeigen wollen; man kann zum Beispiel von Hängebrücken die Vogelwelt oben in den Bäumen beobachten. Das Angebot ist breit gefächert und sehr „in".

BESTE REISEZEIT

	Valle Central	Pazifikküste	Natur und Fotos
Januar	☼	☼	
Februar	☼	☼	
März	☼	☼	
April	☼	☼	
Mai			☙
Juni			☙
Juli			☙
August			☙
September			☙
Oktober			☙
November			☙
Dezember	☼		

Die bunten Giebelhäuser von Nyhavn sind neben der Kleinen Meerjungfrau die Hauptsehenswürdigkeit in Kopenhagen.

Dänemark

🇩🇰 Obwohl es fast 500 Inseln besitzt, steht Dänemark oft im Schatten seiner skandinavischen Konkurrenten. Dabei hat es mehr als genug zu bieten, um daraus hervorzutreten: malerische alte Städte, renommierte Museen, Steilküsten, Dünen, wunderschöne Landschaften und natürlich viel, viel Meer.

REISEINFORMATIONEN

Erste Infos
VisitDenmark, Glockengießerwall 2, 20095 Hamburg, 01805/32 64 63; Internet: www.daenemark.dt.dk, www.visitdenmark.com

Formalitäten
Bürger der EU und der Schweiz benötigen einen gültigen Personalausweis oder Reisepass.

Gesundheit
Keine Besonderheiten.

Flugdauer, Zeitverschiebung
Flugdauer Frankfurt – Kopenhagen (681 km): 1 Std. 30 Min.
Mit dem Auto sind es 818 km über Hamburg; die Überfahrt mit der Fähre von Puttgarden nach Kopenhagen verlängert die Fahrt um etwa eine Stunde. Keine Zeitverschiebung.

Durchschnittliche Reisekosten
Für ein Wochenende (3 Tage und 2 Nächte) in Kopenhagen bezahlt man mit Flug und Unterkunft etwa 300 Euro.

Sprachen, Währung
Amtssprache: Dänisch; Fremdsprachen: Man hört vor allem Englisch und oft auch Deutsch.
Währung: Dänische Krone.
1 Euro = 7,45 dänische Kronen.

Bevölkerung
Dänemark hat 5 468 000 Einwohner, unmittelbare Nachkommen der Wikinger; die Bevölkerungsdichte ist damit recht hoch.
Hauptstadt: Kopenhagen.

Religionen
Neun von zehn Dänen sind Anhänger der protestantischen Glaubensrichtung.

Feste und Feiertage
Februar: „Fastelavn", Karneval (am Rosenmontag); 23. und 24. Juni: Sankt-Hans-Fest; 13. Dezember: Luciafest.

Einkäufe
Zu den einheimischen Produkten gehören Bernstein aus der Ostsee, Porzellan, Glas und Wikingerschmuck.

Dänemark

REISEHIGHLIGHTS DÄNEMARK

Städte und Kulturdenkmäler
- Kopenhagen, Århus, Ålborg, Odense, Ribe
- Helsingør (Schloss Kronborg), Hillerød (Schloss Frederiksborg), Billund (Legoland)

Landschaften und Küsten
- Seen, Wälder, Dünen, Steilküsten, Strände, Angeln

HINWEISE

▶ **Pluspunkte**
Kulturelle Aktivitäten lassen sich harmonisch mit Landschaftserlebnissen kombinieren.

▶ **Minuspunkte**
Die schöne Jahreszeit ist recht kurz. Die Lebenshaltungskosten sind hoch.

▶ **Sicherheit**
Dänemark ist ein sehr friedliches Land, nur die Vogelgrippe hat für ein wenig Unruhe gesorgt.

▶ **Trends**
Trotz hoher Eintrittspreise erscheint Legoland für Eltern unumgänglich, erst recht, seit es Direktflüge ins kleine Billund gibt.

■ Städte und Kulturdenkmäler

Wer **Kopenhagen** an einem schönen Sommertag besucht, erlebt es als eine der jüngsten und freundlichsten Städte Europas. Es vermittelt dem Besucher ein völlig anderes Bild als die Attraktionen Nyhavns: die Kleine Meerjungfrau und die bunten Giebelhäuser im alten Fischerviertel (die zweifellos elegant und für den Urlauber unumgänglich sind).
Die Wohnsiedlung Christiania galt in den 1970er-Jahren als avantgardistisch; die Freistadt scheint ihre Vergangenheit zu suchen. Lebhafter geht es in den Hauptstraßen des Quartier Latin, in der Strøget, im angesagten Vesterbro-Viertel und im großartigen, mehr als 150 Jahre bestehenden Vergnügungspark Tivoli zu.
Kopenhagen besticht zudem mit den zahlreichen Kanälen von Christianshavn, die man mit kleinen Schiffen erkunden kann, dem Schloss Rosenborg, der Königsresidenz Schloss Amalienborg und bedeutenden Museen (Ny Carlsberg Glyptotek, Staatliches Kunstmuseum, Nationalmuseum, Ordrupgaard-Museum). Auch das neue Dansk Design Center und das Carlsberg Visitors Center sind sehenswert. Etwa 30 Kilometer weiter nördlich liegt das Louisiana Museum for Moderne Kunst.
Der Weg nach **Århus** lohnt sich wegen der Altstadt, der Kathedrale aus dem Jahr 1201 und des prähistorischen Museums. Weiter nördlich liegt **Ålborg**, eine Stadt mit alten Vierteln, einem Kunstmuseum und einem bedeutenden Wikinger-Friedhof, ein paar Kilometer entfernt. **Odense** ist durch den Altar und die königlichen Grabstätten in der Sankt-Knud-Kirche bekannt; auch das H.C. Andersens Hus steht hier. In **Ribe**, einer der ältesten Städte des Landes, sind die Skulpturen in der romanisch-gotischen Kathedrale aus dem 12. Jahrhundert sehenswert.
Die meisten Schlösser stammen aus dem 16. und 17. Jahrhundert; die bekanntesten sind **Frederiksborg** in Hillerød und **Kronborg** in Helsingør, wo „Hamlet" spielt.
Westlich von Kopenhagen liegt die alte Hauptstadt **Roskilde** mit einer Kathedrale im romanisch-gotischen Stil und einem Museum für Wikingerschiffe. Zu den meistbesuchten Sehenswürdigkeiten gehört das **Legoland** in Billund (Jütland).

■ Landschaften und Küsten

Weite Horizonte in fast gänzlich flachem, manchmal monotonem Land, gelegentlich unterbrochen von Seen und Wäldern – das erwartet einen. Aber es gibt auch so manchen tollen Küstenstrich – in Jütland etwa die langgestreckten Küsten des Skagerrak, das Natur- und Vogelschutzgebiet Tipperne, die Gegend um Skagen, den von Heidekraut überwucherten Dünengürtel von Holmsland Klit, den Fjord und die Region von Hobro, oder auf der Insel Møn die Kreideklippen Møns Klint.
Die schönsten Badestrände findet man im Osten des Landes: an den Küsten von Fünen, im Süden Seelands, auf Lolland und auf der kleinen Insel Bornholm unterhalb der Südspitze von Schweden. Beliebt ist Süßwasser- und Meeresfischen. ■

BESTE REISEZEIT		
	Klima	Legoland
Januar		
Februar		
März		
April	☼	
Mai	☼	⌁
Juni	☼	⌁
Juli	☼	
August	☼	
September	☼	⌁
Oktober		
November		
Dezember		

Deutschland

Deutschland

REISEHIGHLIGHTS DEUTSCHLAND

Städte und Kulturdenkmäler

- Hamburg, Berlin, Potsdam, Dresden, Weimar, Köln, Rothenburg, Heidelberg, München, Bremen, Lübeck, Frankfurt, Mainz, Würzburg, Nürnberg, Trier, Aachen, Bayreuth, Bamberg, Berchtesgaden

- Schlösser Ludwigs II. in Bayern, Hohenzollernschlösser, Schlösser und Burgen entlang des Rheins und in Thüringen

Landschaften

- Bayerische Alpen, Rheintal, Harz, Sächsische Schweiz, Laacher See, Schwarzwald, Thüringer Wald, Bodensee

- Elbtal, Moseltal, Donautal, Externsteine (Teutoburger Wald), Friesische Inseln

Feste

- Karneval, Weihnachtsmärkte

- Oktoberfest München (Bierfest)

Mehr als 20 sehenswerte Städte stehen bei einer Reise durch Deutschland auf dem Programm – allen voran Berlin. Besonders reizvoll sind aber auch das romantische Rheintal, die Märchenschlösser in Bayern, die Alpen und die Küsten.

■ Städte und Kulturdenkmäler

Unzählige Städte laden die Deutschlandreisenden dazu ein, in ihnen Station zu machen:

– **Hamburg**, das „Venedig des Nordens", mit seinen roten Backsteingebäuden, Kanälen und hanseatischen Gepflogenheiten.

– **Berlin**, seit dem Mauerfall in stetem Wandel, bietet dem Besucher in Berlin-Mitte und um den Potsdamer Platz ultramoderne Architektur. Aber auch „alternative" Stadtteile wie Kreuzberg und Prenzlauer Berg sind weitgehend erhalten. Das Reichstagsgebäude und das neu errichtete Denkmal für die ermordeten Juden Europas liegen in der Nähe des Brandenburger Tors. Das dynamische kulturelle Leben der Stadt mit vielen Festivals steht im europäischen Vergleich weit vorn (Museumsinsel, Neue Gemäldegalerie).

– **Potsdam** südöstlich von Berlin, mit dem Schloss und Park Sanssouci sowie dem Neuen Palais, hieß seinerzeit „Preußens Versailles".

– **Dresden**, das unter anderem seiner Barockarchitektur in ockergelben und roten Farbtönen den Beinamen „Elbflorenz" verdankt, war vom 17. Jahrhundert bis zum Ende des Zweiten Weltkriegs eine der schönsten Städte Deutschlands. Viele Kulturdenkmäler wurden wiederaufgebaut, etwa die Semperoper, der Zwinger und die symbolhafte Frauenkirche, die erst vor Kurzem aus ihren Ruinen wieder erstand. In der Gemäldegalerie hängen Werke von Raffael, Tizian, Poussin, Rembrandt, Rubens und Vermeer.

Das um 1830 errichtete Alte Museum (links) und der Berliner Dom (rechts) auf der Museumsinsel.

– **Weimar** bewahrt zahlreiche Erinnerungen an seine Glanzzeit, als Johann Wolfgang von Goethe dort zu Hause war.
– **Köln**, am Rhein gelegen, beherbergt den schönsten Dom Deutschlands. Die Kleinstadt **Rothenburg ob der Tauber** hat das wohl schönste mittelalterliche Stadtbild des Landes. In **Heidelberg** zeugen Schloss, Altstadt und Alte Brücke noch von der Epoche der deutschen Romantik. **München** glänzt mit der Altstadt um den Marienplatz, der Münchner Residenz (Wittelsbacher), barocken Kirchen und futuristischen Bauwerke wie dem Fußballstadion „Allianz Arena" und der Ausstellungs- und Eventstätte „BMW-Welt".
Ebenfalls einen Besuch wert, sind die Hansestädte **Bremen** und **Lübeck**; sowie **Frankfurt** mit Goethehaus, Dom, Museen; **Mainz** mit dem romanischen Dom (13. Jahrhundert) und dem Kurfürstlichen Schloss; **Würzburg** mit der Festung Marienberg und der mit Fresken von Tiepolo ausgeschmückten Residenz der Fürstbischöfe. **Nürnberg** hat die Burg, die Kirche St. Sebald und die Lorenzkirche sowie den Schönen Brunnen zu bieten. In **Trier** stehen Bauwerke aus römischer Zeit (Porta Nigra, Kaiserthermen) und der Dom. **Aachen** hat einen gotischen Dom mit der Pfalzkapelle Karls des Großen. In **Bayreuth** ist das Festspielhaus (Richard-Wagner-Festspiele); in **Bamberg** der mittelalterliche Dom und das alte Rathaus und in **Berchtesgaden** sind das Schloss der Wittelsbacher, Kirchen und Salinen zu besichtigen.

Folgende Sehenswürdigkeiten sind ebenfalls einen Besuch wert: Hohenschwangau und Neuschwanstein, die märchenhaften Schlösser Ludwig II. von Bayern; das Hohenzollernschloss in Sigmaringen in Baden-Württemberg; die romantischen Burgen und Schlösser Thüringens, beispielsweise die Wartburg, Schauplatz des Sängerkriegs, der Wagner zu seinem Tannhäuser inspirierte; und die schmucken Burgen und Schlösser am **Rhein**. Dazu die fantastische barocke Klos-

Zwischen Mainz und Koblenz erstreckt sich das Mittelrheintal mit der vielbesuchten Lorelei.

terarchitektur wie im bayerischen Ottobeuren.
Jede Großstadt besitzt zumindest ein bedeutendes Museum: Hamburg die Kunsthalle und die Deichtorhallen (Kunst und Fotografie); Berlin unter anderem das Pergamonmuseum, das Bode-Museum, das Museumszentrum Dahlem, die Gemäldegalerie im Kulturforum Potsdamer Platz (Werke von Rembrandt, van Eyck, Vermeer, Watteau) und das Mauermuseum. Köln hat das Römisch-Germanische Museum und das Museum Ludwig; Dresden die Gemäldegalerie (Werke von Raffael, Tizian, Poussin, Rembrandt, Rubens und Vermeer) und Mainz das Gutenberg-Museum (Weltmuseum der Druckkunst). München konkurriert mit Berlin um den ersten Platz in der Museumslandschaft mit der Alten Pinakothek (Dürer, Grünewald, Hieronymus Bosch, Fragonard, Tintoretto, Rembrandt, Rubens, van der Weyden), der Neuen Pinakothek (Cézanne, Degas, Delacroix, Gauguin, Géricault, Manet, und van Gogh) und der Pinakothek der Moderne – die schönste Sammlung moderner Kunst in Deutschland.

■ Landschaften
Zwei geographische Räume gelten als besondere Reiseziele: die Alpen und der Rhein.

Die **bayerischen Alpen** bilden eine prächtige Kulisse: Sehenswert sind die Route vom Bodensee bis Berchtesgaden, der Königssee, der Staffelsee, der bekannte Wintersportort Garmisch-Partenkirchen und die 2962 Meter hohe Zugspitze, der höchste Berg Deutschlands. Hier genießt man bei der Fahrt mit der Seilbahn einen großartigen Blick auf das Voralpenland.

REISEINFORMATIONEN

Erste Infos
Deutsche Zentrale für Tourismus e.V. (DZT), Beethovenstr. 69, 60325 Frankfurt am Main, 069/ 97 46 40; Internet: www.fremdenverkehrsamt.com/ reiseziele/deutschland.html

Formalitäten
Bürger der EU und der Schweiz benötigen einen Personalausweis.

Gesundheit
Keine Besonderheiten.

Flugdauer
Durchschnittliche Flugdauer Wien – Berlin: 1 Std. 20 Min., Zürich – Berlin: 1 Std. 15 Min. Von vielen deutschen Städten aus gibt es Billigflüge nach Berlin und München.

Durchschnittliche Reisekosten
Ein Wochenende in Berlin oder München (Hin- und Rückflug, Unterkunft) beläuft sich auf ca. 250 bis 300 Euro. Eine einwöchige Kreuzfahrt auf dem Rhein kostet rund 500 Euro.
Währung: Euro.

Bevölkerung
Größere Minderheiten von Einwanderern aus der Türkei und dem ehemaligen Jugoslawien. Mit 82 402 000 Einwohnern ist Deutschland das am dichtesten besiedelte Land Europas.
Hauptstadt: Berlin.

Religionen
Die Reformation (Luther) nahm in Deutschland ihren Ausgang, daher gibt es viele Protestanten, vor allem in Norddeutschland (40 %). 45 % im ehemaligen Westdeutschland sind römisch-katholisch, in Ostdeutschland ist ihr Anteil wesentlich niedriger.

Feste und Feiertage
Februar: Karneval in Köln; **September:** Oktoberfest in München; **Dezember:** Weihnachtsmärkte in vielen Städten.

Einkäufe
Spielzeug (Holzspielzeug, Porzellanpuppen, Plüschtiere), Nürnberg ist die Spielzeugstadt. Zu den regionalen Angeboten in Bayern gehören auch Leinen und Loden.

Im Oberallgäu (Kempten) und Oberbayern (Murnau) entstehen immer mehr Fitness- und Wellnesszentren. Von den Alpen zum Main, über Augsburg, den Spessart, Nördlingen, Rothenburg ob der Tauber und Würzburg, führt die „Romantische Straße", auf der man in einem gelungenen Mix Schlösser und Landschaften erlebt. Im Bayerischen Wald liegt ein Nationalpark, in dem man eine reiche Tierwelt beobachten kann (zum Beispiel Braunbären und den europäischen Luchs).

Das **Rheintal** kann man auf einer drei- oder viertägigen Schiffsreise erleben. Berühmt sind seine Weinberge, auf denen sich oft Schlösser und Burgen erheben. Die interessanteste Strecke ist das Mittelrheintal zwischen Mainz und Koblenz mit dem sagenumwobenen Loreleifelsen.

Im Herzen Deutschlands befinden sich der **Harz** mit Granitfelsen und Fichtenwäldern sowie der Thüringer Wald. Sachsens schönste Region ist die **Sächsische Schweiz** mit dem Elbsandsteingebirge, durch das die Elbe fließt, die in der Tschechischen Republik entspringt. Im Westen von Deutschland liegen die **Eifel** mit dem Laacher See und das **Moseltal.** Richtung Norden finden sich die Unterelbe und das Weserbergland mit der Porta Westfalica und dem Teutoburger Wald mit den schroffen **Externsteinen.** In Süddeutschland passiert die **Donau** unter anderem die Städte Ulm und Passau. Im Südwesten liegt der **Schwarzwald** mit vielfältigen Freizeitmöglichkeiten. Der **Bodensee** mit den Städtchen Lindau und Konstanz zieht viele Wassersportfreunde und Fahrradfahrer an. Vor der **Nordseeküste** erstrecken sich die Inselketten der **Friesischen Inseln**, und 62 Kilometer vor der Elbmündung erhebt sich die Insel **Helgoland** mit ihren roten Felsformationen aus dem Meer. Die Nordsee lädt zum Baden und Fischen ein und beherbergt in ihren Nationalparks im Wattenmeer zahlreiche Vogelarten.

■ Feste und Feiertage

Der Karneval hat in Deutschland eine lange Tradition. Zu den Karnevalshochburgen gehören **Köln**, **Düsseldorf**, **Mainz** und **Aachen** (Umzüge am Rosenmontag).

Das Oktoberfest in **München** beginnt immer um den 20. September. Alljährlich pilgern sechs Millionen Besucher zu diesem bunten, feuchtfröhlichen Fest. In der Adventszeit stimmen die zahlreichen Weihnachtsmärkte die Besucher mit gebrannten Mandeln, Glühwein, Marzipan und unzähligen Ständen mit einer Fülle von Geschenkideen auf das herannahende Fest ein. Die meistbesuchten und bekanntesten Weihnachtsmärkte finden in Nürnberg, München, Köln, Lübeck, Augsburg und Dresden statt.

Deutschland ist auch eine Hochburg der klassischen Musik. Davon zeugen zahlreiche Festspiele wie die Bayreuther Festspiele, aber auch die Musikfestspiele in Dresden, bei denen Anfang Juni Konzerte und Opern aufgeführt werden. ■

> **Hinweise**
> ▶ **Pluspunkte**
> Kunst und Kultur in den Städten, unterschiedlichste Landschaften, viele sehenswerte Städte.
> Historische Zeugnisse der deutschen Wiedervereinigung.
> Bunte, traditionsreiche Feste.
> ▶ **Minuspunkte**
> Recht hohe Reisekosten.
> ▶ **Trends**
> Diese Kombination ist Urlaub für alle Sinne: Entspannen im Fitness- und Wellnesszentrum, danach die Tour durch die grandiosen Schlösser Ludwigs II. im Allgäu.

Teehaus im Schlosspark von Sanssouci in Potsdam.

BESTE REISEZEIT			
	Norden	Süden	Donau- oder Rheinschifffahrt
Januar		Ski ❄	
Februar		Ski ❄	
März			
April			⛵
Mai		☼	⛵
Juni	☼	☼	⛵
Juli	☼	☼	⛵
August	☼	☼	⛵
September	☼	☼	⛵
Oktober			⛵
November			
Dezember		Ski ❄	

Dominikanische Republik

Mit Tauchen und Nichtstun vergnügt man sich auf der Isla Saona und an der Südküste.

REISEHIGHLIGHTS DOMINIKANISCHE REPUBLIK

Küsten
- Badeorte im Osten (Punta Cana, Bayahibe, Boca Chica, La Romana, Isla Saona, Bucht von Samaná), im Norden (Puerto Plata) und im Südwesten
- Wassersport, Tauchen

Landschaften und Wandertouren
- Cordillera Central (Aufstieg auf den Pico Duarte)
- Enriquillo-See, Laguna Oviedo, Los Haitises

Städte
- Santo Domingo, Puerto Plata, Santiago

Dominikanische Republik

Die Dominikanische Republik ist das Ziel schlechthin für Badeurlaub in der Karibik. Man kann natürlich am Strand faulenzen, ohne das Land auch nur annähernd kennenzulernen, doch wer sich ins Landesinnere wagt, wird reich belohnt – mit Salzseen, sentimentaler Bachata-Musik und den üppig grünen Hängen des Pico Duarte.

REISEINFORMATIONEN

Erste Infos
Fremdenverkehrsamt der Dominikanischen Republik, Kaiserstr. 13, 60311 Frankfurt, 069/91 39 78 78; Internet www.domrep-touristic.de

Formalitäten
Bürger der EU und der Schweiz benötigen einen Reisepass, der noch drei Monate nach Einreise gültig ist. Bei Reisen mit einem Reiseveranstalter reicht ein Personalausweis (nachfragen).

Gesundheit
Impfungen sind nicht vorgeschrieben. Im Westen besteht ein leichtes Malariarisiko.

Flugdauer, Zeitverschiebung
Durchschnittliche Flugdauer Frankfurt–Santo Domingo (7624 km): 10 Std.; Charterflüge nach Punta Cana und Puerto Plata. Um 12 Uhr deutscher Zeit ist es in der Dominikanischen Republik im Sommer 6 Uhr, im Winter 7 Uhr.

Durchschnittliche Reisekosten
Außerhalb der Saison kostet die Woche „All Inclusive" an der Ostküste mindestens 800 Euro, die Woche im Inland (Hin- und Rückflug, Unterkunft und Mietwagen) 1300 Euro.

Sprache, Währung
Amtssprache: Spanisch; Fremdsprachen: In Touristenzentren Englisch und Französisch. Währung: Dominikanischer Peso. Mitnahme von US-Dollar wird empfohlen. 1 USD = 34 Pesos, 1 Euro = 41 Pesos.

Bevölkerung
Von den 9 366 000 Einwohnern sind drei Viertel Mulatten.

Hauptstadt: Santo Domingo.

Religionen
92 % der Dominikaner sind katholisch.

Feste und Feiertage
26. Januar: Tag des Gründungsvaters Duarte; Februar: Karneval in Santo Domingo; Juni: Merengue-Festival in Puerto Plata; 12. Oktober: Tag der Entdeckung Amerikas.

Einkäufe
Exzellente Davidoff-Zigarren, Rum, Kaffee, Larimar; naive Malerei und Kunsthandwerk aus Haiti.

■ Küsten

Wer ein „Resort" sucht, findet an der 60 Kilometer langen Südostküste, der Costa de Coco, die Klassiker **Boca Chica**, **Punta Cana** und **La Romana**. Das Fischerdorf **Bayahibe** nahe der Isla Saona hat sich zu einem Ziel für Badegäste und Taucher gemausert. Die Halbinsel Samaná (Nordostküste) gehört zu den schönsten Regionen des Landes: Vom Massentourismus noch verschont, prägt sie der Hang zum alternativen Leben. Von Januar bis Ende März finden sich hier Buckelwale ein, um sich zu paaren und zu gebären. Einer der ersten Badeorte des Landes war **Puerto Plata** an der Nordküste.

Zwischen Barahona und Oviedo im Südosten erwartet den Urlauber eine sehenswerte Küste. Unterhalb einer Serpentinenstraße an der Steilküste eröffnet sich das grandiose Panorama dieser vom Tourismus noch kaum berührten Gegend mit ihren verstreut liegenden Fischerdörfern.

Neben Strand und Sonne bieten die Küsten Möglichkeiten zum Aktivurlaub mit verschiedenen Wassersportarten und Golf (in Casa de Campo) oder zu Wellness (rund um Bayahibe, Punta Cana).

Von **Juan Dolio** oder **Cabarete** aus kann man auf Tauchgängen Korallen und bunten Fischen begegnen. Cabarete ist auch ideal zum Surfen und Windsurfen. Die Kleinstadt Boca Chica ist ein Ausgangspunkt für Ausflüge zum Hochseefischen.

■ Landschaften und Wandertouren

Die Cordillera Central, die zum Teil mehr als 3000 Meter hoch ist, lädt zum Bergwandern ein. Besonders beliebt ist der **Pico Duarte**: Der Aufstieg beginnt im Dorf La Ciénaga; auf der 18 Kilometer langen Strecke bewältigt man 2000 Meter Höhenunterschied. Die Waden werden sehr strapaziert, aber dafür ist der Weg gut markiert. Man sollte den Gipfel am frühen Morgen besteigen, um den spektakulären Sonnenaufgang zu erleben. Auch die Aussicht auf die üppig grüne Landschaft ist großartig.

Im Südwesten liegen der **Enriquillo-See** mit seiner vielfältigen Tierwelt (Krokodile, Rosaflamingos, Leguane) und die Salzwasserlagune **Laguna Oviedo**, in der ebenfalls Rosaflamingos und Leguane heimisch sind. Beide Orte lassen sich auf interessanten Bootsausflügen besuchen.

Im Norden der **Bucht von Samaná** lädt die Hügellandschaft der Halbinsel zum Wandern ein. Eine halbe Stunde entfernt, im Süden der Bucht, liegt der nur per Boot erreichbare Nationalpark **Los Haitises** mit tollen Mangrovensümpfen, einer speziellen Flora (Pelikane, Reiher) und Felsmalereien, die Tiere zeigen. Letztere stammen von den Taíno und den Arawak, den ersten Inselbewohnern.

■ Städte

Die Hauptstadt **Santo Domingo** ist Stammsitz der Kolumbus-Familie. Der Faro a Colon, das Denkmal für Christoph Kolumbus, beherbergt ein imposantes Museum. In Santo Domingo lässt es sich leben; es gilt als eine der schönsten Städte der Antillen. Das Reizvollste sind das allgegenwärtige Erbe der Kolonialzeit und die Kirchenbauten in der Altstadt, darunter die älteste Kathedrale des amerikanischen Kontinents. Holzhäuser aus dem 19. Jahrhundert und Häuser im viktorianischen Stil heben **Puerto Plata** von der Masse ab; der Pico Isabel de Torres und seine Christusstatue überragen die Stadt. Auch das in einem Tal am Fuß der Cordillera Septentrional gelegene **Santiago** ist sehenswert.

Das Leben in den Städten und Dörfern Hispaniolas und überhaupt auf der ganzen Insel wird geprägt von den Rhythmen des Merengue und der Bachata. ■

HINWEISE

▶ Pluspunkte

Westeuropäer lieben die zahlreichen Annehmlichkeiten und die große Vielfalt an den Küsten.
Die Reisekosten sind ausgesprochen konkurrenzfähig.
Es bieten sich verschiedene Tourismusformen: Man kann Kolonialgeschichte in den Städten erleben, wandern und die Tierwelt erkunden.

▶ Minuspunkte

Reiseveranstalter und Besucher legen wenig Bereitschaft an den Tag, anspruchsvolle Alternativen zum reinen Badeurlaub zu finden. Massenbadetourismus liegt weiter im Trend. Die Insel bemüht sich aber, dieses Image abzulegen und anspruchsvolleren Tourismus zu bieten.

▶ Sicherheit

Es ist ein leichter Anstieg der Kriminalität zu verzeichnen, doch mit etwas Vorsicht wird der Urlaub, auch mit einem Mietwagen, ohne unangenehme Vorfälle über die Bühne gehen.

▶ Trends

Der allgemeine Liebling ist Samaná. Als Geheimtipp sei die Südwestküste zwischen Barahona und Oviedo genannt: Die Strände hier sind ebenso schön und angenehm wie die im Osten (wenn nicht gar hübscher) und noch dazu fast menschenleer.

BESTE REISEZEIT

	Gesamte Insel	Badeurlaub	Walbeobachtung
Januar	☼		⋘
Februar	☼		⋘
März	☼		⋘
April	☼		
Mai		☼	
Juni		☼	
Juli		☼	
August			
September			
Oktober			
November			
Dezember		☼	

Hoch gelegene Seen, Indiotraditionen, im Hintergrund die Kordillere – das ist Ecuador.

 # Ecuador

REISEHIGHLIGHTS ECUADOR

Landschaften und Wandertouren
- Straße der Vulkane, Sangay
- Urwälder und Flüsse im Amazonasbecken

Tierwelt
- Galápagos-Inseln (Rosaflamingos, Leguane, Seelöwen, Ohrenrobben, Schildkröten)
- Nationalpark Coropaxi (Kondore, Pumas, Lamas), Nationalpark Sangay (Bergtapire, Kondore)

Städte und Spuren der Vergangenheit
- Quito, Cuenca

Kulturelles Erbe
- Indiomärkte (Otavalo), Ferias, Äquatorlinie

🇪🇨 Auch wenn das archäologische Erbe hier nicht besonders reich ist, kann man in Ecuador eine großartige Reise unternehmen: einen Südamerikatrip im Miniformat sozusagen. Im Angebot sind die Anden (Wandern), das Amazonasbecken (Flussfahrten), Indiomärkte, Kirchen, Kolonialbauten und natürlich die Galápagos-Inseln, ein Paradies für zahlreiche seltene Tierarten.

REISEINFORMATIONEN

Erste Infos
Botschaft der Republik Ecuador, Kaiser-Friedrich-Str. 90, 10585 Berlin, 030/ 238 62 17; Internet: www.vivecuador.com

Formalitäten
Bürger der EU und der Schweiz benötigen einen Reisepass, der nach der Einreise noch mindestens sechs Monate gültig ist. Die Galápagos-Inseln kosten „Eintritt".

Gesundheit
Für Gebiete unterhalb 1500 Metern ist eine Malariaprophylaxe dringend notwendig; kein Risiko besteht in Guayaquil und Quito. Gelbfieberimpfung wird empfohlen.

Flugdauer, Zeitverschiebung
Durchschnittliche Flugdauer Frankfurt–Quito (9808 km): 13 Std. 30 Min. Um 12 Uhr deutscher Zeit ist es in Ecuador im Sommer 5 Uhr, im Winter 6 Uhr; die Galápagos-Inseln sind nochmal eine Stunde voraus.

Durchschnittliche Reisekosten
Zwei Wochen mit Reiseleitung kosten etwa 2500 Euro; wenn auch die Galápagos-Inseln besucht werden, bezahlt man mindestens 3000 Euro.

Sprache, Währung
Amtssprache: Spanisch; daneben gibt es Quechua-Dialekte. Fremdsprachen: Englisch ist kaum verbreitet. **Währung:** Statt des Sucre hat sich der USD eingebürgert. Reiseschecks sind gern gesehen.

Bevölkerung
Von den 13 756 000 Einwohnern sind 40% Quechuas, 40% Mestizen, 10% Weiße und 10% Schwarze.
Hauptstadt: Quito.
Religionen
Katholiken sind die Mehrheit, Protestanten die Minderheit.

Feste und Feiertage
27. Februar: Tag der nationalen Einheit; **10. August:** Nationalfeiertag; **1. November:** Allerheiligen; **Anfang Dezember:** Feria de Quito.

Einkäufe
Stickereien und Ponchos von Indiomärkten, Hängematten, Panamahüte, Gegenstände aus Salzteig.

Ecuador

■ Landschaften und Wandertouren

Die „Straße der Vulkane" von Quito nach Riobamba passiert die ecuadorianischen Vulkane. Sie ist eine der schönsten Wanderstraßen in den Anden. Der 6310 Meter hohe **Chimborazo** übertrumpft den **Cotopaxi** mit knapp 6000 Metern, den am regelmäßigsten geformten Bergkegel des Landes und den höchsten aktiven Vulkan der Welt. In dieser Liga spielen auch der Pichincha, der Pasochoa, der Fuya-Fuya und der **Sangay**. Sternstunden für Eisenbahnfans bietet der kleine, hübsche Andenzug. Man fährt vorbei an steilen Hängen, durchquert halbwüstenartige Täler und passiert den markanten Felsvorsprung Nariz del Diablo („Teufelsnase").

Das **Amazonasbecken** hat alles, was man für eine Rundreise der Extraklasse braucht: Urwald, Wasserfälle, Flusshäfen wie Coca, wo der Fluss Napo auf den Fluss Coca trifft, Flüsse, die sich mit Pirogen (Einbaumschiffen) erkunden lassen, und die entsprechenden Wasserbewohner (Flussdelfine, Anakondas, Kaimane).

■ Tierwelt

Etwa 1000 Kilometer vom Festland entfernt liegen die **Galápagos-Inseln**, eine Gruppe von 30 kleinen und großen Inseln mit vulkanischer Oberfläche. Viele geschützte Arten leben hier, darunter Albatrosse, Kormorane, Rosaflamingos, Blaufußtölpel, Galápagos-Landleguane und -Meerechsen, Seelöwen, Ohrenrobben, Pelikane, Finken und Riesenschildkröten. 7500 Land- und Wassertierarten und 25 000 Pflanzenarten bietet Ecuador eine außergewöhnliche Heimat: Im Nationalpark um den **Cotopaxi** leben Kondore, Pumas, Lamas und Wildpferde, im Nationalpark **Sangay** geschützte Arten wie Bergtapire und Kondore, und in der Amazonasregion unzählige Vogelarten (etwa Aras, Papageien, Sittiche).

■ Städte und Spuren der Vergangenheit

Die Hauptstadt Quito, liegt auf einer Höhe von 2850 Metern. Sie ist Weltkulturerbe, ihr ganzer Stolz sind das Barock- und Renaissanceerbe aus der Kolonialzeit (Kirchen, Kapellen, Klöster, Innenhöfe, das Kloster Santo Domingo, die Kirche San Francisco) und traditionelle Malerei.

Cuenca verdankt seinen besonderen Reiz dem schachbrettartig angelegten historischen Stadtkern, den alten Vierteln, Plätzen, Innenhöfen und Holzbalkonen. Auch Relikte aus der Inkazeit sind erhalten, die jedoch die Kolonisten im 17. Jahrhundert ausgerechnet in Klöster verwandelten.

■ Kulturelles Erbe

Das beste Indiokunsthandwerk Lateinamerikas bekommt man auf den Dorfmärkten, etwa in **Otavalo** (Wolle und Ponchos), **Cotacachi** (Leder) und **Riobamba**. Der Name lässt zwar anderes vermuten, aber der Panamahut entstand im Süden Ecuadors und wird noch heute dort gefertigt. Östlich von Esmeraldas an den Flüssen Caypa und Chota und in Borbón lebt eine schwarze Bevölkerungsgruppe. Ihre Sitten und Bräuche erinnern bisweilen an Westafrika oder die Antillen.

Ferias (zum Beispiel in Quito) sind eine Tradition aus der Kolonialzeit. Daneben gibt es einen Brauch, nach dem man sich am „Mitad del Mundo" auf die Äquatorlinie stellt. ■

HINWEISE

▶ Pluspunkte

Ein Querschnitt durch die Schätze Südamerikas: Kolonialerbe, Indiotradition, spezielle Tierwelt, undurchdringlicher Urwald, Vulkanbesteigungen.

In der für westliche Besucher günstigen Reisezeit herrschen gute Wetterbedingungen (außer im Amazonasbecken).

▶ Minuspunkte

Die Küste ist für Badeurlaub kaum geeignet.

Wenn auch die Galápagos-Inseln auf dem Programm stehen sollen, sind die Reisekosten fast astronomisch.

▶ Sicherheit

Die Grenzgebiete im Norden und Nordosten gelten als unsicher und sind zu meiden. Auch sollte man sich an touristischen Orten möglichst unauffällig benehmen.

BESTE REISEZEIT

	Küstenregionen	Anden	Galápagos-Inseln
Januar			🐢
Februar			Eiablage (Leguan, Schildkröte)
März			🐢
April			🐢
Mai			🐢
Juni	☼	☼	
Juli	☼	☼	
August	☼	☼	
September	☼		
Oktober	☼		
November	☼		
Dezember			

Finnland

Lappland und der dortige Lebensstil sind ein starker Motor für den finnischen Tourismus.

 # Finnland

> **REISEHIGHLIGHTS FINNLAND**
>
> **Landschaften und Wandertouren**
> - Lappland: Schlittenfahrten, Fahrten mit Motorschlitten, Hunde- oder Rentiergespannen, Langlauf
> - Sanaa, Inarisee
> - Mitternachtssonne, Polarlichter
> - Seen: Boot und Kanu fahren, Wassersport
> - Nadelwälder
> - Åland-Archipel
>
> **Städte**
> - Helsinki, Tampere, Turku, Imatra, Kupopio, Kerimäki
>
> **Kulturelles Erbe**
> - Sauna, Weihnachtsmann, Rentierrennen

⊞ Dieses Land ist wie geschaffen für Wanderer, Skifahrer und Naturfreunde jedweder Couleur. Wo unzählige Seen und unermessliche Weite das Gesicht des Landes bestimmen, vergnügt man sich im Sommer im Licht der Mitternachtssonne und im Winter vor allem beim Langlauf, in Rentier- und Motorschlitten, in der Sauna ... und mit dem Weihnachtsmann!

REISEINFORMATIONEN

Erste Infos
Finnische Zentrale für Tourismus, Lessingstr. 5, 60325 Frankfurt, 069/50070157; Internet: www.visitfinland.de, www.santapark.com (Weihnachtsmann).

Formalitäten
Bürger der EU und der Schweiz benötigen einen gültigen Personalausweis oder Reisepass.

Gesundheit
Außer Mückenschwärmen im Sommer ist nichts zu beachten.

Flugdauer, Zeitverschiebung
Durchschnittliche Flugdauer Frankfurt–Helsinki (1543 km): 2 Std. 30 Min.; mit dem Schiff ab Rostock nach Hango westlich von Helsinki oder über Schweden (Stockholm–Turku). Um 12 Uhr deutscher Zeit ist es in Finnland 13 Uhr.

Durchschnittliche Reisekosten
Eine Woche in Lappland mit zahlreichen Aktivitäten kostet rund 1300 Euro, ein Wochenendtrip nach Helsinki kommt auf 450 Euro.

Sprache, Währung
Amtssprachen: Finnisch, Schwedisch und Lappisch (Samisch; erst seit 1988 Amtssprache); Fremdsprache: Englisch ist weit verbreitet.
Währung: Euro.

Bevölkerung
Finnland hat 5238000 Einwohner. Die Finnen unterscheiden sich im Hinblick auf ihre Geschichte und Sprache (Finnlandschwedisch) eindeutig von den Norwegern und Schweden. Ungefähr 1500 Samen leben im Land, ausländische Bewohner sind selten.
Hauptstadt: Helsinki.

Religionen
90% der Einwohner sind evangelisch-lutherische Christen.

Feste und Feiertage
Mai: Vappu (Karneval); 24. Juni: Mittsommerfest (Juhannus); Ende August/Anfang September: Helsinki-Festival; 26. Dezember: Tapininpäivä (Fahrt mit dem Pferdeschlitten).

Einkäufe
Das gängigste Mitbringsel ist die Lappenmütze; daneben sind Trachten, gefütterte Stiefel und Rentierfelle sehr beliebt.

Finnland

Landschaften und Wandertouren

Ein Großteil der Provinz **Lappland** liegt nördlich des Polarkreises. Besonders der Altweibersommer (Ruska-Aika) und der Winter faszinieren Besucher. Wer in den Wintersportorten Levi, Ylläs bei Kittilä oder Saariselka nahe Ivalo Station macht, hat viele Möglichkeiten, Lappland zu erkunden: mit dem Motor-, Hunde- oder Rentierschlitten, an Bord eines Eisbrechers, mit dem Schlitten, in Schneeschuhen oder beim Skilanglauf.

In der verschneiten Taiga erhebt sich unter anderem der **Saana**, der heilige Berg der Lappen. Auch im Sommer zieht dieses Gebiet Besucher an. Dann sind vor allem Fahrten mit Geländewagen oder Mountainbikes beliebt: etwa am Fluss Tenojoki, im Lemmenjoki-Nationalpark (größte Waldfläche Europas), im Nationalpark Pallas-Ounastunturi. Oder auch am Ufer des **Inarisees**, an dem sich die heilige Insel Ukonkivi und ein lappischer Friedhof finden.

Fast 200 000 Seen prägen vor allem im Südosten und in **Karelien** die Landschaft. Zwei Drittel des Gebietes bedecken dunkelgrüne Nadelwälder.

Das **Åland-Archipel** vor Turku besteht aus mehr als 6500 großen und kleinen Granitinseln. Ihre Schlösser und Kirchen (und die Möglichkeit, zollfrei einzukaufen) machen die Inselgruppe attraktiv.

Je nach Breitengrad steht die Sonne zwischen Mitte Mai und Ende Juli ununterbrochen am Himmel, was durchschnittlich 73 Tage ständige Helligkeit bedeutet. Im Winter faszinieren dagegen die gelegentlich auftretenden Nordlichter ihre Betrachter.

■ Städte

Helsinki liegt auf einer Halbinsel und lädt je nach Jahreszeit zu Bootsfahrten durch den benachbarten Archipel oder Winterspaziergängen auf zugefrorenen Gewässern ein. Die schönsten klassizistischen Bauwerke der Stadt erheben sich am Senatsplatz; besonders originell sind die orthodoxe Uspenski-Kathedrale und die in den Felsen gebaute Temppeliaukio-Kirche. Mit der Fähre erreicht man in 15 Minuten die Festung Suomenlinna und ihre Museen.

In **Tampere**, zwischen zwei großen Seen gelegen, befinden sich das sehenswerte Sara-Hildén-Kunstmuseum und die Kaleva-Kirche.

BESTE REISEZEIT				
	Sommer-urlaub	Winter-urlaub	Mitter-nachts-sonne	Polar-lichter
Januar		☼		❄
Februar		☼		❄
März		☼		❄
April		☼		❄
Mai		Lappland ☼	☼	
Juni	☼		☼	
Juli	☼		☼	
August	☼			
September				
Oktober		Lappland ☼		
November		☼		❄
Dezember		☼		❄

HINWEISE

▶ Pluspunkte
Auch aufgrund der relativ niedrigen Bevölkerungsdichte erscheint die Natur vielfach unberührt. Zudem zählt Finnland zu den führenden Nationen im nachhaltigen Umweltschutz.

▶ Minuspunkte
Die Lebenshaltungskosten für den Urlauber sind hoch.
Das raue Klima und das fehlende Sonnenlicht sowie die Mücken.

▶ Sicherheit
Es gibt derzeit keine Sicherheitshinweise.

▶ Trends
Das Klischee vom Besuch beim Weihnachtsmann verschwindet allmählich. Man setzt eher auf „Multiaktivität": Die Familie startet nach Kittilä in Lappland zu einer Woche Cluburlaub inklusive Skilanglauf, Fahrten mit Motorschlitten, Hunde- und Rentiergespannen sowie Saunavergnügen.

In **Turku**, der ältesten Stadt Finnlands, zeugen ein Schloss, eine Kathedrale (13. Jahrhundert) und ein Freilichtmuseum von der Vergangenheit. In Karelien und im Grenzgebiet zu Russland lohnt sich ein Abstecher nach **Imatra**. Markthalle und Dom sind die bedeutendsten Sehenswürdigkeiten in **Kuopio**, und im kleinen **Kerimäki** steht die weltgrößte Holzkirche.

■ Kulturelles Erbe

Die Sauna ist eine finnische Erfindung und eine Institution. Nach Dampfbädern und Saunagängen in trockener Hitze kühlt sich man in kaltem Wasser der Ostsee oder eines Sees ab.

Der Weihnachtsmann ist ebenfalls eine Institution. Bei Rovaniemi (Lappland) eröffnete kürzlich ein Vergnügungspark, der auch in den Sommermonaten weihnachtliche Atmosphäre verbreitet. Zu den Traditionen aus jüngerer Zeit gehören die Rentierrennen zwischen Januar und März. ■

Frankreich

■ Frankreich verdankt seinen Status als meistbesuchtes Land der Welt wohl seinen beeindruckenden Landschaften, dem reichen kulturellen Erbe und seinem Ruf als Oase guter Lebensart. Überall in Frankreich finden Besucher reizende Dörfer und Städte, die mit reichhaltigen architektonischen Schätzen aufwarten und durch verheißungsvolle Gegenden bestechen.

■ Landschaften und Gebirge

Einklang ist das Schlüsselwort: Atlantikküste, Ebenen, Hügelland und Bergmassive ergänzen sich perfekt von West nach Ost. Die meisten Besucher zählt die Côte d'Azur, dicht gefolgt von den Alpen, den Pyrenäen und Korsika, der „Île de Beauté". Düfte und Farben, strahlende Landschaften, eigentümliche Dörfer (Les Baux-de-Provence, Gordes) mit bunten Märkten, Sommerfestivals (Aix-en-Provence, Avignon, Orange), die Naturparks der Camargue, im Lubéron und im Mercantour oder die Verdonschlucht lassen das Hinterland

REISEHIGHLIGHTS FRANKREICH
Landschaften
- Provence, Alpen, Pyrenäen
- Zentralmassiv, Jura, Vogesen, Korsika

Städte
- Paris, Lyon, Marseille, Montpellier
- Nizza, Toulouse, Bordeaux
- Colmar, Nancy, Straßburg, Dijon
- Reims, Lille, Rouen, Rennes

Kulturdenkmäler
- Erbe des Römischen Reiches, der Romanik, Gotik, Renaissance
- Kathedralen, Abteien, Kirchen
- Schlösser (Fontainebleau, Versailles, Loire-Schlösser, Katharerburgen)
- Festungsanlagen (Mont-Saint-Michel, Carcassonne, Bauten von Vauban)

Küsten
- Küsten am Ärmelkanal, in der Vendée und der Bretagne
- Baskische Küste, Mittelmeerküste

Die Fassade der Kathedrale Notre-Dame ist ein Juwel der sakralen Kunst in Paris und Teil des Unesco-Weltkulturerbes.

Frankreich

Der 275 Meter lange römische Aquädukt Pont du Gard wurde ohne Mörtel erbaut.

wie die **Provence** der Küste in nichts nachstehen.
Jedes Besucherziel Frankreichs bietet mehr als einen Anlaufpunkt, der jeweils eng mit der Region verknüpft ist, wie etwa die vielen Weinstraßen oder Strecken durch die berühmtesten Weinanbaugebiete (Bordeaux, Elsass, Bourgogne, Champagne). Daneben hat jede der rund 365 Käsesorten eine Kultstätte, etwa Roquefort-sur-Soulzon im Aveyron.

Die französischen Gebirge bestechen durch ihre Vielfalt. Die Alpen und die Pyrenäen stehen bei den Besuchern sowohl im Sommer als auch im Winter an erster Stelle.
In den **Nordalpen** startet man von den Nationalparks Vanoise und Vercors, vom Lac d'Annecy oder vom Lac de Bourget aus zu Wanderungen in die grandiose Landschaft. Der Star ist der Montblanc, das bevorzugte Ziel für Bergwanderer im Sommer.

Im Winter tummeln sich Skifahrer auf den Pisten von Haute-Savoie (Le Grand-Bornand, Megève, Sallanches) und Savoie (Courchevel, La Plagne, Les Arcs, Tignes, Val d'Isère). Der Ecrins-Nationalpark birgt eine reiche Tier- und Pflanzenwelt (Steinböcke, Gämsen, Murmeltiere, Blumen). Im Nationalpark Queyras findet man Seen, Wasserfälle und Bergdörfer, darunter das malerische Saint-Véran, das höchstgelegene Dorf Europas.
Die **Pyrenäen** ziehen sich von der baskischen Küste bis zur Côte Vermeille. Sehr beliebt sind ihre hervorragenden Wandergebiete (Ariège, Cerdagne, Gavarnie, katalanische Pyrenäen), Skigebiete (Font-Romeu, La Mongie), und Thermalbäder (Bagnères-de-Bigorre, Luchon, Ax-les-Thermes) sowie die Massabielle-Grotte, die Lourdes zu einer der weltweit bedeutendsten katholischen Pilgerstätten machte.
Das „alte" **Zentralmassiv** bietet im Sommer vielfältige Wandermöglichkeiten, etwa in den Vulkanlandschaften der Auvergne und im Velay, den Cevennen oder den Schluchten der Ardèche und des Tarn. Romantische Gegenden (Morvan, Beaujolais, Charolais), bezeichnende Dörfer (Rocamadour), die Schlucht von Padirac und Naturattraktionen (die Karsthöhle Aven-Armand) laden zum Verweilen ein.
Reizvolle Alternativen sind das **Jura** und die **Vogesen**, die beide mit Ruhe und Abgeschiedenheit aufwarten.
Korsika ist das ideale Ziel für einen kombinierten Wander- und Badeurlaub. Schnell gelangt man vom schroffen Bergland (Wald von Vizzavona, Bavella-Pass) und dem bekannten Fernwanderweg GR 20 zu den zerklüfteten Küsten. Abseits der Touristenziele bietet sich das Hinterland der Insel (Wüste Agriate, Calanche von Piana) für Ausflüge an.

REISEINFORMATIONEN

Erste Infos
Maison de la France, Zeppelinallee 37, 60325 Frankfurt, 0900/1570025; Internet: de.franceguide.com
Formalitäten
Bürger der EU und der Schweiz benötigen einen Personalausweis oder einen Reisepass, der höchstens ein Jahr abgelaufen ist.
Reisedauer, Zeitverschiebung
Durchschnittliche Flugdauer Frankfurt–Paris (357 km): 1 Std. 20 Min.; Berlin–Paris (853 km): 1 Std. 45 Min.; Zug Berlin–Paris: 8 Std., München–Paris: 9 Std. 45 Min.
Durchschnittliche Reisekosten
Ein Wochenende in Paris (3 Tage/2 Nächte) kostet 300 Euro (Flug, Unterkunft), eine Wanderwoche insgesamt etwa 800 Euro.
Sprache, Währung
Amtssprache: Französisch, das lange unantastbar war, Englisch setzt sich langsam durch.
Währung: Euro.
Bevölkerung
64303000 Einwohner.
Hauptstadt: Paris.
Religionen
Katholiken überwiegen, Minderheiten sind Muslime (6%), Protestanten (2%) und Juden (1%).
Feste und Feiertage
Februar: Karneval (der bekannteste in Nizza, daneben in Dünkirchen, Lille, Roubaix); Mai: Filmfestspiele (Cannes); 21. Juni: Musikfestival (Gruppen aller Stilrichtungen spielen auf den Straßen); 14. Juli: Nationalfeiertag (Bälle und Musik in Städten und Dörfern). Zahlreiche Musikfestivals (Klassik und traditionelle Musik) und Sommertheater, vor allem im Süden.
Einkäufe
Käse, Wein und die vielen regionalen Spezialitäten sind beliebte Souvenirs. Die AOC (Appellation d'origine controlée, kontrollierte Herkunftsbezeichnung) garantiert die geographische Herkunft der typischen regionalen Produkte. Das regionale Kunsthandwerk bietet unter anderem Schmuck, Fayence-Keramik, Santons (bunt bemalte Krippenfiguren aus der Provence), Keramik und Porzellan.

Lagunenblaues Paradies: Der legendäre Strand von Porto Vecchio La Palombaggia ist einer der schönsten auf Korsika.

BESTE REISEZEIT			
	Norden	Süden	Wintersport
Januar			❄
Februar			❄
März			❄
April		☼	❄
Mai	☼	☼	
Juni	☼	☼	
Juli	☼	☼	
August	☼	☼	
September	☼	☼	
Oktober		☼	
November			❄
Dezember			❄

■ Städte

Die klassische Tour durch **Paris** beginnt am Triumphbogen und führt über die Champs-Elysées zur Place de la Concorde und zum Louvre, gefolgt von einer Stippvisite im Quartier Latin am linken Seineufer. Authentisch sind die Viertel Marais und Les Halles, die Umgebung der Bastille, Ménilmontant und der Flohmarkt in Clignancourt. Danach ist Zeit für weitere Klassiker: Montmartre, Madeleine-Kirche, Notre Dame, Place des Vosges.

Aus der Fülle von Kulturdenkmälern und Museen stechen das Musée d'Orsay (Impressionisten), das Centre Pompidou mit dem Museum der Modernen Kunst und der Grand Palais besonders hervor; der Petit Palais zeigt Wechselausstellungen.

Die anderen französischen Großstädte können mit dem Flair von Paris leicht mithalten. In **Lyon** etwa genießt man vom Fourvière einen spektakulären Blick auf die Stadt, in der Altstadt bezaubern die Innenhöfe im Viertel Saint Jean und die Kathedrale. Charakteristisch für die ehemalige Hauptstadt Galliens sind die „traboules" (enge Gässchen), die „bouchons" (typische Restaurants), und Croix-Rousse, das historische Viertel der Seidenweber („canuts"). Im Süden lockt **Marseille** mit der Canebière, der Notre-Dame de la Garde, dem Alten Hafen und dem Chateau d'If. Daneben stehen das legendäre Quartier du Panier und architektonische Meisterwerke (Maison Diamantée, Vieux Charité) auf dem Programm. Weitere lohnende Stopps im Süden sind **Montpellier** (Place de la Comédie), Avignon mit dem Papstpalast, **Nizza** (Promenade des Anglais, Altstadt) und **Toulouse**,

(Kapitol, Basilika Saint-Sernin). In **Bordeaux** schließlich wird man von der Kathedrale Saint-André, der Kirche und dem Turm von Saint-Michel sowie dem Theater empfangen. **Straßburg** mit seinem Münster und den alten Häusern im Viertel La Petite France, **Colmar** (Fachwerkhäuser, Unterlinden-Museum) und **Nancy** (Place Stanislas, die berühmten Schmuckgitter, Kunsthochschule) illustrieren die Vielfalt der französischen Städte.

■ Kulturdenkmäler

Alle großen Epochen (Römisches Reich, Romanik, Gotik, Renaissance, Klassizismus) haben in den Städten und Dörfern ihre architektonischen Spuren hinterlassen.

Im Süden dominiert das alte Rom (Pont du Gard, antikes Theater von Orange, das „Maison Carrée" und der Dianatempel in Nîmes, die Arenen und das antike Theater von Arles). Das christliche Kulturerbe manifestiert sich in den **Kathedralen** von Albi, Amiens, Bourges, Chartres, Reims, Rouen und Straßburg, ebenso in unzähligen romanischen und gotischen Kirchen und verschiedenen **Abteien** (Cluny, Cîteaux und Fontenay in der Bourgogne, Saint-Michel-de-Cuxa im Roussillon, Sénanque in der Provence). Die Magdalenenbasilika in Vézelay, ein subtiler Mix aus Romanik und Gotik, ist Teil des Jakobsweges.

Die meistbesuchten Sehenswürdigkeiten im Land jedoch sind die Schlösser, allen voran **Versailles** (Ludwig XIV.), das allein fünf Millionen Besucher im Jahr zählt, und **Fontainebleau** (Franz I.). Unter den im 15. und 16. Jahrhundert errichteten **Loire-Schlössern** sind die berühmtesten wohl Amboise, Azay-le-Rideau, Blois, Chambord und Chenonceau. Die Bauwerke, die ihnen vorausgingen, sind ebenso charakteristisch, wie etwa die Schlösser der Auvergne oder die bekannteren **Katharerburgen** im Languedoc.

Die Pracht des Schlosses Chambord ist mess- und zählbar: 156 Meter Fassade, 426 Räume, 282 Kamine.

Dijon nimmt mit dem Palast der Herzöge von Burgund und der Kathedrale Saint-Bénigne eine Sonderstellung ein, ebenso **Reims** mit seiner Kathedrale und der Basilika Saint-Remi sowie dem Triumphbogen (Porte de Mars). In **Lille** sind einige Kirchen und die Alte Börse zu bestaunen, in **Rouen** die Gros-Horloge (Große Uhr) und die Fassade der Kathedrale Notre-Dame, und in **Rennes** der Justizpalast, die Kirchen und die historischen Gebäude.

Auch zwei befestigte Anlagen sind besonders sehenswert: Die Stadt **Mont-Saint-Michel**, auf einer Felseninsel über der Bucht gelegen, birgt hinter Mauern eine Benediktinerabtei und eine Abteikirche. Und die mittelalterliche Festungsstadt **Carcassonne** bietet eine Architektur, die trotz vieler moderner Eingriffe noch immer unvergleichlich ist. Erwähnenswert sind auch die Anlagen des Festungsbaumeisters **Vauban**, die er im 17. Jahrhundert zum Schutz ge-

Die Felseninsel Mont-Saint-Michel, Unesco-Weltkulturerbe, ist Naturschönheit und Kulturgut zugleich.

gen die Nachbarstaaten errichtete: Zwölf von ihnen zählen zum Unesco-Weltkulturerbe, wie beispielsweise die Zitadellen von Besançon in der Franche-Comté oder Briançon in den Südalpen.

■ **Küsten**

Die Küsten am **Ärmelkanal** sind entweder flach oder haben schroffe Felsen (Cap Gris-Nez, Felsen von Étretat). An den Stränden der Westküste des Départements Calvados landeten im Juni 1944 die Amerikaner. Unter den vielen Seebädern sind Le Touquet-Paris-Plage und Deauville besonders bei den Parisern beliebt. Die Küsten der **Bretagne** präsentieren sich im Norden und Westen windgepeitscht und zerklüftet, im Süden dagegen sanft und von Inseln gesäumt (Groix, Belle-Île). Dinard, Saint-Malo, Bénodet und Camaret locken Ruhesuchende, Romantiker und Anhänger der Thalassotherapie.

An der Atlantikküste entlang gen Süden erreicht man die **Vendée** (Les Sables-d'Olonne, La Baule) sowie die Île de Ré und die Île d'Oléron. Es folgen die wilde Küste Royans und die Cote d'Argent, die am Bassin d'Arcachon endet. Die Côte Landaise ist für Surfer ideal, und an der **baskischen Küste** gilt Biarritz als Liebling der Strandgänger.

Die **Côte d'Azur** nimmt die Mittelmeerküste von Menton bis Saint-Tropez ein. Hier tummelt sich seit jeher die High Society. Ein wenig bescheidener gibt sich der Küstenabschnitt bei **Hérault** (La Grande-Motte, Le Cap d'Agde) und **Aude** (Gruissan, Leucate) bis nach **Roussillon** (Argelès-sur-Mer, Canet-Plage). ■

HINWEISE

▶ **Pluspunkte**

Frankreich bietet alles, was das Herz begehrt: Naturlandschaften, Architekturgeschichte und vielfältige Regionen.
Die Anziehungskraft von Paris ist ungebrochen magisch.
Urlaub in Frankreich genießt den unbestrittenen Ruf „guter Lebensart".

▶ **Minuspunkte**

Viele Besucher empfinden Frankreich als Reiseland zu teuer; außerdem zeigt man sich hier gegenüber Fremdsprachen nicht immer aufgeschlossen.

▶ **Trends**

Die Thalasso- und Balneotherapien, die in vielen Seebädern und Thermalbädern angeboten werden, liegen voll im Trend.
Aktivurlaub und Naturerkundungen gewinnen gegenüber Strand und Sonne immer mehr Anhänger.

Französisch-Guayana

REISEHIGHLIGHTS FRANZÖSISCH-GUAYANA

Flüsse
■ Im Einbaum Flüsse befahren (Maroni, Oyapock, Approuague, Mana, Inini)

Tierwelt
■ Agutis, Anakondas, schwarze Kaimane, rote Ibisse, Faultiere, Papageien, Urubus, Lauten-Schildkröten, Tukane

Historische Orte
■ Strafkolonie auf der Île Royale, Gefängnis von Sait-Laurent-du-Maroni
■ Raumfahrtzentrum Kourou, Weltraummuseum

Der Blick von der Île Royale zur Île du Diable regt dazu an, das Innere des dichten Waldes zu erkunden.

Französisch-Guayana

Französisch-Guayana gehört zur sogenannten grünen Hölle des Amazonas. Reisen in den dichten Urwald werden nichtsdestotrotz immer beliebter. Zu den Highlights gehören Einbaumfahrten die Flussläufe hinauf und die Besichtigung der Strafkolonie auf der Île Royale sowie des Raumfahrtzentrums in Kourou.

REISEINFORMATIONEN

Erste Infos
Comité du tourisme de Guyane,
1, rue Clapeyron,
75008 Paris, Tel.:
033/142 94 15 16.
www.tourisme-guyane.com

Formalitäten
EU-Bürger: Personalausweis oder Reisepass. Schweizer: Reisepass, der nach der Rückreise noch mindestens sechs Monate gültig ist.

Gesundheit
Gelbfieberimpfung ist Pflicht, Malariaprophylaxe wird dringend empfohlen.

Flugdauer, Zeitverschiebung
Durchschnittliche Flugdauer Frankfurt–Cayenne (7551 km): 10 Std. Wenn es in Deutschland 12 Uhr ist, ist es in Französisch-Guayana im Sommer 7 Uhr bzw. 8 Uhr im Winter.

Durchschnittliche Reisekosten
Circa 2000 Euro für 14 Tage, inklusive Einbaumtour und Stadtbesichtigung.

Sprachen, Währung
Neun von zehn Guayanern sprechen neben Kreolisch auch Französisch. In der Gegend um Maroni spricht man Taki-Taki. Währung: Euro

Bevölkerung
Die Bevölkerungsdichte ist relativ gering: 199 500 Einwohner, davon ein Viertel in der Hauptstadt Cayenne.

Religion
87% der Guayaner sind katholisch. Es gibt Minderheiten von Protestanten, Animisten, Spiritualisten, Muslimen und Behaïs. Zunahme der Evangelisten.

Feste und Feiertage
Karneval rund um den König „Vaval", an den Wochenenden zwischen Dreikönige und Aschermittwoch, dem die „vier fetten Tage" vorangehen.
10. Juni: Gedenktag zur Abschaffung der Sklaverei

Einkäufe
Eine Hängematte (die eventuell aus Brasilien stammt), eine Kürbisflasche und ein paar Klümpchen Gold sind beliebte Souvenirs.

Französisch-Guayana

■ Flüsse

Die Flüsse im Amazonasgebiet sind die Grundlage für den Tourismus in Guayana: Ihr abwechslungsreicher, von Stromschnellen durchzogener Verlauf ist wie geschaffen, um mit dem Kanu oder Einbaum flussaufwärts zu fahren. Die bekanntesten Routen sind auf dem **Maroni** (mit dem Einbaum vier Tage zwischen Maripasoula und Saint-Laurent-du-Maroni), dem **Oyapock**, **Approuague**, **Mana** und dem **Inini**. Der Einbaum ist zugleich öffentliches Verkehrsmittel und Touristenattraktion. Als solche gilt auch das *carbet*, eine große, offene Hütte, die als Unterstand und Etappenlager genutzt wird (geschlafen wird in Hängematten). Neben dem sportlichen, manchmal gar abenteuerlichen Aspekt bietet so eine Flussfahrt mitunter tolle Bademöglichkeiten und eine Begegnung mit Indianerstämmen wie den Wayanas.

■ Tierwelt

Wenn man weder Guayaner noch Jäger noch Urwaldspezialist ist, wird man Mühe haben, sich unter der Vielzahl von Arten, seien es Reptilien, Fische oder Vögel, zurechtzufinden, die auf 80 000 Quadratkilometer Waldfläche verstreut leben. Beispielsweise leben hier Agutis, Anakondas und schwarze Kaimane – Letztere in den Sümpfen der Region Kaw. Wer selbst wandernd die Gegend erkundet, sollte einen Führer dabei haben. Mit ihm steigen die Chancen, neben den oben genannten Arten (vor allem ab Saül) auf Faultiere, Papageien, Urubus, Jacanas, rote Ibisse (an der Mündung des Sinnamary) und Tukane zu treffen.

Von April bis Ende Juli ist die Eiablage der Lautenschildkröten in Mana oder am Strand von Haltes in der Gemeinde Awala-Yalimapo ein weiterer berühmter Anziehungspunkt. Denen, die unterwegs nicht fündig geworden sind, ist ein Besuch im Zoo Eugène-Bellony in Cayenne, im Musée Franconi oder in der Fauna Flora Amazonica zu empfehlen.

■ Historische Orte

Die bis 1954 bestehende Strafkolonie befindet sich vor Kourou auf der **Île Royale,** die zusammen mit der Île du Diable und Saint-Joseph als die Îles du Salut bezeichnet werden.
Die Gebäude des Straflagers, in dem auch französische Prominente wie Dreyfus einsaßen, sind mit das Ungewöhnlichste, was man hier sehen kann. Ein kleines Museum erzählt die Geschichte dieses Ortes. Das Gefängnis **Saint-Laurent-du-Maroni** kann sich der berühmtesten Einzelzelle „rühmen" – der von Papillon. Das guayanische Raumfahrtzentrum in Kourou kann man mittwochs nach Voranmeldung besichtigen. Wer die Reise zeitig genug plant, könnte sogar beim Abschuss einer Ariane-Rakete dabei sein. Der Raumfahrt verdankt Kourou mit dem Weltraummuseum eine weitere außergewöhnliche Sehenswürdigkeit. ■

HINWEISE

▶ Pluspunkte
Das „wahre" Amazonien ist per Einbaum erkundbar.
Die Infrastruktur des Landes ist gut ausgebaut.
Das ziemlich praktische Zusammenfallen des Sommers in der nördlichen Hemisphäre mit der angenehmsten Jahreszeit am Reiseort.

▶ Minuspunkte
Das feuchte Klima ist für Reisende, die damit keine Erfahrung haben, schwer zu ertragen.
Bei den Flusstouren sollten sich die Besucher auf Nächte in der Hängematte oder unter freiem Himmel einstellen.
Die Küste ist mit ihren Mangrovenwäldern für den Tourismus unzugänglich und es gibt nur wenige Bademöglichkeiten.

▶ Sicherheit
Es ist mehr als unratsam, sich allein im Urwald und auf den Flüssen zu bewegen.

▶ Trends
Wenn man nicht mit einer Einbaumtour und dem Besuch eines Ureinwohnerdorfs die aktuellen Highlights des Tourismus ausprobiert hat, läuft man Gefahr, sich vorwerfen lassen zu müssen, dass man das wahre Guayana nicht kenne.

BESTE REISEZEIT		
	Klima	Eiablage der Lederschildkröten
Januar		
Februar		
März		
April		⬅
Mai		⬅
Juni		⬅
Juli		⬅
August	☼	
September	☼	
Oktober	☼	
November	☼	
Dezember		

Griechenland

🇬🇷 Griechenland gehört zu den traditionellen Urlaubsländern rund ums Mittelmeer. Dabei gehört die Vorstellung vom „Farniente-Urlaub" ebenso zum Verschwimmen von Klischee und Realität wie die weißen Häuser vor tiefblauem Meer. Und dann wären da noch die Akropolis – als Teil einer Plejade antiker Stätten –, aber auch die Berglandschaften im Norden und auf der Peloponnes.

Das Festland

■ Kulturdenkmäler und antike Stätten

Auf einer Reise von Norden nach Süden wird der Besucher kaum die Relikte des antiken Griechenlands übersehen können:
– die römischen Ruinen von **Philippi** (Theater, Forum, Thermen) und seine frühchristlichen Basiliken;
– das grandiose Gelände von **Delphi**, Sitz des Apollo-Heiligtums, zu dem die Pilger kamen, um dem Gott durch die Vermittlung der berühmten Pythia Fragen zu stellen, die sie mit Orakelsprüchen beantwortete;
– die Baudenkmäler von **Athen**;
– südlich von Athen erhebt sich das Vorgebirge des **Kap Sounion** mit 15 Säulen, Überresten eines Poseidon-Tempels;
– **Olympia**, von einem Zeus-Tempel überragt, ist voll von Erinnerungen an die ersten Olympischen Spiele vor mehr als 2500 Jahren (Sporthalle, Palästra, Stadion und Museum);

REISEHIGHLIGHTS FESTLAND

Kulturdenkmäler und antike Stätten

■ Antikes Griechenland von Norden nach Süden: Philippi, Delphi, Baudenkmäler in Athen, Kap Sounion, Olympia, Korinth, Mykene, Epidaurus

■ Andere Sehenswürdigkeiten: Berg Athos, Meteora-Klöster, Nauplia, Mystras

Städte

■ Athen, Thessaloniki, Ioannina

Landschaften

■ Im Norden: Pindos-Gebirge (Vikos-Schlucht), Pelion-Gebirge, Olymp

■ Auf der Peloponnes: Kanal von Korinth, Magni

Küsten

■ Peloponnes, Makedonien, Chalkidike

Auf den aus der Ebene Thessaliens aufragenden Felsnadeln liegen die Meteora-Klöster, darunter das großartige Ensemble Agia Triada.

Griechenland

Die berühmten Karyatiden des Erechtheions auf der Akropolis in Athen

– **Korinth** präsentiert sein antikes Gelände (Apollo-Tempel, Quelle der Peirene) und das ausgedehnte Ensemble von Ruinen Akrokorinths.

– **Mykene**, „reich an Gold" laut Homer, ist das Herz des Reichs der Atriden, Festungsstadt im zweiten Jahrtausend v. Chr. Davon ist nicht viel übrig. Doch hat man erst das Löwentor durchschritten, macht die Fantasie Freudensprünge in Anbetracht der Skulpturen und so berühmter Namen wie Menelaos, Agamemnon, Klytemnestra und Orest.

– **Epidaurus** ist die bedeutendste Kultstätte für den Heilgott Asklepios, der berühmte Orakelsprüche kundtat. Zudem liegt hier das eleganteste und besterhaltene Theater des antiken Griechenlands mit einer unwahrscheinlichen Akustik.

Andere sehenswerte Orte

Der **Berg Athos** ist eine Art Staat im Staat; er beherbergt mehr als 1000 Mönche – strenge Wächter über den orthodoxen Glauben sowie über Kunstwerke aller Art, die über 20 Klöster verteilt sind. Aber leider ist es so gut wie unmöglich, diese zu besichtigen; noch weniger kann man mit den Mönchen über ihre Überzeugungen diskutieren. Außerdem sind seit nahezu 1000 Jahren weder Frauen noch weibliche Tiere dort zugelassen. Die noch von Mönchen bewohnten **Meteora-Klöster** bilden ein grandioses Ensemble, bestehend aus sieben Klosteranlagen, die in Schwindel erregender Höhe auf grauen Felsen erbaut über dem Pindos-Tal in Thessalien liegen. Nicht weit von Mykene liegt **Nafplio** (Nauplia) mit netter Altstadt und Badestrand, das von einer griechischen Burganlage (Akronauplia) und der venezianischen Palamidi-Festung überragt wird.

In der Nähe des weniger frequentierten Sparta liegt die Zitadelle von **Mystras**, die 1204 von Kreuzrittern eingenommen wurde und der Stolz des Despotats Morea war. Sie zeigt byzantinische Klöster, Paläste, eine Festung und Kirchen aus dem 14. und 15. Jahrhundert, die später von den Osmanen umgestaltet wurden.

■ Städte

Wenn „**Athen**" gesagt wird, klingt „Akropolis" mit. Sie wurde vor etwa 2500 Jahren von Perikles errichtet. Das Gebäudetrio, das zu den meistbesuchten Orten der Welt zählt, überragt die Stadt: am Eingang die Propyläen, gefolgt vom Parthenon, der der Athene geweiht war, und dem Erechtheion, das von den Statuen der Karyatiden flankiert wird. Das Ensemble wird vervollständigt vom nur wenige Schritte entfernten Tempel der Athena Nike und dem Neuen-Akropolis-Museum. Etwas weiter unten befinden sich der Areopag-Hügel, das Theater des Dionysos und das Odeon des Herodes Atti-

REISEINFORMATIONEN

Erste Infos
Griechische Zentrale für Fremdenverkehr, Neue Mainzer Str. 22, 60311 Frankfurt, 069/ 2578270; Internet: www.gnto.gr www.athensguide.gr
Formalitäten
Für Bürger der EU und der Schweiz Personalausweis oder Reisepass, der noch mindestens 5 Monate gültig sein muss.
An eine europäische Krankenversicherungskarte denken!
Gesundheit
Kein größeres Problem, abgesehen von kleinen Unannehmlichkeiten aufgrund der Luftverschmutzung in Athen im Sommer.
Flugdauer, Zeitverschiebung
Durchschnittliche Flugdauer Frankfurt–Athen (1818 km): 3 Std. Um 12 Uhr deutscher Zeit ist es in Griechenland 13 Uhr.
Durchschnittliche Reisekosten
Athen ist ein Billigfliegerziel. Eine Woche Badeurlaub kostet etwa 600 Euro, für eine einwöchige Wandertour muss man mit 1000 Euro rechnen.
Sprache, Währung
Offizielle Landessprache ist Griechisch. Fremdsprache: Englisch; Währung: Euro.
Bevölkerung
Von den 10706000 Einwohnern lebt circa ein Drittel im Großraum der Hauptstadt Athen.
Religionen
Die große Mehrheit sind orthodoxe Christen. Es gibt kleine Minderheiten von Katholiken, Muslimen und Protestanten.
Feste und Feiertage
6. Januar: Epiphanias; Februar oder März: Kathari Deftera („der helle Montag"); März: Karneval auf Kreta; 25. März: Nationalfeiertag; April oder Mai: orthodoxes Ostern; August: Weinfest auf Kreta; November: Olivenernte auf Kreta
Einkäufe
Klassisches Kunsthandwerk wie Keramik, Töpferwaren, Silberschmuck, Leder. Andere typische Produkte: Ouzo, Retsina und Oliven.

Die Akropolis mit ihren drei bedeutenden Baudenkmälern: dem Parthenon, den Propyläen und dem Erechtheion.

cus. Unterhalb der Akropolis runden das Theseion und die Agora mit ihrem architektonischen Reichtum das Bild der antiken Hauptstadt Griechenlands ab.

Den besten Blick über die moderne Stadt hat man von der Anhöhe Lycabette, dem „Wolfshügel", oder dem Philopappos-Hügel. Angespornt durch die Olympischen Spiele 2004 versucht Athen seinen Ruf als Schmelztiegel der Umweltverschmutzung durch eine Belebung der Gässchen und kleinen Plätze im mittelalterlichen Viertel Plaka und, kaum weniger touristisch, im früheren türkischen Viertel Monastiraki, aufzupolieren. Sehenswert ist auch das Viertel Kolonaki mit dem Syntagma-Platz und dem atemberaubend lebendigen Hauptmarkt.

Über die Stadt verteilt liegen namhafte Museen: das Archäologische Nationalmuseum, das fast alle großen Kunstwerke der griechischen Antike beherbergt, vor allem die Schätze aus Mykene; das Benaki-Museum; das Museum für kykladische Kunst; das Byzantinische Museum; die Pinakothek (Werke von El Greco), die Sammlung Melina-Mercouri und das neue Frissiras-Museum für zeitgenössische Kunst. Die anderen großen Städte können da kaum mithalten, doch darf man die Kirchen, ehemaligen Moscheen und Museen (für Archäologie und Byzantinistik) in **Thessaloniki** nicht vergessen, ebenso das beschauliche **Ioannina** mit seinem See, seinen Klöstern und Moscheen sowie seiner Festung.

■ Landschaften
Der Norden

Sowohl im Norden als auch auf der Peloponnes ist die gebirgige Landschaft des griechischen Festlands die Ursache für einen ungleich geringeren Tourismus als an den überlaufenen Orten mit antiker Geschichte

BESTE REISEZEIT			
	Strand	Kulturreise	Natur
Januar			
Februar			
März			
April		☉	≺
Mai		☉	≺
Juni	☼		≺
Juli	☼		
August	☼		
September	☼	☉	≺
Oktober		☉	
November			
Dezember			

Griechenland

und den Stränden. Es wäre schade, an den Regionen vorbeizufahren, die eine gewisse Ursprünglichkeit bewahrt haben, wie Epiros im Nordwesten, das **Pindos-Gebirge** oder die Gegend um Zagoria. Dort findet man reizende Dörfer (Vitsa, Monodendri), alte Brücken und vor allem die **Vikos-Schlucht,** deren Felswände fast tausend Meter über den Fluss ragen. Das **Pelion-Gebirge** im Osten mit seinen charmanten Felsendörfern, Wäldern und Obstwiesen, die sich zum Wandern anbieten, ist touristisch wenig bekannt. Bevölkerter ist im Nordosten der **Olymp,** der Sitz der Götter, heiliger Berg und Hauptschauplatz der griechischen Mythologie. Heute, da er von zahlreichen Wanderern erklommen wird, geht es dort prosaischer zu.

Die Peloponnes

Die Peloponnes öffnet ihre Pforten mit einer Kuriosität: dem schmalen **Kanal von Korinth** mit seinen beeindruckenden Felswänden. Er grenzt an den Golf gleichen Namens, den man von seiner Steilküste bis zum Cap Ireo einfach erkunden muss. Aber die Halbinsel lohnt sich schon allein wegen der drei „Finger", in die sie nach Süden hin ausläuft, besonders **Mani,** der mittlere von ihnen. Diese zerklüftete Gegend ist ebenso unwirtlich wie faszinierend. Sie ist übersät mit kleinen byzantinischen Kirchen und den für die Dörfer dieser Region typischen Wehrtürmen.

■ Küsten

Die Küsten der **Peloponnes** (die arkadische Küste im Osten) und Makedoniens sind, was den Badetourismus anbelangt, weniger bekannt. Man findet dort deshalb wahrlich ungewöhnliche Verhältnisse vor: An den weißen Sandstränden der Halbinsel **Chalkidike** im Norden tummeln sich ebenso viele Griechen wie ausländische Touristen.

REISEHIGHLIGHTS INSELN

■ KRETA
Landschaften
Samaria-Schlucht, Klöster, Dörfer

Küsten
Strände an der Nordküste rund um Chania, Rethymnon, Agios, Nikolaos; diese Strände sind weniger überlaufen als die der Südküste

Archäologie
Knossos, Phaistos, das Museum in Heraklion

■ DIE KYKLADEN
Küsten
Die Strände von Mykonos, Santorin, Naxos, Paros

Kulturdenkmäler
Delos (großes Apollo-Heiligtum), Santorin (Akrotiri)

■ EUBÖA
Küsten und Landschaften
Große und kleinere Buchten

Kulturdenkmäler
Eretria

■ IONISCHE INSELN
Küsten
Die Strände von Korfu, Keffalinia, Ithaka, Meganisi

Kulturdenkmäler
Artemis-Tempel

■ NÖRDLICHE SPORADEN
Küsten
die Küstenlandschaften auf Skiathos und Skopelos

■ SÜDLICHE SPORADEN
Küsten
Die Küstenlandschaften auf Skiathos und Skopelos

Kulturdenkmäler
Rhodos

Die Inseln

■ Kreta
Landschaften

Das Landesinnere von Kreta ist ideal für Wanderer und für Freunde des ursprünglichen Kreta – auch wenn nur wenige Orte von dem sommerlichen Andrang verschont bleiben. Einige Streifzüge führen zu sehr schönen Stellen (Samaria-Schlucht), Klöstern oder Dörfern, die von kleinen Kapellen geziert werden. Wanderer sollten jedoch ein Reiseunternehmen kontaktieren, das auf

Santorin: Das Dorf Oia und die marineblaue Kuppel seiner Kirche zeigen das Idealbild der Kykladen und der Ägäis.

entsprechende Touren spezialisiert ist, um weniger überlaufene Orte als Samaria zu entdecken, etwa die Lassithi-Hochebene mit ihren Windmühlen. Auch wenn die meisten von ihnen heute nur noch als Touristenattraktion dienen.

Küsten
Die im Sommer überlaufenen Orte an der Nordküste gelten als Schicki-Micki- Hochburgen; Agios Nikolaos und noch mehr Elounda sind Beispiele dafür. Es gibt allerdings Ausnahmen wie die familiäreren Strände von Gouvea und Hersonissos und die Insel Spinalonga mit ihrer venezianischen Befestigungsanlage. Westlich von Heraklion, in Agia, Pelagia, Chania, Rethymnon mit den zugehörigen Stränden, ist die Atmosphäre anziehend. Die Südküste ist weniger sandig und infrastrukturell schlechter erschlossen. Sie eignet sich für Menschen, die Ruhe suchen.

Archäologie
Die wichtigste historische Grabungsstätte ist **Knossos**, nicht weit von Heraklion. Von hier aus entfaltete sich die minoische Kultur, von der die Ruinen des Palastes des Priesterkönigs Minos zeugen. Ein anderer wichtiger minoischer Ort ist **Phaistos**, wo im **Heraklion-Museum** die rätselhafte Tonscheibe mit 210 Bilderschriftzeichen aufbewahrt wird. Ein Besuch dieses der minoischen Kultur gewidmeten Museums ist ein Muss für alle Kulturreisenden auf Kreta.

■ Die Kykladen
Küsten
Mykonos, **Santorin**, **Naxos**, **Paros**: Alles Namen, die an Sonne, tiefblaues Meer, Sand und weißgetünchte Häuser denken lassen. Zusammen mit Kreta sind die 34 Kykladen-Inseln die beliebtesten Touristenziele.
Syros, Amorgos, Folegandros, Tinos und Andros sind weniger überlaufen. Im Gegensatz dazu sind die Nächte von Mykonos sehr lebhaft. Die Attraktivität von Santorin beruht auf dem Bild einer Inselgruppe, die durch Vulkanausbrüche und Erdbeben entstanden ist, was ein außergewöhnliches Relief entstehen ließ. Heute umschließen die Inselchen das Meer in einer großen, ovalen Bucht, in der weiße, ockerfarbene und schwarze Felsen um den größten Reiz wetteifern. Rund um die Kykladen, wie zwischen den anderen griechischen Inselgruppen ist es möglich, mehr oder weniger lange Kreuzfahrten zu machen, per Langboot, Segelschiff et cetera.

Kulturdenkmäler
Auf **Delos** befindet sich das wichtigste historische Zeugnis der Inselgruppe: das große Apollo-Heiligtum. Es ist eines der besterhaltenen Ensembles des Landes (Tempel, Schatzkammern und Votivdenkmäler), manche Details sind schwer auszumachen. Die bedeutendsten Stücke sind im Museum.
Auf Santorin bewahrt die Stadt **Akrotiri** die Reste einer Siedlung, die aus der Asche ausgegraben wurde, mit der sie bei einem Vulkanausbruch um 1500 v. Chr. verschüttet worden war.

■ Euböa
Küsten und Landschaften
Weniger bekannt als die Kykladen und auch mit weniger Sandstränden, dafür aber reich an Buchten (vor allem im Süden), sind die Küsten von Euböa eine gute Alternative zur überlasteten Ägäis. Außerdem sind sie von malerischen Fischerhäfen geschmückt.
Im Inselinneren erhebt sich ein Mittelgebirge (Dirfi Oraos), in dem Wanderer mit großem Genuss umherstreifen.

Kulturdenkmäler
Die Ruinen der Akropolis, des Theaters und des Tempels in **Eretria** machen die Insel architektonisch und historisch interessant. In vielen Kirchen, Kapellen und in den Klöstern findet man byzantinische Kunst.

Griechenland

Zakynthos, das zu den Ionischen Inseln gehört, hat in seiner Geschichte Sizilianer, Neapolitaner, Venezianer, Franzosen, Engländer und viele mehr kommen und gehen sehen.

Die noch erhaltenen Säulen der Akropolis von Lindos auf Rhodos.

■ Ionische Inseln
Küsten
Korfu ist in dieser Inselgruppe im Nordwesten konkurrenzlos. Wie auf den Nördlichen Sporaden ist der touristische Ansturm hier nicht so stark wie in der Ägäis. Die südlich von Korfu gelegenen Inseln **Kephalonia, Ithaka** und **Meganisi** sind nochmals deutlich weniger frequentiert.

Kulturdenkmäler
Die bekanntesten Kulturdenkmäler findet man auf Korfu, etwa den Artemis-Tempel, aus dem der berühmte Gorgonenkopf stammt, der im archäologischen Museum zu sehen ist.

■ Nördliche Sporaden
Küsten
Die Nördlichen Sporaden, die mitten in der Ägäis liegen, sind im Vergleich zu Kreta und den Kykladen weit weniger überlaufen. **Skiatos** und **Skopelos** sind unter ihnen die beliebtesten.

■ Südliche Sporaden
Küsten
Diese der türkischen Küste am nächsten gelegene Inselgruppe wird auch „Dodekanes" genannt. Sie liegt südlich des Trios Lesbos (Insel der Sappho), Chiros und Samos und ist ebenso beliebt. **Kos, Patmos** und vor allem **Rhodos** (Strand von Faliraki und Kolymbia an der Ostküste) sind im Sommer die Touristenhochburgen. Kalymnos (ideal zum Klettern und Tauchen), Karpathos, Nissiros und Symi sind etwas ruhiger.

Kulturdenkmäler
Der Koloss von **Rhodos** wurde 227 v. Chr. bei einem Erdbeben zerstört. Aber die Stadtmauer, der Großmeisterpalast und die gotischen „Herbergen", ehemals Häuser des Johanniterordens, sind erhalten. Ein weiterer Ort, den man besuchen sollte, ist das Dorf Lindos mit seiner Burg aus dem Mittelalter. ■

HINWEISE
▶ Pluspunkte
Archäologischer Reichtum, der Griechenland zu einem der wichtigsten Reiseländer der Welt macht. Äußerst zahlreiche und kleingestückelte Küsten (15 000 Kilometer), die seit Langem gut erschlossen sind (Club-Hotels, Campingplätze usw.). Die Anzahl und der Preis der Flüge, nicht nur zur Hauptstadt, sondern auch zu anderen Orten.

▶ Minuspunkte
Last-Minute-Urlaub ist in der Hauptsaison fast unmöglich: Hotels und, je nach Ort, der Transport von Insel zu Insel müssen lange im Voraus und oft gemeinsam gebucht werden.

▶ Sicherheit
Vorsicht an den Touristenorten in Athen! Wachsamkeit auf den Straßen: Die Rate tödlicher Unfälle ist die höchste in der ganzen EU.

▶ Trends
Mykonos wetteifert mit Ibiza um die längsten Sommernächte, so heißt es. Aber man muss da ja nicht mitmachen. Andere berühmte Inseln und vor allem Nordgriechenland sind in der Lage, einiges anzubieten, was jenseits der ausgetretenen Pfade angesiedelt ist.

Großbritannien

🇬🇧 Wenn man Londons Vororte hinter sich gelassen hat, merkt man schnell, dass es sich lohnt, das Herz Großbritanniens näher zu erkunden. Schottland, seine Seen, Schlösser und Inseln, der Charme der englischen Landschaft, die legendären Wege des König Artus', die Raffinesse der Parkanlagen, Wales, Nordirland – unzählige Highlights auf kleinem Raum, leicht zu erreichen und zu entdecken...

■ England
Städte und Kulturdenkmäler
Die Wachablösung am Londoner Buckingham Palace (von April bis Ende Juli täglich, sonst jeden zweiten Tag) ist eine typische Touristenattraktion. Im August und September kann man die Prunkräume des Palasts, die Gemäldesammlung (Rembrandt, Rubens) und die Queen's Gallery besichtigen.
Neben dem Schloss bietet London, eine der meistbesuchten Städte der Welt, noch zahlreiche andere Highlights:
– die **Westminster Abbey**. Kein anderes Bauwerk hat für die Engländer einen vergleichbaren emotionalen Wert: Alle englischen Herrscher wurden hier gekrönt;
– den **Palace of Westminster**, den Sitz des Parlaments, überragt vom legendären Glockenturm Big Ben;
– **St. Paul's Cathedral**, berühmt für ihre Kuppel und ihre barocke Architektur, die das Gesicht des Geschäftsviertels in der City prägt;
– den **Tower of London**, eine Festungsanlage, bekannt als ehemaliges Gefängnis und als Hüterin der Kronjuwelen;
– die Klappbrücke **Tower Bridge** mit ihren neugotischen Türmen, die bis 1976 in Betrieb war;

REISEHIGHLIGHTS ENGLAND
Städte und Kulturdenkmäler
■ London, York, Bath, Bristol, Derby, Liverpool, Oxford, Cambridge, Nottingham
■ Kathedrale von Canterbury, Schloss Windsor, Stonehenge
■ Tintagel, Glastonbury (Artus-Sage)
Landschaften
■ Cotswolds, Themse-Tal, Cornwall, Lake District, Peak District
Küsten
■ Brighton, die Strände in Kent und Cornwall

Jenseits des Ärmelkanals liegen die beschauliche Landschaft und die Parks von Sussex, hier überragt vom Arundel Castle.

Großbritannien

Das British Museum ist eines der größten und bestausgestatteten Museen der Welt.

– das **British Museum**, eines der größten Museen der Welt. Der Eintritt ist traditionell frei, man bekommt wertvolle Sammlungen der ägyptischen, griechischen und römischen Antike und des Fernen Ostens zu sehen;
– die **British Library** mit ihren wertvollen Büchern, Handschriften und Partituren;
– die **National Gallery**, die berühmte Meisterwerke der italienischen, flämischen und niederländischen Malerei präsentiert;
– die **Tate Britain** (früher Tate Gallery), mit Turner und Werken der Präraffaeliten
– die **Tate Modern**, das Museum der Moderne, das London lange fehlte;
– das **Victoria and Albert Museum** für Design und Kunsthandwerk (berühmtes Geschirr, Truhen, Betten);
– das Wachsfigurenkabinett **Madame Tussaud's**, das dem Sherlock-Holmes-, dem Charles-Dickens- und dem Geffrye-Museum die Schau stiehlt;
– berühmte Pubs, Stadtteile und Plätze (Soho, Trafalgar Square, Piccadilly Circus);
– **Parks** (Hyde Park, Kennsington) und Gärten (Kew Gardens: königlicher botanischer Garten).

London ist eines der beliebtesten Ziele europäischer Städtereisen und verdankt seinen Ruf neben diesen berühmten Orten vor allem seinem Nachtleben, einigen Traditionen (Shoppen in der Oxford und der Regent Street, im ehrwürdigen Harrods oder im Selfridges), den Märkten in **Covent Garden** und **London Borough of Camden**, dem Karneval von **Notting Hill**, dem Flohmarkt in **Portobello**, dem Schlussverkauf nach Weihnachten (Post-Christmas-Sale) und seiner Toplage an der Themse.

REISEINFORMATIONEN

Erste Infos
Visit Britain, Britische Zentrale für Tourismus, Dorotheenstr. 54, 10117 Berlin; Internet: www.visitlondon.com/de/, www.visitbritain.de, www.visitengland.de, http://international.visitscotland.com/de/, www.german.visitwales.com, www.discovernorthernireland.com

Formalitäten
Bürger der EU und der Schweiz benötigen einen gültigen Personalausweis oder Reisepass.

Gesundheit
Keine Besonderheiten.

Flugdauer, Zeitverschiebung
Durchschnittliche Flugdauer Frankfurt–London (Heathrow; 655 km): 1 Std. 30 Min., Frankfurt–Glasgow (1085 km): 1 Std. 50 Min., aber kaum Direktflüge; Frankfurt–London mit dem Auto (869 km): 8 Std. 50 Min., dabei mit einer der zahlreichen Autofähren ab Frankreich (etwa Calais–Dover, 1 Std. 30 Min.), Belgien (etwa Zeebrugge–Rosyth, 20 Std.) oder den Niederlanden (etwa Rotterdam–Hull, 12 Std.); oder mit dem Zug (Calais–Folkstone via Eurotunnel, 35 Min.). Um 12 Uhr deutscher Zeit ist es in Großbritannien 11 Uhr.

Durchschnittliche Reisekosten
Für eine angenehme und unabhängige Reise durch Großbritannien benötigt man die Fähre, ein Auto und eine Unterkunft. Für London gibt es viele Wochenendangebote (um die 300 Euro für Hin- und Rückflug und zwei Nächte im Hotel). Eine geführte Wandertour (14 Tage) durch Schottland kostet etwa 1400 Euro.

Sprachen, Währung
Englisch ist seit ungefähr 600 Jahren Amtssprache. Trotzdem hat sich, je nach Region, Gälisch (Westschottland, Hebriden, ein Teil Nordirlands), Walisisch (bei einem Fünftel der Waliser), Manx-Gälisch (Isle of Man) und etwas Französisch (Kanalinseln) gehalten.
Währung: Pfund Sterling, 1 Pfund = 100 Pence. 1 Euro = 0,88 Pfund. Die Kanalinseln, die Isle of Man und Schottland prägen eigenes Geld, das im Wert dem Pfund Sterling entspricht, aber in den anderen Teilen Großbritanniens nicht akzeptiert wird.

Bevölkerung
Der Großteil der insgesamt 60 776 000 Einwohner Großbritanniens bevölkert England, gefolgt von Schottland (5 200 000), Wales (2 800 000) und Nordirland (1 600 000). In London leben etwa sieben Millionen Menschen, im Großraum London zwölf Millionen.

Religionen
Der Protestantismus überwiegt: 57 % bekennen sich zur offiziellen Anglikanischen Staatskirche und zum presbyterianischen Glauben; 13 % der Bevölkerung sind römisch-katholisch. In Nordirland dominieren die Protestanten mit 54 %, 42 % sind Katholiken.

Feste und Feiertage
Mai: Glastonbury Festival (Musik und Kunst); **Juni**: „Tourist Trophy" auf der Isle of Man. **Sommer**: „Fringe Festival", Festival der Artisten und „Military Tattoo", eine berühmte Militärparade, in Edinburgh; **letztes Wochenende im August**: Karneval in Notting Hill (einem Stadtteil von London).

Einkäufe
London ist berühmt für das große Kaufhaus Harrods, den Hippie-Geist in der Carnaby Street, die Vielfalt der Oxford Street, die Wochenendflohmärkte in London Borough of Camden, in der Portobello Road und in Covent Garden, und für seinen Schlussverkauf nach Weihnachten.
Aus Schottland bringt man traditionell Bekleidung aus Shetland-Wolle und Tweed, Whisky und Bier (Ale) mit.

Der berühmte Glockenturm Big Ben und das Riesenrad „London Eye".

Aber diese Stadt setzt auch neue Trends oder macht sich einen Spaß daraus, sie umzukehren. Mit dem an immer neuen (manchmal durchaus unspektakulären) Orten aufkommenden Tourismus geht man entspannt um, wie das beliebte East End, Canary Wharf, und die Docklands illustrieren. Auch das Designmuseum, das Weinmuseum und das Fußballmuseum sind angesagt. Die Eröffnung des Millennium Dome (heute The O₂) bei Greenwich im Sommer 2000 war umstritten.

Die anderen Städte Englands müssen den Vergleich nicht scheuen:
– **York** hat sein mittelalterliches Erbe bewahrt und beeindruckt mit dem Münster, einem gotischen Meisterwerk, engen Gassen („Snickelways") und Fachwerkhäusern;
– **Bath**, ein ehemaliges römisches Thermalbad, wurde im 18. Jahrhundert vom Adel wiederentdeckt und mit einer klassizistischen Architektur sondergleichen (zu bewundern auf dem Royal Crescent) versehen;
– **Bristol** ist sehr lebendig dank seiner Universität, des Hafens mit zwei legendären Schiffen („SS Great Britain" und „Mathew"), seiner Taxiboote, der filigranen Kirche St. Mary Redcliffe im spätgotischen „Perpendicular Style" und der Clifton Suspension Bridge, einer tollen Hängebrücke über das Avon-Tal.
– **Derby** besitzt eine sehr alte Kathedrale (von 943) und ist die Hauptstadt des typisch englischen Ale. Außerdem befindet sich auf dem Gelände des Royal Crown Derby Visitor Centre die Porzellan-Manufaktur, in der das Tafelservice für die traurigberühmte Titanic hergestellt wurde;
– **Liverpool** bietet eine berühmte Architektur, eine Kathedrale aus rotem

BESTE REISEZEIT		
	Klima	Gärten und Farbenpracht
Januar		
Februar		
März		
April		
Mai	☼	❀
Juni	☼	❀
Juli	☼	
August	☼	
September	☼	❀
Oktober		❀
November		
Dezember		

Sandstein und die Walker Art Gallery (bedeutende Sammlung britischer Malerei, einige Präraffaeliten). Die Stadt steht ganz im Zeichen der Beatles, daher ist das Museum Britannia Pavilion, das ihre Geschichte erzählt, ein Muss;
– **Manchester** ist im Wandel begriffen: Es hat sein Arbeiterstadt-Image zu Ehren von United gegen das eines Fußballwallfahrtsorts getauscht;
– **Oxford** und **Cambridge** verdanken ihren guten Ruf ebenso ihrer Architektur und der Atmosphäre ihrer Colleges wie auch der Qualität ihrer Museen (in Oxford das Ashmolean Museum, in Cambridge das Fitzwilliam Museum);

– in **Stratford-upon-Avon** wird die Erinnerung an Shakespeare lebendig gehalten (Geburtshaus, Grab in der Holy Trinity Church, Shakespeare-Denkmal).
Die berühmtesten Baudenkmäler befinden sich in London, aber folgende stehen diesen in nichts nach:
– das nahe **Schloss Windsor**, Königsresidenz und das größte Schloss im Land, wird beherrscht von der Schönheit der St.-Georgs-Kapelle;
– die filigrane gotische **Kathedrale von Canterbury** aus dem 12. Jahrhundert besticht mit Glasfenstern;
– in Durham steht eine romanische Kathedrale, in Wells eine aus der Frühgotik;

In Schottland sind zahlreiche Schlösser zu entdecken, die oft an Seen liegen, darunter das Eilean Donan Castle.

– Schlösser prägen die Gegend um **Harrogate** (Castle Howard, Harewood House) nördlich von Leeds;
– die frühesten Elemente im Steinkreis von **Stonehenge** in Weltshire bei Southampton werden auf Ende der Jungsteinzeit datiert; trotz inbrünstiger Nachforschungen von „Neodruiden" ist das Geheimnis seines Ursprungs noch ungelöst.
Auf den Spuren von König Artus folgt man einer ausgefallenen Route: Vom **Tintagel Castle** in Cornwall, wo der berühmte König gezeugt worden sein soll, geht es nach Glastonbury, wo sein Grab verortet wird und wo die Ritter der Tafelrunde dem heiligen Gral huldigten. Eine weitere berühmte Gegend ist die Heide des Nationalparks in Yorkshire Dales: Hier in Haworth haben die Brontë-Schwestern gelebt und geschrieben.

Landschaften

Den Mangel an hohen Bergen gleicht der Charme der Landschaft wieder aus, genau wie die Pflege, die man den Gärten angedeihen lässt (vor allem in Kent, Surrey, Sussex). Ebenfalls sehenswert: die hübschen Täler der **Cotswolds** und das **Themse-Tal** zwischen Windsor und Oxford mit dem Pflichtalt **Eton College**; **Cornwall** mit seinem milden Klima und den Legenden (Lanzelot, Merlin, die Hüterin der Quelle, Excalibur); die Nationalparks in **Yorkshire** (North York Moors, Yorkshire Dales).
Im Herzen Englands warten Heidelandschaften und das Dovedale-Tal im **Peak-District-Nationalpark** auf Besucher.
Der **Lake District** liegt ganz im Norden, an der Grenze zu Schottland:

Am letzten Zipfel Cornwalls: der kleine Hafen Mousehole mit seinen engen Gassen.

17 Seen verteilen sich in dieser malerischen Gegend am Fuße des Mittelgebirges. Die Cartmel Priory (die „Kathedrale der Seen") und der Kirkstone Pass sind besonders schön.

Küsten

Der lange Strand von **Brighton** und der Küstenstrich **Kents** sind sehr gepflegt und beliebt. Die Küsten Yorkshires (Filey, Bridlington, Whitsby), die Badeorte der **Isle of Wight** und die Strände von Cornwall bieten optimale Bedingungen zum Surfen (Torquay). Auf den gern bereisten Scilly-Inseln sind Papageientaucher und Seehunde keine Seltenheit. Wem der Ärmelkanal zu kalt zum Schwimmen ist, der kann sich in den Pubs der Fischerdörfer vergnügen, zum Beispiel in Old Leigh. Oder man besucht die imposanten Kreidefelsen, die den Ärmelkanal rund um **Beachy Head** beherrschen.

■ Schottland
Landschaften

Schottland beeindruckt mit vielen verschiedenen Landschaftsformen, aber besonders mit den Highlands im Norden. Die schottische Heide ist nicht nur im Herbst schön, wenn das wuchernde Heidekraut wunderbar mit den grünen Hügeln und den gelben Ginsterbüschen harmoniert. Wer von England kommt, dem begegnen in der Region **Scottish Borders** die Schlösser, Herrenhäuser und Panoramen (am Fluss Tweed), die schon Walter Scott beschrieben hat.

Die Reise gen Norden führt zu den berühmten Seen (*lochs*); man zählt etwa 100. Wenn man sich für einen entscheiden muss, wird es **Loch Ness** sein: Das sagenhafte unsichtbare Ungeheuer fasziniert nach wie vor zahlreiche Besucher. Ebenso spektakulär sind **Loch Morar** und die hohen, kahlen Hügel um **Loch Assynt**. Vom Ben Nevis aus, der höchsten Erhebung des Königreichs, kann man bei schönem Wetter die meisten Seen bestaunen. Der Berg ist im Sommer

---

REISEHIGHLIGHTS SCHOTTLAND
Landschaften
■ Scottish Borders, Seen (Loch Ness)
■ Inseln (Hebriden, Orkney- und Shetland-Inseln)
Kunstdenkmäler
■ Schlösser, Herrenhäuser
Städte
■ Edinburgh, Glasgow
Tierwelt
■ Papageientaucher, Kormorane, Schneeeulen, Fischadler

das Ziel einfacher Wandertouren, wie auch sein „Rivale", der Ben Macdhui im Cairngorms-Nationalpark. Die Route entlang der Lochs ist genauso stark frequentiert wie der „Whisky-Weg", der dem **Spey-Tal** folgt. Wer ihn geht, lernt die Reize des Landes und seine Traditionen genau kennen. Er führt zu den ältesten Brennereien des Königreichs (vom Ende des 18. Jahrhunderts) mit so bekannten, klingenden Namen wie Chivas und Glenfiddich.

An den wilden Felsküsten der Highlands ragen hie und da die Ruinen einzelner Schlösser empor. Wo der Golfstrom es erlaubt, sind sogar Vergissmeinnicht, Eukalyptus, Palmen und andere kälteempfindliche Pflanzen zu finden, etwa in der Gruinard Bay. Die Fingals Cave mit Wänden aus Basalt zählt zu den schönsten Grotten Großbritanniens. Ihr Inneres ähnelt einem Kirchenschiff.

Die drei Inselgruppen, die **Hebriden**, der **Orkney-Archipel** (mit dem Steinkreis von Brodgar) und die **Shetland-Inseln**, wetteifern mit Heidelandschaften, Lochs und zerklüfteten Küsten, vor denen sich Delfine und Wale tummeln. Am Ende der beeindruckenden Felsküste der **Isle of Skye** steht der „Old Man of Hoy". Die Felsnadel, ein echter natürlicher Leuchtturm, ist 137 Meter hoch.

Kulturdenkmäler

Die bekanntesten der unzähligen Schlösser und Herrenhäuser sind Tantallon Castle, Hopetoun House (Lothian), Floors Castle, Mellerstain House, Abbotsford (Scottish Borders), Castle Campbell, Doune Castle (Mittelschottland), Glamis Castle, der Schauplatz von „Macbeth", Dunnottar Castle (Ostküste, auf einem Felsen über dem Meer gelegen) sowie die Schlösser im Tal des Dee.

Die romantischste Insel der Hebriden ist Iona. Schon Jules Verne, Robert Stevenson und Walter Scott haben sie beschrieben. Hier regnet es 330 Tage im Jahr, was aber die Kirchen und die Gräber von 40 schottischen Königen, darunter Macbeth, schnell vergessen lassen.

Die Orkney-Inseln warten mit Stätten der Kelten und Wikinger auf.

Städte

Glasgow bewahrt die Spuren von Charles Mackintosh, der hier Anfang des 20. Jahrhunderts eine bemerkenswerte Kunstschule erschaffen hat (Renfrew Street 167). Die Schule und die Museen (Burrell Collection,

Das auf einem Vulkanfelsen erbaute Edinburgh Castle in Schottland.

Gallery of Modern Art, Kelvingrove, Hunterian) sind quasi Pflichtprogramm für Besucher der Stadt.

Edinburgh teilt sich in einen modernen Teil (georgianische Fassaden, vor allem bei den Hotels) und die Old Town (Festung, königliche Schatzkammern, Holyrood Palace); von hier hat man einen schönen Blick auf die Mündung des Firth of Forth. Das Hafengebiet von Leith im Norden wird immer mehr zum In-Viertel. Am Ende der Royal Mile befindet sich das Whiskymuseum.

Tierwelt

Die Inseln und Inselgruppen im Norden sind mit Kormoranen, Papageientauchern, Schneeeulen und Fischadlern ein Mekka für Vogelfreunde.

■ Wales
Landschaften

Wales birgt zahlreiche charmante Ecken:

– Der **Snowdonia-Nationalpark** lädt zum Wandern und Klettern ein, zum Beispiel auf den Gipfel des Snowdon

---

REISEHIGHLIGHTS WALES
Landschaften
- Nationalparks (Snowdonia, Brecon Beacons)
- Südküste, Vyrnwy-See

Städte und Kulturdenkmäler
- Cardiff
- Schlösser (Caernarfon), Porthmadog

Die sturmgepeitschte, steile Felsküste von South Steak auf der walisischen Insel Anglesey, gegenüber von Dublin.

In Nordirland beeindruckt der Giant's Causeway in der Grafschaft Antrim mit seinen Basaltsäulen.

(nur 1085 Meter, aber ziemlich schwierig). Oder man erkundet mit der fast hundert Jahre alten Dampfeisenbahn die Umgebung, in der es Schafe, Heidekraut und Farne en masse zu entdecken gibt. Auch das Dorf Portmeirion (außergewöhnliche Architektur) und die Gegend um Anglesey und die Llyn-Halbinsel sind sehenswert.

– Die Südküste zwischen Cardiff und Swansea ist bei den Engländern sehr beliebt: Sie richten sich ihre Sommerresidenzen in ruhigen Badeorten mit langen Stränden und vielerlei Gelegenheiten zu Spaziergängen ein, etwa in Mumbles auf der Halbinsel Gower. Weiter westlich, an der Küste von **Pembrokeshire**, finden sich hübsche Orte und kleine Buchten (**St. Davids** und besonders **Tenby**). Unweit von Tenby liegen die Inseln von Pembrokeshire. Skomer, eine von ihnen, bietet einer Vielzahl von Meeresvögeln und auch Seehunden Schutz.

– Im **Brecon-Beacons-Nationalpark**, liefern die Ufer und die Umgebung des **Vyrnwy-Sees** weitere Gründe, sich ins Herz der Natur zu flüchten.

Städte und Kulturdenkmäler
Cardiff hat sein Hafenviertel Cardiff Bay restauriert, was unglaublich verjüngend wirkte: Hier liegt nun das absolute In-Viertel (das fast schon zu hip ist). Der Bau des Millennium Stadium auf dem Gelände des legendären Arms Park diente ebenfalls der Vergnügung. Das Schloss hingegen trotzt diesem Drang zum Futurismus, ebenso wie die National Museum and Gallery, deren impressionistische Sammlung einen Blick wert ist.
Am Ende des 13. Jahrhunderts ließ König Eduard I. an die 20 Burgen bauen, um die Macht der Engländer zu behaupten. Am besten erhalten sind die Burgen in Beaumaris, Conwy, Harlech und vor allem in **Caernarfon**.
Im sehenswerten **Porthmadog** in der Region Gwynedd sitzt die älteste Eisenbahngesellschaft der Welt, die Rheilffordd Ffestiniog.

■ **Nordirland**
Landschaften
Nordirlands Hauptattraktion ist der **Giant's Causeway** an der Nordküste in der Grafschaft Antrim. Hier spielt zwischen tausenden aneinandergereihten Basaltsäulen der Wind und erzeugt gemeinsam mit der Brandung die verschiedensten Laute. Die Felswände und Buchten drum herum sorgen zusätzlich für eine ungewöhnliche Atmosphäre.

Großbritannien

REISEHIGHLIGHTS INSELN

■ **NORDIRLAND**
Landschaften
Giant's Causeway
Städte
Belfast, Armagh, Derry

■ **KANALINSELN**
Landschaften
Jersey, Guernesey, Sark

In der Grafschaft Down südlich von Belfast bietet sich der Nationalpark der Mountains of Mourne, der erste Nationalpark des Landes, zum Ausspannen, Wandern und Angeln an.
Städte
Im Hafen von **Belfast** erinnern unter anderem ein Museum und ein Festival im Frühling an den Bau der Titanic vor Ort.
Die Städte **Armagh** mit der von St. Patrick erbauten Kirche und **Derry**, eine alte Festungsstadt aus dem 17. Jahrhundert, sind einen Abstecher wert.

■ **Die Kanalinseln**
Landschaften
Auf den Kanalinseln erinnert das Hauteville House auf **Guernesey** an einen Besuch des französischen Schriftstellers Victor Hugo (zu besichtigen von April bis Ende September). Guernesey, Jersey und Sark laden nicht nur zum Einkaufen ein, sondern lohnen sich auch wegen ihrer harmonischen Komposition: blühende Landschaft, von Seevögeln bevölkerte Felsen, Strände, kleine Buchten und Häfen, eine malerische Siedlung, Spuren aus der Steinzeit, Herrenhäuser, Museen, Schlösser… Wer Romantik und Einsamkeit sucht, ist in der Nebensaison auf dem Inselchen Herm, östlich von Guernesey, genau richtig.
Jersey wird oft genannt, wenn es um attraktive Ziele für Wanderer in Großbritannien geht, aber auch seine Gastronomie genießt einen guten Ruf.
Sark ist eine autofreie Insel, und diese Wohltat für die Natur ist neben ihren reizvollen Buchten der Hauptanziehungspunkt für Touristen. ■

HINWEISE
▶ **Pluspunkte**
London liegt so nah, dass man hier ohne großen Anreisestress ein paar Tage oder ein Wochenende verbringen kann.
Zwischen Nordschottland und Kent erwarten den Urlauber vielfältige Geographie und Kultur (Gärten, Schlösser, Lochs).
Die politisch-religiöse Lage in Nordirland hat sich entspannt.
▶ **Minuspunkte**
Die Lebenshaltungskosten in London sind für Touristen hoch.
▶ **Sicherheit**
Die Terrorismusgefahr ist latent vorhanden und bedrohlicher als die Angewohnheit, links zu fahren (man gewöhnt sich ziemlich schnell daran).
▶ **Trends**
Das junge, pulsierende London geizt nicht mit seinen Reizen und bietet eine Flut von Möglichkeiten; die „Versuchungen" reichen vom Post-Christmas-Sale bis zum Karneval in Notting Hill.
Die Entwicklung der Stadtteile bringt neue Reiseangebote hervor – stetiger Wandel ist damit garantiert.

Die Seigneurie, Gutsherrensitz und Sehenswürdigkeit auf der Kanalinsel Sark, in traumhafter Blüte.

Guadeloupe

Zwischen Kokospalmen und Hügeln sind Les Saintes mit sämtlichen Vorzügen des Archipels gesegnet.

REISEHIGHLIGHTS GUADELOUPE

■ **BASSE-TERRE**
Landschaften
Regenwald, die Wasserfälle von Carbet, der Vulkan La Soufrière
Küsten
Von Pointe-Noire bis Sainte-Rose

■ **GRANDE-TERRE**
Küsten
Gosier, Sainte-Anne, Saint-François

■ **DIE ANDEREN INSELN UND INSELCHEN**
Les Saintes, La Désirade, Marie-Galante, Saint-Barthélemy, der Norden von Saint-Martin

---

Guadeloupe

🇫🇷 Die beiden Flügel dieses „Schmetterlings" sind sehr verschieden: Der flache westliche, Grande-Terre, widmet sich vor allem dem Badetourismus, Basse-Terre, der gebirgige östliche, dem Wandern und dem Ökotourismus. Die Inseln La Désirade, Les Saintes, Marie-Galante, Saint-Barthélemy und der französische Teil von Saint-Martin sind das Tüpfelchen auf dem i.

REISEINFORMATIONEN

Erste Infos
Fremdenverkehrsbüro von Guadeloupe, Postfach 140212, 70072 Stuttgart, 0711/5053511; Internet: www.antilles-info-tourisme.com/guadeloupe/p2-in-br.htm

Formalitäten
Bürger der EU und der Schweiz benötigen einen Personalausweis und für Kreuzfahrten, auf denen andere Inseln der Antillen besucht werden, einen Reisepass.

Gesundheit
Abgesehen von Stechmücken am Abend ist nichts zu beachten.

Flugdauer, Zeitverschiebung
Durchschnittliche Flugdauer Frankfurt–Pointe-à-Pitre (7218 km): 9 Std. 20 Min. Um 12 Uhr deutscher Zeit ist es in Guadeloupe im Sommer 6 Uhr, im Winter 7 Uhr.

Durchschnittliche Reisekosten
Circa 600 Euro kostet eine Woche in der Hauptsaison inklusive Hin- und Rückflug und Unterkunft am Meer; etwa 1500 Euro bezahlt man für einen 14-tägigen Wanderurlaub, und je nach Saison und Reiseart schlägt eine einwöchige Kreuzfahrt durch die Antillen mit 1200 bis 1600 Euro zu Buche.

Sprache, Währung
Amts- und Schriftsprache ist Französisch, gesprochen wird öfter Kreolisch. Währung: Euro. Wer eine Kreuzfahrt plant, sollte USD mitnehmen.

Bevölkerung
Auf der Hauptinsel Basse-Terre leben 431000 Einwohner. Die Bevölkerung besteht zu etwa 90% aus Schwarzen und Mulatten, ungefähr 5% sind Weiße.

Religionen
Katholiken bilden die Mehrheit.

Feste und Feiertage
Januar und Februar: Karneval, Höhepunkt am Faschingsdienstag; April: Festival der kreolischen Küche; 27. Juni: Fest der Befreiung aus der Sklaverei.

Einkäufe
Man bekommt Rum, Schmuck (unter anderem Kreolen), Gewürze, Blumen und Stoffe (Madras).

Guadeloupe

HINWEISE
▶ **Pluspunkte**
Die einzelnen Teile der Inselgruppe sind vielfältig, eigentümlich und sehr unterschiedlich, aber allesamt gleich faszinierend.
Die Preise für die zahlreichen Kreuzfahrten durch die Antillen werden immer erschwinglicher.
▶ **Minuspunkte**
Das Image ist etwas angeschlagen und der Tourismus in den letzten Jahren eingebrochen, aber diese Probleme verschwinden langsam.
▶ **Sicherheit**
Es besteht kein größeres Risiko als in anderen EU-Staaten.
▶ **Trends**
Neben Kreuzfahrten, die rund zehn Zwischenstopps in den Antillen machen, nistet man sich dank fallender Preise auch gerne mal für eine Woche an einem Ort ein.

■ Grande-Terre
Grande-Terre hat traumhafte Strände. Sowohl Sainte-Anne als auch Saint-François bieten alles, was das Herz des Farniente-Urlaubers begehrt. Auch Gosier mit seinen etwas kürzeren Stränden ist hübsch. Tauchen ist hier sehr beliebt. Einsamere Strände findet man in Richtung Osten (Le Moule) und Norden (Anse-Bertrand).

■ Die anderen Inseln und Inselchen
Les Saintes sind aufgeteilt in Terre-de-Haut und Terre-de-Bas. Hier gibt es alle Vorzüge des Archipels auf einem Fleck: von Kokospalmen gesäumte Strände, kleine Boote für Ausflüge übers Meer und *mornes* (Hügel) mit Wanderwegen.
Auf der recht kleinen Insel **La Désirade** – elf mal zwei Kilometer – lebt man im Rhythmus der Fischer. Mit ihrem Meeresfriedhof Grande-Anse und ihren Lagunen verkörpert La Désirade das Guadeloupe jenseits der Standards. Auf der nahen **Marie-Galante** bekommt man den angeblich besten Rum der Antillen, und ihr Schloss Murat erinnert an die Glanzzeiten des Zuckerrohrs. Zwei weitere Inseln erhielten 2007 den Status einer überseeischen französischen Gebietskörperschaft: **Saint-Barthélemy** liegt 175 Kilometer nordwestlich und schreckt mit seinem Ruf als „Paradies der Milliardäre" den Durchschnittstouristen eher ab. Das Erbe der schwedischen Kolonialzeit, die leuchtend roten Dächer und die Häuser in Pastellfarben erscheinen recht unwirklich. Der französische Teil von **Saint-Martin**, etwa 25 Kilometer südlich gelegen, erfüllt alle Klischees: Traumstrände, Steuerparadies, Spielkasinos. ■

■ Basse-Terre
Landschaften
Der Regenwald, der Blumenpark, die Wasserfälle von Carbet, der Anstieg zum **Vulkan La Soufrière** – der Nationalpark Guadeloupe lädt förmlich ein zum Wandern, Kanufahren und anderen sportlichen Aktivitäten wie dem „Hochseilklettern". Der Ökotourismus wächst beständig und widerlegt das Sonnenbank-Klischee der Inseln.
Küsten
Weniger überlaufen als die Strände von Grande-Terre sind die Vertreter ganz im Süden (Grande-Anse bei Trois-Rivières) oder an der östlichen „Schulter" der Insel, von Pointe-Noire über Deshaies bis Sainte-Rose.
Die Unterwassergebiete der Îlets Pigeon wurden in ein Schutzgebiet namens Cousteau verwandelt.

BESTE REISEZEIT		
	Klima	Natur und Fotografieren
Januar	☼	
Februar	☼	
März	☼	
April	☼	
Mai		
Juni		✈
Juli		✈
August		✈
September		✈
Oktober		
November		
Dezember		

Rund um den Atitlán-See erwarten den Reisenden Maya-Traditionen und eine sehr harmonische Landschaft.

Guatemala

🇬🇹 *Guatemala steht im Schatten Mexikos, teilt sich aber mit dem großen Bruder den Titel „Schönstes Land in Mittelamerika" – dank seiner Seen, Urwälder und Vulkane, der archäologischen Reichtümer von Tikal und des Traditionsbewusstseins der Maya.*

■ Landschaften

Der Lago de Atitlán ist von drei Vulkanen (Atitlán, San Pedro, Tolimán) und einigen idyllischen Indianerdörfern umgeben. Die Vulkane (der Kegel des **Volcán de Agua** erreicht nahezu Perfektion) und ihre Besteigung (Acatenango, Fuego, Pacaya, San Pedro, Santa María) beschäftigen Augen und Muskeln gleichermaßen. Auch die kahle **Sierra de los Cuchumatanes** komponiert mit ihrer Weite und den Maya-Traditionen ein ideales Ziel für Touristen.

REISEINFORMATIONEN

Erste Infos
Guatemala Tourist Commission, c/o Botschaft der Republik Guatemala, Joachim-Karnatz-Allee 47, 10557 Berlin-Tiergarten, 030/206 43 63; Internet: www.visitguatemala.com

Formalitäten
Bürger der EU und der Schweiz benötigen einen nach Rückreise noch mindestens sechs Monate gültigen Reisepass.

Gesundheit
Über 1500 Meter wird eine Malariaprophylaxe und eine Dengue-Fieber-Impfung empfohlen.

Flugdauer, Zeitverschiebung
Durchschnittliche Flugdauer Frankfurt – Guatemala-Stadt (9413 km): 14 Std.
Um 12 Uhr deutscher Zeit ist es in Guatemala im Sommer 4 Uhr, im Winter 5 Uhr.

Durchschnittliche Reisekosten
14 Tage mit Reiseleitung kosten zwischen 2000 und 2500 Euro inklusive der Besichtigung von Antigua Guatemala, Chichicastenango, den Indianerdörfern um den Lago de Atitlán, den Maya-Stätten sowie Exkursionen nach Copán (Honduras).

Sprache, Währung
Amtssprache: Spanisch; daneben hört man indianische Dialekte. Fremdsprachen: Englisch ist nur mittelmäßig geläufig.
Währung: Quetzal. USD werden angenommen.
1 USD = 7,8 Quetzal.
1 Euro = 11 Quetzal.
Kreditkarten werden nur eingeschränkt akzeptiert.

Bevölkerung
Die 12 728 000 Einwohner leben vor allem in den Gebirgsgebieten in zwei Gruppen nebeneinander: im Hochland im Westen die Indios (56 %, ein Rekordwert in Lateinamerika), im Osten die Ladinos (Mestizen).
Hauptstadt: Guatemala-Stadt.

Religionen
Drei Viertel der Bevölkerung sind Katholiken, ein Viertel Protestanten. Der Maya-Ritus ist zwar anerkannt, aber die christlichen Kirchen schwächen ihn.

Feste und Feiertage
Mitte Januar: Wallfahrt nach Esquipulas zum „Cristo negro"; **April:** Karfreitagsprozession nach Antigua Guatemala; **November:** Allerheiligen in den Dörfern der Mayas auf den Hochebenen und in Todos Santos (eine Festwoche bis Totensonntag); **Dezember:** Santo-Tomas-Fest in Chichicastenango.

Einkäufe
Auf den lokalen Märkten bekommt man traditionelle bunte Textilien, daneben Silberschmuck, Gegenstände aus Jade, Leder oder Weide und Keramik.

Guatemala

REISEHIGHLIGHTS GUATEMALA

Landschaften
- Seen (Lago de Atitlán), Urwald (El Petén)
- Wandertouren, Vulkane (Volcán de Agua)
- Sierra de los Cuchumatanes

Kulturelles Erbe
- Maya-Sitten (Dörfer, Märkte), karibische Bevölkerung (Livingston)
- Zahlreiche Feste

Kulturdenkmäler
- Tempelpyramiden der Maya in Tikal, El Mirador, Uaxactún, El Ceibal, Antigua Guatemala

HINWEISE

▶ **Pluspunkte**

Das an Fläche eher bescheidene Land wartet mit diversen Trümpfen auf, die es zu einem der interessantesten Reiseziele Lateinamerikas machen.

Das Friedensabkommen zwischen der Staatsmacht und der Guerilla zeigt sich sehr beständig.

▶ **Minuspunkte**

Die Pazifikküste ist bedingt attraktiv. Die Sicherheitsbedingungen für Individualreisende und abseits der Hauptrouten sind schwer zu beurteilen.

▶ **Sicherheit**

Wer eine Reise nach Guatemala unternehmen will, wird in der Reiseliteratur davor gewarnt, allein zu reisen oder das Diebstahlsrisiko und die Gefahr bewaffneter Überfälle auf die leichte Schulter zu nehmen. Diese Probleme bestehen schon lange, und man sollte darauf vorbereitet sein.

In der sehenswerten Umgebung von **Antigua Guatemala** und dem Gebiet um **Cobán** sind der unterirdische Lauf des Río Candelaria sowie Schluchten und Höhlen zu finden. Die Tierwelt ist besonders im Norden bemerkenswert: Sehr wahrscheinlich begegnen einem Nasenbären oder Tukane, und mit viel Glück erhascht man einen Blick auf eine Jaguarschnauze.

■ Kulturelles Erbe

Die Indios stellen mehr als die Hälfte der Bevölkerung. In ihren Dörfern und auf ihren Märkten (*tanguis*) finden sich noch authentische Stoffe in ebensolchen Farben. Die ursprüngliche Atmosphäre erfüllt nach wie vor ihre religiösen Feste. Manche Dörfer aber, wie etwa im Gebiet um den Lago de Atitlán (Santa Cruz, San Pedro), werden stark besucht und verlieren allmählich ihre Authentizität. Webwaren, Stickereien und Holzmasken sind auf den Märkten besonders begehrt.

Die größten (und touristischsten) finden in Chichicastenango und Antigua Guatemala statt.

Bei **Livingston** am Rande des Golfes von Honduras lebt eine karibische Bevölkerungsgruppe mit Sitten und Lebensweisen, die sich von denen im übrigen Land stark abheben.

■ Kulturdenkmäler

Tikal war von 430 bis 830 das größte Zentrum der Maya und ist einer der beeindruckendsten Orte seiner Art. Mitten in einer üppigen tropischen Vegetation wie aus dem Bilderbuch

BESTE REISEZEIT		
	Klima	Petén und Tikal
Januar	☼	✈
Februar	☼	✈
März	☼	
April	☼	
Mai		
Juni		
Juli		
August		
September		
Oktober		
November	☼	✈
Dezember	☼	✈

kann man hier unter anderem zwei überwältigende Tempelpyramiden (40 und 50 Meter hoch) bewundern.

Nördlich von Tikal, im Herzen des Tikal-Nationalparks, verbirgt sich der archäologisch höchst bedeutsame Ausgrabungsort **El Mirador**. Er ist für Touristen nicht zugänglich. Hier stehen die höchsten Pyramiden (147 Meter), und viele Archäologen, die den Ort für die Wiege der Maya-Kultur halten, setzen sich für seine Bewahrung ein. Weitere Maya-Stätten sind **Uaxactún** und **El Ceibal**.

Der Glanz der Maya-Kultur lässt die Städte manchmal in den Hintergrund treten. Dabei hat die Kunst aus Kolonialzeit und Barock tiefe Spuren hinterlassen. So ist etwa **Antigua Guatemala**, die erste Großstadt Mittelamerikas, im Schachbrettmuster angelegt (unter Einfluss der italienischen Renaissance) und nennt eine bemerkenswerte Barockarchitektur ihr Eigen: Hier sind der Palast der Generalstatthalter, die Santiago-Kathedrale sowie Kirchen und Klöster zu entdecken. ■

Die Skyline des Central District ist das Highlight, aber auch die anderen Inseln und die New Territories lohnen einen Besuch.

REISEHIGHLIGHTS HONGKONG

Sehenswürdigkeiten
- Victoria Peak, New Territories (Kowloon), Inseln

Einkaufen
- Schmuck, Fotoausrüstung, Hi-Fi

Küsten
Strände (Lantau), Häfen

 Die Rückgabe an China 1997 änderte in Hongkong alles – und nichts: Die belebten Straßen und das nächtliche Neonlicht machen einen Teil seines Reizes aus, ebenso wie der Gegensatz von Tradition und greller Moderne.

Hongkong

REISEINFORMATIONEN

Erste Infos
Hong Kong-Tourism Board, Humboldtstr. 94, 60318 Frankfurt; Internet: www.hongkong-tourismus.de

Formalitäten
Bürger der EU und der Schweiz benötigen einen Reisepass, der mindestens noch sechs Monate nach Rückreise gültig ist, sowie ein Rück- oder Weiterreiseticket. (Für andere Teile Chinas braucht man ein Visum.)

Gesundheit
Nichts zu beachten.

Flugdauer, Zeitverschiebung
Durchschnittliche Flugdauer Frankfurt–Hongkong (9171 km): 11 Std. Um 12 Uhr deutscher Zeit ist es in Hongkong im Sommer 18 Uhr, im Winter 19 Uhr.

Durchschnittliche Reisekosten
In der Hauptsaison bezahlt man für 4 Tage (3 Nächte) Unterkunft inklusive Flug 900 bis 1000 Euro.

Sprachen, Währung
Amtssprachen: Hochchinesisch, Englisch; die häufigsten Dialekte sind Kantonesisch und Mandarin.

Währung: Hongkong-Dollar; die Währung ist stabil. 1 USD = 7,80 Hongkong-Dollar. Die gängigen Kreditkarten und Reiseschecks werden akzeptiert.

Bevölkerung
Die Überbevölkerung ist allgegenwärtig (6 980 000 Einwohner). Fast alle Bewohner sind Chinesen.

Religionen
Die Buddhisten und Taoisten sind klar in der Überzahl. Daneben gibt es Minderheiten von Christen (10 %), Muslimen, Hindus, Juden und Anhänger des Sikhismus.

Feste und Feiertage
Februar: Laternenfest (letzter Tag des chinesischen Neujahrsfests), Karneval; **März:** Chung-Ming-Fest (Fest der Vorfahren); **Juni:** Drachenschiff-Fest; **Oktober:** Mondkuchenfest

Einkäufe
Das Angebot an elektronischen Gegenständen, Fotografieausrüstung und Hi-Fi ist atemberaubend. Man sollte aber nichts überstürzen, die kleinen Märkte nicht außen vor lassen und die Preise vergleichen.

Hongkong

■ Sehenswürdigkeiten

Die Skyline des **Central District** im Norden der Insel beherrscht der **Victoria Peak**, den man mit der alten Seilbahn „Peak Tram" erreicht. Von dort aus eröffnet sich ein einzigartiger Blick über Hongkong und die Halbinsel. Der Victoria Peak gilt als Visitenkarte Hongkongs.

Aber die Insel hat noch weit mehr zu bieten: Aberdeen, bekannt für seine schwimmenden Dörfer und das nostalgische Bild der Dschunken und Sampans; den Freizeitpark Middle Kingdom mit einer Nachbildung des Buddha von Datong; Museen (Historisches Museum, Museum der Teekunst im Flagstaff House, Meereskundemuseum im Ocean Park, Tsui Museum of Art); das überwältigende Hotel Peninsula.

In Hongkong ist die Urbanisation weit fortgeschritten, die **New Territories** bilden eine willkommene Ausnahme: eine Landschaft, die geradezu strotzt vor chinesischen Traditionen. Neben einem hervorragenden Wandergebiet können der Tempel der 10000 Buddhas, der „Kadoorie Farm and Botanic Garden" und der **Wald von Tai Po Kau**, der seltene Vögel und Pflanzen beherbergt, besucht werden.

Die Inseln südlich von Hongkong sind mit Naturparks gespickt (etwa der kürzlich eröffnete Wetland Park, der sich für Vogelbeobachtungen anbietet) und laden zu Spaziergängen ein, besonders Lantau, Cheung Chau (autofrei und bedeutend für Sommerfrischler), Lamma und die Halbinsel Sai Kung. Der Buddhismus ist allgegenwärtig, wie zum Beispiel auf Lantau, wo im Kloster Po Lin ein imposanter Buddha sitzt.

Immer beliebter wird das Delta des Perlflusses, das die „Drei Chinas" – Hongkong, Macao und Kanton – in sich vereinigt.

■ Einkaufen

Wie in Singapur spielt der Handel eine große Rolle: Luxuriöse Einkaufszentren werden immer beliebter. Man findet sie auf Hongkong Island oder auch in Kowloon (New Territories).

Einige Waren sind steuerfrei, etwa Schmuck, Computerzubehör, Fotoausrüstungen und Hi-Fi. Für Schnäppchenjäger ist der Winter ein Paradies, da dann viele Ausverkäufe stattfinden. Die beste Gegend zum Shoppen ist die „Golden Mile" auf der Nathan Road (Central) im Viertel Tsim Sha Tsui. Ab und zu aber sollte man den großen Einkaufszentren die Märkte vorziehen (Hollywood Street, Cat Street, die nächtlichen Märkte auf der Temple Street und im Mongkok-Viertel).

Das Fremdenverkehrsamt gibt einen *Official Shopping Guide* heraus, der über Qualität (der Kontrollstempel des Amtes garantiert die Echtheit der Ware), Beschaffenheit (europäische Normen oder nicht) und Menge der Waren informiert, die man mitnehmen darf. Die Preise für Fotomaterial und Elektronik sind allerdings in den letzten Jahren gestiegen.

■ Küsten

Die Strände sind Hongkongs größte Überraschung: Auf den Inseln südlich von Hongkong findet man zahlreiche schöne Stellen, zum Beispiel auf Lantau. Man entdeckt Zufluchtsorte wie alte Dörfer und kleine Häfen an Stellen, an denen man sie am wenigsten erwarten würde. Aber dennoch bleibt wirkliche Einsamkeit ein Luxus, den man sich in dieser Ecke der Welt kaum wird leisten können: Die Überbevölkerung zeigt sich in Hongkong mehr als deutlich. ■

HINWEISE

▶ Pluspunkte
Die Lage, Atmosphäre und Extravaganz Hongkongs sind in Südostasien einzigartig (von Singapur abgesehen). Man öffnet sich zwar erst seit Kurzem, aber doch gelungen dem Ökotourismus.

▶ Minuspunkte
Die Kosten für Unterkünfte sind sehr hoch.
Echte Schnäppchen kann man immer seltener ergattern.
Von Juni bis September ist das feuchtwarme Klima eher unangenehm.

▶ Sicherheit
Sicherheitsprobleme gibt es kaum, daher genügt es, im Gedränge und an den Touristenorten die üblichen Vorkehrungen zu treffen.

BESTE REISEZEIT		
	Klima	Einkaufen
Januar	☼	Ende des Schlussverkaufs: am 2. €
Februar	☼	
März	☼	
April		
Mai		
Juni		
Juli		
August		
September		
Oktober		
November	☼	Beginn des Schlussverkaufs: am 28. €
Dezember	☼	€

Indien

🇮🇳 „How do you like India?" Diese Frage bekommt sicher jeder Indien-Urlauber ein paar Mal gestellt. Und sicher wird er eine positive Antwort geben, denn die architektonische Vielfalt und die Spiritualität sind allgegenwärtig. Einst erkundeten Rucksacktouristen die „Route durch Indien". Heute finden immer mehr Besucher den Weg ins Land.

Indien

Der Norden und der Nordosten

■ Bihar
Buddhistische Orte
Die Pappelfeige (*ficus religiosa*) in **Bodhgaya** gehört zu den am meisten verehrten Bäumen: Unter ihr soll Gautama zum Buddha erleuchtet worden sein. Später wurde hier der Mahabodhi-Tempel errichtet. Bodhgaya ist damit einer der größten buddhistischen Wallfahrtsorte.

Tierwelt
Im Palamau National Park, einem Waldgebiet, leben Leoparden und Tiger, die man mit etwas Glück entdecken kann.

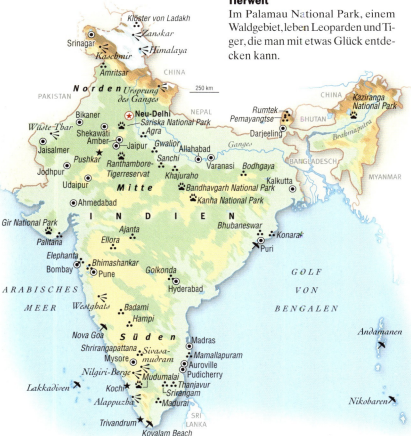

REISEHIGHLIGHTS NORDEN UND NORDOSTEN

■ **BIHAR**
Buddhistische Orte
Bodhgaya
Tierwelt
Leoparden, Tiger

■ **ASSAM**
Tierwelt
Panzernashörner, Asiatische Büffel, Tiger

■ **WESTBENGALEN**
Tierwelt
Bengalische Tiger
Städte
Kalkutta, Darjeeling

■ **SIKKIM (Nordosten)**
Kulturdenkmäler
Tibetische Klöster
Trekking
Rund um den Gocha-Pass

■ **PUNJAB**
Stadt
Amritsar, Goldener Tempel

■ **DELHI (Unionsterritorium)**
Städte
Delhi, Neu-Delhi

■ **HIMACHAL PRADESH**
Landschaften und Kulturdenkmäler
Wanderungen durch das Himalaja-Gebirge, tibetische Klöster

■ **JAMMU UND KASCHMIR**
Landschaften und Trekking
Kaschmir-Tal, Srinagar (Dal-See, Nagin-See, Shalimar-Gärten), Ladakh, Zanskar
Kulturdenkmäler
Klöster von Ladakh
Tierwelt
Kaschmirhirsche, Braunbären, Leoparden

In Bihar überragt der Turm des Mahabodhi-Tempels Bodhgaya: Hier wurde Siddhartha Gautama erleuchtet.

Indien

Rikschas, Träger, Fahrräder: Auf den Straßen in Kalkutta herrscht reges Treiben.

■ Assam
Tierwelt
Der **Kaziranga National Park** zwischen Jorath und Gauhati ist vor allem für seine einhörnigen Panzernashörner und die Asiatischen Büffel (Wasserbüffel) bekannt. Daneben gibt es Tiger, Leoparden und Hirsche. Besucher können den Park auf einem Elefantenrücken sitzend erkunden. Im nahegelegenen Manas Wildlife Sanctuary leben zahlreiche Vogelarten.

■ Westbengalen
Tierwelt
Die Bengalischen Tiger im **Sundarbans Nationalpark**, etwa 100 Kilometer südlich von Kalkutta, sind nur schwer zu sichten.
Städte
Kalkutta ist die Hauptstadt des ehemaligen Königreichs Indien und der größte Ballungsraum des Landes. Die großräumige und faszinierende Metropole hat viele Gesichter. Die Gegensätze zwischen Arm und Reich sind deutlich, im Bahnhof von Haora leben Tausende Obdachlose. Den Hugli dagegen überspannt eine grandiose Stahlbrücke und in der Mahatma Gandhi Road findet sich ein üppiger Markt. Es gibt einen Tempel für die Göttin Kali, die mit Tieropfern besänftigt wird, und hinduistische Gottheiten aus Ton im Viertel der Bildhauer (Kumartuli). Die grüne Lunge der Stadt, die Ebene von Maidan, gehört zum englischen Erbe. Zu den kulturellen Highlights zählen etwa das Victoria Memorial und das Indische Museum. Und Kalkutta besitzt Indiens einzige U-Bahn.

Darjeeling dagegen ist ein friedvoller Höhenluftkurort, der für hochwer-

REISEINFORMATIONEN

Erste Infos
Consulate General of India, Friedrich-Ebert-Anlage 26, 60325 Frankfurt, 069/15300 50; Internet: www.cgifrankfurt.de
Formalitäten
Bürger der EU und der Schweiz benötigen einen Reisepass, der noch mindestens sechs Monate nach Rückreise gültig ist. Ein Visum ist kostenpflichtig und obligatorisch. Für einige Länder und Regionen, etwa Sikkim, Darjeeling und die Andamanen, ist eine gesonderte Einreiseerlaubnis notwendig, die man vor der Reise beim Konsulat beantragen muss.
Gesundheit
Impfungen sind nicht vorgeschrieben, aber ganzjährig wird eine Malaria- prophylaxe empfohlen, vor allem während des Monsuns und für Regionen über 2000 Meter.
Flugdauer, Zeitverschiebung
Durchschnittliche Flugdauer Frankfurt–Bombay (6577 km): 8 Std. 45 Min., Frankfurt–Delhi (6226 km; keine Direktflüge): 13 Std., Frankfurt–Kalkutta (7495 km): 9 Std. 30 Min.
Um 12 Uhr deutscher Zeit ist es in Indien im Sommer 15.30 Uhr, im Winter 16.30 Uhr.
Durchschnittliche Reisekosten
Flug und Unterkunft für 14 Tage kosten je nach gewünschtem Komfort 1700 bis 2500 Euro.
Sprachen, Währung
Amtssprache: Hindi; daneben sind 15 andere Sprachen anerkannt, und es gibt zahllose Dialekte, die von etwa einem Drittel der Bevölkerung gesprochen werden. **Fremdsprache:** Englisch.
Währung: Indische Rupie. Man sollte USD mitbringen, bar oder als Reiseschecks.
1 USD = 39 Indische Rupien,
1 Euro = 58 Indische Rupien.
Die Ein- und Ausfuhr von Rupien ist verboten.
Bevölkerung
Mehr als eine Milliarde Menschen (1 129 866 000) leben in Indien. Das Land bildet damit die größte Demokratie der Welt.
Noch immer lebt der Großteil der Bevölkerung Indiens (70%) in ländlichem Milieu – in den rund 700 000 Dörfern des Landes.
Hauptstadt: Neu-Delhi, eingebettet in das Ballungszentrum Delhi, das 9 500 000 Einwohner hat. Deutlich mehr Menschen leben aber in Bombay (18 000 000) und Kalkutta (14 000 000).
Religionen
In Indien beherrschen die Religionen auch die langjährigen Konflikte zwischen den Hindus (Anhänger der vedischen Religion, die die Indoarier mitbrachten), die mit 83% die Mehrheit stellen, und den Muslimen (11%). Christen leben hauptsächlich im Süden, Sikhs in Punjab und Anhänger des Jainismus in Gujarat, in Bihar und im Staat Mysore. Buddhis- ten, Parsen und Juden vervollständigen eines der größten religiösen Mosaike der Welt.
Feste und Feiertage
Februar–März: tibetisches Neujahr; **Juni:** Wallfahrt zum Jagannatha-Tempel in Puri (Orissa); **November:** Dasarah-Fest zu Ehren der Göttin Devi in Mysore (Karnataka); Vollmond im **November:** Festival in Pushkar (Bundesstaat Rajasthan).
Einkäufe
Von Seide über Schmuck, Edelsteine und Gegenstände aus Sandelholz bis zu Kaschmir: Das Angebot ist so groß wie das Land. Kontrollierte Qualität bekommt man in den staatlich geführten Geschäften, den sogenannten emporiums.

Der Goldene Tempel von Amritsar und der Nektarteich sind für die Sikhs die wichtigsten Heiligtümer.

tigen Tee und sein Himalaja-Panorama bekannt ist.

■ Sikkim
Kulturdenkmäler
Seit dem 13. Jahrhundert ist der tibetische Buddhismus das kulturelle Fundament des kleinen Bundesstaates, der an Bhutan und Nepal grenzt. Die prächtigsten Klöster Sikkims sind Rumtek und Pemayangtse.
Trekking
Sikkim ist vom Basislager am Kangchenjunga aus kaum erreichbar, daher ist Trekking hier weniger verbreitet als in Ladakh oder Zanskar. Die wenigen Routen führen vor allem rund um den Gocha-Pass.

■ Punjab
Stadt
Amritsar, die heilige Stadt der Sikhs, ist die Hauptattraktion des „Fünfstromlands". Besonders sehenswert ist der mit Blattgold bedeckte **Goldene Tempel** auf einer Insel inmitten des Nektarteichs.

■ Delhi (Unionsterritorium)
Städte
In **Delhi** gibt es ruhige historische Orte wie das Rote Fort, das Gandhi-Denkmal und die größte Moschee des Landes, Jama-Masjid, aber auch lärmende, beliebte, überfüllte Straßen rund um den Markt Chandni Chowk. Hier trifft man auf Händler, Passanten – und heilige Kühe.
Neu-Delhi im Süden der Stadt wurde von den Engländern „angefügt", um dem indischen Staatenbund eine Hauptstadt zu schaffen. Die Straßen hier erscheinen endlos lang. Die Highlights sind das India Gate, das Parlament und besonders das Qutb-Minar-Minarett aus dem 13. Jahr-

BESTE REISEZEIT			
	Klima	Himalaja-Regionen	Schutzgebiete*
Januar	☼		
Februar	☼		🐾
März	☼	☼	🐾
April		☼	🐾
Mai		☼	🐾
Juni		☼	
Juli		☼	
August		☼	
September		☼	
Oktober		☼	
November	☼		
Dezember	☼		

*Genaue Zeiten jeweils vor Ort erfragen.

Indien

Eines der tibetischen Klöster Ladakhs vor der majestätischen Kulisse des Himalaja.

Himachal Pradesh
Landschaften und Kulturdenkmäler

Der kleine Bundesstaat liegt im Himalaja zwischen Kaschmir und Nepal und ist vor allem für Hochgebirgswanderer interessant. Seine Gipfel sind bis zu 8000 Meter hoch, etwa der sagenumwobene Nanda Devi, der für Trekker zwar gesperrt ist, aber trotzdem oft bestiegen wird. Die tibetischen Klöster auf den Höhen und die Gegenden entlang der Flüsse **Parvati** und **Spiti** sind weitere Highlights dieser Region. **Dharamsala**, der Exil-Wohnsitz des Dalai Lama, war ehemals eine Residenz für englische Erholungssuchende.

Jammu und Kaschmir
Landschaften und Trekking

Die Gipfel des Himalaja umschließen das **Kaschmir-Tal**. Es trägt den Beinamen „glückliches Tal", aber seit 1989 gibt es hier regelmäßig politische Spannungen, weil sich muslimische Separatisten gegen die indische Armee erheben; es gibt immer wieder Sicherheitswarnungen für das Gebiet. **Srinagar**, der größte Touristenort im Himalaja, ist für seine Häuser am Ufer des Jhelum und für Holzmoscheen bekannt. Seine liebliche grüne Landschaft ist geprägt von den prächtigen Shalimar-Gärten, Flüssen und Seen wie dem Dal- und dem Nagin-See. Man kann in Hausbooten am Ufer dieser Seen übernachten. In der gebirgigen Umgebung von **Ladakh** gibt es zahlreiche tibetische Klöster. Das karge Land ist ein beliebtes Ziel bei Wanderern. Gelegentlich finden in dieser Region traditionelle Feste wie das Neujahrsfest (Losar) statt. **Zanskar** liegt 5000 Meter hoch neben Ladahk und ist ebenfalls ein Ziel des Wandertourismus.

Kulturdenkmäler

Die meisten Klöster in Ladakh (Lamayuru, Phuktal) befinden sich in der Umgebung der Hauptstadt Leh. Sie sind die Hauptattraktion der Region. In einigen, etwa im Kloster in Hemis, finden religiöse Feste statt.

Tierwelt

Im Dachigam-Nationalpark nahe Srinagar leben die seltenen Kaschmirhirsche (Hanguls), Braunbären und Leoparden.

REISEHIGHLIGHTS NORDWESTEN

■ **RAJASTHAN**
Farben
Traditionelle Kleidung, Thar-Wüste, Dörfer der Region Shekawati
Städte
Jaipur, Udaipur, Amber, Bikaner, Jaisalmer
Tierwelt
Damwild, Antilopen, Tiger (Ranthambore-Reservat)
Feste
Festival in Pushkar

■ **UTTAR PRADESH**
Kulturdenkmäler
Agra (Taj Mahal, Rotes Fort, Große Moschee), Fatehpur, Sikri, Varanasi (Tempel, *ghats*), Allahabad
Landschaften
Gletscher bei Tehri Garhwal, Ursprung des Ganges
Tierwelt
Tiger, Elefanten, Leoparden, Axishirsche (Chitals)

Der Nordwesten

■ Rajasthan
Farben

Das Gelb der Sonne in der **Wüste Thar**, der beständig blaue Himmel, das in der Hauptstadt Jaipur dominierende Rosa, die rote traditionelle Kleidung und die bunten Häuser in den Dörfern der Region Shekawati machen Rajastahn zu einem farbenfrohen Bundesstaat. Sein Alltag wird von den Traditionen der Rajputen-Kaste bestimmt.

Rosa Steine zieren Jaipurs „Palast der Winde". Eine vergleichbare Architektur findet man sonst nur noch im benachbarten Udaipur.

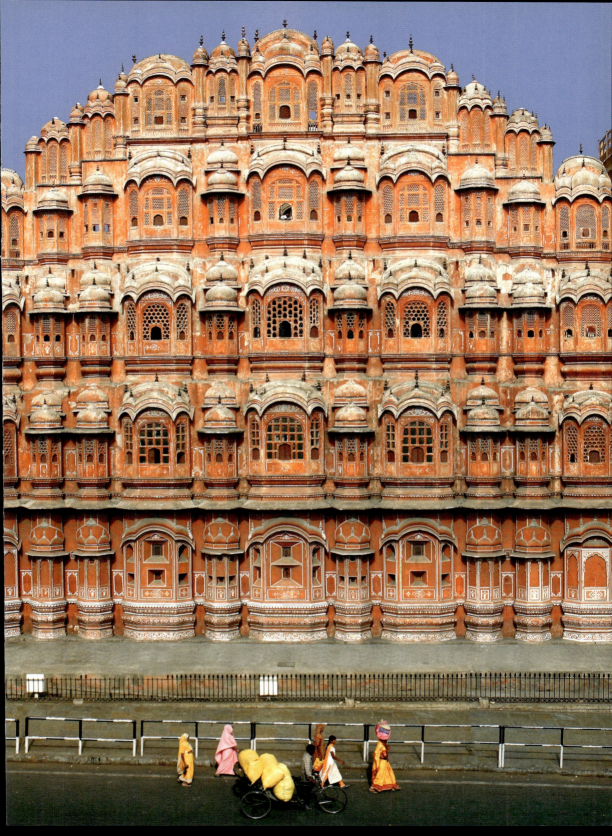

Städte

Rajasthan ist die „Heimat der Könige", der Festungen und der Paläste. Es gibt unzählige bedeutende Kulturdenkmäler, vor allem in Jaipur und Udaipur: **Jaipur** hat den Hawa Mahal (Palast der Winde) aus rosa Stein zu bieten, in **Udaipur** steht der Maharaja-Palast, der Kunst der Rajputen präsentiert. Ebenso berühmt sind **Amber** und der Palast aus der Zeit der Großmogule und **Jodhpur** mit seiner Zitadelle. Daneben locken große Tourismuszentren wie **Bikaner** und **Jaisalmer** an der Karawanenstraße durch die Wüste Thar.

Der Tadsch Mahal: ein Meisterwerk der Kunst – und eine Hymne an die Liebe.

Tierwelt

Von der Spezies *Panthera tigris* (Bengalischer Tiger) leben noch etwa 30 Exemplare im **Ranthambore-Tigerreservat**. Sie werden streng geschützt. Der Park umfasst die ehemaligen Jagdgründe der Maharadschas und zählt zu den beliebtesten Tierparks im Land. Auch indische Gazellen sind hier heimisch. Zwischen Juni und Oktober ist er geschlossen.

Der Sambarhirsch (oder Pferdehirsch) und die Nilgauantilope bevölkern den **Sariska National Park**.

Im **Bharatpur National Park** ist besonders im Winter eine vielfältige Vogelwelt zu entdecken: Dann leben hier etwa Reiher, Ibisse, Störche, Kraniche und Graugänse.

Feste

Die wohl weltweit größte Veranstaltung mit Kamelen ist der alljährliche Jahrmarkt in **Pushkar**. Bei diesem Fest im November bei Vollmond sind auch Wüstenreiter und Bärenführer zugegen. Außerdem strömen Hunderttausende von Pilgern zu dieser Zeit hierher, um sich im Wasser des heiligen Pushkar-Sees zu reinigen.

■ Uttar Pradesh
Kulturdenkmäler

Der **Tadsch Mahal** in **Agra** ist das Wahrzeichen Indiens. Der Mogulkaiser Shah Jahan ließ das Mausoleum aus weißem Marmor zum Gedenken an seine Ehefrau bauen. Bei Sonnenuntergang wirkt es noch majestätischer, denn dann erstrahlen die Mauern in zartem Rosa. Sehenswert sind auch das **Rote Fort** und die **Große Moschee**. Die Stadt Agra, in der das Kunsthandwerk blüht, sollte man unbedingt auf der Reiseroute haben.

Nicht weit von Agra liegt **Fatehpur Sikri**, die ehemalige Hauptstadt des Mogulreichs unter Akbar. Mit ihrer Großen Moschee (Jami Masjid) und dem Grab von Scheich Salim Chrishti ist sie ein Paradebeispiel für die mogul-islamische Kunst.

Ein anderer Reiseklassiker ist **Varanasi**. 1500 Tempel zählt die Stadt, in der Buddha seine ersten Worte verkündete. Hier wird noch das uralte Sanskrit gelehrt und erforscht. In erster Linie ist Varanasi aber eine Hochburg des Hinduismus. Die berühmten *ghats* (Treppen) führen zum Ganges hinunter, dem heiligen Fluss, den Millionen hinduistische Pilger aufsuchen, um sich zu reinigen oder die Asche von Verstorbenen hineinzustreuen.

Die heilige Stadt **Allahabad** ist zwar weniger bekannt, aber nicht minder bedeutend. Die beiden heiligen Flüsse Ganges und Yamuna fließen hier zusammen. Im Fort Allahabad, das Akbar im Jahr 1538 errichten ließ, steht eine Ashoka-Säule (Ashoka war eine der großen Herrscherpersönlichkeiten im alten Indien). Alle zwölf Jahre findet in Allahabad die *Khumbh Mela* statt, eine gigantische Wallfahrt mit dem Ziel der rituellen Reinigung – die nächste wird im Jahr 2013 abgehalten.

Landschaften

Die Himalaja-Gletscher bei **Tehri Garhwal** bringen zwei Sturzbäche hervor, die gemeinsam die Quelle des **Ganges** bilden. Die Gegend ist seit jeher ein bevorzugtes Ziel für Pilger.

Tierwelt

Der **Corbett National Park** befindet sich am Fuß des Himalaja. Hier leben Tiger, Elefanten und Leoparden. Außerdem gibt es verschiedene Hirscharten, unter denen der Axishirsch (Chital) als der schönste gilt. Im **Dudhwa National Park** kann man ebenfalls Tiger, Leoparden und unzählige Hirscharten entdecken.

Indien

Agra mit seinem Kunsthandwerk und seiner Farbenpracht ist einen Besuch wert.

> **REISEHIGHLIGHTS MITTE**
> ■ **ANDHRA PRADESH**
> **Städte**
> Hyderabad, Golkonda
> ■ **GOA, DAMAN UND DIU**
> **Küsten**
> Strände
> **Kulturdenkmäler**
> Nova Goa
> ■ **GUJARAT**
> **Stadt**
> Ahmedabad
> **Kulturdenkmäler**
> Palitana
> Mausoleen, Tempel,
> Ashram von Gandhi
> **Tierwelt**
> Asiatische Löwen
> ■ **MADHYA PRADESH**
> **Kulturdenkmäler**
> Khajuraho (Hindu- und
> Jaina-Tempel), Gwalior,
> Sanchi (Großer Stupa)
> **Tierwelt**
> Tiger, Barasinghas, Vögel,
> Leoparden
> ■ **MAHARASHTRA**
> **Kulturdenkmäler**
> Buddhistische Architektur
> in Ajanta und Ellora, Heiligtümer auf Elephanta
> **Städte**
> Bombay, Pune
> **Landschaften**
> Westgaths
> ■ **ORISSA**
> **Kulturdenkmäler**
> Brahmanische Tempel von
> Bhubaneswar,
> Sonnentempel in Konark,
> Jagannatha-Tempel und
> Ratha Yatra in Puri
> **Strände**
> Umgebung von Puri

Die Mitte

■ Andhra Pradesh
Städte

Hyderabad wurde von 1725 an fast zwei Jahrhunderte lang von muslimischen Herrschern, den Nizams, regiert; ihre Residenzen sind bis heute erhalten. Außerdem hat die Stadt Moscheen aus früheren Epochen und den Charminar (1591) zu bieten.

Golkonda war zu Beginn des 16. Jahrhunderts ein bedeutendes Sultanat. Einige Mausoleen aus seiner Blütezeit sind noch erhalten.

■ Goa, Daman und Diu
Küsten

Die langen, schönen Strände Goas wurden zwischen 1960 und 1970 von den sogenannten Hippies bevölkert. Ihnen folgten die Rucksacktouris-

Indien

18 Millionen Menschen machen die Straßen in ganz Bombay so lebendig wie hier vor dem Bahnhof von Chhatrapati Shivaji.

ten. Im Lauf der Jahre jedoch verblasste der alternative Lebensstil und wurde von einem mitunter gar luxuriösen Badetourismus abgelöst. Die Jugend feiert des Nachts aber noch immer ausgelassen mit Rock und Jazz.

Kulturdenkmäler

Das alte Goa (Velha Goa) war bis zum 14. Jahrhundert eine reiche Handelsstadt; heute sind nur noch seine Ruinen zu sehen. In **Nova Goa** liegt die Hauptstadt **Panaji**, in der sich das sehr gut erhaltene Erbe aus der portugiesischen Zeit bewundern lässt, wie etwa Arkaden und kunstvolle Balkone. Die religiösen Bauwerke wie die Sankt-Stefan-Kathedrale oder die Kirche zum Heiligen Franziskus von Assisi, deren Mauern mit Keramikziegeln bedeckt sind, zeugen noch vom indisch-portugiesischen Stil des 16. und 17. Jahrhunderts.

■ **Gujarat**

Stadt

Ahmedabad bietet unzählige Mausoleen, Tempel wie den Jaina-Tempel des Hathi Singh, einen von Gandhi gegründeten Ashram (er lebte dort von 1918 bis 1930) und vor allem Moscheen, etwa die Große Moschee und die Muhafiz Khan. Die Stadt war bis zu dem Erdbeben im Jahr 2001 eines der Haupttouristenziele im Land.

Kulturdenkmäler

Gujarat ist stark vom Jainismus beeinflusst. Die Tempelstadt Shatrunjaya am heiligen Berg bei **Palitana** ist einer der bedeutendsten Wallfahrtsorte der Jainisten.

Tierwelt

Im **Gir National Park** bei Junagadh lebt die letzte Population Asiatischer Löwen (*Panthera leo persica*). Einst bevölkerten die Tiere ganz Indien, heute existieren nur noch etwa 200.

■ **Madhya Pradesh**

Kulturdenkmäler

Die 30 Hindu- und Jaina-Tempel in der ehemaligen Hauptstadt der Candella-Dynastie **Khajuraho** wurden zwischen dem 9. und 11. Jahrhundert erbaut. Weitere Attraktionen sind die hiesigen Skulpturen, die häufig erotische Themen darstellen und jeden Tag große Besuchermengen anziehen.

Ebenfalls einen Besuch wert ist **Gwalior**, wo man verschiedene Tempel und den Man-Mandir-Palast besichtigen kann. In **Sanchi** zieren Klöster und Tempel den Großen Stupa (Unesco-Weltkulturerbe) aus dem 2. Jahrhundert v. Chr.

Tierwelt

Die vom Aussterben bedrohten, geschützten Barasinghas (Zackenhirsche) haben im **Kanha National Park** eine Zuflucht gefunden. Im

Millionen Hindus kommen nach Varanasi, um sich im Ganges reinzuwaschen und die Asche von Verstorbenen hineinzustreuen.

Schutzgebiet von **Bandhavgarh** leben seltene Tiger, Leoparden und unzählige Vogelarten.

■ Maharashtra
Kulturdenkmäler
Ajanta liegt im gleichnamigen Gebirge. Der Ort birgt Viharas, in den Fels gehauene Höhlen, die den buddhistischen Mönchen während der Regenzeit als Zuflucht dienten. Und Chaityas; einige dieser Gebetshallen in den Felswänden stammen aus dem 2. Jahrhundert v. Chr. Die Felsmalereien in den Hallen sind sehr gut erhalten.
In **Ellora** wurden 34 buddhistische, bramahnische und jainistische Heiligtümer freigelegt, die zwischen dem 6. und 9. Jahrhundert erbaut wurden. Das bekannteste unter ihnen, der Tempel Kailasa, ist dem Gott Schiwa geweiht.

Auf der **Insel Elephanta** vor Bombay stehen zu Ehren Schiwas sieben Heiligtümer.
Städte
Bombay heißt heute wieder Mumbai und ist die englischste aller indischen Städte. Überfluss und Mangel liegen auch hier eng beisammen. Hauptattraktionen der Stadt sind die Promenade am Meer – der Marine Drive –, Bauwerke wie das Gateway of India, der Juhu Beach und die Märkte, etwa der Crawford Market.
Zu den Sehenswürdigkeiten von **Pune**, der Hauptstadt des Marathenreichs (18. Jh.), zählt der Shaniwarwada-Palast, der Regierungssitz der Peshwa-Dynastie. Handwerk und Kultur sind Aushängeschilder Punes, wo das Sanskrit entwickelt wurde.
Landschaften
Die Westgaths am Arabischen Meer erstrecken sich als rot-schwarze Steilküste bis nach Kerala. Rund um Bhimashankar eröffnet sich ein grandioser Panoramablick ins Gebirge.

■ Orissa
Kulturdenkmäler
Die Tempel Orissas sind ebenso bewundernswert wie die in Tamil Nadu. In der Hauptstadt **Bhubaneswar** stehen zahlreiche bramahnische Tempel wie der Lingaraja. Der Tempel von **Konarak** stellt den Wagen des Sonnengotts Surya dar, dem er geweiht ist. Der **Jagannatha-Tempel** in **Puri** ist im Juni das Ziel der Ratha Yatra, einer Wallfahrt, bei der auf großen Holzwagen Götterstatuen durch die Stadt gezogen werden.
Strände
In der Umgebung von **Puri** liegen am Golf von Bengalen eine Reihe von feinen Sandstränden.

Indien

Der Virupaksha-Tempel in Hampi, der Hauptstadt des letzten großen Hindu-Königreichs von Vijayanagar.

Zu allen wichtigen Festlichkeiten gehören die Elefanten mit ihren goldenen Decken.

REISEHIGHLIGHTS SÜDEN
■ **ANDAMANEN UND NIKOBAREN (Indischer Ozean)**
Küsten
Unterwasserwelten, Strände
■ **KARNATAKA**
Städte und Kulturdenkmäler
Mysore, Hampi, Badami, Shrirangapattana
Landschaften
Umgebung und Wasserfälle von Sivasamudram, Westghats
Tierwelt
Tiger, Bartaffen, Vögel, Krokodile, Hirsche (Chitals)
■ **KERALA**
Landschaften
Kanäle, Kokoshaine, Nilgiri-Berge, Kardamom-Gebirge
Küste
Kovalam Beach, Lagunen von Alappuzha
Kulturelles Erbe
Kochi, Trivandrum, traditionelle Hindu-Künste (Sanskrit-Theater, Tanztheater)
Tierwelt
Elefanten, Tahre
■ **LAKKADIVEN**
Tauchen
Koralleninseln
■ **TAMIL NADU**
Kulturdenkmäler
Tempel von Mamallapuram (Pallava-Dynastie), Srirangam, Thanjavur, Madurai
Landschaften und Tierwelt
Nilgiri-Berge, Luftkurorte (Udagamandalam, Coonor), Tiger und Panther in Mudumalai
Städte
Madras, Pudicherry, Auroville

Der Süden

■ **Andamanen und Nikobaren (Indischer Ozean)**
Küsten
Im aus 328 Inseln, 28 davon bewohnt, bestehenden Archipel hatte der Tsunami im Dezember 2004 verheerende Folgen. Ende des 18. Jahrhunderts nutzten die Engländer die Inselgruppe als Strafkolonie, heute locken von Palmen gesäumte Strände, Korallenriffe und lebendige Unterwasserwelten, die einen Vergleich mit den Gewässern der Malediven nicht zu scheuen brauchen.

■ **Karnataka**
Städte und Kulturdenkmäler
In **Mysore** beeindrucken ein Palast im indisch-muslimischen Stil und der Chamundi Hill, auf dem der Stier Nandi thront. Jedes Jahr Mitte November findet hier das Dasarah-Fest zu Ehren der Göttin Devi statt. Dann ziehen Prozessionen mit geschmückten Elefanten, Kamelen und Pferden durch die Straßen, die von Tänzern und Musikern begleitet werden.
Im Norden des Staates offenbart die von rotem Sandstein geprägte archäologische Grabungsstätte **Hampi** Burgruinen, Paläste, Pavillons und Heiligtümer, mit denen einst das Reich von Vijayanagar seinen Wohlstand zur Schau stellte. Nicht weit davon nahe **Badami** ziehen vier in den Fels gehauene Heiligtümer aus dem hinduistischen Königreich Chalukya die Blicke auf sich. Auf dem Rückweg nach Mysore passiert man **Shrirangapattana**, die ehemalige Hauptstadt des Staates. Ihre zahlreichen Tempel sind der Gottheit Vishnu gewidmet.
Landschaften
Das „Meer des Schiwa", die Gegend um **Sivasamudram**, prägt der Fluss Kaveri: Er teilt sich und stürzt als schönster Wasserfall des Landes fast 100 Meter in die Tiefe; danach passiert er Schluchten, bildet Stromschnellen und verläuft erst auf den letzten 80 Kilometern wieder in ruhigeren Bahnen.
Durch den Bundesstaat ziehen sich die Westghats, ein Mittelgebirge, dessen Wälder stark gefährdet sind.
Tierwelt
Im Bhadra Tiger Reserve und im Kudremukh National Park im Norden Karnatakas ist die seltene und gefährdete Spezies der Bartaffen zu Hause.

163

Indien

Auf einem Inselchen im Fluss Kaveri unweit von Mysore befindet sich das Vogelreservat von Ranganathittu. Im Bandipur National Park im Süden leben Hirsche (Chitals), Leoparden und Tiger.

■ Kerala
Landschaften
Kerala ist durch und durch grün. An der Malabarküste kann man mit einem Boot durch die zahlreichen Kanäle, die sogenannten Backwaters, gleiten und Fischerdörfer besuchen, die von Kokoshainen und Reisfeldern umgeben sind.
Im Osten verwandelt sich die Ebene in das Vorgebirge der **Nilgiri-Berge** und das **Kardamom-Gebirge**; hier finden sich unzählige Kaffee- und Teeplantagen.
Küsten
Der **Kovalam Beach** mit seinen Kokospalmen ist einer der schönsten Badeplätze in ganz Indien. Ein weiterer Strand liegt im Norden Keralas in Kannur. Sehr authentisch sind die Lagunen von **Alappuzha** und Kottayam.
Kulturelles Erbe
Die chinesischen Fischernetze vor **Kochi** und der Halbinsel Fort Kochi sind nur eine der vielen Attraktionen. Daneben hat die Stadt zahlreiche Kulturdenkmäler zu bieten, die die Portugiesen und Niederländer während der Kolonialzeit (vom 16. bis 18. Jahrhundert) hinterlassen haben.
Thiruvananthapuram ist das Ziel zahlreicher hinduistischer Pilger, die den Vishnu-Tempel besuchen.
Mit 70 Prozent der Bevölkerung hat Kerala den höchsten Alphabetisierungsgrad in ganz Indien. In dem Bundesstaat verbinden sich eine lange demokratische und kommunistische Tradition mit großer religiöser Toleranz: Im Lauf der Jahrhunderte fassten immer mehr Religionen hier Fuß, darunter auch das Christentum. In Kerala kann man verschiedene altüberlieferte Hindu-Künste erleben, etwa Kutiyattam (traditionelles Sanskrit-Theater) oder das neuere Kathakali, ein Tanztheater. Für Touristen wurden aber auch spezielle Varianten davon kreiert.
Tierwelt
Die Elefanten, die im Periyar National Park leben, entdeckt man am besten von einem Boot auf dem Periyar-See aus.

Die Fischer und ihre Netze sind das Markenzeichen Keralas, des „grünen" Staates mit den schönen Stränden.

In den Nilgiri-Bergen bietet der Eravikulam National Park bedrohten Pflanzen- und Tierarten einen Lebensraum, zum Beispiel den letzten Exemplaren der Tahre (eine Wildziegenart).

■ Lakkadiven
Tauchen
Die Koralleninseln, die ganz abgeschieden vor Kerala im Arabischen Meer liegen, gehören zum Unionsterritorium Lakshadweep. Besucher können Bootsfahrten hierher unternehmen und zu den Korallen tauchen. Es gibt eine der faszinierendsten Unterwasserwelten der Erde, zu entdecken, ähnlich der vor den Malediven ganz in der Nähe.

Indien

HINWEISE
▶ **Pluspunkte**

Die architektonische Vielfalt Indiens ist einzigartig: In keinem anderen Land finden sich so viele Tempel, Moscheen und Pilgerstätten.
Der Tourismus expandiert, aber die Reisekosten bleiben im Rahmen.

▶ **Minuspunkte**

Sporadisch gibt es Unruhen zwischen einzelnen religiösen Gruppen. In Kaschmir und der Staaten im Nordosten ist die Situation andauernd angespannt.
Zwischen Juni und September (Monsunzeit) ist das Klima nur in den Himalaja-Regionen und in Kaschmir und Ladakh angenehm.

▶ **Sicherheit**

Die politische Lage in Jammu und Kaschmir, einem der schönsten Staaten im Land, bleibt kritisch. Daneben sollten weitere Staaten im äußersten Nordosten aus politischen Gründen (Terrorgefahr) nicht bereist werden. In einigen Gebieten besteht ein erhöhtes Risiko für Dengue- oder Chikungunya-Fieber.

▶ **Trends**

Rajasthan ist dank des Jahrmarkts in Pushkar mit den Kamelen und des Ranthambore-Nationalparks mit den Bengalischen Tigern das Lieblingsziel zahlreicher Indien-Reisender. Ein weiteres Highlight sind Bootsfahrten durch die Backwaters von Kerala und die Chinesischen Fischernetze von Kochi.

■ **Tamil Nadu**

Kulturdenkmäler

In Tamil Nadu findet man zahlreiche berühmte Tempel auf einem Fleck. Zwischen den Heiligtümern von **Mamallapuram** direkt am Meer, darunter der Küstentempel und das Flachrelief „Herabkunft des Ganges", sind Relikte der Pallava-Dynastie zu sehen. Die Überreste eines großen Tempels, den der Rückfluss der Tsunamiwelle im Dezember 2004 freigelegt hat, sind ein weiteres Highlight der Region.
Jedes Jahr strömen von überallher Pilger nach **Srirangam** und ehren im Sri-Ranganathaswami-Tempel den Gott Vishnu. Seine Fassade zieren Pfeiler mit Pferdeskulpturen. Zum großen Brihadisvara-Tempel in **Thanjavur** gehört ein *vimana* (Turm) mit 13 Stockwerken. In **Tiruchirapalli** („Tichy") befindet sich ein Tempel, der Ranganatha geweiht ist. **Madurais** Tempel gilt als schönstes Beispiel für dravidische Kunst.

Landschaften und Tierwelt

Die **Nilgiri-Berge** („blaue Berge") bilden eine kühle Oase im tropischen Klima Südindiens. Dank des Waldes und der Tee-, Kaffee- und Eukalyptusplantagen entstanden hier Luftkurorte wie **Udagamandalam** und **Coonor**. Man findet fantastische Wandermöglichkeiten vor.
Im Nationalpark in **Mudumalai** in der nahe Udagamandalam kann man mit etwas Glück während eines Ritts auf einem Elefanten Tiger und Panther beobachten.

Städte

Madras, heute Chennai, besitzt tolle Museen. Seine Filmstudios, die wichtigsten des Landes, kann man zum Teil besichtigen.
Sein „Kolonialcharme" macht **Puducherry** zu einem beliebten Ziel. 1968 gründete Mirra Alfassa („die Mutter") in der Nähe **Auroville**, um den Traum von einer „Einheit der Menschheit" zu realisieren: Eines Tages sollen hier 50 000 Menschen aus aller Welt vereint sein. ■

Indonesien

🇮🇩 In den vergangenen zehn Jahren haben politische Spannungen und Attentate das Bild des größten Inselstaates der Welt stark beeinflusst. Dennoch stehen die großen Klassiker wie Java und Bali bei den Besuchern hoch im Kurs. Wer das Ungewöhnliche sucht, begibt sich auf die kleinen Sundainseln, nach Sumatra und Sulawesi. Für Entdeckungstouren eignen sich West-Neuguinea und Kalimantan.

Der Süden

■ Sumatra

Landschaften und Wandertouren

Die große Insel Sumatra ist in gewissem Sinne das Gegenstück zu Java. Hier ist jeder richtig, der in Indonesien das Abenteuer sucht. Auf der Insel finden sich viele Vulkane und Seen vulkanischen Ursprungs. Im Herzen des Landes der Batak liegt der berühmte **Toba-See,** der von schroffen Abhängen mit Wasserfällen umgeben ist. Auch der **Maininjau-See** verspricht interessante Entdeckungen.

Die Völker und ihre Bräuche erkundet man auf Sumatra meist zu Fuß. Etwa in den Regionen Padog und Bukittinggi, wo sich die Minangkabau ihre Ursprünglichkeit erhalten haben. Das zeigt sich in ihrer Lebensweise und in ihren Siedlungen (mit traditionellen Häusern, deren Dächer mit Büffelhörnern geschmückt sind).

Die Büffel, die Wappentiere der Minangkabau, liefern einander Kämpfe, die die Zuschauer entzücken. Die Orang-Utans dagegen sind bedroht von Bränden und Abholzung.

Ein Besuch der Dörfer der Niasser auf der gebirgigen Insel Nias war sehr beliebt, bis die Insel im März 2005 schwer von einem Tsunami getroffen wurde. Die Niasser haben sich ihre Art zu Leben bewahrt (Jagd, Fischfang, Sammlerwirtschaft). An

---

REISEHIGHLIGHTS SÜDEN

■ SUMATRA
Landschaften und Wandertouren
Vulkane, Seen (Toba-See und Mininjau-See), Bintan
Trekkingtouren zu den Batak, Minangkabau, Niassern und Sakkudei

■ JAVA
Kulturdenkmäler
Pyramide von Borobudur, Tempelanlagen in Prambanan und Dieng
Vulkane
Merapi, Semeru, Papandayan, Kawa Idjen, Bromo, Perbuatan
Städte
Jakarta, Yogyakarta, Solo

■ MADURA
Bullenrennen

■ KLEINE SUNDAINSELN
Küsten
Strände, Korallenriffe (Flores, Lombok, Sumbawa, Sumba)
Tierwelt
Komodowarane

■ BALI
Kulturelles Erbe
Kunsthandwerkliche Traditionen, religiöse Feste, Feuerbestattungen, Tänze (Barong, Kechak, Legong)
Landschaften
Reisfelder, Vulkane (Batur, Agung)
Küsten
Strände, Surfen

Der Tempel von Borobudur mit den vielen Stupas ist eine der bedeutendsten Sehenswürdigkeiten Südostasiens.

Für Vulkanliebhaber ist Java ein Paradies. Selbst die Mühen des Aufstiegs auf den Bromo sind schnell vergessen.

REISEINFORMATIONEN

Erste Infos
Botschaft der Republik Indonesien, Lehrter Str. 16–17, 10557 Berlin, 030/4780-70; Internet: www.asien-auf-einen-blick.de/indonesien
Formalitäten
Bürger der EU und der Schweiz: Reisepass (noch sechs Monate nach Rückkehr gültig), nötig ist ein kostenpflichtiges Visum. Man kann das Visum bei der Ankunft erhalten, aber es ist besser, sich vor der Abreise zu erkundigen.
Für West-Neuguinea und die Molukken ist eine spezielle Einreiseerlaubnis erforderlich. Außerdem wird ein Rück- oder Weiterreiseticket verlangt.
Gesundheit
Keine Pflichtimpfungen. Eine Malariaprophylaxe ist jedoch für die Gebiete außerhalb von Jakarta, den anderen Großstädten und den Haupttourismusorten auf Bali und Java unumgänglich.
Flugdauer, Zeitverschiebung
Durchschnittliche Flugdauer Frankfurt–Jakarta (11937 km): 15 Std., Frankfurt–Denpasar auf Bali: 14 Std. 30 Min. Um 12 Uhr deutscher Zeit ist es in Indonesien im Sommer 17 Uhr, im Winter 18 Uhr.
Durchschnittliche Reisekosten
Zwischen 2000 und 2300 Euro bezahlt man für eine 14-tägige geführte Reise auf Java und Bali oder Sumatra und Java. Etwas mehr als 2000 Euro kostet eine 14-tägige Wandertour durch das Vulkangebiet auf Java.
Sprachen, Währung
Offizielle Landessprache: Bahasa Indonesia (Indonesisch), daneben 250 Dialekte. Obwohl Bahasa Indonesia von 80 Millionen Einwohnern gesprochen wird, ist es auf den meisten Inseln nur Zweitsprache. Es wurde von der javanischen Sprache auf Java fast ganz verdrängt. Mit Englisch kann man sich verständigen.
Währung: Rupiah. Bargeld und Reiseschecks in USD sind willkommen.
1 USD = 9400 Rupiahs,
1 Euro = 13800 Rupiahs. Meist günstigerer Wechselkurs bei einem Geldwechsler.
Bevölkerung
Die Bevölkerungsdichte ist hoch: 234 694 000 Einwohner, von denen mehr als die Hälfte auf Java lebt. Die größte Bevölkerungsgruppe sind die Malaien: Protomalaien, wie die Dayak auf Borneo, die Toraja auf Sulawesi, oder Deuteromalaien. Die Chinesen, die sich auf Handel und Finanzen spezialisiert haben, zählen 4 Millionen. **Hauptstadt:** Jakarta (11 Millionen Einwohner im Großraum).
Religionen
87% der Indonesier sind Muslime, 9% Christen (Protestanten vorwiegend in Nordsulawesi, Katholiken in Timor und West-Neuguinea), 2% Hindus, 1% Buddhisten. Bali ist mit einer starken hinduistischen Mehrheit eine Ausnahme: Die vielen Riten und Traditionen begründen den Ruf der Insel.
Feste und Feiertage
Februar: Meeresfest auf Lombok; Juni: Fest in Borobudur; 17. August: Nationalfeiertag; Dezember: Wallfahrt zum Bromo (Java); das ganze Jahr über: religiöse Feste auf Bali (Prozessionen, Einäscherungen), Bullenrennen (Karapan Sapi) auf Madura.
Einkäufe
Eine Besonderheit unter vielen: Batik. Ob als Bilder in allen Größen, als Wandbehang oder Kleidungsstoff, die beste Auswahl findet man in Jogjakarta (Java).
Andere Besonderheiten, die man ebenso auf Java findet: Marionetten, die Figuren des „Ramayana" darstellen, eines indischen Epos, das in Südostasien sehr beliebt ist.

Indonesien

Zwischen Vulkanen und dem Ozean bietet Bali seine harmonischen Landschaften mit terrassierten Reisfeldern auf.

einigen Orten stehen Steinskulpturen, die die Ahnen darstellen.
Ebenso beliebt ist eine Begegnung mit den „Blumenmenschen" (der Name rührt von ihren Tätowierungen her) aus dem Stamm der Sakkudei auf der Nachbarinsel **Siberut**. Auch die Niasser konnten sich einen Großteil ihrer Traditionen erhalten.
Nicht weit von Sumatra und sehr nah an Singapur (weniger als eine Stunde mit der Fähre) liegen die **Inseln Batam** und **Bintan,** die Orte der Entspannung geworden sind (Golfplätze).

■ Java
Kulturdenkmäler
Die riesige buddhistische Tempelanlage **Borobudur** (9. Jahrhundert) in Form einer Pyramide ist eines der wichtigsten architektonischen Reiseziele weltweit. Sie setzt sich aus vier Stockwerken mit Galerien zusammen, die mit 1640 Reliefs geschmückt sind. Sie erzählen von den früheren und vom letzten Leben des Buddha. Sie sind von drei Terrassen mit 72 Stupas umgeben und von einem riesigen Stupa gekrönt. Jedes Jahr finden in Borobudur zwischen Mai und Oktober szenische Darstellungen des „Ramayana"-Epos statt. Die nahe gelegene hinduistische Tempelanlage **Prambanan** (8. bis 9. Jahrhundert) ist ebenfalls beeindruckend. Die Anlagen Borobudur/Prambanan sind das „kulturelle Muss" auf Java und im ganzen Land. Die Tempel der Hochebene von **Dieng** sind ebenso interessant, aber die Gegend ist bekannter für das Schauspiel ihrer schwefelhaltigen Minigeysire.

Vulkane
Für Vulkanismusliebhaber ist Java der Nabel der Welt. Mehr als 100 Vulkane prägen die Landschaft, 25 davon sind aktiv. Die Klassiker, wenn man Eruptionen beobachten oder in der Nähe wandern möchte, sind: der **Merapi** (sorgte im Mai 2006 für Aufsehen), der **Semeru**, der höchste Punkt der Insel, der **Papandayan**, dessen regelmäßiges Grollen ihm die Bezeichnung „Schmiede" eingetragen hat, und der **Kawa Idjen**. Eine Wanderung von ein paar Stunden führt zum **Bromo** mit seinem Krater im Tengger-Massiv, dem „Sandmeer", das alljährlich im Dezember zum Wallfahrtsziel wird. Der **Perbuatan** auf der Nachbarinsel Krakatau, hat 1883 einen Eruptionsknall von nie mehr erreichter Stärke erlebt. Der **Anak Krakatau** (besteigbar) ist der Sohn des furchtbaren Vaters.
Leichtere Trekkingtouren: Papandayan, Bromo, Kawa Idjen. Anspruchsvoller sind der Merapi (oft gefährlich) aber auch der Semeru.

BESTE REISEZEIT		
	Klima	Weniger Andrang auf Bali
Januar		
Februar		
März		
April	☼	☼
Mai	☼	☼
Juni	☼	
Juli	☼	
August	☼	
September	☼	☼
Oktober	☼	☼
November		
Dezember		

Indonesien

Der Strand von Amed Beach ist allenfalls von kleinen Booten überlaufen.

Städte

Man sollte sich lieber in **Solo** und vor allem im extrem lebendigen **Yogyakarta** aufhalten als in der riesigen Hauptstadt Jakarta, ihr Nationalmuseum ausgenommen.

Das kulturelle Interesse, das Kunsthandwerk (Batik) und die Traditionen (Tänzer, Marionettenspieler) stehen in starkem Bezug zu den Epen, aber auch zu politischen Themen. So sind die beiden Städte die attraktivsten Javas.

■ Madura

Auf dieser kleinen Insel in der Nähe von Java kann der Besucher ein höchst originelles Schauspiel erleben: das Karapan Sapi. Dieses Rennen unterscheidet sich von europäischen dadurch, dass die Stiere die Jockeys führen. Das Spektakel gehört zu den Traditionen der Insel und ist äußerst sehenswert.

■ Kleine Sundainseln
Küsten

Die kleinen Sundainseln verbinden Indonesien mit Australien. Sie werden sogenannt im Vergleich zu ihren großen Nachbarn Java und Sumatra. Die Inseln im Norden (Flores, Lombok, Sumbawa) gehören zu den meistbesuchten.

Die Südküste von **Flores** wird von mehreren Buchten gebildet. Aktive Vulkane säumen sie, der berühmteste ist der Kelimutu. An seinen drei Flanken liegen Seen, deren Farben sich im Lauf der Jahreszeiten verändern. Auf Flores wächst viel Wald, einige Schluchten durchziehen die Insel. Interessant ist sie auch, weil man hier kleine Fischerdörfer, traditionelle Siedlungen und indigene Stämme entdecken kann.

Der 3726 Meter hohe, viel bestiegenen Rinjani prägt die Landschaft von **Lombok.** Diese Insel vergleicht man wegen der Vulkane und der terrassierten Reisfelder oft mit dem benachbarten Bali. Die Insel, auf der es weiße Sandstrände (Sengigi), eine zum Surfen ideale Südküste und zum Tauchen einladende Korallengründe gibt (Gilli Islands), ist häufig das Ziel von Besuchern, die dem Massentourismus auf Bali entkommen wollen. **Sumbawa** und **Suma** lohnen einen Besuch, weil sie wundervolle Landschaften und Strände haben. Die traditionellen Häuser und Handwerksarten, zu denen die Ikat-Webkunst in den Dörfern von Sumba gehört, ziehen ebenfalls Besucher an.

Tierwelt

Die Insel **Komodo** verdankt ihren Ruf dem *Varanus komodoenis,* der ausgewachsen durchschnittlich drei Meter lang und 100 Kilogramm schwer ist. Es handelt sich um eine riesige prähistorische Echsenart, die von den Dinosauriern abstammt. Komodo

Auch wenn der Barong oft für die Touristen verändert wird, bleibt er doch ein wunderbares Tanzschauspiel.

und die Nachbarinsel Rincha sind die einzigen Orte der Welt, auf denen diese Art vorkommt. Auf Komodo können Besucher die Warane in einem Beobachtungsgebiet im Nationalpark sehen.

■ Bali
Kulturelles Erbe
Der Ruf Balis gründet auf Traditionen und Spiritualität: traditionelle Künste (die Tänze sollen einem harmonischen Gleichgewicht dienen und Mythen übermitteln), Kunsthandwerk in den Dörfern (Malerateliers und Galerien in Ubud) und religiöse Feste (Prozessionen, Tempelfeiern, Feuerbestattungen in Anwesenheit der Familie, des ganzen Dorfes … und der Touristen).
Im Mittelpunkt der Tanzvorstellungen (Barong, Kechak, Legong) steht das „Ramayana", das berühmteste Epos Indiens. Es ist in Südostasien weit verbreitet. Die Veranstaltungen sind oft stark auf Besucher ausgelegt, aber dennoch sehr ergreifend.
Eine andere Tradition ist es, dass sich die Musiker aus den Dörfern versammeln, um ein Gamelan *(gambuh)* zu bilden, ein für Indonesien typisches Musikensemble. Dabei mischen sich Xylophonklänge mit den Rhythmen von Trommeln.

Land
Die grünen, terrassierten Reisfelder auf vulkanischem Boden machen Bali zu einem geographischen Meisterwerk und einem Museum der Topografie. Als wollten sie dieses permanente Schauspiel krönen, bilden die Krater und der Kratersee des Batur ebenso wie der Agung, die beiden heiligen Vulkane der Insel, ein schönes Wandergebiet.

Küsten
An die meisten Strände Balis branden hohe Wellen, die bei Surfern sehr beliebt sind. Die Strände im Süden wie Kuta Beach, Legian Beach und Sanur sind mittlerweile sehr westlich geprägt und keineswegs einsam. Unter neuen Namen (Nusa Du, Tanah Lot, Tuban) sind sie heute zusammengeschlossen.
Eine Tour mit dem Bemo (kleines Gemeinschaftstaxi) zu den Stränden im Norden lässt einige Ruhepole erahnen. Sicher kann sich der Besucher aber nie sein, denn Bali hat, obwohl es zwischen 2002 und 2005 von Attentaten heimgesucht wurde, noch immer jedes Jahr vier Millionen Touristen.

In der Nähe des Flusses Makaham auf Kalimantan, dem südlichen Borneo, versuchen die Dayak, ihre Rituale zu erhalten.

REISEHIGHLIGHTS NORDEN

■ **KALIMANTAN**
Landschaften und Tierwelt
Urwald und Flüsse, Krokodile, Pythonschlangen, Delfine, Nashornvögel, Orang-Utans, Nasenaffen
Siedlungen
Banjarmasin (Pfahlbauten), Tamianglayang, Berau

■ **MOLUKKEN**
Gewürze, große Seefahrer

■ **SULAWESI (CELEBES)**
Kulturelles Erbe
Toraja (Siedlungen/Bräuche)
Landschaften
Poso-See, Togian Inseln, Nationalpark Lore Lindu

■ **WEST-NEUGUINEA**
Trekking
Auf den Spuren der Papuas
Tierwelt
Paradiesvögel

Der Norden

■ Kalimantan (Borneo)

Landschaften und Tierwelt
Der Urwald und das Gefälle der Flüsse sind die zwei Hauptattraktionen Kalimantans. Den Kapuas und den Mahakam kann man mit dem Einbaum flussabwärts befahren. Eine Tour mit Dschungelwanderungen oder einem Besuch in einem Dayak-Dorf dauert mehrere Tage.
Reisende, die die Artenvielfalt Indonesiens – Krokodile, Pythons, Delfine, Nashornvögel, Orang-Utans – erleben wollen, besuchen den Tanjung Pating Nationalpark, ein Highlight Kalimantans. Nahe Benjarmasin liegt Palau Kaget, ein Nasenaffen-Naturreservat.

Siedlungen
Weil **Banjarmasin** auf Pfählen gebaut ist, wurde dieser große Handelshafen oft mit Venedig verglichen, auch wegen des schwimmenden Marktes. 200 Kilometer entfernt liegt das Dorf **Tamianglayang.** Es ist von animistischen Traditionen geprägt und besticht durch seinen Markt, auf dem sich die Dayak treffen. Schön ist die Mündung des **Berau,** wo der Schriftsteller Joseph Conrad an Land ging.

■ Molukken

Der Muskatnuss und der Gewürznelke hat die Inselgruppe den Beinamen „Gewürzinsel" zu verdanken, und ließ die Europäer im 16. Jahrhundert davon träumen. Daher zogen die Molukken große Seefahrer wie Magellan an. Heute zählen die 1000 Inseln zu den am wenigsten bekannten Orten Indonesiens. Touristen nähern sich ihnen bei Kreuzfahrten vom Nordosten Sulawesis aus, sofern die Spannungen zwischen Christen und Muslimen es zulassen.

Indonesien

Der schwimmende Markt von Benjarmasin, eine der wenigen Städte Kalimantans.

■ Sulawesi (Celebes)
Kulturelles Erbe
Die Toraja sind wegen ihrer Bestattungsriten (Felsengräber mit Holzstatuen) oder Opfer (Büffel, Schweine) die bekannteste Bevölkerungsgruppe des Archipels. Ihre langen, auf Pfählen stehenden Häuser (*tongkonon*) haben Dächer in Form eines Schiffsbugs. Ihre Siedlungen sind die ursprünglichsten in Indonesien.

Landschaften
Die Natur mit Reisfeldern, Orchideen und fleischfressenden Pflanzen bietet zahlreiche Abwechslungen beim Wandern. Die Umgebung des Poso-Sees lag bis vor Kurzem abseits der touristischen Pfade. Dorthin und in den Nationalpark **Lore Lindu** werden in Zukunft vermehrt Trekkingtouren führen. Die **Togian-Inseln** (Strände, Lagunen, Unterwasserwelt) sind umso mehr eine Reise wert, als sie von Besucherströmen noch verschont sind.

■ West-Neuguinea
Trekking
Bis auf Ethnologen interessierte sich bis vor Kurzem kaum jemand für die westliche Hälfte Neuguineas. Heute sucht man dort, wenn es die Lage erlaubt, den Kick auf schwierigen Wandertouren oder bei Begegnungen mit den Papuas. West Papua ist eines der ungewöhnlichsten Reiseziele Indonesiens.

Tierwelt
Zusammen mit dem benachbarten Papua-Neuguinea ist West-Neuguinea, noch genauer die Biak-Inseln, der einzige Ort, an dem man Paradiesvögel entdecken kann. ■

HINWEISE
▶ Pluspunkte
Das Land zählt dank der außergewöhnlichen Vielseitigkeit seiner Landschaften und Traditionen zu den großen Tourismuszielen der Welt. Die beliebtesten Reise-Jahreszeiten treffen hier vorteilhaft zusammen: Sonne und ein weniger feuchtes Klima sind charakteristisch für die Monate Juni bis September.

▶ Minuspunkte
Das Risiko von Attentaten, gezielt auf Touristen, in einem Land, das lange Zeit von diesem Problem verschont wurde.
Hitze und hohe Luftfeuchtigkeit machen lange Reisen und Wanderungen manchmal strapaziös.

▶ Sicherheit
Das Land leidet unter der latenten Aktivität von Terroristen. Deshalb muss jede Reise in die Provinz Aceh (Westsumatra), in die südlichen Molukken, nach Zentral-Sulawesi, in den Westen West-Neuguineas, nach Kalimantan und Ost-Timor genauestens vorbereitet werden (aktuelle Sicherheitshinweise der Bundesregierung beachten!) und, in manchen Fällen, eine Einreisegenehmigung des Konsulats eingeholt werden.

▶ Trends
Die Landschaften der vier kleinen Sundainseln (Flores, Lombok, Sumbawa, Sumba) entfalten ihre Verführungskünste immer stärker. Damit entlasten sie Bali.
Wanderungen zu den Vulkangebieten von Java sind einfacher zu bewältigen als vermutet. Der Krater des Bromo zum Beispiel ist leicht zugänglich.

Irland

 Irland

REISEHIGHLIGHTS IRLAND
Landschaften
- Heidelandschaften, Hochmoore und Seen in Connemara, Burren, Halbinsel von Kerry, Steilküsten (Slieve League), Aran-Inseln, Tafelberg (Benbulbin)
- Grafschaften Wicklow und Waterford

Aktivitäten
- Golf, Reiten, Angeln (Lachs)
- Touren zu Fuß, zu Pferd oder mit dem Rad
- Bootstouren auf dem Shannon

Kulturdenkmäler und Traditionen
- Dolmen, Schlösser, Ruinen (Staigue Fort)
- St. Patrick's Day

Städte
- Dublin, Kilkenny, Waterford, Cork

🇮🇪 *Zugegeben, manch einer muss das wechselhafte Wetter auf der grünen Insel erst lieben lernen. Aber bei den vielfältigen Freizeitmöglichkeiten, dem keltischen Erbe, den herzlichen Menschen und dem leckeren Guinness stehen ohnehin andere Dinge im Vordergrund …*

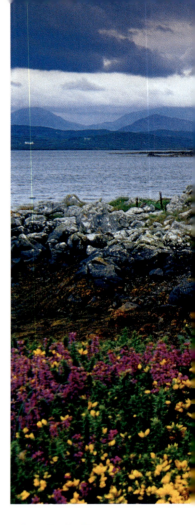

■ Landschaften

Die Natur zeigt sich von ihrer schönsten Seite, wenn die Sonne nach einem Platzregen über den Ebenen und Hügellandschaften wieder zum Vorschein kommt. **Connemara** nimmt mit seinen Heidelandschaften, Hochmooren, Seen, Meeresarmen, die zum Angeln ideal sind, der gälischen Sprache, seinem besonderen Licht und den typischen „Country Houses" eine Sonderstellung ein. Die gesamte Westküste entlang reiht sich ein Highlight an das andere: Steilküsten, wie die Cliffs of Moher, zahlreiche Buchten, die rauen **Aran-Inseln** oder die Karstlandschaft des **Burren** und – im äußersten Südwes-

Connemara mit seinen Blumen, Heidelandschaften und Hochmooren steht symbolisch für die Westküste Irlands.

ten – die Provinz **Kerry**. Diese Region ist bekannt für ihr mildes Klima, die Rhododendrenblüte Anfang Juni, die Seen, die sich um das kleine Killarney verteilen die Sandstrände bei Inch, in der Bucht von Dingle, und die Aussichtspunkte auf den Klippen. Der Carrantuohill ist mit 1041 Metern die höchste Erhebung der Insel.

Die Nordküste besitzt mit den **Klippen von Slieve League** das höchste Küstenrelief in ganz Europa; eine weitere Attraktion ist der Tafelberg **Benbulbin** im Westen der Dartry-Mountains. Letzterer ist 520 Meter hoch und gleicht einem riesigen Schiffsbug.

Südlich von Dublin liegt die **Grafschaft Wicklow** mit ihren berühmten Gärten wie den Kilruddery Gardens und den Powerscourt Gardens und ihren Heidelandschaften.

Die **Grafschaft Waterford** im Südosten ist von beschaulichen Landschaften geprägt, durch die die Flüsse Barrow, Suir und Blackwater strömen. Aus dieser Gegend (New Ross) stammt die Familie John Fitzgerald Kennedys, die nach Amerika auswanderte. Außer ihnen brachen noch drei Millionen Iren von Cobh aus (nahe Cork) nach New York. In **Midleton** befindet sich das Jameson Heritage Centre, eine der bekanntesten Whiskeybrennereien. Hier steht der größte Destillierapparat der Welt.

■ Aktivitäten

Die vielen Attraktionen des Landes haben zur Entwicklung verschiedener Angebote geführt. Viele Highlights kann man zu Fuß, zu Pferd, mit dem Rad oder bei einer Bootstour auf dem Shannon oder dem Blackwater besuchen und erleben.

Die Gassen und Pubs am Ufer des Liffey in Dublin sind Teil des besonderen Charmes und Flairs der Stadt.

REISEINFORMATIONEN

Erste Infos
Irland Information – Tourism Ireland, Gutleutstr. 32, 60329 Frankfurt, 069/66800950; Internet: www.discoverireland.com/de/

Formalitäten
Bürger der EU und der Schweiz benötigen einen gültigen Personalausweis oder Reisepass.

Gesundheit
Keine Besonderheiten.

Flugdauer, Zeitverschiebung
Durchschnittliche Flugdauer Frankfurt–Dublin (1089 km): 2 Std. Um 12 Uhr deutscher Zeit ist es in Irland 11 Uhr; Achtung: Zwischen Ende September und Ende Oktober gibt es keine Zeitverschiebung!

Durchschnittliche Reisekosten
Für eine Woche bezahlt man inklusive Fähre (mit eigenem Auto) und Unterkunft in einem Bed & Breakfast 600 Euro. Ein Wochenende in Dublin (Flug und Unterkunft) kostet etwa 300 Euro, ein zehntägiger Aktivurlaub (Angeln, Golf, Planwagenfahrten et cetera) ungefähr 1200 Euro.

Sprache, Währung
Amtssprachen: Irisch und Englisch.
Währung: Euro.

Bevölkerung
In den letzten 150 Jahren hat sich die Bevölkerungszahl des Landes halbiert: Beinahe ein Jahrhundert andauernde Armut und Hungersnot haben die Menschen zur Emigration getrieben. Die meisten wanderten in die USA aus. Der wirtschaftliche Aufschwung, den die Insel jüngst erlebte, zog Menschen aus ganz Europa an. Derzeit hat die Republik 4109000 Einwohner.
Hauptstadt: Dublin; in der Stadt und ihrem Einzugsgebiet leben 1100000 Menschen.

Religionen
Noch heute bekennen sich 93 % der Bevölkerung zum Katholizismus (ein Großteil praktiziert den Glauben aktiv). Minderheiten bilden Mitglieder der Irischen Kirche (anglikanische Kirche), Presbyterianer und Methodisten.

Feste und Feiertage
Rund um den 17. März: St. Patrick's Day; **Juni:** Bloomsday Festival in Dublin; **August:** Rose of Tralee; **September:** Finalentscheidungen der Hurling-Wettkämpfe; **Oktober:** Guinness Cork Jazz Festival; **Ende Oktober:** Dublin Marathon.

Einkäufe
Beliebte Souvenirs sind Kleidungsstücke aus Tweed oder Pullover aus weißer Wolle, original irisches Guinness, eine Flasche Whiskey oder Räucherlachs. Zudem gibt es vielfältige kunsthandwerkliche Produkte: Schmuck, Keramik, Kristallglas, Glasgegenstände.

Irland ist perfekt für Aktivurlauber. Golf etwa ist ausgesprochen verbreitet. Unter den zahlreichen Golfplätzen finden sich so wohlklingende Namen wie Tralee, Ballybunion, Clifden. Der berühmteste Golfplatz ist in Waterville, dicht an einem der schönsten Strände des Landes.

Pferde sind in Irland schon lange präsent. Auf ihren Rücken lassen sich die weißen Sandstrände der Halbinsel Dingle oder Felsenschluchten wie die Gap of Dunloe erkunden. Angler mieten sich ein Boot und fangen etwa im Blackwater Lachse oder im Shannon Hechte. Außerdem werden traditionelle Planwagentouren angeboten.

■ Kulturdenkmäler und Traditionen

Viele Spuren der irischen Geschichte, etwa Dolmen (Megalithkultur), Schlösser wie das in Kilkenny oder Ruinen wie Fort Staigue, sind vom Tourismus noch unentdeckt.

Irland

Im 5. Jahrhundert besuchte der heilige Patrick von Irland die Insel als Missionar. Ihm zu Ehren finden jedes Jahr am 17. März große Feste statt, in Dublin etwa mit Feuerwerk, Straßentheater, Parade und irischem *ceili*-Tanz. Die Iren sind ihren Traditionen sehr verbunden und verstehen es, Besucher mitzureißen.

■ Städte

Dublin liegt in einer Bucht und ist von Hügeln umgeben. Die Stadt erfreut sich bei Europareisenden wachsender Beliebtheit. In den Gässchen und Pubs der Stadt sowie in ihrem attraktiv gestalteten In-Viertel Temple Bar verlaufen sich die Touristenströme. Über den Liffey, der die Stadt zweiteilt, spannen sich einige malerische Brücken, etwa die Half Penny Bridge.

Der Georgian Trail, der Old City Trail und der Cultural Trail sind drei empfehlenswerte Routen durch die Stadt, auf denen sich ihre alten Viertel erkunden lassen.

Die Hauptstadt besitzt eine bekannte Universität, das Trinity College, und zahlreiche interessante Museen, darunter das Nationalmuseum mit seinen Altertümern und die Dublin City Gallery, die Werke von Corot, Monet, Osborne und Renoir zeigt. Zwischen Plätzen und Gärten locken Pubs mit dem berühmten Guinness, dem sogar ein Museum gewidmet ist: Das Guinness Storehouse ist in der Guinness-Brauerei untergebracht. Ebenso sehenswert ist das Jameson Whiskey Museum in Smithfield Village.

Die Einwohner der Hafenstadt **Waterford** im Südosten sind stolz auf ihre Kristallfabrik. Typisch irisch sind die bunten Fassaden und die überfüllten, dem Guinness geweihten Pubs in der Kleinstadt **Kilkenny**.

Im Südwesten liegt die Hafen- und Studentenstadt **Cork,** die mit ihren viktorianischen Bauwerken und zahlreichen Kirchen 2005 Europäische Kulturhauptstadt war. ■

HINWEISE
▶ **Pluspunkte**
Das Tourismusangebot in Irland ist sehr vielfältig.
Gäste werden mit der ebenso legendären wie aufrichtigen Herzlichkeit aufgenommen.
Der Naturschutz wird groß geschrieben.
▶ **Minuspunkte**
Das Wetter ist oft wechselhaft.
▶ **Sicherheit**
Es gibt keine außergewöhnlichen Probleme – solange man mit dem Guinness Maß hält.
▶ **Trends**
Die Unterkünfte sind mittlerweile genauso typisch vielfältig wie der Irland-Tourismus selbst: Touristen können in Cottages, Gästezimmern, Landhäusern oder auch auf Bauernhöfen übernachten.

BESTE REISEZEIT		
	Klima	Blütezeit an der Westküste
Januar		
Februar		
März		
April		
Mai		☘
Juni	☼	☘
Juli	☼	
August	☼	
September	☼	
Oktober		
November		
Dezember		

Die Steilküste am Fort Dun Aenghus auf den Aran-Inseln.

Island

REISEHIGHLIGHTS ISLAND

Landschaften und Wandertouren
- Geysire, Solfataren, Wasserfälle, Gletscher (Vatnajökull), Seen (Mývatn), Fjorde (Breidhafjördhur, Isafjördhur)
- Wander- und Radtouren, Skilanglauf, Motorschlitten, Ausritte, Angeln, Nordlichter

Tierwelt
- Papageientaucher, Seeadler, Gerfalken, Rentiere, Polarfüchse, Pottwale, Kegelrobben, Finnwale

Stadt
- Reykjavík

Island

🇮🇸 Islands größte Attraktion ist sein „bewegter" Untergrund mit den unzähligen sprühenden Geysiren. Dazu kommen Wasserfälle, eine grün-schwarze Wüste, Nordlichter, Gletschertäler, Fjorde ... Wer je im Sommer in einer „Weißen Nacht" eine Rucksackwanderung gemacht hat, vergisst das nie mehr.

REISEINFORMATIONEN

Erste Infos
Botschaft der Republik Island, Rauchstr. 1, 10787 Berlin, 030/50 50 40 00; Internet: www.visiticeland.com

Formalitäten
Bürger der EU und der Schweiz benötigen einen gültigen Personalausweis (Schengener Abkommen).

Gesundheit
Keine Besonderheiten.

Flugdauer, Zeitverschiebung
Durchschnittliche Flugdauer Frankfurt–Reykjavík (2407 km): 3 Std. 30 Min.
Um 12 Uhr deutscher Zeit ist es in Island im Sommer 10 Uhr, im Winter 11 Uhr.

Durchschnittliche Reisekosten
Ein verlängertes Wochenende in Reykjavík (Hin- und Rückflug, Unterkunft für 4 Tage/3 Nächte) kostet 350 bis 400 Euro, eine 14-tägige Rundwanderung 2000 Euro.

Sprache, Währung
Amtssprache: Isländisch, eine germanische Sprache, die sich seit dem Mittelalter wenig verändert hat. Fremdsprache: Englisch.
Währung: króna, die isländische Krone. Das Geld ist einfacher auf der Insel zu wechseln.
1 Euro = 74,40 krónur.

Bevölkerung
Die Stammbäume der 301 900 Einwohner lassen sich bis zu den Wikingern zurückverfolgen. Theoretisch hat jeder Isländer zwei Quadratkilometer für sich, aber die Bevölkerung konzentriert sich an der Küste, vier Fünftel der Insel sind unbewohnt.
Hauptstadt: Reykjavík; in der Stadt und ihrer Umgebung lebt mehr als die Hälfte der Bevölkerung.

Religionen
93% der Isländer sind Mitglieder der evangelisch-lutherischen Kirche.

Feste und Feiertage
Februar: Lichterfest und Festival Food and Fun in Reykjavík; Juni: Sjómannadagurinn (Seemannstag); 20. August: Kulturnacht in Reykjavík; September: Schafabtrieb

Einkäufe
Die typischen Pullover der Isländer aus reiner Wolle können leider nicht erworben werden. Den heimischen Lachs dagegen, der sich mit dem norwegischen oder schottischen durchaus messen kann, darf man mitnehmen.

Island

Das Thermalwasser in der Blauen Lagune 50 Kilometer von Reykjavík entfernt ist circa 37 Grad warm.

HINWEISE
▶ **Pluspunkte**
Island ist mit seiner nahezu unberührten Natur und den ungewöhnlichen Landschaften, die die Insel prägen, ein Paradies für Wanderer. Dank des Golfstroms wird es hier nicht ganz so kalt, wie man vielleicht erwartet.

▶ **Minuspunkte**
Die Lebenshaltungskosten für Touristen sind relativ hoch. Derzeit sind jedoch Preissenkungen zu beobachten. Es gibt kaum Alternativen zu einem naturbetonten Tourismus.

▶ **Sicherheit**
Das Land ist sehr ruhig und das Aggressionspotenzial auch nicht höher als in anderen Ländern.

▶ **Trends**
Touren durch die Natur mit Islandponys und Übernachtungen im Zelt sind sehr beliebt. Man kann auch beispielsweise Wochenendreisen buchen, um die Nordlichter zu erleben (von September bis März).

■ Landschaften und Wandertouren

Wenn man die Küstenregionen der größten Vulkaninsel der Welt verlassen hat, findet man kaum mehr eine Menschenseele, dafür umso mehr Natur. Der **Strokkur**, einer der zahlreichen Geysire (Quellen mit sprudelnd heißem Wasser), liegt in der „Geysir-Zone" und speit alle sechs bis zehn Minuten einen Strahl kochend heißes Wasser, manchmal bis zu 30 Meter hoch. Es gibt Solfataren, Gebiete, in denen Schwefel aus dem Boden austritt. Wasserfälle tosen, etwa der Godafoss, der Gullfoss oder der Dettifoss, der zwischen zwei Basaltfelsen 50 Meter in die Tiefe stürzt. Natürliche „Pools" mit warmem, schwefelhaltigem Wasser laden zum Baden ein. Unter Islands Gletschern ist der **Vatnajökull**, der größte Europas. Weitere befinden sich im Skaftafell-Nationalpark und im Gletschertal Thorsmörk. Der **See Mývatn** und Fjorde wie der **Breidhafjördhur** und der **Isafjördhur** im äußersten Nordosten sind weitere Highlights. Der bekannteste Vulkan ist die Hekla. Sie schafft sogar neues Land, etwa die Insel Surtsey der Westmännerinseln (1963), die man heute von Flugzeug oder Boot aus besichtigen kann.

Touren durch die Natur gehören zu den großen Touristenattraktionen im Sommer – zu Fuß, mit dem Mountainbike oder auf dem Rücken eines trittsicheren Islandponys. Im Winter kann man Skilanglauf betreiben, Motorschlitten fahren und Polarlichter beobachten.

Seen und Flüsse voller Saiblinge, Wandersaiblinge, Forellen und Lachse bieten Anglern optimale Bedingungen.

■ Tierwelt

In Island leben mehr als 200 Vogelarten, darunter Papageientaucher mit ihren roten Beinen, Lummen, Seeadler, Gerfalken und Sturmschwalben. Der Mývatn-See und die Westmännerinseln bieten gute Möglichkeiten zur Vogelbeobachtung. Die meisten hier heimischen Arten brüten im Frühjahr.

An der Südküste sind manchmal Kegelrobben, Finnwale und Pottwale zu sehen. Rentiere leben auf den Ebenen im Osten, und mit etwas Glück begegnet man Polarfüchsen.

■ Stadt

Reykjavík ist – vor allem an den Wochenenden – eine quicklebendige Stadt. An den Freitag- und Samstagabenden etwa tingeln die jungen Isländer durch die Straßen, gehen aus und feiern mit viel Bier und Whiskey bis zum Morgengrauen. Das hiesige Frei- und Thermalbad, die Reykjavik Spa City, ist eine Institution in der Stadt, die auch im Winter ihren Reiz hat. Das Nachtleben ist zu dieser Jahreszeit noch intensiver und lebendiger.

BESTE REISEZEIT			
	Klima	Skifahren	Regionale Besonderheiten
Januar			
Februar			
März		❄	
April		❄	
Mai			Nistzeit
Juni	☼		Mitternachtssonne
Juli	☼		Mitternachtssonne
August	☼		
September	☼		Nordlicht
Oktober			
November			
Dezember			

Israel

In der Heiligen Stadt Jerusalem sind zahllose religiöse Bauwerke zu bewundern.

Trotz der politischen Stagnation im Friedensprozess bleibt Israel dank seiner bedeutenden historischen Stätten, seiner Strände und der Wüsten Sinai und Negev dennoch ein sehr attraktives Reiseziel.

REISEHIGHLIGHTS ISRAEL
Historische Stätten
- Jerusalem
- Heiliges Land und Pilgerzentren: Bethlehem, Nazareth, Kapernaum, Berg Tabor, See Genezareth, Karmel, Akkon
- Qumran, Masada

Landschaften
- Totes Meer
- Wüsten Sinai und Negev
- Kibbuzim

Küsten
- Strände am Mittelmeer (Netanja, Caesarea Maritima) und am Roten Meer (Elat)
- Totes Meer (Kuren und Thalassotherapie), Galiläisches Meer

REISEINFORMATIONEN

Erste Infos
Staatliches Israelisches Verkehrsbüro Israel, Friedrichstr. 95, 10117 Berlin, 030/20399 70; Internet: www.goisrael.de

Formalitäten
Bürger der EU und der Schweiz benötigen einen Personalausweis oder einen Reisepass, der nach Rückreise noch mindestens 6 Monate gültig ist. Wer in ein arabisches Land weiterreist, kann den israelitischen Stempel auf einem losen Blatt einlegen lassen, sonst wird dort eventuell die Einreise verweigert.

Gesundheit
Keine Besonderheiten.

Flugdauer, Zeitverschiebung
Durchschnittliche Flugdauer Frankfurt – Tel Aviv-Jaffa (2957 km): 4 Std. Um 12 Uhr deutscher Zeit ist es in Israel 13 Uhr.

Durchschnittliche Reisekosten
Eine Woche All Inclusive in Elat kostet in der Hauptsaison 650 Euro (Flug, Unterkunft), ein Wochenende Jerusalem 400 bis 500 Euro.

Sprache, Währung
Amtssprachen: Arabisch, Hebräisch; Fremdsprache: Englisch.
Währung: Der Neue Schekel. Man sollte USD mitbringen.
1 USD = 3,90 Neue Schekel.
1 Euro = 5,70 Neue Schekel.

Bevölkerung
Jüdische Immigranten aus Mitteleuropa, Nordafrika, dem Mittleren Osten vor Osteuropa, den USA und der ehemaligen UdSSR stellen fünf Sechstel der 6427000 Einwohner des Landes.
Hauptstadt: Im Jahr 1980 erklärte die Knesseth das wiedervereinigte Jerusalem zur Hauptstadt und sprach damit Tel Aviv-Jaffa diesen Status ab.

Religionen
Etwa 80% der Bevölkerung sind Juden. Minderheiten bilden Muslime, Christen sowie Drusen.

Feste und Feiertage
Januar: Tanzfestival in Elat; Juni: Jerusalemfest;
während des ganzen Jahres: jüdische Feste: jüdisches Neujahr (Rosch ha-Schana), Ostern (Pessach), Schawout (Rückkehr des Mose), Sukkot (Laubhüttenfest), Jom Kippur (Versöhnungstag; das wichtigste jüdische Fest).

Einkäufe
Holz (vom Olivenbaum), Leder und Gewürze sind neben den allgegenwärtigen religiösen Mitbringseln typische Israel-Souvenirs.

■ Historische Stätten

Die Altstadt von **Jerusalem** gliedert sich von Westen nach Osten in ein christliches, ein armenisches, ein jüdisches und ein muslimisches Viertel und vereinigt so Anhänger der großen Religionen. Vom Ölberg aus eröffnet sich ein Rundblick auf verschiedene berühmte historische Bauwerke, die sich auf engstem Raum drängen. Darunter ist die Kuppel des ältesten islamischen Bauwerks, des Felsendoms aus dem 7. Jahrhundert (auch Omar-Moschee genannt), die

Israel

al-Aqsa-Moschee, die größte Moschee der Stadt, der Tempelbezirk und die Klagemauer – ein Überrest des herodianischen Tempels und ein bedeutender Gebetsort der Juden –, die Grabeskirche mit dem Grab Christi, die Mauern der Altstadt mit ihren Toren und die Via Dolorosa mit den Kreuzwegstationen.

Die zwei wichtigsten Museen sind die Holocaust-Gedenkstätte Yad Vashem und das Israel-Museum. Letzteres birgt die 1946 entdeckten Schriftrollen vom Toten Meer (biblische Texte und Apokryphen, die mit der sektiererischen Qumran-Gemeinschaft in Verbindung gebracht werden).

Die heiligen Stätten der Religionen bleiben die Hauptattraktionen Israels. Das **Heilige Land** ist das wichtigste christliche Pilgerziel. Gläubige aus aller Welt versammeln sich in Jerusalem, um das Grab Christi zu besuchen, in **Bethlehem**, um die Grotte und Geburtskirche zu sehen.

Weitere Ziele liegen in **Nazareth**, in **Kapernaum**, auf dem **Berg Tabor**, wo Jesus seinen Jüngern nach biblischer Darstellung in göttlicher Gestalt erschien, am **See Genezareth**, auf dem **Karmel** und in **Akkon**, einer der ältesten Kreuzritter-Festungen der Welt.

Weitere Highlights sind die **Qumran-Höhlen**, in denen die Schriftrollen vom Toten Meer entdeckt wurden, und die auf der Hochfläche gelegene Festung **Masada** aus der Zeit Herodes' des Großen.

■ Landschaften

Der Salzgehalt, die Felsenklippen und das Tiefblau von Himmel und Wasser am **Toten Meer** locken zahlreiche Bade- und Kurgäste. An seinem Westufer, westlich von Masada liegt die **Wüste Sinai** mit ihrem reizvollen Relief aus Hochebenen und Schluchten.

Schluchten wie der Red Canyon, pastellfarbene Felsen und von der Erosion erschaffene „Skulpturen" prägen die wunderschöne **Negev**. Durch die geschichtsträchtige Wüste zog sich einst die Weihrauchstraße.

Eine gänzlich von menschenhand erschaffene Attraktion sind die Kibbuzim: Zwischen 1960 und 1970 ließen sich junge Ausländer, vor allem Amerikaner, jeweils für einige Monate hier nieder und betrieben kollektive Landwirtschaft. Heute sind Touristen eingeladen, mitten in den Kibbuzim oder an ihrem Rand das dortige Leben zu entdecken.

■ Küsten

Israel hat Strände am **Mittelmeer** (etwa bei Netanja, Caesarea Maritima und Tel Aviv-Jaffa), am **Roten Meer** (bei Elat), am **Toten Meer** und am **See Genezareth** (auch Galiläisches Meer genannt) zu bieten. An den Badeorten existieren zahlreiche Wassersportmöglichkeiten.

Elat ganz im Süden kann im Winter die meisten Gäste verzeichnen. Hierher kommt man vor allem, um beim Tauchen Korallen und farbenprächtige Fische zu entdecken und um Delfine zu sehen.

Das Tote Meer, das 400 Meter unter Normalnull liegt, ist dank seines hohen Mineralgehalts weltweit bekannt für seine therapeutische Wirkung, vor allem bei Neurodermitis und Rheuma. Das hiesige Kurangebot ist vielfältig. ■

HINWEISE

▶ **Pluspunkte**

Der Tourismus in Israel ist ursprünglich, dynamisch und harmonisch zugleich: Man kann im Kibbuz übernachten und Kultur mit Baden und Wandern kombinieren.

Das beste Klima herrscht während der europäischen Sommerferien.

▶ **Minuspunkte**

Die politischen Spannungen zwischen Israelis und Palästinensern können unter Umständen den Reiseverlauf beeinflussen.

▶ **Sicherheit**

Die politische Situation im Land bleibt weiterhin angespannt. Es ist daher in jedem Fall unerlässlich, sich vor der Reise über die Sicherheitsbedingungen in der gesamten Region zu informieren.

BESTE REISEZEIT			
	Jerusalem und die Küste	Osten und südliche Wüstengebiete	Tauchen im Roten Meer
Januar		☼	
Februar		☼	
März		☼	⚓
April	☼	☼	⚓
Mai	☼		
Juni	☼		
Juli	☼		
August	☼		
September	☼		
Oktober	☼	☼	
November	☼	☼	⚓
Dezember		☼	⚓

Italien

🇮🇹 Das architektonische Erbe und seine Mittelmeerküsten machen Italien zu einem der beliebtesten Reiseziele weltweit. Das Festland hat für jeden Geschmack etwas zu bieten: geschichtsträchtige Städte, äußerst vornehme und populäre Strände, strahlende Landschaften wie die Toskana, aktive Vulkane wie den Ätna... Nicht zu vergessen die Inseln, die mit einer perfekten Mischung aus Badevergnügen und Kultur locken.

REISEHIGHLIGHTS FESTLAND
Städte
■ Florenz, Rom, Venedig, Neapel, Verona, Pisa, Siena, Mailand, Assisi, Bologna, Padua, Vicenza, Ravenna, Turin, Triest
■ Pompeji, Herculaneum, Paestum
Küsten
■ Malerische Strände (Amalfiküste, Italienische Riviera)
■ Populäre Strände (Adriatisches Meer)
■ Capri
Landschaften
■ Alpen (Cervinia, Dolomiten), Aostatal, Abruzzen, Seen (Comer See, Lago Maggiore, Gardasee), Toskana

Das Festland

■ Städte

Florenz, Rom und Venedig ziehen mit ihren zahlreichen weltlichen und sakralen Bauwerken Kunstliebhaber aus aller Welt an.

Der beste Panoramablick auf **Florenz** bietet sich vom nahe gelegenen Fiesole im Norden. Der größte Teil des kunsthistorischen Erbes der Stadt der Medici stammt aus der Zeit zwischen dem 12. und 16. Jahrhundert, etwa die Piazza della Signoria mit dem Palazzo Vecchio, der Loggia dei Lanzi und einer Nachbildung des „David" von Michelangelo – das schönste architektonische Ensemble der Stadt –, der Medicipalast oder der Palazzo Pitti mit den berühmten Fresken der Medici. Die Kuppel des Domes Santa Maria del Fiore wurde von Brunelleschi entworfen, sein Glockenturm von Giotto. Florenz' Kirchen wie San Marco, das ein Kloster und Werke von Fra Angelico beherbergt, Santa Croce und Santa Maria Novella sind weltberühmt. Die Uffizien, in denen die Sammlungen der Medici mit zahlreichen Werken von Botticelli, Dürer, Michelangelo, Raffael und Rembrandt untergebracht sind, sind das bedeutendste Museum der Stadt.

Über sieben Hügel erstreckt sich das außergewöhnliche **Rom**. Jeder Me-

Venedig, „La Serenissima", verzaubert seine Besucher – zu jeder Jahreszeit, aus jedem Blickwinkel.

Italien

Die Engelsburg am Tiber wurde ursprünglich als Mausoleum für Kaiser Hadrian erbaut.

ter ist förmlich von berühmten historischen Sehenswürdigkeiten bedeckt, vor allem auf dem Palatin. Das Kolosseum, das Pantheon, die Trajanssäule mit dem beeindruckenden Flachrelief sowie die Diokletians- und die Caracallathermen entstanden während der Kaiserzeit. Ihnen folgten Kirchen und Basiliken wie San Giovanni in Laterano und Sankt Laurentius vor den Mauern. Die Renaissance brachte den Palazzo Venezia, die Kunst Raffaels und Michelangelos in der Sixtinischen Kapelle, das heutige Gesicht des Petersdoms und den Adelssitz Palazzo Farnese hervor. Die Barock-Kunst zeigt sich in der Piazza Navona mit dem Springbrunnen von Bernini. Die berühmtesten Museen außerhalb des Vatikans sind die Galleria Borghese und die Nationalgalerien für antike Kunst an den Palazzi Barberini und Corsini.

Das Wasser und die Touristen werden häufig als das Ende **Venedigs** betrachtet. In der Stadt gibt es unzählige berühmte Orte zu entdecken, etwa den Markusplatz und den Markusdom, den Dogenpalast, die Seufzerbrücke, die Palazzi am Canale Grande oder die Rialtobrücke. Es gibt rund 100 Kirchen, eine Accademia, die die venezianische Schule mit Veronese, Tizian und Tintoretto hervorbrachte, den Palazzo Grassi mit seinen großartigen Ausstellungen und das Fenice-Theater. All das lässt sich zu Fuß oder bei einer wundervollen Gondelfahrt entdecken.

„**Neapel** sehen und sterben" – schon beim Anblick seiner umwerfend schönen Bucht versteht man diese geflügelten Worte. Der Vesuv ist die potenzielle Bedrohung der Stadt, in der die Pizza erfunden wurde. Dank

REISEINFORMATIONEN

Erste Infos
Staatliches Italienisches Fremdenverkehrsamt, Neue Mainzer Str. 26, 60311 Frankfurt, 069/237434; Internet: www.enit-italia.de
Formalitäten
Bürger der EU und der Schweiz benötigen leidglich einen gültigen Personalausweis (Schengener Abkommen).
Gesundheit
Keine Besonderheiten.
Flugdauer, Zeitverschiebung
Durchschnittliche Flugdauer Frankfurt–Rom (958 km): 1 Std. 45 Min.;
Frankfurt–Cagliari (1197 km): 3 Std.; Frankfurt–Palermo (1388 km): 3 Std. Keine Zeitverschiebung.
Durchschnittliche Reisekosten
Ein Wochenende (3 Tage/2 Nächte) in den großen Touristenstädten kostet 300 Euro, eine Woche Badeurlaub (inklusive Halbpension) 600 Euro, eine einwöchige Rundreise 950 Euro.
Sprache, Währung
Mit Französisch oder Englisch kommt man recht weit, wenn die Italienischkenntnisse nicht
ganz ausreichen.
Währung: Euro.
Bevölkerung
Italien hat 58 148 000 Einwohner. Ein Wandel ist feststellbar: Nachdem Italien lange Zeit ein Auswanderungsland war, ist es nun zum Einwanderungsziel geworden.
Hauptstadt: Rom.
Religionen
Der Katholizismus dominiert; 15 % der Bevölkerung sind konfessionslos.
Feste und Feiertage
Februar: Karneval und Mostra in Venedig; Juni: Johannestag in Florenz; Mitte Juni bis Ende Au-
gust: Klassikfestival in Verona; Juli: Festtag Unserer Lieben Frau auf dem Berge Karmel in Neapel; Erlöserfest in Venedig (geschmückte Boote auf dem Canale della Giudecca und dem Canale San Marco);
September: Regatta in Venedig.
Einkäufe
Kleidung, Handschuhe aus Nappaleder und Schuhe sind die Klassiker, zudem gibt es Florentiner Schmuck, Masken (Venedig), Murano-Glas, Krippenfiguren (Neapel) und Korallenschmuck (Alghero).

Auf der Ponte Vecchio, die in Florenz den Arno überspannt, haben seit Jahrhunderten Goldschmiede ihren Sitz.

ihrer vielen Gässchen vermittelt die eher wirtschaftsschwache Stadt einen charmanten Eindruck. Auch an Kunst fehlt es nicht: Es gibt Palazzi wie den Palazzo Reale, Kirchen, etwa San Pietro a Maiella, Klöster wie das Santa Chiara, und andere kunstvolle Bauwerke, wie das Castel Nuovo und die Oper San Carlo. Unter den Museen Neapels findet sich ein archäologisches Museum mit Goldschmiedearbeiten, hellenistischen Vasen, Skulpturen, Mosaiken und Wandmalereien aus Pompeji und Herculaneum, zudem ein Krippenmuseum und das Museo di Capodimonte.

Auch die folgenden Städte dürfen auf einer Italien-Reise nicht fehlen:
– In **Verona** gibt es eine riesige Arena aus dem 1. Jahrhundert zu entdecken, ein römisches Theater oberhalb der Etsch, die Piazza delle Erbe (ehemaliger Versammlungsplatz), die Piazza dei Signori mit ihrer gotischen und der Renaissancearchitektur, die Kirchen San Zeno Maggiore und Sant'Anastasia, Bibliotheken, das Museum im Castelvecchio, das Gemälde der Veroneser und der venezianischen Schule zeigt, und das legendäre Fenster im Haus der Capulets, von dem aus Julia mit Romeo sprach.

– **Pisas** Hauptattraktion ist natürlich der schiefe (und gut restaurierte) Turm aus dem 12. und 13. Jahrhundert, aber auch der Dom und der Domplatz der Stadt sind reizvoll.

– **Siena** bietet die einzigartige Piazza del Campo, und in Lecce existiert ein sehenswerter Domplatz.

– **Assisi** besitzt viele Kulturdenkmäler, zum Beispiel römische Ruinen wie das Amphitheater und den Minerva-Tempel, oder die Basilika San Francesco. Deren Fresken von Cimabue und Giotto hat ein Erdbeben 1997 schwer beschädigt.

BESTE REISEZEIT			
	Norden	Süden und Inseln	Florenz, Rom, Venedig
Januar			
Februar			Karneval in Venedig ◉
März			◉
April		☼	
Mai	☼	☼	◉
Juni	☼	☼	◉
Juli	☼		
August	☼		
September	☼	☼	◉
Oktober		☼	◉
November			
Dezember			

– In **Mailand**, der Stadt der Mode, der Raffinesse und der Antiquitäten, sind ein gotischer Dom, die Scala und das Castello Sforzesco zu sehen.

– **Bolognas** schöne historische Innenstadt zieren Bauwerke aus Mittelalter und Renaissance, darunter Palazzi, Museen und Kirchen.

– **Padua** hat den Palazzo della Ragione und erstklassige religiöse Bauwerke zu bieten.

– **Vicenza** besucht man wegen seiner „Basilika" (Rathaus) aus dem 15. Jahrhundert, des Teatro Olimpico von Palladio und der Villen.

– **Pompeji**, die Stadt, die 79 n. Chr. verschüttet wurde, hat Einzigartiges zu bieten wie die Via del Foro und die Mysterienvilla.

– In **Herculaneum** sind beeindruckende Bauten erhalten, etwa das Haus von Neptun und Amphitrite.

– **Ostia** bei Rom ist mit seiner Piazzale delle Corporazioni ein schönes Beispiel für römische Architektur.

– **Paestum** präsentiert einen gut erhaltenen Poseidontempel. Vielerorts stößt man außerdem auf Zeugnisse der römischen Kaiserzeit, des Mittelalters und der Renaissance.

rent aus starten Ausflüge nach **Capri**. Auf der wunderschön gelegenen Insel wurde eine künstliche, luxuriöse Atmosphäre geschaffen; die Lichteffekte in ihren Grotten sind einzigartig. Etwas weiter im Nordwesten befindet sich das verführerische Ischia.

An der grandiosen **Italienischen Riviera** liegt das beliebte Portofino. Nach Süden hin schließt sich die ligurische Küste an. Das hiesige **Cinque Terre** zwischen La Spezia und Levanto, ein Quintett von Dörfern, prägen terrassierte Weinberge und spektakuläre Steilhänge.

Der Tourismus an den Küsten der **Toskana** lebt von Kontrasten: Die elegante Architektur an der Küstenpromenade Viareggios bildet das Gegengewicht zum stark frequentierten Forte dei Marmi.

Zahlreiche Badetouristen bevölkern die gelegentlich von Algenplagen befallenen Küsten am **Adriatischen Meer** und um Rimini.

Die schroffen Dolomiten prägen die Landschaft Südtirols.

– Ein römisches Amphitheater, ein Aquädukt und byzantinische Kirchen mit weltberühmten Mosaiken locken in **Ravenna**.

– In **Turin** gibt es barocke Bauwerke, ein reich bestücktes ägyptisches Museum und das heilige Grabtuch. Die seltene öffentliche Darstellung dieses Tuchs, mit dem angeblich der Leichnam Christi bedeckt wurde, zieht stets Millionen Gläubige an.

– **Triests** vielfältige Architektur birgt römisches Erbe, eine Festung, eine Kathedrale sowie romanische und barocke Kirchen.

In allen Regionen Italiens faszinieren antike Denkmäler die Besucher:

Auch Spoleto, Orvieto und Città della Pieve in Umbrien sind sehenswert. Im **Val Camonica**, oberhalb des Iseosees, finden sich frühe Felszeichnungen, wohl aus der Jungsteinzeit.

■ Küsten

Der Badetourismus spielt in Italien eine große Rolle. Von Frühling bis Oktober werden zahlreiche Kreuzfahrten angeboten, die etwa in Venedig, Genua, Neapel und Palermo ablegen.

Beliebte Ziele an der malerischen **Amalfiküste** südlich von Neapel sind Ravello und Positano auf der Halbinsel Sorrent. Von Neapel oder Sor-

■ Landschaften

Der Nationalpark **Gran Paradiso** zwischen dem Aostatal und Piemont umfasst Gletschertäler, Wildbäche und zahlreiche Wanderwege. Vom Wintersportort Cervinia aus kann man das spitze **Matterhorn** erkennen. Weiter gen Osten erheben sich die **Dolomiten** mit ihren schroffen Bergwänden aus Kalkstein über sanften Hängen und Bergkiefern.

Die Alpen bieten auch in Italien unzählige Wintersportmöglichkeiten. Im **Aostatal** haben sich Skiorte wie La Thuile und Pila ganz dem Alpin-

Die Gebäude und Landschaften der Toskana überflutet ein einzigartiges Licht.

Italien

ski, Heliskiing und Langlauf verschrieben; die hiesigen Dörfer sind noch traditionell und ursprünglich. Im Sommer können historische Kulturdenkmäler besichtigt werden und im Gran Paradiso, wo Steinböcke, Gämsen und Murmeltiere leben, sind Wandertouren möglich.

Auch das Kalksteingebirge der **Abruzzen** und vor allem der hiesige Nationalpark, in dessen Buchenwäldern Wölfe, Luchse und Bären leben, sind beliebte Ziele bei Wanderern.

Die Gegend um den **Comer See** besticht durch landschaftliche Schönheit, ihre Geschichte und durch Prachtbauten wie die Villa d'Este, die Villa Erba, die der junge Visconti bewohnte, und die Villa Carlotta. Beliebt sind auch der **Gardasee** mit seiner Riviera degli Olivi und der **Lago Maggiore** – hier locken eine üppige Vegetation und hübsche Villen. Mediterranes Klima, eine von Mittelgebirgen geprägte Landschaft, Weinberge und Olivenhaine verzaubern in der **Toskana,** in der das Licht einzigartig ist. Die benachbarte Region **Umbrien** wartet mit den gleichen Annehmlichkeiten und Schönheiten auf.

> **REISEHIGHLIGHTS INSELN**
> ■ **LIPARISCHE INSELN**
> **Küsten**
> Lipari, Panarea, Salina, Filicudi
> **Landschaften**
> Vulkane (Stromboli, Vulcano)
> ■ **SARDINIEN**
> **Küsten**
> Archipel La Maddalena, Costa Smeralda und Südküste (Pula, Villasimius)
> **Kulturdenkmäler**
> Türme aus mörtellosem Mauerwerk (Nuragen)
> ■ **SIZILIEN**
> **Küsten**
> Taormina und Badeorte an der Ostküste
> **Landschaften**
> Ätna
> **Kulturdenkmäler**
> Antike Städte (Taormina, Syrakus, Agrigent, Palermo, Piazza Armerina)

Die Inseln

■ Liparische Inseln

Die sieben Inseln nördlich von Sizilien erreicht man mit einem Gleitboot. Auf den Vulkaninseln **Stromboli** und **Vulcano** und an deren zahlreichen Hängen bietet sich die Möglichkeit zu schönen Wandertouren; in den kleinen Buchten kann man baden. Highlights sind die Fischerinsel **Filicudi**, **Panarea** mit ihren heißen Quellen, die sich auf drei Quadratkilometern verteilen, und die Küste von **Salina**, wo der Film „Der Postmann" gedreht wurde und das Haus von Pablo Neruda steht.

Die Liparischen Inseln waren lange Zeit der ruhende Pol Italiens, auch dank der fehlenden Sandstrände. Aber inzwischen ist der Besucherstrom auch hier angekommen, vor allem auf **Lipari**.

■ Sardinien
Küsten

Sardinien bietet kleine Buchten und relativ ruhige Strände. Im Süden finden sich lange Sandstrände, die Strände im Norden dagegen sind recht felsig.

Die 62 Inselchen des **Archipels La Maddalena** im Nordosten laden mit Buschwald, Pinien, Steineichen und vielen Buchten zu Spaziergängen ein. Nicht weit entfernt an der **Costa Smeralda,** hat der Aga Khan ein belebtes Luxusresort errichten lassen: Hier finden sich nun Hotels und Feriendörfer. Vor den Felsküsten kann man segeln, tauchen und surfen.

Die lange, zerklüftete Westküste ist weniger überlaufen als die südlichen Badeorte **Pula** und **Villasimius**.

Kulturdenkmäler

Alghero mit seinen Festungsmauern und den engen Gässchen ist einen Abstecher wert. Architektonisch einzigartig sind die 6000 Nuragen, die in der Bronzezeit überall auf der Insel errichtet wurden. Neben diesen Verteidigungstürmen aus mörtellosen Steinmauern sind punische Tempel wie die von Antas und Nora zu bewundern, romanische Kirchen wie in Sassari und San Giusta, gotische Gotteshäuser, etwa in Alghero, das Grab von Garibaldi auf der Insel Caprera sowie das Schloss und die barocke Kathedrale von Cagliari.

Italien

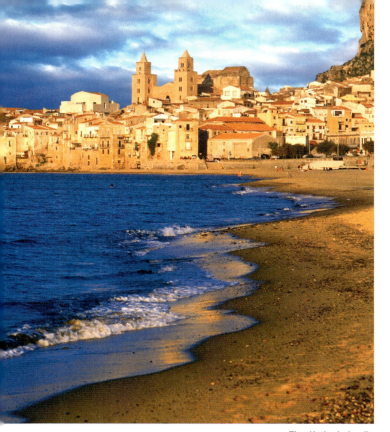

Eine Kathedrale, die Ruinen einer Burg, ein Diana-Tempel: Cefalù auf Sizilien bietet weit mehr als nur Strand.

HINWEISE
▶ **Pluspunkte**

Zahllose kunsthistorische und architektonische Zeugnisse der Vergangenheit ergänzen den Bade- und Aktivurlaub in idealer Weise.

Das wertvolle kunsthistorische und kulturelle Erbe Italiens ist nahezu einzigartig auf der Welt.

Dank seiner geographischen Nähe zu Deutschland sind Wochenendausflüge in zahlreiche Städte und Regionen des Landes möglich, für die nicht einmal ein Flugzeug notwendig ist.

▶ **Minuspunkte**

Von der Karwoche bis zu den Sommermonaten sind sehr viele Touristen unterwegs. Venedig zum Beispiel sollte man daher unbedingt außerhalb dieser Monate besuchen.

▶ **Sicherheit**

Es hält sich der alte Ruf, nachdem in den Städten mit Taschendieben zu rechnen ist.

Es werden verstärkt bewachte Parkplätze für Touristen eingerichtet. Reisende sollten ihren gesunden Menschenverstand walten lassen; allgemein gültige Sicherheitsvorkehrungen sind auch für Italien ausreichend.

■ Sizilien
Küsten
Sizilien, die größte Insel im Mittelmeer, ist eines der beliebtesten Touristenziele in Italien. **Taormina** vereint eine grandiose Lage mit einem herausragenden historischen Erbe. Die Badeorte an der Ostküste verzeichnen die meisten Besucher, trotzdem findet man auch immer wieder weniger überlaufene Strände.

Landschaften
Der Aufstieg zum Krater des **Ätna** nimmt zu Fuß ungefähr zweieinhalb Stunden in Anspruch. Start ist in der Regel an der Berghütte „Sapienzia", die mit der Seilbahn oder einem Geländewagen zu erreichen ist. Für die Bewältigung der Strecke empfehlen sich die Morgenstunden. Die Tour ist zwar nicht übermäßig anstrengend, aber man sollte sich im Voraus über die Wetterverhältnisse informieren und sich vorbereiten. Die Hänge des Vulkans bilden eine abwechslungsreiche Kulisse aus Lavawüsten und einer einzigartigen Vegetation.

Kulturdenkmäler
Sizilien ist geradezu übersät mit Zeugnissen seiner Geschichte:
– In **Taormina** gibt es ein berühmtes griechisches Theater und zahlreiche Gässchen.
– **Syrakus** hat ein Amphitheater, die dorischen Tempel des Apoll auf Ortigia, eine Stauferfestung, den Palazzo Beneventano, die Nekropole Pantalica und das Archäologische Museum mit den griechischen Sammlungen.
– Die Schätze **Agrigents** sind das „Tal der Tempel" und die Heiligtümer aus dem 4. Jahrhundert v. Chr. Unweit der Tempel liegt zudem der Luigi-Pirandello-Literaturpark.
– In **Palermo** sind drei Kulturen – Römer, Griechen und Muslime – vereint. Es erlebte seine Glanzzeit im 12. Jahrhundert, wie die Cappella Palatina (Mosaiken), die byzantinische Kirche La Martorana, die Kirchen San Giovanni und San Cataldo im Südwesten und die Kathedrale des Normannenkönigs Willhelms II. (byzantinische Mosaiken) eindrucksvoll belegen.
– Die Villa del Casale in **Piazza Armerina** ist auf 3500 Quadratmetern mit bunten Mosaiken geschmückt.
– **Segestas** Ceres-Tempel ist ein Beispiel dorischer Architektur.
– In **Selinunt**, einer griechischen Stadt, sind Ruinen antiker Tempel zu bewundern. ■

Japan

Japan

REISEHIGHLIGHTS JAPAN

Landschaften
- Berge (Fudschijama, Aso und Asama), die japanischen Alpen, Hokkaido
- Orte (Matsushima-Bucht), Quellen (Beppu), Seen, Schluchten (Yabaki), Gärten (Kenrokuen), Nationalpark Yoshino-Kumano

Städte und Kulturdenkmäler
- Tokio, Kyoto, Osaka, Kobe, Hiroshima, Himeji
- religiöse Heiligtümer (Ise, Nara, Kamakura, Kyoto, Nikko, Miyajima, Tokio, Koyasan)

Zu den mit Japan verbundenen Klischeevorstellungen gehören unweigerlich die schweigende Geisha und der perfekt geformte Kegel des Fudschijama. Erstere gehört weitgehend ins Reich der Fantasie. Der Fudschijama jedoch ist ein Beispiel für Landschaften von großer Schönheit, mit zahlreichen Tempeln und Heiligtümern.

■ Landschaft

Der **Fudschijama** ist das legendäre Glanzlicht des vulkanischen Landes Japan. Heute erloschen, bleibt er doch das Symbol des Landes und ein Wallfahrtsort. Sein perfekter Kegel (3776 Meter) hat traditionelle Künstler inspiriert und ziert viele Farbholzschnitte (Hokusai). Der Vulkan **Aso** ist noch aktiv: Mehrere Kegel bilden eine riesige Kraterlandschaft. Zu nennen sind noch der **Asama**, die **japanischen Alpen** und die Gipfel von **Hokkaido,** die sich zum Skifahren anbieten (Sapporo).

Der Fudschijama, legendärer Gipfel, Wallfahrtsziel und Motiv für Künstler, bleibt ein Ort der Verehrung.

Japans Natur ist pittoresker als auf jedem Foto: beispielsweise die **Matsushima-Bucht,** wo das Meer, die kleinen Inseln und die Tempel ein raffiniertes Ensemble bilden. Oder Orte, an denen heiße Quellen entspringen (**Beppu**), und Seen. Hie und da trifft man auf Schluchten, wie die des Yabaki, nicht weit von Beppu, und Landschaftsgärten, wie den Kenrokuen in Kanazawa. Der **Nationalpark Yoshino-Kumano** symbolisiert die „reine Erde": Buddhistische Pilger versuchen dort, mit den Tempeln und der Natur in Verbindung zu treten.

In den ersten zwei Aprilwochen ist Japan am schönsten: Die Kirschbäume blühen und die Bevölkerung dankt ihnen für ihre großzügige Schönheit mit rauschenden Festen.

■ **Städte und Kulturdenkmäler**

Tokio ist mit dem Kaiserpalast (der an die Ginza grenzt, ein Geschäfts- und Amüsierviertel), dem Meiji-Schrein und dem buddhistischen Asakusa-Tempel eine Art Spiegelbild der Geschichte des Landes. Die Stadt besticht durch Kontraste: Im Zentrum finden sich moderne Viertel (Century Tower) und kleine Häuser mit Gärtchen, die sich kaum verändert haben und heute vom Abriss bedroht sind. Eine Besonderheit ist der Tsukiji, der größte Fischmarkt der Welt, der allerdings in einigen Jahren aus der Innenstadt weichen muss. Im Na-

tionalmuseum Tokio ist traditionelle japanische Kunst zu sehen.
Kyoto, das mit Kirschbaumgärten übersät und Zentrum der Zen-Bewegung ist, ähnelt einer Museumsstadt: Es existieren ungefähr 1500 buddhistische Tempel, von denen der goldene Pavillon der bekannteste ist, und 400 schintoistische Heiligtümer.

Osaka besticht durch seine Schreine (Shitenno-ji), die Burg Osaka und seine Museen. In **Kobe** sind trotz des Erdbebens von 1995 im Kianocho-Viertel immer noch Häuser aus der Meiji-Ära zu bewundern.
Eine interessante Erfahrung bietet ein Aufenthalt in einer Tempelherberge von **Koyasan** auf dem Berg Koya (Region Osaka), dem Hauptsitz der buddhistischen Shingon, auf dem sich etwa 100 Schreine befinden. Eine schmerzliche Erfahrung ist hingegen der Besuch im Friedenspark und im Museum der Atombombe in **Hiroshima** mit der Gedenkstätte und der Atombombenkuppel, die zum Weltkulturerbe gehört.

REISEINFORMATIONEN

Erste Infos
Japanische Fremdenverkehrszentrale JNTO Frankfurt, Kaiserstr. 11, 60311 Frankfurt, 069/20353
Internet: www.jnto.de
Formalitäten
Bürger der EU und der Schweiz benötigen einen nach Einreise noch sechs Monate gültigen Reisepass.
Flugdauer, Zeitverschiebung
Zielflughafen für internationale Flüge ist meist Tokio, aber auch Osaka.
Durchschnittliche Flugdauer Frankfurt–Tokio (9391 km): 11 Std. 15 Min. Um 12 Uhr deutscher Zeit ist es in Japan im Sommer 19 Uhr und im Winter 20 Uhr.
Gesundheit
Kein Problem
Durchschnittliche Reisekosten
Ein pauschaler Kurzurlaub von fünf Tagen, der Tokio und Kyoto einschließt, kostet circa 1200 Euro. Für eine geführte Rundreise muss man mindestens 2000 Euro für eine und 3000 Euro für zwei Wochen einkalkulieren.
Sprachen, Währung
Die japanische Sprache lässt der englischen kaum Raum. Englisch wird meist nur bruchstückhaft gesprochen; aber in den großen Städten kann man sich damit weitgehend verständigen.
Währung: Yen. Es ist empfehlenswert, vor der Abreise Yen zu kaufen und Reiseschecks in Yen oder USD mitzunehmen.
1 USD = 109 Yen,
1 Euro = 161 Yen.
Bevölkerung
Bei Japan kann man schon fast von „Überbevölkerung" sprechen, vor allem in den Städten, in denen 80 % der Bevölkerung wohnen. So hat das Ballungsgebiet Tokio 26 500 000 Einwohner. Die Gesamteinwohnerzahl stabilisiert sich bei 127 433 000.
Religionen
Die Japaner sind Anhänger des Buddhismus oder des Schintoismus, einer alten Religion, die nur in Japan vorkommt und nationalistische Züge angenommen hat.
Feste und Feiertage
Das Neujahrsfest (Ganjitsu) geht über mehrere Tage; **Februar:** Laternenfest in Nara; **April bis Mai** je nach Region: Kirschbaumblüte, Zeit der Fröhlichkeit; **Juni:** Sonnwendfest (geshi); **Oktober:** Tokyo Festival; **23. Dezember:** Nationalfeiertag
Einkäufe
In erster Linie traditionelle Puppen oder, noch klassischer, der Kimono (yukata).

Japan

Kyoto mit seinen 1500 Tempeln wirkt wie eine Museumsstadt. Hier der Kiyomizdera-Tempel.

Im Süden von Honshu befindet sich in der Altstadt von **Himeji** die Burg „des weißen Reihers", die schönste des Landes (14. bis 15. Jahrhundert). Die japanische Frömmigkeit ist geprägt vom Buddhismus wie vom Schintoismus (Schrein von **Ise**). Buddhistische Tempel befinden sich rund um den Daibutsu (Buddha-Darstellung). Sie stehen auf dem heiligen Berg Koya im Süden von **Nara,** auf dem sich der Todai-ji (wichtigster buddhistischer Tempel des Landes, und größter Holztempel der Welt), und der Horyuji befinden – die Wiege des japanischen Buddhismus.

Buddha ist auch in **Kamakura** (14 Meter hoher Daibutsu aus Bronze aus dem 13. Jahrhundert) und in Kyoto präsent. **Nikko** beheimatet neben Tempeln auch das Mausoleum der Schogune aus der Familie der Tokugawa. Auf der **Insel Miyajima** steht der Itsukushima-Schrein. ∎

HINWEISE
▶ **Pluspunkte**

Ein asiatisches Land, das sehr stark vom Gegensatz Vergangenheit–Moderne geprägt ist. Es bietet also viele Motive für eine Reise.
Die Möglichkeit, die Reise möglichst authentisch zu gestalten: Orte mit japanischer Lebensweise (ryokan, minshuku).

▶ **Minuspunkte**

Die Lebenshaltungskosten für Touristen sind sehr hoch, wenn sie auch gegenwärtig etwas sinken.
Relativ schwierige Verständigung; Englisch wird wenig gesprochen.

▶ **Sicherheit**

Japan ist ein sicheres Land. Wer sich noch sicherer fühlen will, kann lernen, die Schriftzeichen zu lesen.
Die Arztkosten sind hoch. Um sicher zu gehen, empfiehlt es sich, sich vor der Abreise genau über die Bedingungen der Reisekrankenversicherung zu informieren und für den Fall der Fälle eine Zusatzversicherung abzuschließen.

▶ **Trends**

Nachdem Japan lange Zeit vom europäischen Tourismus vernachlässigt wurde, hat es inzwischen ein Publikum gefunden. Die Touristen kommen gezielt, etwa zur Kirschbaumblüte. Diese Blüte hat für die Bevölkerung eine große Bedeutung, und wird intensiv gefeiert.

In Tokio scheint die Zeit zu galoppieren.

BESTE REISEZEIT		
	Allgemein	Tokio und der Süden
Januar		
Februar		
März	☼	
April	☼	☼
Mai	☼	☼
Juni		☼
Juli		
August		
September		
Oktober	☼	☼
November	☼	☼
Dezember		

Der Felsenpalast im Wadi Darr vermittelt einen Eindruck der landestypischen filigranen Fassaden.

🇾🇪 Das Hochland um die Hauptstadt Sanaa zeigt das typische Gesicht des Jemen: Wie fast überall verschmilzt die Landschaft harmonisch mit den Gebäuden aus Stein, Ziegel und Lehm. Aber das Land, das zu den beliebtesten Reisezielen des Nahen Ostens zählt, hat noch mehr zu bieten, etwa die Insel Sokotra, ein wieder entdecktes Kleinod. Bedauerlicherweise ist bei Reisen in den Jemen zurzeit besondere Vorsicht geboten.

Jemen

REISEINFORMATIONEN

Erste Infos
Botschaft Republik Jemen, Budapester Strasse 37, 10787 Berlin, 030/ 8973050; Internet: www.botschaft-jemen.de/

Formalitäten
Bürger der EU und der Schweiz benötigen einen Reisepass (ohne Eintragung aus Israel), der nach Rückkehr noch mindestens sechs Monate gültig sein muss. Visa sind kostenpflichtig und obligatorisch; sie werden meist bei der Ankunft am Flughafen ausgestellt (hierbei kann es Schwierigkeiten geben).

Gesundheit
Eine Malariaprophylaxe wird für die West- und Ostküste empfohlen, dringend notwendig ist sie unter 2000 Metern.

Flugdauer, Zeitverschiebung
Durchschnittliche Flugdauer Frankfurt–Sanaa (4998 km): 9 Std. 30 Min. Um 12 Uhr deutscher Zeit ist es im Jemen im Sommer 13 Uhr, im Winter 14 Uhr.

Durchschnittliche Reisekosten
1500 Euro kostet eine geführte Reise durch das Hochland (12 Tage), 1700 Euro eine All-inclusive-Rundreise (14 Tage).

Sprachen, Währung
Amtssprache: Arabisch; Fremdsprache: Englisch. Währung: Jemen Rial. USD oder Reiseschecks mitnehmen.
1 USD = 199 Jemen Rial;
1 Euro = 293 Jemen Rial.
Kreditkarten werden nicht akzeptiert.

Bevölkerung
22231000 Menschen leben hier.
Hauptstadt: Sanaa.

Religionen
Die sunnitische Form des Islam herrscht vor allem im ehemaligen Süd-Jemer vor. Im Westen ist die Tendenz umgekehrt: Es gibt mehr gläubige Schiiten, von denen viele Zaiditen sind.

Feste und Feiertage
Mai: Vereinigungsfest; **Fastenbrechenfest:** Ende des Ramadan

Einkäufe
Silber- und Korallenschmuck, Dolche, Korbwaren, Teppiche, Öllampen, Weihrauch.

Jemen

REISEHIGHLIGHTS JEMEN

Landschaften und Siedlungen
- Hochebenen, befestigte Dörfer
- Wüste Ramlat as-Sabatayn, Wadi Hadramaut
- Insel Sokotra

Städte
- Sanaa, Aden

Küsten
- Al-Mukalla (Indischer Ozean), Hodeida, Mokka (Rotes Meer)

HINWEISE

▶ **Pluspunkte**
Außergewöhnliche, architektonisch äußerst bedeutsame Siedlungen. Ein sehr vielseitiger Urlaub mit Kultur, Wüste und Meer.

▶ **Minuspunkte**
Die Situation ist angespannt und äußerst unsicher: Es besteht generell immer das Risiko einer Entführung und terroristischer Anschläge. Zwischen Juni und September ist das Klima wegen des Regens im Hochland im Nordwesten unangenehm.

▶ **Sicherheit**
Von jeder Reise auf eigene Faust oder ohne Sicherheitsmaßnahmen ist absolut abzuraten. Offiziell wird vor Reisen in einzelne Gebiete gewarnt. Das Auswärtige Amt gibt aktuelle Hinweise.

■ Landschaften und Siedlungen

Im Jemen fügen sich die Siedlungen auf einzigartig harmonische Weise in die Landschaft ein. Die Städte Hodeida, Baraqich und Taizz bilden ein Dreieck, dessen Mittelpunkt eine mehr als 3000 Meter hohe Hochebene ist. Befestigte Dörfer säumen außerdem die malerischen Straßen, beispielsweise auf dem Weg von Sanaa nach Taizz.

Die Bergdörfer des Landes prägen jahrtausendealte Stein-, Ziegel- und Lehmhäuser. Sie liegen im Herzen einer Region, die einst ein wichtiger Handelsplatz für Gewürze war.

Die wichtigsten Siedlungen im Nord-Jemen erreicht man meist nur über Schluchten und Pässe, denn sie sind häufig auf Anhöhen erbaut. Von oben eröffnet sich der Blick auf großartige Landschaften wie Zabit, das früheste geistige Zentrum der arabischen Welt, Manakha, Djibla, Amran, Sirwah, Kawkaban oder Mahweet, Baraqich, die ehemalige Hauptstadt der Königtums Mai'n, deren Mauern sich fast 15 Meter über der Wüste erheben. Marib, die einstige Hauptstadt des Königtums von Saba mit seinem Tempel aus dem 4. Jahrhundert n. Chr. und einem 600 Meter langen Staudamm und Chabwa zählen ebenfalls dazu.

Weiter Richtung Osten liegt die Südspitze der riesigen Saudischen Wüste Rub al-Khali, die beeindruckende **Ramlat as-Sabatayn** zwischen Ma'rib und Chabwa. Sie ist ein beliebtes Ziel für Trekkingtouristen.

Im ehemaligen Süd-Jemen überrascht das **Wadi Hadramaut** mit heiteren und grünen Landschaften. Dörfer flankieren das Tal, etwa Schibam mit seinen sechsstöckigen Haustürmen, die aus fünf Jahrhunderten stammen und das Tal beherrschen (sie brachten dem Ort den Zweitnamen „Wüsten-Manhattan" ein), Sayun mit seinen Lehmhäusern und Tarim, das für seine 23 Paläste und die Moscheen bekannt ist.

Die ehemalige Weihrauch-Karawanenstraße passiert das Wadi Hadramaut, das neben dem Wadi Doan das schönste Tal des Landes bildet.

Die gebirgige Insel **Sokotra** vor dem Horn von Afrika entwickelt sich zu einem Paradies für Wanderer.

■ Städte

Sanaas Highlights sind der Bazar und die Altstadt. Mit der großen Moschee (12. Jahrhundert) findet sich in der auf 2350 Meter gelegenen Hauptstadt des Landes das älteste architektonische Erbe im Mittleren Orient.

An der historischen Handelsstraße nach Indien liegt das kosmopolitische **Aden,** das nicht nur wegen seiner Lage zu einem Besuch einlädt.

■ Küsten

Die Kulisse der Strände am Indischen Ozean und der Hafenstadt **Al-Mukalla** bildet eine Vulkanlandschaft.

Am Roten Meer herrscht beispielsweise in den Hafenstädten **Hodeida** und **Mokka** ein reges Treiben. Von Mokka legten früher mit Kaffee beladene Schiffe ab. ■

BESTE REISEZEIT			
	Sanaa und Hochebenen	Hadramaut und der Osten	Küsten
Januar			☼
Februar			☼
März	☼		
April	☼		
Mai		☼	
Juni		☼	
Juli		☼	
August		☼	
September		☼	
Oktober	☼		
November	☼		
Dezember			

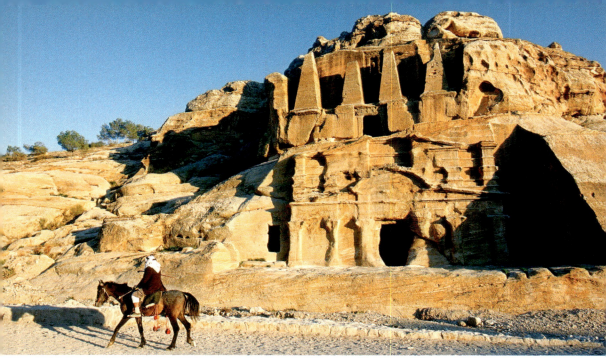

Die Fassaden der verlassenen Felsenstadt Petra wurden direkt aus dem Gestein gemeißelt.

🏳 Das arabische Volk der Nabatäer hat Petra gegründet, den wohl schönsten Ort im Mittleren Osten. Die Stadt liegt nicht weit entfernt von einem weiteren Juwel Jordaniens, der Wüste des Wadi Rum. Hier wurde einst „Lawrence von Arabien" gedreht. Heute ist die Gegend ein beliebtes Ziel für Wanderer.

■ **Kulturdenkmäler**
Die Grabtempel und Gräber in **Petra** sind Zeugen der glorreichen Vergangenheit des Königreichs der Nabatäer (4. bis 2. Jahrhundert v. Chr.). Die Bauten wurden in einem Felsenrund von drei Kilometer Umfang aus dem rosafarbenen und roten Sandsteinfelsen gehauen. Petra lag einst an der Gewürzstraße und wurde wegen seiner uneinnehmbaren Lage zur Hauptstadt ernannt: Von Osten her führt der Weg in die Stadt durch die schmale, dunkle Schlucht Siq. In ihr scheint nur 45 Minuten am Tag die Sonne und beleuchtet den Tempel Khazneh al-Firaun mit seiner orangefarbenen Fassade und seinen Skulpturen. Vor Ort wurden Teile von Steven Spielbergs „Indiana Jones und der letzte Kreuzzug" und von „Tim und Struppi – Kohle an Bord" (Hergé) gedreht.

Man sollte sich zwei Tage Zeit nehmen für die Besichtigung der Stadt:

 # Jordanien

REISEINFORMATIONEN

Erste Infos
Fremdenverkehrsamt Jordanien, c/o Kleber PR Network GmbH, Hamburger Allee 45, 60486 Frankfurt, 069/71 91 36 62; Internet: www.visitjordan.com

Formalitäten
Bürger der EU und der Schweiz benötigen einen nach Rückreise mindestens 6 Monate gültigen Reisepass. Visa sind Pflicht und bei der Einreise erhältlich.

Gesundheit
Impfungen sind nicht vorgeschrieben.

Flugdauer, Zeitverschiebung
Durchschnittliche Flugdauer Frankfurt–Amman (3048 km): 4 Std. 30 Min.
Um 12 Uhr deutscher Zeit ist es in Jordanien im Sommer 12 Uhr, im Winter 13 Uhr.

Durchschnittliche Reisekosten
Eine Woche mit Halbpension kostet 1100 Euro, 14 Tage Wanderurlaub etwa 1900 Euro.

Sprachen, Währung
Amtssprache: Arabisch; Fremdsprache: Englisch.
Währung: Jordanischer Dinar. Euro und USD sind willkommen.
1 Euro = 1,05 Jordanischer Dinar.

Bevölkerung
Unter den 6 053 000 Einwohnern sind 60 % Flüchtlinge aus Palästina, außerdem 100 000 Beduinen und 20 000 kurdische Tscherkessen. Hauptstadt: Amman.

Religionen
Sunnitische Muslime überwiegen (93 %).

Feste und Feiertage
25. Mai: Unabhängigkeitstag; **Fastenbrechenfest:** Ende des Ramadan.

Einkäufe
Schmuck der Beduinen und mundgeblasenes Glas.

Jordanien

REISEHIGHLIGHTS JORDANIEN
Kulturdenkmäler
- Tempel und Gräber in Petra
- Römisches und christliches Erbe in Gerasa, Kreuzritterburg bei Al-Karak, „Wüstenschlösser", Siedlungen (Ksur)
- Ruinen von Madaba, Palast von Q'useir Amra, Bethanien (Taufe Jesu)

Landschaften
- Wüste nahe dem Wadi Rum, Berg Nebo

Küsten
- Strände am Roten Meer und Tauchgründe (Akaba)
- Strände am Toten Meer

Tempel, Mausoleen, Grabkammern, das Felsgrab Ed-Deir, die Opferplätze auf den Gipfeln und das römische Theater verleihen dem Ort eine majestätische Atmosphäre.
Gerasa ist ein weiteres bedeutendes Kulturdenkmal des Landes. Die römische Siedlung, das „jordanische Pompeji", bietet ein hervorragend erhaltenes Forum, ein Theater sowie einen Artemis- und einen Zeus-Tempel. Die spätere christliche Herrschaft hinterließ zahlreiche Bauwerke und Kirchen, die Johannes dem Täufer, dem heiligen Georg und den Heiligen Cosmas und Damian geweiht sind.
Das von Schluchten umgebene **Al-Karak** erlebte seine Blütezeit während der Kreuzzüge. In seiner Nähe, einsam auf einem Hügel gelegen, steht eine Kreuzritterburg (Krak) aus dem 12. Jahrhundert. Zudem ist das Land gespickt mit Jagdschlössern, sogenannten „Wüstenschlössern", Ksur (Siedlungen) der Mamluken-Sultane und Ruinen von Heiligtü-

mern und Klöstern. In **Madaba** gibt es uralte byzantinische Mosaiken aus der Blütezeit der christlichen Herrschaft zu sehen, und 35 Kilometer von der Stadt entfernt, in der Wüste östlich von Amman, liegt ein aus rotem Sandstein erbauter Palast, der **Q'useir Amra** (8. Jahrhundert).
Am linken Ufer des Jordans, nahe der Nordküste des Toten Meeres, lag in früheren Zeiten **Bethanien** (Bethabara): Hier soll Johannes der Täufer Christus getauft haben. Von dem **Berg Nebo** (900 Meter hoch) nahe der Jordanmündung aus soll Moses auf das verheißene Land geblickt haben und auch dort gestorben sein.

BESTE REISEZEIT		
	Klima	Wandertouren im Wadi Rum
Januar		🚶
Februar		🚶
März	☼	🚶
April	☼	🚶
Mai	☼	
Juni		
Juli		
August		
September	☼	
Oktober	☼	🚶
November	☼	🚶
Dezember	☼	🚶

■ Landschaften und Wandertouren
Im Süden erstreckt sich die Wüste des **Wadi Rum**, des „Tals des Mondes". 1917 versammelte Thomas Edward Lawrence im gleichnamigen Dorf Krieger zur Revolte gegen die Osmanen. Auch der Film über Lawrence, „Lawrence von Arabien", wurde hier gedreht. Authentische Begegnungen mit Beduinen, die Felsformationen und die Landschaft aus Sand, Granit und Sandstein ziehen Wanderer an. Die Gegend ist von jener Farbenpracht geprägt, die nur die Wüsten des Nahen Ostens zu bieten haben.

■ Küsten
Akaba liegt am **Roten Meer** und ist dank der zahlreichen Korallenriffe und bunten Fische, die dort leben, ein beliebtes Ziel für Taucher.
Am **Toten Meer** gibt es einige Strände, etwa bei Suweima, und interessante Landschaften zu entdecken. ■

HINWEISE
▶ **Pluspunkte**
Das Land bietet Kulturerlebnisse, Wüstenerfahrung und Tauchmöglichkeiten zugleich.
Ein Reiseziel, das es immer geschafft hat, den Tourismus aufrechtzuerhalten, trotz seiner Lage in einer heiklen Region.
▶ **Minuspunkte**
Der zu schnelle Wandel Petras vom kulturellen Höhepunkt zur reinen Touristenstadt.
Die ständige Bedrohung durch Attentate.
▶ **Sicherheit**
Die Lage ist unsicherer als früher. Die Touristen sind nur selten das Ziel, aber ein gewisses Risiko bleibt (wie etwa Anschläge in Amman in November 2005 zeigten).
▶ **Empfehlungen**
Jordanien ist ein sehr traditionelles muslimisches Land, und die Mentalität seiner Einwohner ist unbedingt zu respektieren. Angemessene Kleidung etwa ist für Urlauber sehr wichtig.

Kambodscha

REISEHIGHLIGHTS KAMBODSCHA

Kulturdenkmäler
- Angkor (Angkor Wat, Bayon in Angkor Thom, Preah Khan, Ta Phrom)
- Weitere Spuren der Khmer (Banteay Srei, Beng Mealea)

Hauptstadt
- Phnom Penh

Landschaften und Küsten
- See Tonle Sap, Ratanakkiri, Sihanoukville

Die prächtige Tempelanlage Angkor Wat zählt zu den großartigsten Zeugnissen der Khmer-Kunst.

Inzwischen herrscht wieder Friede im Land, und die zahlreichen Besucher werden herzlich empfangen. Die Tempel von Angkor, der größte Schatz Kambodschas, haben zahlreichen Kämpfen und Plünderungen standgehalten. Zudem locken weitere Khmer-Stätten, Phnom Penh mit seiner besonderen Atmosphäre sowie einzigartige Landschaften.

REISEINFORMATIONEN

Erste Infos
Indochina Services, Booking Office Europe, Enzianstr. 4a, 82319 Starnberg, 08151/770250; Internet: www.kambodscha-botschaft.de; www.angkorguide.de

Formalitäten
Bürger der EU und der Schweiz benötigen einen Reisepass, der nach Rückreise noch mindestens 6 Monate gültig ist. Visa sind Pflicht und werden vom Konsulat ausgestellt.

Gesundheit
Impfungen sind nicht vorgeschrieben, aber eine Malariaprophylaxe ist unbedingt notwendig.

Flugdauer, Zeitverschiebung
Durchschnittliche Flugdauer Frankfurt–Phnom Penh (9479 km): 12 Std. Um 12 Uhr deutscher Zeit ist es in Kambodscha im Sommer 17 Uhr, im Winter 18 Uhr.

Durchschnittliche Reisekosten
Ein Besuch in Angkor nimmt mindestens drei Tage in Anspruch, die Eintrittspreise sind hoch. Eine Reise mit Reiseleitung schließt oft Vietnam mit ein. Für zwei Wochen bezahlt man ungefähr 2000 Euro.

Sprachen, Währung
Amtssprache: Khmer. Fremdsprachen: in den Städten Englisch, etwas Französisch.
Währung: Riel; USD sind aber ebenso gängig.
1 USD = 4078 Riel. Der Umtausch von Euro ist schwierig.

Bevölkerung
Von den 13 996 000 Einwohnern sind 90 % Khmer. Die meisten Menschen leben auf dem Land.
Hauptstadt: Phnom Penh.

Religionen
90 % sind Buddhisten.

Feste und Feiertage
Anfang April: Neujahrsfest der Khmer; November: Om Tuk, Wasserfestival am Tonle Sap (Phnom Penh); 9. November: Nationalfeiertag

Einkäufe
Die Einheimischen tragen landestypische Sarongs (Röcke aus langen, zusammengenähten Stoffbahnen). Zudem gibt es traditionelle Seidenschals, Edelsteine, Silberschmuck und Korbwaren.

Kambodscha

■ Kulturdenkmäler

Angkor war einst das Zentrum des Khmer-Königreichs. Es bestand aus mehreren Städten, die alle in der Zeit vom 8. bis zum 16. Jahrhundert errichtet wurden. Sein Tempelkomplex ist eine der berühmtesten Sehenswürdigkeiten der Welt. Die Tempel, die häufig sowohl vom Hinduismus als auch vom Buddhismus inspiriert sind, liegen verstreut in einem Urwald. Am berühmtesten sind die kunstvoll erbauten Königstempel (die Bergtempel).

Mit seinen fünf kunstvollen Türmen und Steinreliefs ist **Angkor Wat** das bekannteste Zeugnis der Khmer-Kunst. Eines ihrer weiteren Highlights ist das außergewöhnliche **Bayon** mit seinen zahlreichen geheimnisvollen Skulpturen, Tempeltürmen und Reliefs. Zusammen mit dem Tempelberg Baphuon und dem Königspalast war Bayon ein Teil von Angkor Thom. Weitere sehenswerte Tempelanlagen in der Nähe sind Ta Phrom mit seinen zahllosen Kapokbäumen, Preah Khan, die Roluos-Gruppe und der grazile Banteay Srei. Weiter entfernt liegen Beng Mealea und der heilige Berg Phnom Kulen: Letzterer wird flankiert vom Fluss der 1000 Lingas. Jeder dieser faszinierenden Orte hat seinen ganz eigenen Charakter. Neben dem Tempelkomplex von Angkor sind im ganzen Land bedeutende Orte zu bewundern, etwa die Anlage in der Provinz **Preah Vihear** im Norden.

Oudong liegt nördlich der Hauptstadt Phnom Penh. Südlich von ihr, nahe dem Bezirk Angkor Borei, finden sich auch auf den Bergen Phnom Chisor und Phnom Da Heiligtümer.

■ Hauptstadt

Von dem Leid, das die Roten Khmer in den 1970er-Jahren über das Land brachten, zeugen in **Phnom Penh** noch das „Killing Field" Choeung Ek und das Tuol-Sleng-Museum (das

„Museum des Völkermords"). Die Stadt blüht derzeit wieder auf, nicht zuletzt dank ihrer Lage am Mekong und am Tonle Sap.

Sehenswert sind hier der Stupa Wat Phnom, die Silberpagode und die Buddhas aus Smaragd und Gold im Königspalast, die kolonialen Fassaden sowie der Zentralmarkt und der Russenmarkt. Das Nationalmuseum zeigt eine Buddhasammlung und viele Exponate aus Angkor.

■ Landschaften und Küsten

Am **See Tonle Sap** südlich von Angkor ist im Juni ein eigentümliches Phänomen zu beobachten. Sein größter Zufluss, der Mekong, führt zu dieser Zeit Hochwasser, das wiederum in den Fluss Tonle Sap fließt. Dieser ändert aufgrund der Wassermassen seine Richtung und fließt nun in den See hinein statt aus ihm heraus. Im November, wenn der Fluss erneut umkehrt und das Wasser im See Tonle Sap sinkt, findet das große Wasserfest Om Tuk statt, das die Fischereisaison eröffnet. In Siem Reap und Phnom Penh feiert man das Ereignis mit Regatten und Flussopfern.

Das Ostufer des Tonle Sap prägen Bambuswälder, Wasserfälle und rote Erde. Hier, etwa in der Region **Ratanakkiri** an der Grenze zu Vietnam, bieten sich Möglichkeiten zu Begegnungen mit Einheimischen.

Die Küste am Golf von Thailand mit ihren Fischerdörfern und die hübsche Hafenstadt **Sihanoukville** werden bei Touristen immer beliebter. ■

HINWEISE

▶ Pluspunkte
Angkor ist eine der bedeutendsten Stätten der Architekturgeschichte weltweit.
Das Land ist wieder sicher geworden und hat ein breites touristisches Angebot.

▶ Minuspunkte
Der Tourismus entwickelt sich etwas zu schnell und nimmt Angkor zum Teil etwas von seinem Zauber.
In ländlichen oder abgelegenen Gebieten begegnet man Touristen auch heute noch mit einem gewissen Argwohn.

▶ Sicherheit
Da das Risiko, auf eine Mine zu treten, noch nicht vollständig gebannt ist, sollten sich Individualreisende an die Empfehlungen der örtlichen Reisebüros halten und gewisse Gebiete nicht allein erkunden.
Es gibt einige wenige Benimmregeln, die jeder Besucher beachten sollte: Vor dem Betreten einer Pagode sind die Schuhe auszuziehen, man darf den Kopf eines Kindes nicht berühren, und auffallendes Verhalten ist unerwünscht.
Die neuere Geschichte Kambodschas hat bei der Bevölkerung tiefe Spuren hinterlassen. Der Export von Antiquitäten ist untersagt, nicht zuletzt, weil man den organisierten Diebstahl im Land nicht unterstützen will.

BESTE REISEZEIT		
	Angkor	Klima
Januar	⋚	☼
Februar	⋚	☼
März	⋚	☼
April	⋚	☼
Mai		
Juni		
Juli		
August		
September		
Oktober		
November	⋚	☼
Dezember	⋚	☼

Kanada

Der Tourismus in Kanada basiert hauptsächlich auf der überwältigenden Natur des Landes mit seinen endlosen Weiten, gebirgigen Landschaften, Gletschern, Seen und Wäldern, verlassenen Landstrichen wie den Ebenen im Westen, den Niagara-Fällen... Sommers wie winters lockt sie Urlauber, sie mit Motor- oder Hundeschlitten zu erkunden und allerlei sportlichen Aktivitäten nachzugehen.

REISEHIGHLIGHTS WESTEN

Landschaften
- Gebirge (Schluchten, Gletscherseen, Wasserfälle, Banff National Park, Jasper National Park), Badlands, Vancouver Island (Douglasien)
- Küsten: Fjorde, Inselgruppen
- Gletscher, Eisberge, boreale Nadelwälder, Seen, Schluchten des South Nahanni River, Mackenzie-Delta
- Goldgräbersiedlungen

Tierwelt
- Bären, Mufflons, Elche, Bisons, Grauwale, Orkas, Delfine
- Dinosaur Provincial Park

Städte
- Victoria, Vancouver, Edmonton

Der Westen

British Columbia, Alberta, Yukon, Northwest Territories

■ Landschaften

Die transkanadische Eisenbahn verbindet Vancouver mit Montreal und durchquert den Westen Kanadas. Die Landschaft ist von Ranches gespickt und von den **Rocky Mountains** geprägt. Von ihnen eröffnen sich grandiose Ausblicke, und ausgedehnte Nationalparks wie der Banff National Park oder der beeindruckende Jasper National Park laden im Sommer zum Wandern und im Winter zum Skisport ein. Zwischen den Parks befinden sich mehrere Gletscher. Im malerischen **Banff Park** liegen der Lake Louise und der Moraine Lake, und man kann Braunbären, Grizzlybären und Wölfe entdecken. Den **Jasper Park** prägen der Whistlers Mountain und der Athabasca-Gletscher mit seinen Gletschertoren, -spalten und -fällen; es gibt auch Seen, etwa den Maligne und den Medicine Lake, und Grizzlybären, Wapitis, Karibus und Biber. Sehenswert sind auch die Schlucht am **Fraser River**, der Hunlen Fall im Tweedsmuir Provincial Park und die Wasserfälle des Murtle River im Wells Gray Provincial Park.

Das Highlight in den **Badlands** bei Red Deer im Süden von Alberta sind

Ein typisches Bild im Westen Kanadas: Wald, Boote und ein See, dahinter die atemberaubenden Rocky Mountains.

die *hoodoos*, „Feenkamine": Diese bizarren Felsblöcke wurden vom Wind geformt.

Die Archipele und Fjorde der Küstengebiete am Pazifik werden immer beliebter, nicht zuletzt, weil sie zum Teil nur schwer zu erreichen sind. Auf der **Insel Vancouver** findet man im Wald des Parks Cathedral Grove Douglasien, eine Kiefernart mit dunkelgrünen Nadeln, die zuweilen über 70 Meter hoch und bis zu 700 Jahre alt sind. Die größte und kälteste Region des Landes bietet Gletscher, Eisberge, boreale Nadelwälder, riesige Nationalparks wie den in Wood Buffalo (Northwest Territories), in dem Bisons leben, oder den Kluane National Park (Yukon Territory), sowie Seen, etwa den Großen Bärensee oder den Großen Sklavensee.

Die Northwest Territories hat der Tourismus erst vor Kurzem entdeckt. Hier werden immer mehr Aktivitäten geboten, etwa Begegnungen mit Trappern oder Erkundungstouren zu Eisbergen, durch Nationalparks oder in Schutzgebieten wie dem Mackenzie Bison Sanctuary. In den vielen Wasserläufen kann man angeln. Ausflüge in die Natur – zu Fuß, mit dem Kajak oder auch auf Skiern – sind ebenfalls beliebt.

Der **South Nahanni River**, der die Hochplateaus der Mackenzie Mountains durchzieht, hat drei Schluchten erschaffen, die sich zum Kajakfahren anbieten.

Auch durch den hiesigen Nationalpark fließt der Fluss. In ihm leben Braun- und Grizzlybären und es gibt Wasserfälle wie die Virginia Falls und Quellen. Die Quelle bei Rabbit Kettle hat weiße Kalkterrassen aus Travertin hervorgebracht, die an die Terrassen von Pammukkale in der Türkei erinnern.

Der South Nahanni River fließt mit dem **Mackenzie River** zusammen. Das Delta des Mackenzie im Norden ist von einer eigenartigen Mischung aus Wasser, Schlamm und Eis geprägt. An zahlreichen Orten am **Yukon River** sind noch Spuren des großen Goldrauschs an der Wende zum 20. Jahrhundert zu entdecken, beispielsweise in Dawson, Carcross oder Whitehorse.

■ Tierwelt

Die Rocky Mountains beherbergen eine vielfältige Tierwelt: Bären, Mufflons, Elche, Wapitis und Grizzlybären leben hier.

In Albertas Parks und Reservaten sind Bisonherden zuhause. Das Provinzstädtchen Fort Macleod hat ein historisches Museum zu bieten.

Grauwale (von März bis April), Orkas und Delfine lassen sich im Pacific Rim National Park im Norden der Insel Vancouver, an ihren Küsten und in ihren Meerengen, beobachten. Angler besuchen die Insel vor allem wegen der Lachse.

Die vielen Dinosaurierskelette, die in der Region gefunden wurden, sind im beliebten **Dinosaur Provincial Park** östlich von Calgary zu sehen.

■ Städte

Victoria auf der Insel Vancouver ist die sehr englisch wirkende Hauptstadt von British Columbia. Ihr Royal Museum verdeutlicht die Geschichte der Indianer an der Westküste.

Die idyllisch gelegene Weltstadt **Vancouver** ist besonders für ihre Bucht, die Fjorde, die lange Küstenpromenade und den Stanley Park bekannt. Außerdem gibt es ein Aquarium mit Orka- und Belugawalen und ein anthropologisches Museum.

Edmonton bietet ein Museum der Indianerkulturen und ein riesiges Handelszentrum.

Calgary haben seine grandiose Lage am Fuße der Rocky Mountains und seine Museen berühmt gemacht.

REISEINFORMATIONEN

Erste Infos
Canadian Tourism Commission, c/o Lange Touristik-Dienst, Eichenheege 1–5, 63477 Maintal, 06181/497558; Internet: www.canada.travel, www.kanada-info.at

Formalitäten
Bürger der EU und der Schweiz benötigen einen gültigen Reisepass (bei bis zu drei Monaten Aufenthalt), zudem meist ein Rück- oder Weiterreiseticket. Auslandskrankenversicherung empfohlen!

Gesundheit
Keine Besonderheiten, allerdings ist im hohen Norden mit außergewöhnlicher Kälte zu rechnen.

Flugdauer, Zeitverschiebung
Durchschnittliche Flugdauer Frankfurt–Montreal (5871 km): 7 Std. 40 Min., Frankfurt–Vancouver (8086 km): 10 Std.
Um 12 Uhr deutscher Zeit ist es im Sommer in Vancouver 3 Uhr und in Montreal 6 Uhr, im Winter in Vancouver 4 Uhr und in Montreal 7 Uhr.

Durchschnittliche Reisekosten
In Quebec kostet eine Woche Aktivurlaub (Montorschlittenfahren, Wandern mit Schneeschuhen) 1500 Euro. Wer für zehn Tage (acht Nächte) eine Unterkunft und einen Leihwagen bucht oder während des Indian Summer zwölf Tage mit Reiseleitung hier verbringt, bezahlt inklusive Flug 1500 Euro. Der Westen ist teurer als der Osten.

Sprachen, Währung
Amtssprachen: Englisch (62%), Französisch (25%).
Währung: Kanadischer Dollar.
1 Euro = 1,44 Kanadischer Dollar.

Bevölkerung
Kanada hat 33 390 000 Einwohner, darunter 700 000 Indianer. Damit ist die Bevölkerungsdichte trotz der Einwanderungen, die lange Zeit staatlich gefördert wurden, relativ gering. 80% der Kanadier leben in den Städten, und die größten unter diesen sind äußerst kosmopolitisch.
Hauptstadt: Ottawa; hier leben deutlich weniger Menschen als in Toronto, Montreal oder Vancouver.

Religionen
46% der Bevölkerung sind katholisch, 41% sind Protestanten. Daneben gibt es zahlreiche religiöse Minderheiten.

Feste und Feiertage
Februar: Karneval in Quebec und Chicoutimi; Juli: Jazz-Festival in Montreal, Stampede (Rodeo-Festival) in Calgary.

Einkäufe
Beliebte Produkte des indianischen Kunsthandwerks sind Masken, Stoffe und Schmuck. Daneben bekommt man viele verschiedene lardestypische Erzeugnisse mit Ahornsirup, die sich gut als Mitbringsel eignen.

Neben seinem Hafen ist Vancouver auch für seine Fjorde und den Stanley Park berühmt.

REISEHIGHLIGHTS PRÄRIEPROVINZEN

Landschaften und Tierwelt
- Great Plains, Flüsse, Tundra, Wälder
- Lake Winnipeg, Hudson Bay
- Belugawale, Biber, Eisbären, Polarfüchse

Die Prärieprovinzen
Saskatchewan, Manitoba

Landschaften und Tierwelt

Das Landesinnere kann man mit zwei Worten beschreiben: Weizen und Wind. Das Getreide bedeckt endlos scheinende Flächen, und der Wind kann ungehindert wehen. Die weitläufigen Landschaften entfalten ihren ganz eigenen Charme, aber auch die zahlreichen Wasserläufe, die heimischen Biber und Elche, die Stromschnellen und der große **Lake Winnipeg**, wo man angeln und Kanu fahren kann, haben durchaus ihre Reize. In **Winnipeg**, der Hauptstadt Manitobas, findet im Februar das Festival du Voyageur statt. Zudem kann man das Museum „Mensch und Natur" besuchen, es gibt Hundeschlittenrennen und im französischen Viertel Saint-Boniface werden Musikveranstaltungen geboten.

Liebhaber borealer Nadelwälder und der Tundra werden hingegen eher den Wasserläufen folgen, zum Beispiel dem **Churchill River**. Dieser bildet immer wieder Seen und Wasserfälle, bevor er in der Hafenstadt Churchill die Hudson Bay erreicht.

Dort versammeln sich im Herbst die Eisbären und warten auf das Zufrieren der Bucht. Jedoch zeigt die Erderwärmung auch hier ihre Wirkung und wird die Eisbären wohl eines Tages vertreiben.

BESTE REISEZEIT			
	Klima	Wintersport	Montreal und Quebec
Januar		❄	
Februar		❄	
März		❄	
April			
Mai			
Juni			
Juli			☀
August	☀		☀
September	Indian Summer		☀
Oktober	☀		☀
November		❄	
Dezember		❄	

Kanada

Die Inuit haben in Nunavut ihre Selbstverwaltung durchgesetzt.

REISEHIGHLIGHTS OSTEN

Landschaften
- Tundra und Gebiete des ewigen Eises in Nunavut
- Baffin Island (Oikiqtaaluk); Skilanglauf
- Niagara-Fälle
- Parks (Algonquin, Mont Tremblant, Quetico, Great Lakes)
- Lake Huron

Städte
- Toronto, Ottawa

Der Osten

Nunavut, Ontario

■ Landschaften

Abenteuerlustige können in **Nunavut** die Tundra und riesige Gebiete im ewigen Eis erkunden. Auf zwei Millionen Quadratkilometern, die selbstverwaltet werden, leben 25 000 Inuit zwischen Tradition und Moderne. Sie stehen vor der großen Frage, wie ihre Zukunft aussehen wird, weil das Packeis langsam zu schmelzen beginnt.

In Nunavut leben viele Karibus und Eisbären. Seit der Autonomie erlebt der Tourismus einen gewissen Aufschwung, der vor allem den Möglichkeiten zum Aktivurlaub zu verdanken ist: Man kann Motor- und Hundeschlitten fahren, skiwandern wie etwa auf Baffin Island (Inuit: Qikiqtaaluk) oder im Sommer auf dem Meer Kajak fahren.

In **Ontario** befindet sich eine der beliebtesten Touristenattraktionen der Welt: Nach einem lange gleichmäßigen Verlauf stürzt der **Niagara River** 48 Meter in die Tiefe und sorgt damit für ein grandioses Naturschauspiel. Man kann zum Fuß der Fälle hinabsteigen und an Bord eines Schiffes in die Gischt eintauchen. Vor allem frisch vermählte Paare aus Kanada oder den USA kommen, einer alten Tradition folgend, in Massen hierher.

Es gibt viele Naturparks im Osten des Landes. Die Highlights unter ihnen sind der **Algonquin Provincial Park** bei Whitney, der **Quetico Provincial Park** und das Gebiet der **Great Lakes**. Die Natur ist atemberaubend schön und es bietet sich die Möglichkeit, lebendige Indianertraditionen zu erleben. In der Umgebung des **Lake Huron** gibt es verschiedene Attraktionen: Im Süden der nahegelegenen Georgian Bay kann man Penetanguishene, ein Dorf der Huronen, besuchen, auf Mantoulin Island gibt es Siedlungen der Anishinabe. Im Sommer finden rund um den See sogenannte *pow wows* (Treffen der einheimischen Indianerstämme) statt, und auf der Halbinsel Bruce kann man wandern oder tauchen. Die größten Schätze in diesem Teil Ontarios sind der Sibley Provincial Park am Westufer des **Superior Lake** und, weiter westlich, die Kakabeka Falls.

■ Städte

Toronto besticht durch Weltoffenheit, zahlreiche Museen wie das Royal Ontario Museum, das Raumfahrtmuseum oder das Bata Shoe Museum und einen Hang zum Futuristischen, wie die 553 Meter hohe, selbsttragende Konstruktion des CN Towers beweist.

Die Hauptstadt **Ottawa** bietet Museen, etwa das Museum der Schönen Künste und das Kanadische Museum der Kulturen, und den Rideau Canal, der im Winter zur längsten Schlittschuhbahn der Welt wird. Außerdem findet hier alle zwei Jahre das große Ottawa Festival statt, bei dem Konzerte von Streichquartetten zu hören sind.

Eine Elchkuh und ihr Kalb im Algonquin Provincial Park in Ontario.

Hinter der Skyline der modernen Großstadt Montreal verbergen sich charmante Viertel.

Québec

■ Landschaften und Tierwelt

Auch in Québec steht die Natur im Vordergrund. Der Ahorn bestimmt die Farben des Herbstes und verstärkt mit seinem Tiefrot die Pracht des Indian Summer, der von Ende September bis Anfang Oktober das Land verzaubert.

Das Tal des Sankt-Lorenz-Stroms mit seinen Steilwänden säumen Tannenwälder, in denen es zahlreiche Wasserläufe, Wasserfälle und Seen gibt. Sie ziehen Naturfreunde an und bieten die Möglichkeit, auf den Flüssen Kanufahrten zu unternehmen. An den Flussufern kann man in sogenannten *sugarshacks* die landestypische Spezialität, Ahornsirup, probieren. Natürlich ist dieses wichtige Erzeugnis auch Anlass für verschiedene Feste. Sehenswert sind auch die Seen, zum Beispiel Saint-Jean, die Wasserfälle wie der Montmorency Fall oder der bei Sainte-Anne, die Schluchten, etwa die am Fluss Malbaie, und die Flüsse, darunter der **Sankt-Lorenz-Strom**, das Rückgrat der Provinz; sein Zufluss, der **Saguenay**, bildet einen tiefen Fjord mit Steilklippen. Zwischen der Stadt Québec und dem Saguenay befinden sich die Region von **Charlevoix** (ein Unesco-Biosphärenreservat). Der **Nationalpark Mont Tremblant** im Nordwesten Montreals beherbergt die meisten Sehenswürdigkeiten der Provinz.

Der Rocher Percé bei der Halbinsel **Gaspé** ist eine bogenförmige Felswand im Meer; die Halbinsel bildet den letzten Ausläufer der Appalachen. In dieser Gegend der Provinz Québec liegen auch der Parc de la Gaspésie und der Forillon National Park. Die Region gehört zu den be-

---

REISEHIGHLIGHTS QUÉBEC

Landschaften und Tierwelt
■ Seen, Wälder, Wasserfälle, Flüsse (Sankt-Lorenz-Strom, Saguenay)
■ Gaspé-Halbinsel, Îles de la Madeleine, Île d'Anticosti (Biber, Elche)
■ Indian Summer

Wintersport
■ Motor- und Hundeschlittenfahren, Schneeschuhwandern, Eisangeln

Städte
■ Montreal, Québec

Traditionen
■ Karneval (Québec, Chicoutimi)

liebtesten Touristenzielen und ist ein Paradies für Wanderer. Im Parc de la Gaspésie kann man Virginiahirsche, Karibus (deren Wanderung im Juni ein besonderes Schauspiel ist) und Elche sehen.

Der starke Wind auf den **Îles de la Madeleine** im Sankt-Lorenz-Golf hat das Wachstum der Pflanzen stark beeinträchtigt, aber dafür tummeln sich viele Seehunde und Heuler.

Blauwale, Schnabelwale, Pottwale und Belugas bevölkern zwischen April und November das Mündungsgebiet des Sankt-Lorenz-Stroms, besonders die Bucht von Tadoussac. Im Frühjahr kann man sie sogar im Fluss selbst entdecken.

Vor der Halbinsel Gaspé liegt die Île Bonaventure, ein Vogelreservat. In ihm leben zwischen April und November Tausende Tölpel, Haubenkormorane, Papageientaucher und Möwen. Im Miguasha National Park auf der Halbinsel, am Südufer des Sankt-Lorenz-Stroms, sind Tier- und Pflanzenfossilien zu sehen, die 365 Millionen Jahre alt sind.

Lachsangler zieht es an die Küsten der **Ile d'Anticosti**, einer großen Insel im Sankt-Lorenz-Strom. Sie hat außerdem Wälder und Wasserläufe, Hirsche, Elche, Biber und Haubenkormorane zu bieten.

■ Wintersport

In der Provinz Québec findet man viele Wintersportmöglichkeiten und 36 000 Kilometer Pisten. Immer beliebter werden Ausflüge mit Motorschlitten (Fahrten mit Führer und Übernachtung in Schutzhütten), Hundeschlittenfahrten, Schneeschuhwanderungen und das Rodeln mit Reifenschläuchen. Abfahrtski und Langlauf sind aber nach wie vor feste Größen, vor allem in den Wintersportgebieten Mont Sainte-Anne, Outaouais, Lac Beauport und in der Bergkette Laurentides. Dem jüngeren Vergnügen des Eisangelns kann man am Lac Saint-Pierre, am Lac des Deux-Montagnes und am Saguenay-Fjord nachgehen.

■ Städte

Montreal liegt zwischen dem Mont Royal und dem Sankt-Lorenz-Strom. Die Attraktionen sind seine viktorianischen Häuser aus rotem Backstein, die Jacques-Cartier-Brücke, der Alte Hafen, die verwinkelten Straßen im Viertel Plateau Mont Royal und das quirlige Viertel Village. Es gibt zudem Museen, etwa das Museum der Schönen Künste, und im Juli ein internationales Jazz-Festival. Im Winter spielt sich das Leben in den zahlreichen Einkaufsgalerien der Stadt ab. Montreal hat zudem grüne Ecken wie den Mont-Royal-Park und den botanischen Garten zu bieten. Die Stadt, die 2006 von der Unesco zur „Stadt des Designs" ernannt wurde, zeichnet sich ebenfalls durch Weltoffenheit aus. Nicht zu vergessen sind ihre religiösen Bauwerke, etwa die Basilika Notre-Dame oder das alte Priesterseminar Saint-Sulpice. Die Altstadt und das Viertel Petit Champlain machen **Québec** zu einer der europäischsten Städte Nordamerikas. Ihr besonderes Flair verleihen ihr etwa die Lage an der Mündung des Sankt-Lorenz-Stroms und ihr Luxushotel Château Frontenac.

■ Traditionen

Den Karneval in **Québec** und **Chicoutimi** von Ende Januar bis Anfang Februar begleiten Flussregatten und Wettbewerbe für Eisskulpturen.

An der Nordküste und im Nordwesten der Provinz sind Begegnungen mit Bergindianern möglich.

Québec bietet unendlich viele Möglichkeiten zum Aktivurlaub, etwa Schneeschuhwanderungen und Motorschlittenfahrten.

Kanada

REISEHIGHLIGHTS ATLANTIKPROVINZEN
Landschaften und Tierwelt
■ Küsten von New Brunswick und Labrador, Prince Edward
■ Nationalparks (Grose Morne), Wälder, Indian Summer
■ Grönlandwale, Papageientaucher, Seeschwalben
Kulturelles Erbe
■ Nova Scotia, New Brunswick, Prince Edward (Akadier)
■ Neufundland (Briten)

Die Farbenpracht des Indian Summer ist eine der Hauptattraktionen Kanadas.

Die Atlantikprovinzen

New Brunswick, Nova Scotia, Prince Edward Island, Neufundland und Labrador

■ Landschaften und Tierwelt

Üppig grüne Landschaften und Wälder laden zu Wandertouren ein, und in zahlreichen Häfen kann man Kabeljau- und Hummerfischer beobachten. Es gibt viel zu entdecken:
– **New Brunswick** bietet Nationalparks wie den Kouchibouguac National Park oder den **Fundy National Park**, auf dessen Gelände sich über 20 Wasserfälle befinden. In der Bay of Fundy im Süden kann man im Sommer Grönlandwale, Seeschwalben und Papageientaucher beobachten.
– Die Hauptattraktionen in **Nova Scotia** sind der Kejimkujik National Park mit seinen Wäldern und Seen, Halifax sowie Sydney mit seiner großen Festung aus dem 18. Jahrhundert.
– Auf **Prince Edward Island** gibt es hübsche Landschaften und Städte.
– **Cape Breton Island** ist ein weiteres Highlight auf jeder Kanada-Reise. New Brunswick und Nova Scotia haben außerdem den traumhaften Indian Summer zu bieten: Dann färben sich in den weitläufigen Wäldern entlang des Flusses Saint-Jean Ahornbäume, kanadische Rottannen, Balsamtannen und Birken.
Die Nordküste **Labradors** lockt mit Fjorden, Steilküsten, Wasserfällen und seiner maritimen Fauna. Im Sommer liegt sie auf der Route der Kreuzfahrtschiffe.
Neufundland mit seiner Tundra, den Mooren und dem Grose Morne National Park ist noch wenig besucht. Hier wird noch traditionell gefischt.

■ Kulturelles Erbe

Nova Scotia, ein Teil von New Brunswick und Prince Edward Island sind geprägt von den Akadiern, Nachkommen französischer Siedler. Englisch beeinflusst hingegen zeigt sich Neufundland, das einst die erste Kolonie der Briten war. ■

Eine einzigartige Architektur und farbenfrohe Fassaden prägen die kleine Hafenstadt Lunenburg auf Nova Scotia.

HINWEISE

▶ Pluspunkte
Die Natur, Kanadas größter Trumpf, zieht in Scharen Wanderer, Aktivurlauber und Ruhesuchende an. Es gibt zahlreiche Angebote von Reiseveranstaltern, um das Land zu entdecken. Aber auch Individualreisende werden beste Bedingungen auf ihrer Reise nach Kanada vorfinden.

▶ Minuspunkte
Eine Reise in den Westen und in die Rocky Mountains wird relativ kostspielig.

▶ Empfehlungen
In den Indianerreservaten wird Touristen häufig eine ganz besondere Art von Folklore und Tradition suggeriert, die den Alltag der Indianer nicht unbedingt realistisch spiegelt.

▶ Trends
Fahrten mit der Eisenbahn durch das weitläufige Land werden bei Reisenden derzeit immer beliebter, auch wenn die Zugstrecken teilweise schon seit dem 19. Jahrhundert existieren. Le Canadien etwa verkehrt zwischen Vancouver und Toronto und braucht für diese 4000 Kilometer lange Strecke drei Tage und zwei Nächte. Die Linie von Jasper nach Prince Rupert in den Rocky Mountains ist ebenfalls ein Highlight. Auf der Fahrt von Winnipeg nach Churchill bekommt man mit etwas Glück Eisbären zu sehen.

Bunte Häuser prägen die Siedlungen und Städte auf den ursprünglich zu Portugal gehörenden Inseln.

Kap Verde

REISEHIGHLIGHTS KAP VERDE

Landschaften
- Wandertouren (Santo Antão, Fogo, São Vicente)

Küsten
- Strände (Sal), Windsurfen (Sal, São Vicente, São Tiago), Funboard, Tauchen, Angeln

Kulturelles Erbe
- Tanz, Musik (Morna), Karneval (Mindelo)

 Auf dieser Inselgruppe im Atlantik boomt der Ökotourismus, besonders auf der Insel Santo Antão. Günstige Passatwinde machen Kap Verde zum Paradies für Surfer und auch Taucher finden hervorragende Bedingungen vor.

REISEINFORMATIONEN

Erste Infos
Botschaft der Republik Kap Verde, Stavanger Str. 16, 10439 Berlin, 030/20450955; Internet: www.belavista.net/kapverde.htm

Formalitäten
Bürger der EU und der Schweiz benötigen einen Reisepass, der nach Rückreise noch mindestens 6 Monate gültig ist. Visa sind obligatorisch.

Gesundheit
Eine Gelbfieberimpfung wird empfohlen. Auf der Insel São Tiago besteht ein geringes Malariarisiko.

Flugdauer, Zeitverschiebung
Durchschnittliche Flugdauer Frankfurt–Sal (4646 km): 7 Std.
Um 12 Uhr deutscher Zeit ist es auf Kap Verde im Sommer 9 Uhr, im Winter 10 Uhr.

Durchschnittliche Reisekosten
1300 Euro kostet eine Woche Wandern auf São Antão oder eine Woche Wassersport auf Sal.

Sprachen, Währung
Amtssprache: Portugiesisch, das aber vom Kapverdischen Kreol verdrängt wird. Fremdsprache: Englisch (kaum gesprochen).
Währung: Kapverdischer Escudo; 1 Euro = 110 Escudos. Kreditkarten werden kaum akzeptiert, dafür aber Reiseschecks (in USD).

Bevölkerung
Das Land hat 423 600 Einwohner, 70 % davon Mulatten. Viele sind nach Europa (vor allem Portugal), in die USA oder nach Brasilien ausgewandert.
Hauptstadt: Praia.

Religionen
90 % der Kapverder sind katholisch.

Feste und Feiertage
Februar: Karneval in Mindelo (São Vicente); **Ende April:** Fahnenfest in Fogo; **3./4. Mai:** Fest der Abschaffung der Sklaverei in Boa Vista; **5. Juli:** Unabhängigkeitsfest; **Ende August:** Musikfestival in Baia das Gatas (São Vicente); **12. September:** Nationalfeiertag.

Einkäufe
Textilien (Stickereien) und Gegenstände aus Muscheln. In Mindelo gibt es die besten Morna-CDs.

Kap Verde

■ Landschaft

Santo Antão, die westlichste der zehn Inseln des Archipels, ist sehr beliebt. Ihr Nordteil wird zerfurcht von *ribeiras*, Schluchten, an deren Hängen Bauern Terrassen angelegt haben. Die Tradition des Zuckerrohrbaus und die vielfältige Pflanzenwelt bilden die Grundlage eines intelligenten und maßvollen (Öko-)Tourismus, der teilweise Fuß gefasst hat. Rings um Ribeira Grande gibt es Möglichkeiten zu Wandertouren, etwa durch die *ribeiras* in den Distrikten Paul und Figueiral.

Auch der Vulkan São Filipe auf der Insel **Fogo** zieht Wanderer an. Teilweise wechseln sich auch wüstenhafte Hochebenen mit üppig grünen Landschaften ab. Beispielsweise auf der Insel **São Vicente**, wo sich Mindelo, die größte Stadt des Archipels, befindet. Auf allen Inseln werden Strecken für Wanderer oder Fahrradfahrer ausgebaut.

■ Küsten

Die geographische Lage des Archipels lässt vermuten, es handle sich um ein Badeparadies mit weißen Traumstränden. Tatsächlich sind die meisten Strände wegen des vulkanischen Gesteins schwarz. Nur auf der **Insel Sal** in der Umgebung von Santa Maria laden lange, helle Sandstrände zum Baden ein.

Der stetig wehende Passat jedoch lockt begeisterte Wassersportler an. So hat sich vor Santa Maria, Boa Vista, São Tiage (Praia) und vor São Vicente mittlerweile eine aktive Windsurfszene entwickelt.

Mit Funboards surfen (eine sehr rasante Variante des Windsurfens) kann man hauptsächlich in der Bucht von Sal Rei auf der Insel Boa Vista. Auch Taucher finden hier hervorragende Reviere, vor allem vor der Insel Sal. Unter Wasser sind Thunfische, Mantarochen, Hammerhaie und bunte Fische zu sehen, die über Korallengründe hinweg schweben. Besonders zu den Gewässern von São Nicolau zieht es immer mehr Angler, die Jagd auf Marline und Thunfische machen oder mit der Palangrotte (spezielle Angelart) Grundfische erbeuten. Aber Vorsicht: Der Atlantik hat in diesen Breiten starke Strömungen und kann Tauchern, Anglern und Surfern sehr gefährlich werden, besonders bei Passatwind.

■ Kulturelles Erbe

Cesária Évora, die „barfüßige Diva", machte die Inselgruppe durch ihre Interpretation des Morna-Musikstils weltweit bekannt. Sie nutzt die Musik, um verschiedene Themen auszudrücken, etwa Exilerfahrung, Liebe, Verzweiflung, *sodade* (eine Art Melancholie). Auch das Lebensgefühl der Menschen Kap Verdes kommt darin zum Ausdruck, das von Armut und einer schmerzhaften, von Sklaverei bestimmten Vergangenheit geprägt wurde.

Die Morna-Tradition lebt vor allem noch in **Mindelo** (São Vicente), dem Geburtsort der Sängerin. Die in einer Bucht gelegene Stadt mit der hübschen Architektur ist typisch für Kap Verde. Höhepunkt ist der hiesige Karneval im Februar. Beim Musikfestival im August besuchen die wichtigsten Musiker des Landes das nahe Baia das Gatos. ■

HINWEISE

▶ Pluspunkte
Der Tourismus wächst, ist aber noch im Gleichgewicht. Die Inseln sind ideal für Entdeckungsreisen und bieten perfekte Bedingungen für Surfsport.

▶ Minuspunkte
Die Flugkosten sind relativ hoch, genau wie die Preise für einen Urlaub mit Reiseleitung.
Die Küsten eignen sich wegen der starken Strömungen und der wenigen Sandstrände nur wenig für einen Badeurlaub mit der Familie.

▶ Sicherheit
Nachts in den großen Städten wie Praira oder Mindelo besteht ein relativ hohes Diebstahlsrisiko, das stetig zunimmt.
Auf und im Wasser sollte man nichts riskieren und sich immer nur mit Vorsicht und nicht zu weit von der Küste entfernen: Die Wellen und die Strömungen in diesen Regionen sind sehr stark.

▶ Trends
Die modernen Wassersportarten wie Funboarden, Windsurfen oder Kitesurfen liegen bei den Urlaubern voll im Trend.
Die Morna ist ein unverwechselbares Charakteristikum Kap Verdes. Ein Abend in einer Kneipe von Mindelo, der Geburtsstadt von Cesária Évora, bringt diese Tradition nahe.

BESTE REISEZEIT		
	Klima	Windsurfen
Januar	☼	☼
Februar	☼	☼
März	☼	
April	☼	
Mai	☼	
Juni		
Juli		
August		
September		
Oktober	☼	
November	☼	
Dezember	☼	☼

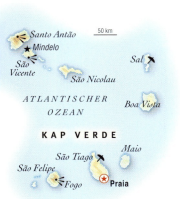

Kenia

🇰🇪 Kenia bietet eine äußerst exotische Reiseerfahrung. Seine üppige Tierwelt begeistert zahlreiche Tierbeobachter, die auf Safari gehen. Die tropischen Strände des ostafrikanischen Staates laden zum Baden ein und Trekker können auf Touren im Norden Kenias Begegnungen mit den Massai erleben.

REISEHIGHLIGHTS KENIA

Tierwelt
- Masai Mara: die „Big Five" (Büffel, Elefanten, Leoparden, Löwen, Nashörner), Gnus und Zebras, Giraffen, Nilpferde
- Lake-Nakuru-Nationalpark und Nakurusee (Flamingos, Pelikane)
- Amboseli- und Tsavo-Nationalpark, Samburu-Reservat, Aberdare-Nationalpark
- Baringo- und Naivashasee

Küsten
- Indischer Ozean: Lamu-Archipel, Malindi, Mombasa. Tiwi Beach, Diani Beach

Landschaften und Trekking
- Mount Kenya, Turkanasee

■ Tierwelt

Kenias Tierwelt ist einzigartig. Die „Big Five" (Büffel, Elefanten, Leoparden, Löwen, Nashörner), die hier zahlreich anzutreffen sind, bilden die Hauptattraktion auf Fotosafaris, bei denen die Teilnehmer hoch oben auf offenen Kleinbussen auf das ideale Motiv lauern. Die Schutzgebiete besucht man am besten in Juli und Au-

Für die „Großen Damen" des Masai Mara gehören Touristen auf Fotosafari zum Alltag.

gust, aber auch die Monate September und Oktober sind beliebt: Dann endet die Trockenzeit, die Vegetation erblüht langsam und die Tiere gehen in Herden auf Wassersuche.

Die „Big Five" leben unter anderem im Schutzgebiet **Masai Mara**, dem interessantesten und meistbesuchten Park Kenias. Im Juli und August kann man Nilpferde beobachten sowie unendlich viele Gnus und Zebras, die auf ihrer großen Wanderung nach Süden den Fluss Mara durchqueren.

Der **Lake-Nakuru-Nationalpark** umgibt den Nakurusee, an dem Flamingo- und Pelikankolonien leben. Auch Giraffen, Gazellen und Spitzmaulnashörner sind hier zuhause.

Ebenfalls sehr sehenswert sind der **Amboseli-Nationalpark**, von dem aus man den Kilimandscharo sehen kann, der **Tsavo-Nationalpark**, der größte Park des Landes (unterteilt in einen East- und einen West-Park), das **Samburu-Reservat** und der **Aberdare-Nationalpark**. Am **Baringo-** und am **Naivashasee** gibt es Hunderte von Vogelarten und auf der Insel Mfangano im Victoriasee bietet sich die einzigartige Gelegenheit, Fischadler,

An der Küste Kenias stehen einzigartige Gebäude und Dörfer, wie auf dem Lamu-Archipel.

REISEINFORMATIONEN

Erste Infos
Fremdenverkehrsamt für Kenia, Schwarzbachstr. 32, 40822 Mettmann, 02104/832919; Internet: www.magical-kenya.de, www.kws.org

Formalitäten
Bürger der EU und der Schweiz benötigen einen Reisepass, der nach Rückreise noch mindestens 6 Monate gültig ist. Zudem sind Visa obligatorisch. Sie werden in den kenianischen Konsulaten ausgestellt.

Gesundheit
Für die Gebiete außerhalb der Städte wird dringend eine Impfung gegen Gelbfieber empfohlen. Eine Malariaprophylaxe ist unentbehrlich, vor allem bei Reisen in Gebiete unterhalb von 2500 Metern (mit Ausnahme von Nairobi).

Flugdauer, Zeitverschiebung
Durchschnittliche Flugdauer Frankfurt–Nairobi (6301 km): 9 Std. 30 Min.
Es gibt zahlreiche Charterflüge nach Mombasa und Nairobi und die Möglichkeit, sich seine Route selbst zusammenzustellen (zum Beispiel Ankunft in Nairobi, Weiterflug nach Mombasa oder Arusha, in der Nähe des Kilimandscharo).
Um 12 Uhr deutscher Zeit ist es in Kenia im Sommer 13 Uhr und im Winter 14 Uhr.

Durchschnittliche Reisekosten
Für eine einwöchige Fotosafari im Juli oder August bezahlt man 1200 Euro. Eine kombinierte Reise, auf der man in zwei Wochen ein Schutzgebiet besucht und eine Weile am Meer Urlaub macht, kostet wie auch für eine Kombination Kenia–Tansania 2500 Euro.

Sprachen, Währung
Amtssprachen: Suaheli, (das Wort „safari" bedeutet übrigens „Reise"), Englisch.
Währung: Kenia-Schilling, 1 Kenia-Schilling sind 100 Cent.
1 USD = 68 Kenia-Schillinge,
1 Euro = 100 Kenia-Schillinge.

Bevölkerung
In Kenia leben 36914000 Menschen; damit ist die Bevölkerungsdichte relativ hoch. Es gibt mehrere ethnische Gruppen, darunter die Kikuyu, die mit einem Anteil von 21% die größte Gruppe bilden. Auch Asiaten (hauptsächlich Inder), Araber und Europäer leben im Land.
Hauptstadt: Nairobi.

Religionen
Katholiken und Protestanten stellen je ungefähr 26%, dazu kommen rund 20% Anhänger von Naturreligionen und 6% Muslime (80% von ihnen leben auf dem Lamu-Archipel).

Feste und Feiertage
1. Juni: Madaraka-Day (Fest der Selbstverwaltung); **August:** Maulidi al Nabi (Geburtstagsfest des Propheten) auf dem Lamu-Archipel; **12. Dezember:** Unabhängigkeitsfest; **Fastenbrechenfest:** Ende des Ramadan.

Einkäufe
Man kann Holzskulpturen, Waren aus Korb und handgefertigten Schmuck der Massai erwerben. Handeln gehört dazu und gilt schon fast als Kunst.

Kenia

Silberreiher, Kormorane und viele weitere Vogelarten zu beobachten.

■ Küsten

Die Küsten am **Indischen Ozean** bergen weiße Sandstrände, Kokospalmen und vorgelagerte Korallenbänke, an denen sich das Leben auf dem Meeresgrund entdecken lässt. Tauchen, Windsurfen und Hochseeangeln, bei dem vor allem Barrakudas, Merlins und Thunfische ins Visier schwimmen, sind sehr beliebt. Übernachten kann man in Strandorten im Norden von Mombasa, etwa auf dem **Lamu-Archipel** oder in der Umgebung von **Malindi**, oder im Süden, zum Beispiel am **Tiwi Beach** oder am **Diani Beach**. Der extreme Badetourismus ist in Kenia noch nicht angekommen, aber neue Badeorte wie Galu Kinondo, Shanzu oder die Insel Chale, alle rund um Mombasa, werden langsam populärer.

■ Landschaften und Trekking

Drei Gipfel hat der erloschene Vulkan **Mount Kenya** (5199 Meter), der den Kenianern als heilig gilt. Wer auch Tansania besucht, kann hier für den Aufstieg auf den Kilimandscharo trainieren. Andere gute Trekkingmöglichkeiten finden sich am **Turkanasee**, wo auch auhentische Begegnungen mit den El Molo, Turkana und Samburu möglich sind.

Die Berge und Seen Kenias umgeben fesselnde Landschaften, die vom zarten Gelb der Savannen dominiert werden. Vulkane haben hie und da ungewöhnliche Reliefs hervorgebracht, etwa die natürlichen Höhlen des Mount Elgon. ■

HINWEISE

▶ Pluspunkte
Die besten Möglichkeiten der Welt für Fotosafaris und Erlebnisse mit wilden Tieren.
Der Urlaub kann sehr abwechslungsreich gestaltet werden.

▶ Minuspunkte
In Juli und August wird es sehr voll im Land, eine Reise zu dieser Zeit muss daher sorgfältig und lange im Voraus geplant werden.
Die allgemeine Sicherheit wird durch Konflikte zwischen den äußerst verschiedenartigen Bevölkerungsgruppen beeinträchtigt, außerdem wird von dem Besuch bestimmter Gebiete im Norden dringend abgeraten.
Es gibt kaum historische Sehenswürdigkeiten.

▶ Sicherheit
Es treten immer wieder Konflikte zwischen den verschiedenen Ethnien auf, zudem herrscht stets ein gewisses Attentatrisiko, und Taschendiebstahl ist weit verbreitet.
Wie bei jeder Reise in ein fremdes Land sollte man sich als Besucher den Gegebenheiten anpassen.

▶ Trends
Zuerst auf Fotosafari in ein Schutzgebiet, dann zum Baden an die Küste des Indischen Ozeans. Das ist keine neue Idee, aber derart verlockend, dass man es immer wiederholen mag.

Festgewänder und Tänze charakterisieren die ethnischen Gruppen Kenias, die die Besucher kennenlernen können.

BESTE REISEZEIT			
	Klima	Schutzgebiete	Indischer Ozean
Januar		🐾	
Februar		🐾	
März			
April			
Mai			
Juni	☼		
Juli	☼	🐾	
August	☼	🐾	☼
September	☼	🐾	☼
Oktober	☼	🐾	☼
November			
Dezember			

Kroatien

🇭🇷 *Die konfliktreichen Jahre im Land sind vorüber und Kroatien wird als Reiseziel wieder neu entdeckt. Der Badetourismus boomt immer mehr und die pittoresken dalmatinischen Inseln sind häufig das Ziel von Kreuzfahrten und Bootsausflügen. Die großen Küstenstädte bieten zudem eine faszinierende Architektur, und auch die eindrucksvollen Plitvicer Seen sind eine Reise wert.*

Das hübsche Rovinj an Istriens Westküste ist nur einer der Schätze Kroatiens.

■ Küsten

Von den insgesamt 5835 Küstenkilometern der „kroatischen Riviera" säumen 1700 Kilometer Istrien und Dalmatien. An ihnen findet man Felsen, Kiefernwälder und Buchten in allen Größen, und im Hintergrund erhebt sich das Dinarische Gebirge. Diesem äußerst reizvollen, zerklüfteten Küstenstrich sind 1200 Inseln und Inselchen vorgelagert, von denen kaum 100 bewohnt sind.
Die Küste lässt sich zum Beispiel mit einem Segelboot (mit oder ohne Skipper) erkunden, oder man nimmt an Bord eines Schoners Platz.
In **Dalmatien** war die Umgebung von Dubrovnik vor dem Krieg das beliebteste Ziel für Touristen. Langsam aber kehren die Urlauber zurück, etwa nach Makarska.
Die Badeorte auf den Inseln Brac, Cres, Hvar, Korčula, Krk, Lošinj und Mljet (in deren Westen ein Nationalpark liegt) sind nicht nur für ihre tollen Bademöglichkeiten, sondern auch für ihre besondere Architektur bekannt.

REISEINFORMATIONEN

Erste Infos
Kroatische Zentrale für Tourismus, Kaiserstr. 23, 60311 Frankfurt, 069/2385350; Internet: http://de.croatia.hr

Formalitäten
Bürger der EU und der Schweiz benötigen einen gültigen Personalausweis oder Reisepass.

Gesundheit
Keine Besonderheiten.

Flugdauer, Zeitverschiebung
Durchschnittliche Flugdauer Frankfurt – Dubrovnik (1116 km): 1 Std. 45 Min.
Von Italien aus gelangt man mit der Autofähre von Ancona nach Split, Zadar oder Dubrovnik und von Pescara aus zur Insel Hvar und nach Split. Keine Zeitverschiebung.

Durchschnittliche Reisekosten
In der Hauptsaison bezahlt man für eine Woche am Meer (Hin- und Rückflug, Halbpension) 700 Euro. Ein einwöchiger Aufenthalt auf einem Boot oder ein ebenso langer Wanderurlaub kosten 1000 bis 1200 Euro.

Sprachen, Währung
Amtssprache: Serbokroatisch. Fremdsprache: Deutsch.
Währung: Kuna. Der Euro wird meist akzeptiert.
1 Euro = 7,32 Kuna.

Bevölkerung
Das Land hat 4 439 000 Einwohner, darunter noch rund 15 000 Serben (vor dem Krieg stellten diese 12 % der Bevölkerung). Es leben viele bosnische Flüchtlinge im Land.
Hauptstadt: Zagreb.

Religionen
Um das Jahr 1000 hat sich die kroatische Kirche dem römischen Katholizismus zugewandt, was den Einfluss der slawischen und griechischen Religionen geschmälert hat. Auch heute noch sind die meisten Kroaten Katholiken.

Feste und Feiertage
Februar: Karneval in Rijeka; **Juni:** Vino Forum auf der Insel Krk (der zweite Teil dieses Festes findet im September statt); **Juli:** Tanz- und Folklorefestival in Zagreb, Sommerfest in Dubrovnik (klassische Musik, Theater); **5. August:** Dan pobjede i domovinske zahvalnosti (Tag des Sieges und der heimatlichen Dankbarkeit).

Einkäufe
Man bekommt Stickereien, Gegenstände aus Kristallglas und sehr beliebte, hochwertige Obstbrände.

Kroatien

REISEHIGHLIGHTS KROATIEN

Küsten
- Istrien (Opatja, Porec, Pula, Rovinj, Umag)
- Dalmatien (Dubrovnik, Inseln: Brac, Cres, Hvar, Korčula, Krk, Lošinj, Mljet)

Städte und Kulturdenkmäler
- Dubrovnik, Pula, Sibenik, Split, Trogir, Zadar, Zagreb

Landschaften
- Dinarisches Gebirge
- Plitvicer Seen

HINWEISE

▶ **Pluspunkte**
Die Küsten, die Baudenkmäler und die Landschaften sind Kroatiens Vorzüge.
Die Tourismusbranche erholt sich schnell von den Folgen des Krieges, was auch der Modernisierung vieler Einrichtungen und den zahlreichen Charterflügen zu verdanken ist.

▶ **Minuspunkte**
Es gibt kaum Sandstrände.
Seit Kurzem steigen die Reisekosten.

▶ **Sicherheit**
Autofahrer sollten wegen der Minengefahr auf den Hauptstraßen und markierten Wegen bleiben. Ansonsten bestehen keine besonderen Risiken.

▶ **Trends**
Gerne fahren Touristen von den ungefähr 50 Bootshäfen im Land aus mit gemieteten Ruder- oder Segelbooten zu den dalmatinischen Inseln hinüber.
Wer in Dubrovnik sein Lager aufschlägt, plant neben der Besichtigung der Stadt häufig auch Abstecher nach Mostar in Bosnien-Herzegowina oder zu den Buchten von Kotor in Montenegro.

Auch an der Westküste **Istriens** entwickelt sich der Badetourismus, etwa in Porec, Rovinj und Umag. Beliebt sind zudem die Umgebung von Pula und Opatija an der Ostküste.

■ Städte und Kulturdenkmäler

Dubrovnik bekam nach den Bombardements im Jahr 1991 Aufbauhilfe von der Unesco und konnte so sein historisches Erbe erhalten. Nicht nur das hiesige Sommerfestival mit Theater, Tanz, klassischer Musik und Jazz begeistert die Besucher.
Gegründet wurde Dubrovnik um 700 n. Chr. sozusagen in zwei Teilen – einem romanischen auf der Insel Ragusa und einem slawischen auf dem gegenüberliegenden Festland. Ein Festungsring umgibt die Stadt, die von vielen Epochen beeinflusst wurde: Man findet romanische und gotische Architektur, Gebäude aus der Renaissance wie die Erlöserkirche und den Sponza-Palast, zudem aus dem Barock die Arkadenhäuser, die Marmorstraßen in Stradun, die Kathedrale und die Jesuitenkirche.

In **Pula** haben die Römer ein Amphitheater erbaut, das sehr gut erhalten ist, und **Sibenik** ist stark von der Renaissance geprägt. Die Hauptattraktion **Splits** ist der Diokletianspalast mit seinen prächtigen Innenräumen. **Zadar** bietet mittelalterliche Kirchen, römische Architektur und venezianische Befestigungen.
Trogir bewahrt das Erbe seiner griechischen und später venezianischen Vergangenheit. An seinen Kirchen sind Skulpturen zu bewundern. Seine malerische Anlage ist typisch für die kleinen Häfen Dalmatiens und Istriens. **Zagreb** wird von seiner neugotischen Kathedrale und dem Pavillon der Künste beherrscht; auch barocke Architektur ist zu finden. Außerdem bietet es zahlreiche Galerien, etwa die der Modernen und der Naiven Kunst, und Museen wie das Archäologische Museum und ein Kunstmuseum.

■ Landschaften

Die Poljen (große, geschlossene Talkessel) im **Dinarischen Gebirge** sorgen für verblüffende, eindrucksvolle Landschaften. Die Ebenen säumen Berge mit spärlicher Vegetation.
Das Highlight aber sind die **Plitvicer Seen**: Die 16 Seen mit glasklarem Wasser sind durch Wasserfälle verbunden, die von natürlichen Hindernissen und Dutzenden Stromschnellen geschaffen wurden. ■

BESTE REISEZEIT		
	Küsten und Inseln	Landesinneres
Januar		
Februar		
März		
April		
Mai	☼	☼
Juni	☼	☼
Juli	☼	☼
August	☼	☼
September	☼	☼
Oktober	☼	
November		
Dezember		

Kuba

🇨🇺 Seit Kubas Regierung den Tourismus als große Chance für das Land entdeckt hat, öffnet es sich immer mehr. Endlos lange Sandstrände, Gebirgslandschaften, die zum Wandern einladen, lebendig gehaltene Traditionen wie der Salsatanz, die freigiebige Bevölkerung und das reiche Erbe Kubas aus der Kolonialzeit machen es zu einem lohnenden Ziel.

> **REISEHIGHLIGHTS KUBA**
> **Küsten**
> ■ Strände am Karibischen Meer (Varadero, Cayo Coco, Playa Guardalavaca)
> ■ Kreuzfahrten
> **Städte**
> ■ Barocke Kirchen, Kathedralen und Häuser aus der Kolonialzeit (Trinidad, Havanna, Santiago del Cuba, Cienfuegos, Sancti Spiritus, Baracoa), Che-Guevara-Mausoleum in Santa Clara
> **Kulturelles Erbe**
> ■ Karneval, Salsa, Zigarren
> **Landschaften**
> ■ Der Osten (Sierra Maestra, Sierra del Escambray)
> ■ Sierra de los Órganos, Valle de Viñales

Wegen ihrer Kolonialarchitektur ist Trinidad nach Havanna Cubas beliebtestes Städtereiseziel.

■ Küsten

Kubas Küsten sind die Hauptattraktion für Touristen. Sie sind schlicht paradiesisch – endlos lang, sanft geneigt und mit feinem gelbem Sand bedeckt. Windsurfen, Segeln und Tauchen sind sehr beliebte Aktivitäten. Aber auch wer nicht wegen der Strände und des Wassersports auf die Insel kommt, bekommt einiges geboten. Die Badeorte der Nordküste und auf dem Saban-Archipel verströmen einen ganz besonderen „Ghetto Chic". Die Stadt **Varadero** etwa liegt auf einer sandigen, 15 Kilometer langen Landzunge, die Palmen und Flamboyants bedecken. Ein weiterer Höhepunkt sind die *cayos*, Inseln, zum Beispiel die Cayo Levisa, die Cayo Las Brujas, die Cayo Guillermo und die Cayo Coco. Auch die Playa Guardalavaca ist ein beliebtes Ziel. Die *cayos* im Nordwesten, darunter die Cayo Jutias, sind ebenfalls wunderschön und sehr gut ausgestattet.

An der Südküste befinden sich Badeorte hauptsächlich im Südosten, etwa Playa Las Coloradas und Playa Siboney. Es gibt viele Möglichkeiten

zum Tauchen, zum Beispiel an der Südküste und auf der Isla de la Juventud. Auch segeln und Hochseefischen ist möglich. Von Havanna aus starten viele Kreuzfahrten nach Grand Cayman und nach Jamaika.

■ Städte

Havanna ist in mehrere Viertel unterteilt. Sein Zentrum ist das historische La Habana Vieja, das meistbesuchte Viertel der kubanischen Hauptstadt; die Unesco hat es zum Weltkulturerbe erklärt. Sehenswert sind weiterhin die Kathedrale, die Plaza de Armas und die Plaza de San Francisco und die eindrucksvollen Paläste, Museen und Kirchen.

Centro Habana ist mit La Habana Vieja durch den Parque Central verbunden. Dieses Viertel ist nicht besonders hübsch, hat aber so berühmte Bauwerke wie das Kapitol und das Große Theater zu bieten. Die Küstenpromenade und den romantischen Malecón säumen barocke, oft schon stark gealterte Wohnhäuser. Im modernen Viertel Vedado sind Prachtstraßen wie die Paseo und die Los Presidentes zu sehen. Auf seiner riesigen Plaza de la Revolución kann man am 1. Mai die politischen Feierlichkeiten erleben.

Die Besucherströme haben das Gesicht der Stadt verändert: In La Habana Vieja etwa wurden unzählige Restaurants und Cafés eröffnet, aber auch neue Museen sind hinzugekommen, zum Beispiel das für präkoloniale Kunst und Ethnologie – ein wahrer Gewinn für die kulturelle Szene Havannas.

Ein paar Kilometer östlich von Havanna befindet sich die Finca la Vigía, in der einst Hemingway lebte und schrieb. Die kleine Hafenstadt Cojímar ist die Kulisse seines Werkes „Der alte Mann und das Meer". Das hiesige Restaurant „Las Terrazas" war Hemingways Lieblingsplatz.

Trinidad wurde ebenfalls zum Weltkulturerbe erklärt. Seine barocken Kirchen, die niedrigen, pastellfarbenen Häuser und die *patios* (Innen-

In Havanna, wie hier vor dem Kapitol, findet man noch zahlreiche amerikanische Oldtimer.

REISEINFORMATIONEN

Erste Infos
Kubanisches Fremdenverkehrsamt, Kaiserstr 8, 60311 Frankfurt, 069/288322; Internet: www.cubainfo.de

Formalitäten
Bürger der EU und der Schweiz benötigen einen Reisepass, der nach Abreise noch mindestens sechs Monate gültig sein muss. Eine Touristenkarte ist obligatorisch; sie wird gegen Gebühr vom Konsulat ausgestellt, man bekommt sie aber auch beim Reiseveranstalter und seit kurzer Zeit sogar direkt vor Ort im Land.

Gesundheit
Keine Besonderheiten; spezielle Impfungen sind nicht erforderlich. Die medizinische Versorgung auf Kuba ist im Allgemeinen sehr gut.

Flugdauer, Zeitverschiebung
Durchschnittliche Flugdauer Frankfurt–Havanna (8150 km): 10 Std. 30 Min. Es gibt Charterflüge nach Santiago, Holguin und zur Cayo Coco. Um 12 Uhr deutscher Zeit ist es auf Kuba 6 Uhr.

Durchschnittliche Reisekosten
Außerhalb der Saison kostet ein einwöchiger Badeurlaub in Varadero (all inclusive) 800 Euro. Für eine ebenso lange Rundreise (Hin- und Rückflug, Mietwagen, Unterkünfte) bezahlt man 1300 Euro.

Sprachen, Währung
Amtssprache: Spanisch. Fremdsprache: Englisch, allerdings hört man es nicht sehr häufig.
Währung: Der Kubanische Peso ist den Einheimischen vorbehalten. Besucher benutzen den Peso Convertible (CUC).
1 USD = 1 CUC,
1 Euro = 1,26 CUC.
Euro werden akzeptiert, USD aber seit Ende 2004 nicht mehr. Auch US-amerikanische Reiseschecks und Kreditkarten werden nicht mehr angenommen.

Bevölkerung
Von den 11394000 Einwohnern leben mehr als zwei Millionen in der Hauptstadt Havanna. 66% der Bevölkerung sind Weiße, 22% sind Mestizen und 12% Schwarze. Seit 1958 haben eine Million Menschen aus politischen Gründen das Land verlassen.

Religionen
40% der Kubaner sind Katholiken, 50% sind konfessionslos. Daneben gibt es Minderheiten von Protestanten und Anhängern afro-kubanischer Kulte.

Feste und Feiertage
Mai: Folklorefest in Havanna; *Juli:* Karneval in Havanna und Santiago; *Dezember:* Lateinamerikanisches Film-Festival und Jazzfestival in Havanna.

Einkäufe
Rum (besonders der Havana Club Añejo 7 años) und Zigarren (Cohiba, Montecristo) sind sehr beliebt, außerdem gibt es Holzskulpturen und natürlich Portraits von Che.

höfe), die nach andalusischem Vorbild erbaut wurden, machen es zu einer der interessantesten Kolonialstädte in der Karibik.
Die ehemalige Hauptstadt **Santiago de Cuba** bietet eine Bucht, die Festung Castillo de San Pedro de la Roca, eine Kathedrale und Kirchen. Die Passion dieser Stadt ist die Salsamusik.
Cienfuegos, die „Perle des Südens", bekam erst vor Kurzem den Status eines Weltkulturerbes zugesprochen. Seine Architektur ist französisch (schmiedeeiserne Balkone), spanisch (Palais Ferrer) und italienisch (Terry-Theater, Palacio de Valle) beeinflusst. Im hiesigen botanischen Garten wachsen rund 2000 Pflanzenarten.
Sancti Spiritus in der Inselmitte hat eine sehr atmosphärische Altstadt zu bieten. **Baracoa**, im äußersten Osten der Insel gelegen, war die erste spanische Stadt in der Neuen Welt, was das Stadtbild stark geprägt hat. Der Mythos um Che Guevara wird in **Santa Clara** gepflegt: Ein Standbild und ein Mausoleum sind dem Revolutionär gewidmet.

■ Kulturelles Erbe

Kuba und Puerto Rico sind die Wiege der Salsa. Man erlebt diesen besonderen Musikstil in den Bars von Centro Habana oder Vedado, aber auch draußen auf den großen Plätzen der Städte, etwa in Trinidad. Er verleiht auch dem kubanischen Karneval seine Originalität, am besten zu sehen in Santiago de Cuba im Juli.
Eine weitere Tradition Kubas sind Zigarren (*puros*). Sie werden in Fabriken in und um Havanna gerollt, die man besichtigen kann, zum Beispiel die in Pinar del Río.

■ Landschaften

Auf den *sierras* (Bergketten) im Inneren der Insel liegt das Hauptaugenmerk des Wandertourismus im Land, der sich immer weiter entwickelt. Wanderer zieht es besonders in die Provinz Oriente im Osten der Insel, wo sich die **Sierra Maestra** über Santiago de Cuba erhebt.
Eine malerische Straße, die in Trinidad beginnt, führt über die **Sierra del Escambray**, passiert ihre Hänge und Seen und bringt einen an Kaffeeplantagen vorbei bis nach Santa Clara.
Die **Sierra de los Órganos** zwischen den Provinzen Havanna und Pinar del Río (im **Valle de Viñales**) gilt als schönste Bergkette Kubas. An ihrem Fuß liegen die berühmtesten Tabakplantagen der Insel. ■

In kubanischen Bars ist meist die traditionelle Salsamusik zu hören.

BESTE REISEZEIT		
	Klima	Feste in Havanna
Januar	☼	
Februar	☼	
März	☼	
April	☼	
Mai		♪
Juni		
Juli		♪
August		
September		
Oktober		
November		♪
Dezember	☼	♪

HINWEISE
▶ Pluspunkte
Der Tourismus erlangt in Kuba immer mehr Bedeutung und Ansehen, denn er ist mittlerweile essenziell für die Wirtschaft der Insel.
Man findet auf Kuba das reichste historische Erbe der gesamten Antillen.
▶ Minuspunkte
Die Lebenshaltungskosten für Touristen sind höher, als man vielleicht erwarten mag.
An einigen Orten begegnen Einheimische Besuchern nach wie vor mit Skepsis.
▶ Sicherheit
Das Land ist eines der sichersten in der Karibik und es gibt kaum Diebstähle. Dennoch sollte man sich bescheiden und unauffällig kleiden und verhalten.
▶ Trends
Neben der Salsa und den Mojitos verlocken Sonnenaufgänge über dem Valle de Viñales, die einem die andere, noch zauberhaftere Seite der Insel offenbaren.

Die Statuen des Wat-Xieng-Khuan-Parks in der Nähe von Vientiane gehören zu den Hauptsehenswürdigkeiten in Laos.

 Laos, das „Land der Millionen Elefanten" ist eines der ausgefalleneren Reiseziele in Südostasien. Mit seinem reichen buddhistischen Erbe, etwa in der ehemaligen königlichen Hauptstadt Luang Prabang, und mit den lebendigen Traditionen seiner freundlichen Bevölkerung zieht es immer mehr Besucher in seinen Bann.

Laos

REISEINFORMATIONEN

Erste Infos
Laos Tourist Office, c/o Indochina Services, Enzianstr. 4a, 82319 Starnberg, 08151/770250, Internet: www.visit-laos.com

Formalitäten
Bürger der EU und der Schweiz benötigen einen nach Einreise noch mindestens sechs Monate gültigen Reisepass. Ein Visum ist obligatorisch und kann beim Konsulat, am Zielflughafen oder an der thailändischen Grenze ausgestellt werden.

Gesundheit
Außerhalb von Vientiane ist eine Malariaprophylaxe unbedingt nötig.

Flugdauer, Zeitverschiebung
Durchschnittliche Flugdauer Frankfurt–Vientiane (8777 km): 12 Std.
Um 12 Uhr deutscher Zeit ist es in Laos im Sommer 17 Uhr, im Winter 18 Uhr.

Durchschnittliche Reisekosten
Ein zweiwöchiger Urlaub mit Reiseleitung kostet 1800 Euro, eine Reise durch Laos und Kambodscha 2000 bis 2500 Euro.

Sprachen, Währung
Amtssprache: Lao, das dem Thailändischen ähnelt; Fremdsprache: Englisch ist verbreitet.
Währung: Kip. Thailändische Bath und USD werden auch akzeptiert.
1 USD = 9500 Kip; 1 Euro = 14000 Kip;
Kreditkarten werden kaum angenommen.

Bevölkerung
60% der 6522000 Einwohner sind Laoten, ein Volk von Bauern. Im vergleich zu seinen Nachbarn leben hier sehr wenige Menschen.
Hauptstadt: Vientiane.

Religionen
Die meisten Menschen sind theravadische Buddhisten, daneben gibt es Animisten.

Feste und Feiertage
Mai: Raketenfest, mit dem der Monsun „herbeigerufen" wird.

Einkäufe
Baumwollstoffe, Seide und Silberschmuck.

Laos

REISEHIGHLIGHTS LAOS

Städte und Kulturdenkmäler
- Buddhistische Klöster/Tempel (Wats) in Luang Prabang und Vientiane
- Statuen von Pak Ou, Khmer-Anlage Wat Phu

Landschaften
- Mekong, Berge im Norden, Boloven

HINWEISE

▶ Pluspunkte
Das Land zeigt das heitere Gesicht Südostasiens. An den Ufern des Mekong sind die Traditionen seiner Menschen zu erleben, und Flusskreuzfahrten werden immer beliebter.
Die Kosten für Übernachtung und Unterkunft sind relativ gering.
Der Ökotourismus entwickelt sich immer stärker.

▶ Minuspunkte
Im Sommer ist das Klima sehr regnerisch und feucht.
Das derzeit noch sehr authentische Bild von Südostasien, das Laos kennzeichnet, wird von Besucherströmen zunehmend verwischt.

▶ Sicherheit
Die Laoten sind liebenswürdig und äußerst gastfreundlich. Die Vergangenheit des Landes (Guerillakrieg) ist bewältigt.
Im Norden ist der Konsum von Opium sehr verbreitet.

■ Städte und Kulturdenkmäler

Die alte Königshauptstadt **Luang Prabang** steht unter Denkmalschutz und gehört zum Weltkulturerbe. Sie ist der Höhepunkt jeder Laos-Reise. Der Mount Phousi mit seinem Tempel und der Stupa prägen die kleine Stadt am Zusammenfluss von Mekong und Nam Khane. Zahlreiche Tempel, allen voran der Wat Xieng Thon, belebte Straßen und die Mönche in ihren safrangelben Kutten schaffen eine warme Atmosphäre, die Wats und der ehemalige Königspalast sind die Hauptattraktionen.
In **Vientiane** sind ebenfalls Tempel zu sehen, darunter der Wat Si Saket und der Pha That Luang, der bedeutendste des Landes. Die friedliche Hauptstadt beherbergt zudem einen großen Markt (Talot Sao), den eigenartigen Triumphbogen Patuxai und Häuser aus der französischen Kolonialzeit. Daneben hat Laos aber noch zahlreiche weitere architektonische Highlights zu bieten:
– In den Grotten von **Pak Ou**, westlich von Luang Probang, sind mehr als 4500 Buddhastatuen erhalten.
– Die **Ebene der Krüge** liegt im Osten und verdankt ihren Namen den großen Megalithgefäßen, die vor 2000 Jahren vermutlich als Urnen gedient haben.
– Im Süden, in der Nähe des hübschen Örtchens Champassak, befindet sich die sehenswerte Khmer-Anlage **Wat Phu** (9. bis 13. Jahrhundert).

■ Landschaften

Das Markenzeichen des Landes ist unumstritten der **Mekong**, an dessen Ufern das Bauernvolk der Laoten ein traditionelles Leben führt. Der Mekong hat viele Gesichter: Im Norden ist er ein Wildwasser, im Süden bei der Inselgruppe Siphandone bildet er spektakuläre Wasserfälle. Die in seinem Wasser mitgeführten Sedimente färben ihn oft gelb oder rot. Sein Verlauf und seine Farbenpracht machen ihn zu einer der Hauptattraktionen des Landes.
Zwischen Houeisai und Luang Prabang im Norden kann man den Fluss mit motorisierten Langbooten erkunden. Die meisten Besucher zählt der Fluss aber im Süden, wo er sich in zahlreiche Flussarme teilt, die die „4000 Inseln" von Siphandone bilden. Von der einsameren Insel Khong aus sind in der Hochwasserperiode interessante Bootsausflüge Richtung Süden möglich. Die belebteren Inseln Khone und Det bieten die Möglichkeit zur Beobachtung der seltenen Süßwasserdelfine.
In den Bergen im Norden des Landes leben ethnische Minderheiten wie die Lantans und die Mongs. Im Süden kann man auf der Hochebene von Boloven traditionelle Dörfer und Wasserfälle besuchen.
Die Landschaft bei **Vang Vieng** prägen „Zuckerhüte" aus Kalkstein. Auf Reifenschläuchen kann man den Fluss erkunden. ■

BESTE REISEZEIT			
	Klima	Kreuzfahrten auf dem Mekong	Berge im Norden
Januar	☼	⛵	☼
Februar	☼	⛵	☼
März	☼		☼
April			☼
Mai			
Juni			
Juli			
August			
September			
Oktober			
November	☼	⛵	
Dezember	☼	⛵	

Das Libanongebirge mit den Kiefern- und Zedernwäldern bildet die perfekte Kulisse für Byblos und seine Küste.

Libanon

Wer sich für das römische Erbe begeistert, ist im Libanon genau richtig, denn zahlreiche Kulturdenkmäler erinnern an diese Epoche. Weitere Attraktionen bilden die Strände der Mittelmeerküste sowie Wälder und Gebirge. Die politische Instabilität dämpft derzeit bedauerlicherweise den Elan, das fesselnde Land zu besuchen.

REISEINFORMATIONEN

Erste Infos
Botschaft des Libanon, Berliner Str. 127, 13187 Berlin, 030/4749860; Internet: www.libanesische-botschaft.info/german/tourism.htm

Formalitäten
Bürger der EU und der Schweiz benötigen einen nach Einreise noch mindestens sechs Monate gültigen Reisepass. Ein Visum ist Pflicht und muss von der Botschaft ausgestellt sein; für Kurzaufenthalte kann man auch eines in Beirut bekommen, muss es aber vor dem Rückflug beim Konsulat bestätigen lassen. Visa, Stempel oder Flugtickets dürfen keine Verbindungen mit Israel aufweisen, sonst könnte man bei der Ankunft ausgewiesen werden.

Gesundheit
Keine Besonderheiten.

Flugdauer, Zeitverschiebung
Durchschnittliche Flugdauer Frankfurt–Beirut (2842 km): 3 Std. 45 Min. Um 12 Uhr deutscher Zeit ist es im Libanon 13 Uhr.

Durchschnittliche Reisekosten
Eine Woche kostet etwa 1100 Euro, eine zweiwöchige Reise in den Libanon und nach Syrien rund 2000 Euro (alles inklusive).

Sprachen, Währung
Amtssprache: Arabisch; Fremdsprachen: Englisch, Französisch.
Währung: Libanesisches Pfund. Meistens wird in USD bezahlt, Kreditkarten werden wenig angenommen.
1 USD = 1522 Libanesische Pfund; 1 Euro = 2238 Libanesische Pfund.

Bevölkerung
Die insgesamt 3926000 Einwohner sind eine bunte Mischung von Bevölkerungsgruppen, die lange Zeit gut miteinander auskamen. Die muslimische Bevölkerung ist in der Mehrheit, aber lange gab es mehr bekennende Christen.
Hauptstadt: Beirut.

Religionen
Schiiten stellen 41%, die Suniten 27%, 16% sind Maroniten, 7% Drusen, 5% Griechisch-Orthodoxe und 3% griechische Katholiken. Daneben gibt es Armenier.

Feste und Feiertage
9. Februar: Tag des Heiligen Maron; im Sommer: Festival in Baalbeck; Fastenbrechenfest: Ende des Ramadan

Einkäufe
Eisen-, Holz-, Kupfer- und Keramikgegenstände. Auf den Souks wird gehandelt.

Libanon

REISEHIGHLIGHTS LIBANON

Kulturdenkmäler
- Römisches Erbe in Baalbek und Tyros
- Tempel und Gräber von Byblos, Schloss von Sidon, Palast von Beiteddine, Museen, Klöster (Heiliges Tal von Qadisha)

Landschaften
- Libanongebirge (Quellen, Wasserfälle, Zedernwälder)
- Einschnitt des Orontes, Grotten von Afqa und Jeita

Küsten
- Mittelmeerküste (Jounieh, Byblos, Beirut)

■ Kulturdenkmäler

Wer sich für das römische Erbe begeistert, sollte den Libanon bereisen. Auf der Anlage in **Baalbek** mit einem Jupiter-, einem Bacchus- und einem Venustempel wurde zur Zeit des Marcus Antonius Aurelius der Sonnengott gewählt. Hier fand auch 1997, nach zwanzigjähriger Pause, in neuem Glanz das berühmte Festival von Baalbeck statt.
In **Tyros** (Sur) haben die Römer eine Arena, ein Hippodrom, ein Theater und Thermen hinterlassen, im Sommer findet ein Festival statt.
In **Byblos** brachte die glänzende Zeit der ägyptischen Herrschaft Tempel und Gräber hervor. **Sidon** birgt Überreste aus der Bronzezeit und die Seefestung zeugt von den Kreuzzügen. Der **Palast von Beiteddine** (den zu Beginn des 19. Jahrhunderts ein Emir erbaut hatte) beherbergt im Sommer ein weiteres Festival; auch er zählt zu den historischen Höhepunkten des Landes. Die Museen, etwa das Museum in Beiteddine und das Nationalmuseum in Beirut, die Klöster wie Qozaya im **Heiligen Tal von Qadisha,** im Norden des Libanongebirges, und die Kirchen sind ebenfalls sehenswert.
Derzeit setzt sich die moderne Architektur durch, Beton und Autobahnen beschädigen das historische Erbe, besonders entlang der Küste. In Beirut haben die Rekonstruktionen im Stadtkern bedauerlicherweise das historische Zentrum mit dem Märtyrer- und dem Sternplatz „verschluckt".

■ Landschaften

Es gibt noch immer viele Libanon-Zedern, etwa im Chouf-Gebirge und in der Beekaa-Ebene. Das **Libanongebirge** mit seinen Quellen, Wasserfällen und Wäldern lädt im Frühjahr und Herbst zum Wandern ein (im Sommer ist es dafür zu dunstig), insbesondere in den Wintersportgebieten.
Im Norden wird die wüstenhafte Region der Hermel-Hochebene vom Fluss **Orontes** zerschnitten, dessen unterirdisch fließendes Wasser durch eine artesische Quelle zutage tritt.
An der Flanke des Berges Libanon öffnet sich in einem Kalkabbruch die **Grotte von Afqa,** in der sich der Legende nach Adonis und Venus geliebt haben sollen.
Im Landesinneren sind neben dem unterirdischen Fluss, der hier wieder an die Oberfläche tritt, und den Ruinen eines Adonistempels die **Jeitagrotten** (sechs Kilometer Tropfsteinhöhlen) eine große Touristenattraktion.

■ Küste

Die Mittelmeerküste bietet neben zahlreichen Sonnenstunden auch zahlreiche schöne Strände.
Jounieh und **Byblos** (Jubay) sind beide sehr bekannte Badeorte. Zusammen mit dem Strand von Beirut gehören ihre Strände zu den beliebtesten im Land. ■

HINWEISE

▶ **Pluspunkte**
Verschiedenartige und renommierte Attraktionen, die zwar wieder etwas zum Strahlen gebracht werden müssen, aber nicht an Eindruck verloren haben.

▶ **Minuspunkte**
Hohe Lebenshaltungskosten.
Die politische Lage ist noch sehr instabil und für die Reiseveranstalter kaum kalkulierbar.

▶ **Sicherheit**
In prekären Situationen ist äußerste Vorsicht geboten. Vor der Reiseplanung sollte man sich unbedingt beim Konsulat informieren. Der Südteil des Libanon ist zu meiden.

BESTE REISEZEIT		
	Küste	Osten des Landes
Januar		
Februar		
März		
April	☼	
Mai	☼	
Juni	☼	☼
Juli	☼	☼
August		☼
September	☼	
Oktober	☼	
November	☼	
Dezember		

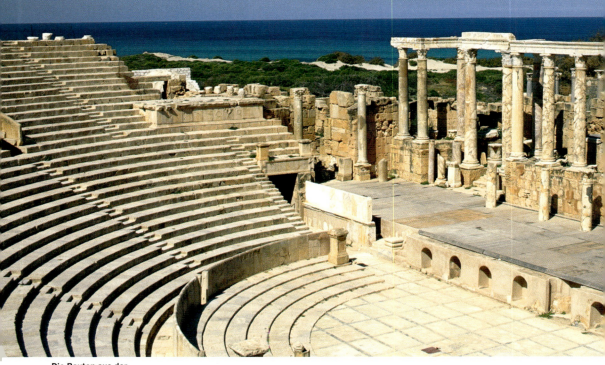

Die Bauten aus der Römerzeit an Libyens Küste, hier Sabratah, ziehen immer mehr Besucher an.

Libyen

■ Lange Zeit wurde Libyen lediglich als riesiger Wüstenlandstrich angesehen und zog daher kaum Touristen an. Doch die faszinierenden Spuren aus griechischer und römischer Zeit sowie die reizvolle Fessan-Region haben die Vorzeichen verändert. Badeurlauber sucht man an der langgezogenen Mittelmeerküste, die zum Teil Wüstencharakter hat, jedoch immer noch vergeblich.

REISEINFORMATIONEN

Erste Infos
Botschaft: Podbielskiallee 42, 14195 Berlin, Tel.: 030/20059641; Internet: www.libyan-tourism.org, www.libyschebotschaft.de

Formalitäten
Bürger der EU und der Schweiz: nach Rückkehr noch sechs Monate gültiger Reisepass ohne israelischen Einreisestempel. Visa sind Pflicht und entweder persönlich (lange Wartezeiten) oder über den Reiseveranstalter beim Konsulat erhältlich.

Gesundheit
Keine Impfungen erforderlich.

Flugdauer, Zeitverschiebung
Flugdauer Frankfurt-Tripolis (1966 km) etwa 3 Std.
Um 12 Uhr deutscher Zeit ist es in Libyen 13 Uhr.

Durchschnittliche Reisekosten
Die günstigsten Angebote für eine einwöchige Reise in die Wüste beginnen bei 1000 Euro. Das Gleiche gilt für eine Reise ins „antike Libyen" an der Küste.

Sprachen, Währung
Neben Arabisch, der Amtssprache, wird auch Tamaschek, die Sprache der Tuareg gesprochen.

Englisch und Italienisch sind Verkehrssprachen, wenn auch nicht flächendeckend.

Währung: 1 Libyscher Dinar entspricht 1000 Dirham. 1 Euro = 1,83 Libysche Dinar.

Bevölkerung
Die Bevölkerungszahl (6 037 000) ist im Verhältnis zur Fläche verschwindend gering. Die Menschen leben fast ausschließlich im Norden, vor allem in Tripolis (**Hauptstadt**) und Bengasi.

Religionen
Fast die gesamte Bevölkerung hängt dem sunnitischen Islam an; geringer Anteil an Christen.

Feste und Feiertage
Oktober: Festlichkeiten nach der Dattelernte; 24. Dezember: Unabhängigkeitstag; Ende Dezember: Tuareg-Festival in Ghât.

Einkäufe
Beliebte Souvenirs sind unter anderem Gold- und Silberschmuck, Töpferwaren, Webstoffe und Leder, aber die meisten dieser Produkte stammen aus Ägypten, dem Niger oder dem Tschad. Die echte libysche Handwerkskunst gilt noch als Geheimtipp.

Libyen

REISEHIGHLIGHTS LIBYEN
Historisches Erbe
- Zeugnisse römischer Zeit (Sabratah, Leptis Magna)
- Zeugnisse griechischer und römischer Zeit (Kyrene)
- Apollonia, Ptolemais, Germa, Ghadames

Wüste
- Dünen, Felsmalereien, Steilhänge der Fessan

■ Historisches Erbe

Römische Baukunst dominiert die Ruinen von **Sabratah**, das unter anderem einen Tempel des Antoninus Pius und das größte römische Amphitheater Afrikas zu bieten hat, ebenso wie die Monumente von **Leptis Magna** mit seinem gut erhaltenen Amphitheater. Die bedeutendsten Funde aus dieser Zeit zeigen die Museen von Sabratah und Tripolis.
In **Kyrene**, dem Ankerplatz der Kyrenaika und des „griechischen Afrikas", finden sich Spuren aus griechischer und römischer Zeit (Zeus- und Demetertempel). Weitere Sehenswürdigkeiten: **Apollonia** (griechische Epoche, unweit von Kyrene) und die Ruinen von **Ptolemais** bei Tolmeitah. Auf der Fahrt Richtung Süden: die Ruinen von Ghadames, einer befestigten Stadt, die einst eine blühende Oase war, sowie die Felszeichnungen und -gravuren von **Germa** und Umgebung, wo die Ga-

BESTE REISEZEIT		
	Antike Stätten an der Küste	Wüste
Januar		☼
Februar		☼
März		☼
April	☀	
Mai	☀	
Juni	☀	
Juli		
August		
September		☼
Oktober	☀	
November		☼
Dezember		☼

HINWEISE
▶ **Pluspunkte**
Das Land hat sein touristisches Image radikal verändert, ist heute sowohl in Sachen Kultur als auch bei Wüstenreisen äußerst präsent. Touren in den Fessan, eine der schönsten Regionen der Sahara.

▶ **Minuspunkte**
Noch unzureichende Hotelinfrastruktur. Der ein oder andere dürfte sich daran stören, sich der von westlichen Standards stark abweichender Lebensweise anpassen zu müssen (Alkoholverbot, strenge Kleiderordnung und so weiter).

▶ **Sicherheit**
Individualreisen sind in Libyen die Ausnahme und bedürfen einer guten Vorbereitung und einiger Vorsichtsmaßnahmen. Absolut zu meiden sind die Grenzregionen zum Niger, Sudan und Tschad, sowie der libysche Tibesti.

ramanten lebten (aus denen die Tuareg hervorgingen). Im Nordosten des Landes finden Geschichtsfans mit Bir Hakeim und Tobruk zwei berühmte Schauplätze der Kämpfe, die 1941–1942 zwischen den Alliierten und den Achsenmächten tobten.

■ Wüste

An der Grenze zwischen Algerien, Libyen und Niger liegt in Verlängerung des Tassili N'Ajjer eine ebenso schöne wie lange verkannte Region der Sahara: der **Fessan**. Vom Tassili Maghidet bis Tadrart im Süden über den Akakus fügen sich Dünen, Schluchten, Felsmalereien, Sandsteinblöcke und schroffe Felsformen zu einem harmonischen Ganzen.
Die allgemeine Begeisterung für Saharareisen und die Tatsache, dass es nicht möglich ist, sich in den benachbarten Hoggar zu begeben, haben dieser Region einen Teil ihres Mysteriums geraubt. Zwischen Dezember und April erlebt der Fessan einen touristischen Miniboom.

Madagaskar

Die „Baobab-Allee" – Sinnbild für die Schönheit der Natur Madagaskars.

REISEHIGHLIGHTS MADAGASKAR

Landschaften
- Terrassenreisfelder, Kraterseen, Grotten, Gebirgsketten
- Hochebenen, Minerale (Tsingy-de-Bemaraha-Plateau), Wasserfälle (Mandraka), Felsformationen (Isalo)

Tiere und Pflanzen
- Lemuren, Schildkröten, Chamäleons, Riesenschmetterlinge, Krokodile
- Schwarze Orchideen, Kannenpflanzen, Ylang-Ylangs, Eukalyptus, Ravenala, Baobabs

Küsten
- Strände, Tauchen (Nosy Bé, Toliara, Nosy Boraha, Bucht von Diego Suarez)

Städte
- Antananarivo, Antsirabe, Fianarantsoa

Bereits eine Begegnung mit den Lemuren, einer vom Aussterben bedrohten Art, lohnt eine Reise auf die „Große Insel". Doch Madagaskar hat noch mehr zu bieten: Trekkingmöglichkeiten im Herzen einer der schönsten Landschaften Afrikas, grünen Tourismus und Erholung in den Badeparadiesen wie der Insel Nosy Bé und der Bucht von Diego Suarez.

REISEINFORMATIONEN

Erste Infos
Botschaft: Seepromenade 92, 14612 Falkensee; Tel.: 033/2223140; www.madainfo.de; www.madagascar-tourisme.com

Formalitäten
Bürger der EU und der Schweiz: nach Rückkehr noch sechs Monate gültiger Reisepass, Visa sind Pflicht und bei der Botschaft erhältlich. Das Visum kann auch bei Ankunft ausgestellt werden, über diese Möglichkeit vor der Abreise gut informieren.

Gesundheit
Keine Impfungen erforderlich. Malariaprophylaxe unbedingt erforderlich, insbesondere in den Küstenregionen.

Flugdauer, Zeitverschiebung
Durchschnittliche Flugdauer Frankfurt-Antananarivo (8530 km): 14 Std. Um 12 Uhr deutscher Zeit ist es in Madagaskar im Sommer 13 Uhr und im Winter 14 Uhr.

Durchschnittliche Reisekosten
Relativ teuer: etwa 2500 Euro für 15 Tage Halbpension. Individualreisen sind noch sehr selten.

Sprache, Währung
Amtssprache: Malagasy. Verkehrssprache: Französisch.

Währung: Der Ariary, die frühere Währung, hat ein Comeback gefeiert und den Madagaskar Franc verdrängt. 1 Euro = 2610 Ariary.

Bevölkerung
20042000 Einwohner zugleich madagassischer und afrikanischer Herkunft, ein ethnischer Flickenteppich. Die Bevölkerung wächst rasch.

Hauptstadt: Antananarivo, das frühere Tananarive.

Religionen
Fast jeder zweite Einwohner ist Animist. Katholiken (26 %), Protestanten (23 %) und Muslime (2 %) bilden die weiteren Glaubensgruppen.

Feste und Feiertage
März: Madagassisches Neujahr;
Mai: „Donia" in Nosy Bé (traditionelle Musik);
Juni bis September: „Famadihana" (Fest der „Rückkehr der Toten");
26. Juni: Unabhängigkeitstag.

Einkäufe
Holzobjekte (Skulpturen), Stickereien und Gewürze sind am reizvollsten. Originelle Alternative: Spielzeug aus den unterschiedlichsten Materialien auf dem Markt von Antananarivo.

Madagaskar

■ Landschaften

Die Tier- und Pflanzenwelt Madagaskars hat einige der ungewöhnlichsten Arten hervorgebracht, die man sich vorstellen kann. Der Nationalpark Montagne d'Ambre im Norden birgt Baumfarne und Epiphyten. In dieser Region ist auch die spektakulärste Grotte des Landes zu finden: die Grotte von Andrafiabe.

Weiter südlich sind auf dem Tsingy-de-Bemaraha-Plateau, das zum Nationalpark erklärt wurde, bizarre, nadelspitze Steinformationen zu sehen, die ihre Existenz Korallen verdanken (Tsingys). Weiter im Süden erwartet den Besucher im Andringitra-Nationalpark eine tropische Bergwelt mit spektakulären Wasserfällen.

Die Hochebenen mit ihren Terrassenreisfeldern und ihren vom Laterit rot gefärbten Hügeln, die Felsen und Becken des Isalo-Nationalparks, die inzwischen berühmte „Baobab-Allee" in der Nähe von Morondava und die Kraterseen (Tritriva) bilden die Highlights des Inselzentrums und laden zum Wandern ein.

Eine Fahrt über die Nationalstraße 7 von Antananarivo nach Ifaty (etwa 1000 Kilometer) oder eine Zugfahrt von Antananarivo nach Toamasina bieten die Möglichkeit, das Land aus einer weiteren Perspektive kennenzulernen.

■ Tier- und Pflanzenwelt

Die Lemuren (Indri, Aye-Aye, Maki) sind hier noch in einem natürlichen Lebensraum zu sehen, wie sie weltweit kaum noch zu finden sind. Sie leben im Isalo-Massiv und in Naturschutzgebieten wie in Berenty, wo es auch Schildkröten, Chamäleons und Schmetterlinge zu entdecken gibt. Die schwindende Waldfläche lässt jedoch das Schlimmste für die Zukunft einiger Arten befürchten.

Die isolierte Lage Madagaskars hat zudem die Entfaltung einer reichen Pflanzenwelt mit nicht weniger als

9000 Arten begünstigt. Zu den reizvollsten zählen die schwarze Orchidee, die (fleischfressende) Kannenpflanze, der Ylang-Ylang (aus dessen duftenden Blüten Parfum gewonnen wird), die Eukalyptuswälder und die Ravenala, das Symbol der Insel.

■ Küsten

Entlang der 20 Kilometer langen Bucht von **Diego Suarez** (dem heutigen Antseranana) erstreckt sich eine Reihe kleiner Buchten (Sakalava, Danas). Die mit Flammenbäumen und Ylang-Ylangs gespickten Inseln des **Nosy Bé-Archipels** gelten als das Tahiti des Indischen Ozeans. Ihre Strände und Lagunen laden zum Tauchen ein. Es lassen sich ver-

BESTE REISEZEIT			
	Hochebenen im Zentrum	Westküste	Ostküste
Januar			
Februar			
März			
April	☼		
Mai	☼	☼	
Juni		☼	
Juli	☼	☼	
August	☼	☼	
September	☼	☼	☼
Oktober	☼	☼	☼
November			
Dezember			

HINWEISE

▶ Pluspunkte

Ungewöhnliche Tier- und Pflanzenwelt: Wer einzigartige oder seltene Arten sehen will, für den zählt Madagaskar zu den Hauptzielen.
Ein Reiseziel, das sich immer größerer Beliebtheit erfreut, ohne vom Massentourismus überrollt zu werden.
Nach den politischen Unruhen ist wieder dauerhaft Ruhe eingekehrt.

▶ Minuspunkte

Wer nicht daran gewöhnt ist, wird sich am häufig rudimentären Komfort, insbesondere bei organisierten Rundreisen, stören.
Nach wie vor ein teurer Urlaub.

▶ Sicherheit

Individualreisen sind die Ausnahme, dünn besiedelte Regionen und einsame Strände zu meiden. Zudem sind in den Badeorten oder Urlaubsregionen die üblichen Vorsichtsmaßnahmen geboten.

schiedene Tierarten beobachten (Wale, Barrakudas, Zackenbarsche, Mantarochen, Walhaie). Unweit von Nosy Bé liegt Nosy Komba mit seinem Lemurenschutzgebiet und Nosy Tanikely mit seinem für Taucher idealen Korallenschutzgebiet.
An der Ostküste, in **Nosy Boraha** besteht die Möglichkeit zum Baden und Tauchen. Die andere Inselseite, **Toliara** und das benachbarte Ifaty sind weniger stark besucht.

■ Städte

Antananarivo mit seinen hübschen ziegelgedeckten Häusern wurde auf einem Hügel erbaut. Das Analakely-Viertel, die Wandmalereien des Silberpalasts, der Zoo und in der Unterstadt der große Markt (Zoma), der vor Kunsthandwerk, Talismanen und Farben überbordet, sind besonders sehenswert. Zwei weitere Städte lohnen einen Abstecher: **Antsirabe** wegen seines kolonialen Thermalbads (Hôtel des Thermes) und Fianarantsoa wegen seiner Lage auf der Hochebene. ■

Malaysia

REISEHIGHLIGHTS WESTMALAYSIA

Landschaften
- Primärwald (8000 Arten), Berge (Cameron Highlands)

Kulturdenkmäler
- Spuren der portugiesischen Kolonialzeit (Malakka)
- Tempel, Moscheen, Paläste, Pagoden (Kuala Lumpur, Penang, Kuala Kangsar, Shah Alam), Petronas Towers

Küsten
- Penang, Langkawi, Tioman, Pangkor
- Riesenschildkröten in Rantau Abang

Die Farben Asiens in einer Drachenwerkstatt im Westteil des Landes.

Malaysia ist zweigeteilt, und zwar sowohl im Hinblick auf Geographie und Verwaltung als auch auf den Tourismus: Westmalaysia grenzt im Norden an Thailand, Ostmalaysia liegt im Norden der Insel Borneo. Der Westteil verspricht einen klassischen Urlaub, der Ostteil hingegen verströmt mit seinen Tropenwäldern, die in grellen Farben schillern, einen Hauch von Abenteuer.

Westmalaysia

Landschaften

Von Penang in Richtung Zentrum der Halbinsel wird die Landschaft hügeliger. Vielfältige Panoramen eröffnen sich, etwa auf die **Cameron Highlands**, eine Variation aus Hügeln, Teeplantagen und Dschungel. Östlich der Cameron Highlands liegt der Taman Negara Nationalpark (mit über 4000 Quadratkilometern). Hier sind in einem der ältesten Primärwälder der Welt mehr als 8000 Spezies zu finden, darunter 800 Orchideenarten. Außerdem gibt es Grotten – etwa Gua Telinga, wo Frösche und Fledermäuse die Besucher willkommen heißen – und Wasserfälle, zum Beispiel Lata Berkoh.
Die Teeplantagen aus dem letzten Jahrhundert weiter östlich stehen den Anpflanzungen von Nuwara Eliya auf Sri Lanka in nichts nach.

In Malaysia leben hauptsächlich Muslime, aber dennoch finden sich auch Tempel wie der Sam Poh Tempel in Ipoh.

■ Kulturdenkmäler

In **Kuala Lumpur**, der Hauptstadt, sind es Sehenswürdigkeiten wie die Große Moschee, der Palast des Sultans Abdul-Samad und der Bahnhof im maurischen Stil, die einen wahren Augenschmaus liefern. In **Malakka** sind es das chinesische Erbe (der riesige Friedhof mit Gräbern aus der Ming-Zeit) und vielfältige Spuren aus der niederländischen und portugiesischen Kolonialzeit, in **Penang** birmanische, chinesische und thailändische Tempel, Moscheen, Pagoden, koloniale Häuserfassaden und Fort Cornwallis, das Zeugnis der Blütezeit der East Indian Company, in **Kota Bahru** Holzhäuser und der Sultanpalast und in **Kuala Kangsar** Paläste und eine Moschee.

In den Cameron Highlands bergen die Grotten von **Batu** hinduistische Heiligtümer. Die Sultan-Salahuddin-Abdul-Aziz-Moschee in **Shah Alam** ist wegen ihres futuristischen Stils sehenswert. Ebenfalls futuristisch, doch in ganz anderem Stil, präsentieren sich die **Petronas Towers** in Kuala Lumpur, die einst höchsten Gebäude der Welt – bis sie von Taipeh und Dubai entthront wurden.

■ Küsten

Die **Insel Penang** war lange Zeit das Synonym für Badetourismus in Malaysia – dank der Rucksacktouristen der 1970er-Jahre. Heute werden sie zunehmend von Reisenden verdrängt, die konventionelle, schon fast luxuriöse Ansprüche stellen. Diese Entwicklung untermauert den exzellenten Ruf der Wellnesszentren und Spas in den Badeorten.

Der Erfolg Penangs hat auch anderen Archipelen und Inseln der Westküste zu Ansehen verholfen. Wachsende Besucherzahlen verzeichnen etwa **Langkawi** (englisches Flair, hochwertige Einrichtungen, Golf, Tauchen, wegen Zollfreiheit exzessiv betriebenes Shoppen), **Tioman, Pangkor, Redang, Perhentian**. Die Strände der Ostküste gelten als die schönsten der Halbinsel. Genau dort legen von Juli bis September rund um Kuantan Riesenschildkröten ihre Eier ab und tauchen danach wieder erschöpft ins Meer ab.

Ostmalaysia

■ Sabah

Landschaften

Der **Kinabalu** (4175 Meter), noch bis vor Kurzem Touristen kaum bekannt, mauserte sich zu einem beliebten Ziel für Trekkingtouren. Er liegt im

231

Malaysia

Im Wald von Sabah lernen Orang-Utans, wieder in freier Wildbahn zu leben.

REISEHIGHLIGHTS OSTMALAYSIA

■ **SABAH**
Landschaften
Kinabalu (Trekking)
Küsten
Strände (Inseln des Tunku-Abdul-Rahman-Parks)
Tauchen vor Sipadan (Barrakudas, Schildkröten, Korallen)
Tier- und Pflanzenwelt
Orang-Utans, Eiablage der Suppenschildkröten
Rafflesien (größte Blütenpflanzen der Welt), Regenwald

■ **SARAWAK**
Landschaften
Primärwald von Borneo, Pirogen, Höhlen (Gunung-Mulu-Nationalpark, Niah)
Küsten
Strände (Damai Beach)

gleichnamigen Nationalpark, den Reisfelder und Kautschukbaum-Pflanzungen umgeben. Vom Gipfel eröffnet sich ein Panoramablick über den Wald und die Crockerkette.

Küsten
An der Nordwestküste von Sabah haben sich die Strände der Inseln, die zum **Tunku-Abdul-Rahman-Park** gehören, und die Korallenriffe zum neuen Treffpunkt für Badetouristen im Chinesischen Meer entwickelt. Bei Tauchgängen vor der Südostspitze der **Insel Sipadan** kann man Barrakudas, Mantarochen, Haie, Meeresschildkröten und Echte Karettschildkröten beobachten.

Tier- und Pflanzenwelt
Zwei Arten erregen besondere Aufmerksamkeit: einige Tausend Orang-Utans in Sepilok, unweit von Sandakan, die als letzte Vertreter ihrer Art wieder an das Leben in der Wildnis gewöhnt werden, und die Suppenschildkröten, die zwischen Juli und September auf den kleinen, drei Bootsstunden von Sandakan entfernten Inseln der Sulusee ihre Eier ablegen.

Unweit des Kinabalu versteckt sich in den Wäldern neben den heißen Quellen von Poring die größte, jemals von der Natur hervorgebrachte Blütenpflanze: Die Blüte der Rafflesia kann einen Durchmesser von vier bis 100 Zentimeter erreichen. Nur selten lässt sich die purpurfarbene Blüte bewundern, denn sie ist sehr rar und verwelkt zudem extrem schnell. Und das ist der Rekorde noch nicht genug: Der Regenwald im Süden Sabahs ist über 100 Millionen Jahre alt und beherbergt eine Vielzahl von Baum- und Pflanzenarten. Als Hobbybotaniker wähnt man sich hier im Paradies – und verflucht die fortschreitende Abholzung mit ihren verheerenden Folgen …

REISEINFORMATIONEN

Erste Infos
Botschaft Malaysia, Klingelhöferstr. 6, 10785 Berlin, 030/885 74 90; Internet www.kln.gov.my/perwakilan/berlin, www.tourismmalaysia.de

Formalitäten
Staatsbürger der EU und der Schweiz benötigen einen Reisepass, der bei der Einreise noch mindestens sechs Monate gültig ist.

Gesundheit
Impfungen sind nicht vorgeschrieben. In einigen Regionen im Landesinneren besteht ein – allerdings geringes – Malariarisiko.

Flugdauer, Zeitverschiebung
Durchschnittliche Flugdauer Frankfurt–Kuala Lumpur (10 003 km): 13 Std. 30 Min. Um 12 Uhr deutscher Zeit ist es in Malaysia im Sommer 18 Uhr, im Winter 19 Uhr.

Durchschnittliche Reisekosten
Flug und Unterkunft für eine Woche Badeurlaub in Kuantan oder Langkawi außerhalb der Saison kosten ungefähr 1000 Euro. 15 Tage All-Inclusive-Urlaub in Sabah oder Sarawak können mit bis zu 3000 Euro zu Buche schlagen.

Sprache, Währung
Amtssprache: Malaiisch (Bahasa), wird von jedem Zweiten gesprochen. Daneben spricht man Chinesisch, Tamilisch, Punjabisch und Urdu. Fremdsprache: Englisch.
Währung: Malaiischer Ringgit.
1 USD = 3,55 Ringgit, 1 Euro = 4,60 Ringgit.

Bevölkerung
In den 13 Bundesstaaten und zwei Bundesterritorien leben 24 821 000 Menschen. Malaien (56%) und Chinesen (33%) sind in der Mehrheit, Inder (10%) und Pakistani leben ebenfalls hier.

Religionen
Islam (53%), daneben Buddhismus (17%), Daoismus (12%), Hinduismus (7%) und Christentum (6%).

Feste und Feiertage
Februar: Chinesisches Neujahrsfest;
4. Mai: Fest der Geburt Buddhas; **31. August:** Unabhängigkeitstag; **September–Oktober:** Deepavali (hinduistisches Fest, Lichterfest)

Einkäufe
Batik, Seide, Silberschmuck, chinesisches Porzellan, Perlenketten.

Die bizarren Kalksteinnadeln des Gunung-Mulu-Nationalparks mitten im Dschungel von Sarawak.

■ Sarawak
Landschaften

Sarawaks Dschungel ist der Lebensraum für die meisten der 3000 Baum- und 400 Vogelarten des Primärwalds von Borneo. Man kann trekken und Pirogen- (Einbaum-) Touren über die Stromschnellen machen.

Die touristische Erschließung wird zwar mit Nachdruck vorangetrieben, aber eine Tour den Rajang hinauf bis Kapit ist noch immer faszinierend. Hier bekommt man Langhäuser der Iban zu Gesicht, die sich ausgesprochen gastfreundlich geben.

Unweit vom Sultanat Brunei liegt der Gunung-Mulu-Nationalpark mit seinen außergewöhnlichen Höhlen Deer Cave, Clearwater Cave, Wind Cave und Wonder Cave.

Südlich von Miri wurde in den Höhlen von Niah im gleichnamigen Nationalpark eine 40000 Jahre alte Wohnstätte entdeckt.

Küsten

Bis vor Kurzem war der Norden Borneos weniger für seine Badeorte als für die Fischer in ihren *kampungs* (auf Pfeilern errichtete Holzdörfer) bekannt. Doch das hat sich geändert; heute finden sich am Südchinesischen Meer Golfanlagen, Hotels und sogar Luxushotels. Einer der bekanntesten Orte ist Damai Beach. ■

HINWEISE
▶ Pluspunkte
Der geographische wie menschliche Kontrast zwischen den beiden Landesteilen steigert den Reiz der Reise. In der günstigsten Klimaperiode ist ein wundervoller Urlaub garantiert. Die Lage in den Küstenregionen im Osten von Sabah hat sich nach dem latent vorhandenen Entführungsrisiko in den letzten Jahren deutlich entspannt.

▶ Minuspunkte
Die Kosten für eine Pauschalreise sind im Vergleich zu anderen Zielen in der Region relativ hoch.
Das lange Zeit verkannte Reiseziel kämpft derzeit noch um größere Anerkennung.

▶ Sicherheit
Die bereits erwähnte Entführungsgefahr nimmt ab. Wenn die üblichen Vorsichtsmaßnahmen beachtet werden, gilt das Land als sicher.

BESTE REISEZEIT

	Klima	Penang und Westküste	Sabah und Sarawak
Januar			
Februar		☼	
März		☼	
April			☼
Mai			☼
Juni	☼	☼	☼
Juli	☼	☼	☼
August	☼		☼
September	☼		☼
Oktober			
November			
Dezember	☼		

Malediven

Korallen und bunte Fische: Die Atolle der Malediven begeistern nicht nur Taucher.

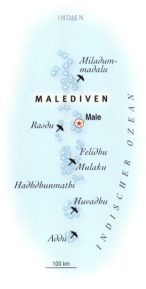

Malediven

Das Wort „Atoll" wurde auf den Malediven geboren, und das nicht ohne Grund: Ganze 26 Atolle mit an die 1200 Inseln und Inselchen finden sich hier auf einer Länge von 800 Kilometern. Die hiesige Unterwasserlandschaft zählt zu den schönsten der Welt und wird von einer strengen Umweltpolitik geschützt. Zu den Tauchern gesellen sich immer mehr Fitnessbegeisterte.

REISEINFORMATIONEN

Erste Infos
Fremdenverkehrsamt Malediven, Bethmannstr. 58, 60311 Frankfurt, 069/27 40 44 20; Internet: www.visitmaldives.de

Formalitäten
Staatsbürger der EU und der Schweiz benötigen einen bei der Einreise noch 6 Monate gültigen Reisepass, Visa werden bei Ankunft kostenlos ausgehändigt. Die Einfuhr von Alkohol ist verboten.

Gesundheit
Keine Impfungen erforderlich. Wer tauchen möchte, muss in Besitz eines (höchstens 6 Monate alten) ärztlichen Attests und eines Tauchscheins sein.

Flugdauer, Zeitverschiebung
Die durchschnittliche Flugdauer Frankfurt–Male (7883 km) beträgt 10 Std. Um 12 Uhr deutscher Zeit ist es auf den Malediven im Sommer 15 Uhr, im Winter 16 Uhr.

Durchschnittliche Reisekosten
Ab 1500 Euro pro Woche für einen Aufenthalt inklusive Hin- und Rückflug und Halbpension. Achtung: Zusatzaktivitäten (Kreuzfahrten, Tauchunterricht, Wasserskifahren und so weiter) treiben die Kosten rasch in die Höhe.

Sprachen, Währung
Amtssprache: Dhivehi, eine indoarische Sprache. Auch Englisch wird fast überall gesprochen.
Währung: Rufiyaa. USD sind äußerst empfehlenswert.
1 USD = 13 Rufiyaa, 1 Euro = 19 Rufiyaa.

Bevölkerung
Die Bevölkerungsdichte ist recht hoch. Ursprünglich stammt die Bevölkerung von 369 000 Einwohnern aus Sri Lanka.

Hauptstadt: Male auf dem gleichnamigen Atoll.

Religionen
Der sunnitische Islam ist Staatsreligion.

Feste und Feiertage
März: Islamisches Neujahrsfest; **26.– 27. Juli:** Unabhängigkeitstag; **3. November:** Tag des Sieges; **Fastenbrechenfest:** Ende des Ramadan.

Einkäufe
Muscheln und Gegenstände aus Schildpatt. Auf den Dorfmärkten gibt's Stoffe, Gegenstände aus Lack und einheimische Trommeln.

Malediven

REISEHIGHLIGHTS MALEDIVEN
Tauchen
■ Unterwasserflora und -fauna (Tropenfische, Korallen)
Küsten
■ Strände, Wassersport, Angeln

Wassersportangebote wahr (Katamaran, Surfen, Wasserski) und macht Ausflüge auf die benachbarten Inseln. Auch Handleinen- oder Hochseeangeln (nach Thunfischen und Barrakudas) ist möglich.

Eine neue Form von Urlaub sind Minikreuzfahrten von einem Fischeratoll zum nächsten. Sie sind wohl das sinnvollste Reisemodell, um die wie Konfetti auf dem Meer verstreuten Inseln zu entdecken. ■

■ Tauchen

Ob Anfänger oder Profi, „Tauchen" ist das Schlüsselwort für den Malediven-Tourismus. Das gilt vor allem für die ersten vier Monate im Jahr, die viel günstiger sind als die Zeit von Juni bis November. Dem Taucher eröffnen sich bezaubernde Korallengründe mit großer Artenvielfalt: bunte Korallenfische, Mantarochen, Barrakudas, Hammerhaie, Schildkröten… Das klare, saubere Wasser garantiert eine einzigartige Sicht.

Die Tourismusverantwortlichen sind vehemente Vertreter eines umfassenden Umweltschutzes: Das Sammeln von Korallen und Unterwasserjagd sind verboten, nur etwa ein Dutzend Atolle werden für Touristen geöffnet und es gibt nur eine beschränkte Zahl von „Inselhotels". Diese Entschlossenheit lässt keinen Raum für Alternativen, auch nicht für die Option, auf den Inseln zu logieren, auf denen die Fischer leben.

■ Küsten

Was unternimmt man aber auf den Malediven, wenn man nicht taucht? Man kann sich von der Faszination des Tauchens einfangen lassen. Oder man genießt einfach die weißen Sandstrände der Atolle, nimmt die

BESTE REISEZEIT		
	Klima	Menschenmassen vermeiden
Januar	☼	
Februar	☼	
März	☼	
April	☼	
Mai		✣
Juni		✣
Juli		✣
August		
September		
Oktober		
November		✣
Dezember	☼	

HINWEISE
▶ Pluspunkte
Eine der schönsten Unterwasserlandschaften der Welt.
Hervorragendes Angebot: Neben Aktivitäten für erfahrene Taucher organisieren die Reiseveranstalter auch Tauchkurse für Anfänger und Minikreuzfahrten.
Seit Neuestem sind auch Wellnessangebote und asiatisch angehauchte Erholungsprogramme buchbar.

▶ Minuspunkte
Zum exklusiven Touristik- und Wassersport-Angebot gibt es kaum Alternativen.
Wer sich ein freizügiges Paradies vorgestellt hat, wird sich möglicherweise an einigen Einschränkungen stören (Verbot der Alkoholeinfuhr, Einhaltung der Kleiderordnung).

▶ Trends
Paradiesische Hochzeitsreisen werden immer beliebter, und die Flitterwochen führen die Frischvermählten häufig über die Malediven nach Sri Lanka.

Mali

REISEHIGHLIGHTS MALI

Landschaften
- Felsen von Bandiagara (Land der Dogon)
- Niger, Mandingoberge, Talary-Schluchten, Boucle-du-Baoulé-Nationalpark
- Adrar des Ifôghas (Kamelwanderungen)

Städte
- Djenné, Mopti, Timbuktu, Gao

Schwarzafrika lockt Urlauber vor allem mit Touren durch die Savanne, weniger mit Wanderungen durch die Geschichte. Das einfallsreiche, warmherzige Mali aber hat beides zu bieten: Kamelritte fürs Abenteuer, das geschichtsträchtige Land der Dogon und die Felsen von Bandiagara für die Kultur.

 # Mali

▪ Landschaften

Das Land der Dogon hat sich seit der Zeit Marcel Griaules verändert. Der Anthropologe verbrachte viel Lebenszeit damit, eine Bestandsaufnahme entlang der **Felsen von Bandiagara** zu machen, wo sich landschaftliche Schönheit mit alten Traditionen verband. Heute leben 300 000 Bauern in den Dörfern am Fuß der Felsen, die für ihren Glauben an einen Schöpfergott und für ihre Rituale bekannt sind. Sie tragen den Besucherstrom mit Fassung.

REISEINFORMATIONEN

Erste Infos
Botschaft Mali, Kurfürstendamm 72, 10709 Berlin, 030/319 98 83; Internet: www.mali tourisme.com

Formalitäten
Staatsbürger der EU und der Schweiz benötigen einen Reisepass, der bis mindestens sechs Monate nach der Einreise gültig ist; Visa sind zwingend erforderlich und beim Konsulat erhältlich.

Gesundheit
Eine Impfung gegen Gelbfieber ist vorgeschrieben, außerdem braucht man eine Malariaprophylaxe.

Flugdauer, Zeitverschiebung
Durchschnittliche Flugdauer Frankfurt–Bamako (4422 km): 7 Std. Um 12 Uhr deutscher Zeit ist es in Mali im Sommer 10 Uhr, im Winter 11 Uhr.

Durchschnittliche Reisekosten
Ein 15-tägiger Aufenthalt, in der Regel die erste Woche in Djenné, Mopti und im Land der Dogon und die zweite im Binnendelta des Niger, schlägt mit ca. 1500–2200 Euro zu Buche. Eine Kamelwanderung in den Adrar des Ifôghas kostet, alles inklusive, ungefähr 800 Euro pro Woche.

Sprache, Währung
Amtssprache: Französisch. Auf der Straße ist aber am häufigsten die Nationalsprache Bambara zu hören, daneben Malinke, Senufo, Soninke und mehrere andere Dialekte.
Währung: CFA-Franc
1 Euro = 656 CFA-Franc.

Bevölkerung
23 Ethnien stellen 11 995 000 Einwohner, hauptsächlich Peulh, Dogon und Bambaras; Letztere sind am zahlreichsten (vier von zehn Maliern). Es leben zudem etwa 600 000 Nomaden (Tuareg und Mauren) in Mali.
Hauptstadt: Bamako.
Religionen
Neun von zehn Einwohnern sind Anhänger des Islam. Animisten und Christen bilden die Minderheit.

Feste und Feiertage
Januar: Wüstenfestival in Essakane, Saharanächte in Essouk (mit Tänzen, Gedichten und Kamelrennen). Etwas später im Jahr in der gesamten Region: Tabaski.

Einkäufe
Djembés, Gegenstände aus Holz und Leder, insbesondere aber der Goldschmuck der Tuareg – Ohrringe, Halsketten, Anhänger –, deren Kunstfertigkeit sehr vielfältig und äußerst gefragt ist.

Mali

Die Felsen von Bandiagara stellen heutzutage kein unüberwindbares Hindernis mehr dar.

HINWEISE
▶ **Pluspunkte**
Das religiöse und ethnologische Erbe Malis ist in diesen Breiten einzigartig.
▶ **Minuspunkte**
Heikles Ziel für alle, die sich nur schwer an eine bescheidene Ausstattung sowie schwierige Lebensbedingungen und klimatische Verhältnisse, wie sie in Mali gegeben sind, gewöhnen können.
Individualreisende müssen sich über Sicherheitsmaßnahmen informieren, nicht nur für den Norden, sondern auch für die Regionen um Timbuktu, Gao und Kidal.
Zwischen Juni und September ungünstiges Klima.
▶ **Trends**
Die Tuareg-Traditionen (Wüstenfestival in Essakane, Saharanächte in Essouk) finden immer größere Beachtung.

Sein Verlauf brachte dem **Niger** den Namen „Kamelhöcker" ein. Er wird aber auch „Djoliba" (Bambara-Wort für „Blut") genannt. Von Timbuktu bis Gao führt er viele Traditionen mit sich (Bozo-Fischer, Fährmänner, Färber). Entlang seiner Ufer ziehen die Viehherden der Fulbe und Mauren, im Schilf tschilpen Tausende Vögel und von Zeit zu Zeit heben Flusspferde ihr Maul aus dem Wasser.
Die **Mandingoberge** südwestlich von Bamako beeindrucken mit bizarr erodierten Felsen und Höhlen. Südöstlich von Kayes stürzt der Fluss Senegal in die **Talary-Schluchten**. Ganz in der Nähe lohnt das Biosphärenreservat La Boucle du Baoulé einen Abstecher (Felsgravuren, Tiere).
Im Osten liegt der **Adrar des Ifôghas**, der historische Durchgang zwischen dem Maghreb und dem Sahel. Hier findet man Ruinen alter Städte (Essouk) sowie Felsmalereien und -gravuren (von Streitwagen der Garamanten) an Lagerstätten der Tuareg.
Der Süden des Adrar des Ifôghas ist ein kaum bekannter Teil der Sahara.

Wenn es die Lage zulässt, ist die Region, ein wichtiger Knotenpunkt der Karawanenstraßen, eine der attraktivsten in der Sahara für Touren mit Reitdromedaren. Die ungewöhnlichste Tour (für die ein lokaler Führer und ein guter Informationsstand unentbehrlich sind) führt von Timbuktu nach Taoudenni im äußersten Norden – eine schwierige Route, die die letzten Salzkarawanen nehmen.

■ Städte
In **Djenné** dürfte das Leben bereits lange vor Einführung des Islam pulsiert haben, und ihre Geschichte macht die Stadt so reizvoll. Die Große Moschee, der imposanteste Lehmbau („banco") der Welt, ist das vollkommenste Werk islamischer Kunst in Afrika.
Eine andere herausragende Stadt ist **Mopti**. Das „Venedig Malis" ist die wichtigste Stadt der fünf Binnendeltas des Niger. Ihre Moschee, der Binnenhafen und der Fischmarkt sind allemal einen Besuch wert.
Timbuktu bietet vor allem die Herausforderung, die Schlaglöcher auf den Wegen dorthin zu bezwingen: Die sagenhafte Wüstenstadt hat die Zeugnisse ihrer langen Handelsgeschichte fast eingebüßt. Die Architektur der Moscheen hat aber ihren Reiz.
Gao war eine strategisch wichtige Stadt und Ende des 15. und Anfang des 16. Jahrhunderts Hauptstadt des Songhai-Reiches. Aus dieser Epoche stammt auch das Grabmal des Herrschers Askia Mohammed. Das Sahel-Museum ist ebenfalls sehenswert.
Diese Städte sind zwar ursprünglicher als Malis Hauptstadt **Bamako**. Diese besticht aber durch ihre Lage am Niger, durch Märkte, das nationale Völkerkundemuseum und ihr Haus des Kunsthandwerks. ■

BESTE REISEZEIT			
	Klima	Wüste	Fotografieren im Süden
Januar	☼		
Februar	☼		
März			
April			
Mai			
Juni			☂
Juli			☂
August			☂
September			☂
Oktober	☼		
November	☼	☼	
Dezember	☼	☼	

237

Die Mauern, die an die Macht des Malteserordens erinnern, in Valetta.

 # Malta

Die Mittelmeerinsel Malta liegt zwischen Tunesien und Sizilien und ist jeden Sommer das Ziel zahlreicher sonnenhungriger Touristen und Hobbytaucher. Die Spuren einer sehr alten megalithischen Zivilisation und das Erbe des Malteserordens setzen die kulturellen Akzente.

REISEINFORMATIONEN

Erste Infos
Fremdenverkehrsamt Malta, Schillerstraße 30–40, 60313 Frankfurt/M., 069/285890; Internet: www.urlaubmalta.com

Formalitäten
Bürger der EU und der Schweiz benötigen einen gültigen Personalausweis (Schengener Abkommen).

Gesundheit
Keine Besonderheiten.

Flugdauer, Zeitverschiebung
Durchschnittliche Flugdauer Frankfurt– Valetta (1646 km): 2 Std. 30 Min. Schiff: Autofähren ab Genua (es existiert eine Linie Genua-Tunis über Malta), Marseille, Neapel (Dauer: 25 Std.), Reggio in Kalabrien (Italien) und ab Sizilien (Catania, Syrakus). Keine Zeitverschiebung zu Westeuropa.

Durchschnittliche Reisekosten
Ein einwöchiger Badeurlaub (Hin- und Rückflug, Unterkunft in einem Mittelklassehotel) kostet 550 Euro.

Sprache, Währung
Amtssprachen: Englisch und Maltesisch (arabischer Dialekt mit lateinischem Schriftbild). Währung: Euro

Bevölkerung
402 000 Einwohner, relativ dichte Besiedlung im Verhältnis zur Fläche.
Hauptstadt: Valetta.

Religionen
Malta war das Land der ersten Christen Europas. Der Katholizismus (97 %) ist unangefochten. Die Anglikaner bilden eine Minderheit.

Feste und Feiertage
Februar: Karneval; Ende Juni: „Imnarja", Fest der Getreideernte und der Ernte allgemein; von Juni bis September: fortlaufend „Festas" in den Dörfern zu Ehren der jeweiligen Schutzpatrone; September: In-Guardia-Parade und Festival in Mdina.

Einkäufe
Nach alter Handwerkstradition werden Glasgegenstände (Vasen), Modellschiffe und Spitze hergestellt.

Malta

REISEHIGHLIGHTS MALTA

Küsten
- Malta, Gozo und Comino
- Felsstrände, Meeresgrotten, Felsbuchten, Fischerdörfer
- Tauchen, Wasserski, Surfen

Städte und Kulturdenkmäler
- Ggantija, Valetta, Mdina

HINWEISE

▶ **Pluspunkte**
Malta bietet eine gute Kombination aus Bade- und Kultururlaub.
Die Entfernung zu Deutschland ist relativ gering und die Flüge sind daher recht günstig; auch Wochenendtrips sind so gut möglich.

▶ **Minuspunkte**
Es gibt nur wenige Sandstrände.
Der Badeurlaub wird etwas teurer als in den großen klassischen Badeorten des Mittelmeers.

▶ **Trends**
Der Archipel entwickelt sich zu einem europäischen „Wochenendreiseziel". Valetta eignet sich hervorragend als Ausgangspunkt für Ausflüge in die Umgebung.

■ **Küsten**

Die Mittelmeerinsel Malta zieht trotz ihrer größtenteils felsigen Küsten im Frühjahr wie im Sommer zahlreiche Touristen an.
Echte Sandstrände finden sich auf der Insel selbst nur in **Mellieha Bay** im Nordwesten und in **Golden Bay** im Westen, zudem in **Ramla Bay** auf **Gozo**. Für diese begrenzten Badefreuden entschädigt das sensationelle Schauspiel der Meereshöhlen. Die schönste unter ihnen ist die „Blaue Grotte" an Gozos Südküste.
Überall locken Wassersportangebote – Rudern, Wasserski, Tauchen, Surfen und, der absolute Renner aktuell, Kitesurfen (von einem Lenkdrachen gezogenes Surfbrett). Zwischendurch bietet sich der Besuch von Fischerdörfern wie **Marsaskala** und **Marsaxlokk** an. Letzteres ist für seinen sonntäglichen Fischmarkt bekannt.
Die **Inseln Gozo und Comino** (autofrei) sind im Sommer nicht so stark besucht wie die Insel Malta. Sie warten mit kleinen Felsbuchten, Wassersportmöglichkeiten (vor allem auf Comino) und besonders reizvollen Landschaften auf.
Der Legende nach befindet sich auf Gozo die Höhle, in der die Nymphe Calypso sieben Jahre lang Odysseus gefangen hielt. Die moderne Geschichte der Insel wird von den Badegästen und besonders den Tauchern geprägt, vor allem in den Buchten von Xlendi an der Südküste und des wunderhübschen Dwejra mit ihrem „Azurfenster". Dieser natürliche Bogen schließt sich an den Fungus Rock, einen 60 Meter hohen Felsen, an.

■ **Städte und Kulturdenkmäler**

Die vor 5000 Jahren errichteten megalithischen Grabstätten und Tempel sind die Hauptattraktionen der maltesischen Kultur. Sie finden sich noch in **Ggantija** (Gozo), **Hal Saflieni**

BESTE REISEZEIT		
	Klima	Kulturtrips und geringer Andrang
Januar		
Februar		
März		
April	☼	
Mai	☼	≼
Juni	☼	≼
Juli	☼	
August	☼	
September	☼	≼
Oktober		≼
November		
Dezember		

und **Tarxien**. Ebenfalls toll sind die Kathedrale St. Paul, die Befestigungsmauern, die Zitadelle und die engen Straßen der kleinen mittelalterlichen Stadt **Mdina**, die auch „stille Stadt" genannt wird.
In **Valetta** stehen barocke Bauten Seite an Seite mit Befestigungsanlagen, die vor vier Jahrhunderten errichtet wurden, als die Ritter den türkischen Invasoren erfolgreich Widerstand leisteten. Kunstinteressierten empfiehlt sich das Nationalmuseum der Schönen Künste mit seinen Exponaten, die in Verbindung mit dem Malteserorden stehen, sowie der Palast der Großmeister, der früheren Führer des Malteserordens, in dem Porträts, Gobelins und Ritterwaffen zu sehen sind.
Die 300 Ritter, die im 16. Jahrhundert von Rhodos kamen, ließen sich in den Drei Städten (Cottonera) gegenüber von Valetta nieder. Neben der Militärarchitektur verdankt Malta ihnen Unterkünfte (die Auberge de Provence beherbergt heute das Nationalmuseum), Kapellen und religiöse Stätten (z.B. die Co-Kathedrale St. Johannes mit den Grabsteinen der Großmeister). ■

Marokko

REISEHIGHLIGHTS MAROKKO

Städte und Sehenswürdigkeiten
- Königsstädte: Marrakesch, Fès, Rabat, Meknès
- Safi, Casablanca, Tanger, Essaouira
- Moulay-Idriss, Volubilis

Landschaften und Wandertouren
- Hoher Atlas (Dadès-Tal), Mittlerer Atlas, Anti-Atlas (Drâa-Tal)
- Großer Süden: Kasbahs, befestigte Dörfer, Oasen, Palmenhaine, Vorsahara
- Rifgebirge

Küsten
- Strände an der Atlantikküste (Agadir, Essaouira), Plage Blanche
- Souss-Massa-Nationalpark

Feste
- Moussems

Marokko macht Ägypten und Tunesien den Titel streitig, größter Anziehungspunkt der arabischen Welt für westliche Touristen zu sein. Immer mehr Besucher zieht es in das Land, das mit einigen Highlights aufwarten kann: Sonne und Strand, Baukunst der Königsstädte, Wandertouren im Atlas und der Vorsahara – und das zu vernünftigen Preisen.

■ Städte und Sehenswürdigkeiten

Die vier Königsstädte (Marrakesch, Fès, Rabat, Meknès) allein sind schon eine Reise nach Marokko wert.

Marrakesch, wo nacheinander die Almohaden, die Almoraviden und die Saadier herrschten, besticht durch seine Befestigungsmauern, Gärten, das im 12. Jahrhundert von den Almohaden errichtete Minarett der Koutoubia-Moschee, die Ben-Jusuf-Medersa (16. Jahrhundert), Souks und seine Altstadt (Juwel der muslimischen Architektur), die Überreste des Palasts Al Badi (Ende des 16. Jahrhunderts), ein Judenviertel (das Mellah), seine Saadier-Gräber und – ein wahres Highlight – die Folklore des Jemaa el Fna-Platzes.

Die Stadt hat sich zur Drehscheibe des Marokko-Tourismus entwickelt, insbesondere im Bereich des Luxustourismus.

Fès, erste Königsstadt, künstlerische und intellektuelle Hauptstadt, lockt mit seinen Befestigungsanlagen und insbesondere seiner großen Altstadt, sowie dem Viertel Fès el-Bali, das die Zaouia (Koranschule) ihres Gründers Moulay Idriss birgt. Einige Koranschulen, etwa die Medersa Bou-Inania und die Kairaouine-Moschee, fassen 20000 Gläubige und dürfen nur von Muslimen betreten werden. Eine der schönsten Altstädte (2000 Straßen und 200 Moscheen) berauscht durch die berühmten Farben des Färberviertels sowie die Düfte des Henna-Souk die Sinne.

Marrakesch: Das Minarett der Koutoubia-Moschee und mehr noch seine Riads (Gästehäuser) ziehen immer mehr Besucher an.

Essaouira, die weiße, manchmal rosarote Stadt, kann mit ihrer Eleganz durchaus mit Marrakesch konkurrieren.

REISEINFORMATIONEN

Erste Infos
Staatliches Fremdenverkehrsamt von Marokko, Graf-Adolf-Straße 59, 40210 Düsseldorf, 0211/370551, Internet: www.tourisme-marocain.com

Formalitäten
EU, Schweiz: nach Rückkehr noch sechs Monate gültiger Reisepass, Personalausweis nur bei Gruppenreisen ausreichend.

Gesundheit
Keine Impfung erforderlich.

Flugdauer, Zeitverschiebung
Durchschnittliche Flugdauer Frankfurt–Casablanca: 3 Stunden, Frankfurt–Marrakesch 5 Stunden. Um 12 Uhr deutscher Zeit ist es in Marokko im Sommer 10 Uhr, im Winter 11 Uhr.

Durchschnittliche Reisekosten
Etwa 750 Euro für einen einwöchigen Badeurlaub in der Hauptsaison, 400 Euro für ein Wochenende in Marrakesch oder Fès. 850 Euro für eine einwöchige Wandertour im Atlas oder eine Kameltour in die Vorsahara.

Sprache, Währung
Neben Arabisch, der Amtssprache, wird Berber gesprochen. Französisch ist Verkehrssprache. Im Norden hört man häufig auch Spanisch.
Währung: Dirham, 1 Euro = 11,40 Dirham

Bevölkerung
Marokko hat 33 757 000 Einwohner arabischer, berberischer oder sudanesischer Herkunft. Hauptstadt: Rabat.

Religionen
Der sunnitische Islam ist Staatsreligion. Christliche und jüdische Minderheiten.

Feste und Feiertage
30. Juli: Thronfest; nach den Ernten des Sommers: Moussems;
18. November: Unabhängigkeitstag;
Aid el Fitr: Ende des Ramadan;
Aid el Kebir: Hammelfest.

Einkäufe
Die Souks quellen über von Teppichen, Töpfer- und Korbwaren aller Art... Wer ein wenig Lokalkolorit mit nach Hause nehmen möchte, ersteht hier zum Beispiel ein Paar Babusche und eine Tajine.

Die Hauptstadt **Rabat** glänzt mit der Pforte der Kasbah des Oudaia (12. Jahrhundert), die von einer fünf Kilometer langen Mauer mit fünf Eingangspforten umgeben ist: ein architektonisches Meisterwerk.

Die Medersa Bou Inania, das Mausoleum Ismails I. und vor allem das Tor Bab El Mansour sind die Hauptsehenswürdigkeiten von **Meknès**. Von den vier Königsstädten ist sie die in Teilen am meisten zerstörte Stadt.

Besonders sehenswert sind auch der Ribat (befestigtes Kloster) und die Befestigungsanlagen (aus portugiesischer Zeit) von **Safi, Casablanca** (Altstadt, Art-déco-Häuser und die Große Moschee Hassan II., die beeindruckendste ganz Afrikas). Eine Reise wert sind auch **Tanger** (Altstadt

und Kasbah) und vor allem **Essaouira,** das einstige Mogador, die befestigte weiße Stadt, die im 18. Jahrhundert am Reißbrett entworfen wurde, und die sich heute bei Intellektuellen und Malern aus aller Welt größter Beliebtheit erfreut.
Zu den historischen Stätten zählen **Moulay-Idriss,** die heilige Stadt mit dem Grab und der Zaouia (Koranschule) des Herrschers Idriss (8. Jahrhundert), sowie Volubilis mit Ruinen aus römischer Zeit, unter anderem ein Triumphbogen (im 3. Jahrhundert zu Ehren Kaiser Caracallas errichtet).
Seit etwa zehn Jahren erfreuen sich bei Touristen die Riads großer Beliebtheit: Die Innenhöfe dieser traditionellen Unterkünfte haben zentrale Springbrunnen und sind mit emaillierten Fliesen geschmückt.

■ Landschaften und Wandertouren

Wandertouren im Atlas liegen immer stärker im Trend, doch alle marokkanischen Landschaften, ob im Norden oder Süden, haben seit je einen besonderen Reiz.
Zunächst sei der Kef Thogobeit erwähnt, der tiefste Bergschlund Afrikas. Das unterirdische Chara-Netz im Rif wird von einem Kalksteinplateau gebildet, das zahlreiche Wasserläufe schluckt. Sie treten ganz in der Nähe, durch die Grottes du Chiker als Wasserfall wieder zutage.
Darauf folgen die drei Ketten des Atlas, wo sich die schönsten Landschaften Marokkos finden.
Der **Hohe Atlas** ragt bis zu 4000 Meter in die Höhe. Seine majestätischen, schneebedeckten Gipfel laden zum Skifahren ein. Weitere Sehenswürdigkeiten sind die „Kathedrale" von Amesfrane, eine hohe Felswand mit hervorspringenden Schichten, die an ein Kirchenschiff erinnern, und das **Dadès-Tal** und die Schluchten, wo an einigen Stellen rote Felswände an den Colorado-Canyon erinnern. Kas-

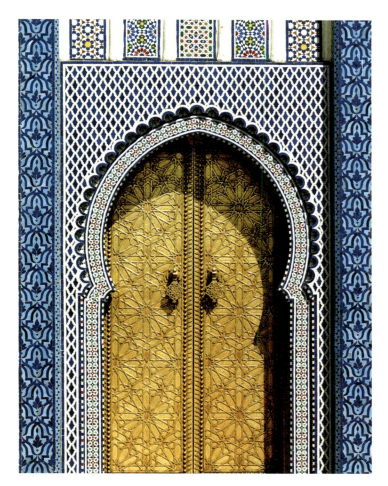

Wie diese Pforte des Königspalasts Dar el-Makhzen zeigt, ist Fès eine Stadt der Künste und Erlesenheit. Ihre Altstadt (Medina) ist ein Musterbeispiel ihrer Art.

	BESTE REISEZEIT			
	Marrakesch, Königsstädte und der Norden	Strände	Atlasgebirge	Wüste
Januar			Ski ❄	Nachtfrost ☼
Februar			Ski ❄	☼
März				☼
April				
Mai	☼	☼		
Juni	☼	☼	🚶	
Juli			☼	🚶
August			☼	🚶
September	☼	☼		
Oktober	☼	☼		☼
November				☼
Dezember				Nachtfrost ☼

bahs, Palmenhaine, Rosengärten (El Kelaa, M'Goun), Täler, in denen die Traditionen der Berber bewahrt werden (Aït-Bou-Goumez) und religiöse Feste *(Moussems)* haben diese Region berühmt gemacht.

Der **Mittlere Atlas** besticht hauptsächlich durch seine Flüsse, Zedern- und Eichenwälder und seine Bergstationen wie Ifrane und Midelt.

Den **Anti-Atlas** durchschneidet das **Drâa-Tal.** Der Reisende, der von Ouarzazate aufbricht – Hauptattraktion ist hier die Kasbah Taouirt, eine der eindrucksvollsten Wohnburgen des Landes – gelangt immer tiefer in eine grandiose Landschaft, wo Ksur (befestigte Dörfer mit Lehmbauten), Palmenhaine, Rosengärten, Schluchten, Granatapfel, Feigen- und Sanddornpflanzungen aufeinander folgen. In Zagora angelangt kann man eine Kamelwanderung in die Vorsahara und zu ersten Dünen der **Sahara** unternehmen.

■ Küsten

Touristen aus ganz Europa strömen zu den weißen Sandstränden der Atlantikküste, wo das ganze Jahr über Badesaison herrscht. Besonders berühmt ist der neun Kilometer lange Strand von **Agadir,** der zur Freude der Gäste den ganzen Winter lang

Wälder, Schluchten, Täler, Wadis und ockerfarbene Dörfer prägen den Atlas, der zahlreiche Marokkoreisende anzieht.

Berberfrauen tragen sehr farbenfrohe Kleidung.

von der Sonne verwöhnt wird. Nördlich der Stadt tummeln sich Surfer aus aller Welt (Ankerpoint). Südlich von Agadir bietet der **Souss-Massa-Nationalpark**, ein von Dünen umgebener Wadi, unzähligen, zum Teil seltenen Vögeln ein Rückzugsgebiet. Eine nicht ganz so berühmte Badehochburg des Marokko-Tourismus ist **Essaouira,** das inzwischen verstärkt auf die Thalassotherapie setzt.

Weiter südlich entwickeln Tiznit und Tan-Tan langsam aber sicher eine hochwertige Küsteninfrastruktur. Ein **„Plage Blanche"** getaufter, 50 Kilometer langer Küstenstreifen erstreckt sich von Agadir nach Dakhla. Seite an Seite mit der Wüste ist er ein Paradies für Surfer und Angler. Mirleft hat Anglern viel zu bieten und dadurch immer größeren Zulauf. Auch die Küsten der Westsahara werden rund um Laayoune und rund um Dakhla (zum Angeln), in der Nähe der mauretanischen Grenze, touristisch immer weiter erschlossen.

An der Mittelmeerküste mündet das raue Rif-Gebirge eher in Felsküsten als in Sandstrände, wo sich kleine Fischerdörfer verstecken. Hier ist das Wasser wärmer als im Atlantik.

■ Feste

Moussem, ein Fest, das den Marabout (islamischen Heiligen) gewidmet ist, findet an etwa 700 Orten im ganzen Land nach den Ernten im Juli und August statt. Höhepunkt ist die Fantasia, bei der die Reiter sich an Heldentaten übertrumpfen. Der Zeitpunkt des Moussem ändert sich von Jahr zu Jahr. Die Termine sind beim Fremdenverkehrsamt zu erfragen. Die bekanntesten sind der Moussem von Moulay Abdellah, südlich von Casablanca und der von Moulay Idriss Zerhoun unweit von Meknès. ■

HINWEISE
▶ Pluspunkte
Routinierter, facettenreicher und breitgefächerter Tourismus, der große kulturelle Stätten ebenso zu bieten hat wie Wanderungen in die Berge oder in die Wüste.
Sehr annehmbare Reisekosten.

▶ Minuspunkte
Im Sommer Massenandrang an den Hauptsehenswürdigkeiten.
Latente Terrorgefahr.

▶ Trends
Die Übernachtung in einem Riad, einer schönen, traditionellen Unterkunft, findet immer mehr Anhänger. Marrakesch hat hier Pionierarbeit geleistet. Andere Städte, beispielsweise Essaouira, sind diesem Trend gefolgt.

Martinique

🇫🇷 Martinique wird auch „Insel der Blumen" genannt. Ein Hinweis darauf, dass sie mehr zu bieten hat als das klassische Dolcefarniente der Antillen, für das sich ihre Südwest- und Südküste empfehlen. Wandern im Norden – ein Pflanzenparadies – und der Montagne Pelée wetteifern mit dem türkisblauen Wasser.

Martinique

REISEHIGHLIGHTS MARTINIQUE

Küsten
- Strände der Südwest- (Anse Noire, les Anses-d'Arlets) und der Südküste (Le Diamant, Sainte-Luce)
- Yachten (Le Marin, Les Trois-Îlets)
- Buchten von Le Robert und Le François, weißer Meeresgrund

Landschaften
- Wald- und Gebirgswanderungen (Besteigung des Montagne Pelée)
- Gärten und Plantagen

REISEINFORMATIONEN

Erste Infos
Fremdenverkehrsamt Martinique, Maison de la France, Westendstr. 47, 60325 Frankfurt, 069/97560830, www.insel-martinique.de

Formalitäten
Staatsbürger der EU und der Schweiz benötigen einen gültigen Personalausweis oder Reisepass.

Gesundheit
Nichts zu beachten.

Flugdauer, Zeitverschiebung
Durchschnittliche Flugdauer Frankfurt–Fort-de-France (7318 km): 9 Std. 30 Min. Um 12 Uhr deutscher Zeit ist es auf Martinique im Sommer 6 Uhr, im Winter 7 Uhr.

Durchschnittliche Reisekosten
Hin- und Rückflug und Unterbringung um die 750 Euro pro Woche. Eine Kombination aus Wohnen am Meer, Wassersport und Thalassotherapie kostet etwa 1000 Euro die Woche.

Sprache, Währung
Amtssprache: Französisch, aber die Menschen identifizieren sich mit dem Kreolischen, wie die Werke Patrick Chamoiseaus oder Raphaël Confiants zeigen.
Währung: Euro

Bevölkerung
436 000 Einwohner. Die Bevölkerung ist stark gemischt: Béké (Kreolen, die von weißen Einwanderern abstammen), Europäer, Asiaten, Mulatten, Schwarze.

Religionen
Der Katholizismus herrscht vor und es gibt muslimische und hinduistische Minderheiten.

Feste und Feiertage
Februar–März: Karneval; Juni: Regatten (Le Marin); August: Tour de Martinique des Yoles rondes; Dezember: Rum-Fest in Sainte-Marie; das ganze Jahr über: Patronatsfeste

Einkäufe
Der viel gefeierte Rum (Ti'Punch) ist fast ein Muss, doch auch die Edelhölzer, die Madras-Stoffe, die Seide und ein letzter Blumenstrauß, bevor man abreist, sind nicht zu verachten.

Martinique

Der 175 Meter hohe Fels von Le Diamant ist Heimat von Vogelkolonien.

HINWEISE
▶ **Pluspunkte**
Ein gelungener Mix aus Dolcefarniente und Wandertouren.
▶ **Minuspunkte**
Ein relativ teurer Urlaub.
▶ **Sicherheit**
Keine anderen Vorkehrungen und Gefahren als in jeder Großstadt.
▶ **Trends**
Der grüne Tourismus ist im Kommen, was die Eröffnung des Mangofil-Abenteuerparks am Fluss Carbet bestätigt. Der Park ergänzt die beliebten klassischen Aktivitäten – Besteigung des Montagne Pelée, Bootstouren auf den Flüssen, Wandertouren in den Tropenwald und in die Hügel.

■ Küsten

Die Südwest- und Südküste mit ihren Fischerdörfern und den vom Karibischen Meer umspülten weißen Sandstränden liegen in der Gunst der Touristen, die dem Müßiggang frönen möchten, ganz weit vorn. An der Ostküste hingegen peitscht der Atlantik gegen die Felsen, und man trifft eher auf Surfer als auf Badegäste. Die kleinen Buchten im Südwesten – Anse Noire, Les Anses-d'Arlets, Les Trois-Îlets – und die Strände der Südküste, etwa Le Diamant, Sainte-Luce und Grande-Anse-des-Salines, laden zum Nichtstun ein.
Segeln und Wasserski, Quad, Kajak oder Jetski fahren sind ein Muss. Sportsegler treffen sich in Le Marin oder Les Trois-Îlets, die südlichen Küstengewässer und die Wracks vor Saint-Pierre locken Taucher, und in den Buchten von Le Robert und Le François an der Ostküste sind Surfen und inzwischen auch Kitesurfen angesagt. Das Bemerkenswerte an letzteren Buchten sind die sandigen Untiefen, die Inselchen und die Farbe des Wassers vor dem „weißen Meeresgrund". Hier lässt sich ein Gläschen Punch besonders genießen … Nord- und Nordostküste, unbekannter und kaum besucht, warten mit hübschen Steilküsten (Basse-Pointe, Grand-Rivière) auf.

■ Landschaften

Ebenso reizvoll wie ein Urlaub an der Küste ist eine Reise ins Landesinnere, das vor allem im Norden, Berg- und Waldlandschaften prägen. Der Höhepunkt einer solchen Reise ist der Aufstieg auf den Montagne Pelée. Zu welchen Verwüstungen dieser fähig ist, erfährt man im vulkanologischen Museum von Saint-Pierre, das den gewaltigen Ausbruch im Jahr 1902 dokumentiert.
Die nördliche Region bietet sich für Fußmärsche an (etwa 30 Wanderwege sind ausgewiesen), durch Wälder und vorbei an Wasserfällen, Gärten und Pflanzungen. Die atemberaubende Blütenpracht (unter anderem Bougainvillea und indisches Blumenrohr) wird die Herzen von Pflanzenfreunden höher schlagen lassen. ■

BESTE REISEZEIT		
	Klima	Naturerlebnisse und Fotografieren
Januar		
Februar		
März	☼	
April	☼	
Mai		
Juni		≤
Juli		≤
August		≤
September		≤
Oktober		
November		
Dezember		

Mauretanien

☺ Es gab eine Zeit, als sich nur Pioniere und Fans von Théodore Monod in die mauretanische Wüste wagten. Heute finden immer mehr Kamelwander-Fans und Querfeldein-Trekker den Weg in das Hochland von Adrar und Tagant. Bleibt zu hoffen, dass das reizvolle Mauretanien trotz dieses ungekannten Touristenstroms seine Authentizität wahren kann.

Nach einer Meharee lädt die Oase von Terjit zu einem erfrischenden Bad ein.

 # Mauretanien

REISEINFORMATIONEN

Erste Infos
Botschaft der Islamischen Republik Mauretanien, Kommandantenstr. 80, 10117 Berlin, 030/20 65 86 3, www.terremauritanie.com
Formalitäten
Staatsbürger der EU und der Schweiz benötigen einen nach der Einreise noch sechs Monate gültigen Reisepass, Visa sind Pflicht und beim Konsulat erhältlich.
Gesundheit
Für den Süden des Landes werden Impfungen gegen Gelbfieber empfohlen, zudem eine Malariaprophylaxe (mit Ausnahme der Gegend um Nouadhibou und in der nördlichen Region). Während der Regenzeit (Juli–Oktober) erhöhtes Risiko auf dem Adrar-Plateau.
Flugdauer, Zeitverschiebung
Durchschnittliche Flugdauer Frankfurt–Nouakchott (4161 km): 6 Std. 30 Min. Um 12 Uhr deutscher Zeit ist es in Mauretanien im Sommer 10 Uhr und im Winter 11 Uhr.

Durchschnittliche Reisekosten
Die Preise für eine Woche Kamelwanderung beginnen bei etwa 700 Euro, durchschnittlich bezahlt man um die 850 Euro oder mehr, wenn man eine etwas noblere Meharee wählt.
Sprache, Währung
Amtssprache: Arabisch, aber der Hassaniya-Dialekt herrscht vor. Auch Pular, Sninke und Wolof wird gesprochen. Verkehrssprache: Französisch.
Währung: Ouguiya.
1 Euro = 374 Ouguiya. Bargeld in Euro ist notwendig, da Reiseschecks und Kreditkarten in der Regel nicht akzeptiert werden.
Bevölkerung
3 069 000 Einwohner, knapp drei Menschen pro Quadratkilometer. Acht von zehn Einwohnern sind Mauren. Die übrige Bevölkerung wird von Tukuloren, Soninken, Wolofs und Fulben gebildet.
Hauptstadt: Nouakchott.
Religionen
Mauretanien ist eine sunnitische, genauer: malikitische (von Malik Ibn Anas) islamische Republik.

Feste und Feiertage
10. Januar: Opferfest; Juli–August: „Guetna", Dattelfest in den Oasen; 28. November: Unabhängigkeitstag. **Fastenbrechenfest**: Ende des Ramadan.
Einkäufe
Auf dem Markt von Nouakchott, der „Tausendundeiner Nacht" entsprungen zu sein scheint, finden Liebhaber unter anderem unglaublich lange Zigarettenspitzen. Überall im Land bekommt man Schmuck, Holzgegenstände und Wandbehänge.

Mauretanien

REISEHIGHLIGHTS MAURETANIEN

Landschaften und Wandertouren
- Adrar-Plateau (Oasen, Felswände, hohe Dünen, Chinguetti)
- Tagant-Plateau
- Meharees, Trekking, Fahrten mit dem Train du Désert (Wüstenzug)

Küste
- Banc d'Arguin-Nationalpark (Zugvögel)
- Meeresbewohner (Delfine, Orcas, Haie, Mönchsrobben)
- Strände in den Buchten von Tanit und Lévrier (Angeln)

Stadt
- Nouakchott

■ Landschaften und Wandertouren

Wüstenfans treffen sich auf dem **Adrar-Plateau** östlich von Atar. Eine Wanderung oder eine Meharee in dieser Region sind unvergessliche Erlebnisse. Zum einen wegen der schönen Landschaft, zum anderen wegen der Gastfreundschaft der Nomaden und der sesshaften Bevölkerung.
Das Adrar-Plateau hat einiges zu bieten: hohe Dünen, die Pässe von Ebnou und Amodjar – die durch ihre ebenso raue wie spektakuläre Piste streckenweise an den Colorado-Canyon erinnern, die alte Oase von Terjit – die zum Baden einlädt, Ouadane, Guelb er Richat – den verhinderten Vulkan mit den konzentrischen Kreisen, und vor allem **Chinguetti**. Diese alte, heilige Stadt des Islam birgt eine Moschee und Bibliotheken, in denen mittelalterliche Handschriften sorgsam verwahrt werden. Die Wüstenstadt Chinguetti ist von den Sandmassen der Sahara bedroht. Aber noch gelingt es den Bewohnern, sich dagegen zur Wehr zu setzen.
Auf dem Adrar-Plateau sind ebenfalls Felsmalereien und die Ruinen von Fort Saganne zu entdecken. Mitten im glühend heißen Sommer strömen Tausende nostalgischer Mauretanier zur Datttelernte (Guetna) ins Hochland und veranstalten große Feste.
Zwischen Dünen und Palmenhainen (Tidjikja) befinden sich auf dem **Tagant-Plateau** neolithische Dörfer und die Überreste von Städten aus dem 16. Jahrhundert (Titchitt) im arabisch-berberischen Baustil.

■ Küste

Südlich von Nouadhibou und bis nach Nouamghar ragt ein Keil in den Ozean, der von Imraguen-Fischern bewohnt wird und 1976 zum **Banc d'Arguin-Nationalpark** erklärt wurde. Hier geben sich zwischen Oktober und März unzählige Zugvögel wie Flamingos und Reiher ein Stelldichein. Zu Beginn dieser Periode ist ein Besuch besonders empfehlenswert. Im Park und in den angrenzenden Gebieten tummeln sich Delfine, Haie, Orcas und die inzwischen selten gewordenen Mönchsrobben. Etwa 150 der weltweit noch existierenden 350 Exemplare haben hier Quartier bezogen.
Die meisten Strände liegen in der **Bucht von Tanit** und in der **Bucht von Lévrier**. Sie sind sandig, nur wenig bekannt und touristisch noch nicht gut erschlossen. Dagegen erfreut sich das Angeln in allen Variationen (mit Angel- und Handleinen) immer größerer Beliebtheit, beispielsweise in Nouadhibou, dem Zentrum für Sportangler.

■ Stadt

Die Hauptstadt Nouakchott entfaltet ihre ganz eigene Schönheit. Ein Besuch ihres Hauptmarkts lohnt sich allemal: Dort gibt es alle nur denkbaren Handwerkserzeugnisse zu kaufen, unter anderem breite Bahnen bunter Stoffe. Seit 2004 veranstaltet die Stadt jedes Jahr im April ein großes Nomaden-Musik-Festival. Ebenfalls ein Riesenspektakel ist es, wenn im Hafen bunt gekleidete Männer und Frauen die Fischerboote entladen, die von ihrem Beutezug in einer der reichsten Unterwasserwelten überhaupt zurückkommen. ■

HINWEISE

▶ **Pluspunkte**
Für bedingungslose Saharafans; ausgesprochen charakteristische Landschaften, das strahlende Chinguetti.

▶ **Minuspunkte**
Als im Dezember 2007 französische Touristen getötet wurden, hat Mauretanien seinen Ruf als sicheres Land eingebüßt und muss sich diesen erst wieder zurückerobern.

▶ **Trends**
Seit gut zehn Jahren zählt eine einwöchige Kameltour oder eine Meharee zwischen Chinguetti und Ouadane zu den Klassikern.
Eine Reise mit dem außergewöhnlichen „Wüstenzug" zwischen Nouadhibou und Zouerate liegt außerdem im Trend.

BESTE REISEZEIT		
	Wüste	Fotografieren in den südlichen Regionen
Januar	kühle Nächte ☼	
Februar	☼	
März	☼	
April	vor der großen Hitze ☼	
Mai		
Juni		
Juli		⚡
August		⚡
September		⚡
Oktober		
November	☼	
Dezember	☼	

Mauritius

Blauer Ozean, rote Dächer, kreolische Wohnhäuser: Mauritius bildet eine perfekte Melange.

Die ehemals französische Insel mit ihren Kokospalmen und lauen Gewässern hält einem exklusiven Tourismus die Treue: Relaxen, Golf, Tauchen, Flitterwochen und – neuester Trend – Heiraten auf Mauritius. Auch der Ökotourismus gewinnt an Bedeutung und setzt auf seltene Landschaften, eine überbordende Pflanzenwelt und außergewöhnliche Unterwasserbewohner. Architekturfans erwarten alte kreolische Wohnhäuser.

REISEHIGHLIGHTS MAURITIUS

Küsten
- Strände (Grand-Baie, Île aux Cerfs, Ródrigues), Lagune, Korallenriff

Landschaften und Pflanzenwelt
- Mornes (Hügel), Trou aux Cerfs, Sir Seewoosagur Ramgoolam Botanical Garden
- Riesige Seerosen, Talipotpalmen, Flammenbäume, Bougainvillea

Unterwasserwelt
- Katzenwelse, Doktorfische, Zebrabärblinge
- Angelsport

Kulturelles Erbe
- Alte kreolische Wohnhäuser, Séga

REISEINFORMATIONEN

Erste Infos
Mauritius Informationsbüro, Postfach 180270, 60083 Frankfurt, 0700/628 74 84 87. www.info-mauritius.com

Formalitäten
Bürger der EU und der Schweiz benötigen einen nach der Einreise noch sechs Monate gültigen Reisepass.

Gesundheit
Keine Besonderheiten.

Flugdauer, Zeitverschiebung
Durchschnittliche Flugdauer Frankfurt – Port Louis (9178 km): 12 Std. 30 Min. Um 12 Uhr deutscher Zeit ist es auf Mauritius im Sommer 14 Uhr, im Winter 15 Uhr.

Durchschnittliche Reisekosten
Eine Woche Mauritius inklusive Hin- und Rückflug und Halbpension kostet mindestens 1300 Euro. Die häufig angebotene zweiwöchige Kombination Mauritius – La Réunion liegt bei circa 1800 Euro.

Sprache, Währung
Amtssprache: Englisch. Französisch ist verbreitet, doch auf den Straßen hört man meist kreolisches Französisch.
Währung: Mauritische Rupie.
1 USD = 29 Rupien,
1 Euro = 43 Rupien.

Bevölkerung
1 251 000 Einwohner sind relativ viele für die kleine Insel und ihre beiden Anhängsel. Inder stellen mit sieben von zehn Einwohnern die Mehrheit. Außerdem leben hier Mulatten, Weiße und Chinesen; die Kreolen bilden zahlenmäßig die kleinste Minderheit.
Hauptstadt: Port Louis.

Religionen
Jeder zweite Einwohner Mauritius' ist Hindu, jeder vierte bekennt sich zum Katholizismus. Daneben gibt es muslimische, protestantische und buddhistische Minderheiten im Land.

Feste und Feiertage
Januar–Februar: Chinesisches Laternenfest; **Februar:** hinduistische Feste am See Grand-Bassin zu Ehren Shivas (Cavadee, Maha Shivaratree); **September:** christliche Wallfahrt zu Ehren von Père Laval, chinesisches Mondfest; **Oktober oder November:** Fest zu Ehren von Rama.

Einkäufe
Es öffnen immer mehr Duty-free-Shops, in denen man zu günstigen Preisen Kleidung, Fotoapparate und Schmuck erwerben kann. Und das lokale Kunsthandwerk präsentiert sich ebenfalls verführerisch mit seinen Modellschiffen, Korbwaren und Stickereien.

■ Küsten

Die Strände der Lagunen und das Korallenriff haben Besuchern einiges zu bieten: Segelclubs, Sportangeln (Marlin, Thunfisch), Tauchschulen. An der windgeschützten Nordwestküste findet sich das größte Badeparadies: Grand-Baie, Pointe aux Piments, Pointe aux Canonniers, Trou aux Biches. Weiter südlich liegen mit Pointe Flic en Flac, Pointe Pêcheurs und Pointe Sud-Ouest weitere klassische Badeorte.

Vor der Ostküste ist die **Île aux Cerfs** sehr beliebt, zudem Pointe des Puits, Pointe aux Bœufs und südöstlich Pointe d'Esny und Pointe des Deux-Cocos. Eine kleine Besonderheit ist die felsigere Südküste.

Ródrigues, die „Robinson-Insel" 560 Kilometer östlich und anderthalb Flugstunden von Mauritius entfernt, wird immer populärer und verspricht einen idyllischen Urlaub zwischen Hügeln, Kasuarinengewächsen, Fischerdörfern und Stränden.

■ Landschaften und Pflanzenwelt

Das Inselinnere, das sich dem Ökotourismus verschrieben hat, prägen Wälder und Mornes, außergewöhnlich geformte Hügel (**Morne Brabant**). Auf der Insel gibt es auch zwei natürliche Seen; einer, der Grand-Bassin, liegt in einem erloschenen Vulkan. Der vulkanische Ursprung Mauritius' zeigt sich unter anderem auch in dem 85 Meter tiefen **Trou aux Cerfs**. Zudem hat die Insel eine dichte Vegetation hervorgebracht, deren Artenvielfalt man im **Sir Seewoosagur Ramgoolam Botanical Garden** bewundern kann. Er gilt als einer der ältesten der Welt und beherbergt 500 Pflanzenarten, etwa die Talipotpalme, die alle 60 Jahre blüht, und riesige Seerosen. Die berühmtesten Gäste sind Flammenbäume und Bougainvillea. Daneben stehen hier 80 Palmenarten.

Weitere Sehenswürdigkeiten sind die Obstgärten von La Bourdonnais (alle möglichen tropischen Blumen und Früchte), der Abenteuerpark Chamarel (farbige Erde), der Nationalpark der Schluchten des Schwarzen Flusses, das Maskarenen-Schutzgebiet (Riesenschildkröten und Krokodile), die Domaine des Grands-Bois, die Domaine du Val und die Rochester Falls.

■ Unterwasserwelt

Wer nicht selbst taucht, kann die Tierwelt der Lagune und des Korallenriffs (Katzenwelse, Doktorfische, Zebrabärblinge) im Glasbodenboot erkunden.

Jenseits des Riffs tummeln sich Schwertfische, Thunfische, Marline und Barrakudas.

Vor etwa drei Jahrhunderten hat die Insel den legendären, für Mauritius typischen Dodo, eine Art dicke Taube, verloren. Das Maskottchen der Insel ist heute noch ausgestopft im Naturhistorischen Museum von Port Louis zu sehen.

■ Kulturelles Erbe

Die Orte tragen pittoreske Namen: Curepipe, Beau-Bassin, Poudre d'Or. Ihre Märkte (Blumen, Gewürze) und die typische Bauweise der Häuser sind ein weiteres Highlight. Mit dem *séga*, einem Tanz der ehemaligen Sklaven, bewahrt die Insel eine kulturelle Tradition. ■

HINWEISE

▶ Pluspunkte

Die aktive Tourismuspolitik garantiert eine immer bessere Erschließung der Insel unter gleichzeitig strenger Berücksichtigung von Umweltschutzkriterien.

Als Freihandelszone bietet sich Mauritius besonders für den Erwerb von Schmuck, Textilien und elektronischen Geräten an.

Seit Kurzem existiert ein größeres Angebot an Flügen auf die Insel, das senkt die Reisekosten.

▶ Minuspunkte

Aufgrund des hochwertigen Angebots ist Mauritius teurer als die benachbarten Reiseziele. Mittlerweile finden sich aber Angebote in allen Preiskategorien.

▶ Sicherheit

Mauritius gilt als sichere Insel ohne große Risiken.

▶ Trends

Golf und Fitnessangebote sind sehr gefragt.

Die alten kreolischen Wohnhäuser vom Typ Eureka verströmen eine derartige Romantik, dass sich immer mehr Urlauber aus dem Westen dazu entschließen, auf der Insel standesamtlich oder auch kirchlich zu heiraten.

BESTE REISEZEIT		
	Klima	Fotografieren
Januar		☇
Februar		☇
März		☇
April		☇
Mai		
Juni	☼	
Juli	☼	
August	☼	
September	☼	
Oktober	☼	
November	☼	
Dezember		

Mexiko

🇲🇽 *Vornehmlich wird Mexiko bei Besuchern für seine Strände und das reichhaltige Angebot an archäologischen Stätten geschätzt. Tatsächlich hat das weitläufige Land neben dem Erbe der präkolumbianischen Zivilisation noch viele weitere Facetten. Sie reichen vom lebhaften Acapulco bis zu den Kakteenwäldern und den einsamen Stränden der Baja California.*

■ Archäologische Stätten und Städte

Die Mond- und die Sonnenpyramide sowie die Tempel und Paläste von **Teotihuacán** bildeten den Auftakt zur Epoche der großen Zeremonialzentren. In der Folgezeit (zum Teil auch gleichzeitig) errichteten die Zapoteken (Monte Albán) und vor allem die Maya eine Vielzahl solcher Stätten. Zu den bekanntesten aus der spätklassischen Mayazeit (600–950) zählen **Uxmal** und **Palenque** und aus der postklassischen Mayazeit (950–1500) **Chichén Itzá** und **Tulum**. Nachdem die Spanier die aztekische Kultur ausgelöscht und an der Stelle des einstigen Tenochtitlán Mexiko-Stadt errichtet hatten, entfaltete sich eine religiöse und urbane (barocke) Kunst. Diese offenbart sich in den zahlreichen Kirchen und Kathedralen sowie in den Zócalos, den zentralen Stadtplätzen.

REISEHIGHLIGHTS MEXIKO

Archäologische Stätten und Städte

■ Teotihuacán (präkolumbianisches Zeremonialzentrum), Monte Albán (Kultur der Zapoteken), Uxmal, Palenque, Chichén Itzá, Tulum (Mayazivilisationen)

■ Mexiko-Stadt, Guanajuato, San Miguel de Allende, Morelia, Xalapa, San Cristobal de las Casas, Oaxaca, Taxco, Puebla, Querétaro, Mérida

Küsten und Unterwasserwelt

■ Cancún, Isla Mujeres (Karibikstrände an der „Riviera Maya" von Yucatán)

■ Acapulco, Baja California, Ixtapa, Puerto Vallarta (Pazifikstrände)

■ Cozumel (Tauchen)

■ Baja California (Grauwale)

Landschaften

■ Paricutín, Popocatépetl (Vulkane)

■ Sierra Madre Occidental (Berge)

■ Baja California (Canyons und Kakteen)

Die Baja California ist bei Surfern und Wanderern äußerst beliebt. Sie birgt aber auch ein paar Überraschungen, etwa die nach 300 Jahren noch immer intakte Jesuiten-Mission in San Ignacio.

Mexiko

Ein Chac-Mool, eine Art Mittler zwischen den Sterblichen und den Göttern, der über die Mayastätte Chichén Itzá wacht.

Mexiko-Stadt wurde häufig als schmutzige, überbevölkerte Megapolis dargestellt. Darüber wird jedoch gern vergessen, was es an Kunst (Kathedrale und ihr Sagrario, Heiligtum von Guadalupe, Platz der Drei Kulturen, Zócalo, Klöster, Kirchen und Paläste) und Kultur zu bieten hat. Im Stadtteil Coyoacan etwa stehen unter anderem das Wohnhaus Leo Trotzkis und das Frida-Kahlo-Museum.

Das Aushängeschild der Hauptstadt ist jedoch zweifellos ihr Nationalmuseum für Anthropologie: Seine präkolumbianischen und indianischen Sammlungen, darunter der berühmte „Azteken-Kalender", eine 24 Tonnen schwere Steinscheibe, machen es zu einem der bedeutendsten der Welt.

San Cristobal de las Casas im Bundesstaat Chiapas ist eine der wenigen kleinen mexikanischen Städte und Gemeinden mit charakteristisch indianischem Markt und Flair.

Das von den Azteken gegründete **Oaxaca** besticht mit den barocken Fassaden seiner Kirchen (Santo Domingo) und seinen Museen (Schatz von Monte Albán im Regionalmuseum, Exponate aus vorspanischer Zeit im Rufino-Tamayo-Museum).

Guanajuato ist für seine Silberminen bekannt. Hier prägen grandiose barocke Kirchen das Bild der Altstadt.

San Miguel de Allende ist die Wahrung seines kolonialen Charakters

REISEINFORMATIONEN

Erste Infos
Mexikanisches Fremdenverkehrsbüro, Taunusanlage 21, 60325 Frankfurt/M., 069/253509; Internet www.rivieramaya.com

Formalitäten
Bürger der EU und der Schweiz benötigen einen nach der Einreise noch mindestens sechs Monate gültigen Reisepass; die Touristenkarte wird am Zielflughafen kostenlos ausgestellt.

Gesundheit
Impfungen sind nicht vorgeschrieben. Für einige ländliche Regionen, hauptsächlich in den Bundesstaaten Oaxaca und Chiapas, wird eine Malariaprophylaxe empfohlen.

Flugdauer, Zeitverschiebung
Durchschnittliche Flugdauer Frankfurt–Mexiko-Stadt (9565 km): 11 Std.; Mexiko-Stadt–Cancún: 2 Std. Um 12 Uhr deutscher Zeit ist es in Mexiko im Sommer 4 Uhr und im Winter 5 Uhr.

Durchschnittliche Reisekosten
Für einen einwöchigen Badeurlaub in Playa del Carmen (Flug und Unterkunft) bezahlt man in der Nebensaison unter 1000 Euro.

Die klassische zweiwöchige Reiseroute von Mexiko-Stadt über Teotihuacan, Puebla, Oaxaca, San Cristobal de las Casas, Palenque und Yucatán kommt auf etwa 1700 Euro mit Halbpension; wenn man noch Guatemala dazu nimmt, liegt man bei über 2500 Euro.

Sprache, Währung
Amtssprache: Spanisch; neun von zehn Mexikanern sprechen diese Sprache. Fremdsprachen: amerikanisches Englisch, aber in Maßen.

Währung: Mexikanischer Peso. Kleine Dollarnoten oder Reiseschecks in US Dollar werden empfohlen.
1 USD = 11 Peso,
1 Euro = 16 Peso.
American Express, Mastercard und Visa werden ebenfalls akzeptiert.

Bevölkerung
Mexiko hat die 100-Millionen-Marke überschritten (108 701 000 Einwohner). Allein in der Landeshauptstadt, Mexiko-Stadt, leben 15 Millionen Menschen. Einer von zehn Mexikanern ist Indianer, der in den Bergen lebt. Die Spanier stellen noch immer einen Anteil von 15%, doch die Mehrheit der Bevölkerung sind Mestizen.

Religionen
Die Menschen im Land sind in der überwiegenden Mehrheit (fromm) katholisch (93%). Die Protestanten bilden eine Minderheit.

Feste und Feiertage
März–April: Karwoche mit „Passionsspielen" in Ixtapalapa, einem Vorort von Mexiko; **5. Mai:** Jahrestag der Schlacht von Puebla; **20. November:** Tag der Revolution; **12. Dezember:** Tag der Jungfrau von Guadalupe.

Einkäufe
Schmuck und Töpferwaren, aus Yucatán Hängematten, bestickte Kleidung, Sandalen.

Uxmal ist Teil eines berühmten Trios der Maya-Kultur, das Palenque und Chichén Itzá vervollständigen. Die drei Stätten liegen nicht weit voneinander entfernt.

so gut gelungen, dass es als national-historisches Denkmal klassifiziert wurde. In **Morelia** wetteifert üppige Pflanzenwelt (Orchideen, indischer Lorbeer) mit reicher Kultur (Wandmalereien im Gouverneurspalast). **Xalapa**, nahe Veracruz, präsentiert im neuen anthropologischen Museum Sammlungen aus allen Epochen. Weitere Kolonialstädte, die einen Abstecher lohnen, sind **Taxco** (barocke Fassade und Retablos der Santa-Prisca-Kirche), **Puebla** (barocke Kirchen, Rosario-Kapelle der Kirche Santo Domingo), **Querétaro** (barocke Kathedrale), **Mérida** (Nationalpalast, die Plätze, der Paseo de Montejo mit bedeutenden historischen Stätten der Kolonialzeit).

Tijuana steht unter anderem für die Dynamik junger, aktiver Mexikaner und deren zwiespältige Einstellung gegenüber den USA. Etwas weiter südlich trifft der Besucher auf die Fox-Studios und den angegliederten Foxploration-Themenpark.
Im südlichen Teil der Baja California sind zwischen Loreto und Kap San Lucas alte spanische Missionsstationen zu entdecken.

BESTE REISEZEIT

	Klima	Norden und Baja California	Norden und Baja California
Januar	☼		🐋 (Walbeobachtung)
Februar	☼		🐋
März	☼		🐋
April	☼		🐋
Mai		☼	
Juni		☼	
Juli			
August			
September		☼	
Oktober	☼	☼	
November	☼		
Dezember	☼		

Die Riviera Maya begeistert durch ihre Strände und Kulturdenkmäler.

■ Küsten und Unterwasserwelt

Die mit Kokospalmen und Korallenriffen reich gesegneten Strände sind ein zugkräftiges Argument für eine Reise nach Mexiko. Ihre Vielzahl (10000 Kilometer Küste) und Schönheit steht anderen Badestränden der Karibik in nichts nach.

Die „**Riviera Maya**", die Küste Yucatáns, ist mittlerweile so stark besucht, dass der Meeresgrund und die Korallen im Golf von Mexiko bedroht sind. Mehr als 120 Kilometer Küste erstrecken sich von **Cancún** bis **Tulum**; das Aushängeschild ist die **Playa del Carmen**. Einer der beliebtesten Tauchorte ist **Cozumel** (Schwämme, Gorgonien – eine Korallenart –, Barrakudas, Zackenbarsche, Meeresschildkröten, unzählige Riff-Fischcher). Yucatán bietet aber auch erschwinglichere Badeorte wie das einstige Hippie-Ziel **Isla Mujeres**. Die Pazifikküste mit den schicken Badeorten **Acapulco**, **Ixtapa** und **Puerto Vallarta** ist hauptsächlich das Ziel nordamerikanischer Badeurlauber. Wer das Ungewöhnliche sucht, begibt sich auf die Landzunge **Baja California** im Pazifik und besucht dort **San José del Cabo** (leise) oder **Cabo San Lucas** (laut). Surfer treffen sich in **Todos Santos**.

In den warmen Gewässern vor der Baja California stoppen Grauwale auf der weiten Reise von der Beringstraße nach Mexiko von Februar bis März. In der Hasenaugen-Lagune in Guerero Negro halten sie Hochzeit und bringen ihre Jungen zur Welt. Guerero Negro ist auch für seine Salinen bekannt.

Im **Golf von Kalifornien** sind See-Elefanten (auf der Insel Cedros), Finnwale, Delfine, Ohrenrobben, Robben, Seelöwen (um die Insel Espiritu Santo) und eine große Vogelvielfalt anzutreffen. Leider bedrohen Pläne, die Yachthäfen zu vervielfachen, um

Mexiko

Die Kirche Nuestra Señora de Los Remedios vor dem Popocatépetl.

■ Landschaften

Die Stadt Guadalajara unweit der Pazifikküste wartet mit schöner Kolonialarchitektur auf. Zwischen ihr und Veracruz am Golf von Mexiko liegen mehrere Vulkane, die Mexikos schönstes Panorama bilden. Von Westen nach Osten sind dies:
– der **Paricutín**; er entstand vor kaum einem Jahrhundert vor den Augen eines ungläubigen Bauern,
– der Pátzcuaro-See; ihn kann man am besten von dem Hügel mit der Statue des mexikanischen Revolutionärs Morelos aus bewundern, – der Nevado de Toluca und der **Popocatépetl**, aztekisch für „rauchender Berg"; zum 5432 Meter hohen, ewig schneebedeckten Kegel des Letzteren kann man hinaufsteigen.
In der **Sierra Madre Occidental** haben die Zuflüsse des Río Fuerte Dutzende von Canyons in die Landschaft gegraben. Man kann sie von El Chepe aus betrachten, dem Zug, der Los Mochis mit Chihuahua verbindet. Am größten und spektakulärsten ist die Kupferschlucht. Ebenfalls bemerkenswert ist der Huasteca-Canyon bei Monterrey. Der El Sumidero in Chiapas, 800 Meter tief, ist das Werk des Río Chiapa, der später in den Golf von Mexiko mündet.
Das karge Landesinnere von Baja California, bisher wenig bekannt, zieht langsam immer mehr Besucher an. Hier locken die Kakteenwälder der **Vizcaino-Wüste** oder die Schluchten der Sierras, die die Region bis zu ihrer Südspitze durchziehen. Die Weingärten im Valle de Guadalupe werden im Valle de **Los Cirios** von Kakteen abgelöst, die bis zu 30 Meter hoch werden können. ■

HINWEISE
▶ **Pluspunkte**
Zahllose archäologische Stätten. In Lateinamerika hat nur Peru eine ähnlich hohe Anzahl zu bieten.
Eine Geographie, die dazu einlädt, den erholsamen Badeurlaub mit faszinierenden kulturellen Ausflügen zu kombinieren, etwa auf Yucatán.
▶ **Minuspunkte**
Die in einigen Bundesstaaten häufig angespannte politische Lage.
Die Regenzeit, die für Erkundungen des Inlands und für einen Badeurlaub ungünstig liegt (Juni–September).
▶ **Sicherheit**
Die Bundesstaaten Chiapas und Oaxaca wurden von politischen Unruhen erschüttert und die Lage hier ist nach wie vor angespannt.
An den touristischen Sehenswürdigkeiten in den großen Städten ist Vorsicht vor Taschendiebstählen geboten.
▶ **Trends**
Die Tourismusbranche kommt langsam ab von dem Vorurteil, Mexiko sei nur etwas für Badegäste und Archäologiefans, und entdeckt die Baja California und die Canyons der Sierra Madre für sich. Dieser Trend setzt sich hoffentlich fort.

Mongolei

REISEHIGHLIGHTS MONGOLEI

Landschaften und Wandertouren
- Altai-Gebirge, Orchon-Tal (Pferdetouren), Wüste Gobi

Kulturdenkmäler
- Klöster (Ulaanbaatar, Erdeni-Zuu), Ruinen von Karakorum, Tempel

Feste und Feiertage
- Naadam-Fest, Neujahrsfest

Dschingis Khan und Ulaanbaatar sind die magischen Namen, die man mit der Mongolei verbindet. In diesem großen Land, wo die Steppe bis zum Horizont reicht, erfreuen sich Pferde- und Kameltouren bei Besuchern immer größerer Beliebtheit.

REISEINFORMATIONEN

Erste Infos
Botschaft der Mongolei, Dietzgenstr. 31, 13156 Berlin, 030/4748060; Internet www.mongolei.de

Formalitäten
Bürger der EU und der Schweiz benötigen einen nach Einreise noch sechs Monate gültigen Reisepass; Visa (Pflicht) sind beim Konsulat erhältlich; ein Rück- oder Weiterreiseticket ist vorzulegen.

Gesundheit
Impfungen sind nicht erforderlich.

Flugdauer, Zeitverschiebung
Durchschnittliche Flugdauer Frankfurt-Ulaanbaatar (6644 km): 14 Std.; Zug: Die Transmongolische Eisenbahn fährt von Moskau über Ulaanbaatar nach Peking; Moskau-Ulaanbaatar: 5 Tage, Peking-Ulaanbaatar: 30 Std. Um 12 Uhr deutscher Zeit ist es in der Mongolei im Sommer 18 Uhr und im Winter 19 Uhr.

Durchschnittliche Reisekosten
Die meisten Reisen werden zwischen Juni und August unternommen. Die drei Hauptziele sind das Orchon-Tal, die Ruinen von Karakorum und die Wüste Gobi. Für 15 Tage beginnen die Angebote bei 2500 Euro.

Sprache, Währung
Amtssprache: Chalcha; von drei Vierteln der Bevölkerung gesprochen, seine ursprüngliche Schriftform soll das Kyrillische ersetzen; daneben hört man mehrere Dialekte. Fremdsprachen: Es ist verzeihlich, weder Chinesisch noch Russisch zu können, doch mit Englisch kommt man auch nicht weiter.
Währung: Tögrög. Gewechselt werden hauptsächlich US Dollar.
1 USD = 1170 Tögrög.
1 Euro = 1710 Tögrög.

Bevölkerung
Mit ihren 2 952 000 Einwohnern, von denen sich die Hälfte in den Städten niedergelassen hat, kommt die Mongolei nicht einmal auf 1,5 Einwohner pro Quadratkilometer. Vier Ethnien leben im Land; die Chalchas stellen die große Mehrheit. **Hauptstadt**: Ulaanbaatar.

Religionen
Neben dem Schamanismus gewinnt nach dem Zusammenbruch der Sowjetunion der Lamaismus immer mehr an Bedeutung. Diese eigene Form des Buddhismus wird nur in Zentralasien und Tibet praktiziert. Der (sunnitische) Islam ist ebenfalls vertreten, wenn auch nur von einer Minderheit praktiziert.

Feste und Feiertage
Tsagaan Sar (Neujahrsfest); Mai: Fest der weißen Flaggen; Juli: Naadam-Fest im ganzen Land

Einkäufe
Vielfalt ist garantiert: Man bekommt Pullover aus Kaschmir- oder Kamelwolle, Stiefel, Sättel, Gürtel, Schapkas (Fellmützen) und traditionelle Bekleidung.

Mongolei

Man sagt, der Himmel sei höher in diesem Land, das sich rasant dem Tourismus im großen Stil öffnet.

Die Schönheit der Landschaft, in der vereinzelt Jurten (traditionelle Filzzelte der kasachischen Nomaden) aufragen, kann man auch auf der Fahrt mit der Transmongolischen Eisenbahn durch die eher steinige als sandige Wüste Gobi von Peking nach Ulaanbaatar entdecken.
Ausflüge hoch zu Pferd werden bei Touristen immer beliebter. Reiten hat in der Mongolei eine lange Tradition, und solche Touren könnten zum Highlight des Mongolei-Tourismus werden. Im **Orchon-Tal** und rund um die Seen und Wälder des Altai sind bereits Besucher anzutreffen, die diese Form des Urlaubs schätzen.

■ Kulturdenkmäler

Seit dem Ende der Sowjetunion blüht der lamaistische Buddhismus auf, und mit ihm seine Klöster. Diejenigen in Ulaanbaatar, der Palast Bog-do Gegeens oder auch das Gandan-Kloster und sein riesiger Buddha, ragen aus der sonst eher durchschnittlichen Architektur der mongolischen Hauptstadt heraus.
Die meistbesuchten Klöster sind das in Chowd (Shar Süm; nach seiner Zerstörung 1937 unter Stalin wieder aufgebaut) und insbesondere Erdene Zuu; letztere Stätte wird zum Teil von den Ruinen von **Karakorum** bedeckt. Im 13. Jahrhundert machte Dschingis Khan Karakorum zur Hauptstadt seines Mongolenreichs. In Ulaanbaatar sind das Choijin-Lama-Tempelmuseum und das Nationalmuseum sehenswert.

■ Landschaften und Wandertouren

Das **Altai-Gebirge**, das Orchon-Tal, die **Wüste Gobi** und die riesigen Steppen scheinen unversehrt. Das Nomadentum aber, ein Opfer der plötzlichen Liberalisierung der Wirtschaft, ist stark bedroht. Immer mehr Wandertouristen strömen ins Land und entdecken Gegenden, die an die unberührte Natur einer fernen Zeit erinnern.

HINWEISE
▶ **Pluspunkte**
Ein nahezu unversehrtes Land: Urlauber haben das Privileg, Traditionen und gut erhaltene Siedlungs- und Landschaftsräume zu entdecken.
▶ **Minuspunkte**
Individualreisen sind noch selten und die Reisekosten hoch. Aufgrund des im Winter unerbittlichen und im Sommer sehr heißen Klimas ist die Reisesaison sehr kurz.
▶ **Sicherheit**
Trotz zunehmender Kleinkriminalität in der Hauptstadt ist die Mongolei nach wie vor ein sicheres Reiseziel. Angesichts des Straßenzustands und des praktisch totalen Mangels an Hinweisschildern sollte ein Auto allerdings nur zusammen mit einem Fahrer gemietet werden, der zugleich als Reiseführer fungiert.

■ Feste und Feiertage

Die Mongolei hat die Tradition eines großen Festes wieder aufgenommen: Naadam wird am Nationalfeiertag im Juli gefeiert und ist dem Ringen, Bogenschießen und Pferderennen gewidmet. Es findet in Ulaanbaatar und zeitlich versetzt im ganzen Land statt.
Ein weiteres Fest, das Tsagaan Sar (Neujahrsfest), begeht man mit kulinarischen und festlichen Ritualen. ■

BESTE REISEZEIT		
	Klima	Wüste Gobi
Januar		
Februar		
März		
April		
Mai		
Juni	☼	
Juli	☼	
August	☼	
September		☼
Oktober		☼
November		
Dezember		

Montenegro

 Die neu gewonnene Unabhängigkeit im Juni 2006 war der Startschuss und bescherte dem „Schwarzen Berg" innerhalb nur weniger Monate einen noch die dagewesenen Besucherstrom. Und Montenegro hat einiges zu bieten: die Küste mit der Bucht von Kotor, Seen und noch unerschlossene Mittelgebirgslandschaften.

REISEINFORMATIONEN

Erste Infos
Botschaft von Montenegro, Dessauerstr. 28/29, 10963 Berlin, 030/ 5165107C; Internet: www.montenegrc.travel

Formalitäten
Bürger der EU und der Schweiz benötigen einen mindestens drei Monate gültigen Reisepass.

Gesundheit
Nichts zu beachten.

Flugdauer, Zeitverschiebung
Flüge nach Podgorica und Tivat. Keine Zeitverschiebung.

Durchschnittliche Reisekosten
Es gibt immer mehr All-Inclusive-Angebote für die montenegrinische Riviera. Ein Urlaub in Budva inklusive Hin- und Rückflug und Halbpension) kostet um die 700 Euro.

Sprache, Währung
Das Montenegrinische ist eine lokale Variante des Serbokroatischen. Verkehrssprachen: Deutsch, Italienisch, Englisch.
Währung: Euro.
Bevölkerung
685 000 Einwohner. Neben Montenegrinern leben hier Albaner, Bosnier, Kroaten und Serben. **Haupt**stadt: Podgorica (ehemals Titograd).

Religionen
Die Mehrheit ist orthodox, Muslime und Katholiken sind die Minderheiten.

Feste und Feiertage
April: Orthodoxes Osterfest; Mai: Theaterfestival in Podgorica.

Einkäufe
Kunsthandwerk: Töpferwaren und Teppiche.

Montenegro

Die ans Gebirge geschmiegte Bucht von Kotor zählt zu den schönsten Küstenflecken Europas.

REISEHIGHLIGHTS MONTENEGRO

Küste
- Bucht von Kotor
- Badeorte (Budva, Ulcinj, Sveti Stefan)

Landschaften
- Nationalparks (Lovcen, Durmitor)

■ Küste

Die montenegrinische Küste scheint wie geschaffen für einen Besucheransturm, daher sollte man sie möglichst bald besuchen. So mancher vergleicht sie mit der Côte d'Azur, und vor Ort wird sie deshalb auch als Riviera bezeichnet.
Ihre Geographie unterstützt diese Behauptung: eine fast 300 Kilometer lange, mit Fischerdörfern und kleinen Inselchen (etwa Sveti Dorde) übersäte Küste, deren Kulisse eine Gebirgskette bildet.

Wer den Zeiten des früheren Jugoslawien nachhängt, den zieht es nach Sveti Stefan, zur Wiege Titos. Nostalgische Fans des alten Montenegro strömen in die frühere Königsresidenz Milocer.
Der Golf, den die vier Becken der **Bucht von Kotor** bilden, wird von 1500 Meter hohen Bergen und der Festung des Sveti-Ivan-Bergs gesäumt. Gespickt mit kleinen Häfen, erinnert der Golf an einen Fjord. Seine Küstenlandschaft zählt zu den schönsten Europas.
Die Kreuzfahrtschiffe, die von Italien aus nach Griechenland und in die Türkei fahren, kommen inzwischen fast ausnahmslos an Kotor vorbei. Weiter südlich liegen die Badeorte **Budva**, **Ulcinj** und **Sveti Stefan**; Letzterer ist eine Art Inselhotel. Diese Orte sind bei Einheimischen schon lange sehr beliebt. Jetzt wappnen sie sich für den internationalen Tourismus.

■ Landschaften

Zwei Nationalparks machen von sich reden: Lovcen, unweit der Bucht von Kotor, und Durmitor, etwa 100 Kilometer weiter nördlich, mit zahllosen Bergseen in 2500 Meter Höhe. Der Skadar-See, der Park Biogradska Gora, wo Skisport möglich ist, und schöne Täler wie das Tara-Tal, das sich unter anderem für Rafting anbietet, runden das Bild ab. ■

HINWEISE

▶ **Pluspunkte**
Ein neues Ziel, das sich im Hinblick auf den Tourismus rasant entwickelt und sowohl Badegästen als auch Wanderern einiges zu bieten hat.

▶ **Minuspunkte**
An Image und Infrastruktur ist noch zu feilen.

▶ **Sicherheit**
Es besteht kein besonderes Sicherheitsrisiko, auch nicht, wenn man mit einem Mietwagen unterwegs ist. Man sollte jedoch insbesondere in einsamen Grenzgebieten Vorsicht walten lassen.

BESTE REISEZEIT		
	Küsten	Wandertouren
Januar		
Februar		
März		
April		
Mai		🚶
Juni	☼	🚶
Juli	☼	
August	☼	
September	☼	🚶
Oktober		🚶
November		
Dezember		

Myanmar

🏴 *Die Herrscher des früheren Birma haben der Demokratie die Tür verschlossen, gleichzeitig aber das Land für Touristen geöffnet. Von den mit Blattgold verzierten Pagoden bis zu den Seenlandschaften ist dieses Land untypisch und voller Charakter, seinen Alltag bestimmt der Buddhismus.*

■ Städte und Kulturdenkmäler

Überall im Land finden sich überragende Wahrzeichen der buddhistischen Weltkultur in Form von Pagoden oder Buddhas – sitzend oder liegend, klein oder groß. Bedeutende Sehenswürdigkeiten sind:
– die **Shwedagon-Pagode** in Rangun (über 400 Meter im Durchmesser) und ihre mit mehr als 10 000 Goldplatten bedeckte Kuppel;
– die 5000 Sakralbauten von **Bagan** auf einer Fläche von 42 Quadratkilometern, darunter über 2000 Pagoden, Klöster, Tempel (Ananda) und Stupas (Shwezigon, Thatbyinnyu). Die bedeutendsten stammen aus dem 11. Jahrhundert.
Einige Winkel von **Rangun** atmen noch immer den Charme der britischen Kolonialzeit, doch besonders sehenswert sind der Markt (Bogyoke) und die Pagoden. Neben Shwedagon lohnt auf jeden Fall ein Besuch der ältesten, der Sule-Pagode (vergoldete Stupa), sowie der Botatong- und der Kabagye-Pagode.
Mandalay, frühere Hauptstadt und zweitgrößte Stadt des Landes, wird von einem geschichtsträchtigen Hügel beherrscht. Auch hier existieren zahlreiche Pagoden und Klöster.

Myanmar

REISEINFORMATIONEN

Erste Infos
Myanmar Tourist Board, c/o Indochina Services, Enzianstr. 4a, 82319 Starnberg, 08151/770250; Internet www.myanmar tourism.com

Formalitäten
Bürger der EU und der Schweiz benötigen einen nach Rückkehr noch mindestens sechs Monate gültigen Reisepass. Visa sind zwingend erforderlich, gelten 28 Tage und sind beim Konsulat erhältlich. Informieren, ob bestimmte Regionen im Norden bereist werden können

Gesundheit
Impfungen sind nicht vorgeschrieben. Unterhalb 1000 Meter ist eine Malariaprophylaxe erforderlich.

Flugdauer, Zeitverschiebung
Keine Direktflüge. Durchschnittliche Flugdauer Frankfurt–Yangon (8416 km): 13 Std. Um 12 Uhr deutscher Zeit ist es in Myanmar im Sommer 16.30 Uhr, im Winter 17.30 Uhr.

Durchschnittliche Reisekosten
Eine Rundreise zu den Hauptsehenswürdigkeiten (Inle-See, Pagan, Mandalay, Rangun) kostet 1500 bis 2000 Euro.

Sprache, Währung
Amtssprache: Birmanisch. Einer von fünf Einwohnern spricht Karenisch, und es gibt zahlreiche Dialekte. Fremdsprachen: In Städten und Touristenorten hört man Englisch.
Währung: Kyat. Euro werden getauscht, doch USD sind beliebter.
1 USD = 6,60 Kyat, 1 Euro = 9,60 Kyat.

Bevölkerung
69% der 47 374 000 Einwohner haben birmanische Wurzeln. Die Ethnien mit ausgeprägtem Partikularismus – Karen, Shan, Kachin, Mon – sind häufig im Visier der Zentralgewalt.
Hauptstadt: Pyinmana.

Religionen
87% sind Buddhisten, 5% Christen, 4% Muslime.

Feste und Feiertage
August: „Nat" (zugleich guten und bösen Geistern) gewidmetes Fest auf dem Mount Popa; Oktober: am Inle-See Fest der Phaung-Daw-U-Pagode.

Einkäufe
Lokales Kunsthandwerk: Lackerzeugnisse, Longuis (Röcke), Holzskulpturen, Marionetten, Rubine.

Myanmar

Bagans zahlreiche Pagoden, Klöster, Tempel und Stupas verkörpern die buddhistische Kultur des Landes.

REISEHIGHLIGHTS MYANMAR

Städte und Kulturdenkmäler
- Shwedagon-Pagode in Rangun (Yangon), Tempel und Pagoden von Bagan
- Pagoden und Klöster von Mandalay, seiner Region (Mingun, Sagaing) und der Gebirgskette Arakan, Bagos Pagoden und Buddhas.

Landschaften
- Ayeyarwady-Tal, Inle-See, Pindaya-Höhlen, Saluen-Tal
- Pyin U Lwin, Kyaikto, Mount Popa, Goldenes Dreieck

Nördlich von Mandalay hätte in **Mingun** mit Payagyi die größte jemals erbaute Pagode stehen sollen. Doch 1838 machte ein Erdbeben das Projekt zunichte. Heute ist hier zumindest die größte Glocke der Welt (87 Tonnen) zu bewundern. Auf dem **Sagaing-Hügel** südwestlich stehen zahlreiche Tempel und Pagoden. In **Bago** trifft man neben zum Teil sehr alten Pagoden auf einen 60 Meter langen liegenden Buddha aus dem 10. Jahrhundert (Shwethalyaung) und vier weitere riesige Buddhafiguren.

Unbekannter sind die Highlights an der Gebirgskette **Arakan**: An ihrem Fuß entstanden zwischen dem 15. und 18. Jahrhundert Pagoden, Tempel und die Tempelfestung Shittaung.

■ Landschaften

Der **Ayeyarwady-Fluss**, das Rückgrat des Landes, ist die Heimat seltener Süßwasserdelfine und lädt zu Minikreuzfahrten ein. Zu den schönsten Flecken Myanmars zählen der **Inle-See** mit den schwimmenden Inseln, die **Höhlen von Pindaya**, die Buddhastatuen bergen, und das **Saluen-Tal**, eines der größten der Welt. Nördlich von Mandalay besteht die Möglichkeit, in **Pyin U Lwin** einen Markt und ein Waldmuseum zu besuchen.

Zwei weitere lohnende Abstecher führen zum **Mount Popa** unweit von Bagan und zu dem riesigen Goldenen Felsen am **Mount Kyaikto**, einem Pilgerziel.

Die Route Richtung Thailand führt am Mekong vorbei und passiert bei Mae Sai und Tachilek im Herzen des **Goldenen Dreiecks** die Grenze.

Myanmar ist kein Bade-Reiseziel, trotz einiger hübscher Orte wie Ngapali an der Bucht von Bengalen oder des östlich von Arakan gelegenen Mergui-Archipels. ■

BESTE REISEZEIT		
	Klima	Landschaftsfotografie
Januar	☼	
Februar	☼	
März	☼	
April		
Mai		
Juni		
Juli		
August		
September		⚞
Oktober		⚞
November	☼	⚞
Dezember	☼	

HINWEISE
▶ **Pluspunkte**
Der Tourismus in Myanmar verbindet auf hohem Niveau Kunst und Landschaft mit der Wahrung alter Traditionen.

▶ **Minuspunkte**
In Myanmar werden Menschen- und Grundrechte verletzt.
Bestimmte Regionen können nicht besucht werden.
Die Reisekosten sind höher als in den meisten anderen Ländern Südasiens.

▶ **Sicherheit**
Schwelende Konflikte machen bestimmte Grenzregionen zu Indien und Thailand für Touristen unzugänglich.

Namibia

REISEHIGHLIGHTS NAMIBIA

Landschaften
- Dünen der Namib-Wüste (Sossusvlei), Fish River Canyon, Brandbergmassiv und Waterberg (Felsmalereien)
- Kaokoland, Hoba (Meteorit)

Küste
- Swakopmund, Lüderitz

Tier- und Pflanzenwelt
- Etosha-, Damaraland- und Waterberg-Park (Elefanten, Giraffen, Zebras ...)
- Cape Cross (Ohrenrobben, Robben), Walfischbucht-Lagune (Flamingos, Pelikane)
- Seltene Pflanzen: Welwitschie, Köcherbaum

Namibia ist ein ebenso schönes wie kostspieliges Reiseziel, hat aber einiges zu bieten: Wandertouren in der Wüste mit den höchsten Dünen der Welt, seltene Pflanzen und eine facettenreiche Tierwelt, die von Robben über Flamingos bis zu Elefanten reicht.

■ Landschaften

Die alte **Namib-Wüste** zieht sich auf einer Breite von 50 bis 100 Kilometern mehr als 2000 Kilometer an der Küste entlang. Ein Abstecher hierher lohnt sich schon allein wegen der imposanten Orte, die sich hauptsächlich in ihrem Süden verstecken. Es gilt die höchsten Dünen der Welt zu bestaunen, die in der **Sossusvlei-Senke** bis zu 300 Meter hoch sind. Die fantastischen, vom Wind ständig neu geformten und häufig vom Nebel verborgenen Dünen haben sich zum Ziel für Wandertouren entwickelt. Auch die Naukluftberge im

REISEINFORMATIONEN

Erste Infos
Namibia Tourism Germany, Schillerstr. 42–44, 60313 Frankfurt/M., 069/1337360; Internet www.namibia-tourism.com

Formalitäten
Bürger der EU und der Schweiz benötigen einen nach Einreise noch sechs Monate gültigen Reisepass, zudem ein Rück- oder Weiterflugticket.

Gesundheit
Impfungen sind nicht erforderlich. Malariaprophylaxe wird von November bis Juni für den Norden und ganzjährig für das Gebiet entlang des Okavango und Kunene empfohlen.

Flugdauer, Zeitverschiebung
Durchschnittliche Flugdauer Frankfurt–Windhoek (8079 km): 10 Std. Um 12 Uhr deutscher Zeit ist es in Namibia im Sommer 12 Uhr, im Winter 13 Uhr.

Durchschnittliche Reisekosten
Die klassische 15-tägige Rundreise im Minibus (Namib-Wüste, Sossusvlei-Dünen, Swakopmund, Waterberg-, Damaraland-, Etosha-Park) kostet mindestens 3000 Euro.

Sprache, Währung
Amtssprache: Englisch. Am weitesten verbreitet ist Afrikaans, daneben hört man Dialekte wie Kwanyama. In den Städten spricht man Deutsch. **Währung:** Namibia-Dollar, Rand werden auch akzeptiert.
1 USD = 7,10 Namibia-Dollar, 1 Euro = 10,50 Namibia-Dollar.

Bevölkerung
Mit 2055000 Einwohnern eher geringe Bevölkerungsdichte. Schwarze, darunter Herero-Hirten, sind weit in der Überzahl, Afrikaander (Buren) und Deutsche stellen 7,5 % der Bevölkerung.
Hauptstadt: Windhoek.

Religionen
50 % der Namibier sind Lutheraner, 20 % Katholiken, daneben auch Anglikaner und Angehörige der Niederländischen Reformierten Kirche.

Feste und Feiertage
21. März: Unabhängigkeitstag; **März:** Mpabira-Enjando-Festival in Windhoek; **April–Mai:** Karneval in Windhoek; **August und Oktober:** „Maherero", traditionelles Fest der Herero-Hirten.

Einkäufe
Die Länder südlich des Äquators sind berühmt für ihre Edel- und Halbedelsteine (Amethyst, Topas). Es gibt auch Leder- und Korbwaren.

Namibia

Im äußersten Norden, im Land der Himba, unterbrechen die Epupafälle den Flusslauf des Kunene.

nördlichen Teil der Wüste sind bei Wanderern beliebt.
Im Süden weichen die Dünen dem nackten Felsrelief des trockenen **Fish River Canyon**. 550 Meter tief, 160 Kilometer lang und 27 Kilometer breit erinnert er an den Grand Canyon. Auch er ist das Ziel von immer mehr Wandertouristen.
Einige Felszeichnungen des Landes zählen zu den ältesten überhaupt: Die 3500 Jahre alte „Weiße Dame" im roten **Brandbergmassiv** etwa stammt von Buschmännern. Auf der Hochebene des **Waterberg** in Twyfelfontein sind Felsgravuren zu sehen.
Von dort reist man ins **Kaokoland**, wo der halbnomadische Stamm der Himba lebt, oder nach **Hoba** zum größten je gefundenen Meteoriten. Im Grenzgebiet zu Angola liegen am Kunene die Epupafälle.
Die vielfältige Landschaft stellt fast die Hauptstadt Windhoek in den Schatten. Sie ist unter anderem dank der Überreste der „Alten Feste", einer ehemaligen deutschen Festung, nicht minder interessant.

■ Küste
Die Küste ist meist unwirtlich und nebelverhangen. Er entsteht, wenn die Namib-Hitze auf den kalten Benguelastrom trifft. **Swakopmund**, das an der Wende vom 19. zum 20. Jahrhundert von Deutschen besiedelt wurde, und **Lüderitz** zählen jedoch zu den bekanntesten Badeorten.

■ Tier- und Pflanzenwelt
Gegen Ende der Saison (Oktober) lohnt der Besuch der Naturschutz-

BESTE REISEZEIT		
	Küste	Naturschutzgebiete
Januar	☼	
Februar	☼	
März	☼	
April		🐾
Mai		🐾
Juni		🐾
Juli		🐾
August		🐾
September		🐾
Oktober		🐾
November	☼	
Dezember		

HINWEISE
▶ Pluspunkte
Die Dünenlandschaften Namibias sind einzigartig.
Die Tier- und Pflanzenwelt ist ebenso vielfältig wie außergewöhnlich und wird vorbildlich geschützt.
Der Winter in diesen südlichen Breiten ist so mild, dass praktisch das ganze Jahr über Reisesaison ist.
▶ Minuspunkte
Die Reisekosten sind sehr hoch.
Ein Großteil der Küste ist unwirtlich.
Die Grenzregionen im Norden sollten nicht besucht werden.
▶ Trends
Begegnungen mit Himbas, lange Zeit isoliert lebenden Halbnomaden; Reitausflüge.

gebiete des Landes besonders: Dann versammeln sich an den wenigen verbliebenen Wasserstellen die Tiere. Im Norden liegt der große **Etosha-Park** (22 000 Quadratkilometer), der von Mitte März bis Ende Oktober geöffnet ist. Hier leben die berühmten „Big Five" (Büffel, Elefanten, Leoparden, Löwen, Nashörner) sowie Antilopen, Zebras, Oryx-Antilopen, über 300 Vogelarten – und 27 Schlangenarten!
Weiter südlich befinden sich der **Damaraland-Park** und der **Waterberg-Nationalpark**. Südlich von Swakopmund beeindruckt die große Ohrenrobben-Kolonie von **Cape Cross** und in der **Lagune der Walfischbucht** tummeln sich zahlreiche Flamingos und Pelikane.
Die Pflanzenwelt hat einige sehr seltene und für dieses Land typische Arten zu bieten. Die Welwitschie etwa, die mit ihren bis zu zwei Meter langen Verzweigungen an einen Kraken erinnert, wird bis zu zweitausend Jahre alt und gehört damit zu den ältesten Pflanzenarten der Welt. Neben ihr findet sich der Köcherbaum, eine gigantische Aloepflanze im **Köcherbaumwald**, die auf Granitfelsen gedeiht. ■

Das Augenpaar am Stupa von Bodnath bildet einen Kontrapunkt zu seinen Spitzen.

 # Nepal

REISEHIGHLIGHTS NEPAL

Landschaften und Wandertouren

- Wanderungen im Himalaja, Annapurna Circuit, Dhaulagiri, Dolpo, Mustang, Kangchendzönga
- Blick auf den Mount Everest, Expeditionen und große Trekkingtouren: Ama Dablam, Baruntse, Mount Everest, Makalu

Städte und Kulturdenkmäler

- Kathmandu, Lalitpur, Bhaktapur
- Svayambhunath, Bodnath, Pashupatinath, Lumbini: buddhistische Stätten und Feste

Tierwelt

- Terai-Tiefland (Chitwan- und Royal-Bardia-Nationalpark): Affen, Büffel, Panzernashörner, Elefanten, Krokodile, Tiger, Gangesdelfine

---

Einst eine der Stationen auf dem Seeweg nach Indien, heute ein Paradies für Wanderer, die in Scharen den Himalaja erklimmen. Das majestätische Nepal passt sich den Sitten und Stimmungen der westlichen Welt immer mehr an, auch wenn die Lebensweise seiner Bewohner fern dessen liegt. Anhaltende politische Spannungen zügeln das Land und seinen Ruf.

REISEINFORMATIONEN

Erste Infos
Botschaft des Königreichs Nepal, Guerickestr. 27, 10587 Berlin, 030/ 34 35 99 20 22; Internet www.welcomenepal.com

Formalitäten
Bürger der EU und der Schweiz benötigen einen zur Einreise sechs Monate gültigen Reisepass. Visa sind Pflicht und bei der Botschaft oder in Kathmandu erhältlich. Die Grenzüberquerung nach Tibet ist nur über ein Reisebüro zu organisieren.

Gesundheit
Für Reisen in die ländlichen Gebiete des Terai und an die indische Grenze wird eine Malariaprophylaxe empfohlen.

Flugdauer, Zeitverschiebung
Durchschnittliche Flugdauer Frankfurt–Kathmandu (6787 km): 13 Std. 50 Min. Um 12 Uhr deutscher Zeit ist es in Nepal im Sommer 15.45 Uhr und im Winter 16.45 Uhr.

Durchschnittliche Reisekosten
Eine zwölftägige Trekking-Rundreise wird für rund 1300 Euro angeboten, eine dreiwöchige Rundreise kostet 2200 bis 2600 Euro.

Sprache, Währung
Amtssprache: Nepali; es gibt etwa 60 Dialekte. Fremdsprachen: In Städten und Touristenorten hört man Englisch. Währung: Nepalesische Rupie.
1 USD = 65 Nepalesische Rupien,
1 Euro = 95 Nepalesische Rupien.

Bevölkerung
Die 28 902 000 Einwohner haben mongolische, tibetische und indoarische Wurzeln. Hauptstadt: Kathmandu.

Religionen
Der Staatsreligion Hinduismus gehören neun von zehn Nepalesen an. Lamaisten und Muslime bilden Minderheiten.

Feste und Feiertage
März oder April: Tag des Vollmonds: „Holi Pumima"; zur gleichen Zeit: nepalesisches Neujahr; Oktober oder November: „Dasain" und „Tihar"; November: „Mani Rimdu" im Kloster von Tengboche.

Einkäufe
Man bekommt Handarbeiten aus Kaschmir (Pullover), Tibet (Schmuck), aus Indien und im Thamel-Viertel (Kathmandu) Taschen aus Wolle sowie Mandalas.

Nepal

■ Landschaften und Wandertouren

Das **Kathmandu-Tal** wird von den Gipfeln des **Himalaja** umgeben, die sich bei Sonnenuntergang orange färben. Das Tal ist eine der weltweit beeindruckendsten Naturschönheiten. Aber auch das **Pokhara-Tal** (Seen, Schluchten) und vor allem das **Karnali-Tal** (Schluchten) sind sehr attraktiv. Die Landschaft bietet sich für alle Arten von Trekking-Touren an. Die Täler und Bergpfade des Himalaja, die zu den höchsten der Welt zählen, haben Einsteigern wie hartgesottenen Trekkern einiges zu bieten. Es gibt drei Trekkingtypen: bis 3000 Meter, bis 4500 Meter und bis 5500 Meter. Je höher man hinauf will, desto trainierter und erfahrener sollte man sein. Täglich wird bis zu fünf Stunden marschiert. Ein Trekkingurlaub dauert etwa 15 bis 20 Tage.

Zu den großen Klassikern zählen:
– der **Annapurna Circuit**, bei dem sich am Pokhara-See eine wunderbare Aussicht bietet;
– der **Dhaulagiri** unweit des heiligen Flusses Kali Gandaki;
– das Basislager des **Mount Everest**, zu erreichen über die Khumbu-Region. Hier leben die berühmten Sherpa, die ihre traditionellen Berufe häufig gegen die Tätigkeit als Touristenführer eingetauscht haben. Einen Blick auf das Dach der Welt erhascht man schon nach einer leichten Wanderung; man startet dafür etwa in Nagarkot, das zu Fuß von Kathmandu aus in einigen Stunden zu erreichen ist. Vom Kala Patthar aus eröffnet sich eine herrliche Aussicht auf das Trio Mount Everest, Lhotse (8545 Meter) und Nuptse (7879 Meter).

Dolpo und das Königreich **Mustang** sind zwei vom Buddhismus geprägte Regionen. Es gibt Klöster, heilige Höhlen und einen Panoramablick auf den Annapurna. Neue Routen kann man im äußersten Nordosten, rund um **Kangchendzönga**, den dritthöchsten Gipfel der Erde (8586 Meter), entdecken.

Im Nordosten erheben sich die „Trekking Peaks": die Siebentausender Ama Dablam und Baruntse und der Achttausender Makalu sowie die Wände des Mount Everest.

■ Städte und Kulturdenkmäler

Kathmandu, der Mythos der 1970er-Jahre, hat sein Image geändert. In der gereiften Hauptstadt finden sich das alte Thamel-Viertel, kunstvoll gearbeitete Tore und Balkone, seine „Lebende Göttin" (ein von den Newar verehrtes junges Mädchen, die Kumari zeigt sich regelmäßig auf ihrem Balkon am Durbar Square, dem Platz des ehemaligen Königspalasts), die Marktstände sowie die buddhistischen und brahmanischen Tempel.

Lalitpur im Umland der Hauptstadt wahrt das Erbe seines Status als Zentrum des Tantra-Buddhismus („Goldener Tempel", Springbrunnen). Die Hauptattraktion der „Museumsstadt" **Bhaktapur** ist das Goldene Tor. Beide Städte zeugen von der Kunst der Newar.

Ebenfalls sehenswert in der Region von Kathmandu sind die Stupas (Sakralbauwerke) von **Svayambhunath** und **Bodnath** und im hinduistischen Zentrum **Pashupatinath** der Tempel mit den beiden Dachebenen aus vergoldeter Bronze. **Lumbini** ist ein wichtiges Pilgerziel: Hier soll sechs Jahrhunderte vor Christus Buddha geboren worden sein.

■ Tierwelt

Im **Terai** leben die unterschiedlichsten Tiere. Im **Chitwan-Nationalpark** sind Affen, Büffel, Nashörner, Elefanten und Krokodile zu Hause, im **Royal-Bardia-Nationalpark** Elefanten, Affen und Gangesdelfine. ■

HINWEISE

▶ Pluspunkte
Nepal gehört zu den beliebtesten Trekkingzielen und besitzt eine der schönsten Gebirgslandschaften der Welt.

▶ Minuspunkte
In den Bergen hat die lokale Wirtschaft Probleme, die durch den Tourismus wachsenden Bedürfnisse zu befriedigen.
Trotz verbesserter Beziehungen zwischen den Konfliktparteien kommt es immer wieder zu politischen Unruhen. Von Mai bis September trüben der Monsun und Feuchtigkeit den Blick: Die Gipfel sind wolkenverhangen.

▶ Sicherheit
Die maoistische Guerilla operiert nach wie vor, zielt aber nicht auf den Tourismus. Man sollte sich dennoch bei der Botschaft darüber informieren.
Der Himalaja ist nur mit anerkannten Agenturen zu besuchen.

BESTE REISEZEIT

	Wandern und Terai	Blütezeit und farbenprächtige Natur
Januar	☼	
Februar	☼	
März	☼	
April		❀
Mai		❀
Juni		❀
Juli		
August		
September		
Oktober	☼	
November	☼	
Dezember	☼	

Neukaledonien

REISEHIGHLIGHTS NEUKALEDONIEN

Küsten
- Korallenriff, weiße Sandstrände
- Tauchen und Surfen rund um Grande Terre, die Bélep-Inseln, die Loyalitätsinseln und die Île des Pins

Landschaften und Traditionen
- Savanne, Sümpfe, Wasserfälle, Wälder
- Auf den Spuren der „Stockmen" und der Kanaken-Stämme

Neukaledonien

Die Hauptinsel, der „Kiesel", wird von den Îles de Pines, den Bélep-Inseln und den Loyalitätsinseln flankiert. Seine Strände, die Korallen in seiner schier endlosen Lagune, die angeblich die größte der Welt ist, und die reiche Kultur seiner Bevölkerung, der Kanaken, lassen die Schwindel erregenden Reisekosten fast vergessen...

REISEINFORMATIONEN

Erste Infos
Fremdenverkehrsamt Neukaledonien, Eyes-2Market, Fasanenstr. 2, 25462 Rellingen, 04101/ 696 48 13; Internet www.neukaledonien tourismus.de

Formalitäten
Bürger der EU und der Schweiz benötigen einen Reisepass sowie ein Rück- oder Weiterreiseticket.

Gesundheit
Nichts zu beachten.

Flugdauer, Zeitverschiebung
Durchschnittliche Flugdauer Frankfurt–Nouméa (16 338 km): 22 Std. Um 12 Uhr deutscher Zeit ist es in Neukaledonien im Sommer 21 Uhr, im Winter 22 Uhr.

Durchschnittliche Reisekosten
Man bezahlt mindestens 2000 Euro für eine Woche (mit Hin- und Rückflug, Unterkunft, Mietwagen) und für eine 15-tägige Rundreise ab 3000 Euro. In der Hauptsaison ist alles deutlich teurer.

Sprache, Währung
Amtssprache: Französisch; daneben gibt es etwa 30 melanesische Dialekte.
Währung: Französischer Pazifik-Franc. 1 Euro = 119 Pazifik-Franc.

Euro werden akzeptiert (ihre endgültige Einführung steht aber noch aus). Auch mit den wichtigsten Kreditkarten kann man bezahlen, jedoch nicht überall.

Bevölkerung
Von den 221 900 Einwohnern sind 44,1 % Melanesier (Kanaken) und 34,1 % Europäer (die sogenannten Caldoches). Wallisianer, Futunianer, Polynesier, Indonesier und Vietnamesen bilden Minderheiten. Rund die Hälfte der Bevölkerung lebt im **Hauptort** Nouméa (91 000 Einwohner).

Religionen
75% der Neukaledonier sind Katholiken, 16% Protestanten und 4% Muslime.

Feste und Feiertage
Februar: Yamwurzel-Fest; **März:** Yam-Festival (Fest der Kanaken); **Mai:** „Pacific Tempo", Musikfestival in Nouméa; **August:** Foire de Bourail; **24. September:** Nationalfeiertag; **Oktober:** „Mwata"-Tage, Bananenfest in Pouébo.

Einkäufe
In Pouébo bekommt man Holzskulpturen, daneben gibt es Schmuck, Körbe, Flechtwaren, Halsketten, Masken.

Neukaledonien

Eine majestätische Lagune und der Kulturenmix locken immer mehr Besucher nach Neukaledonien.

Nouméa, der Hauptort der Insel, liegt nahe bei den fantastischen Stränden der Anse Vata und der Baie des Citrons und ist ein beliebtes Ziel für Badegäste, Taucher und Surfer. Die **Bélep-Inseln** im Norden, die **Île des Pins** im Süden und die **Loyalitätsinseln** (Lifou, Maré, Ouvéa) im Osten ähneln der Grande Terre. Sie bieten neben Stränden auch Möglichkeiten zum Aktivurlaub: Man kann zu Korallenstöcken hinabtauchen und surfen, und auf **Lifou** sind im Winter Wale und Pottwale zu beobachten. Auf **Ouvéa** sind viele Sittiche heimisch, die man beobachten kann.

■ Landschaften und Traditionen

Die Landschaft der Nordprovinz ist sehr vielfältig: Savanne, Myrtenheiden, Sümpfe, Berge, Flüsse, Wasserfälle, Wälder. Das berühmte „Herz von Voh" ist nur von oben zu sehen. In der Region um Hienghène im Nordosten kann man Wassersport (Schwimmen, Tauchen) betreiben und bei einheimischen Stämmen wohnen. In Dörfern auf dem Land stehen authentische Unterkünfte für Touristen zur Verfügung, die über Reiseveranstalter gebucht werden können. So werden Begegnungen mit Einheimischen und Einblicke in die melanesische Kultur ermöglicht. Die Südprovinz ist das Land der „Stockmen" (eine Art Cowboys). Rund um Sarraméa leben Kanaken-Stämme; die Wälder hier laden zu Wandertouren ein. In der Gegend südlich von Nouméa liegen der Yaté-See, der Madeleine-Wasserfall und der **Mont-Dore**. Im Überschwemmungsgebiet des Parc Rivière Bleue brütet der Kagu. Der Wappenvogel des Archipels kommt nur noch sehr selten vor.

Die Île des Pins hat neben Stränden auch eine außergewöhnliche Pflanzenwelt zu bieten: Dort wachsen und gedeihen die immergrünen Araukarien, Sandelhölzer und wilde Orchideen. Die „Grotte de la Reine Hortense" ist eine weitere Attraktion auf der Insel.

HINWEISE

▶ Pluspunkte
Die Lagune und das Tauchparadies allein sind schon großartig, aber Neukaledonien versteht es weiterhin, Natur und Kultur zu verbinden.

▶ Minuspunkte
Flug und Unterkunft sind zur besten Reisezeit im Sommer sehr teuer.

▶ Sicherheit
Die größte Gefahr in diesem friedlichen Land sind die Stechmücken, besonders in der Regenzeit.

▶ Trends
Taucher werden an der Lagune bleiben, aber auch das Inland der Grande Terre und der Loyalitätsinseln wird verstärkt besucht. Kulturinteressierte haben die Sammlungen des Jean-Marie-Tjibaou-Kulturzentrum in Nouméa, die der Lokalkultur gewidmet sind, für sich entdeckt.

■ Küsten

Um die Hauptinsel **Grande Terre** zieht sich ein 800 Kilometer langes Korallenriff. Dort befindet sich die größte Lagune der Welt, in der unzählige tropische Fische leben. Vom Süden bis zu den Buchten von Poum im äußersten Norden ist die ganze Insel von weißen Stränden und kleinen Felsbuchten geprägt. Klimatisch hebt sich nur die Ostküste ab: Hier fällt etwas mehr Niederschlag.

BESTE REISEZEIT

	Klima	Tauchen und farbenprächtige Korallen sehen
Januar		
Februar		
März		
April	☼	
Mai	☼	
Juni		
Juli		≋
August		≋
September		
Oktober	☼	
November	☼	
Dezember		

269

Neuseeland ist eine wahre Symphonie aus tropischer Vegetation, Seen, Gebirgen und Vulkanlandschaften.

Neuseeland

 Die ersten Maori tauften das Gebiet Aotearoa, das „Land der langen weißen Wolke". Es lädt mit zahllosen Möglichkeiten dazu ein, aktiv zu werden: Man kann angeln, surfen, durch die geschützte Natur wandern, in der man immer wieder auf Schafherden stößt, und Gebirge, Gletscher, Vulkane und Geysire erleben.

■ Landschaften

Die Natur ist die Hauptattraktion in Neuseeland. Berge, Gletscher, Wälder und Seen bilden eine herrliche Kulisse für Wandertouren und auch Skifahren ist möglich. Strikte Gesetze bewahren diesen Schatz.

Die Nordinsel wird auch „rauchende Insel" genannt: In der Umgebung von **Rotorua**, in der die Maori ihre reiche Kultur hinterlassen haben, finden sich Geysire, heiße Quellen, der „Kessel" von **Waimangu** (ein heißer See, der durch eine Eruption zu Beginn des 20. Jahrhunderts entstand), der Lady-Knox-Geysir in **Waiotapu** und der Pohutu-Geysir in **Whakarewarewa**, der sein Wasser mehr als 30 Meter hoch in die Luft schleudert.

REISEINFORMATIONEN

Erste Infos
Fremdenverkehrsamt Neuseeland, Rossmarkt 11, 60311 Frankfurt, 069/971 21 10; Internet: www.newzealand.com

Formalitäten
Bürger der EU und der Schweiz benötigen einen nach Einreise noch mindestens drei Monate gültigen Reisepass. Ein Rückflugticket oder ausreichende Geldmittel sind nachzuweisen.

Gesundheit
Nichts zu beachten.

Flugdauer, Zeitverschiebung
Durchschnittliche Flugdauer Frankfurt–Auckland (18 192 km): 25 Std. Um 12 Uhr deutscher Zeit ist es in Neuseeland im Sommer 23 Uhr, im Winter 0 Uhr.

Durchschnittliche Reisekosten
Die Hauptsehenswürdigkeiten der beiden Inseln besucht man am besten auf einer 15-tägigen Autorundreise; mit Hin- und Rückflug, Unterkunft und Mietwagen kostet das circa 1800 Euro. Eine Pauschalreise (15 Tage) kostet insgesamt etwa 2500 Euro.

Sprache, Währung
Amtssprachen: Maori, Englisch.
Währung: Neuseeland-Dollar.
1 Euro = 1,88 Neuseeland-Dollar,
1 USD = 1,27 Neuseeland-Dollar.

Bevölkerung
Von den 4 115 800 Einwohnern sind 10% Maori und Nachkommen von Völkern, die einst aus Polynesien kamen.

Hauptstadt: Wellington.

Religionen
24% sind Anglikaner, 18% Presbyterianer, 15% Katholiken; daneben Methodisten und Baptisten.

Feste und Feiertage
6. Februar: „Waitangi Day" (Nationalfeiertag); Februar: Weinfestival auf Waiheke; Juni: „Matariki" und Drachenfest zum Maori-Neujahrstag.

Einkäufe
Schaffelle und -leder, Töpfer- und Korbwaren, Maori-Kunst.

Neuseeland

REISEHIGHLIGHTS NEUSEELAND

Landschaften
- Geysire, Seen und Vulkane rund um Rotorua auf der Nordinsel
- Berge und Gletscher auf der Südinsel

Tierwelt
- Zu Land: Kiwis, Schafe; zu Wasser: Buckelwale, Pottwale, Delfine, Orcas

Küsten
- Fjorde (Milford Sound)
- Strände (Coromandel-Halbinsel, Napier)
- Surfen, Angeln
- Tokelau im Südpazifik

Städte
- Auckland, Christchurch, Dunedin, Wellington

HINWEISE

▶ **Pluspunkte**
Eine Naturparadies, das zunehmend geschätzt und geschützt wird.

▶ **Minuspunkte**
Wer nicht gerade ein eingefleischter Rugby-Fan ist und die All Blacks spielen sehen möchte, scheut eventuell die hoher Reisekosten.
Die Niederschläge sind stark, sonnig und warm ist es vor allem von Dezember bis Februar – für Westeuropäer eine eher ungünstige Reisezeit.

Der **Tongariro-Nationalpark** lädt zum Wandern und Skifahren ein. Hier erhebt sich auch der Ruapehu, der höchste Vulkan des Landes.
Die Südinsel wird auch „Jadeinsel" genannt. Die **Alpen** sind das Herz ihrer reizvollen Landschaft aus Gletschern (Franz Josef, Fox und Tasman im **Westland-Nationalpark** und rund um den Mount Cook) und Wasserfällen – der 580 Meter hohe Sutherland-Fall gehört mit drei Stufen zu den höchsten der Welt. Auf der Insel existieren etliche Nationalparks, etwa der **Nelson-Lakes-Nationalpark** und der Primärwald von **Punakaiki**. Die Umgebung von Queenstown ist ein lohnendes Ziel für Skifahrer und Rafting-Begeisterte.
In ganz Neuseeland ist die Maori-Kultur lebendig, die immer mehr Beachtung findet.

■ Tierwelt
Neuseeland ist vor allem bekannt für den heute geschützten Kiwi, zahlreiche andere Vogelarten, die insbesondere in Fiordland zu sehen sind, und natürlich für Schafe: Auf einen Einwohner kommen 20 Schafe.
Vor der Halbinsel Kaikoura kann man Pottwale, Delfine, Buckelwale und Orcas beobachten.

■ Küsten
Die Küste an der Tasmansee ist im Westen von Fjorden (Fiordland) gespickt. Der **Milford Sound** ist der schönste unter ihnen: 15 Kilometer erstreckt er sich in die grandiose Landschaft, umrahmt von bis zu knapp 1700 Meter hohen Bergen.
5000 Kilometer Küste mit recht kühlem Wasser hat das Land zu bieten. Auf der Nordinsel zieht die Küste der **Coromandel-Halbinsel** die meisten Badegäste und Surfer an. Ebenso attraktiv sind Hawke's Bay und der Hafen von **Napier**. Auf der Südinsel ist **Nelson** in der Tasman Bay ein populärer Badeort. Nördlich von Christchurch lassen sich Delfine und Wale beobachten, und auch Angeln ist vor Ort möglich.
Tokelau, das seit 1948 zum neuseeländischen Hoheitsgebiet gehört, besteht aus drei abgelegenen, winzigen Atollen (12,2 Quadratkilometer) im Südpazifik, nördlich von Samoa. Dort wachsen unzählige Kokospalmen. Die 2000 Einwohner sind polynesischer Herkunft. Touristisch ist das Gebiet noch wenig erschlossen. Einige Gourmets schätzen allerdings das hiesige Kopra (Kokosnussfleisch).

■ Städte
Christchurch ist eine sehr englisch wirkende „Gartenstadt", **Dunedin** dagegen verbreitet schottisches Flair. Berge umgeben das hübsche **Wellington**, wo Kolonialhäuser, das Museum of City and Sea mit dem Nachbau des James-Cook-Schiffes sowie das neue Te-Papa-Museum zu bewundern sind. Die Stadt **Auckland**, gelegen auf einer Landenge, beherbergt das bekannte Maori-Museum. ■

BESTE REISEZEIT		
	Klima	Wintersport auf der Südinsel
Januar	☼	
Februar	☼	
März	☼	
April		
Mai		
Juni		
Juli		❄
August		❄
September	☼	❄
Oktober	☼	❄
November	☼	
Dezember	☼	

Niederlande

REISEHIGHLIGHTS NIEDERLANDE

Städte und Museen
- Amsterdam, Delft, Den Haag, Rotterdam, Haarlem, Leiden, Utrecht, Maastricht
- Rijksmuseum, Van-Gogh-Museum, Mauritshuis

Landschaften und Wandertouren
- Blumenfelder in der Gartenanlage Keukenhof
- Sümpfe bei Loosdrecht, Westfriesische Inseln, Nationalpark De Hoge Veluwe
- Mühlen bei Kinderdijk, Polder Flevoland, Moor von Groote Peel
- Strände, Radtouren

Weltberühmte Museen, Windmühlen, Grachten und Giebelhäuser, Städte mit harmonischer Architektur, im Frühling Tulpenfelder, so weit das Auge reicht...
Für die nötige Dynamik sorgt Amsterdam mit seinem besonderen Image in diesem ohnehin außergewöhnlich vielfältigen Reiseland.

■ **Städte und Museen**
Amsterdam genießt den Ruf einer jungen, pfiffigen, kosmopolitischen und freizügigen Stadt – zu Recht. Aus aller Welt lockt es Heerscharen von Besuchern an. Bei einer Bootsfahrt erlebt man die Romantik seiner 1289 Brücken und der unzähligen pittoresken Giebelhäuser. Die 165 Kanäle (etwa Herengracht, Keizersgracht und Prinsengracht) bilden einen Gürtel um die Stadt.
Amsterdam hat weltberühmte Museen zu bieten: Das **Rijksmuseum** zum Beispiel besitzt eine umfangreiche Gemäldesammlung aus dem 15. bis 17. Jahrhundert, darunter auch Werke von Rembrandt wie

Hunderte von Brücken und 165 Kanäle verleihen Amsterdam ein romantisches Stadtbild.

„Die Nachtwache", Vermeer und Frans Hals.
Im Van-Gogh-Museum sind 200 Gemälde und 500 Zeichnungen des „verkannten Malers" zu sehen. Auch das Stedelijk Museum und eine Filiale der St. Petersburger Eremitage lohnen einen Besuch.
Die Besichtigung des Rembrandt- und des Anne-Frank-Hauses, ein Besuch im Schifffahrtsmuseum, das Schiffe der berühmten Ostindien-Kompanie ausstellt, und ein Spaziergang durch das Jordaan-Viertel mit seinen Beginenhöfen zählen zu den weiteren Highlights.
Grachten, Patrizierhäuser, der gotische Glockenturm und zahlreiche Kirchen verleihen **Delft** seinen Charme. Berühmt ist die Stadt überdies für ihren Sohn Jan Vermeer.
Den Haag wirkt ruhiger mit seinen internationalen Institutionen, der Königsresidenz und den zahlreichen Grünflächen. Das Zentrum rund um das ehemalige Grafenschloss, den Binnenhof, ist jedoch recht belebt. Es hat sehr unterschiedliche Sehenswürdigkeiten zu bieten: Der Park Madurodam zeigt die touristischen Attraktionen des Landes in Miniatur, und mit dem Mauritshuis (Rembrandt, Rubens, Vermeer) und dem Gemeentemuseum kann man gleich zwei erstklassige, weltberühmte Museen besuchen.

Große Teile **Rotterdams** wurden zwar im Zweiten Weltkrieg zerstört. An den beiden belebten Straßen Lijnbaan und Coolsingel stehen jedoch das Rathaus und die Börse, die der Zerstörung auf wundersame Weise entgingen, die Erasmusstatue und die futuristische Erasmusbrücke. Weitere Pluspunkte Rotterdams sind seine Umgebung, zum Beispiel mit Delfshaven (dem ehemaligen Hafen von

Zwischen Haarlem und Leiden bewundern jedes Frühjahr eine Million Besucher die Blütenpracht – gelb, rot, violett…

REISEINFORMATIONEN

Erste Infos
Niederländisches Büro für Tourismus & Convention, Postfach 27 05 80, 50511 Köln, 0221/925 71 70; Internet: www.niederlande.de

Formalitäten
Bürger der EU und der Schweiz benötigen lediglich einen gültigen Personalausweis (Schengener Abkommen).

Gesundheit
Keine Besonderheiten.

Flugdauer, Zeitverschiebung
Durchschnittliche Flugdauer Frankfurt – Amsterdam: 1 Std. 20 Min. Mit dem Auto: Frankfurt – Amsterdam etwa 366 km. Keine Zeitverschiebung.

Durchschnittliche Reisekosten
Für ein Wochenende in Amsterdam bezahlt man in der Hauptsaison ab 200 Euro (inklusive Hin- und Rückreise mit dem Zug oder dem Flugzeug und zwei Übernachtungen).

Sprache, Währung
Amtssprache: Niederländisch. Die friesische Minderheit im Norden des Landes spricht einen eigenen Dialekt. Fremdsprachen: Englisch, Deutsch und Französisch. **Währung:** Euro

Bevölkerung
Die 16 571 000 Einwohner leben auf einer relativ kleinen Landfläche. **Hauptstadt:** Seit dem Jahr 1815 ist Amsterdam die Hauptstadt, der Königshof und der Regierungssitz befinden sich jedoch in Den Haag. Das Land setzt sich aus zwölf Provinzen zusammen.

Religionen
Die Katholiken sind mit 36 % zahlreicher vertreten als die Protestanten mit 32 %, deren Mehrheit gehört der Niederländischen Reformierten Kirche an. Rund 30 % der Menschen in den Niederlanden bekennen sich nicht zu einer Glaubensrichtung.

Feste und Feiertage
30. April: Königinnentag; Juni: Holland-Festival in Amsterdam und Den Haag; August: Gay Pride in Amsterdam; September: Bloemen Corso in Amsterdam.

Einkäufe
Aus den Niederlanden bringt man typischerweise Tulpenzwiebeln, ein Paar Holzschuhe, Delfter Porzellan oder einen runden Laib Gouda mit.

Delft, von dem aus die Pilgerväter einst nach England und dann in die USA aufbrachen), Schiedam mit seinen Windmühlen sowie dem weltweit drittgrößten Seehafen. Durch ihn können auch Bootsfahrten unternommen werden. Ebenso attraktiv sind das Museum Boijmans van Beuningen mit Gemälden von Hieronymus Bosch, Van Eyck, Frans Hals, Rembrandt und Rubens.
Haarlem lohnt einen Abstecher wegen seines Großen Marktes, der von hübschen Gebäuden (St.-Bavo-Kirche, Rathaus, Vleeshal) gesäumt wird. Das Aushängeschild der Stadt aber ist das Frans-Hals-Museum.
Leiden wartet mit einer Windmühle (De Valk), einer angesehenen Universität und Giebelhäusern entlang der Rapenburggracht auf. Sie gilt als eine der bezauberndsten Städte der

Niederlande

Wie in Kinderdijk stehen noch an rund 20 anderen Deichen historische Mühlen.

Niederlande. Das Nationale Museum für Völkerkunde, das Städtische Museum, das Bildende Kunst und Werke von Lucas van Leyden zeigt, und das Nationale Museum des klassischen Altertums lohnen einen Besuch.

Utrecht besticht durch die Kanäle seiner Altstadt, den Glockenturm (Domtoren), das kühne Rietveld-Schröder-Haus und den Vredenburg-Platz.

Maastricht ist vor allem dank des Vertrags über die Europäische Union ein Begriff, aber sein Zentrum rund um die St.-Servatius-Basilika macht es zu einer sehenswerten Stadt.

Die meisten Städte beherbergen Museen, die schon an sich die Reise wert sind. Ihnen sollte man das Kröller-Müller-Museum im Nationalpark De Hoge Veluwe hinzufügen; es zeigt Werke von Mondrian, Van Gogh, zudem Kubisten und französische Impressionisten.

■ **Landschaften und Wandertouren**

In den Niederlanden werden traditionell seit über 400 Jahren Zwiebelblumen angepflanzt.

Von Ende März bis Ende Mai sollte man die Bollenstreek nicht versäumen, die von Haarlem nach Leiden reicht: In unvergleichlicher Farbengeometrie und in vielen verschiedenen Schattierungen erstrecken sich dann Blumenfelder mit Tulpen, Hyazinthen und Narzissen.

In der Nähe von Lisse bietet die Gartenanlage **Keukenhof** kunstvolle Beete und Gewächshäuser. Sie ist das touristische Herz einer Region, die jährlich eine Million Besucher anzieht. Alle zehn Jahre findet von April bis Oktober die Floriade statt, eine internationale Gartenschau. Die nächste ist für 2012 terminiert.

Die Niederlande beweisen, dass flache Landschaften durchaus ihren

BESTE REISEZEIT		
	Klima	Tulpen und Zwiebelblumen
Januar		
Februar		
März		
April		≤
Mai		≤
Juni	☼	
Juli	☼	
August	☼	
September	☼	
Oktober		
November		
Dezember		

HINWEISE

▶ **Pluspunkte**
Amsterdam und die ungeahnte Vielfalt des Landes drumherum.
Die ebenso angenehme wie umweltschonende Leidenschaft der Niederländer, das Radfahren.

▶ **Minuspunkte**
Häufige Regenschauer können die Freude an Radtouren und an einem langen Urlaub trüben.

▶ **Sicherheit**
Die Niederlande haben eine der niedrigsten Kriminalitätsraten Europas.

▶ **Trends**
Zwischen Mitte April und Mitte Mai mietet man ein Fahrrad oder Auto und fährt damit durch das Gelb, Granatrot, Blau und Malve der Tulpenfelder – unspektakulär, klassisch und sehr reizvoll.

Reiz haben können: Unweit von Utrecht beeindrucken die **Sümpfe von Loosdrecht** mit Brücken, Yachthäfen und Schlössern. Die **Westfriesischen Inseln** bieten lange Strände und Vogelschutzgebiete. Im **Nationalpark De Hoge Veluwe** leben Hirsche, Rehe, und Vögel, und rund um Kinderdijk stehen 19 außergewöhnliche Windmühlen in einer Sumpfebene. Zeeuws Vlaanderen hat schöne Dünen zu bieten. Am Ijsselmeer in der „gezähmten" Bucht der früheren Zuiderzee findet man Küstendörfer wie Volendam, und der Polder Flevoland wurde gerade erst dem Meer abgetrotzt. Im **Moor von Groote Peel** haben Vögel und Schmetterlinge ihre Heimat.

Viele Strände sind gut erschlossen (Noordwijk, Scheveningen, Zandvoort, Katwijk), und die hiesigen Spielkasinos sorgen für zusätzliche Abwechslung.

Dank der insgesamt 10 000 Kilometer Radwege und der durchdachten Fahrradstrecken im ganzen Land verzichten Besucher hier gern auf das Auto. ■

Niger

REISEHIGHLIGHTS NIGER

Landschaften und Wandertouren
- Wandertouren und Meharees im Aïr-Gebirge
- Durchquerung der Ténéré mit dem Geländewagen
- Bootsfahrt auf dem Niger

Tierwelt
- Elefanten, Löwen, Antilopen, Paviane, Flusspferde

Prähistorische Stätten
- Felsgravuren im Aïr-Gebirge und bei Djado

Feste und Feiertage
- Fest der Bororo

Die Ténéré ist die kargste und sagenumwobenste Region der gesamten Sahara. Der Tourismus setzt auf Aktivurlaub und Kultur: Felsgravuren aus der Jungsteinzeit sind zu bewundern, man kann sich im Süden des Landes auf die Spuren wilder Tiere begeben, und auch der Niger lockt mit Abenteuern.

REISEINFORMATIONEN

Erste Infos
Botschaft der Republik Niger, Dürenstr. 9, 53173 Bonn, 0228/350 27 82; Internet www.niger-tourisme.com

Formalitäten
Bürger der EU und der Schweiz benötigen für die Einreise einen gültigen Reisepass; Visa sind obligatorisch und bei der Botschaft zu bekommen. Zudem ist ein Rück- oder Weiterreiseticket erforderlich.

Gesundheit
Eine Impfung gegen Gelbfieber ist vorgeschrieben und auch eine Malariaprophylaxe ist unbedingt notwendig.

Flugdauer, Zeitverschiebung
Durchschnittliche Flugdauer Frankfurt–Niamey (4094 km): 7 Std. Um 12 Uhr deutscher Zeit ist es in Niger im Sommer 11 Uhr, im Winter 12 Uhr.

Durchschnittliche Reisekosten
Das Aïr-Gebirge und von Oktober bis April die Ténéré sind beliebte Ziele für Wüstenwanderer. Man kann sie auf einer Kamelwanderung erkunden oder abwechselnd zu Fuß (5–6 Std. Wandern täglich) und mit dem Geländewagen. Die Angebote beginnen bei 900 Euro pro Woche.

Sprache, Währung
Amtssprache: Französisch. Am weitesten verbreitet ist das stark vom Arabischen beeinflusste Hausa. Daneben werden die Dialekte Songhai, Ful, Tuareg und Kanuri gesprochen.
Währung: CFA-Franc. 1 Euro = 656 CFA-Franc.

Bevölkerung
Etwas mehr als 50 % der 12 895 000 Einwohner sind Hausa. Außerdem leben hier Zarma-Songhai, Fulbe, Tuareg und Kanuri.

Hauptstadt: Niamey.
Religionen
85 % der Bevölkerung sind Muslime, Animisten bilden eine Minderheit.

Feste und Feiertage
Januar: „Tabaski" (Hammelfest); Mitte Januar: „Hottungo" (Hirtentreffen); September: „Gerewol"; 18. Dezember: Nationalfeiertag; Fastenbrechenfest: Ende des Ramadan.

Einkäufe
Neben dem Silberschmuck der Tuareg, dem berühmtesten Kunsthandwerkerzeugnis, sind Holz, Leder, Perlen und Halbedelsteine beliebte Souvenirs.

Niger

Sanddünen und die legendären, rebellischen Tuareg auf der Azalaï-Route – die Sahara in ihrem ursprünglichsten, mythischsten Gewand.

Weg der berühmte „Arbre du Ténéré", die letzte Wasserstelle vor der Unendlichkeit der Wüste. Wenn es die politische Lage zulässt, kann man über Reiseveranstalter einen Geländewagen buchen und diesen Mythos nacherleben. Die dritte Hauptattraktion des Landes ist der **Fluss Niger**. Auf einer Pinassenfahrt gibt es viel zu entdecken: kleine Inseln, auf denen lediglich Vögel leben, die Wanderherden der Fulbe, Märkte und Fischerdörfer an den Ufern. Von Zeit zu Zeit zeigt sich auch ein Flusspferd. Wer nicht in Eile ist, kann die Lehmdörfer mit einem *zirdji* besuchen, einer Piroge, die als Taxi dient.

■ Tierwelt

Die Elefanten, Löwen, Antilopen, Giraffen, Paviane und Flusspferde im **W-Nationalpark** südlich von Niamey sind beliebte Motive auf Fotosafaris. Die beste Zeit für einen Besuch des Parks ist zwischen Februar und April, wenn sich die Trockenzeit dem Ende zuneigt.

HINWEISE
▶ Pluspunkte
Die Landschaft ist unglaublich vielfältig: die Ténéré, die Wüste der Wüsten, Gebirge und Oasen im Aïr, der Fluss Niger.
▶ Minuspunkte
Die politische Lage im Norden ist instabil und macht Ausflüge in die Sahara von Zeit zu Zeit risikoreich.
▶ Sicherheit
Es wird dringend davon abgeraten, allein in den nördlichen Teil des Landes zu reisen: Hier schwelen Konflikte zwischen dem Volk der Tuareg und der Zentralregierung. Im Allgemeinen sind auch die Grenzgebiete zu Mali, Algerien und Libyen zu meiden.
▶ Trends
Wenn die politische Lage es zulässt, kann man die absolut einzigartige Ténéré besuchen, das Traumziel eines jeden Wüstenbegeisterten.

■ Landschaften und Wandertouren

Nördlich von Agadès in der Sahara liegt das bevorzugte Gebiet der Tuareg, das 2000 Meter hohe **Aïr-Gebirge** mit den „Blauen Bergen" (die Bagzane-Berge und ihr Zweitausender, der Mount Gréboun), den Bergoasen und der „Krabbenschere" von Arakao. Eine Meharee (Kamelwanderung) oder eine Wanderung in Kombination mit Fahrten in einem Geländewagen führt an heiße Quellen, Seen, Granitkuppeln und Palmenhaine sowie zu den Dörfern in den Wadis.
Am Fuß des Aïr-Gebirges erstreckt sich über mehrere hundert Kilometer die **Ténéré**. Nach langen Monaten der Vorbereitung durchquerten einst ein paar Wüstenfans mit ihren 2CV die Ténéré von Agadir bis Dirkou: Sie folgten der Route der Salzkarawanen (Azalaï) zwischen dem Aïr und der Oase Bilma. An dieser Strecke findet sich etwa auf halbem

BESTE REISEZEIT			
	Wandertouren in der Wüste	Tierwelt (W-Park)	Fotografieren im Süden
Januar	🚶		
Februar	🚶	🐾	
März	🚶	🐾	
April	🚶	🐾	
Mai			
Juni			
Juli			
August			📷
September			📷
Oktober	🚶		📷
November	🚶		
Dezember	🚶		

■ Prähistorische Stätten

Die faszinierenden Felsgravuren im **Aïr-Gebirge** und auf dem **Djado-Plateau** sind ein Erbe der Jungsteinzeit. Das Nationalmuseum in Niamey präsentiert hunderte Millionen Jahre alte Fossilien, die auf dem afrikanischen Kontinent entdeckt wurden. Der Markt in **Ayorou** ist einer der berühmtesten Schwarzafrikas.

■ Feste und Feiertage

Die Bororo sind Hirten, die zu einer Untergruppe des Volkes der Fulbe gehören. Ihre Existenzgrundlage bilden ihre Herden.
Im September ehren sie die Regenzeit mit dem Gerewol, einem Fest mit Tänzen, Umzügen in Kostümen und Verführungsritualen zwischen Männern und Frauen. ■

In den Fischerdörfern der Lofoten im Norden leben die Menschen in ihrem eigenen, vom Tourismus fast ungestörten Rhythmus.

Norwegen

🇳🇴 Wer das Wort „Fjord" hört, denkt automatisch an Norwegen. Die Meerarme, die auf einer Gesamtstrecke von mehr als 2000 Kilometern ins Festland hineinragen, bestimmen das Gesicht des Landes. Weitere Attraktionen sind die Lofoten, das Nordkap und die Mitternachtssonne.

■ Landschaften und Wandertouren

Die Fjorde zeichnen Norwegen aus, tausendfach kann man sehen, wie sich das Meer zwischen zwei Felswänden ins Landesinnere drängt. Das Wasser leuchtet in unterschiedlichen Farben – von Tiefblau bis zu sanftem Grün –, und manchmal spiegeln sich Gletscher darin. Die berühmtesten Fjorde liegen im Süden rund um Bergen, etwa der **Hardangerfjord**, der **Sognefjord** (der längste und tiefste im Land) und der **Nordfjord**. Das Highlight ist der **Geirangerfjord**, eine Art Gletschertrog. Von den schneebedeckten Wänden rundum stürzen zahlreiche Kaskaden ab.

Die zahlreichen Seen im Landesinneren und die über 2000 Meter ho-

REISEINFORMATIONEN

Erste Infos
Innovation Norway,
Postfach 11 33 17,
20433 Hamburg,
040/22 94 15 88;
Internet: www.visitnorway.com/de

Formalitäten
Bürger der EU und der Schweiz benötigen einen gültigen Personalausweis (Schengener Abkommen).

Gesundheit
Keine Besonderheiten.

Flugdauer, Zeitverschiebung
Durchschnittliche Flugdauer Frankfurt–Oslo (1143 km): 2 Std. Schiff: Autofähren legen unter anderem von Kiel, Kopenhagen und Hirtshals (Dänemark) ab.
Keine Zeitverschiebung.

Durchschnittliche Reisekosten
Eine 13-tägige All-Inclusive-Pauschalreise mit Hin- und Rückflug und einer Kreuzfahrt (Bergen–Kirkenes–Bergen, 11 Tage an Bord) kostet zwischen 1800 und 2300 Euro. Für ein Wochenende (3 Tage, 2 Nächte) in Oslo bezahlt man etwa 400 Euro.

Sprache, Währung
Amtssprachen: Norwegisch und Sämisch. Zwei Varianten des Norwegischen sind Bokmål und Nynorsk.
Fremdsprachen: Englisch und Deutsch sind weit verbreitet.
Währung: Norwegische Krone.
1 Euro = 8 Norwegische Kronen.

Bevölkerung
Unter den 4 628 000 Norwegern sind 20 000 Samen. Die Bevölkerungsdichte ist gering.
Hauptstadt: Oslo.

Religionen
90% gehören der lutherischen Staatskirche an.

Feste und Feiertage
April und Mai: Hochzeitssaison bei den Samen;
17. Mai: Nationalfeiertag;
29. Juli: „Olsok" zum Gedenken an König Olav; **13. Dezember:** Luciafest.

Einkäufe
Gegenstände aus bemaltem Holz und dicke Pullis sind begehrte Souvenirs. Auch landestypisch sind der Lachs und die Trolle, Gestalten der skandinavischen Sagenwelt.

Norwegen

REISEHIGHLIGHTS NORWEGEN

Landschaften und Wandertouren
- Fjorde (Hardangerfjord, Sognefjord, Nordfjord, Geirangerfjord), Nationalparks und Wintersport (Jotunheimen, Rondane, Hardanger)
- Lofoten, Lappland, Nordkap, Spitzbergen
- Angeln, Wasserfälle, Seen
- Mitternachtssonne, Nordlichter

Städte und Kulturdenkmäler
- Bergen, Oslo, Lillehammer
- Stabkirchen (Heddal, Lom, Ringebu, Røldal)

HINWEISE

▶ **Pluspunkte**
Besondere Attraktionen (Fjorde, Mitternachtssonne, Nordlichter) in einer majestätischen Umgebung.
Dank des Golfstroms die schönsten Kreuzfahrten Nordeuropas, und dazu die Highlights in Spitzbergen.

▶ **Minuspunkte**
Sehr teurer Urlaub – Norwegen gehört in Europa zu den Ländern mit dem höchsten Lebensstandard.

▶ **Trends**
Der „Küstenexpress" fährt das ganze Jahr über in sechs Tagen von Bergen nach Kirkenes. Lange Zeit nutzten ihn nur Einheimische, aber mittlerweile und vor allem im Sommer entdecken ihn auch Touristen für sich.

hen Berge sind ein ästhetisches Gesamtkunstwerk, zu bewundern in den Nationalparks **Jotunheimen**, **Rondane** und **Hardangervidda**; im Letzteren kann man Ski fahren. Im Sommer ist das Land ein beliebtes Ziel für Wanderer, und Angler erfreuen sich an den Forellen und Lachsen in den zahlreichen Flüssen Norwegens.
Am arktischen Polarkreis erlebt man von Mitte Mai bis Ende Juni die Mitternachtssonne, und von November oder Dezember bis in den Februar hinein sind bei klarem Wetter Nordlichter zu sehen.
Die **Lofoten** erinnern an ein Gebirge auf Wasser. Die Inseln sind geprägt von Bergkesseln, spitzen Gipfeln, kleinen Fjorden, Weideland und fröhlich-bunten Pfahldörfern. Eissturmvögel und Papageientaucher nisten hier, und im Herbst schwimmen Orcas durch den Tysfjord. Im Norden liegt **Lappland** (Finnmark); langsam hält auch bei den traditionell lebenden Samen in einigen Lebensbereichen die moderne Welt Einzug. Im Sommer sind auf der Insel Ringvassoy Rentiere zu sehen. Motor- und Hundeschlitten fahren ist sehr beliebt, und wer sich bis nach Kirkenes wagt, kann Königskrabben fangen und sogar unter Eis tauchen.
Das Nordkap galt lange Zeit als das Ende der Welt. Der hartnäckige Zustrom von Autofahrern hat diesen Mythos zerstört.
Spitzbergen ganz im Norden ist die größte Insel der Inselgruppe Svalbard. Schwarze Gebirgsmassive, Gletscher und Eisberge bilden eine einmalige Szenerie, und im Frühling erblüht die Insel kurz, aber spektakulär. Die Gewässer rund um die Insel sind von faszinierenden Tieren wie dem Papageientaucher und dem Finnwal bevölkert.

■ Städte und Kulturdenkmäler

Bergen war im 13. Jahrhundert ein bedeutendes Handelskontor der Hanse. In seinem mittelalterlichen Bryggen-Viertel sind die Spuren dieser Zeit noch zu sehen. **Oslo** glänzt mit seinen Museen: Das Munchmuseet ist Edvard Munch gewidmet, das Nationalmuseum Oslo räumt impressionistischen Werken viel Raum ein, und im Freilichtmuseum im Frognerpark werden Skulpturen von Gustav Vigeland gezeigt, die die Zyklen des Lebens zum Thema haben. Das Stadtviertel Bygdøy liegt auf einer Halbinsel. Hier befindet sich das Wikingerschiffsmuseum.
Eine Attraktion in **Lillehammer** ist das Freilichtmuseum Maihaugen, das eine Sammlung von über 140 nordischen Bauten präsentiert.
In einigen Dörfern sind noch Stabkirchen zu finden. Diese besonderen Holzkonstruktionen zeichnen sich durch gestufte Dächer und Pfosten im Inneren aus, die die Dächer stützen. Die schönsten stehen in Heddal, Lom, Ringebu und Røldal. ■

BESTE REISEZEIT			
	Fjorde und Kreuzfahrten	Wintersport	Mitternachtssonne, Nordlichter
Januar		Südteil ❄	☼
Februar		Südteil ❄	☼
März		Lappland ❄	
April		Lappland ❄	
Mai			☼
Juni	☼		☼
Juli	☼		
August	☼		
September			
Oktober			
November		Südteil ❄	☼
Dezember		❄	☼

279

REISEHIGHLIGHTS OMAN

Landschaften
- Jebel Akhdar, Jebel Hajar, Wadis
- Wahiba-Wüste, Rub-al-Chali-Wüste
- Arabian Oryx Sanctuary
- Dhofar, Jebel Al-Qamar (Weihrauch- und Myrrhebäume)

Küsten
- Strände (Salala), Halbinsel Musandam
- Tauchen (Korallen), Fischerdörfer, Meeresschildkröten (Ras al-Hadd)

Städte und Kulturdenkmäler
- Maskat, Rustaq, Nizwa, Sur, Salala, Khor Rofi, Ubar
- Ksur, Forts

Die Hauptstadt Maskat mit ihren kleinen Vierteln liegt in einer Bucht.

Oman

🇴🇲 Das reiche Sultanat Oman verfolgt schon seit Langem eine Tourismuspolitik, deren Kern die Wahrung der eigenen Authentizität ist. Und noch fällt das leicht, denn der Oman ist als Reiseziel noch relativ unbekannt. Nach dem Vorbild der Vereinigten Arabischen Emirate enthüllt es ganz allmählich seine zahlreichen Attraktionen: Jebels, Wadis, Küsten, Wüsten – und die legendären Weihrauchbäume.

REISEINFORMATIONEN

Erste Infos
Sultanat von Oman, c/o Interface International GmbH, Karl-Marx-Allee 91A, 10243 Berlin 030/42 08 80 12; Internet: www.omantourism.de

Formalitäten
Bürger der EU und der Schweiz benötigen einen nach Rückkehr noch drei Monate gültigen Reisepass; Visa kosten Geld, sind Pflicht und werden vom Konsulat oder direkt bei der Ankunft in Maskat ausgestellt (letztere Möglichkeit vom Konsulat bestätigen lassen). Zudem benötigt man ein Rück- oder Weiterreiseticket.

Gesundheit
Impfungen sind nicht erforderlich. In Teilen der Provinz Musandam besteht ein geringes Malariarisiko.

Flugdauer, Zeitverschiebung
Durchschnittliche Flugdauer Frankfurt–Maskat (5186 km): 7 Std.
Um 12 Uhr deutscher Zeit ist es im Sultanat Oman im Sommer 14 Uhr, im Winter 15 Uhr.

Durchschnittliche Reisekosten
Für eine Woche (Hin- und Rückflug, Mietwagen mit Fahrer/Reiseführer, Unterbringung) bezahlt man rund 1100 Euro. 15 Tage mit Reiseleitung kosten etwa 2600 Euro.

Sprache, Währung
Amtssprache: Arabisch. Weniger verbreitet sind Belutschi, Mehri, Persisch, Urdu und Swahili. Fremdsprachen: In den Städten wird häufig Englisch gesprochen.
Währung: 1000 Baiza sind ein Rial Omani.
1 USD = 0,39 Rial Omani, 1 Euro = 0,57 Rial Omani.

Bevölkerung
3 205 000 Einwohner. 15% davon sind Gastarbeiter, die vor allem aus Indien stammen.
Hauptstadt: Maskat.

Religionen
75% der Einwohner bekennen sich zum Islam (überwiegend Ibaditen), leben ihren Glauben aber moderat. 13% sind Hindus; Christen bilden eine Minderheit.

Feste und Feiertage
Januar–Februar: Muskat-Festival in Maskat; Juli–August: „Khareef" in Salalah; 18. November: Nationalfeiertag; **Fastenbrechenfest:** Ende des Ramadan.

Einkäufe
In den Suks bekommt man verschiedenstes Kunsthandwerk, etwa Gold- und Silberschmuck, Stoffe, Teppiche, Aleppo-Seifen und natürlich Düfte, vor allem Weihrauch und Myrrhe.

Oman

■ Landschaften

Die Landschaft besteht im Wesentlichen aus Gebirgsketten (Jebel) und Wadis (trockene Flußbetten):
– Westlich von Maskat liegt der **Jebel Akhdar** mit seinen Schluchten, Felswänden, befestigten Bergdörfern und Oasen (Al Hamz).
– Die tiefen Schluchten des **Jebel Hajar** im Osten wechseln sich mit Palmenhainen ab. In den Wadis der Schluchten gibt es viele Wasserstellen. Am bekanntesten ist der Wadi Bani Awf.

In der **Wahiba-Wüste** an der Ostküste erstrecken sich über 80 Kilometer ockerfarbene und rötliche Dünen.

Im Arabian Oryx Sanctuary leben Oryx-Antilopen. Diese Art wurde erst 1982 wieder in der Wildnis angesiedelt. Auch Steinböcke, Arabische Wölfe und Karakals (Wüstenluchs) können beobachtet werden.

Im Süden liegt die von Schluchten durchzogene Region **Dhofar**. Insbesondere auf dem **Jebel Al-Qamar** und im Wadi Dawkah wachsen die seltenen und legendären Weihrauch- und Myrrhebäume.

Es werden Wandertouren angeboten, die bis an den Rand der großen Wüste **Rub al-Chali** führen.

■ Küsten

Die Küsten Omans werden wenig frequentiert und der Badetourismus spielt kaum eine Rolle. An der Nordküste führen die Menschen in den Fischerdörfern noch ein sehr traditionelles Leben. Das Meer vor der Küste ist dank seiner Korallen ein beliebtes Ziel von Hobbytauchern.

Die **Halbinsel Musandam** zwischen dem Persischen Golf und dem Golf von Oman erfreut sich bei Urlaubern immer größerer Beliebtheit; die Exklave liegt in den Vereinigten Arabischen Emiraten. An der Küstenstraße von Maskat nach Sur liegen Wadis und die Brutplätze großer Meeresschildkröten (Ras al-Hadd).

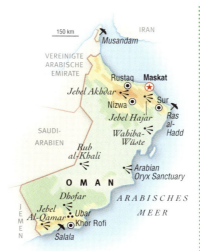

■ Städte und Kulturdenkmäler

Die Hauptstadt **Maskat** erstreckt sich mit ihren kleinen Vierteln über 40 Kilometer. Lange Zeit befand sich hier das Zentrum des Weihrauchhandels. Die Attraktionen heute sind die Suks, etwa der in Muttrah, die beiden Forts Mirani und Jalali aus der Zeit der Portugiesen, der einstigen Kolonialherren, und der Sultanspalast Al Alam.

Nizwa beeindruckt mit seinem Fort und diversen Viehauktionen. Die Stadt liegt in einem hübschen Palmenhain unweit des spektakulären Bani Awf. Im historischen Hafen des attraktiven **Sur** wurden früher Daus (Schiffe aus Holz) für die Perlenfischerei gefertigt. **Rustaq** erlebte seine Blütezeit zur Zeit der Yaruba-Dynastie im 17. und 18. Jahrhundert, als es Landeshauptstadt war.

Salala, die Hauptstadt von Dhofar, ist berühmt für ihre Suks, in denen seit Langem mit Weihrauchharz gehandelt wird. Im nahen **Khor Rori** wurde der Weihrauch zum Weitertransport gesammelt; man findet dort heute Ruinen einer Festung.

Ubar war einst ein bedeutendes Zentrum an der Weihrauchstraße. Zu den Höhepunkten arabischer Baukunst zählen die Ksar (befestigte Lehmsiedlungen), von denen es 100 im Land gibt. Sie wurden im Auftrag der Regierung restauriert.

Auch die vielen Forts zählen zu den Highlights im Oman. Die Straße der Zitadellen am Fuß des Jebel Akhdar führt an Bahla und seinem Fort mit Mauern und Türmen aus Ziegeln, an Birket el-Mouz und an Nizwa vorbei. ■

HINWEISE

▶ **Pluspunkte**
Es entwickelt sich ein neuer Tourismus mit außergewöhnlichen und abwechslungsreichen Sehenswürdigkeiten.

▶ **Minuspunkte**
Man strebt nach Exklusivität, wie die beständig hohen Preise zeigen.
In den meisten Regionen ist es von Mai bis September sehr heiß.

▶ **Sicherheit**
Der Sultan Qabus ibn Said eint sein Volk, die Omaner sind friedliche Menschen, und das Land gilt als sicher.

▶ **Trends**
Landauf, landab, auch auf der abgelegenen Halbinsel Musandam, sind Wandern, Kajaktouren auf dem Meer, Schnorcheln und Delfinbegegnungen beliebte Aktivitäten.

BESTE REISEZEIT

	Klima	Im Süden Oasen fotografieren	Tauchen
Januar	☼		
Februar	☼		
März	☼		✷
April			✷
Mai			✷
Juni		✷	
Juli		✷	
August		✷	
September		✷	✷
Oktober			✷
November	☼		
Dezember	☼		

Österreich

REISEHIGHLIGHTS ÖSTERREICH

Landschaften, Wandertouren und Ski
- Tirol, Voralberg, Wildschönau, Kärnten, Neusiedler See, Hohe Tauern
- Winterurlaub (Abfahrtski, Langlauf)
- Sommerurlaub (Wandern)

Städte
- Wien, Salzburg, Innsbruck, Graz, Linz, Bad Ischl, Mayerling, Melk, Bregenz

Kulturelles Erbe
- Klassik-Festivals, Weihnachtsmärkte

Die Mozart-Stadt Salzburg beeindruckt mit mittelalterlicher und barocker Architektur.

Österreich

Skifahrer, Wanderer, Musikliebhaber, Gourmets, Frischluftfanatiker – Österreich macht sie alle glücklich. Die Landschaft spicken zahllose Dörfer, die Balkone ächzen unter einer unglaublichen Blütenpracht, und dann ist da noch Wien, die wohl romantischste Hauptstadt der Welt.

■ Landschaften, Wandertouren und Ski

Der Schnee bildet eine der wichtigsten Grundlagen für den Tourismus in Österreich. Neben großen Wintersportorten wie **Kitzbühel**, Saalbach, Zell am See oder Sankt Anton gibt es noch etwa 1000 Gemeinden, die von fast schon garantiertem Schnee leben, etwa Igls südlich von Innsbruck. Auch Skilangläufer zieht es in das Land, das zu drei Vierteln aus Bergen besteht. Die berühmtesten Gipfel sind der Dachstein und der Großglockner.

In **Tirol** sind Canyoning, Mountainbike fahren sowie sportliche und familientaugliche Wandertouren sehr beliebt, beispielsweise im Wildschönautal, in Fiss oder in Alpbach.

REISEINFORMATIONEN

Erste Infos
Botschaft Österreich, Stauffenbergstr. 1, 10785 Berlin, 030/202870; Internet: www.austria.info

Formalitäten
Bürger der EU und der Schweiz benötigen lediglich einen gültigen Personalausweis (Schengener Abkommen).

Gesundheit
Keine Besonderheiten.

Flugdauer, Zeitverschiebung
Durchschnittliche Flugdauer Frankfurt–Wien (624 km): 1 Std. 30 Min.; mit dem Auto Frankfurt–Salzburg 540 km; mit dem Zug 5 Std. 20 Min. Keine Zeitverschiebung.

Durchschnittliche Reisekosten
Ein Wochenende (3 Tage, 2 Nächte) in Wien oder Salzburg kostet zwischen 350 und 400 Euro, eine Woche Wintersport circa 600 Euro, eine Woche Wanderurlaub im Sommer 700 Euro.

Sprache, Währung
Amtssprache: Deutsch. Währung: Euro.

Bevölkerung
Österreich hat 8200000 Einwohner und nur eine sehr niedrige Zuwanderungsrate zu verzeichnen. Hauptstadt: Wien.

Religionen
Der Katholizismus dominiert deutlich mit 85%, die größte religiöse Minderheit stellen die Protestanten.

Feste und Feiertage
Silvester: Kaiserball in Wien, Neujahrskonzert der Wiener Philharmonie; Mitte Januar–Mitte Februar: Ballsaison; **Juni:** „Schubertiaden" in Feldkirch, „Styriarte" in Graz; **Juli:** Festspiele am Bodenseeufer in Bregenz; **August:** Salzburger Festspiele; **September:** Almabtrieb in Tirol (Schwarzenberg); **Dezember:** Weihnachtsmärkte in Innsbruck, Linz, Salzburg und Wien.

Einkäufe
Der Tiroler Hut ist das klassischste Österreich-Souvenir, sein hochwertiger Filz ist weltberühmt. Das gleiche gilt für den Lodenmantel. Aus einheimischer Produktion bekommt man außerdem noch Stoffe, Stickereien, Lederwaren und Holzspielzeug.

Österreich

In diesen traditionellen Dörfern schmücken zahllose Geranien die Balkone der Holzhäuser. Auch in **Vorarlberg** kann Aktivurlaub betrieben werden, inmitten von blühenden Tälern, Wäldern, vielfältiger Natur (Fichten, Lärchen, Schwarzkiefern) und Seen in 2000 Meter Höhe.
Im Süden liegt **Kärnten**. Seine Nationalparks und Landschaften, etwa das Lesachtal, laden zum Wandern ein, und es existieren zahlreiche idyllisch gelegene Seen (Millstätter See). An der Grenze zu Ungarn liegt der **Neusiedler See** mitten in einem Nationalpark mit Moorlandschaften, in dem unter anderem viele Zugvögel Halt machen.

■ Städte
Wien ist an sich schon eine Reise wert. Die Stadt liegt an der Donau, auf der man Minikreuzfahrten machen kann, versprüht den Charme früherer Zeiten und hat auch architektonische Highlights zu bieten: barocke Häuserfassaden, die Hofburg und die Kaiserresidenz, wo in der Silvesternacht der berühmte Kaiserball stattfindet. Sehenswert sind auch die Staatsoper, die Sakralbauten wie der gotische Stefansdom, die Wohnhäuser von Beethoven und Freud und der Graben, die Hauptstraße. Es gibt ein Haus der Musik und im Frühling und Sommer finden Klassik-Festivals statt. Symbolisch für Wien sind seine Kaffeehäuser, etwa das Café Central oder das Café Bräunerhof, und seine Konditoreien. Und es ist eine Stadt der Bälle – zwischen Anfang Januar und Mitte Februar finden hier 300 solcher Veranstaltungen statt!
Kultur hat einen hohen Status in der Hauptstadt: Es gibt 55 Museen, darunter das Kunsthistorische Museum (Hieronymus Bosch, Rembrandt, Rubens) und das Schloss Belvedere, dessen Sammlung unter anderem Werke von Klimt enthält. Im Jahr 2001 entstand ein richtiggehendes „Museumsviertel", und 2003 wurde die Albertina, der ehemalige Palast der Habsburger, umgestaltet und wieder für Publikum geöffnet.
In der Nähe von Wien steht das berühmte Schloss **Schönbrunn**. Mit dem „österreichischen Versailles", der Habsburger Sommerresidenz, wurde einst das Habsburgerreich gefeiert. 40 der rund 1200 Säle im Schloss können besichtigt werden.

Salzburg besticht durch die barocke Atmosphäre seiner Altstadt, die unter Denkmalschutz steht, Museen und die weiße Festung. Hier steht Mozarts Geburtshaus, und jedes Jahr finden ihm zu Ehren die Festspiele statt. **Innsbruck** glänzt mit dem Goldenen Dachl, dem Prunkerker an der Residenz der Tiroler Landesfürsten.

BESTE REISEZEIT

	Wien	Wanderungen	Wintersport
Januar			❄
Februar			❄
März			❄
April			
Mai	☼	🚶	
Juni	☼	🚶	
Juli	☼	🚶	
August		🚶	
September	☼	🚶	
Oktober			
November			
Dezember			❄

HINWEISE
▶ Pluspunkte
Das Angebot für Touristen ist breit gefächert (sowohl im Sommer als auch im Winter), es gibt zahlreiche Musikfestivals.
Wien gilt als eine der schönsten Städte Europas.
Der durch Jörg Haider beschädigte Ruf des Landes hat sich verbessert.
▶ Minuspunkte
Österreich-Reisen sind generell relativ teuer, aber die Kosten für einen Skiurlaub bleiben im Rahmen.
▶ Sicherheit
Es herrscht die gleiche Sicherheitslage wie in ganz Westeuropa.
▶ Trends
Im Frühjahr steigen Skifahrer auf Firngleiter um, die die Abfahrt auf dem weichen Schnee ermöglichen. Die Hänge der Hafelekarspitze bei Innsbruck sind dafür sehr beliebt.

Die Hofkirche und das Regionalmuseum von Tirol sind weitere Attraktionen. Die Altstadt von **Graz** dominieren der Renaissance-Glockenturm und der Grazer Uhrturm auf dem Schlossberg. Barocke Fassaden und die Martinskirche, die älteste Kirche Österreichs, verlocken in **Linz**. Weitere historische Zeugnisse mit großen Namen sind etwa die Kaiservilla von **Bad Ischl** (Sissi), **Mayerling**, die berühmte Abtei in **Melk** und **Bregenz** mit seinen Festspielen.

■ Kulturelles Erbe
Im Geburtsland von Mozart, Strauß und Schubert finden jeden Sommer große Klassik-Festivals statt, etwa die berühmten Salzburger Festspiele im August. Ein anderes Highlight sind die Konzerte im Palais Palffy in Wien und die des Wiener Mozart-Orchesters. Auch Weihnachtsmärkte haben eine lange Tradition in Österreich. Zum Rahmenprogramm in Wien zählen Konzerte und kleine Puppentheater. Weitere berühmte Märkte werden in Linz, Salzburg und Innsbruck abgehalten. ■

Peru

🇨🇦 *Über Machu Picchu erhebt sich der Huayna Picchu, der an den Zuckerhut Rio de Janeiros erinnert. Neben Brasilien ist Peru eines der interessantesten Reiseziele in Südamerika. Ein reiches historisches Erbe und Wandertouren in den Andenregionen zählen zu den Höhepunkten eines Besuchs im einstigen Inkareich.*

■ Historische Stätten

Vor einem halben Jahrtausend beherrschten die Inka das Land. Mit dem Sieg des Konquistadoren Francisco Pizarro endete ihr Reich, doch die majestätischen Ruinen halten ihr Erbe wach. Die berühmte Ruinenstadt **Machu Picchu**, die auf 2430 Metern liegt, zeugt davon und ist ein äußerst beliebtes Reiseziel.

Nach dem Besuch in Machu Picchu folgt man entweder dem „Inkapfad" oder nimmt den Andenzug von Cusco bis zur Endstation in Aguas Calientes. Im Hochtal von Urubamba („Valle Sagrado"), in Pisac und in Ollantaytambo etwa, sind imposante Zeugnisse aus vergangenen Zeiten zu sehen.

Auch die Zivilisationen der Zeit vor den Inka haben im Land eindrucksvolle Spuren hinterlassen:

– In der Provinz **Lambayeque** gibt es bei Túcume und bei Sipán archäologische Stätten und Pyramiden, und im archäologischen Museum der Provinzhauptstadt Lambayeque ist ein einzigartiges Königsgrab zu sehen.

– Südlich von Lima liegt das Zeremonialzentrum **Pachacámac**.

– **Chan Chan**, die ehemalige Hauptstadt des Chimú-Reichs (1200–1400) an der Nordküste unweit von Trujillo hat neun erhaltene Stadtmauern.

– Ebenfalls im Norden, in der Cordillera Blanca, befindet sich das Zeremonialzentrum **Chavín de Huantár**. Seine monumentalen Steinskulpturen weisen Raubkatzenmotive auf.

– Zwischen 200 v. Chr. und 600 n. Chr. haben die Bewohner des **Nazcatals** eine reiche Kultur entwickelt, von der heute noch die rätselhaften, meist Tiere und Pflanzen darstellenden Linien auf dem Boden zeugen. Heute kann man diese

REISEHIGHLIGHTS PERU

Historische Stätten
■ Erbe der Inka (Machu Picchu, Cusco)
■ Erbe weiterer Zivilisationen: Lambayeque, Pachacámac, Chan Chan, Chavín de Huantár
■ Nazcatal: Bodenlinien

Landschaften und Wandertouren
■ Altiplano, Titicacasee, Huarón, Cordillera Vilcanota, Volcán Misti, Salinen von Maras
■ Islas Ballestas, Wanderungen auf dem Inkapfad und im Amazonaswald, Rafting

Feste, Feiertage und Märkte
■ Religiöse Feste, Feria (Lima), Märkte

Städte
■ Cusco, Lima, Arequipa, Iquitos

Das beeindruckende Machu Picchu zieht Touristen aus aller Welt an. Einige seiner Geheimnisse sind bis heute ungelöst.

Peru

sogenannten Geoglyphen, von denen manche mehrere Kilometer lang sind, vom Hubschrauber aus betrachten. Ihre Bedeutung ist nach wie vor unbekannt.

■ Landschaften und Wandertouren

Die meisten Wandertouren führen zu archäologischen Stätten. Die beliebteste Route folgt dem **Inkapfad**; sein Start ist in der Umgebung von Cusco. Die Strecke verläuft über steinerne Stufen, passiert historische Stätten wie Ollantaytambo und endet schließlich im grandiosen Machu Picchu.

Die Hochebene **Altiplano** hat Täler, schneebedeckte Gipfel und den **Titicacasee** zu bieten. Der höchstgelegene schiffbare See der Welt (auf 3812 Meter) gilt als „Wiege der Sonnensöhne" (Inka). Es werden Bootsfahrten zu den „schwimmenden" Inseln der Nachfahren der Urus-Indianer und zur Insel Taquile angeboten. Nordöstlich von Lima bedecken 200 Kilometer Gletscher die **Cordillera Blanca**; 30 ihrer Gipfel sind höher als 6000 Meter. Näher am Meeresspiegel und weiter südlich findet sich eine weitere beeindruckende Attraktion: der Steinwald von **Huarón**, Formationen aus erstarrter Lava, die einst die Hänge der Vulkane hinabfloss.

Östlich von Cusco ziehen die beinahe 5000 Meter hohen Gipfel der **Cordillera Vilcanota** Wanderer an. Im Süden bietet die Region Arequipa mit Vulkanen wie dem **Volcán Misti**, Schluchten wie dem **Colca Cañon** und seltenen Kondore ein außergewöhnliches Naturerlebnis. Auch das Weiß der **Salinen von Maras** unweit des Heiligen Tales beeindruckt.

REISEINFORMATIONEN

Erste Infos
Botschaft der Republik Peru, Mohrenstr. 42, 10117 Berlin, 030/20 64 10 42; Internet www.peru.info/perualm.asp

Formalitäten
Bürger der EU und der Schweiz benötigen einen nach Rückkehr noch 6 Monate gültigen Reisepass und ein Rück- oder Weiterreiseticket.

Gesundheit
Impfungen sind nicht vorgeschrieben, aber für Urwaldregionen unterhalb von 2300 Metern wird eine Impfung gegen Gelbfieber empfohlen. Für Gebiete unterhalb 1500 Metern ist eine Malariaprophylaxe vorzunehmen, vor allem für die Andentäler, die Täler an der Küste und das Amazonasbecken. Bei einem Besuch des Altiplano ist genügend Zeit für die Akklimatisierung einzuplanen (Risiko der Höhenkrankheit).

Flugdauer, Zeitverschiebung
Durchschnittliche Flugdauer Frankfurt–Lima (10 716 km): 18 Std. Um 12 Uhr deutscher Zeit ist es in Peru im Sommer 6 Uhr, im Winter 7 Uhr.

Durchschnittliche Reisekosten
Die beliebteste Reiseroute startet in Lima, verläuft über Arequipa, Cusco Sacsayhuamán, den Andenzug und Machu Picchu und endet am Ufer des Titicacasees; man braucht dafür in der Regel 15 Tage und bezahlt etwa 2500 bis 3000 Euro. Alternativ werden zum gleichen Preis Wandertouren auf dem Inkapfad angeboten.

Sprache, Währung
Amtssprachen: Aymara, Spanisch, Quechua. Quechua war die Sprache der Inka und wird von 40 % der Bevölkerung gesprochen. Fremdsprachen: Englisch ist relativ weit verbreitet.

Währung: Nuevo Sol. Man sollte am besten kleine USD-Noten und/oder Reiseschecks in dieser Währung mitbringen. 1 USD = 2,98 Nuevo Sol, 1 Euro = 4,35 Nuevo Sol.

Bevölkerung
In Peru leben 28 675 000 Menschen; etwa die Hälfte von ihnen sind indianischer Herkunft, von denen 20 % von weniger als 1 USD pro Tag leben müssen. Die andere Hälfte setzt sich aus Weißen, Asiaten, Schwarzen und Chinesen zusammen.

Hauptstadt: Lima. Hier leben 25 % der peruanischen Bevölkerung.

Religionen
92 % der Peruaner sind Katholiken.

Feste und Feiertage
Februar: Fest zu Ehren der „Virgen de la Candelaria" in Puno; Mai: Wallfahrten nach Qoyllor Rit'i in Quispicanchis (Region Cusco); Juni: Inti Raymi in Sacsayhuamán (bei Cusco); 28.–29. Juli: Unabhängigkeitstag; Oktober oder November: Feria in Lima.

Einkäufe
Pullover aus Alpakawolle, landestypische Mützen, Ponchos, Panflöten, kleine Statuen, handgefertigte Mobiles, indianisches Kunsthandwerk.

Beim Flug auf die Islas Ballestas lässt sich aus der Luft dieser imposante, geheimnisvolle Kandelaber ausmachen.

Rund um Chiclayo finden sich Fischerdörfer und einige hübsche Badeorte, auch wenn das Wasser an der Küste Perus zum Baden oft als zu kalt empfunden wird. Rund um die **Islas Ballestas** leben zahlreiche Tierarten, darunter Wale, Seelöwen, Mantarochen, Robben und verschiedene Vögel. Die Inseln sind ganz schwarz von Guano, der als Dünger dient. Möglichkeiten zum Rafting bieten sich am heiligen Fluss **Urubamba**, und die Orte Puerto Maldonado, Rio Madre de Dios oder Iquitos im Amazonaswald dienen als Basis für Flussfahrten mit Pirogen (Einbäume).

■ Feste, Feiertage und Märkte

Die indianischen Märkte haben sich zu einem Highlight des Peru-Tourismus entwickelt, genau wie die verschiedenen traditionellen Feste: In Sacsayhuamán findet im Juni, zur Zeit der Wintersonnwende, die Inkazeremonie Inti Raymi statt. Dabei soll die Sonne mit Tänzen und rituellen Opfern zur Rückkehr bewegt werden. Eine siebenstündige Busfahrt von Cusco entfernt pilgern in Quispicanchis 50 000 Gläubige zum Heiligtum Qoyllor Rit'i, um einen Busch zu ehren, der an die sagenhafte Erscheinung von Manuelito im 18. Jahrhundert erinnert (Manuelito wird in den Anden mit dem Jesuskind gleichgesetzt). In Lima findet im Oktober oder November eine Feria statt, und im Februar wird in Puno die „Virgen de la Candelaria", die Patronin der Stadt, mit Tänzen geehrt.

■ Städte

Cusco war einst die Hauptstadt des Inkareiches. Auf 3400 Metern Höhe findet man hier Bauten der Kolonialzeit und der Inka – sofern diese nicht überbaut wurden: Die Kirche Santo Domingo beispielsweise entstand auf den Trümmern des Sonnentempels. Der zwölfeckige Stein an den Ruinen des Palastes von Inca Roca, die Plaza de Armas und das Viertel San Blas, wo das einfache Volk lebt, sind die Hauptattraktionen der wohl schönsten Stadt Perus. Oberhalb von Cusco erhebt sich die imposante Festung Sacsayhuamán, die einst zum Schutz der Stadt errichtet wurde.

Die Hauptstadt **Lima** bietet koloniale Architektur, zu sehen etwa in den Häusern mit Holzbalkonen, eine barocke Kathedrale, die Kirche San Francisco mit ihren Azulejos (Keramikmosaiken) und Katakomben im historischen Zentrum, das Archäologische Museum, das Goldmuseum und das Larco-Museum.

Der elegante Kegel des Volcán Misti überragt **Arequipa**. Hier sind Kirchen und das Kloster Santa Catalina zu sehen; im Museum befindet sich der Körper der „Eisprinzessin" Juanita, die 1995 in der Nähe des Ampatogipfels gefunden wurde.

Am Rand des Regenwalds Omagua liegt **Iquitos**. Der frühere Marktflecken der Indianer war lange ein Kautschukzentrum; heute ist er bei Amazonas-Touristen beliebt. ■

HINWEISE

▶ **Pluspunkte**
Reisende aus aller Welt finden hier ein breites Angebot, etwa Wandertouren zu Inkastätten und Besuche des Amazonaswalds.
Den Altiplano und die Inkastätten besucht man am besten in der Zeit von Mai bis September.

▶ **Minuspunkte**
Ein Badeurlaub bietet sich in diesem Land nicht an: An der Küste ist es oft diesig und kühl.

▶ **Sicherheit**
Peru wird als ebenso risikoreich wie seine Nachbarstaaten klassifiziert. Einsame Regionen sowie Landesteile, in denen „Sendero Luminoso"-(Leuchtender Pfad-) Gruppierungen herrschen (Apurímac-Ene-Tal, Hochebenen von Ayacucho und Junín), sind in jedem Fall zu meiden.

BESTE REISEZEIT		
Machu Picchu und Altiplano	Lima und Küste	Amazonasbecken
Januar	☼	
Februar	☼	
März	☼	
April		
Mai	☼	
Juni	☼	
Juli	☼	☼
August	☼	☼
September	☼	
Oktober		
November		
Dezember		

Die üppig grünen Terrassenreisfelder von Banaue gelten mit als die schönsten der Welt.

🇵🇭 Der Archipel besteht aus mehr als 7000 Inseln und bietet 17 500 Kilometer Küste, unendlich viele Strände und faszinierende Korallengründe. Doch auch die Landschaften im Inneren der Inseln haben ihre Reize und ziehen die Besucher an.

Philippinen

■ Landschaften

In der gebirgigen Region von **Banaue** (auf der Insel Luzón) legten die Ahnen der Ifugao-Bauern die berühmten Terrassenreisfelder an. Der Halsema Mountain Trail verbindet immer noch Baguio mit Bontoc; die höchstgelegene Straße des ganzen Landes eröffnet Wanderern spektakuläre Aussichten.

Auf den Philippinen gibt es rund 30 Vulkane. Der **Pinatubo**, der westlich von Manila liegt, brach im Jahr 1991 aus und hinterließ eine Lavawüste,

REISEINFORMATIONEN

Erste Infos
Philippine Department of Tourism, Kaiserhofstr. 7, 60313 Frankfurt, 069/20 89 3; Internet: www.wowphilippines.de

Formalitäten
Bürger der EU und der Schweiz benötigen einen nach Rückkehr noch 6 Monate gültigen Reisepass (für einen Aufenthalt von bis zu 21 Tagen).

Gesundheit
Impfungen sind nicht vorgeschrieben, aber unterhalb von 600 Meter ist eine Malariaprophylaxe unbedingt erforderlich.

Flugdauer, Zeitverschiebung
Durchschnittliche Flugdauer Frankfurt–Manila (10 113 km): 14 Std. Um 12 Uhr deutscher Zeit ist es auf den Philippinen im Sommer 18 Uhr, im Winter 19 Uhr.

Durchschnittliche Reisekosten
Für 15 Tage Bade- und Tauch- oder Trekkingurlaub mit Reiseleitung bezahlt man ab 2000 Euro. Individualreisende sollten ein Auto nur mit Fahrer mieten.

Sprache, Währung
Amtssprache: Filipino, (früher Tagalog genannt), am weitesten verbreitet. Insgesamt gibt es über 100 Sprachen und Dialekte. Fremdsprachen: Englisch, Spanisch.
Währung: Philippinischer Peso.
1 USD = 41 Philippinische Peso, 1 Euro = 59 Philippinische Peso.

Bevölkerung
Auf den Philippinen leben 91 077 000 Menschen, die überwiegend malaiischer Herkunft sind. Etwa 20 Ethnien bilden Minderheiten.
Hauptstadt: Manila.

Religionen
85% der Bevölkerung sind aktiv praktizierende Katholiken. Daneben gibt es Aglipayaner (Anhänger der Unabhängigen Philippinischen Kirche), Muslime (6 Millionen in Mindanao) und Protestanten.

Feste und Feiertage
9. Januar: Fest des „Schwarzen Nazareners" in Manila; **Januar**: „Ati-Atihan"; **Februar**: Chinesisches Neujahrsfest; **12. Juni**: Unabhängigkeitstag; **31. August**: Fest der Nationalhelden; **Fastenbrechenfest**: Ende des Ramadan

Einkäufe
Lokale Kunsthandwerksprodukte sind Porzellan, Textilien, Gegenstände aus Bambus und Rattan sowie Perlmutt.

Philippinen

REISEHIGHLIGHTS PHILIPPINEN

Landschaften
- Terrassenreisfelder von Banaue, Vulkane (Pinatubo, Taal, Mayon)
- Chocolate Hills, Pagsanjan-Fälle, Mindanao (Höhlen, Reisfelder, Mount Apo)

Küsten
- Küsten der Visayas-Inseln (Cebu, Bohol, Panay, Boracay) und von Palawan
- Tauchen auf Mindoro (Puerto Galera) und auf Palawan

Städte und Kulturdenkmäler
- Manila, Zamboanga, Cebu (Kirchen, Festungen)

HINWEISE

▶ **Pluspunkte**
Bade- und Tauchurlauber finden ein vielfältiges Angebot, ausgezeichnete Badeorte und Strände.
Das Klima ist günstig, die Natur überwältigend und das kulturelle Erbe auf den Inseln einzigartig.

▶ **Minuspunkte**
Der Urlaub ist noch immer relativ teuer, auch wenn die Kosten allmählich sinken.

▶ **Sicherheit**
Reisen zum Sulu-Archipel, auf die Halbinsel Zamboanga und in die Regionen westlich von Mindanao bergen ein gewisses Risiko und müssen entsprechend sorgfältig geplant werden.

die durch Regen und Taifune geformt wurde; sie ist heute ein beliebtes Ziel für Wanderer. Südwestlich der Hauptstadt liegt der Vulkan **Taal** inmitten des gleichnamigen Sees. Die Silhouette seines Kegels hebt sich scharf gegen den Horizont ab. Östlich von Manila befindet sich der Vulkan **Mayon**, in dem es von Zeit zu Zeit rumort.
Auf Bohol stehen die kreisrunden **Chocolate Hills** (Schokoladenhügel). Sie wirken während der Regenzeit braun, was ihnen den Namen gab. 100 Kilometer südöstlich von Manila liegen die **Pagsanjan-Fälle**, die die Kulisse für den Film „Apocalypse Now" bildeten.
Die beliebtesten Sehenswürdigkeiten auf der Insel Mindanao sind die Höhlen von **Davao**, der **Mount Apo**, die Gegend um den **Sebu-See** und die Terrassenreisfelder von Bangaan.
Palawan besticht ebenso durch sein Inland wie auch durch seine Küste. Die **Calamian-Inselgruppe** weiter nördlich bietet Wälder, heiße Quellen und Mangroven; vor ihren Inseln Busuanga und Coron liegen Korallenriffe.

■ Küsten

Die Inselküsten werden von feinen Sandstränden und Korallen voller tropischer Fische gesäumt. Die beliebtesten Ziele für Badetouristen sind Cebu, Bohol, Panay und Boracay, die zu den **Visayas-Inseln** im Zentrum des Archipels gehören.
Auf demselben Breitengrad liegt die Insel **Palawan**. Ihre Strände und die grandiose Lagune zählen zu den schönsten Naturwundern Asiens. Besonders bemerkenswert sind die schwarzen Steilhänge rund um El Nido. Weitere Badeorte finden sich an den weißen Stränden von **Zamboanga**; hier gibt es auch Korallenriffe. Westliche Urlauber besuchen die Philippinen, besonders die Visayas, hauptsächlich, um zu tauchen oder andere Wassersportarten zu betreiben. Am beliebtesten sind die Insel **Mindoro** mit Puerto Galera, die Insel Palawan, die Umgebung von Batangas auf Luzón sowie die Meerengen bei Mindoro und bei Bohol.

■ Städte und Kulturdenkmäler

In **Manila** ist sowohl das Erbe der Spanier als auch das der Amerikaner zu bewundern. Die Spanier etwa haben bedeutende Kirchen und Forts hinterlassen. Die Kathedrale, die Befestigungsanlagen, die Kirchen, der Palast, der Markt Quinto und das chinesische Viertel sind weitere Hauptattraktionen.
In der Stadt **Zamboanga** findet sich spanische und islamische Architektur, und auch die Stadt Cebu zeugt von dieser Vergangenheit. ■

BESTE REISEZEIT

	Klima	Reisfelder auf Luzón
Januar	☼	
Februar	☼	
März	☼	᛭
April	☼	᛭
Mai	☼	
Juni		
Juli		
August		
September		
Oktober		
November	☼	᛭
Dezember	☼	᛭

Polen

Schön, intellektuell, erlesen: Krakau gilt als Symbol für das neue, junge Polen.

REISEHIGHLIGHTS POLEN

Städte und Kulturdenkmäler
- Krakau, Danzig, Warschau, Marienburg, Sandomierz
- Stettin, Thorn, Breslau, Posen, Zakopane

Landschaften
- Masurische Seenplatte, Ermland, Seen und Wasserläufe in Pommern
- Sudeten, Hohe Tatra (Holzarchitektur), Bialowiezer Heide, Beskiden (Nationalpark)

Küsten
- Strände im Nordwesten

Polen

Polen wird als Reiseziel bei Westeuropäern immer beliebter. Das ist hauptsächlich dem reizvollen Krakau zu verdanken, aber auch die Seen und Wälder von Masuren ziehen Besucher an und die Hohe Tatra, die sich Polen mit der Slowakei teilt, lädt im Sommer zum Wandern und im Winter zum Skifahren ein.

■ **Städte und Kulturdenkmäler**

Krakau, wohl die hübscheste Stadt des Landes, verführt durch ihren Hauptmarkt, den Rynek Główny, die Tuchhalle, Paläste aus Barock, Gotik und Renaissance, 80 Kirchen, das Judenviertel Kazimierz und das Schloss auf dem Wawelhügel. Die Stadt gilt mit ihren traditionellen Künstlercafés und der alten Universität als Kulturmetropole.

In der Umgebung von Krakau liegen drei weitere Touristenziele: Wadowice, der Geburtsort von Papst Johannes Paul II., das große Salzbergwerk von Wieliczka und das Konzentrationslager Auschwitz.

Danzig, einst ein Mitglied der Hanse, erlitt im Zweiten Weltkrieg schwere

REISEINFORMATIONEN

Erste Infos
Polnisches Fremdenverkehrsamt, Kurfürstendamm 71, 10709 Berlin, 030/210 09 20; Internet: www.polen.travel/de

Formalitäten
Bürger der EU und der Schweiz benötigen einen gültigen Personalausweis (Schengener Abkommen).

Gesundheit
Keine Besonderheiten.

Flugdauer, Zeitverschiebung
Durchschnittliche Flugdauer Frankfurt–Warschau (901 km): 1 Std. 45 Min.; mit dem Auto sind es von Frankfurt nach Warschau 1100 km.
Tägliche Zugverbindung Frankfurt–Warschau, etwa über Berlin (12 bis 16 Stunden Fahrt).
Keine Zeitverschiebung.

Durchschnittliche Reisekosten
Ein Wochenende in Krakau oder Warschau (Hin- und Rückflug, Hotel) kostet um die 450 Euro. Für einen zehntägigen Wanderurlaub in der Hohen Tatra bezahlt man insgesamt etwa 1200 Euro.

Sprache, Währung
Amtssprache: Polnisch; Fremdsprachen: Deutsch (weit verbreitet), Englisch.
Währung: Zloty.
1 Euro = 3,60 Zloty. In den Städten gibt es Geldautomaten, Kreditkarten werden akzeptiert.

Bevölkerung
Das Land hat 38 518 000 Einwohner. Im Lauf des 20. Jahrhunderts sind etwa 15 Millionen Menschen ausgewandert, davon zwei Drittel in die USA.
Hauptstadt: Warschau.

Religionen
95% sind katholisch.
Feste und Feiertage
3. Mai: Tag der Verfassung; **Juli:** Chopin-Festival, Warschau; **August:** Musikfestival in der Altstadt Krakaus; **11. November:** Unabhängigkeitstag.

Einkäufe
Ostsee-Bernstein, bemaltes Steingut, bestickte Tischdecken und Stoffe.

Zerstörungen. Das Rathaus, die Marienkirche, die Fachwerkhäuser und die Wohnhäuser des Bürgertums, besonders das Goldene Haus, vermitteln einen Eindruck vom historischen Stadtbild.
Die Bars, Restaurants und Boutiquen in **Warschau** verbreiten großstädtisches Flair und lassen die breiten Straßen aus Sowjetzeiten vergessen. Der historische mittelalterliche Stadtkern wurde restauriert und präsentiert ein reiches kulturelles Erbe: das Heldendenkmal, das Königsschloss mit den Kunstwerken darin, die Johannes-Kathedrale, die barocken Paläste, unter ihnen der Łazienki-Palast mit seinem Park, und 40 Museen. Vom Warschauer Ghetto ist außer einem symbolischen Gedächtnispfad kaum etwas geblieben.
Ungefähr 60 Kilometer von Warschau entfernt liegt Zelazowa Wola. Hier kann das Geburtshaus von Chopin besichtigt werden.
Die **Marienburg** in Malbork stammt aus dem 13. und 14. Jahrhundert, in **Sandomierz** sind eine Kathedrale, ein Rathaus und viele Museen zu sehen. Im Schloss in **Stettin** residierten einst die Herzöge von Pommern. Das sehenswerte **Thorn** ist die Geburtsstadt von Kopernikus, die Stadt **Breslau** besticht durch seinen Marktplatz und **Posen** vor allem durch die Altstadt.
Im Süden liegt der Wintersportort **Zakopane** mit seinen hübschen Häusern aus Lärchenholz. In vielen Kirchen und Dörfern Südpolens ist Holzarchitektur zu finden.

■ Landschaften

Die **Masurische Seenplatte** ist die „Region der tausend Seen", die durch Flüsse und Kanäle verbunden sind. Es werden Kreuzfahrten und Kajaktouren angeboten, und man kann angeln oder Vögel wie Schreiadler, Schwarzstörche und Seeadler beobachten. Zahllose Seen und Wäldern prägen auch die Umgebung von Olsztyn im nahegelegenen **Ermland**.
Im Hinterland der Küste erstreckt sich **Pommern**, dessen Seen und Wasserläufe sich zum Kanufahren und Forellenangeln anbieten.
Die majestätischen **Sudeten** und der polnische Teil der **Hohen Tatra** erheben sich im Südwesten. Die Berge und Täler ziehen Skifahrer und Wanderer an, vor allem in Zakopane. Auch Badekuren sind möglich.

BESTE REISEZEIT		
	Klima	Farbenprächtige Natur und Ostseeküste
Januar		
Februar		
März		
April		
Mai	☼	≼
Juni	☼	≼
Juli	☼	
August		
September	☼	≼
Oktober		≼
November		
Dezember		

HINWEISE
▶ **Pluspunkte**
Polen ist ein interessantes Ziel für alle, die sich für Architektur und Kultur begeistern.
Naturliebhaber fasziniert es durch seine Seen und Bergen.
Das Image als Reiseland hat sich im Lauf der letzten Jahre stark verbessert.
▶ **Minuspunkte**
Die Sehenswürdigkeiten außerhalb der Städte finden nur selten angemessene Wertschätzung.
▶ **Trends**
Krakau, die schöne intellektuelle Stadt, findet bei westeuropäischen Urlaubern großen Anklang: Sie ist das Symbol für die Jugend und Dynamik des neuen Polen.
Viele Urlauber kombinieren auf ihrer Reise die Städte Krakau und Warschau.

Weiter östlich liegt die **Bialowiezer Heide**. Hier leben 5000 Pflanzenarten, 12 000 Vogelarten, Wölfe und die letzten Wisente Europas. Der älteste Urwald Europas ist allerdings durch Abholzung stark gefährdet.
Das Mittelgebirge der **Beskiden** ist dank seiner Wälder und der hier heimischen Adler, Wisente und Bären bei Wanderern beliebt.

■ Küsten
An der erfrischend kühlen Ostsee finden sich zahlreiche Seebäder, etwa Swinemünde, Misdroy auf der Insel Wolin (inklusive eines Nationalparks) und Kolberg. Besonderer Beliebtheit erfreut sich **Zoppot**, das Strände aus weißem Sand, eine lange Mole und Wälder zu bieten hat.
An der Küste befinden sich zahlreiche Naturparks, in denen viele Vögel und eine äußerst ungewöhnliche Pflanzenwelt zu beobachten sind. In Leba sind die Wanderdünen die Hauptattraktionen für Besucher: Einige von ihnen bewegen sich bis zu zehn Meter pro Jahr. ∎

Polynesien

In ganz Polynesien wähnt man sich im Paradies, wie etwa auf den Marquesas-Inseln.

REISEHIGHLIGHTS POLYNESIEN
Küsten
- Lagune der Gesellschaftsinseln
- Bora Bora: exklusiver Urlaub und Fische beobachten
- Moorea: Faulenzen und Wandern
- Huahine, Marquesas
- Rangiroa (Tuamotu-Archipel): Tauchen

Kulturelles Erbe
- Tikis auf den Marquesas-Inseln
- Gauguin-Museum und Perlenmuseum auf Tahiti

Polynesien

🇫🇷 Man sieht sie quasi vor sich, die schöne Tahitianerin vor dem blaugrünen Meer, umgeben von Gardeniablüten, wie Paul Gauguin sie einst erlebte und für die Nachwelt malte. Heute handelt es sich weniger um Abenteuerreisen, aber das Erlebnis ist noch immer dasselbe: Polynesien ist und bleibt ein „Paradies auf Erden".

REISEINFORMATIONEN

Erste Infos
Fremdenverkehrsbüro von Tahiti, G.I.E. Tahiti Tourisme, Frankfurt/M., Bockenheimer Landstr. 45, 60325 Frankfurt, 069/ 9714840; Internet: www.tahititourisme.de

Formalitäten
Bürger der EU und der Schweiz benötigen einen nach Rückkehr noch 6 Monate gültigen Reisepass (bei Einreise über die USA muss der Pass maschinenlesbar sein).

Gesundheit
Nichts zu beachten.

Flugdauer, Zeitverschiebung
Durchschnittliche Flugdauer Frankfurt–Papeete (15911 km; meist über die USA): 20 Std. 30 Min. Um 12 Uhr deutscher Zeit ist es in Polynesien im Sommer 0 Uhr, im Winter 1 Uhr.

Durchschnittliche Reisekosten
Für eine Woche (Hin- und Rückflug, Unterkunft) bezahlt man mindestens 2000 Euro, eine zehntägige Kreuzfahrt mit Vollpension oder eine Woche Tauchurlaub kosten ungefähr 2500 Euro.

Sprache, Währung
Neben Französisch wird auch Tahitianisch gesprochen.
Währung: CFP-Franc. 1 Euro = 119 CFP-Franc.

Bevölkerung
Von den 279000 Einwohnern Polynesiens sind rund 80% Maori, 9% sind Asiaten, 10% sind Europäer.
Hauptstadt: Papeete.

Religionen
Die Protestanten bilden knapp die Mehrheit, gefolgt von den Katholiken und einer Minderheit von Mormonen.

Feste und Feiertage
5. März: Tag der Missionare; **29. Juni:** „Heiva" (Unabhängigkeitsfeier); **Oktober:** Karneval auf Tahiti; Hawaiki Nui Va'a, Pirogenrennen auf Tahiti; **Dezember:** Gardeniafest auf Tahiti.

Einkäufe
Monoi-Öl, schwarze Perlen und Pareos sind landestypische Souvenirs, daneben diverse Gegenstände aus Korb.

Polynesien

Küsten
Gesellschaftsinseln

Tahiti gilt allgemein als die schönste der Gesellschaftsinseln oder gar ganz Polynesiens. Viele Besucher ziehen ihr aber **Bora Bora**, die „Perle des Pazifiks", vor: In der türkisfarbenen, von Korallenriffen gesäumten Lagune kann man, ausgerüstet mit Tauchermaske und Schnorchel, tropische Fische sehen. Die Insel bietet ihren Besuchern ein Höchstmaß an Luxus und Komfort.

Auf **Moorea** hingegen kann man Strand- und Aktivurlaub verbinden (besonders Wanderer kommen gern hierher). Derweil lockt **Huahine** mit abgelegenen Stränden und einer traditionelleren Atmosphäre.

Marquesas-Inseln

Von den etwa 20 Inselchen von Marquesas sind nur sechs bewohnt. Statt Korallenriffen und Lagunen bekommt man hier hohe Steilklippen und Kieselstrände geboten – diese Struktur ist im Land einzigartig, was die Marquesas-Inseln zu einem ganz besonderen Reiseziel macht.

Ua Huka, Fatu Hiva und Nuku Hiva sind einige der hübschesten Inselchen des Archipels. Ebenso erwähnenswert ist Hiva Oa mit seiner Hauptstadt **Atuona**.

Tuamotu-Archipel

Die größte Insel dieses Archipels aus 78 Motus (tropische Koralleninselchen) ist das **Rangiroa-Atoll** im Norden. Es ist ein sehr beliebtes Ziel für Taucher, denn hier kann man riesige Mantarochen und Hammerhaie beobachten.

Die **Austral-Inseln** und die **Gambier-Inseln** ganz im Süden von Polynesien sind ein weniger frequentiertes Ziel, das Besuchern somit Erholung und ein authentischeres Reiseerlebnis verspricht.

Um möglichst viel von Polynesien zu sehen, bietet sich eine Kreuzfahrt auf einem der lokalen Schiffe an; die Aranui III oder die Paul-Gauguin etwa steuern häufig die Marquesas-Inseln an.

■ Kulturelles Erbe

Neben ursprünglicher Musik und Tanzkunst bieten die Marquesas eine weitere kulturelle Attraktion: Die Tikis sind bis zu zwei Meter hohe Steinstatuen, die die gleichnamige polynesische Göttin darstellen. Sie sind ein Symbol für Fruchtbarkeit. Auf Tahiti gibt es ein Gauguin-Museum, das 25 originale Werke des Künstlers ausstellt, sowie ein sehenswertes Perlenmuseum. Auf zahlreichen Farmen werden schwarze Perlen, das Wahrzeichen Polynesiens, gezüchtet. ■

HINWEISE
▶ Pluspunkte
Traumhafte Orte und atemberaubende Szenerien vor einem makellosen Horizont lassen Polynesien paradiesisch erscheinen.
Es gibt zahlreiche Luxushotels und Spa-Pakete. Das Angebot wird ergänzt durch eine reiche Kultur und ein ganz besonderes Ambiente.
▶ Minuspunkte
Polynesien ist nach wie vor ein äußerst kostspieliges Reiseziel und daher vor allem für alle interessant, die sich einen Verwöhn- und Luxusurlaub leisten wollen.
▶ Trends
Immer mehr Frischvermählte entdecken Polynesien für sich und unternehmen etwa eine Kreuzfahrt dorthin. Auch anlässlich von Hochzeitstagen gönnen sich viele Reisende eine Polynesien-Reise – jedem sein Paradies auf Erden…

BESTE REISEZEIT		
	Klima	Tauchen
Januar		
Februar		
März		
April		⇐
Mai	☼	⇐
Juni	☼	⇐
Juli	☼	
August	☼	
September	☼	
Oktober	☼	
November		
Dezember		

Portugal

🇵🇹 In Portugal sind die touristischen Attraktionen über das ganze Land verteilt. Man kann die einzigartigen manuelinischen Bauwerke bewundern oder dem Charme der Städte und Küsten erliegen. Oder die Abgeschiedenheit der Insel Madeira beziehungsweise der Azoren genießen. Portugal konnte sein kulturelles Erbe bewahren, seine *Azulejos* sind weltberühmt, genauso wie der *Fado* in der Alfama Lissabons, das alte Stadtviertel in einer der reizvollsten Städte Europas.

Das Festland

■ Kulturdenkmäler

Beflügelt durch die Reichtümer, die Portugal als Kolonialmacht anhäufte, erblühte Ende des 15. und Anfang des 16. Jahrhunderts unter König Emanuel I. eine für Portugal charakteristische, gotische Bauweise, der manuelinische Stil. Am beeindruckendsten manifestiert er sich in **Lissabon (Torre de Belém,** Hieronymus-Kloster), **Tomar** (Domäne der Templer, mit dem kunstvollen Fenster der Christuskapelle), **Coimbra** (Portal der Universitätskapelle) und **Batalha** (Skulpturen im Kloster Santa Maria da Vitória).
Weitere architektonische Sehenswürdigkeiten: **Alcobaça** (Zisterzienser-Kloster und Gräber von Pedro und Inès, der „toten Königin"), **Fatima** (Wallfahrtsort, Heiligtum). Im ganzen Land zeigt sich die barocke Kunst in Form von mit Feingold überzogenen Holzskulpturen und in *Azulejos*, den weltbekannten farbigen Fliesen. Wunderschöne Exemplare sind im **Palácio da Pena** in **Sintra** zu bestaunen, der einstigen Sommerresidenz von König Ferdinand II., eine Kombination verschiedener Stile (gotisch, ägyptisch, maurisch, Renaissance).
Im Umland finden sich viele prächtige Paläste, Kirchen und Gartenanlagen, was diese Region besonders sehenswert macht.

REISEHIGHLIGHTS PORTUGAL
Kulturdenkmäler
- Lissabon, Tomar, Coimbra, Batalha: manuelinische Kunst
- Alcobaça, Fatima
- Palácio da Pena (Azulejos)

Städte
- Lissabon, Porto, Évora, Coimbra, Braga, Guimarães, Obidos, Viana do Castelo

Küsten
- Algarve, Nazaré, Peniche
- Berlenga Insel
- Serra da Arrábida

Landschaften und Pflanzenwelt
- Algarve

In Lissabon steht der Torre de Belém. Der fast ein halbes Jahrtausend alte Turm geht auf Emanuel I. zurück.

Portugal

Der Palácio da Pena in Sintra kombiniert verschiedene Baustile.

■ Städte

Lissabon wurde auf sieben Hügeln erbaut, von denen jeder einen Stadtteil trägt. Es zählt zu den schönsten Städten Europas, was sich sofort bestätigt, wenn man mit einer der Seilbahnen fährt oder einen der zahlreichen Aussichtspunkte besucht.
Die Stadt hat sich in den vergangenen zehn Jahren stark verändert und dabei ihre Docks (*docas*) in Bars und angesagte Treffs verwandelt.
Neben den Kulturdenkmälern im manuelinischen Stil sind der Rossio und der Praça do Comércio zu bewundern, das Castelo de São Jorge, die Kirchen (darunter die Barockkirche Madre de Deus und die erstaunliche Karmeliterkirche, die kein Kirchenschiff mehr besitzt), die Museen (das Chiado-Museum für zeitgenössische Kunst, das *Azulejo*museum, das Museum der Schönen Künste), die Paläste (Palácio de Queluz, Palácio dos Marqueses de Fronteira), der botanische Garten der polytechnischen Schule, das Padrão dos Descobrimentos (Denkmal der Entdeckungen) mit Heinrich dem Seefahrer als Galionsfigur, der Monsanto-Park mit seinem Schloss, der

REISEINFORMATIONEN

Erste Infos
Fremdenverkehrsamt für Portugal, aicep Portugal Global, Investitionen, Handel und Tourismus, Kaiserhofstr. 10, 60313 Frankfurt, 0180/5004930;
Internet:
www.visitportugal.com, www.portugalinsite.com, www.visitlisboa.com, www.madeiratourism.com
Formalitäten
Bürger der EU und der Schweiz benötigen lediglich einen gültigen Personalausweis (Schengener Abkommen).
Gesundheit
Keine Besonderheiten.

Flugdauer, Zeitverschiebung
Durchschnittliche Flugdauer Frankfurt–Lissabon (1874 km): 3 Std. 10 Min. Frankfurt–Madeira: 3 Std. 30 Min. Mehrere Billigfluganbieter fliegen nach Lissabon, Faro, Funchal (Madeira), Porto. Mit dem Auto von Frankfurt nach Lissabon: 2304 km.
Um 12 Uhr deutscher Zeit ist es in Portugal auf den Azoren 10 Uhr und auf Madeira 11 Uhr.
Durchschnittliche Reisekosten
Für ein Wochenende in Lissabon bezahlt man in der Nebensaison mit Flug

und Halbpension ab 300 Euro. Die Preise für einen einwöchigen Badeurlaub, inklusive Hin- und Rückflug und Halbpension, reichen von 600 Euro in der Nebensaison bis zu 900 Euro in der Hauptsaison. Auf den Azoren kostet ein achttägiger Urlaub mit Flug und Vollpension 1200 Euro.
Sprache, Währung
Amtssprache: Portugiesisch; Verkehrssprachen: Englisch, Französisch. Währung: Euro.
Bevölkerung
In Portugal lebt eine recht homogene Bevölkerung, 10 643 000 Einwohner. Im Lauf der Zeit

haben viele Portugiesen das Land verlassen (ungefähr drei Millionen, die meisten davon gingen nach Frankreich und Deutschland).
Hauptstadt: Lissabon. Auf den Azoren leben 252 000 Menschen und auf Madeira 267 400, etwa ein Drittel davon lebt in der **Hauptstadt** Funchal.
Religionen
Neun von zehn Portugiesen sind katholisch. Daneben gibt es jüdische und muslimische Minderheiten.
Feste und Feiertage
Februar: Fado-Festival in Lissabon; **Mai:** Rosenfest

in Minho; **10. Juni:** Nationalfeiertag; **15. August:** Umzug und Prozession in Viana do Castelo.
Einkäufe
Das beliebteste Souvenir: ein bunter Gipshahn aus Barcelos. Das begehrteste Objekt in Lissabon ist ein *Azulejo* (Mosaik aus Glaskeramikfliesen), zu bekommen auf den Märkten in der Alfama. Das klassischste Mitbringsel ist Portwein aus Porto, nach einem ausgiebigen Besuch der Weinkeller. Weitere Andenken: Schmuck (Gold), Leder, Porzellan, Spitze, Töpferwaren von der Algarve.

Wasser und Boote, dahinter, in Hanglage, das oft verkannte Porto mit dem Charme einer volkstümlichen Stadt.

Flohmarkt des Campo de Santa Clara und die alten Straßen von Bairro Alto und die Alfama, wo in den Casas de Fado noch echter Fado erklingt.

Auch das moderne Lissabon mit seinem Park der Nationen, wo sich auf dem Gelände der Weltausstellung von 1998 das weltweit größte Ozeanarium befindet, ist sehenswert.

Weniger berühmt, dafür vielleicht aber typischer als Lissabon, ist **Porto**. An den Ufern des Douro drängen sich die Häuser der Altstadt (Ribeira) am Hang. Sehenswert sind die Kathedrale (Sé, ausgestattet mit dem Gold der Seefahrer), die Klöster (*Azulejos*), die Barockkirchen (São Francisco), historische Gebäude wie der Palácio da Bolsa und sein Salão Árabe) und der Torre dos Clerigos mit Blick über die Stadt. Auf der anderen Seite der Maria-Pia-Brücke (ein Werk Eiffels) liegen die Weinkeller von Nova da Gaia, die den Portweinliebhaber verführen. **Évora** mit seiner maurischen Architektur bildet das Tor zum Alentejo.

Weiter nördlich liegt **Coimbra** mit seinen drei Perlen: der romanischen Kathedrale (12. Jahrhundert), der Universität (11. Jahrhundert, manuelinische Kapelle mit *Azulejos*, barocke Bibliothek) und dem ganz besonderen Studentenfest (Queima das Fitas, Mai).

Ebenfalls sehenswert sind **Braga** (in der Nähe liegt die Basilika Bom Jesus do Monte mit der barocken Treppe, die die Pilger auf den Knien hinaufrutschen), **Guimarães** (der Palast der Herzöge von Bragança, Fassaden und Fliesen), **Lamego** (Eingang zum Dourotal, Heiligtum dos Remédios), **Obidos** (mittelalterliche Stadt mit zinnenbewehrter Stadtmauer) und **Viana do Castelo** (Umzug mit blütengeschmückten Wagen anlässlich der Feiern zum 15. August).

BESTE REISEZEIT			
	Festland	Madeira	Azoren (Walbeobachtung)
Januar			
Februar			
März			
April	☼	Blüte	◁
Mai	☼	Blüte	◁
Juni	☼	☼	◁
Juli	☼	☼	◁
August	☼	☼	
September	☼	☼	◁
Oktober	☼		
November			
Dezember			

Küsten

Im äußersten Süden liegt die **Algarve**, die sich über 150 Kilometer erstreckt und Felsbuchten sowie Strände mit ruhiger See zu bieten hat. Neben den zahlreichen Küstenorten (Portimão, Albufeira, Faro und insbesondere Praia da Rocha) liegen hier einige der renommiertesten Golfplätze Europas. Im Westen bezaubern die beiden Kaps Sagres und Cabo São Vicente, die westlichsten Punkte Europas, an die der Atlantik mit aller Kraft brandet.

Friedliche Szene in Aveiro südlich von Porto.

An der Atlantikküste ist es im Sommer durchschnittlich fünf Grad kühler als zur gleichen Zeit am Mittelmeer. Für Abwechslung sorgen die unterschiedlichen Badeorte: in Cascais kann gesurft und in Estoril Golf gespielt werden. Einige Orte haben ihre besonderen Eigenheiten: Nazaré beispielsweise war lange Zeit für seine Rindergespanne berühmt, die den Fang der Fischer vom Strand zum Dorf transportierten. Heute sind die Gespanne zu einer Touristenattraktion geworden.

Wunderbare Orte an der Küste sind: die Lagune von Aveiro; Peniche mit seiner Zitadelle; die **Berlenga-Inseln** mit Felstunneln oder -grotten, ideal für Unterwasserjäger; die Serra da Arrábida nahe Setúbal mit weißen Steilfelsen, Felsgrotten und -buchten.

Landschaften und Pflanzenwelt

Die portugiesischen Landschaften sind zu keiner anderen Jahreszeit so reizvoll wie im Frühling, wenn sie in voller Blüte stehen. Die Algarve zeigt sich dann in den schönsten Farben. Mandelbäume und Mimosen blühen schon früh im Jahr.

Die Küste ist weit mehr als nur ein Badeparadies. Die besonderen Lichtverhältnisse und ihre einzigartige Vegetation, ihre weißen Dörfer mit den mit *azulejos* und Mosaiken geschmückten Barockkirchen (Tavira), oder ihre Ortschaften wie Silves mit Spuren aus maurischer Zeit, machen sie das ganze Jahr über zu einem lohnenden Reiseziel.

Weiter im Norden verliert man sich in der großen landwirtschaftlich genutzten Ebene von Alentejo mit ihren endlosen Weizenfeldern, Korkeichen und Olivenbäumen.

Im Norden besticht das Douro-Tal mit seinen terrassenförmig angelegten Weinbergen und seinen Quintas (Landgütern), die neuerdings durch Flusskreuzfahrten einen Aufschwung erleben.

Die Inseln

Azoren

Landschaften und Wandertouren

1200 Kilometer von Lissabon und 2000 Kilometer von den USA entfernt liegen die neun Azoren-Inseln, die mehr als das berühmte Wetter-Hoch zu bieten haben. Sie eignen sich wegen der eher moderaten Temperaturen und der fehlenden Sandstrände jedoch nicht unbedingt für den Badurlaub. Dank ihres vulkanischen Ursprungs bieten sie reizvolle Landschaften und eine ganz besondere Pflanzenwelt, was die Herzen von Wanderern höher schlagen lässt. Ende Juni überziehen Hortensien die Inseln mit wundervollen Farben.

Die ausgesprochen grünen Landschaften der Azoren kann der Wanderer dank einer Vielzahl mal ansteigender, mal abfallender Wege und Pfade erkunden, wie auf den **Inseln Faial** (Ponta dos Capelhinos, Caldeira) und **São Jorge** (Bergkämme, geschützte Wälder der Pico da Esperança). Wer auf diesen beiden Inseln Richtung Ozean wandert, stößt

Die Algarve ist vor allem für ihre Strände wie in Lagos bekannt, aber auch die Dörfer sind sehr reizvoll.

Portugal

Im Juni und Juli blühen die für die Azoren typischen Hortensien.

Kein Klischee: Der „ewige Frühling" in Funchal auf Madeira.

auf die romantischen Fajas, ebene Landstreifen entlang des Ozeans mit weißen Häuschen und Wiesen.
Auf der Insel **Pico** fordert der Aufstieg auf den stolzen Pico (2351 Meter) den Wanderer heraus: Der Gipfel ist zugleich der höchste Punkt Portugals und eröffnet einen unvergesslichen Blick über die Inseln der „Grupo Central".
So unauffällig die Vögel (Möwen, Buchfinken) sind, so vielfältig ist die Pflanzenwelt. Die Hortensien (Blütezeit Ende Juni und Juli) sind typisch für den Archipel, es wachsen aber auch besondere Spielarten des Heidekrauts oder Knöterichs.
Kurios: Der exakte Sitz des Azorenhochs ist ausgerechnet auf Florès, der westlichsten Insel der Azoren, bekannt für ihr regnerisches Wetter und ihre Blütenpracht.

Küsten
Die Strände (keine Sandstrände) sind nicht von großem Interesse. Dafür kann man gut segeln und tauchen, beispielsweise rund um **Horta**, dem Hauptort von Faial. Er gilt als sagenumwobener Treffpunkt von Sportseglern, die in Richtung Antillen unterwegs sind, besonders in Peter's Café. Der Atlantik hat aber noch eine weitere Attraktion zu bieten: Walbeobachtungen – Blau- oder Buckelwale, Finnwale, Delfine und insbesondere Pottwale, die seit 1987 per Gesetz vor der Jagd geschützt sind. Früher nutzten Kunsthandwerker deren Zähne für Gravuren. Ausflüge in Schlauchbooten werden unter anderem von der Insel Pico und seiner kleinen Küstenstadt Lajes do Pico aus angeboten, wo sich ein informatives Walfangmuseum befindet.

■ Madeira
Vor Marokko und etwa 1000 Kilometer südwestlich von Lissabon liegt die Inselgruppe Madeira, die vulkanischen Ursprungs ist. Sie hat besonders Wanderern (leichte Touren) und Pflanzenfreunden einiges zu bieten. Das Klima ist ausgewogen, die Temperaturen schwanken zwischen 18 und 25 °C. Hier ist quasi die Wiege der Pflanzen der atlantischen Inseln.
Madeira, die „Insel des ewigen Frühlings", ist dank des Golfstroms eine echte Alternative zu den Kanaren oder den Balearen, da sie im Sommer nicht so überlaufen ist.

REISEHIGHLIGHTS INSELN

■ **AZOREN**
Landschaften und Wandertouren
Lavafelder, Vulkane

Küsten
Segeln, Tauchen, Walbeobachtungen

■ **MADEIRA**
Landschaften und Wandertouren
Vulkane, Levadas (Kanäle), Wanderwege

Küsten
Angeln

Landschaften und Wandertouren
Manche bezeichnen Madeira als den „Garten des Atlantiks": Im Frühjahr erblüht eine üppige Pflanzenwelt (Amaryllis, Azaleen, Bougainvillea, Kamelien) in den terrassierten Gärten. Von diesen aus eröffnet sich ein überwältigendes Panorama, etwa bei einem Spaziergang durch den großen tropischen Garten (Monte Palace), der vor Kurzem oberhalb von Funchal angelegt wurde.
Durch die vulkanischen Landschaften verlaufen angenehme Wanderstrecken, häufig an Steilhängen entlang. Rund 2000 Kilometer Wanderwege folgen den Levadas (Bewässerungskanälen), zahlreiche Routen stehen zur Wahl. Eine Strecke führt beispielsweise von Santana zum Gipfel des Pico Ruivo (1861 Meter). Für den schwierigen Anstieg wird der Wanderer mit der besten Aussicht der ganzen Insel belohnt. Beliebt sind außerdem Mountainbiken und Canyoning.

Küsten
Auf Madeira gibt es zwar keine Sandstrände, dafür sind die zerklüfteten Küsten sehr malerisch. Baden und Wassersport sind an der Südküste das ganze Jahr über möglich.
Dagegen kann die 40 Kilometer entfernt liegende kleine Insel Porto Santo (auf der Christoph Kolumbus einst Station machte) mit neun Kilometer feinem Sandstrand aufwarten. Auch Hochseeangeln zählt zu den touristischen Attraktionen. Golfer werden die unweit von Funchal gelegenen Greens mögen. ■

HINWEISE
▶ **Pluspunkte**
Ein Land mit zahlreichen Vorzügen: malerische Landschaften, landestypische Städte, bedeutende Kulturdenkmäler, kaum überlaufene Strände, alles ist nah beisammen. Madeira als ganzjähriges Reiseziel. Der besondere Charakter der Azoren.
▶ **Minuspunkte**
Auch im Sommer etwas kühlere Wassertemperaturen im Atlantik.
▶ **Sicherheit**
Keine länderspezifischen Sicherheitsrichtlinien.
▶ **Trends**
Einwöchige Flusskreuzfahrten auf dem Douro erlauben atemberaubende Aussichten in die steilen Weinberge, in denen der Portwein reift, und laden zum Besuch der Weingüter ein.

So schön wie Hell-Bourg im Cirque de Salazie ist das gesamte Inland von Réunion, ein beliebtes Ziel für Aktivurlauber.

Réunion

🇫🇷 Der vulkanische Ursprung der Insel zeigt sich deutlich in ihrer außergewöhnlichen Geographie aus Schluchten, Talkesseln und Mondlandschaften. Die üppig grüne Insel mit den zahlreichen Wasserfällen ist dank ihres Netzes aus Weitwanderwegen ein beliebtes Ziel bei Aktivurlaubern. Dass es nur wenige Sandstrände gibt, lässt sich da getrost verzeihen.

REISEINFORMATIONEN

Erste Infos
Fremdenverkehrsamt Réunion, Westendstr. 47, 60325 Frankfurt, 069/97590494; Internet: www.la-reunion-tourisme.com

Formalitäten
Bürger der Schweiz benötigen einen Reisepass, Bürger der EU einen Personalausweis (für einen Besuch auf Mauritius ist allerdings ein Reisepass erforderlich).

Gesundheit
Impfungen sind nicht vorgeschrieben.

Flugdauer, Zeitverschiebung
Durchschnittliche Flugdauer Frankfurt–Saint-Denis (9114 km): 12 Std. 10 Min.
Um 12 Uhr deutscher Zeit ist es auf Réunion im Sommer 14 Uhr, im Winter 15 Uhr.

Durchschnittliche Reisekosten
Beliebt ist die Kombination von Bade- und Wanderurlaub; inklusive Hin- und Rückflug und Halbpension bezahlt man in der Hauptsaison für zehn Tage etwa 1500 Euro. 15 Tage Urlaub auf Réunion inklusive einem Besuch auf Mauritius kosten 1600 bis 2300 Euro.

Sprache, Währung
Amtssprache: Französisch; daneben wird Réunion-Kreolisch gesprochen.
Währung: Euro. Die großen internationalen Banken besitzen Filialen vor Ort und die meisten Geschäfte akzeptieren Kreditkarten.

Bevölkerung
Die junge Bevölkerung (784 000 Einwohner) besteht aus Afrikanern („cafres"), Madagassen, Indern (aus Malabar) und Arabern. Ungefähr 20 000 Franzosen aus dem Mutterland leben hier, die kein Kreolisch sprechen.

Hauptort: Saint-Denis.

Religionen
90 % der Bevölkerung sind Katholiken, Muslime, Hindus und Buddhisten bilden Minderheiten.

Feste und Feiertage
Januar: „Cavadee" (tamilisches Fest), Grüner-Honig-Fest in Le Tampon; Oktober: „Dipavali" (Lichtfest); Dezember: Lauf über glühende Kohlen in Saint-Paul; 20. Dezember: Fest zur Abschaffung der Sklaverei.

Einkäufe
Man bekommt Rum, Vanille und Spitze aus Cilaos.

Réunion

REISEHIGHLIGHTS RÉUNION

Landschaften und Wandertouren
- Talkessel (Mafate, Salazie, Cilaos), Piton des Neiges, Piton de la Fournaise
- Weitwanderwege
- Reiten, Motorradfahren, Allradfahren, Golfen

Küsten
- Saint-Leu (Tauchen), Saint-Gilles, Boucan Canot
- Hochseeangeln, Surfen

Pflanzenwelt
- Unzählige Baum- und Blumenarten

HINWEISE

▶ Pluspunkte
Hier lässt sich Aktivurlaub (Wandertouren, Sport) mit Erholung und Entspannung kombinieren.
Das Klima ist von Mai bis November günstig.
Das Chikungunyafieber (im Jahr 2007 gab es eine flächendeckende Verbreitung) ist gebannt.

▶ Minuspunkte
Es existieren kaum kulturelle Sehenswürdigkeiten und Badeurlaub ist nur bedingt möglich.
Während der Hauptsaison sind die Flüge sehr teuer.

▶ Sicherheit
Es besteht kein spezielles Sicherheitsrisiko auf Réunion.

▶ Trends
Man bucht in der Regel Hin- und Rückflug inklusive Mietwagen für eine Woche sowie die Unterbringung in charmanten Hotels oder Gästehäusern, denn bei einer Rundreise lässt sich die Insel am besten entdecken. Häufig wird der Urlaub mit einem Mauritius-Besuch kombiniert.

■ Landschaften und Wandertouren

Bei einem Hubschrauberflug kann man drei beeindruckende Talkessel sehen: den **Cirque de Mafate**, der sehr abgeschieden liegt, den **Cirque de Salazie** und den **Cirque de Cilaos**, dessen Höhepunkt der „Roche Merveilleuse" („wundervoller Fels") ist. Die Bewohner der Insel haben sich in schwer zugänglichen Weilern niedergelassen. Wanderer locken unvergessliche Naturerlebnisse, etwa Wasserfälle, Wälder und Landschaften wie auf dem Mond.

Über den Talkesseln erhebt sich der **Piton des Neiges**. Der Vulkan **Piton de la Fournaise** an der Südseite des Piton des Neiges ist mit etwas Erfahrung relativ leicht zu besteigen und bietet eine fantastische Aussicht. Er ist nach einer langen Ruhephase wieder erwacht und seine Lavaströme sind ein unvergessliches Schauspiel; mitunter fließen sie bis ins Meer. Insgesamt 800 Kilometer Weitwanderwege durchziehen die Natur, die mit Wildwasserläufen, Schluchten und Wasserfällen gespickt ist. Man kann sie etwa zu Pferd, mit dem Motorrad oder mit einem Allradfahrzeug bewältigen. Die Tourismusbranche macht sich das besondere Relief der Insel zu nutze; es werden sportliche Aktivitäten angeboten, von Gleitschirmfliegen über Klettern und Mountainbikefahren auf speziellen Wegen bis zu Rafting und Golf.

■ Küsten

Nach dem letzten Vulkanausbruch findet man an der West- und der Südküste von Réunion noch etwa 30 Kilometer Sandstrand innerhalb der schützenden Lagune. Am bekanntesten sind die Strände rund um **Saint-Gilles**, in dessen **Bucht von Boucan Canot** gebadet werden kann.
Taucher und Surfer zieht es zum Beispiel nach Saint-Leu, und auch Windsurfen ist sehr beliebt. Insbesondere zwischen Oktober und Mai machen sich Hobbyangler von den Häfen von Saint-Gilles und Saint-Pierre aus zum Hochseefischen auf.

■ Pflanzenwelt

600 Baum- und 800 Blumenarten wachsen auf der Insel, darunter viele Orchideenarten. Insbesondere in den höher gelegenen Gebieten findet man bekannte tropische Pflanzen wie Süßgras, Ylang-Ylang, Kardamom, Flammenbaum, Bougainvillea und Azaleen, die entlang der „Straße der Gewürze" alle zu sehen sind. Daneben gibt es viele Gärten und Museen, etwa den Botanischen Garten Jardin d'Eden in Hermitage-les-Bains, La Maison de Vanille („das Vanille-Haus") in Saint-André und das Stella-Matutina-Museum bei Saint-Leu, das die botanische Geschichte der Insel erzählt. ■

BESTE REISEZEIT		
	Klima	Blütezeit und Vegetation
Januar		🌿
Februar		🌿
März		
April		
Mai	☼	
Juni	☼	
Juli	☼	
August	☼	
September	☼	🌿
Oktober	☼	🌿
November	☼	🌿
Dezember		🌿

Das architektonische Erbe des Landes: die Klöster der Region Bukowina und ihre Fresken.

REISEHIGHLIGHTS RUMÄNIEN

Städte und Kulturdenkmäler
- Klöster von Bukowina, Bukarest, Iasi
- Transsilvanien/Siebenbürgen

Küsten
- Schwarzes Meer (Neptun, Olimp)

Landschaften und Wandertouren
- Karpaten, Maramures-, Apuseni-, Bucegi-Gebirge (Wandern, Ski)

Tiere und Pflanzen
- Naturschutzgebiet im Donaudelta (Vögel, Fische, Pflanzen)

Rumänien

Rumänienreisende zieht es nach wie vor hauptsächlich an die Schwarzmeerküste. Dabei hat das Land mit den Klöstern in der Bukowina, dem Donaudelta und den Sehenswürdigkeiten von Bukarest und Sibiu (Hermannstadt) einiges mehr zu bieten.

■ **Städte und Kulturdenkmäler**
Die fünf Klöster in der **Bukowina** aus dem 16. Jahrhundert (Voronet, Moldovita, Humor, Sucevita, Arbore) im Norden stehen für das architektonische Erbe des Landes.

Häufig wird das Bild von **Bukarest** auf den riesigen Parlamentspalast reduziert, das frühere Haus des Volkes. Er zeugt von der Megalomanie Ceausescus, der bedauerlicherweise die schönsten Viertel und Kirchen der Stadt zum Opfer fielen.

REISEINFORMATIONEN

Erste Infos
Fremdenverkehrsamt Rumänien, Budapesterstraße 20a, 10787 Berlin
030/2419041
Internet: www.turism.ro/deutsch

Formalitäten
Bürger der EU und der Schweiz benötigen einen Personalausweis oder Reisepass.

Gesundheit
Nichts zu beachten.

Flugdauer, Zeitverschiebung
Durchschnittliche Flugdauer Paris–Bukarest (1455 km): 2 St. 30 Min. Billigflüge Frankfurt–Bukarest, Charterflüge (Sommer) nach Konstanza (Schwarzes Meer). Um 12 Uhr deutscher Zeit ist es in Rumänien 13 Uhr.

Durchschnittliche Reisekosten
Eine Woche in einem Seebad in der Nähe von Konstanza kostet unter 700 Euro (Hin- und Rückflug, Halbpension). Bukarest entwickelt sich zum Ziel von Wochenendreisen (450 Euro).

Sprache, Währung
Amtssprache: Rumänisch, das sich aus dem Lateinischen entwickelt hat. Fremdsprachen: Vor allem Deutsch, viele lernen auch Französisch.
Währung: Leu (Plural: Lei), 1 Euro = 4,32 Leu.

In den meisten Hotels und Geschäften kann mit den gängigen Kreditkarten bezahlt werden.

Bevölkerung
22 276 000 Einwohner. Es gibt eine ungarische, eine deutsche und eine serbische Minderheit.
Hauptstadt: Bukarest.

Religionen
Sieben von zehn Einwohnern gehören der Rumänisch-orthodoxen Kirche an. Griechisch-orthodoxe und muslimische Minderheiten.

Feste und Feiertage
August: Mittelaltertage in Sighisoara; Tanzfestival „Hora de la Prislop" am Prislop-Pass; September: „Sambra Oilor" (Rückkehr der Herden) in Bran und dessen gesamter Region.

Einkäufe
Bestickte Tischdecken, Eiermalerei, Ikonen, Töpferwaren, Holzschnitzereien.

Im Nordosten der Stadt lassen sich das alte Viertel der Händler rund um die Strada Lipscani (Leipziger Straße) und die Stavropoleos-Straße mit der gleichnamigen kleinen Kirche (Arkaden und Balustraden im Brâncoveanu-Stil) entdecken. Der Universitätsplatz war Schauplatz der Ereignisse von 1989; der Konzertsaal des Athenäums besitzt Treppen aus Carrara-Marmor. Bukarest beherbergt außerdem große Volksparks wie den Cismigiu-Park oder den Herastrau-Park mit dem „Dorfmuseum".

Nahe der Hauptstadt liegt das Schloss Mogosoaia im Brâncoveanu-Stil (Arkaden, Loggias, Balustraden).

Ein Abstecher zu den Kulturdenkmälern von Iasi lohnt sich hauptsächlich wegen der Klöster „Die drei Prälaten" und Golia, sowie dem Kloster Cetatuia im Umland.

Graf Dracula, die Schöpfung des englischen Schriftstellers Bram Stoker, basiert auf der wahren Geschichte von Vlad dem Pfähler, dem Fürsten der Walachei, dem grausamen, doch geschätzten Nationalhelden. Er inspiriert zu touristischen Rundreisen durch **Transsilvanien** (Siebenbürgen), wo Stokers Geschichte spielt. Sie führen über Sighisoara (Geburtsort Vlads) und Sibiu, die historische Stadt der Sachsen, wo der Held ein Jahr lang gelebt haben soll, und endet im Schloss Bran, das Dracula als Schlupfwinkel gedient haben soll. Diese Version ist im Land sehr umstritten ...

■ Küsten

Die beliebtesten Seebäder am Schwarzen Meer liegen an einer Strecke von etwa 50 Kilometer feinstem Sandstrand zwischen Konstanza und der bulgarischen Grenze. Die etwas futuristischen Namen dieser rumänischen Riviera wie Neptun, Olimp oder Saturn stehen in krassem Gegensatz zur schwerfälligen Architektur aus kommunistischer Zeit.

Die Kombination aus Meer, Aerosol-Inhalationen (Natrium oder Chlor), Salz und Schlamm haben einigen Bädern (Eforie, Neptun, Mangalia) im Kurbereich einen internationalen Ruf eingebracht. Darüber hinaus sind die Preise recht günstig.

■ Landschaften und Wandertouren

Die **Karpaten** bieten alles Nötige für einen Wanderurlaub im Sommer und einen Skiurlaub im Winter. Das **Maramures-Gebirge** mit seinen dichten Wäldern ist sehr reizvoll. Im **Apuseni-Gebirge** finden sich zahlreiche Naturspektakel (Grotten, Wasserfälle, Karsthöhlen, Karsttrichter). Die Region des **Bucegi-Gebirges** lockt mit Sandsteinwänden, einer vielfältigen Tier- und Pflanzenwelt und guten Skipisten.

Die 168 Kurorte sind für den Tourismus des Landes von großer Bedeutung. Die meisten Orte liegen an der Küste, einige in den Karpaten.

■ Tier- und Pflanzenwelt

Die **Donau** beendet ihre weite Reise in einem riesigen Delta, das vom Massentourismus zurzeit noch unentdeckt ist. Es bildet das größte Naturschutzgebiet Europas und wurde von der Unesco zum Biosphärenreservat erklärt. Hier leben 300 Vogelarten (wie Pelikane, Löffler, Ibisse, Brandenten), 60 Fischarten, 1100 unterschiedliche Pflanzen. In den Gebirgen im Landesinneren wurden 70 Naturschutzgebiete ausgewiesen. ■

HINWEISE

▶ Pluspunkte
Eine gute Kombination aus Kultur- und Badeurlaub.
Die Schwarzmeerküste ist preisgünstiger als das Mittelmeer und verfügt über ein breites Kurangebot.

▶ Minuspunkte
Die (leichten) Auswüchse der touristischen Ausschlachtung des Dracula-Mythos.

▶ Sicherheit
Auch wenn man an manchen touristischen Orten oder in den großen Städten eine gewisse Vorsicht walten lassen sollte, ist das Land insgesamt sicher.

▶ Trends
Die preisgünstige Schwarzmeerküste zieht nach wie vor Sommerurlauber aus Westeuropa an.
Das Donaudelta mit seinen außergewöhnlichen Tieren und Pflanzen steigt in der Gunst der Naturliebhaber.
Das Interesse am geschichtsträchtigen Sibiu (Hermannstadt) ist gewachsen, seit es 2007 europäische Kulturhauptstadt war.

BESTE REISEZEIT		
	Schwarzes Meer	Landesinnere und Donaudelta
Januar		
Februar		
März		
April		☼
Mai		☼
Juni	☼	☼
Juli	☼	
August	☼	☼
September	☼	☼
Oktober		☼
November		
Dezember		

Russland

🇷🇺 In dem „Land, in dem die Sonne niemals untergeht", gibt es zwei internationale Berühmtheiten: Moskau und Sankt Petersburg. Die mittelalterliche Architektur der Städte des „Goldenen Rings", Kreuzfahrten auf der Wolga und Wanderungen um den Baikalsee und auf der Halbinsel Kamtschatka sind weitere Höhepunkte in Russland. Und vielleicht etabliert sich auch das bisher wenig besuchte Sibirien bald als beliebtes Reiseziel.

■ Städte

Moskau ist eine Stadt der Kultur und der Kunst: Sie beheimatet 150 Museen, darunter das Puschkin-Museum mit Werken von Rubens, Rembrandt und großen Impressionisten, sowie 40 Theater und Konzertsäle wie das Bolschoi-Theater. Auf den nahezu 30 Hektar des Kremls stehen Paläste, Kathedralen und Kirchen, die bis zu 1000 Jahre alt sind.

Neben dem Kreml liegt der berühmte Rote Platz mit seinen Sehenswürdigkeiten, etwa dem Lenin-Mausoleum und der Basilius-Kathedrale mit den wundervollen Zwiebeltürmen. Ebenso sehenswert sind Paläste wie Ostankino und Kuskowo, die Barockkirchen, zum Beispiel die Erzengel-Gabriel-Kirche mit ihrer rot-weißen Fassade, und das Nowodewitschi-Kloster mit dem Friedhof, auf dem unter anderem Gogol, Tschechow und Chruschtschow begraben liegen. Die Stadt lässt ihre Vergangenheit gerade hinter sich: Ihre Sakralbauten werden renoviert und saniert, die kommunistische Wirtschaft löst ein Neokapitalismus ab. **Sankt Petersburg** (ehemals Leningrad), das „Venedig des Nordens", verteilt sich auf Dutzende Inseln in der Newa. Bei einer Bootstour durch die Kanäle kann man die berühmten, eindrucksvollen Fassaden der Barockpaläste bewundern. Peter der Große beschloss Anfang des 18. Jahrhunderts, hier die Macht des Zarenlandes zu demonstrieren, und machte Sankt Petersburg zur schönsten Stadt im Land. Im Juni sind die Tage so lang, dass die Abenddämmerung ins Morgengrauen übergeht. Während dieser Weißen Nächte findet ein zauberhaftes Festival mit Ballettaufführungen und Konzerten statt.

REISEHIGHLIGHTS RUSSLAND

Städte
■ Moskau, Sankt Petersburg

Kulturdenkmäler
■ „Goldener Ring"

Landschaften
■ Der Westen Wolgatal, Seen (Ladoga- und Onegasee), Karelien
■ Der Süden Kaukasus
■ Sibirien Baikalsee, Flüsse (Lena, Ob), Kamtschatka, die Kurilen

Küsten
■ Strände am Schwarzen Meer (Sotschi), Kreuzfahrten

Die Basilius-Kathedrale zieht auf dem Roten Platz in Moskau die Blicke der Besucher auf sich.

Russland

In der Uspenskij-Kathedrale in Moskau wurden einst die Zaren gekrönt.

Der von Palästen und Theatern gesäumte Newskij Prospekt in Sankt Petersburg ist weltberühmt. Die Stadt ist stolz auf ihre herausragende kulturelle Bedeutung, die sie etwa der Peter-und-Paul-Kathedrale, in der die Romanows und inzwischen auch Nikolaus II. ruhen, oder der Isaak-Kathedrale zu verdanken hat. Weitere Sehenswürdigkeiten sind die Auferstehungskirche, das Smolny-Institut, die Nikolaus-Marine-Kathedrale, die Admiralität mit der goldenen Wetterfahne, das Puschkin-Haus, die Ikonen der Sophienkathedrale und der Piskarjow-Friedhof. Im Winterpalast sind einige Säle der Eremitage untergebracht. Viereinhalb Millionen Gäste pro Jahr besuchen das Museum, das die großen Epochen der internationalen Kunst illustriert mit Werken von Renoir, Van Gogh, Rembrandt, Raphael, Pissaro, Matisse und Leonardo da Vinci sowie den Skythenschatz beherbergt. Die Eremitage ist das zweitgrößte Kunstmuseum der Welt, nach dem Metropolitan Museum of Art in New York.

Das kulturelle Erbe lebt im Puschkin-Theater, im Mariinskij- (ehemals Kirow-) Theater, in dem Nurejew

REISEINFORMATIONEN

Erste Infos
Botschaft der Russischen Föderation, Unter den Linden 63–65, 10117 Berlin, 030/229 11 10; Internet: www.russland info.de

Formalitäten
Bürger der EU und der Schweiz benötigen einen nach Rückkehr noch 6 Monate gültigen Reisepass; Visa sind Pflicht, man bekommt sie beim Konsulat. Individualreisende brauchen für ein Visum einen „Gewährsmann" vor Ort (Reisebüro, Hotel, Person).

Gesundheit
Keine Besonderheiten.

Flugdauer, Zeitverschiebung
Durchschnittliche Flugdauer Frankfurt–Moskau (2031 km): 3 Std. 15 Min.; Frankfurt–Sankt Petersburg (1823 km): 2 Std. 45 Min.
Um 12 Uhr deutscher Zeit ist es im Winter in Moskau und Sankt Petersburg 14 Uhr, in Irkutsk 17 Uhr und in Wladiwostok 21 Uhr.

Durchschnittliche Reisekosten
Ein Wochenende in Moskau oder Sankt Petersburg (3 Tage/2 Nächte, mit Flug und Hotel) kostet etwa 500 Euro, eine zehntägige Wolga-Kreuzfahrt 1250 Euro. Für 15 Tage mit der Transsibirischen Eisenbahn bezahlt man ungefähr 2500 Euro.

Sprache, Währung
Amtssprache: Russisch (sprechen 80 % der Bevölkerung); daneben gibt es etwa 100 weitere Sprachen und Dialekte. Fremdsprache: Englisch, vor allem in den Städten.
Währung: Rubel. USD werden akzeptiert, vorzugsweise in kleinen Scheinen.
1 USD = 25 Rubel, 1 Euro = 36 Rubel.
Die Ein- und Ausfuhr von Rubel ist verboten. Hotels und Restaurants akzeptieren Kreditkarten, es gibt kaum Geldautomaten, Reiseschecks sind schwierig einzulösen.

Bevölkerung
80 % der 141 378 000 Einwohner sind Russen. Seit dem Ende der Sowjetunion streben die Ethnien, die die restlichen 20 % bilden, sehr offenkundig nach Autonomie, wie in Tschetschenien zu sehen ist.
Hauptstadt: Moskau.

Religionen
Die orthodoxen Christen sind in der Mehrzahl, daneben gibt es größere jüdische, protestantische und muslimische Minderheiten.

Feste und Feiertage
7. Januar: Orthodoxes Weihnachtsfest; **7. Februar:** Fest der „Walrösser" (Baden im eiskalten Wasser); **12. April:** Tag der Kosmonauten; **Sommersonnwende:** „Weiße Nächte" in Sankt Petersburg; **Dezember:** „Russischer Winter" in Moskau und Sankt Petersburg.

Einkäufe
Beliebte Mitbringsel sind Kaviar, Matrjoschka, Schapka (Pelzmütze), Wodka und die berühmte Balalaika (dreisaitige Gitarre).

Der Katharinenpalast in Zarskoje Selo zeigt sich von Barock und Neoklassizismus inspiriert.

einst debütierte, und im Russischen Museum mit der Puschkin-Statue. Zudem gibt es in der Stadt Häuser und Museen, die Persönlichkeiten wie Dostojewski, Gorki, Puschkin oder Tolstoi gewidmet sind.

■ **Kulturdenkmäler**

Sankt Petersburg und Moskau haben die mit Abstand bekanntesten Kulturdenkmäler, aber auch die historischen Städte des „**Goldenen Rings**" nordöstlich von Moskau haben einiges zu bieten: In **Susdal** gibt es einen Kreml, die Muttergottes-Geburts-Kathedrale, Klöster und Holzkirchen, **Wladimir** hat das Goldene Tor und **Sergijew Possad** (ehemals **Sagorsk**) bietet das Dreifaltigkeitskloster. Auch **Jaroslawl**, **Kostroma** und **Rostow** sind sehenswert.
In dieser Region steht die Wiege des Heiligen Russlands, hier begannen die Zaren, ihre Macht architektonisch zu manifestieren. Auch Peter der Große setzte sich mit dem Palast von **Peterhof** ein solches Denkmal.
Weitere bedeutende Kulturdenkmäler sind der Kreml in **Kasan** (Tataren-Hauptstadt), die Ikonen der Sophienkathedrale **Nowgorods**, sein Kreml und die Kirchen aus dem Mittelalter. Der Kreml, die Kirchen und Klöster von **Pskow**, die Oper von **Nowosibirsk**, die eine Etappe der Transsibirischen Eisenbahn bildet, und der alte Kreml von **Astrachan** an der einstigen Seidenstraße im Wolgadelta zählen dazu. Die beiden Eremitage-Kirchen auf der **Insel Kischi** im Onegasee ergänzen sie.

■ **Landschaften**
Der Westen
Bei einer Schiffskreuzfahrt lassen sich die Besuche von Moskau und

BESTE REISEZEIT		
	Westen (Moskau)	Osten (Sibirien)
Januar		
Februar		
März		
April		☼
Mai	☼	☼
Juni	☼	☼
Juli	☼	☼
August	☼	☼
September		☼
Oktober		
November		
Dezember		

Die schwimmenden Häuser verleihen der Wolga, dem längsten Fluss Europas, eine besondere Note.

Sankt Petersburg wunderbar verbinden. Von jeder der beiden Städte aus legen die Schiffe zu ihrer 2000 Kilometer langen Reise ab, die auch den Wolga-Ostsee-Kanal und seine Schleusen passiert. Inzwischen gibt es auch Kreuzfahrten auf der **Wolga** von Kasan nach Astrachan. Im Delta des großen Flusses, der ins Kaspische Meer mündet, leben Biber, Fischotter und Ohrenrobben. Es ist auch ein beliebtes Ziel für Angler.

Charakteristische Holzhäuser säumen die Ufer des Ladoga- und des Onegasees nördlich von Sankt Petersburg. Ganz in der Nähe erstreckt sich **Karelien**, eine wunderschöne Waldregion, in der zahlreiche Hirsche und vereinzelt auch Wölfe leben. Die Landschaft hier mit ihren Kiefern, Birken, Ulmen und Pappeln ist am schönsten im *babje leto*, dem weithin bekannten russischen Altweibersommer.

Der Süden

Der **Kaukasus** bildet ein mächtiges Gebirgsmassiv. An den Hängen seines höchsten Berges, des von Gletschern bedeckten, 5633 Meter hohen Elbrus, liegen Wintersportorte, die Bergsteiger und Skifahrer anziehen. In der Umgebung der Städte Ordschonikidse und Naltschik im Norden gibt es Wälder, Gletscher und Wasserfälle.

Sibirien

Von Moskau über die Mongolei bis nach Peking ist man mit der Transsibirischen Eisenbahn sechs Tage unterwegs. Die dauerhafteste Unterhaltung auf der 7800 Kilometer langen, meditativen Fahrt ist die Beobachtung des wunderschönen, faszinierenden Horizonts.

Nach vielen Stunden auf den Gleisen taucht mitten in der Tundra der **Baikalsee** auf mit seiner üppigen, einzigartigen Tier- und Pflanzenwelt; hier leben Flussdelfine, und auf den Uschkani-Inseln mitten im See gibt es Robben. Das größte Süßwasserreservoir der Welt ist 600 Kilometer lang und durchschnittlich 50 Kilometer breit. Selbst mitten im Winter, wenn ihn eine meterdicke Eisschicht bedeckt, ist der See idyllisch; in seiner Umgebung kann man dann Skilanglauf betreiben.

In Sibirien wurde unter der Regie des Japaners Akira Kurosawa die Verfilmung des Epos „Uzala, der Kirgise" gedreht. Reisende können heute eine Kreuzfahrt auf dem **Amur** oder der **Lena** machen und dabei den Blick

Russland

Das Dreifaltigkeitskloster in Sergijew Possad.

HINWEISE

▶ Pluspunkte

Das große internationale Reiseziel hat vielfältige Kultur- und Naturangebote. Individualreisenden eröffnen sich immer mehr Möglichkeiten.
Man kann sibirische Landstriche erkunden, die lange Zeit unzugänglich waren.

▶ Minuspunkte

Die touristische Infrastruktur ist noch unzureichend und nicht flächendeckend ausgebaut, daher ist zum Beispiel ein Hotel in Moskau sehr teuer. Der Tschetschenien-Konflikt ist noch nicht gelöst; den Südwesten des Landes kann man nicht bereisen.

▶ Sicherheit

Von Reisen in die autonomen Republiken am Kaukasus (Tschetschenien, Inguschien, Dagestan, Nordossetien) wird ausdrücklich abgeraten.

▶ Trends

Eine Fahrt mit der Transsibirischen Eisenbahn ist bei westlichen Urlaubern sehr beliebt, entweder von Moskau aus direkt nach Peking oder mit einem Umweg über Ulan-Bator in die chinesische Hauptstadt.
Das Land ist touristisch fast komplett erschlossen; weniger bereist sind nur noch Kamtschatka und die Kurilen.

über zahlreiche Kulturdenkmäler und unberührte Landschaften schweifen lassen. Der Ob mit seinem klaren Wasser und den von Weiden gesäumten Ufern ist ein weiterer großer sibirischer Fluss. Er wird allerdings kaum befahren.

Der Tourismus dringt immer weiter in dieses Gebiet vor. Krasnojarsk und Norilsk an der Mündung des Jenissej haben sich bereits auf Gäste eingestellt: Im Sommer kann man beispielsweise Boot fahren.

Die hiesige **Halbinsel Kamtschatka** ist ein spannendes Ziel für geologisch Interessierte: Zwischen dem Beringmeer und dem Ochotskischen Meer erstrecken sich über 200 Krater. Dieser aktive Vulkanismus macht die Landschaft weltweit einzigartig. Im „Tal der Geysire", das sich ebenfalls auf Kamtschatka befindet, gibt es zudem natürliche heiße Fontänen. Weitere erwähnenswerte Sehenswürdigkeiten in dieser Gegend sind der Archipel Franz-Joseph-Land nördlich der Doppelinsel Nowaja Semlja, die Wrangelinsel auf der gegenüberliegenden Seite, nordöstlich der Beringstraße gelegen, und die Tschuktschen-Halbinsel.

Das größte Abenteuer des künftigen Russland-Tourismus stellen aber wohl die **Kurilen** dar: Zwischen der Halbinsel Kamtschatka und Japan erwarten den Besucher vulkanische Landschaften, Lavawüsten, Wasserfälle, heiße Quellen, Fjorde, Kraterseen und unzählige Tiere, etwa Robbenkolonien und 200 Vogelarten.

■ Küsten

Am **Schwarzen Meer** bieten sich die besten Bademöglichkeiten in ganz Russland. Der bekannteste Badeort ist **Sotschi**. Hier treffen sich die Reichen, Schönen und Berühmten und von seinem Seehafen legen die Schiffe für Kreuzfahrten ins Schwarze Meer ab. ■

Schweden

REISEHIGHLIGHTS SCHWEDEN

Natur und Freizeit
- Nationalparks (Wandertouren), Nationalpark Tyresta, Nationalpark Gotska Sandön, Gotland
- Lappland (Wandertouren, Mitternachtssonne, Nordlicht, Tierwelt)
- Seen (Angeln), Göta-Kanal (Kreuzfahrten)

Wintersport
- Hundeschlitten, Motorschlitten, Langlauf

Städte und Kulturdenkmäler
- Stockholm, Malmö, Uppsala, Göteborg, Sigtuna
- Schonen (Landsitze, Schlösser, mittelalterliche Kirchen), Kalmar

Wer in Schweden Urlaub macht, taucht ein in einen endlosen Horizont, Wälder, Seen und Schnee. Das Land ist ideal für Wandertouristen, bietet in Lappland Möglichkeiten zum Aktivurlaub und besondere Highlights wie Mitternachtssonne und Nordlichter.

■ Natur und Freizeit

Seen, Flüsse und Wälder locken Wanderer in die zahllosen Nationalparks wie Abisko, Muddus, Padjelanta, Pieljekaise, Sarek und Stora Sjöfallet. Die anspruchsvollsten und zugleich interessantesten Wandertouren führen durch **Lappland**: Man erlebt die einmaligen Phänomene der Mitternachtssonne und des Nordlichts, die Traditionen der Samen und im Sommer Rentiere, Biber, Luchse – und Stechmücken.

Beim See Vänern liegt der Tafelberg Kinnekulle, unumstritten die schönste Gegend in Südschweden.

Der **Göta-Kanal** verbindet Stockholm mit Göteborg. Seine Inseln, Seen und Schleusen sind bei unvergleichlichen Kreuzfahrten zu erleben. Im Nationalpark **Tyresta** bei Stockholm leben zwischen den mächtigen Kiefern

REISEINFORMATIONEN

Erste Infos
Touristeninformation der VisitSweden GmbH, 069/22 22 34 96; Internet: www.visitsweden.com; www.schwedentor.de/reise-urlaub

Formalitäten
Bürger der EU und der Schweiz benötigen einen gültigen Personalausweis (Schengener Abkommen).

Gesundheit
Keine Besonderheiten.

Flugdauer, Zeitverschiebung
Durchschnittliche Flugdauer Frankfurt–Stockholm (1227 km): 2 Std; mit dem Auto Frankfurt–Stockholm: 1466 km, über Hamburg, Einschiffung in Puttgarden.
Keine Zeitverschiebung.

Durchschnittliche Reisekosten
Für einen zehntägigen Aktivurlaub in Lappland bezahlt man rund 1400 Euro, ein Wochenende in Stockholm, das man auch gut mit einem Besuch in Helsinki kombinieren kann, kostet ungefähr 400 Euro.

Sprache, Währung
Amtssprache: Schwedisch; Fremdsprache: Englisch.
Währung: Schwedische Krone.
1 Euro = 9,30 Schwedische Kronen

Bevölkerung
Rund 90 % der 9 031 000 Einwohner sind Schweden. Die größte ethnische Minderheit sind Finnen mit 2,5 %.
Hauptstadt: Stockholm.

Religionen
Die Protestanten bilden mit 86 % die religiöse Mehrheit. Daneben gibt es Katholiken, Pfingstler, griechisch-orthodoxe Christen, Muslime und Juden. Kirche und Staat sind in Schweden erst seit dem Jahr 1983 getrennt.

Feste und Feiertage
März: Vasaloppet; 24.–26. Juni: Mittsommer (Fest des Heiligen Johannes); 13. Dezember: Krönung der Heiligen Lucia.

Einkäufe
Gegenstände aus Glas, Holzschuhe und die berühmten kleinen Pferdefiguren aus Kiefernholz.

Schweden

HINWEISE
▶ **Pluspunkte**
Schweden ist ideal für einen Naturaurlaub und besticht durch eine sehr gute Infrastruktur.
Man kann das ganze Jahr verschiedenen Urlaubsaktivitäten nachgehen.
Es werden immer mehr preiswerte Flüge angeboten.
▶ **Minuspunkte**
Schweden-Reisen bleiben teuer.
▶ **Sicherheit**
Wie die anderen skandinavischen Länder ist auch Schweden ein sehr ruhiges Land ohne größere Sicherheitsprobleme.
▶ **Trends**
Freizeitaktivitäten wie Expeditionen mit Hunde- oder Motorschlitten (etwa in Jukkasjärvi) werden immer beliebter.

Ein Aktivurlaub der besonderen Art erwartet Touristen in Lappland.

eines echten Primärwalds Hirsche, Elche und Vögel.
An der sonnigen Südwestküste zwischen Halmstad und Strömstad finden sich herrliche Badestellen.
Auf der **Insel Gotland** unweit von Fårö sind Relikte aus prähistorischer Zeit und ungewöhnliche Kalksteinnadeln zu entdecken. Die Nachbarinsel **Gotska Sandön**, ein Nationalpark, beheimatet üppige Kiefernwälder, Dünen und zahllose Blumen, darunter prachtvolle Orchideen.

■ Wintersport
In Schweden ist Skisport von Abfahrtski bis Langlauf sehr beliebt. Das absolute Highlight für Skifahrer ist der Vasaloppet (Wasalauf): Auf der Strecke, die der schwedische König Gustav I. Wasa im Jahr 1521 auf Skiern bewältigte, wird heute ein berühmtes Skilanglaufrennen ausgetragen, das mit seinem Namen an diese Geschichte erinnert.

■ Städte und Kulturdenkmäler
Malmö lockt mit der St. Petri Kyrka, seinem Rathaus und einer Festung.
Uppsala hat eine alte Universität, eine gotische Kathedrale, ein Schloss und Hügelgräber heidnischer Könige zu bieten, und auch **Göteborg** hat durchaus seinen Reiz.
Stockholm wurde auf 14 Inseln errichtet und besitzt viele Kanäle und Brücken. Die Hauptstadt flankieren im Osten die Inseln und Halbinseln des Schären-Archipels (Skärgård). Ihre Juwelen sind die alten Viertel, etwa die Altstadt Gamla Stan mit den Pflastersteinstraßen, den Fassaden im flämischen Stil und dem barocken Königsschloss, das Museum der Modernen Kunst, das Vasa-Museum mit dem gleichnamigen Schiffswrack und das Skansen-Museum (ein Freilichtmuseum mit 140 historischen Gebäuden aus ganz Schweden) sowie die Königsschlösser in Drottningholm und Gripsholm. An den ersten drei Sonntagen im Dezember findet im Skansen-Park und in Stortorget der berühmte Weihnachtsmarkt statt. Am 13. Dezember wird das Fest der Heiligen Lucia gefeiert.

Zu den hiesigen Kulturdenkmälern zählen weiterhin die bemerkenswerten Runensteine, die zwischen Stockholm und Malmö gefunden wurden, **Sigtuna** mit Überresten von Kirchen aus dem 12. Jahrhundert und den historischen Straßen sowie Herrenhäuser, Schlösser und mittelalterliche Kirchen im Süden, etwa in **Schonen**, oder das Schloss in **Kalmar**. Arvidsjaur, Jokkmokk und Östersund zeigen noch die typischen Holzhäuser der Samen. ■

BESTE REISEZEIT			
	Klima	Wintersport	Mitternachtssonne und Nordlicht
Januar		❄	Nordlicht
Februar		❄	Nordlicht
März		❄	
April		❄	
Mai			Mitternachtssonne
Juni	Blütezeit in Lappland		Mitternachtssonne
Juli	☼		
August	☼		
September			
Oktober			
November			Nordlicht
Dezember		❄	Nordlicht

Schweiz

🇨🇭 Eine Autofahrt von Basel nach Lugano führt durch die ideale Kulisse für einen außergewöhnlichen Dokumentarfilm: majestätische Gipfel, ausgedehnte Seen und Tunnel, die kein Ende zu haben scheinen. Schweiz-Anhänger lieben das Land im Sommer wegen seiner unzähligen Wandermöglichkeiten und im Winter wegen seiner Skipisten und Loipen.

■ Landschaften, Wandertouren und Wintersport

Die Schweiz ist ein sehr beliebtes Ziel bei Wanderern, die bevorzugt das **Engadin** (im Kanton Graubünden), den Kanton **Wallis** mit seinen über 4000 Meter hohen Gipfeln oder den Kanton **Tessin** besuchen.

Den größten Abwechslungsreichtum bietet das **Berner Oberland**: Steilfelsen, die bis zu 50 Meter hoch sind, flankieren die Aar. In der Region Interlaken gibt es zahlreiche Wasserfälle wie den Giessbach, den Reichenbach, den Staubbach oder den Trummelbach. Am Südhang der Berner Alpen zieht der 24 Kilometer lange Große Aletschgletscher Kletterer, Skifahrer und Spaziergänger an.

In den vielen Ferienorten der Alpen kann man dem Wintersport frönen; beliebt sind **Zermatt** (zwischen Monte Rosa, Matterhorn und Weisshorn), **Davos**, **Sankt Moritz** (beide im Kanton Graubünden), **Gstaad** und **Crans-Montana**. Im Schweizerischen Nationalpark in **Graubünden** kann eine vielfältige Tier- und Pflanzenwelt beobachtet werden.

Auch die Ufer der Seen begeistern die Urlauber, etwa der Genfer See,

Schweiz

REISEINFORMATIONEN

Erste Infos
Schweiz Tourismus, Postfach 130754, 60070 Frankfurt, 0800/10 02 00 30; Internet: www.myswitzerland.com

Formalitäten
Bürger der EU benötigen einen Personalausweis (Schengener Abkommen).

Gesundheit
Keine Besonderheiten.

Flugdauer, Zeitverschiebung
Durchschnittliche Flugdauer Frankfurt–Genf (458 km) 1 Std. 20 Min., Frankfurt–Zürich (292 km): 1 Std. 20 Min; mit dem Auto Frankfurt–Genf: 580 km, über Basel und Bern. Keine Zeitverschiebung.

Durchschnittliche Reisekosten
Ein einwöchiger Wanderurlaub im Sommer kostet 600 bis 700 Euro, ein Wochenende in Genf (inklusive Flug und 2 Übernachtungen) um die 300 Euro. Ein Skiurlaub in der Schweiz ist relativ teuer.

Sprache, Währung
In der Schweiz teilen sich vier Sprachen den Status der Amtssprache: Deutsch (wird von zwei Dritteln der Einwohner gesprochen), Französisch, Italienisch und Rätoromanisch.
Währung: Schweizer Franken (100 Rappen = 1 Schweizer Franke).
1 Euro = 1,61 Schweizer Franken.

Bevölkerung
Unter den 7 555 000 Einwohnern, die sich auf die 23 Kantone verteilen, sind ungefähr eine Million Ausländer.
Hauptstadt: Bern.

Religionen
Insgesamt gibt es etwas mehr Katholiken (47 %) als Protestanten (44 %).

Feste und Feiertage
Februar: Basler Fasnacht; **Juli:** Jazz-Festival in Montreux; **Anfang Oktober:** Weinlesefest in Lugano; 6. Dezember: „Escalade de Genève" in Genf.

Einkäufe
Natürlich: Messer, Uhren, Schokolade!

Schweiz

Die Schweiz bietet zahlreiche Attraktionen wie das Schloss Chillon am Genfer See und natürlich ihre Berge.

REISEHIGHLIGHTS SCHWEIZ

Landschaften, Wandertouren und Wintersport
- Engadin, Wallis, Tessin, Berner Oberland (Wandertouren)
- Zermatt, Davos, Sankt Moritz, Gstaad, Crans-Montana (Wintersport)
- Schweizerischer Nationalpark, Seen

Städte und Kulturdenkmäler
- Genf, Lausanne, Montreux, Lugano, Basel, Zürich
- Mittelalterliche Städte

und das Rousseau-Museum. Am 6. Dezember feiert die Stadt mit der „Escalade de Genève" den Schweizer Sieg über Savoyen vor über 400 Jahren. **Lausanne** beheimatet eine Kathedrale aus dem 13. Jahrhundert und Museen. Die Attraktionen in **Montreux** sind sein Musikfestival und das Klima der Waadtländer Riviera. In **Sitten** steht die Burgkirche Notre-Dame-de-Valère. Die Fasnacht in **Basel** gehört zu den schönsten Europas, zudem gibt es hier prächtige Museen wie das Schaulager, das Tinguely, das Vitra Design Museum und die Fondation Beyeler. Schöne Gärten säumen die Seeufer in **Lugano**, die Villa Favorita beherbergt eine Privatsammlung.
Drei mittelalterliche Städte imponieren in der Ostschweiz: **Schaffhausen** mit zwölf noch erhaltenen Zunfthäusern, **Stein am Rhein**, wo es einige freskenverzierte Fassaden zu bewundern gibt, und **Sankt Gallen**, das bekannt ist für die 2000 Handschriften seiner Klosterbibliothek.
Der Fluss der Limmat verhalf **Zürich** zu seiner grandiosen Lage. Die romanische Kathedrale Grossmünster, das Fraumünster und seine bedeutenden Museen sind weitere Highlights. ∎

der Neuenburger See, der Bodensee, der Luganersee, der Lago Maggiore oder der Vierwaldstättersee.

■ **Städte und Kulturdenkmäler**

Genf besticht durch seine Lage und den Springbrunnen Jet d'eau. In seiner Altstadt findet sich eine alte Kathedrale, mittelalterliche Häuser, ein Palast, das Rathaus und die Église de la Madeleine. Es gibt hübsche Viertel und Gemeinden wie Carouge und Pâquis, einen botanischen Garten und mehrere Museen, etwa das Ariana-Museum, das Fayence-Keramik und Porzellan zeigt, das Uhrenmuseum,

BESTE REISEZEIT		
	Klima	Wintersport
Januar		❄
Februar		❄
März		❄
April		❄
Mai	☼	
Juni	☼	
Juli	☼	
August	☼	
September	☼	
Oktober		
November		❄
Dezember		❄

HINWEISE

▶ **Pluspunkte**
Die Schweiz bietet dank einer der schönsten Gebirgslandschaften Europas ideale Bedingungen für Wintersportfans und Wanderer.
Das Straßen- und Schienennetz ist gut ausgebaut und man kann mit originellen Gebirgseisenbahnen reisen.

▶ **Minuspunkte**
Ein Schweiz-Urlaub ist sehr teuer.

▶ **Trends**
Wintersport ist die Hauptattraktion im Land. Doch auch die kleinen Panoramazüge wie der Bernina-Express, der Wilhelm-Tell-Express und vor allem die Jungfraubahn werden immer beliebter.

🇸🇳 Senegal ist das Land der „Teranga" (Gastfreundschaft). Neben einer schönen Küste findet man etwa die Region Casamance und das Saloum-Delta, die Zivilisation, Pflanzenwelt und Wasserfauna vereinen. Die geschichtsträchtigen Städte Saint-Louis und Gorée besitzen ihren ganz eigenen Charme.

Senegal

■ Küsten

An den gut erschlossenen Sandstränden wachsen Kokospalmen und Kasuarinen. Im Senegal scheint das ganze Jahr über die Sonne, die Passatwinde bringen Erfrischung. An der **Petite Côte** südlich von Dakar liegen so bekannte Seebäder wie das lebhafte **Saly** mit seinen Stränden, Möglichkeiten zum Sportangeln und Golfen und seinem Nachtleben, neben ruhigeren Orten wie **Nianing** und **La Somone**. Überall ist man bemüht, neben Badeurlaub auch Ökotourismus-Alternativen anzubieten.

Cap Skirring an der Küste der Ziguinchor-Region (Basse Casamance) ist ebenfalls bei Besuchern beliebt. Der fischreiche Atlantik lockt Sportangler, und auch im **Saloum-Delta** kann man Afrikanische Rote Schnapper, Barrakudas, Marline und Stachelmakrelen fangen. Bei Pirogen- (Einbaum) Fahrten auf den Armen des Saloum passiert man Mangroven.

■ Landschaften und Tierwelt

Die **Casamance** und der Nationalpark Basse Casamance zählen zu den schönsten Landschaften Senegals. Sie beheimatet Mangroven, Kasuarinen, trockene Flussarme, Wälder und tropische Bäume, etwa Affenbrotbäume, Salzpflanzen, Flammenbäume und Ceibabäume.

An den Ufern des Flusses Casamance findet man ursprüngliche Lebensräume und Traditionen. Die Mündung und der Lauf des Flusses machen diese Region so reizvoll.

Nahe Dakar liegt der **Lac Retba**. Dank seiner Farbe, die ihm die Mi-

---

REISEINFORMATIONEN

Erste Infos
Botschaft der Republik Senegal, Dessauerstr. 28/29, 10963 Berlin, 030/856 21 90; Internet: www.senegal-tourism.com
Formalitäten
Bürger der EU und der Schweiz benötigen einen Reisepass, der nach Rückkehr noch mindestens 6 Monate gültig ist. Für Gambia ist ein Visum erforderlich.

Gesundheit
Impfungen gegen Gelbfieber werden dringend empfohlen, zudem ist eine Malariaprophylaxe unerlässlich.
Flugdauer, Zeitverschiebung
Durchschnittliche Flugdauer Frankfurt–Dakar (4567 km): 7 Std.
Um 12 Uhr deutscher Zeit ist es im Senegal im Sommer 10 Uhr, im Winter 11 Uhr.

Durchschnittliche Reisekosten
Die günstigsten Angebote für einen einwöchigen Badeurlaub (inklusive Hin- und Rückflug, Unterkunft mit Halbpension) beginnen in der Hauptsaison bei 900 Euro.
Sprache, Währung
Amtssprache: Französisch. Daneben werden etwa noch 20 Sprachen gesprochen, am weitesten verbreitet ist Wolof.

Währung: CFA-Franc.
1 Euro = 656 CFA-Franc.
Bevölkerung
Angehörige der Völker der Wolof stellen 40% der 12 522 000 Einwohner, daneben gibt es Fulbe, Serer und Diola.
Hauptstadt: Dakar.
Religionen
Die sunnitischen Muslime sind mit 91% in der Mehrheit, Katholiken und Animisten bilden Minderheiten.

Feste und Feiertage
Januar: „Tabaski" (Hammelfest); **4. April:** Unabhängigkeitstag; **Mai:** Jazz-Festival in Saint-Louis; **Oktober:** Regatta in Saint-Louis; **Fastenbrechenfest:** Ende des Ramadan.
Einkäufe
Holzfigürchen, Lederwaren, Halsketten mit Muscheln, Silberschmuck und Musikinstrumente sind beliebte Souvenirs.

Senegal

Das Saloum-Delta beweist, dass die Flüsse im Senegal mindestens so reizvoll sind wie das Meer.

REISEHIGHLIGHTS SENEGAL

Küsten
- Strände der Petite Côte (Saly, Nianing, La Somone) und der Casamance (Cap Skirring)
- Hochseeangeln, Sportangeln, Tauchen
- Ökotourismus

Landschaften und Tierwelt
- Casamance, Lac Retba
- Djoudj-Nationalpark (Vögel), Saloum-Delta (Vögel, Wasserfauna), Nationalpark Niokolo-Koba

Städte und Gedenkstätten
- Gorée
- Saint-Louis, Dakar, Ziguinchor

neralien in seinem Wasser verleihen, wird er auch Lac Rose genannt. Unweit von La Somone befindet sich das Schutzgebiet Riserva di Bandia. Die wahren Herrscher Senegals sind die unzähligen Vögel. Im **Djoudj**-Nationalpark leben Flamingos, Kormorane und Seeschwalben, im Nationalpark des Saloum-Deltas gibt es Pelikane, Rosaflamingos, Seeschwalben, Löffler, Graureiher und Ibisse. Der Nationalpark **Niokolo-Koba** und das Saloum-Delta sind die Heimat vieler Land- und Wassertiere.

■ Städte und Gedenkstätten

Die Insel **Gorée** vor der Küste Dakars war vor 1848 ein bedeutender Stützpunkt für den Sklavenhandel mit Amerika. Heute steht sie unter Denkmalschutz. Ihre historischen Häuser im Kolonialstil, das Haus der Sklaven und das Geschichtsmuseum erinnern an diese Zeit.
Aber es gibt noch mehr zu sehen:
– **Saint-Louis** war die erste Ansiedlung Europas in Westafrika. Die Stadt auf einer Insel bietet ein Fischerviertel, koloniale Architektur und ein Luftpostmuseum.
– In **Dakar** auf der Halbinsel Cap Vert findet man Märkte und ein Völkerkundemuseum.
– Von dem hübschen Fischerhafen **Ziguinchor** aus hat man Zugang zur Region Casamance.

HINWEISE

▶ Pluspunkte
Das Tourismusangebot im Land ist vielfältig. An den Stränden herrscht nahezu das ganze Jahr ein angenehmes Klima und ein Badeurlaub ist relativ erschwinglich.
Die Lage in der Region Casamance hat sich deutlich entspannt und allmählich werden auch die Zeltplätze für Touristen wieder geöffnet.

▶ Minuspunkte
Zwischen April und Oktober ist das Klima im Süden etwas ungünstig.

▶ Sicherheit
Von Reisen in die südlichen Grenzregionen zu Gambia und Guinea-Bissau wird abgeraten. Wer dennoch dorthin möchte, sollte bei den jeweiligen Konsulaten Informationen einholen.

▶ Trends
Der Norden erlebt gerade eine Verjüngungskur, die viele Touristen anzieht: Die Stadt Saint-Louis erstrahlt dreieinhalb Jahrhunderte nach der Errichtung des ersten Forts in neuem Glanz. Auf dem Fluss Senegal können Kreuzfahrten mit der Bou-el-Mogdad, einem historischen ehemaligen Schiff der „Messageries du Sénégal", unternommen werden. Nicht zuletzt erfreuen sich die Wanderwege in der üppig grünen Region Casamance wieder wachsender Beliebtheit.

BESTE REISEZEIT		
	Klima	Fotografieren
Januar	☼	
Februar	☼	
März	☼	
April	☼	
Mai	☼	☘
Juni		☘
Juli		☘
August		☘
September		☘
Oktober	☼	☘
November	☼	
Dezember	☼	

Seychellen

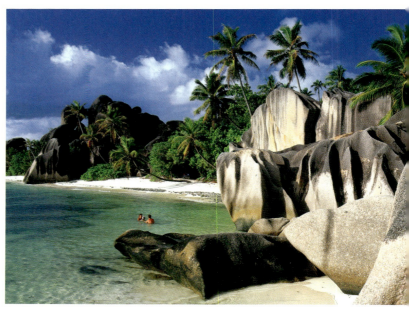

REISEHIGHLIGHTS SEYCHELLEN

Küsten
- Mahé, Praslin, La Digue, Silhouette
- Strände, Tauchen, Wasserski, Kreuzfahrten, Windsurfen, Hochseeangeln

Landschaften
- Nationalpark Vallée de Mai auf Praslin (Palmen, Seychellennusspalmen)
- Nationalpark Morne Seychellois auf Mahé (Wandertouren)

Tier- und Pflanzenwelt
- Seychellen-Riesenschildkröten, Vögel, Fische
- Flammenbäume, Latania-Palmen, Calophylla inophylla, Vanille

Türkisfarbenes Wasser, strahlend weiße Strände, atemberaubend blauer Himmel – das sind die Seychellen. Der Archipel, der sich über 1200 Kilometer erstreckt, zieht vor allem Badeurlauber an, doch auch das Inselinnere hat seinen Reiz. Die einzige Schlange in diesem Paradies: sein Preis.

■ Küsten

Von den 115 Inseln der Seychellen sind nur 30 bewohnt. Ihre Strände sind schlicht paradiesisch: Türkisfarbenes Wasser, feinster weißer Sand und Kasuarinen prägen die Küsten der Granitinseln. Angefangen mit **Mahé** (die größte von ihnen) mit 65 Stränden, **Praslin**, deren seichte Buchten sehr beliebt sind, oder **La Digue** mit den berühmten rosa Granitblöcken. Es gibt strenge Richtlinien für den lokalen Tourismus: Außer auf den größten ist nur ein Hotel pro Eiland erlaubt, und kein Gebäude darf die Seychellennusspalmen überragen.

REISEINFORMATIONEN

Erste Infos
Seychelles Tourist Office, c/o The Mangum Group, Sonnenstr. 9, 80331 München, 089/2366 21 69; Internet: www.seychelles.travel/de

Formalitäten
Bürger der EU und der Schweiz benötigen einen Reisepass, der nach Rückkehr noch 6 Monate gültig ist, zudem ein Rück- oder Weiterreiseticket und den Nachweis ausreichender Geldmittel.

Gesundheit
Impfungen sind nicht vorgeschrieben.

Flugdauer, Zeitverschiebung
Durchschnittliche Flugdauer Frankfurt–Mahé (7550 km): 11 Std. Um 12 Uhr deutscher Zeit ist es auf den Seychellen im Sommer 14 Uhr, im Winter 15 Uhr.

Durchschnittliche Reisekosten
Ein Seychellen-Urlaub ist teuer: Eine Woche mit Halbpension und Aktivitäten (Besuch anderer Inseln, Tauchen) kostet mindestens 2000 Euro.

Sprache, Währung
Amtssprachen: Seselwa, Französisch, Englisch.
Währung: Seychellen-Rupie (100 Cent = 1 Seychellen-Rupie).
Die Währung ist aber kaum in Gebrauch, denn die Urlauber bezahlen immer mit ausländischen Devisen; Euro werden akzeptiert.
1 Euro = 11,80 Seychellen-Rupien.
1 USD = 8,10 Seychellen-Rupien.
Die gängigen Kreditkarten werden akzeptiert.

Bevölkerung
Die Mehrheit der 81 900 Einwohner bilden Schwarze oder Mestizen; nahezu alle leben auf Mahé.
Hauptstadt: Victoria (auf der Insel Mahé).

Religionen
90 % der Inselbewohner sind katholisch, die anderen bekennen sich überwiegend zum anglikanischen Glauben.

Feste und Feiertage
Januar: Kavadi-Prozession; 29. Mai: Unabhängigkeitstag; Oktober: Festival Kreol mit Musik- und Theateraufführungen.

Einkäufe
Typische Seychellen-Souvenirs sind Gegenstände aus exotischem Holz, Schmuck aus Schildpatt, Batiken, Pareos und Palmnüsse.

Seychellen

Ein Highlight aller exotischen Badeparadiese dieser Welt: die Granitblöcke von La Digue.

HINWEISE

▶ Pluspunkte
Das tropische Inselparadies profitiert von einer effizienten Politik zum Schutz der Natur.
Man ist bestrebt, die Größe und Ausdehnung der Hotels auf den Inseln zu begrenzen.

▶ Minuspunkte
Die Inseln sind stark vom Luxustourismus geprägt, weshalb die Preise hoch bleiben (auch wenn unlängst versucht wurde, diese zu senken).
Der Ozean ist wegen der Passatwinde relativ stürmisch und Baden kann zwischen Juni und September zeitweise gefährlich sein.

▶ Trends
Die Seychellen sind eines der beliebtesten Ziele für Hochzeitsreisende.
Die exquisiten Hotels werden durch Sport- und Fitnessangebote immer weiter aufgewertet.

Die Insel **Silhouette** mit ihrem Urwald bietet bereits erholsame Abgeschiedenheit, aber wirklich einsam wirken erst die Atolle und Korallenriffe im Westen, etwa die Amiranten und Aldabra, und im Süden des Archipels zum Beispiel die Farquhar-Inseln. Sie sind nahezu unbewohnt, aber auf einigen, etwa Frégate, findet sich touristischer Luxus.

Törns mit Segelbooten oder Katamaranen starten unter anderem von den zahlreichen Anlegeplätzen auf Mahé oder Praslin.

Beim Aktivurlaub kann man mit Schnorchel oder Sauerstoffflasche die Unterwasserwelt der Seychellen erkunden. Es gibt zahlreiche Stellen zum Tauchen, und es bieten sich Möglichkeiten zum Wasserski fahren, Windsurfen und Katamaran fahren. Beim Hochseeangeln kann man Marline, Thunfische, Barrakudas und Schwertfische fangen.

■ Landschaften

Die Küsten sind zwar die Hauptattraktion des Archipels, aber längst nicht der einzige Grund für einen Seychellen-Aufenthalt. Die Inseln im Süden beispielsweise werden bei Touristen immer beliebter.

Im Inland der Inseln findet sich eine üppige Vegetation, und auf der **Insel Praslin** hat man die Möglichkeit zu ausgiebigen Wandertouren. Die Insel ist stolz auf ihr Nationalsymbol, die zehn bis 25 Kilogramm schwere Frucht der Seychellennusspalme; sie ist die größte bekannte Baumfrucht. Die besondere Palme gedeiht ausschließlich auf Praslin: Im hiesigen Nationalpark Vallée de Mai stehen 7000 Exemplare.

Im Nationalpark Morne Seychellois auf Mahé sind Bergwanderungen auf über 1000 Meter Höhe möglich und es eröffnen sich herrliche Ausblicke auf die Küste.

Die kreolischen Häuser, die sich in der kleinen Inselhauptstadt Victoria finden, sind wegen ihrer Architektur und insbesondere der einladenden Veranden sehenswert. Das Festival Kreol Ende Oktober ist ein weiteres Highlight auf Mahé.

BESTE REISEZEIT		
	Klima	Ruhige See und wenig Andrang
Januar		
Februar		
März		
April	☼	☼
Mai	☼	☼
Juni	☼	
Juli		
August		
September	☼	☼
Oktober	☼	
November	☼	
Dezember		

■ Tier- und Pflanzenwelt

Die Seychellen-Riesenschildkröte ist auf dem Atoll Aldabra (einem großen Tierschutzgebiet, das zum Weltnaturerbe erklärt wurde) und auf der Insel Cousin heimisch. Hier leben auch zahlreiche schwarze Papageien, Seeschwalben, Fregattvögel und Tropikvögel, die man beobachten kann. Die besten Möglichkeiten zur Vogelbeobachtung bieten die **Inseln Bird**, **Cousin** und **Denis**, wo die Tiere zwischen Mai und November brüten.

Beim Tauchen oder bei einer Fahrt mit einem Glasbodenboot kann man die tropischen Fische entdecken, die sich in den zahlreichen Korallenriffen tummeln.

Die regionale Pflanzenwelt ist mit mehr als 80 Arten sehr üppig. Auf den Inseln findet man unter anderem Flammenbäume, Latania-Palmen, Calophyllum inophyllum oder Vanillebäume. Man kann sie alle beispielsweise bei einer geführten Rundwanderung auf der Insel Cousin sehen, die in der Regel von der Reiseleitung organisiert wird. ■

Simbabwe

REISEHIGHLIGHTS SIMBABWE

Landschaften
- Victoriafälle, Kariba-Talsperre (Kanu fahren, Angeln)
- Rhodes-Matopos-Nationalpark
- Balancing Rocks, Chinhoyi Caves

Tierwelt
- Matusadona- und Hwange-Nationalpark
- Elefanten, Krokodile, Vögel

Kulturdenkmäler
- Ruinenstätten Groß-Simbabwe und Khami

Der Forscher David Livingstone erblickte als erster Weißer die Wasserfälle des Sambesi und bekam dafür ein Denkmal. Heute begeistern sich „neuzeitliche" Entdecker neben dem außergewöhnlichen Naturschauspiel für die Fauna und einzigartige archäologische Stätten.

Simbabwe

REISEINFORMATIONEN

Erste Infos
Zimbabwe Tourist Office, Schillerstr. 3, 60313 Frankfurt, 069/920 77 30; Internet: www.zimbabwetourism.co.zw/

Formalitäten
Bürger der EU und der Schweiz benötigen einen nach Rückkehr noch 6 Monate gültigen Reisepass. Visa sind Pflicht und können bei der Ankunft beantragt werden (diese Möglichkeit sollte man vorab von der Botschaft bestätigen lassen).

Gesundheit
Eine Malariaprophylaxe wird im Sambesi-Tal (ganzjährig) und unterhalb von 1200 Metern (von Nov. bis Ende Juli) empfohlen; ein geringes Malariarisiko besteht in Bulawayo und Harare.

Flugdauer, Zeitverschiebung
Durchschnittliche Flugdauer Frankfurt–Harare (7848 km): 12 Std. Um 12 Uhr deutscher Zeit ist es in Simbabwe im Sommer 12 Uhr, im Winter 13 Uhr.

Durchschnittliche Reisekosten
Auf einer Reise mit Reiseleitung bekommt man häufig die Victoriafälle, die Nationalparks sowie Botswana und Namibia zu sehen. Für 18 Tage außerhalb der Feiertags- und Ferienzeit bezahlt man mindestens 2500 Euro.

Sprache, Währung
Amtssprache: Englisch. Shona ist die am weitesten verbreitete Landessprache. **Währung:** Simbabwe-Dollar. 1 USD = 30 700 Simbabwe-Dollar, 1 Euro = 45 200 Simbabwe-Dollar. Von Touristen werden meist USD verlangt, Kreditkarten werden nur sehr selten akzeptiert.

Bevölkerung
Die 12 311 000 Einwohner sind überwiegend Shona. Weiße, Inder und Mestizen bilden Minderheiten.
Hauptstadt: Harare (früher Salisbury).

Religionen
Es gibt Protestanten, Anhänger afrikanischer christlicher Sekten und Katholiken. 40 % der Bevölkerung sind Animisten.

Feste und Feiertage
18. April: Unabhängigkeitstag; **Ende Mai:** Africa Day; großes Festival in Harare: Musikfestival des House of Stone (Datum variiert).

Einkäufe
Das lokale Kunsthandwerk produziert Textilien, Schnitzereien und Masken.

Simbabwe

Die tosenden Victoriafälle, die Livingstone seinerzeit als erster Europäer entdeckte, gehören zu Simbabwe und Sambia.

HINWEISE
▶ **Pluspunkte**
Verschiedenartigste Sehenswürdigkeiten erwarten den Simbabwe-Besucher: Von Wasserfällen und reizvollen Landschaften über eine artenreiche Tierwelt bis zu imposanten Ruinenstätten.

▶ **Minuspunkte**
Simbabwe hat immer wieder mit Hungersnöten zu kämpfen und es treten hin und wieder soziale Spannungen auf.

▶ **Trends**
Die Victoriafälle gehören zu den spektakulärsten Wasserfällen der Welt. Besonders imposant ist der (jedoch leider recht kostspielige) Blick aus der Luft, von einem Hubschrauber aus.

■ Landschaften
Der Sambesi hat fünf Wasserfälle, von denen der größte 108 Meter in die Tiefe stürzt.
Das tosende Wasser der Fälle erzeugt einen dichten Nebel, der in allen Farben des Regenbogens schillert. „Mosi-oa-Tunya", der „Donnernde Rauch", ist ebenso faszinierend wie die weltweit berühmten Niagara- oder die Iguaçufälle.
Den **Victoriafällen** gab der Forscher David Livingstone ihren Namen, zu Ehren der englischen Königin. Die Fälle wurden mittlerweile zum Weltnaturerbe erklärt und zeigen sich in verschiedenen Gewändern – mal wild, mal zahm, aber immer beeindruckend. Ein Drittel der 1700 Meter breiten Fälle liegt in Simbabwe, die beiden anderen Drittel gehören zu Sambia. In der Nähe befindet sich die schmucke **Kariba-Talsperre**, ein Stausee des Sambesi. Vor Ort bieten sich zahlreiche Möglichkeiten zum Baden, Kanu fahren und Angeln.

Daneben gibt es noch mehr herausragende Sehenswürdigkeiten:
– Im **Rhodes-Matopos-Nationalpark** wurde Cecil Rhodes beigesetzt. Es sind riesige Steinblöcke und zahlreiche Felsmalereien der Buschleute zu bewundern.
– Die imposanten **Balancing Rocks** von Epworth, unweit von Harare, scheinen ständig darum bemüht, das Gleichgewicht zu halten.
– Der Sleeping Pool in den **Chinhoyi Caves** taucht den Grund der Höhlen in changierende Blautöne.

■ Tierwelt
Im **Matusadona-Nationalpark** bei der Kariba-Talsperre kann man Elefanten, Reiher und Krokodile beobachten, die ihren Durst stillen.
Der **Hwange-Nationalpark** ist der größte Nationalpark Simbabwes. Hier leben mehrere Elefantenherden von bis zu 100 Tieren, daneben mehr als 100 weitere Arten und ungefähr 400 Vogelarten.
Die Tiere in den Parks sind am besten am Ende der Trockenzeit zu beobachten, wenn sie sich an den Wasserstellen versammeln.

■ Kulturdenkmäler
Nahe dem Lake Mutirikwi finden sich die steinernen Ruinenstätten von **Groß-Simbabwe**, eine Hauptstadt des einstigen Bantu-Königreichs von Monomotapa mit einem Palast, Stadtmauern und einem Granitturm. Sie sind so bemerkenswert, weil Schwarzafrika nur wenige solcher architektonischen Zeugnisse hat.

Die Akropolis von Groß-Simbabwe ist ein weiteres Highlight. Sie wurde erst in den 1870er-Jahren entdeckt und ist vor allem bekannt für ihre ungewöhnlichen Statuen, die beispielsweise menschenähnliche Vögel darstellen und direkt in den Fels gehauen wurden.
In der Nähe von Bulawayo stehen die Ruinen von **Khami**. Sie zeugen von der Zeit zwischen dem 15. und 17. Jahrhundert, als Kahmi die Hauptstadt der Torwa-Dynastie war. ■

BESTE REISEZEIT		
	Klima	Victoriafälle und Farbenpracht
Januar		Regenzeit
Februar		✦
März		✦
April	☼	
Mai	☼	
Juni	☼	
Juli	☼	
August	☼	
September	☼	
Oktober	☼	
November		✦
Dezember		✦

Singapur

🇸🇬 *Die im 18. Jahrhundert von Sir Thomas Raffles gegründete „Löwenstadt" hat zwei Gesichter: nüchtern-seriös das eine, hektisch-betriebsam das andere. Der kleine Staat, dessen Architektur und Gesellschaft ebenfalls Kontraste prägen, ist ein guter Ausgangspunkt für Malaysia- oder Indonesien-Reisen.*

■ Stadt und Kulturdenkmäler

Das „Manhattan Asiens" definiert sich über Kommerz: Die Stadt profitiert von ihrem Status als Freihandelshafen und vertreibt verschiedenste Hightech-Produkte und Textilien. Die berühmteste Einkaufsmeile ist die **Orchard Road**. Rund um Chinatown kann man manchmal Schnäppchen ergattern.

Doch auch im Kaufrausch gilt es, realistisch zu bleiben: Die Preisvorteile sind längst nicht mehr so hoch wie noch vor 20 Jahren.

Neben Schnäppchen hat der reiche, blühende Mini-Staat eine harmonische Mischung aus Klassik und Ex-

 # Singapur

REISEINFORMATIONEN

Erste Infos
Singapore Tourism Board–STB, Hochstr. 35–37, 60313 Frankfurt, 069/9207700; Internet: www.visitsingapore.com

Formalitäten
Bürger der EU und der Schweiz benötigen einen nach Rückkehr noch mindestens 6 Monate gültigen Reisepass sowie ein Rück- oder Weiterreiseticket.

Gesundheit
Impfungen sind nicht vorgeschrieben.

Flugdauer, Zeitverschiebung
Durchschnittliche Flugdauer Frankfurt–Singapur (10285 km): 12 Std. Um 12 Uhr deutscher Zeit ist es in Singapur im Sommer 18 Uhr, im Winter 19 Uhr.

Durchschnittliche Reisekosten
Eine Reise nach Singapur mit Reiseleitung wird fast immer einen Besuch in einem der Nachbarländer einschließen. In der Nebensaison bieten einige Reiseveranstalter Kurztrips (3 Nächte) zu erschwinglichen Preisen an (etwa 750 Euro für Hin- und Rückflug und Unterbringung).

Sprache, Währung
Amtssprachen: Englisch, Malaiisch, Mandarin und Tamilisch.
Währung: Singapur-Dollar (100 Cent = 1 Singapur-Dollar).
1 USD = 1,41 Singapur-Dollar,
1 Euro = 2,08 Singapur-Dollar.

Die gängigen Kreditkarten werden akzeptiert.

Bevölkerung
Mit 4553000 Einwohnern ist die Bevölkerungsdichte in diesem kleinen Staat sehr hoch. 75% der Einwohner sind Chinesen; Malaien, Inder und Tamilen bilden Minderheiten. In der Stadt Singapur selbst leben etwa eine Million Menschen.

Religionen
28% der Bevölkerung sind Buddhisten, 19% Christen, 16% Muslime, 13% Daoisten und 5% Hindus. Zudem gibt es Anhänger des Sikhismus.

Feste und Feiertage
Februar: Chinesisches Neujahrsfest; **Juni:** Drachenboot-Festival; **9. August:** Unabhängigkeitstag; **Oktober:** „Thimiti" (Lauf über glühende Kohlen); **November:** Diwali

Einkäufe
Das lokale Kunsthandwerk und Textilien stehen Elektronik-, Foto-, Video-, Hi-Fi- und Computerbedarf nach.

Singapur

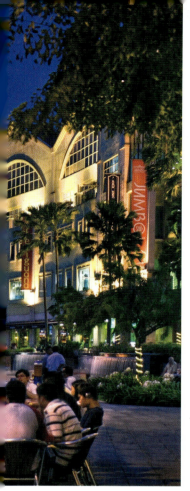

Im Herzen Singapurs wirkt die Stadt eher europäisch.

REISEHIGHLIGHTS SINGAPUR

Stadt und Kulturdenkmäler
- Orchard Road, Chinatown: Shopping, Schnäppchen (elektronischer Büro-, Foto-, Video-, Hi-Fi- und Computerbedarf)
- Chinatown, Little India
- Museen, Tempel, Moscheen, Raffles Hotel, Haw Par Villa

Tier- und Pflanzenwelt
- Parks (Bukit Timah)
- Japanische und botanische Gärten, Zoo

travaganz zu bieten. Die bunt gemischte Bevölkerung hat so typische Viertel wie **Chinatown** mit dem Chinatown Heritage Center oder **Little India** geprägt. Die regionalen Sitten und Bräuche, insbesondere die kulinarischen, sind vor allem chinesisch, indisch, malaiisch und peranakanisch beeinflusst.

Etwas ruhiger geht es in den Museen wie dem Nationalmuseum, dem Historischen Museum und dem Museum für Asiatische Kultur sowie an den idyllischen Stränden der nahen Inseln Sentosa und Bintan (Letzteres gehört zu Indonesien) zu. Die vier Kulturen im Land brachten eine prachtvolle Architektur hervor: Der hinduistische **Tempel Sri Mariamman** grenzt an den buddhistischen Tempel der 1000 Lichter und an die Sultan-Moschee. Die westliche Architektur manifestiert sich im **Raffles Hotel**. Dieses 1991 restaurierte Nationaldenkmal ist eines der prächtigsten Gebäude aus der Kolonialzeit. Ebenfalls sehenswert ist der Park **Haw Par Villa** mit seinen Felsreliefs, die chinesische Legenden erzählen. Früher hieß der Park Tiger Balm Gardens, nach der berühmten Salbe, die in Singapur erfunden wurde.

Überall kann man spektakulären Straßenopern (*wayangs*) beiwohnen, und es existieren zahllose Karaoke-Bars und Themenparks wie die Tang Dynasty City, wo unter anderem chinesische Krieger unterhalten.

■ Tier- und Pflanzenwelt

Der **Jurong Bird Park**, das **Van Kleef Aquarium**, der japanische Garten, der botanische Garten und der Zoo, der Tag und Nacht geöffnet hat, gehören zu den Highlights für Naturfreunde. Das tropische Bukit-Timah-Reservat bietet sich für einen Spaziergang an. ■

BESTE REISEZEIT		
	Klima	Shopping
Januar	☼	
Februar	☼	
März		
April		
Mai		
Juni		
Juli	☼	Großer Sonderverkauf
August	Regenschauer	
September	☼	
Oktober		
November	☼	
Dezember	☼	

HINWEISE
▶ **Pluspunkte**

Singapur bietet Asien im Kleinformat, inklusive all seiner Kontraste. Im Vergleich zu Europa sind bestimmte Artikel sehr günstig zu erwerben.

▶ **Minuspunkte**

Verglichen mit einem Aufenthalt in den südostasiatischen Nachbarländern ist ein Singapur-Urlaub teuer.

▶ **Sicherheit**

Singapur war schon immer ein sicheres Reiseziel, nur die von den Einheimischen verinnerlichte „political correctness" kann unter Umständen etwas irritieren. Diese Einstellung erklärt aber wohl auch die Sicherheit.

Die Hohe Tatra, das „kleinste Hochgebirge der Welt": In über 2500 Metern Höhe verteilen sich auf 26 Kilometern zehn Gipfel.

Slowakei

 Vor der Teilung besuchten Touristen die Tschechoslowakei hauptsächlich wegen des Slowakischen Mittelgebirges. Heute lockt die Slowakei ganz eigenständig Wanderer mit der Hohen Tatra, der Kleinen Fatra und den Ostbeskiden. Bratislava und andere Städte sorgen mit ihren Schlössern für Kulturerlebnisse.

REISEINFORMATIONEN

Erste Infos
Fremdenverkehrsamt Slowakei c/o Satur GmbH, Strausberger Platz 8, 10243 Berlin; 030/ 4294113; Internet: www.slovakia.travel

Formalitäten
Bürger der EU und der Schweiz benötigen einen Personalausweis (Schengener Abkommen).

Gesundheit
Keine Besonderheiten.

Flugdauer, Zeitverschiebung
Durchschnittliche Flugdauer Frankfurt–Bratislava (665 km): 2 Std. 15 Min.
Keine Zeitverschiebung.

Durchschnittliche Reisekosten
Bratislava macht sich allmählich einen Namen unter den europäischen Zielen für Wochenendtrips. Für drei Tage und zwei Nächte bezahlt man ungefähr 500 Euro (im Doppelzimmer, inklusive Flug), für eine Woche Wanderurlaub etwa 1000 Euro.

Sprache, Währung
Amtssprache: Slowakisch; Fremdsprachen: Deutsch und Englisch, Letzteres aber wenig verbreitet.
Währung: Euro.

Bevölkerung
Im Land leben 5 448 000 Menschen. Die Ungarn bilden mit 11 % eine größere Minderheit, ebenso die Roma, die 9 % stellen.
Hauptstadt: Bratislava.

Religionen
Die Mehrheit der Slowaken (60 %) ist katholisch, daneben gibt es eine protestantische Minderheit.

Feste und Feiertage
Mai: Musikfestival „Bratislavská Lyra"; Juni: Pop-Rock-Festival in Bratislava; Juli–August: Kultursommer in Bratislava; 1. September: Tag der Verfassung der Slowakischen Republik

Einkäufe
Keramik, aber auch Stickereien und Korbwaren sind beliebte Souvenirs.

Slowakei

REISEHIGHLIGHTS SLOWAKEI

Landschaften und Wandertouren
- Hohe Tatra, Niedere Tatra, Kleine Fatra
- Ostbeskiden, Slowakischer Karst
- Zips

Städte
- Bratislava, Trnava, Levoča, Trenčín, Bardejov, Banská Štiavnica

HINWEISE
▶ **Pluspunkte**
Das malerische Land bietet Touristen viel Abwechslung. Wanderer, die die Alpen und Pyrenäen umgehen wollen, sind hier richtig. Noch ist die Slowakei ein eher unbekanntes Ziel, das sich gerade erst im Tourismusgeschäft etabliert.

▶ **Sicherheit**
Die Slowakei gilt als sicher. In der Altstadt von Bratislava und auf Zugreisen sollte man ein gewisses Maß an Vorsicht walten lassen.

▶ **Trends**
Zwischen Bratislava und Wien windet sich die Donau – nicht immer blau, aber immer schön. Kreuzfahrten, die die beiden fast benachbarten Hauptstädte ansteuern, werden immer beliebter.

 Landschaften und Wandertouren

Die **Hohe Tatra** an der Grenze zu Polen ist das höchste und zugleich das interessanteste Gebiet im Land. Wanderwege führen an Felskämmen vorbei, und es existiert ein etwa 50 Kilometer langer Weitwanderweg, die Tatranská Magistrála. Unterwegs sind Täler, Gletscherseen und Felskämme zu entdecken. Hier gibt es Steinadler, Wölfe, Bären, Gämsen, Murmeltiere und viele Pflanzen.
Weitere Attraktionen der Hohen Tatra sind das Roháče-Tal mit seinen vier Seen, Zverovka und das Žiar-Tal. Im Winter treffen sich Skifahrer in Wintersportorten wie Starý Smokovec oder Štrbské Pleso und rund um Tatranská Lomnica.
Die **Niedere Tatra** (Donovaly, Certovica-Pass, Tale) holt im Hinblick auf den Tourismus ihre große Schwester allmählich ein. Der Nationalpark Slowakisches Paradies (Slovenský Raj) ist malerisch: Zwischen den Flüssen Hornád und Hnilec finden sich Wälder, Wasserfälle, Felswände, große Steinblöcke und Eishöhlen (Dobšinská).
Zwei weitere Gebirge, die **Kleine Fatra** im Westen und die **Ostbeskiden** an der Grenze zu Polen und der Ukraine, laden mit dem **Slowakischen Karst** und dessen Wäldern und Karsttrichtern ebenfalls zum Wandern ein. Sie gehören zu den interessantesten Landschaften in Mitteleuropa.
Im Nordosten des Landes erstreckt sich die Landschaft **Zips**, die mit der **Zipser Burg** die weitläufigste Burganlage in Mitteleuropa bietet.

■ Städte

Die Altstadt von **Bratislava** an der Donau ist besonders sehenswert. Über dem Fluss thront das Schloss der Stadt, in der ehemaligen Königsresidenz ist heute das Nationalmuseum untergebracht.
Der Martinsdom, das Mirbach-Palais im Rokoko-Stil, das Primatialpalais und die Oper sind weitere Glanzpunkte der maßvollen, intellektuellen und dynamischen Hauptstadt. Den besten Blick auf Bratislava hat man vom Napoleon-Hügel aus. Die nächste Hauptstadt, Wien, ist nur 60 Kilometer entfernt.
Die Ruinen der Burg Devín und der Zusammenfluss von Donau und March ganz in der Nähe runden das kulturelle Erlebnis ab.
Trnava hat gotische und barocke Kirchen wie den Dom des Heiligen Nikolaus und die Kathedrale des Heiligen Johannes des Täufers, historische Häuser mit barocken Fassaden und Überreste einer Befestigungsanlage. Die gotischen Häuser und die St. Jakobskirche mit dem großen Altaraufsatz von **Levoča** und das Königsschloss von **Trenčín** aus dem 13. Jahrhundert lohnen ebenfalls einen Abstecher. Im Osten gibt es in vielen Dörfern noch Holzkirchen.
Doch nicht nur die vielen Schlösser und Burgen begeistern, sondern auch die Städte mit der gotischen und Renaissance-Architektur, etwa **Bardejov** mit seiner St.-Aegidius-Kirche mit den Altaraufsätzen und **Banská Štiavnica**. Erholen kann man sich in den Thermalbädern des Landes, zum Beispiel in Piešťany. ■

BESTE REISEZEIT		
	Klima	Wintersport im Tatragebirge
Januar		❄
Februar		❄
März		❄
April		
Mai	☼	
Juni	☼	
Juli	☼	
August	☼	
September	☼	
Oktober		
November		❄
Dezember		❄

Slowenien

REISEHIGHLIGHTS SLOWENIEN
Landschaften und Wandertouren
▪ Julische Alpen (Wandertouren, Ski), Lipizzanerpferde, Braunbären
▪ Bled, Postojna (Grotten)
▪ Kurorte
Städte
▪ Ljubljana, Maribor
Küste
▪ Koper, Portorož, Piran

🇸🇮 Traumhaft an den Ausläufern der Alpen gelegen, strömen wieder zahlreiche Besucher nach Slowenien. Und das nicht ohne Grund, bietet das Land doch neben einem Küstenstreifen auch Wälder, Almen, den zauberhaften Bled, die großen Grotten von Postojna und die Kulturdenkmäler von Ljubljana.

 # Slowenien

allen voran, nach **Bled**. Am Ufer des friedlichen Sees und in einer harmonischen Umgebung erholte sich in früheren Zeiten der Adel Österreichs und Ungarns.

Neben alpinen Ferienorten hält Slowenien noch weitere Attraktionen bereit, etwa die in den Karst gegrabenen **Grotten von Postojna**, mit 20 Kilometern Länge die größten Eu-

▪ Landschaften und Wandertouren

Die **Julischen Alpen** sind von Wäldern bedeckt; im Sommer kann man bis zu 2000 Meter hohe Gipfel erklimmen. Der Triglav-Nationalpark bietet eine grandiose Gipfellandschaft, und Wanderer und Skifahrer zieht es in die umliegenden Ferienorte, etwa nach Bohinj mit seinem See, nach Kranjskagora, Bovec und,

REISEINFORMATIONEN

Erste Infos
Slowenisches Fremdenverkehrsamt, Maximiliansplatz 12a, 80333 München, 089/29161202; Internet: www.slovenia.info

Formalitäten
Bürger der EU und der Schweiz benötigen einen Personalausweis (Schengener Abkommen).

Gesundheit
Keine Besonderheiten.

Flugdauer, Zeitverschiebung
Durchschnittliche Flugdauer Frankfurt–Ljubljana (610 km): 1 Std. 15 Min. Keine Zeitverschiebung.

Durchschnittliche Reisekosten
Ein Wochenende in Ljubljana kostet etwa 400 Euro, eine Woche an der Küste (Flug und Unterkunft) 700 Euro, ein einwöchiger Wander-

urlaub im Triglav und zu den Alpenseen (alles inklusive) 1100 Euro.

Sprache, Währung
Amtssprache: Slowenisch; daneben wird Serbokroatisch gesprochen. Fremdsprache: Deutsch. **Währung:** Euro.

Bevölkerung
2 009 000 Menschen leben hier. **Hauptstadt:** Ljubljana.

Religionen
Es gibt mehr Katholiken als Protestanten.

Feste und Feiertage
8. Februar: Fest der slowenischen Kultur; Februar: Karneval; Juni–Juli: Maribor-Festival; Musikfestival in Ljubljana.

Einkäufe
Spitze aus Idrija, Holzgegenstände, schwarze Töpfereien, verzierte Ostereier.

Slowenien

Der Fischerhafen Piran lässt die Ruhe erahnen, die neben den zahlreichen Highlights immer mehr Besucher anzieht.

HINWEISE
▶ **Pluspunkte**
Das idyllische Land bietet zahlreiche Abwechslungen, unzählige Naturattraktionen (alpine Landschaften, Strände) und interessante Bauwerke.
▶ **Minuspunkte**
Das Land beginnt erst, sein touristisches Potenzial voll auszuschöpfen.
▶ **Sicherheit**
Slowenien ist ein sicheres Land mit ausgesprochen freundlichen Einwohnern. Reisende mit eigenem Auto können mit einer hervorragenden Infrastruktur rechnen.
▶ **Trends**
Bled ist sehr beliebt bei Naturfreunden: Man kann am See campen und in den nahe gelegenen Wäldern wandern. Es symbolisiert das neue Europa: einfach entspannt.

ropas, oder die Höhlen von Škocjan, die der Fluss Reka schuf. Das Tal Rakov Škocjan ist heute ein Nationalpark. Weitere Highlights sind die rund 20 Thermalbäder, die aktuelle Wellnessprogramme bieten, die stolzen Lipizzanerpferde und die Braunbären, die im Südosten leben.

■ Städte
Die Architektur in **Ljubljana** wurde seit der Stadtsanierung im 17. Jahrhundert von Barock und Jugendstil inspiriert. Die Schätze der Hauptstadt sind insbesondere der Hauptplatz und der große Markt. Das schönste Panorama eröffnet sich von den Mauern des Schlosses aus dem 12. Jahrhundert. Die Kathedrale, die Kirchen wie die Verkündigungskirche, die St. Nikolai-Kirche, die Templer-Kirche und die Franziskanerkirche sowie die großartigen Museen lohnen einen Besuch. Außerdem liegt die Stadt sehr zentral.

Maribor ist nach Ljubljana das beliebteste Städtereiseziel. Es besticht durch eine Kathedrale im romanisch-barocken Stil, die Burg aus dem 15. Jahrhundert und die Überreste seiner Befestigungsanlagen.

■ Küste
Knapp 30 Kilometer von Triest, am schmalen adriatischen Küstenstreifen, liegt **Koper**. Es ist für seine historische Beziehung zu Venedig bekannt. Dementsprechend sind Paläste im Stil der venezianischen Gotik zu sehen, und das Museum im Palazzo Belgramoni-Tacco zeigt Werke italienischer Künstler.
Der beliebteste Bade- und Kurort des Landes ist **Portorož**. Seine Attraktionen sind vor allem die Kasinos, Restaurants und die Strände.
Piran hingegen mutet eher mittelalterlich an. Der kleine Fischerhafen hat sich mit seinen Salinen einen gewissen Wohlstand erarbeitet. ■

BESTE REISEZEIT		
	Klima	Wintersport
Januar		❄
Februar		❄
März		
April		
Mai		
Juni	☼	
Juli	☼	
August	☼	
September	☼	
Oktober		
November		
Dezember		❄

Spanien

🇪🇸 Spaniens Hauptattraktionen sind nach wie vor seine Küsten, die Jahr für Jahr von Millionen von Urlaubern bevölkert werden. Verlässt man die Strände, so lassen sich bald die malerischen Gebirgslandschaften und die bedeutenden architektonischen Highlights erkunden, die das Landesinnere zu bieten hat.

Spanien

Das Festland

■ Küsten

Die von der Sonne verwöhnte, ausladende Mittelmeerküste von Katalonien bis Andalusien zieht nach wie vor die meisten Urlauber an. Die **Costa Brava** bei Cadaqués und Roses reiht sich an die **Costa Dorada** bei Sitges und Salou mit seinem Themenpark PortAventura. Es folgen die **Costa del Azahar**, die **Costa Blanca** bei Benidorm und die **Costa del Sol** bei Marbella und Torremolinos. Charmante Strände finden sich auch am Atlantik, an der kantabrischen Küste, der **Costa Verde**, dem Strand von **Santander** und der baskischen Küste. Die **Costa de la Luz** im Süd-

---

REISEHIGHLIGHTS FESTLAND

Küsten
- Mittelmeerküste, kantabrische Küste, südliche Atlantikküste

Städte und Kulturdenkmäler
- Im Norden: Santiago de Compostela, León, Saragossa, Valladolid, Barcelona, Salamanca, Segovia, Ávila, Madrid
- Im Süden: Cuenca, Aranjuez, Toledo, Almagro, Valencia, Trujillo, Cáceres, Mérida, Córdoba, Sevilla, Granada, Almería, Cádiz

Landschaften
- Aragonische und katalanische Pyrenäen, Picos de Europa, Andalusien, Guadalquivir

Kulturelles Erbe
- Corridas, Romerías, Don Quijote (Kastilien-La Mancha)

Die Extravaganz der Casa Batlló in Barcelona spiegelt den Charakter der Stadt Gaudís genauso wider wie die Sagrada Familia und der Park Güell.

Spanien

In Toledo, einer der reizvollsten Städte Europas, lebte und wirkte El Greco. Der Fluss Tajo und das maurische Erbe verleihen der Stadt eine einzigartige Atmosphäre.

Die imposante Plaza Mayor in Madrid mit einer Statue Philipps III.

osten mit Cádiz und dem Strand von Caleta hat sich bislang nicht dem internationalen Badetourismus verschrieben – eine echte Rarität in Spanien.

■ Städte und Kulturdenkmäler

Die meisten großen Städte besitzen ein Denkmal und ein berühmtes altes Viertel rund um eine Plaza Mayor. Dies sind die Landeshighlights (von Norden nach Süden):

– **Bilbao** hat ein avantgardistisches Guggenheim-Museum, dessen Architektur ebenso sehenswert ist wie die Sammlungen moderner Kunst.
– In **Santiago de Compostela** steht eine romanische Kathedrale. Der hübsche Wallfahrtsort zieht mehr und mehr pilgernde Touristen an.
– In **León** beeindrucken vor allem die Fenster der Kathedrale.
– **Saragossa** bietet die Basilika del Pilar und den Aljafería-Palast, der einst der Palast der maurischen Herrscher war und danach den Katholischen Königen diente.
– Altaraufsätze in Kirchen und bunte Skulpturen im Colegio de San Gregorio sind in **Valladolid** zu sehen.
– In ganz Katalonien gibt es kleine romanische Kirchen mit Glocken-

REISEINFORMATIONEN

Erste Infos
Spanisches Fremdenverkehrsamt, Kurfürstendamm 63, 10707 Berlin, 030/88265 43; Internet: www.spain.info; www.tourspain.es, www.andalucia.org, www.catalunyaturisme.com, www.ilescanaries.com

Formalitäten
Bürger der EU und der Schweiz benötigen einen Personalausweis (Schengener Abkommen).

Gesundheit
Außer auf einen ausreichenden Sonnenschutz ist auf nichts Besonderes zu achten.

Flugdauer, Zeitverschiebung
Durchschnittliche Flugdauer Frankfurt–Barcelona (1043 km): 1 Std. 55 Min., Frankfurt–Madrid (1420 km): 2 Std. 10 Min., Frankfurt–Las Palmas (3109 km): 3 Std. 40 Min., Frankfurt–Palma de Mallorca (1209 km): 2 Std. 10 Min.; mit dem Auto Frankfurt–Madrid: 1836 km, Frankfurt–Sevilla: 2324 km.
Auf dem Festland gibt es keine Zeitverschiebung, aber um 12 Uhr deutscher Zeit ist es auf den Kanaren 11 Uhr.

Durchschnittliche Reisekosten
Eine Woche im Club-Hotel an der Costa Brava im Doppelzimmer und mit Halbpension kostet inklusive Flug im April oder Mai und Ende September oder Oktober um die 350 Euro und in der Hauptsaison um die 550 Euro. Individualreisende bezahlen für eine Woche (Hin- und Rückflug, Mietwagen, Unterkünfte) um die 450 Euro.

Sprache, Währung
Amtssprachen: Spanisch (Kastilisch), regional sind auch andere zugelassen – in der Regel Zweisprachigkeit im Baskenland (Baskisch), in Katalonien (Katalanisch) und auf den Balearen (Katalanisch); 7% der Einwohner sprechen Galizisch.
Währung: Euro.

Bevölkerung
In den 15 Provinzen leben 40 448 000 Menschen, die zeitweise sehr ausgeprägte regionale Eigenheiten an den Tag legen. Viele Andalusier, Katalanen und Basken haben kaum etwas gemeinsam – abgesehen von ihrer oppositionellen Haltung der Zentralregierung gegenüber.
Hauptstadt: Madrid.

Religionen
Katholiken dominieren.

Feste und Feiertage
6. Januar: Dreikönigsfest; Februar: Karneval in Cádiz; Mitte März: Fallas in Valencia; März/April: Karwoche (Büßerprozession in Sevilla); Anfang Juli: Fest des Heiligen San Fermín in Pamplona; Ende Juli: Fest des Heiligen Jakob; 24. September: Festa de la Mercè in Barcelona.

Einkäufe
Gitarren von original andalusischen Gitarrenbauern, bemalte Holzfächer, Kastagnetten, Kulinaria (Olivenöl).

türmen und Portalen. In Montserrat steht eine Schwarze Madonna, und **Figueres** beheimatet ein extravagantes Dalí-Museum. In der Felsenbucht von Portlligat steht das Wohnhaus des Künstlers, in dem ein Museum untergebracht ist. Im Örtchen Pubol ist das seiner Frau Gala gewidmete Haus zu sehen.

– **Barcelona** besticht durch das Erbe Gaudís – zu sehen in der Sagrada Familia, dem Park Güell, der Casa Mila und der Casa Batlló –, das alte gotische Viertel, die Plaça Reial und das Viertel La Ribera. Die katalanische Hauptstadt beherbergt zudem die Joan-Miró-Stiftung, das Picasso-Museum und ein Schifffahrtsmuseum. In den *bodegas* (Bars) und Restaurants im Barrio Chino trifft man Touristen und flippige Einheimische.

– In **Salamanca** sind die Universität (spanischer Renaissancestil), Kathedralen (Vieja, Nueva) und ein Jugendstil-Museum zu sehen.

– **Segovia** bietet den Alcázar (Palastfestung) und ein Aquädukt.

– **Ávila** beeindruckt mit einer komplett erhaltenen romanischen Stadtmauer, Kirchen und der mystischen Santa Teresa.

– **Madrid** beistzt eine berühmte Plaza Mayor, einen Königspalast, barocke Kulturdenkmäler und Kirchen. Im Prado hängen Werke von Goya, Rubens, Velázquez, Tizian und Greco. Impressionisten präsentiert das Museum Thyssen-Bornemisza, das Reina-Sofia-Zentrum zeigt Dalí, Miró und Picasso, etwa dessen „Guernica". Madrid ist überdies bekannt für sein Nachtleben im historischen Viertel rund um die Plaza Santa Ana oder für modische Trends, die im berühmten Lavapiés-Viertel gesetzt werden.

– **El Escorial** liegt nordwestlich von Madrid. In seiner Königsnekropole aus dem 16. Jahrhundert sind Werke von flämischen Malern, von Tizian und von El Greco zu sehen.

– In **Cuenca** stehen die berühmten „hängenden Häuser".

– **Aranjuez** besticht durch seinen Palast und wundervolle Gärten.

– In **Toledo**, gelegen auf einem Fels über dem Fluss Tajo, stehen das Haus El Grecos und ein ihm gewidmetes

BESTE REISEZEIT			
	Strände des Festlands und der Balearen	Kanaren	Dolcefarniente und Kultur
Januar			
Februar			
März			
April			◉
Mai		☼	◉
Juni	☼	☼	◉
Juli	☼	☼	
August	☼	☼	
September	☼	☼	◉
Oktober		☼	◉
November			
Dezember			

Die pittoreske Alhambra und die kunstvoll angelegten, prachtvollen Gärten des Palacio de Generalife sind das Highlight Granadas.

Museum. Besonders sehenswert sind Bauten aus der maurischen Zeit, Kirchen im Mudéjar-Stil (mit Dekoren aus der islamischen Architektur), eine Kathedrale, das Judería-Viertel und die Synagoge El Transito.
– In **Almagro** steht das Corral de Comedias mit den Holztribünen.
– **Valencia** ist berühmt für seine grazile Architektur, zu sehen in der alten Seidenbörse, dem Palacio des Marqués de Dos Aguas, der Kathedrale und gotischen Monumenten.
– **Trujillo** bietet schöne Fassaden, etwa am Palast der Herzöge und am Marquès, und ein Reiterstandbild, das den Eroberer Pizarro darstellt.
– Das römisch-arabisch-christliche **Cáceres** erhielt dank seiner Zisterne Aljibe den Weltkulturerbestatus.
– In **Mérida** gilt es ein römisches Theater und ein Aquädukt zu sehen.
– Guadalupe, Jerez de los Caballeros und Zafra in der **Extremadura** sind für ihre sakrale Kunst bekannt.
– **Córdoba** hat mit der Mezquita eine einzigartige Moschee (8.–10. Jahrhundert) mit Bogen aus Ziegeln und Stein, in die Jahrhunderte später eine Kathedrale gebaut wurde.
– Die riesige Kathedrale aus dem 15. Jahrhundert in **Sevilla** wird vom Giralda-Turm (dem Minarett der ehemaligen Großen Moschee) flankiert. Der Alcázar im Mudéjar-Stil aus dem 14. Jahrhundert und die Patios und Wohnhäuser in den Vierteln Santa Cruz und Macarena sind weitere Highlights. Das Provinzmuseum der Schönen Künste zeigt Werke von Zurbarán und Murillo.

– **Granada** besticht durch die Alhambra – die Residenz der maurischen Herrscher mit sehr gut erhaltenen Palästen, Wohnhäusern, Bädern und Moscheen – und die Gärten des Palacio de Generalife.
– In **Almería** steht die Alcazaba, eine historische maurische Festung.
– **Málaga** hat vor Kurzem 200 Werke von Picasso, einem Sohn der Stadt, erworben.
– In **Cádiz** stehen die weißen Häuser, ein Karmelitinnenkloster, das auch Kunst zeigt, und Kirchen mit prachtvollen Oratorien wie die Santa Cueva, in der drei Werke Goyas hängen.

Die **Picos de Europa** (Gipfel Europas) im Kantabrischen Gebirge.

■ Landschaften

In den aragonischen Pyrenäen liegen der Ordesa-Nationalpark am Fuß des Monte Perdido und der Naturpark Sierra de Guara, in dem gute Canyoningmöglichkeiten bestehen. Das katalanische Gebirge südöstlich von Andorra lädt zum Wandern ein, etwa mit dem Naturschutzgebiet Cadi-Moixeró und den Routen in der Vulkanlandschaft von Garrotxa.
Auf dem Weg nach Galizien begegnet man den **Picos de Europa** im Kantabrischen Gebirge und den Sierras von Montserrat, Guadarrama, Gredos und Cazorla.

Zwischen der Nordwestküste und dem Kantabrischen Gebirge liegt die der Öffentlichkeit nicht zugängliche Höhle von **Altamira**. Die Felsmalereien aus der Jungsteinzeit in ihrem „Saal der Büffel" (die nur als Imitate zu sehen sind) sind weltberühmt. Auch in Ojo Guareña sind Höhlen zu bestaunen. Die Torca del Carlista ist der größte natürliche Hohlraum der Welt.
Zwischen Madrid und Valencia lohnen die bizarren Kalksteinblöcke der **Ciudad Encantada** einen Abstecher. Nördlich von Málaga, im Park **El Torcal**, ist Ähnliches zu sehen.

Die **Sierra Nevada** prägt das heiße **Andalusien** im Süden. Hier liegen die Provinz Jaén mit Olivenhainen und Haciendas, die Provinz Almería mit ihren Ebenen, die Mini-Wüste Tabernas, Schauplatz für „Spiel mir das Lied vom Tod", und weiße Dörfer wie Arcos de la Frontera und Ronda mit seiner tiefen Schlucht. Die scheinbar endlose Mündung des **Guadalquivir** ist vor allem im Frühjahr sehenswert, wenn die Macchie blüht.

■ Kulturelles Erbe

In nahezu jedem Ort in Spanien findet traditionell sonntags auf der

Spanien

Plaza de Toros eine Corrida (Stierkampf) statt. Pamplona begeht Anfang Juli das Fest des Heiligen San Fermín, bei dem die Stiere durch die Straßen getrieben werden.
Sehr beliebt sind auch die Romerías, der Heiligen Jungfrau gewidmete Wallfahrten. Unter allen Prozessionen, die in der Karwoche stattfinden, ist die Büßerprozession in Sevilla die bekannteste. Ferias (Jahrmärkte) und die Umzüge, die landesweit am 6. Januar stattfinden, sind weitere Attraktionen. An den Fallas in Valencia werden am Tag des Heiligen Josef Pappmaché-Figuren ver-brannt. In Barcelona findet am 24. September die Festa de la Mercè statt, Cádiz feiert im Vina-Viertel Karneval, und Andalusien pflegt seine Flamenco-Kultur.
Im Herzen des Landes, in Kastilien-La Mancha, sprenkeln malerische Siedlungen die **Ebene der Mancha**. Man kann auf den Spuren Don Quijotes wandeln: von Puerto Lapice, wo er den Ritterschlag erhielt, über Consuegra, Quintana de la Orden mit den Windmühlen und El Toboso (Dulcineas Heimat) bis zu den Burgen Belmonte und Guadamur.

Malerische Dörfchen, bezaubernde Landschaften – die Balearen haben weit mehr zu bieten als nur schöne Strände.

REISEHIGHLIGHTS INSELN
■ **BALEAREN**
Küsten
Strände von Mallorca, Menorca, Ibiza, Formentera
Landschaften und Wandertouren
Puigs (Gipfel) von Mallorca
Kulturdenkmäler und Museen
La Seu in Palma, Königspalast, Museum Joan Miró

■ **KANAREN**
Küsten
Strände von Gran Canaria, Teneriffa, Lanzarote, Fuerteventura, El Hierro
Landschaften und Wandertouren
Vulkane (Pico del Teide), La Gomera

Die Inseln

■ Die Balearen
Küsten
Mallorca, Menorca, Ibiza und Formentera sind schon fast zu Synonymen für den typischen europäischen Badetourismus geworden. Diese Inseln bieten jedoch nicht nur Badevergnügen, sondern auch Möglichkeiten für Aktivurlauber wie Segeln, Tauchen oder Windsurfen.
Auf **Mallorca** finden sich bei Palma und in seiner Umgebung lange hübsche Strände, die aber häufig sehr belebt sind. Ruhe findet man dagegen an den Ufern und in den Felsenbuchten der Nordküste.
Menorca hat 200 Kilometer Küste zu bieten; die bekanntesten Strände sind die Cala Pregonda und der

Festtagsstimmung in Sevilla.

Spanien

HINWEISE
▶ **Pluspunkte**
Badeurlaubern bietet Spanien ein perfektes Klima und 6000 Kilometer Küste.
Die meisten Dörfer und Städte stecken voller architektonischer Schätze.
Die Balearen und Kanaren eröffnen Abgeschiedenheit beim Wandern.
▶ **Minuspunkte**
Die Küsten sind stark verbaut.
Die Infrastruktur für Touristen entwickelt sich langsam.
Günstiger Badeurlaub ist heute auch in Spanien kaum mehr möglich.
▶ **Trends**
Die spanischen Tourismusverantwortlichen führen einen Kampf gegen Windmühlen – die Klischees halten sich hartnäckig. Man versucht dennoch, Alternativen aufzuzeigen, etwa mit den Reisen auf den Spuren Don Quijotes in der Ebene von La Mancha, um ein Gegengewicht zur Anziehungskraft der Strände zu schaffen. Und die Tourismusbranche löst sich tatsächlich langsam von Stereotypen und dem konventionellen Urlaubsangebot.

Strand von La Vall. Die kleinen Felsbuchten der Insel werden weniger stark frequentiert.
Auf **Ibiza** sind die Strände rund um den Hauptort der Insel immer dicht bevölkert. Erholung bieten ihre tiefen Buchten im Norden.

Landschaften und Wandertouren
Bis zu 1500 Meter hohe Puigs (Gipfel) locken Wanderer nach Mallorca. Ebenfalls sehenswert sind die Coves del Drac mit den unterirdischen Seen und den hiesigen Kalzitvorkommen sowie Klippen, kleine Felsbuchten und Kiefern am Cap de Formentor.

Kulturdenkmäler und Museen
Kunst ist in Palma de Mallorca allgegenwärtig. Die Kathedrale La Seu etwa hat eines der höchsten Kirchenschiffe der Welt, und die arabischen Bäder und der Königspalast Almudaina gehören zum Erbe, das die Mauren hinterließen.
Im Museum Joan Miró ist eine Dauerausstellung mit Werken des Malers zu sehen, und das Museum Es Baluard zeigt handsignierte Werke von Miró, Dalí, Picasso und Barceló.

■ Die Kanaren
Küsten
Trotz des Breitengrades ist das Wasser nicht ganz so warm wie an den Küsten der Balearen. Das Angebot an Hotels und touristischen Einrichtungen an den Stränden, besonders an der Südküste von **Gran Canaria** ist allerdings ebenso umfangreich. **Teneriffas** südlicher Teil mit Los Cristianos und der Playa de las Americas ist das Hauptziel für Urlauber.
Lanzarote und **Fuerteventura** erscheinen noch typisch spanisch. Die hohen Wellen vor den Stränden von Teneriffa, Lanzarote und Fuerteventura ziehen Funboardsportler an. Die am westlichsten gelegene Insel El Hierro ist bislang noch abseits der Besucherströme.

Landschaften und Wandertouren
Auch die Vulkanlandschaften der Kanaren sind eine Reise wert, etwa die Vulkane auf La Palma, der violett schimmernde Kegel des **Pico del Teide** auf Teneriffa, die Berggipfel auf Gran Canaria, die zum Wandern einladen, oder die Krater der Montañas del Fuego auf Lanzarote.
Die kleine Insel La Gomera erreicht man nur mit dem Schiff ab Teneriffa. Ihr subtropischer Lorbeerwald ist ideal zum Wandern. Die Routen auf der idyllischen Insel El Hierro führen zum Beispiel auf 1500 Meter zum Malpaso hinauf. ■

Sri Lanka

Der berühmte liegende Buddha von Polonnaruwa schenkt seinen Besuchern ein rätselhaftes Lächeln.

REISEHIGHLIGHTS SRI LANKA

Kulturdenkmäler
- Anuradhapura, Plonnaruwa, Kandy, Madirigiriya, Aukana, Sigiriya

Küsten
- Südwestküste und Nordostküste (Strände, Surfen, Tauchen)

Feste und Feiertage
- Esala Perahera (Kandy)
- Wallfahrt zum Adams Peak

Tier- und Pflanzenwelt
- Nationalparks (Elefanten)
- Botanische Gärten (Peradeniya), Teeplantagen (Nuwara Eliya), Gewürzgärten

Der Inselstaat, auch „Perle des Indischen Ozeans" genannt, erfreut sich bei Besuchern ungebrochener Beliebtheit. Dafür sorgen unter anderem die bedeutenden buddhistischen Schätze, die vielfältigen Wassersportmöglichkeiten und die zahlreichen weißen Sandstrände.

REISEINFORMATIONEN

Erste Infos
Tourist Board, Allerheiligento 2–4, 60311 Frankfurt, 069/287734; Internet: www.srilanka-botschaft.de

Formalitäten
Bürger der EU und der Schweiz benötigen einer Reisepass, der nach Rückkehr noch mindestens drei Monate gültig ist.

Gesundheit
Es wird eine Malariaprophylaxe empfohlen, die für Reisen in die Gebiete um Colombo, Kalutara und Nuwara Eliya aber nicht notwendig ist.

Flugdauer, Zeitverschiebung
Durchschnittliche Flugdauer Frankfurt–Colombo (8070 km): 10 Std. 10 Min. Um 12 Uhr deutscher Zeit ist es in Sri Lanka im Sommer 15.30 Uhr, im Winter 16.30 Uhr.

Durchschnittliche Reisekosten
Für zehn Tage (Hin- und Rückflug, Mietwagen mit Fahrer, Halbpension) bezahlt man etwa 1300 Euro, für eine Woche Badeurlaub in der Nebensaison ungefähr 1000 Euro (Hin- und Rückflug, Halbpension).

Sprache, Währung
Amtssprachen: Singhali (von 75% der Bevölkerung gesprochen) und inzwischen auch Tamilisch; Fremdsprache: Englisch.
Währung: Sri-Lanka-Rupie. USD sind willkommen.
1 USD = 108 Sri-Lanka-Rupien.
1 Euro = 159 Sri-Lanka-Rupien.

Bevölkerung
Von den 20 926 000 Einwohnern sind 70% Singhalesen. Tamilen bilden mit 20% eine Minderheit; sie leben im Norden der Insel.

Hauptstadt: Colombo.

Religionen
Die Singhalesen sind mehrheitlich Buddhisten, die Tamilen Hindus; daneben gibt es Muslime und Christen (je 7,5%).

Feste und Feiertage
Juni-Vollmond: „Poson Poya" (buddhistische Wallfahrt) in Anuradhapura; August-Vollmond: Esala Perahera in Kandy; Vollmond von **Dezember bis April:** Wallfahrt zum Adams Peak.

Einkäufe
Tee, Edelsteine, Textilien, Schnitzereien.

Sri Lanka

■ Kulturdenkmäler

Die meisten der großartigen architektonischen Sehenswürdigkeiten auf der Insel sind dem Buddhismus gewidmet. Jedes Jahr ziehen sie Massen von Pilgern an.

In **Anuradhapura** steht der heilige Baum Sri Maha Bodhi, ein Sprössling des *Ficus religiosa* in Bodhgaya (Indien), unter dem Buddha erleuchtet wurde. Die frühere Hauptstadt birgt zudem Klöster, Stupas wie den Jetavanarama, den Thuparama oder den Ruvanvaliseya und Überreste von Palästen und Wasserbecken. Auch **Polonnaruwa** war einst Inselhauptstadt. In ihr sind Stupas, Tempel, buddhistische Reliquien und beeindruckende Statuen zu bewundern, etwa der liegende Buddha im Gal Vihara. In den Felsentempeln in **Dambulla** stehen 48 Buddhastatuen. Weitere Sehenswürdigkeiten sind **Madirigiriya** mit den 68 Säulen, die in drei konzentrischen Kreisen angeordnet sind, und **Aukana** mit seinem riesigen Buddha.

Sigiriya, die Festung von König Kassapa I., zieren Malereien, die 21 junge, leicht bekleidete Frauen darstellen, die sogenannten Wolkenmädchen. In **Kandy** im Zentrum der Insel stehen einige Tempel. Die rosafarbenen Wände des Sri Dalada Maligawa sollen einen Zahn Siddharta Gautamas, des erleuchteten Buddhas, bergen.

■ Küsten

Die zahlreichen Strände an der 1500 Kilometer langen Küste verleihen Sri Lanka tropisches Flair. Die beliebtesten Badeparadiese sind etwa **Negombo**, **Kalutara**, **Bentota** und **Dehiwala-Mount Lavinia** an der Südwestküste; hier finden sich Fischerdörfer und lange Strände. **Galle**, **Hikkaduwa** und **Weligama** im Süden werden seit dem Tsunami von weniger Touristen besucht. An der Nordostküste, etwa im belebten **Batticaloa** und in **Trincomale** kann man beim Schnorcheln tropische Fische beobachten. Starker Wellengang und faszinierende Meeresgründe machen das Gebiet für Surfer und Taucher attraktiv.

■ Feste und Feiertage

Das spektakulärste lokale Fest ist die **Esala Perahera**, die zum Vollmond im August in Kandy stattfindet. Dabei ehren die Pilger den Zahn Buddhas, indem sie seinen Reliquienschrein auf einem heiligen Elefanten transportieren. Die Wallfahrt zum **Adams Peak** während der Vollmondphasen von Dezember bis April zieht Christen, Muslime, Hindus und Buddhisten gleichermaßen an.

BESTE REISEZEIT

	Colombo und Westküste	Ostküste	Landesinnere
Januar	☼		
Februar	☼		☼
März	☼	☼	☼
April		☼	☼
Mai		☼	
Juni		☼	
Juli		☼	
August		☼	
September		☼	
Oktober			
November			
Dezember			

HINWEISE

▶ **Pluspunkte**
Fantastische Möglichkeiten, Badeurlaub mit Kultur zu verbinden. Das Klima variiert zwischen Ost und West so stark, dass in einem Teil des Landes immer gutes Wetter ist. Die Schäden des Tsunami von 2004 sind kaum noch zu sehen.

▶ **Minuspunkte**
Ein dauerhafter Frieden zwischen tamilischen Separatisten und der Regierung bleibt fraglich.

▶ **Sicherheit**
Von Reisen in den Nord- und Nordostteil (Jaffna, Trincomalee, Batticaloa, Amparai) wird weiterhin abgeraten.

▶ **Trends**
Die hinduistische Heilkunst Ayurveda findet immer mehr Liebhaber unter den Sri-Lanka-Urlaubern.

■ Tier- und Pflanzenwelt

In den Nationalparks leben zahlreiche Elefanten. Am bekanntesten sind die Parks **Gal Oya**, **Wilpattu** und **Yala**. In Pinnawela, ungefähr 100 Kilometer von Colombo entfernt, gibt es ein „Waisenhaus" für junge Elefanten, das gern von Touristen besucht wird.

Auf der Insel existieren drei botanische Gärten. Der berühmte, üppig grüne **Peradeniya** (bei Kandy) präsentiert Tausende von Bäumen, Bambuswälder und 150 Orchideenarten. Im Süden liegt der **Sinharaja**-Nationalpark.

Rund um den Kurort **Nuwara Eliya** erstrecken sich Teeplantagen, deren große Namen wie Lipton und Dilmah noch aus englischer Zeit stammen; man kann die Plantagen besichtigen. Zudem liegen auf der Insel unzählige Düfte in der Luft, etwa von Zimt, Ingwer und Vanille, und man kann auf „Gewürzgarten"-Pfaden wandeln, insbesondere zwischen Dambulla und Kandy. ■

Südafrika

REISEHIGHLIGHTS SÜDAFRIKA

Tierwelt
- Kruger-Nationalpark und Hluhluwe-Umfolozi-Park mit den Big Five (Büffel, Elefanten, Leoparden, Löwen, Nashörner)
- Sümpfe um Santa Lucia (Krokodile, Flusspferde)
- Parks: Karoo (Springböcke), Addo (Elefanten), Pilanesberg (Giraffen, Breitmaulnashörner, Zebras)
- Kalahari Gemsbok (Springböcke, Geparden, Gnus, Erdmännchen, Kampfadler), Lamberts Bay und Langebaan-Lagune (Vögel)
- Straußenfarmen (Oudtshoorn)

Landschaften und Wandertouren
- Drakensberge (Blyde River Canyon), Tal der Trostlosigkeit
- Weinstraße, Botanischer Garten Kirstenbosch, Cango Caves
- KwaZulu-Natal (Spuren der Kunst der Buschleute), Augrabies-Fälle, Diamantminen in Kimberley
- Weitwanderwege

Küsten
- Durban, Wild Coast
- Garden Route
- Küste der Kap-Halbinsel

Städte
- Kapstadt, Johannesburg, Pretoria, Sun City

Das Land am Kap erfreut sich bei Touristen wachsender Beliebtheit. Das liegt nicht nur an Tierparks, die einen Blick auf die Big Five ermöglichen, sondern auch an den außergewöhnlichen Unterkünften. Und natürlich existieren daneben noch viele weitere Attraktionen.

Tierwelt

Auf dem Weg vom Nordosten in den Südwesten Südafrikas begegnet der Urlauber einer der vielfältigsten Tierwelten des Kontinents.
– Die „Big Five" – Büffel, Elefanten, Leoparden, Löwen und Nashörner – leben neben Giraffen und Geparden im größten und berühmtesten der 22 Nationalparks des Landes:

In Südafrika sind so berühmte Parks wie der Kruger-Nationalpark eingerichtet, aber auch etliche private Schutzgebiete.

Der tadellos geführte **Kruger-Nationalpark** (350 Kilometer lang, 55 Kilometer breit) zeichnet sich durch den besonderen Charakter seiner Buschlandschaft, seltene Spezies wie Hyänenhunden und Spitzmaulrashörnern sowie luxuriöse Unterkünfte aus.
– Südlich des Staates Swasiland im **Hluhluwe-Umfolozi-Park** leben neben den Big Five auch Breitmaulnashörner. Diese seltene Art steht kurz vor der Ausrottung.
– Die Sümpfe in der Gegend um **Santa Lucia** (Provinz KwaZulu-Natal) sind die Heimat von Flusspferden, Krokodilen und zahlreichen Vogelarten.

– Breitmaulnashörner, Zebras, Büffel und Giraffen sind im **Pilanesberg-Nationalpark** in Bophuthatswana im Norden zuhause.
– Nahe Kapstadt liegen die Wildvogelreservate **Langebaan-Lagune** und **Lamberts Bay**.
– Zwischen Kapstadt und Port Elizabeth kann man rund um **Oudtshoorn** Straußenfarmen besichtigen.
– Nördlich von Port Elizabeth liegt der **Addo-Elefanten-Nationalpark**, in dem etwa 400 Elefanten beheimatet sind.
– In den Savannen des **Karoo**-Nationalparks lebt die berühmteste und sprunggewaltigste aller Antilopenarten, der Springbock.

– Auch im **Kalahari Gemsbok** Nationalpark an der Grenze zu Namibia und Botswana ist der Springbock anzutreffen. Zudem sind hier Löwen, Geparden, Zebras, Gnus, Erdmännchen (die Maskottchen des Parks) und viele Vogelarten, unter anderem Kampfadler, angesiedelt. Juni und Juli sind am günstigsten für einen Parkbesuch.

■ **Landschaften und Wandertouren**

Das Highlight der südafrikanischen Landschaft sind die **Drakensberge**. Die lange Gebirgskette erstreckt sich von den Grenzregionen zu Mosambik bis in die Provinz Ostkap. Von

Die Riviera Kapstadts, Camps Bay, der Tafelberg und die Felsformation der „Zwölf Apostel" im Hintergrund.

REISEINFORMATIONEN

Erste Infos
South African Tourism, Friedensstr. 6–10, 60311 Frankfurt, 069/9291290; Internet: www.satour.org, www.southafrica.net

Formalitäten
Bürger der EU und der Schweiz benötigen einen Reisepass, der nach Rückkehr noch mindestens 6 Monate gültig ist. Das notwendige Visum ist bei der Ankunft erhältlich; außerdem braucht man ein Rückreiseticket.

Gesundheit
Impfungen sind nicht erforderlich, aber für die niedrig gelegenen Gebiete der nördlichen Provinzen, die Provinz Mpumalanga (inklusive des Kruger-Nationalparks) und den Nordosten von KwaZulu-Natal wird eine Malariaprophylaxe empfohlen (vor allem zwischen Oktober und Mai). Das Land hat zudem eine hohe Rate an HIV-Infizierungen.

Flugdauer, Zeitverschiebung
Durchschnittliche Flugdauer Frankfurt–Johannesburg (8658 km): 14 Std. 20 Min., Frankfurt–Kapstadt (9362 km): 15 Std. Um 12 Uhr deutscher Zeit ist es in Südafrika im Sommer 12 Uhr, im Winter 13 Uhr.

Durchschnittliche Reisekosten
Zehn Tage (Flug, Mietwagen, Unterkunft) kosten etwa 1500 Euro, für 15 Tage mit Reiseleitung bezahlt man 2500 Euro.

Sprache, Währung
Amtssprachen: Afrikaans, Englisch und neun weitere Sprachen (darunter Xhosa und Zulu).
Währung: Rand. Man sollte Euro und USD mitführen.
1 Euro = 9,50 Rand.

Bevölkerung
Von den 43998000 Einwohnern sind nahezu 75% Schwarze. Daneben leben knapp fünf Millionen Weiße und drei Millionen Mestizen im Land.
Regierungssitz ist Pretoria, Sitz des Parlaments ist Kapstadt.

Religionen
Christen – Anglikaner, Methodisten, Katholiken, unabhängige afrikanische Kirchen – bilden die Mehrheit.

Feste und Feiertage
2. Januar: Karnevalsumzug in Kapstadt; 21. März: Tag der Menschenrechte; 16. Juni: Tag der Jugend; 24. September: Heritage Day.

Einkäufe
Diamanten, Edelsteine, Leder, Taschen aus Krokodilleder, Weine.

den Drakensbergen eröffnet sich die schönste Aussicht auf Transvaal und insbesondere auf den **Blyde River Canyon** (26 Kilometer). In ihm bieten sich sehr gute Möglichkeiten zum Wandern. Die über 3000 Meter hohen Gipfel des Cathedral Peak oder des Royal-Natal-Nationalpark östlich von KwaZulu-Natal und Zululand locken Kletterer.

Die Landschaften im Süden sind abwechslungsreicher – zerklüftet und gezackt in der Wüstenregion Karoo und im **Tal der Trostlosigkeit**, sanft und gezähmt an der **Weinstraße** östlich von Kapstadt.

Einige punktuelle Sehenswürdigkeiten überziehen das Land. Unweit von Kapstadt etwa befindet sich der **Botanische Garten Kirstenbosch**, mit seinen 4500 verschiedenen Arten der artenreichste des Landes. In den be-

340

Südafrika

rühmten **Cango Caves** findet man Fresken und andere Spuren der Buschleute. Weitere Zeichnungen und Gravuren existieren in der Provinz **KwaZulu-Natal** entlang der Ostgrenze von Lesotho. In ihr liegen der Royal-Natal-Nationalpark und das Giant's Castle, authentische Begegnungen mit den Zulu sind möglich. Die Gegend rund um den Fluss Oranje hat zwei Highlights zu bieten: die **Augrabies-Fälle**, wo der Fluss 146 Meter in die Tiefe stürzt, und die Diamantminen von **Kimberley**.
Die meisten dieser Orte besitzen eine hervorragende touristische Infrastruktur und ein umfassendes Netz aus Weitwanderwegen durchzieht das Land.

■ Küsten

Das Wasser vor der Küste am Indischen Ozean ist sehr warm. Das berühmte **Durban**, einst die Heimat Gandhis, ist ganzjährig gut besucht und bietet ideale Surfbedingungen. Richtung Osten gelangt man an die **Wild Coast**. An ihr weht der Wind über 300 Kilometer Hügel, die zur Küste hin abfallen. Bislang sind die Besucherströme ausgeblieben, und es sind noch die traditionellen Hütten der Xhosa zu bewundern. In Umtata wurde Nelson Mandela, einem Sohn dieser Region, ein Museum gewidmet.
Die **Garden Route** („Gartenstraße") verläuft zwischen Mossel Bay, das Weiße Haie beheimatet, und Storms River. Diese äußerst beliebte Strecke hat dem Besucher Wälder, Seen, Flussmündungen und Strände zu bieten.
An der **Küste der Kap-Halbinsel** trifft der Atlantik auf den Indischen Ozean, und sorgt für erfrischend kühles Wasser. Rund um Kapstadt befinden sich unzählige Badeorte.

■ Städte

Kapstadt ist vor allem dank seiner Lage berühmt: Den Tafelberg, der die Stadt überragt, kann man im Rahmen einer Mini-Wandertour mit der Seilbahn erklimmen. Ein Besuch der Stadt lohnt sich auch, um das architektonische Erbe der Niederländer wie das Koopmans de Wet House und das Werft- und Hafenviertel Victoria & Alfred Waterfront, das aus victorianischer Zeit stammt, zu entdecken. Die Insel Robben Island vor Kapstadt war einst ein Gefängnis, in dem auch Nelson Mandela inhaftiert war. Heute ist es ein vielbesuchtes Museum.
Der Goldrausch, der gegen Ende des 19. Jahrhunderts einsetzte, brachte **Johannesburg** hervor. Die Stadt kämpft seit einigen Jahren gegen ihren Ruf als gefährlicher Ort. In ihrer Gold Reef City wird die Geschichte des Goldes nachgestellt. Das Viertel Newton bildet seit Kurzem einen wahren Schmelztiegel der Kulturen. Das städtische African Museum ist auf Völkerkunde spezialisiert und die Fuba Gallery zeigt Werke schwarzer Künstler. Weitere Attraktionen sind der Constitution Hill und das Apartheid-Museum; außerdem die reiche musikalische Tradition, vor allem, was Jazz betrifft. Bei einer Fahrt mit dem Heißluftballon oder einer geführten Rundfahrt kann man die South Western Townships (Soweto) besuchen. Die Besichtigung der früher ignorierten Soweto ist derzeit sehr beliebt. Es sind vielerlei Traditionen erhalten, etwa aus den Bereichen der Kunst, des Tanzes und der Heilkunst.
Ein paar Kilometer nördlich von Johannesburg liegt **Pretoria**. Die Stadt hat sich rund um den zentralen Church Square, die erste Buren-Siedlung, ausgebreitet.
Das junge **Sun City** in Bophuthatswana mutet wie ein kleines Las Vegas an. Golfspieler finden renommierte Plätze, zudem gibt es ein Krokodilmuseum. Das hiesige Lost City, eine nachgebildete historische Siedlung, hat einen Urwald und einen künstlichen Strand. ■

HINWEISE
▶ **Pluspunkte**
Die touristische Infrastruktur und die Verwaltung der Tierparks sind gut aufgestellt.
Die Tierwelt präsentiert sich artenreich.
▶ **Minuspunkte**
Eine Reise mit Reiseleitung ist nach wie vor relativ kostspielig.
Südafrika gilt noch immer als unsicheres Land, auch wenn sich die Lage allmählich entspannt.
▶ **Sicherheit**
Südafrika-Reisende sollten sich an die allgemeinen Sicherheitshinweise für dieses Land halten: Beispielsweise müssen die Fenster des Mietwagens geschlossen bleiben und die Townships sind keinesfalls auf eigene Faust zu erkunden. Wer sich vom gesunden Menschenverstand leiten lässt, reist auch hier sicher.
▶ **Empfehlungen**
Die Apartheid ist zwar Vergangenheit, aber die Lage im Land bleibt angespannt. Für die Townships etwa sind noch immer Sicherheitsvorkehrungen zu treffen. Respekt gegenüber den Bräuchen der Buschmänner und der Zulu sollte selbstverständlich sein.

BESTE REISEZEIT			
	Klima	Parks	Günstig reisen
Januar	☼		
Februar	☼		
März	☼		
April			
Mai		🐾	
Juni		🐾	€
Juli	☼	🐾	€
August	☼	🐾	€
September		🐾	€
Oktober		🐾	€
November			
Dezember	☼		

Südkorea

REISEHIGHLIGHTS SÜDKOREA

Landschaften
- Gebirgskette Taebaek Sanmaek (Wandertouren, Skifahren)
- Nationalparks (Seoraksan, Hallyo-Waterway)
- Jeju

Städte und Kulturdenkmäler
- Buddhistische Tempel und bildliche Darstellungen, Gyeongju, Seoul, Buyeo

Küsten
- Strände der Ost- und Westküste, Jeju

Das „Land des klaren Morgens" wird noch kaum bereist, obgleich es hier viel Interessantes zu entdecken gibt: Zeugnisse des Buddhismus und der königlichen Epoche, Badestrände, Mittelgebirge...

Südkorea

■ Landschaften

An der Ostküste erheben sich Berge wie der Taebaek Sanmaek direkt am Meer und laden zum Wandern ein. Möglichkeiten zum Skifahren bieten etwa die Wintersportorte im Yongpyong-Tal. Zu den bekanntesten Nationalparks des Landes zählen der **Seoraksan**, in dem man gut wandern kann, und der Meerespark **Hallyo-Waterway** nahe Busan mit seinen Inseln. Korea ist berühmt für seine Blütenpracht im Frühjahr, deren Krönung die Kirschblüte in der Gegend

---

REISEINFORMATIONEN

Erste Infos
Fremdenverkehrsamt Korea, Baseler Str. 48, 60329 Frankfurt, 069/233226; Internet: http://german.visitkorea.or.kr/ger/index.kto

Formalitäten
Bürger der EU und der Schweiz benötigen einen Reisepass, der nach der Rückkehr noch mindestens sechs Monate gültig ist, sowie unter Umständen ein Rück- oder Weiterreiseticket.

Gesundheit
Impfungen sind nicht erforderlich. Im Norden der Provinz Gyeonggi-do besteht ein (allerdings nur sehr geringes) Malariarisiko.

Flugdauer, Zeitverschiebung
Durchschnittliche Flugdauer Frankfurt – Seoul (8567 km): 11 Std. Um 12 Uhr deutscher Zeit ist es in Südkorea im Sommer 19 Uhr und im Winter 20 Uhr.

Durchschnittliche Reisekosten
Für zwölf Tage bezahlt man mindestens 2500 Euro, für eine häufig angebotene kombinierte Reise Japan–Korea 3000 Euro.

Sprache, Währung
Amtssprache: Koreanisch; Fremdsprache: Englisch. Währung: Won.
1 USD = 925 Won.
1 Euro = 1267 Won.

Bevölkerung
Die Bevölkerungsdichte ist extrem hoch: Hier leben 449 Einwohner pro Quadratkilometer. Nahezu 25 % der 49044800 Menschen leben im Ballungsraum Seoul. Die meisten Einwohner entstammen ethnischen Gruppen, die ursprünglich aus Zentralasien kamen.
Hauptstadt: Seoul.

Religionen
Buddhisten und Protestanten bilden die Mehrheit, daneben gibt es katholische und konfuzianische Minderheiten.

Feste und Feiertage
Neujahr des Mondkalenders; **April**: Kirschblütenfest auf dem Maisan; **1. Mai**: Fest der Geburt Buddhas; **ab dem 5. Tag des 5. Mondmonats**: Festival Danoje in Gangneung; **17. Juli**: Tag der Verfassung; **Oktober**: Erntefest (Chusok), Festival zu Ehren der Silla-Dynastie in Gyeongju.

Einkäufe
Man bekommt Kleidung, Elektronikartikel sowie Gold- und Silberschmuck.

Südkorea

In ganz Südkorea zeigt sich das gleiche Bild wie in Naksan: Wo ein Berg ist, ist auch ein Felsbuddha.

HINWEISE

▶ **Pluspunkte**
Das Angebot für Urlauber ist abwechslungsreich und die touristische Infrastruktur ausgezeichnet entwickelt.
Man bekommt hier günstige Kleidung und Elektronikartikel.

▶ **Minuspunkte**
Ein Urlaub mit Reiseleitung wird relativ kostspielig.
Die Regenfälle des Monsun trüben die Urlaubsfreude.

▶ **Trends**
Wenn man die hohen Kosten für einen Südkorea-Urlaub nicht scheut, sollte man im Frühjahr hierherkommen: Die Kirschblüte in der Gegend um Busan ist kurz, aber schlicht wunderschön!

um Busan ist. Im Süden liegt **Jeju**, die „Insel der Götter". Ihre Strände und die zahlreichen Krater machen sie bei den Südkoreanern sehr beliebt. Junge einheimische Paare verbringen bevorzugt ihre Flitterwochen dort. Über allem wacht der Berg Hallasan, den man durchaus bezwingen kann.

■ Städte und Kulturdenkmäler

Unzählige Tempel und bildliche Darstellungen ehren Buddha, etwa der Popchusa-Tempel mit dem 17 Meter hohen Buddha, der Kwanchoksa-Tempel, in dem der größte Steinbuddha des Fernen Ostens steht, der Sanbangguesa-Tempel auf Jeju, der Tonghwasa-Tempel, der uralte Hwaomsa-Tempel und der Haeinsa-Tempel unweit des Berges Songni, der den Tripitaka Koreana (einen buddhistischen Kanon aus Holzdruckplatten) birgt. Der Songgwangsa-Tempel ist das bedeutendste der 40 Bauwerke. Sie sind zugänglich für Besucher, die die buddhistische Kultur kennenlernen möchten.
Gyeongju, die einstige Hauptstadt der Könige, besitzt ein besonders reiches architektonisches Erbe: Es gibt Königsgräber, ein Observatorium, Überreste von viereckigen Pagoden, steinerne Buddhas, den Pulguksa-

BESTE REISEZEIT		
	Landesinnere	Küsten
Januar	☼	☼
Februar	☼	
März	☼	
April		
Mai		
Juni		☼
Juli		☼
August		☼
September	☼	☼
Oktober	☼	☼
November	☼	
Dezember	☼	

Tempel mit seinen Terrassen und einen in einen weißen Granitblock gehauenen Buddha, der im Grottentempel Sokkuran steht. **Buyeo** beheimatet eine einzigartige fünfstöckige Steinpagode aus dem 6. Jahrhundert. Die aktuelle Hauptstadt **Seoul** war schon die Hauptstadt der Li-Dynastie. Überbleibsel aus dieser Zeit sind etwa die Paläste Gyeongbok, Changdok und Toksu, die heute als Museen dienen. Das heutige Stadtbild prägen zudem Heiligtümer wie der Jongmyo-Schrein, Tempel, etwa der Jogyesa-Tempel, traditionelle Märkte und das Nationalmuseum, das Keramik und buddhistische Skulpturen zeigt. Und auch die moderne Zeit hat ihre Spuren hinterlassen: Es gibt immer mehr Einkaufsviertel, und der Olympiapark ist sehr beliebt.

■ Küsten

An den Küsten finden sich schöne Strände, im Osten beispielsweise Hwajinpo, Naksan, Kuongp'odae und Haeundae, im Westen Songdo, Mallipo, Taechon und Pyonsan. Auf der Insel Jeju, vor allem in Jungmun, erlebt der Badetourismus derzeit einen starken Aufschwung. ■

Eine arabische Burg überragt die Ruinen von Palmyra, die zum Weltkulturerbe ernannt wurden.

🇸🇾 Zu Syriens kulturellem Erbe zählen historische Stätten wie Palmyra, Apameia am Orontes, die Burg Krak des Chevaliers und Ugarit sowie Städte wie Damaskus und Aleppo. Zum Baden lädt Latakia ein.

 Syrien

REISEINFORMATIONEN

Erste Infos
Botschaft Syrien, Rauchstr. 25, 10787 Berlin, 030/501770; Internet: www.syria tourism.org

Formalitäten
Bürger der EU und der Schweiz benötigen einen Reisepass, der nach Rückkehr noch mindestens 6 Monate gültig ist und keinen Einreisestempel für Israel aufweist. Visa sind Pflicht; für die Golanhöhen ist eine gesonderte Genehmigung erforderlich.

Gesundheit
Zwischen Mai und Oktober wird für den Nordosten und einige Regionen an der Nordgrenze eine Malariaprophylaxe empfohlen (das Risiko ist jedoch gering).

Flugdauer, Zeitverschiebung
Durchschnittliche Flugdauer Frankfurt–Damaskus (2940 km): 5 Std. Um 12 Uhr deutscher Zeit ist es in Syrien im Sommer 13 Uhr, im Winter 14 Uhr.

Durchschnittliche Reisekosten
Eine einwöchige Rundreise (Hin- und Rückflug, Mietwagen mit Fahrer, Unterkünfte) kostet etwa 1100 Euro, für 15 Tage Syrien–Jordanien mit Reiseleitung bezahlt man 1500 Euro (alles inklusive).

Sprache, Währung
Amtssprache: Arabisch; vereinzelt wird noch Aramäisch gesprochen. Fremdsprachen: Englisch, Französisch.
Währung: Syrische Lira.
1 USD = 52 Syr. Lira,
1 Euro = 77 Syr. Lira.
In den großen Städten gibt es Geldautomaten, Kreditkarten werden zunehmend akzeptiert.

Bevölkerung
90% der 19315000 Einwohner sind Araber. Minderheiten bilden etwa Kurden, Armenier, Tscherkessen und Juden.
Hauptstadt: Damaskus.

Religionen
Die meisten Einwohner sind Muslime, hauptsächlich Sunniten, daneben gibt es 9% Christen.

Feste und Feiertage
17. April: Nationalfeiertag; **September:** Baumwollfest in Aleppo; **Fastenbrechenfest:** Ende des Ramadan.

Einkäufe
Brokat, Stickereien, Wasserpfeifen, Glasbläsereien, Leder, Silber, Aleppo-Seife. Die Atmosphäre der Suks ist einzigartig.

Syrien

REISEHIGHLIGHTS SYRIEN
Kulturelles Erbe
■ Palmyra, Hama, Apameia am Orontes, Dura-Europos
■ Tell Ras Shamra (Königreich Ugarit, Fundort des ältesten Alphabets der Welt)
■ Bosra, Mari, Ebla, Krak des Chevaliers, Tell Mozan
Städte
■ Damaskus, Aleppo
Küsten
■ Strände um Latakia

■ Kulturelles Erbe

Syrien ist eine der ältesten Kulturlandschaften des Nahen Ostens. Seine verschiedenen Zivilisationen haben ein bedeutendes archäologisches Erbe hinterlassen.
Palmyra (2. und 3. Jahrhundert n. Chr.) war die Stadt der Königin Zenobia. In ihr steht die Ruine des großen Tempels des Baal, zudem gibt es eine Agora (Marktplatz), ein römisches Theater und eine imposante Grabarchitektur mit Turmgräbern, Gewölben, Büsten und Kammern. Die Skulpturen in **Hama** stammen aus der Zeit des neuhethitischen Königreichs, das im 9. Jahrhundert v. Chr. errichtet wurde. Größte Attraktion der Stadt am Orontes sind die riesigen Wasserräder (Norias), mit deren Hilfe das Kanalsystem bewässert wird.
Die Säulenstraße in **Apameia am Orontes** war eine der schönsten im Römischen Reich; mehrere Ruinen flankieren sie. An der archäologischen Stätte Dura-Europos fand man Überreste eines Heiligtums, einer Synagoge aus dem 3. Jahrhundert und eines christlichen Hauses mit Baptisterium.
Tell Ras Shamra nördlich von Latakia war der Schmelztiegel des **Königreiches Ugarit** (2. Jahrtausend v. Chr.). 1929 wurden vor Ort Tontafeln mit alphabetischer Keilschrift entdeckt, Zeugnisse des ältesten Alphabets der Welt (3600 Jahre alt).
In **Bosra** stehen Kulturdenkmäler aus mehreren Epochen, darunter ein römisches Theater, eine Kathedrale, eine umayyadische Moschee, Befestigungsanlagen und Medressen. Auch die Überreste der Königspaläste von **Mari** und **Ebla** sind sehenswert.
Die hiesigen Kraks (Burgen) stammen von den Kreuzfahrern. Zu den schönsten zählt der **Krak des Chevaliers** (arabisch Qala'at al-Husn) zwischen Tartus und Homs.
Tell Mozan liegt 650 Kilometer nordwestlich von Damaskus. Ende des Jahres 1995 haben Grabungen die Überreste der Siedlung Urkeš freigelegt. Der Tempel, den die Hurriter hier im 20. Jahrhundert v. Chr. errichtet hatten, ist eines der ersten Relikte, die von diesem Volk entdeckt wurden.

■ Städte

Damaskus hütet einen architektonischen Schatz: Die berühmte Umayyaden-Moschee war das erste Bauwerk des Islam und einer seiner Glanzpunkte. Weitere Attraktionen sind die Zitadelle, die Stadtmauern, das Grab Saladins, das alte Christenviertel und das Soliman-Kloster. Das archäologische Museum der Stadt bietet einen guten Überblick über die verschiedenen Epochen.
Damaskus befindet sich derzeit im Wandel: Die historischen Holz- und Lehmhäuser werden restauriert und zu Hotels umgestaltet. Dabei bemüht man sich, den ursprünglichen Baustil zu bewahren.
Aleppo ist stolz auf seine Große Moschee der Umayyaden, Al-Dschami' al-Kabir (aus dem Jahr 715) und auf seine Zitadelle, mit deren Bau im 12. Jahrhundert begonnen wurde. Ein Gewirr von Gassen zieht sich durch die Stadt, und Aleppos Suks zählen zu den berühmtesten des Orients; dort bekommt man auch die berühmte Lorbeerseife. Die Osmanen haben zudem unzählige Moscheen und Karawansereien hinterlassen.

■ Küsten

Syriens Mittelmeerküste ist etwa 200 Kilometer lang, der Badetourismus konzentriert sich um die Stadt **Latakia**. Nach wie vor ziehen jedoch die herausragenden kulturellen Sehenswürdigkeiten die meisten Urlauber an. ■

HINWEISE
▶ **Pluspunkte**
Syrien hat mit das älteste kulturelle Erbe im Nahen Osten und beherbergt bedeutende archäologische Sehenswürdigkeiten.
▶ **Minuspunkte**
Rundreisen mit Reiseleitung sind relativ teuer und der touristische Aufschwung wird immer wieder durch den beständig schwelenden Nahostkonflikt beeinträchtigt.
▶ **Trends**
Wer Syrien bereist, macht meist auch einen Abstecher nach Jordanien: Palmyra und Petra bestechen beide durch ihre geographische Lage und durch archäologische Schätze.

BESTE REISEZEIT		
	Landesinnere	Küsten
Januar		
Februar		
März		
April	☼	
Mai	☼	
Juni	☼	☼
Juli		☼
August		
September	☼	☼
Oktober	☼	☼
November		
Dezember		

Tansania

🇹🇿 *In Tansania kann man mindestens genauso gut wilde Tiere beobachten wie in Kenia. Zudem ragt noch der schneebedeckte Kilimandscharo empor. Da die Nationalparks beider Länder dicht beieinander liegen, kann man sie zusammen besuchen und auf Safari gehen. Alternativ laden die Strände am Indischen Ozean zur Erholung ein, wie beispielsweise auf Sansibar, bekannt für sein historisches Erbe und seine Gewürze.*

■ Die Tierwelt

Solange es in Ostafrika wild lebende Tiere gibt, deren Bestand allerdings unter anderem von Wilderern bedroht wird, wird der Zustrom von mit Fotoapparaten bewaffneten Touristen nicht abreißen.

Die **Serengeti** ist der größte natürliche Tierpark der Welt: 14 763 Quadratkilometer ebene, von Granitinseln unterbrochene Savanne, in der 35 Arten großer Säugetiere weiden, dösen oder umherziehen, etwa Löwen, Giraffen, Impalas, Elefanten und Gnus. Die Gnus wandern in großer Zahl (zeitweise eine Million Tiere) von der Serengeti nach Masai Mara in Kenia. Dabei müssen sie den Fluss Grumeti mit seinen Gefahren (Krokodile, Schakale) überwinden. Die Serengeti wird im Südosten durch den erloschenen **Ngorongoro**-Vulkan verlängert. In dieser Caldera finden sich an die 20 000 Tiere (Löwen, Zebras, Antilopen, Geparden) und auch solche, die lange Zeit gejagt wurden, wie etwa Elefanten (nur etwa 500 Exemplare, vor 20 Jahren waren es noch 2500) und Nashörner, von denen es auch nur noch etwa 500 gibt; besonders selten ist das Spitzmaulnashorn. An den Seen am Rand des Vulkans leben zahlreiche Flamingos und Flusspferde.

Ganz in der Nähe können im **Lake-Manyara**-Nationalpark Löwen, Elefanten und 400 Vogelarten beobachtet werden. Auf der anderen Seite des Sees liegt der ebenfalls sehr bekannte **Tarangire**-Nationalpark.

Östlich und südöstlich von Daressalam befinden sich zwei Parks, deren Bekanntheitsgrad wächst: der **Ruaha**-Nationalpark mit seinen 10 000 Elefanten und das Wildreservat **Selous** mit dem **Mikumi**- (Elefanten, Giraffen, Gnus, Löwen) und dem **Udzungwa**-Nationalpark mit seinen Urwäldern, in denen viele Vögel und Stummelaffen leben.

Auf Sansibar leben im alten Jozani-Wald Sansibar-Stummelaffen. Vor

> **REISEHIGHLIGHTS TANSANIA**
> **Tierwelt**
> ■ Elefanten, Flamingos, Giraffen, Gnus, Flusspferde, Löwen, Nashörner, Zebras
> ■ Serengeti-Nationalpark, Ngorongoro-Krater, Nationalparks: Lake Manyara, Tarangire, Ruaha, Mikumi, Udzungwa
> **Landschaften und Trekking**
> ■ Besteigung des Kilimandscharos
> ■ Rift Valley, Ol Doinyo Lengai
> ■ Tanganjikasee, Malawisee
> ■ Gewürzroute auf Sansibar
> **Spuren der Vergangenheit**
> ■ Olduvai, Sansibar
> **Küsten**
> ■ Strände der Inseln Mafia und Sansibar

Wer Afrikas Tierwelt liebt, der wird sich unweigerlich für die Nationalparks Tansanias begeistern, wo die lange Zeit gejagten Elefanten die unumstrittenen Herrscher sind.

Der Kilimandscharo mit seiner Eiskappe, die bereits abschmilzt.

der Küste tummeln sich zahlreiche Delfine.

■ Landschaften und Trekking

Ehre, wem Ehre gebührt: Der Kilimandscharo ist der große Klassiker Afrikas, doch der Schnee, der seinen hohen Gipfel bedeckt, wird möglicherweise bis 2020 geschmolzen sein. Je nach Schwierigkeitsgrad werden fünf- bis zehntägige Trekkingtouren auf den Kilimandscharo angeboten. Über die gängigste Route (Marangu-Route) fällt der Aufstieg recht leicht, während die Besteigung auf Umwegen (Machame-Route) wesentlich anstrengender ist. Die Landschaft ist majestätisch, aber keineswegs ruhig, denn der Besucherzustrom ist an manchen Tagen unglaublich stark. Der Kilimandscharo stellt die drei anderen großen Sehenswürdigkeiten des Landes fast in den Schatten:
– das **Rift Valley** und den 2878 Meter hohen Ol Doinyo Lengai, der heilige Vulkan der Massai mit seinem gigantischen Blick auf den Natronsee;
– den **Tanganjikasee,** dessen Ufer etwa zu zwei Dritteln zu Tansania gehört. Er bietet einen atemberaubenden Blick vom westlichen Hochland aus, das stellenweise so unvermittelt abfällt, dass große und kleine Wasserfälle (Kalambo-Fälle) entstanden sind;
– den **Malawisee,** den früheren Nyasasee, der mit den schroffen Livingstone-Bergen seine schönsten Panoramen auf der Seite Tansanias hat. Seit der Sultan von Oman vor einigen Jahrhunderten die Idee hatte, Gewürznelkenbäume auf **Sansibar** anzupflanzen, ist die Inseln für ihre Gewürze berühmt: Die **Gewürzstraße** bietet Gewürznelken, Anis, Bergamotte, Zimt, Vanille und eine Vielzahl tropischer Früchte.

■ Spuren der Vergangenheit

Die etwa zwei Millionen Jahre alten Knochen des Australopithecus sowie „jüngere" Skelettfunde des *Homo habilis* und des *Homo erectus* machen die Olduvai-Senke zu einem Muss für Anthropologie-Begeisterte.
Eigentlich erwartet man in dieser Region und auf dem afrikanischen Kon-

---

REISEINFORMATIONEN

Erste Infos
Honorarkonsul der Republik Tansania, Normannenweg 17-21, 20537 Hamburg, 040/254560. Internet: www.tanzaniatouristboard.com/, www.tanzania-gov.de

Formalitäten
EU-Bürger und Schweizer benötigen ein Visum. Es sollte vor der Einreise oder ggf. am Flughafen beantragt werden. Erforderlich ist ein Reisepass, der noch sechs Monate gültig ist. Ein Rückreiseticket muss vorgelegt werden.

Gesundheit
Außerhalb der Städte wird eine Impfung gegen Gelbfieber dringend empfohlen. Malariaprophylaxe unterhalb 1800 Metern unbedingt erforderlich. Der Kilimandscharo sollte nur nach vorheriger ärztlicher Untersuchung bestiegen werden.

Flugdauer, Zeitverschiebung
Durchschnittliche Flugdauer Frankfurt–Arusha (zwei Zwischenstopps): 12 Std.; Frankfurt–Daressalam (6966 km): 10 Std. Um 12 Uhr deutscher Zeit ist es in Tansania im Sommer 13 Uhr, im Winter 14 Uhr.

Durchschnittliche Reisekosten
Eine zehntägige Fotosafari im Ngorongoro und der Serengeti (Hin- und Rückflug, Vollpension, Transport) kostet zwischen 1500 und 2500 Euro.

Sprache, Währung
Amtssprachen: Englisch und Swahili, dessen Hauptdialekt auf Sansibar und an der Kontinentalküste entstanden ist. Zahlreiche weitere Dialekte.
Währung: Tansania-Schilling. Die Mitnahem von USD wird dringend empfohlen.
1 USD = 1175 Tansania-Schilling,
1 Euro = 1727 Tansania-Schilling.
Bevölkerung
95 % der 39 384 000 Einwohner, mehrheitlich Bauern, sind Bantu. Die wichtigsten Minderheiten sind: Massai, Sukuma, Jagga.
Hauptstadt: Dodoma.

Religionen
Christen (Katholiken, Protestanten) und Muslime sind in der Mehrheit (34 % beziehungsweise 33 %). Starke animistische Minderheit.

Feste und Feiertage
12. Januar: Jahrestag der Revolution; Juli: Mwakakongwa- und Tamasha-Festival auf Sansibar; 9. Dezember: Unabhängigkeitstag.

Einkäufe
Vor allem Massai-Kunsthandwerk; Batikarbeiten, Teppiche, Kaffee und Gewürze (aus Sansibar).

Die Küste von Sansibar bietet den Safari-Teilnehmern eine willkommene Erholung.

BESTE REISEZEIT			
	Klima	Tiere beobachten	Besteigung des Kilimandscharo
Januar			🚶
Februar			🚶
März			🚶
April			
Mai		🐾	
Juni	☼	🐾 Gnu-Wanderung	
Juli	☼	🐾	🚶
August	☼	🐾	🚶
September	☼	🐾	
Oktober	☼	🐾	🚶
November			
Dezember			

tinent nicht gerade archäologische Sensationen. **Sansibar-Stadt** hat in dieser Hinsicht gleich mehrere Sehenswürdigkeiten zu bieten: das aus schwarzem Korallengestein errichtete Stone Town, wobei einige Viertel der alten „Stadt aus Stein" bedauerlicherweise zu verfallen beginnen; die hohen Häuser mit Türskulpturen; das alte arabische Fort; Beit al-Ajaib, das „Haus der Wunder".

■ Küsten

Sansibars weiße Sandstrände sind inzwischen sehr gut besucht, besonders im Norden, zunehmend auch im Osten. Die Strände der südlich von Sansibar gelegenen Insel Mafia verheißen mehr Ruhe, doch die Korallenriffs und die malerischen Kokospalmen werden gewiss zunehmend internationales Publikum anziehen. ■

HINWEISE
▶ Pluspunkte
Tansania ist das letzte Paradies für wildlebende Tiere: Nirgends gibt es so viele und so unterschiedliche Tiere wie in Tansania und Kenia, denen man auch auf Safaris nahekommen kann. Die Tiere lassen sich zwischen Juli und Oktober besonders gut beobachten, da sie sich in der Trockenzeit um die Wasserstellen scharen.

▶ Minuspunkte
Der Andrang ist ziemlich groß, daher muss man die Reise schon lange im Voraus buchen.
Ein Tansania-Urlaub ist meist sehr teuer.

▶ Sicherheit
Von Reisen ins Grenzgebiet zu Ruanda und Burundi wird dringend abgeraten. Auch sollte man nicht in die Nordregion des Tanganjikasees fahren.

Thailand

Thailand

🇹🇭 Die Erinnerungen an die Flutkatastrophe vom Dezember 2004 verblassen langsam und das Land ist wieder das beliebteste und günstigste Urlaubsziel Südostasiens. Das einstige Siam hat neben den Küsten noch einiges zu bieten: eine starke buddhistische Kultur, die Khmer-Architektur, liebliche Natur, Reisfelder, Begegnungen mit Minderheiten des Nordens.

REISEHIGHLIGHTS THAILAND
Städte und Kulturdenkmäler
- Bangkok, Nakhon Pathom
- Ayutthaya, Lopburi, Sukhothai (frühere Hauptstädte Siams)
- Pimai, Muang Tam, Surin (Khmer-Architektur), Chiang Mai, Lampang
- Brücke am River Kwai

Küsten
- Phuket, Krabi (Westküste), Songkhla, Pattaya, Rayong (Ostküste)
- Kreuzfahrten, Tauchen (Similan-Inseln)

Landschaften und Wandertouren
- Goldenes Dreieck
- Berge im Norden (Giraffenhalsfrauen), Goldenes Dreieck (Minderheiten)

■ Städte und Kulturdenkmäler

Bangkok wirkt mit seinen lärmenden Tuk-Tuks sehr nervös. Doch die 350 Tempel (darunter der Wat Phra Keo oder Tempel des Smaragd-Buddhas, der Wat Arun und sein Porzellan, der Wat Putthai Sawan und der Wat Benchamabophit) sind so sinnbildlich, die Atmosphäre des Flusses Chao Phraya ist so einzigartig, die schwimmenden Märkte und Kanäle aus einer anderen Zeit (Khlongs) sind so traditionell, das Essen auf den Märkten ist so berühmt, Bangkoks östliche Ausstrahlung so stark, sein neuestes Nahverkehrsmittel (Skytrain) so futuristisch, dass man geneigt ist, ihm viel zu verzeihen.

In **Thonburi** im Westteil Bangkoks liegen zahlreiche buddhistische Tempel, darunter der Wat Arun (18. Jahrhundert). Die Wats von Bangkok sollten aber nicht vom architektonischen Reichtum unweit der Hauptstadt ablenken. Bei einer Besichtigung des Stupas von **Nakhon Pathom** wird klar, warum er für Buddhisten einer der heiligsten des Landes ist.

Auch **Ayutthaya**, die ehemalige Hauptstadt Siams, hat so manches architektonische Schmuckstück zu bieten: Sie lässt sich von Bangkok aus mit einer Schiffstour von knapp 100 Kilometern auf dem Fuss Chao Phraya erreichen. Ayutthaya hat zahlreiche

Ein wunderbares Zusammenspiel: die roten Dächer der Wats in Bangkok und das Blau des Flusses Chao Phraya.

Tempel, restaurierte Stupas und schöne Sammlungen im Chao Sam Phraya Museum. **Damnoen Saduak** ist der berühmteste schwimmende Markt des Landes und rundet den Besuch der Region **Ayutthaya** ab. In der alten Stadt **Lopburi** ist der Palast des Königs Narai Beispiel für die Finessen der Kunst im Königreich Siam. Zum Novembervollmond werden in **Sukhothai** viele kleine Boote mit Blumen und Räucherstäbchen geschmückt. Im Geschichtspark thront ein großer Buddha, die Hauptattraktion der Gegend, neben den Ruinen des Tempels Wat Mahathat und seinen Stupas.

An der Grenze zu Kambodscha bieten die restaurierten Tempel von **Pimai** (8. Jahrhundert), **Muang Tam** und **Surin** (Wat Prasat Phanom Rung) beeindruckende Khmer-Architektur. Trotz des großen Besucherandrangs herrscht in **Chiang Mai**, der „Rose des Nordens", eine ruhige Atmosphäre. Sehenswert sind die Märkte und Feste, das Kunsthandwerk (Lack, Seide, Baumwolle) und der heilige Tempel Doi Suthep. Ganz in der Nähe liegt in **Lampang** das Kloster Lampang Luang, das zu den schönsten des Landes zählt.
Eine Sehenswürdigkeit besonderer Art ist die Brücke am **Kwai**, die alliierte Gefangene während des Zweiten Weltkriegs auf Befehl der Japaner bauen mussten – Tausende verloren ihr Leben.

■ Küsten

Der Tsunami vom Dezember 2004 hat 120 Kilometer der Westküste verwüstet, insbesondere Khao Lak und Koh Phi Phi, doch inzwischen ist in

Thailand

Koh Phi Phi an der Westküste ist zusammen mit Phuket einer der meistbesuchten Badeorte.

REISEINFORMATIONEN

Erste Infos
Thailändisches Fremdenverkehrsamt, Bethmannstr. 58, 60311 Frankfurt, 069/1381390; Internet: www.thailandtourismus.de

Formalitäten
EU-Bürger und Schweizer benötigen einen Reisepass (bei Einreise noch mindestens sechs Monate gültig, Aufenthalt bis 30 Tage).

Gesundheit
In den ländlichen Gebieten und in den Regionen in der Nähe zu Kambodscha und Myanmar wird eine Malariaprophylaxe empfohlen. In Bangkok und in den Touristenzentren keine Malariagefahr.

Flugdauer, Zeitverschiebung
Durchschnittliche Flugdauer Frankfurt–Bangkok (9011 km, direkt): 11 Std. 40 Min. Billigflüge Frankfurt–Phuket mit Zwischenstopp. Um 12 Uhr deutscher Zeit ist es in Thailand im Sommer 17 Uhr, im Winter 18 Uhr.

Durchschnittliche Reisekosten
Eine zehntägige Reise inklusive Bangkok und Badeurlaub in Phuket gibt es ab 1100 Euro (Hin- und Rückflug, Unterkunft). Eine Wandertour (14 Tage) zu den Bergvölkern des „Goldenen Dreiecks" kostet circa 1600 Euro.

Sprache, Währung
Amtssprache: Thai; Minderheiten sprechen Chinesisch und malaisch. Fremdsprache: Englisch (Städte, Touristenzentren). Währung: Baht. 1 Euro = 47 Baht.

Bevölkerung
65 068 000 Einwohner, verteilt auf zahlreiche Ethnien.
Hauptstadt: Bangkok.

Religionen
Das Leben ist so stark vom Buddhismus geprägt, dass angeblich jeder Thailänder mindestens drei Monate seines Lebens im Mönchsgewand zubringt. 6% der Bevölkerung sind Muslime und Christen.

Feste und Feiertage
Februar: Chinesisches Neujahrsfest; Februar–März: Blumenfest in Chiang Mai; November: Elefantenfest in Surin; Novembervollmond: Lichterfest in Bangkok, Boote tragen Blumen und Räucherstäbchen in Sukhothai; 5. Dezember: Nationalfeiertag.

Einkäufe
Holzschnitzereien, Seide (auch Kleidung), Schmuck, Taschen, Skulpturen, Webstoffe.

allen Badeorten wieder Betrieb. Der Badetourismus, der an der Küste der Andamanensee unter anderem dank attraktiver Preise seit zwei Jahrzehnten boomt, hat sein Glanzstück wieder. In Phuket hat man die Wahl zwischen trendiger Atmosphäre (Patong) und ruhigen Küstenabschnitten.
Einige Badeorte werden seit Langem gut besucht. Andere kommen erst so langsam in Mode wie **Krabi** und **Koh Samui** – davor liegen im Osten zahlreiche Inselchen, die vom Massentourismus noch verschont geblieben sind – sowie seit Neuestem die Strände der Region Trang. Populär sind auch **Koh Lanta** und seine beiden Inseln in der Andamanensee.
Das lebendige **Pattaya**, der Strand der Bewohner Bangkoks, und **Songkhla** am Südchinesischen Meer sind seit Langem Hochburgen des thailändischen Badetourismus. **Rayong**,

Thailand

In Ayutthaya wacht ein sitzender Buddha über die Tempel der einstigen Hauptstadt.

HINWEISE
▶ **Pluspunkte**
Die Infrastruktur an der Küste wurde nach dem Tsunami vom Dezember 2004 wiederaufgebaut. Ein Land, das ein breit gefächertes Angebot an Bade- und Kulturtourismus bietet. Der Urlaub wird langsam günstiger.

▶ **Minuspunkte**
Das Klima ist im Juli und August während des Monsuns eher ungünstig, auch wenn der Himmel nach den Regenfällen rasch wieder aufklart. Politisch angespannte Lage im muslimisch geprägten Süden.

▶ **Sicherheit**
Von Reisen in die im Süden gelegenen Provinzen Narathiwat, Yala, Pattani und Songkhla wird abgeraten.

▶ **Trends**
In Bangkok gibt es immer mehr Hotels, die erlesene Wellnessangebote im Programm haben, und dabei thailändischen Traditionen Rechnung tragen. Massagen, Kochkurse, Meditation im Beisein eines buddhistischen Mönches, Yoga und Tai-Chi liegen im Trend, sind sehr beliebt und helfen den Touristen aus dem Westen, ihre Energie frei strömen zu lassen.

BESTE REISEZEIT

	Klima	Strände im Süden	Tauchen
Januar	☼	☼	
Februar	☼	☼	
März		☼	
April			
Mai			⋖
Juni			⋖
Juli			⋖
August			⋖
September			
Oktober			
November	☼		
Dezember	☼	☼	

östlich von Pattaya, wurde erst kürzlich vom internationalen Tourismus entdeckt.

In der Nähe der **Similan-Inseln** und von Koh Surin, unweit der Küste Myanmars, treffen Hobbytaucher neben allen Arten von Korallen und Meeresgrotten auf Walhaie, Zebrahaie, Barrakudas und Zackenbarsche.

■ Landschaften und Wandertouren

Die Bergregion, in der sich die Dörfer ethnischer Minderheiten befinden, ist abgelegen, bewaldet und grün und somit ideal für Wandertouren. Das Grenzgebiet zu Laos und Myanmar, das „Goldene Dreieck", ist seit langer Zeit für den Opiumanbau berüchtigt. Einige Reiseveranstalter nutzen den zweifelhaften Ruf der Region und locken Touristen mit ihrem authentischen und ein wenig geheimnisvollen Atmosphäre.

In den Bergen des Nordwestens unweit von Mae Hong Son leben die „Giraffenhalsfrauen", die ursprünglich aus Myanmar stammen und so genannt werden, weil sie mit den traditionellen Kupferringen, die sie um ihren Hals tragen, diesen über die Maßen verlängern.

In den letzten Jahren ist der Thailand-Tourismus vielfältiger geworden. Jetzt werden die lange Zeit verkannten Nationalparks entdeckt, wie Khao Yai, südwestlich von Bangkok. Ebenso sehenswert sind die Tham Lae Khao Kob-Höhlen nahe Krabi. ■

🇨🇿 Nach der „Samtenen Revolution" pilgerten die Besucher in Scharen nach Prag, um eine der schönsten Städte Europas zu besichtigen. Doch nicht nur Prag ist eine Reise wert: Auch die barocke Kunst im Land, weitere vielfältige Kultur sowie die Mittelgebirgslandschaften sind äußerst sehenswert.

Die Türme und Statuen der Karlsbrücke machen Prag einzigartig in Europa.

Tschechien

■ Städte

Zu beiden Seiten der Moldau liegt Prag, die „Stadt der goldenen Dächer", wo einst Kafka und Mozart lebten. Sie ist eines der beliebtesten Ziele von Städtereisen in Europa. Prag ist berühmt für seine üppige Barockkunst, die wie durch ein Wunder die Jahrhunderte überdauert und Kriege schadlos überstanden hat. Die Karlsbrücke mit ihren beiden Türmen und ihren gotischen Statuen, (leider ziemlich beschädigt) zählt zu den originellsten Bauwerken Europas. Im Viertel „Kleinseite" (Mala Strana) bildet der von Fassaden aus dem Barock und der Renaissance eingefasste Malostranske-Platz den Auftakt zum Hradschin-Viertel mit seinen Palästen, dem Königsschloss (Werke von Rubens und Tizian) und dem Veitsdom. Überquert man erneut die Karlsbrücke, so kommt man auf den Altstadt-Platz und dann auf den Wenzelsplatz. Er war 1989 Schauplatz der „Samtenen Revolution", ist aber kaum wiederzuerkennen.

Das Judenviertel Josefov war bereits lange vor dem Zweiten Weltkrieg eine Art Ghetto. Dort stehen sechs

REISEINFORMATIONEN

Erste Infos
Tschechische Zentrale für Tourismus, Friedrichstr. 206, 10969 Berlin, 030/2044770.
Internet: www.czechtourism.com, www.prague-info.cz/ge
Formalitäten
Bürger der EU und der Schweiz benötigen einen Personalausweis (Schengener Abkommen)
Gesundheit
Nichts zu beachten.

Flugdauer, Zeitverschiebung
Durchschnittliche Flugdauer Frankfurt–Prag (409 km): 1 Std. Mit dem Auto von Frankfurt nach Prag über Nürnberg: 511 km. Von Berlin über Dresden nach Prag: 355 km.
Keine Zeitverschiebung.
Durchschnittliche Reisekosten
3 Tage/2 Nächte und Hin- und Rückflug kosten für Prag je nach Anbieter zwischen 400 und 600 Euro. Eine einwöchige Rundreise durchs Land (Hin- und Rückflug, Halbpension) kostet circa 1000 Euro.
Sprache, Währung
Amtssprache: Tschechisch. Fremdsprachen: Deutsch ist geläufig.
Währung: Tschechische Krone oder Koruna.
1 Euro = 26 Tschechische Kronen.

Bevölkerung
Neben den Tschechen bilden Deutsche, Polen und Russen Minderheiten. 10229000 Einwohner.
Hauptstadt: Prag.
Religionen
Zwei von drei Einwohner sind katholisch, 4% gehören der Tschechischen Nationalkirche an.
Feste und Feiertage
30. April: Heidnisches Fest Paleni Carodejnic (Walpurgisnacht) in Prag;
September: Mozart-Festival; 17. November: Gedenken an die „samtene Revolution".
Einkäufe
Der Versuchung, ein böhmisches Kristall zu erwerben, wird man kaum widerstehen können. Originell ist das Holzspielzeug. Außerdem gibt es Marionetten, Töpferwaren und – nicht zuletzt – in Pilsen eines der berühmtesten Biere der Welt.

Tschechien

REISEHIGHLIGHTS TSCHECHIEN

Städte
- Prag, Brünn, Pilsen
- Karlsbad, Marienbad (Kurorte)

Kulturdenkmäler
- Krummau, Karlstein (Schlösser)
- Eger, Kuttenberg, Olmütz, Trebitsch, Austerlitz

Landschaften und Wandertouren
- Riesengebirge, Prachov-Felsen, Soos
- Ski nordisch und Ski alpin

HINWEISE

▶ **Pluspunkte**

Das attraktive Prag, eine der schönsten Städte Europas.
Ein Land mit unerwartet großer touristischer Vielfalt.

▶ **Minuspunkte**

Nicht nur Reisen nach Prag sind recht teuer. In der Hauptsaison ist in Prag nur schwer ein Zimmer zu ergattern.

▶ **Sicherheit**

Die in allen Touristenzentren angebrachte Vorsicht walten lassen. In Tschechien ist die Kriminalitätsrate vergleichsweise niedrig.

▶ **Trends**

Voll im Trend sind Wasserkuren in den historischen Bädern Tschechiens, beispielsweise in Marienbad, die einen Hauch von Romantik versprechen.
Auch kombinierte einwöchige Städtereisen nach Budapest, Prag und Wien liegen im Trend.

Synagogen (die Altneu-Synagoge ist die älteste Europas, 1270), außerdem gibt es dort einen alten Friedhof mit 1200 kreuz und quer aufgestellten Grabsteinen. Prag war einst das kulturelle Zentrum des Heiligen Römischen Reichs deutscher Nation und das Erbe dieser Epoche ist heute in Museen zu bewundern, etwa in der Nationalgalerie.

Brünn verdient ebenfalls einen Besuch. Markant sind die Festung Spielberg und die alte Sankt-Peter-und-Paul-Kathedrale.

Obwohl **Pilsen** die Sankt-Bartholomäus-Kirche, ein Renaissance-Rathaus und Giebelhäuser zu bieten hat, verdankt es seine eigentliche Berühmtheit dem Bier. Das Brauereimuseum informiert über die Pilsener Brauart (aus dem 11. Jahrhundert).

Es gibt zwei berühmte Kurorte: **Karlsbad** ist bekannt für sein Schloss und dafür, dass hier einst Goethe, Marx, Beethoven und Puschkin weilten. In **Marienbad** ist die Erinnerung an Goethe, Gorki, Mark Twain und Wagner zwischen den außergewöhnlichen Rokoko-Palästen, den vielen Parks und erfrischenden Brunnen noch lebendig.

■ Kulturdenkmäler

In **Krummau** hat die italienische Renaissance dem Schloss aus dem 13. Jahrhundert ihren Stempel aufgedrückt und sich dabei mit dem lokalen Stil und dem von Dutzenden mittelalterlicher Häuser vereint. So ist die Stadt heute ein Muss.

In **Karlstein** hat der große Turm der Burg aus dem 14. Jahrhundert 128 Heiligenporträts zu bieten. Weitere bedeutende Sehenswürdigkeiten sind die gotischen und barocken Häuser von **Eger**, das Chorgewölbe des Doms der Heiligen Barbara und der Königspalast in **Kuttenberg**, das Judenviertel und die Sankt-Prokop-Basilika in **Trebitsch**, die Kirche Heiliger Johannes Nepomuk in Zelená Hora (Wallfahrtsort) und die Pestsäule der Heiligen Dreifaltigkeit in **Olmütz**.

Ein Kulturdenkmal ist auch der Grabhügel des Friedens im mährischen **Austerlitz**, wo Napoleon Österreich und Russland besiegte.

■ Landschaften und Wandertouren

An der Grenze zu Polen bietet sich das **Riesengebirge** im Sommer zum Wandern (markierte Wanderwege) und im Winter zum Skifahren an. Nordwestlich der kleinen Stadt Jitschin besitzen die **Prachauer Felsen** ans Fantastische grenzende Formen mit malerischen Namen (beispielsweise Schiefer Turm, Teufelsküche, Mönch). Eine weitere Sehenswürdigkeit ist das Naturreservat **Soos**, wo es Mofetten gibt. An diesen Stellen tritt Kohlendioxid vulkanischen Ursprungs aus. ■

BESTE REISEZEIT

	Klima	Prag
Januar		
Februar		
März		
April		
Mai	☼	●
Juni	☼	●
Juli	☼	
August	☼	
September	☼	●
Oktober		
November		
Dezember		

Tunesien

🇹🇳 Tunesien ist eines der beliebtesten Badeurlaubsziele im Mittelmeerraum – nicht zuletzt aufgrund der günstigen Preise. Aber es gibt auch immer mehr Besucher, die Kameltouren (Meharees) in den Östlichen Großen Erg oder Ähnliches unternehmen. Eine gastfreundliche Bevölkerung, grüne Regionen im Norden und ein bedeutendes architektonisches Erbe sorgen für den anhaltend guten Ruf des Landes.

■ Küsten

Die zahlreichen, gut ausgestatteten Strände, an denen alle Arten von Wassersport möglich sind, erstrecken sich über 1300 Kilometer Küstenlinie. Darauf gründet Tunesiens Ruf als Urlaubsland, hier wohnen die Touristen. Richtung Süden werden die Strände immer voller.
Die Achse „Sonne/Erholung/Bräunen/Wellness/Thalassotherapie" beginnt an der „Jasminküste" mit **Nabeul** und **Hammamet**. Dort wurde der beeindruckende Komplex Yasmine Hammamet eröffnet, mit über 40 Hotels, einem modernen Zentrum, einem Freizeitpark (Carthageland) und einem Jachthafen.

Hier kann der Urlauber dem Dolce Farniente, der Thalassotherapie und dem Wassersport frönen.
Badeurlaubsorte sind weiterhin: **Port El-Kantaoui**, **Sousse**, **Monastir** und **Zarzis** bis hin zur **Insel Djerba**, wo laut Homer einst Odysseus, der berühmteste aller Reisenden, weilte, dem heute die Küsten der Insel stark Konkurrenz machen. Für Taucher ist das Meer vor der **Halbinsel Tabarka** an der Korallenküste am besten geeignet, denn dort können sie rote Korallen entdecken. In Tabarka kommen Golfer auf ihre Kosten.

■ Landschaften und Siedlungen

Überall im Landesinneren finden sich einladende, abwechslungsreiche Landschaften, doch der Süden ist am fesselndsten. Da wäre zunächst **Tozeur** mit seiner Oase, die zu den schönsten Afrikas zählt. Sie umfasst 1000 Hektar und 400 000 Palmen wachsen hier, doch das ökologische Gleichgewicht der Oase ist zurzeit wegen des großen Besucherandrangs und der Anlage von Golfplätzen aus den Fugen geraten.
Einige Kilometer weiter nördlich kann der Reisende die Bergoasen Chebika, Midès und Tamerza erkunden. Richtung Süden stößt er auf eine der außergewöhnlichsten Routen überhaupt, die über den großen Salzsee **Chott El Djerid** hinwegführt:

REISEHIGHLIGHTS TUNESIEN
Küste
■ Nabeul, Hammamet, Port El-Kantaoui, Sousse, Monastir, Zarzis, Insel Djerba (Strände)
■ Tabarka (Tauchen)

Landschaften und Siedlungen
■ Oase von Tozeur, Bergoasen, Nefta, Chott El Djerid
■ Ksar-Route, Berberdörfer (Matmata, Chenini), Kroumirie-Gebirgszug

Wüste
■ Östlicher Großer Erg

Städte und Kulturdenkmäler
■ Tunis, Kairouan, Sousse, Mahdia, Monastir
■ Ruinen von Karthago, Spuren aus römischer Zeit (Bulla Regia, Dougga, El Djem, Sbeïtla), Moscheen, Synagogen.

Der Weg hinauf zur Moschee Al-Zaytuna führt durch die Altstadt von Tunis.

Das klassische Bild vom Badeurlaub in Tunesien: Hammamet mit seinem Hafen und seiner schönen Altstadt direkt am Meer.

vor Ort hat man gute Chancen, eine Fata Morgana zu sehen.
Richtung Westen trifft der Reisende in **Nefta** ebenfalls auf eine berühmte Oase. Richtung Osten lassen sich die Wohnhöhlen von **Matmata** und die Ksar-Route entdecken, alte, malerisch gelegene Berberfestungen mit ihren *ghorfas* (Getreidespeichern): Ksar Ouled Soltane, Ksar Ouled Debbab, Ksar Haddada, Ksar Ghilane. Insbesondere Chenini, das typischste aller Berberdörfer, erinnert an das Nest eines Adlers.
Doch auch der Norden Tunesiens hat einiges zu bieten, etwa den Tisch

REISEINFORMATIONEN

Erste Infos
Fremdenverkehrsamt Tunesien in Deutschland, Bockenheimer Anlage 2, 60322 Frankfurt am Main, 069/13383 50; Internet: www.tunesien.info
Formalitäten
Bürger der EU und der Schweiz: Reisepass, der noch mindestens 6 Monate gültig sein muss. Bei Pauschalreisen genügt meist der Personalausweis mit den Buchungsunterlagen für Pauschaltouristen.

Gesundheit
Keine Impfung nötig.
Flugdauer, Zeitverschiebung
Durchschnittliche Flugdauer Frankfurt–Djerba (1806 km): 3 Std. 35 Min. Frankfurt–Tozeur (1793 km): 3 Std.; Frankfurt–Tunis (1470 km): 2 Std. 25 Min. Zahlreiche Angebote, etwa Charter- oder Linienflüge, von Provinzflughäfen nach Tunis, aber auch Monastir, Sousse, Tozeur. Mit dem Schiff: Verbindungen zwischen La Goulette (Hafen

von Tunis) und Marseille, Genua, Neapel oder Sizilien (Trapani). Um 12 Uhr deutscher Zeit ist es in Tunesien im Sommer 11 Uhr, im Winter 12 Uhr.
Durchschnittliche Reisekosten
In der Nebensaison kostet ein einwöchiger Badeurlaub 600 Euro, in der Hauptsaison 750 Euro (ohne Ausflüge). Meharees im östlichen Großen Erg kosten zeitweise unter 1000 Euro.
Sprache, Währung
Amtssprache: Arabisch.

Währung: 1000 Millimes sind 1 Tunesischer Dinar. 1 Euro = 1,80 Tunesische Dinar. Die gängigsten Kreditkarten werden akzeptiert.
Bevölkerung
Die Tunesier sind nicht sehr zahlreich (10 276 000 Einwohner), doch der Anteil junger Menschen ist sehr hoch. Ein Fünftel der Tunesier lebt in der **Hauptstadt** Tunis oder deren Vororten.
Religionen
Der größte Teil der Bevölkerung gehört zum sunni-

tischen Islam. Darüber hinaus gibt es Katholiken und Juden.
Feste und Feiertage
März: Karthago-Festival; **Juli:** Jazzfestival in Tabarka, Festival der sinfonischen Musik in El Djem; **Dezember:** Douz-Festival.
Einkäufe
Töpferwaren, Berberteppiche, Kairouan-Teppiche, Leder und Korbwaren sind die Hauptmitbringsel aus Tunesien.
Nabeul ist bekannt für seine Töpferwaren und Keramiken.

Tunesien

Die Ruinen von Dougga, im Bild das Kapitol, stammen aus der Antike.

des Jugurtha, ein seltsamer, einzelner Hügel; die zerklüftete Landschaft des Djebel Zaghouan; die Steilküsten des Cap Blanc, zu denen von Bizerta aus eine kurvenreiche Küstenstraße führt und wo eine Steilwand etwa 100 Meter hoch aus dem Meer ragt; den Kroumirie-Gebirgszug unweit von Tabarka, wo man hervorragend wandern kann.

■ Wüste

Mit dem **Östlichen Großen Erg** kündigt sich die Sahara an. Die kleine Stadt Douz, in der jedes Jahr Ende Dezember ein folkloristisches Sahara-Festival veranstaltet wird, ist zwischen November und April Ausgangspunkt für Meharees (Kameltouren). Während der einwöchigen Tour, bei der die Teilnehmer abwechselnd wandern und auf Dromedaren reiten, erhalten sie einen Eindruck vom Leben der Kameltreiber. Diese Trekkingtrips sind ein großes Erlebnis und dabei nicht sehr anstrengend.

Die traditionelle Reiseroute führt von Douz nach Ksar Ghilane, doch es gibt immer mehr Varianten, etwa eine Tour zur heißen Quelle von Haouidet.

■ Städte und Kulturdenkmäler

Die Hauptstadt **Tunis** und die umliegenden Ortschaften (Sidi Bou Said, La Marsa) sind hübsch anzusehen. Die Avenue Bourguiba mutet europäisch an, doch die Stadt findet in ihrer schönen großen Altstadt zu ihren Traditionen zurück, insbesondere rund um die Moschee Al-Zaytuna, die berühmteste von ganz Tunis. Im Bardo-Museum sind die vielleicht schönsten Mosaiken der Welt zu bestaunen.

BESTE REISEZEIT			
	Klima	Küsten	Wüste
Januar			kalte Nächte ☼
Februar			☼
März	☼		☼
April	☼		☼
Mai	☼	☼	
Juni		☼	
Juli		☼	
August		☼	
September	☼	☼	
Oktober	☼	☼	
November			
Dezember			

HINWEISE

▶ Pluspunkte
Die günstigsten Preise für einen Badeurlaub im Mittelmeerraum. Das architektonische Erbe und der Östliche Große Erg bieten eine willkommene Abwechslung zum süßen Nichtstun.

▶ Minuspunkte
Einige Orte wie Hammamet und Tozeur treiben den Tourismus auf die Spitze, wodurch sie an Authentizität einbüßen.

▶ Sicherheit
Sehr gastfreundliches, ruhiges Land: Für Touristen besteht in Tunesien kein Risiko.

▶ Trends
Die wachsende Beliebtheit der Wüsten ist spürbar. Heute gehört es zum guten Ton, einen Badeurlaub in Hammamet oder auf Djerba mit einem Ausflug an die Grenze der Wüste, Richtung Ksar Ghilane oder Tozeur abzurunden.

Sousse besitzt eine interessante Altstadt, eine Große Moschee und einen bedeutenden Ribat (befestigtes Kloster). Die Stadtmauern und der Ribat von **Monastir**, einer alten punischen Stadt, sind auch sehenswert, ebenfalls die Moschee mit Säulen aus rosa Marmor und **Mahdia** (Große Moschee, Seefahrerfriedhof).

Kairouan, die vierte heilige Stadt der muslimischen Welt (Hauptmoschee Sidi Oqba, Barbier-Moschee, Moschee der drei Türen) ist für sein Kunsthandwerk und sein Museum für islamische Kunst berühmt.

Von **Karthago** selbst existieren nur noch wenige Mauern und die meisten historischen Zeugnisse finden sich heute in den Museen. Doch das Amphitheater von **El Djem**, die Ruinen von **Bulla Regia** (Thermen, Amphitheater, Mosaiken), die Tempel von **Sbeïtla** und die beeindruckenden Ruinen von **Dougga** erinnern an römische Zeiten. Auf Djerba ist die Synagoge **al-Ghriba**, ein sehr altes Bauwerk, zu sehen. ■

Türkei

Türkei

🇹🇷 *In den 1970er-Jahren durchquerten hauptsächlich Indien-Fans auf dem Weg nach Südasien das Land am Bosporus. Heute zählt die Türkei selbst zu einem beliebten Urlaubsziel: Badeparadiese an ihrer West- und Südküste, aber auch außergewöhnliche Attraktionen wie Pamukkale und Kappadokien. Zudem sind die Urlaubspreise recht günstig ...*

■ Küsten

Im Lauf der letzten 30 Jahre wurde die Infrastruktur für den Badetourismus ausgebaut, sodass die türkische Küste mit ihren über 8000 Kilometern Küstenlinie den Vergleich mit anderen Mittelmeerländern nicht scheuen muss. Preise und Urlaubsangebote (Hotels, Clubhotels) sind ähnlich, nur dass die Saison hier bis in den November hineinreicht.

Die Küste der Ägäis kann zwar den größten Touristenzustrom (Kusadasi, Bodrum) verzeichnen, doch die Südküste („Türkisküste" oder „türkische Riviera" rund um Antalya) gilt als noch attraktiver: Hier liegen Felsbuchten von tiefem Blau vor den Kämmen der Bolkar-Berge und des Taurusgebirges im Hintergrund.

Bei Kreuzfahrtveranstaltern sind diese Küsten sehr beliebt und so ist vom traditionellen Kaik bis zum großen Passagierschiff alles anzutreffen. An der Küste der Ägäis (Bodrum, Golf von Gökova, Dalyan) und der Südküste ist die Küstenschifffahrt mit Schonern sehr in Mode. Auch der Golfsport ist im

REISEHIGHLIGHTS TÜRKEI
Küsten
■ Türkisküste, Ägäis, Schwarzes Meer

Landschaften und Wandertouren
■ Landschaften Kappadokiens, Pamukkale
■ Berg Nemrut Dagi, Ararat, Bolkar-Berge, Taurusgebirge, Kaçkar (Wandern)

Städte, Kulturdenkmäler
■ Istanbul, Ankara
■ Troja, Pergamon, Bursa, Ephesos, Aphrodisias, Aspendos, Side (griechisches und römisches Erbe)
■ Göreme-Tal (Felsenkirchen)
■ Antalya, Konya, Nemrut Dagi, Trabzon
■ Sumela-Kloster, Ishak-Pasa-Palast

An der Ägäisküste liegt das Kastell von Bodrum.

Aufwind, vor allem in der Region Beke-Antalya. An der **Schwarzmeerküste** liegen ebenfalls Strände, doch das Klima ist etwas ungünstiger.

■ Landschaften und Wandertouren

Die Türkei kann mit zwei wahren Naturwundern aufwarten: Kappadokien und Pamukkale.
In **Kappadokien** haben im Lauf der Jahrhunderte die Lavaströme zweier erloschener Vulkane ein weiches Gestein hinterlassen. Dieser Tuff hat in den Tälern und insbesondere im Tal von Göreme eine Abfolge bizarrer Reliefs (Höhlen, Feenkamine) hervorgebracht und den Bau von Wohnungen in den Fels ermöglicht. Davon zeugen unterirdische Städte wie Derinkuyu, Kaymakli, Özkonak.
Pamukkale („Baumwollfestung") ist berühmt wegen seiner weißen Becken: Warmes, stark kalkhaltiges Wasser trat aus und floss die Wände hinunter. Die darin gelösten Mineralien erstarrten zu Stalaktiten.
Im Zentrum liegt das Munzur-Gebirge mit dem **Berg Nemrut Dagi.** Darauf erheben sich die Ruinen (Kolossalstatuen, deren Häupter am Boden liegen) des Heiligtums von Antiochos I. von Kommagene (1. Jahrhundert v. Chr.).
Im Osten liegt der **Berg Ararat,** der heilige und lange Zeit unzugängliche Gipfel, auf dem laut biblischer Überlieferung am Ende der Sintflut Noah mit seiner Arche landete. Der Ararat wird heute von kletterfreudigen Wanderern bestiegen (mindestens

Das weiche Tuffgestein machte Kappadokien berühmt: Dort sind bemerkenswerte Feenkamine und Wohnhöhlen im Gestein zu bewundern.

drei Tage einplanen), aber ohne Garantie auf einen Fernblick, denn die Wolken sind hier oft hartnäckig. Im Süden liegen die Kette der **Bolkar-Berge** und das **Taurusgebirge**, in dem sich im Sommer Trekkingmöglichkeiten bis in Höhen von über 3700 Meter (Mount Embler) bieten. Dabei begegnet man Halbnomaden, die hier ihre Schafherden weiden lassen. Auf der gegenüberliegenden Seite, entlang des Ostrands des Schwarzen Meeres, liegt das kaum bekannte **Kaçkar-Gebirge**, auch mit guten Wanderrouten.

■ Städte und Kulturdenkmäler

Byzanz hieß zur Zeit der Römer Konstantinopel und erhielt unter den Osmanen seinen heutigen Namen: **Istanbul**. Die Wechsel haben dem Ruf der Stadt, in der die islamische Kunst erstrahlte, nicht geschadet. Sie verdankt ihren Ruhm der legendären Galatabrücke über das Goldene Horn, den Gegensätzen zwischen den Ufern am Bosporus und ihrem Großen Basar. Berühmt sind die Süleymaniye-Moschee, die Sultan-Ahmed-Moschee („Blaue Moschee", 17. Jahrhundert) mit den 20000 blauen Fayence-Kacheln, die Hagia Sophia (6. Jahrhundert), die erst in eine Moschee und dann in ein Museum (1935) umgewandelt wurde, der Topkapi-Palast,

REISEINFORMATIONEN

Erste Infos
Fremdenverkehrsamt der Türkei, Generalkonsulat der Republik Türkei, Baseler Str. 37, 60329 Frankfurt, 069/233081 Internet: www.reiselandtuerkei-info.de; www.staedte-reisen.de/istanbul

Formalitäten
Bürger der EU und der Schweiz benötigen einen Reisepass oder Personalausweis.

Gesundheit
Keine Impfung erforderlich. Malariaprophylaxe wird von Mai bis Oktober in den Gebieten Çukurova und Amikova (im Südosten) empfohlen.

Flugdauer, Zeitverschiebung
Durchschnittliche Flugdauer Frankfurt–Ankara (2184 km): 3 Std.; Frankfurt–Istanbul (1867 km): 2 Std. 45 Min.; Frankfurt–Antalya: 3 Std. 20 Min. Zahlreiche Billigflug-Angebote nach Istanbul, im Sommer Charterflüge nach Izmir, Antalya und Bodrum. Um 12 Uhr deutscher Zeit ist es in der Türkei 13 Uhr.

Durchschnittliche Reisekosten
Etwa 300 Euro kostet ein Wochenende in Istanbul (Flug und Unterkunft, Nebensaison); 500 bis 650 Euro in der Hauptsaison (Hin- und Rückflug, Doppelzimmer und Halbpension) ein Badeurlaub an der Ägäis, etwas mehr an der türkischen Riviera. 700 Euro kostet eine Woche in Kappadokien.

Sprache, Währung
Amtssprache: Türkisch, das zur altaischen Sprachgruppe zählt und für das bis 1928 arabische Schriftzeichen benutzt wurden; Kurdisch, das 20% der Bevölkerung sprechen und das lange Zeit im Verborgenen gepflegt wurde, es wird inzwischen unterrichtet. Fremdsprache: Englisch. **Währung**: Neue Türkische Lira (YTL).

1 Euro = 1,80 Neue Türkische Lira. Kreditkarten werden akzeptiert, Geldautomaten gibt es in den Städten.

Bevölkerung
71 159 000 Einwohner. Die Nachfahren der nomadischen Turkvölker bilden die Mehrheit der Bevölkerung. Der Anteil der Armenier und Griechen ist gering, doch im Südosten gibt es eine große kurdische Minderheit (17%). Hauptstadt: Ankara; Istanbul ist mit 7 500 000 Einwohnern die bevölkerungsreichste Stadt.

Religionen
98% der Bevölkerung sind Muslime. Wichtigste Minderheiten: Katholiken, Juden, orthodoxe Christen. Die Türkei ist ein laizistischer Staat.

Feste und Feiertage
Januar: Festival der Kamelkämpfe in Selçuk, in der Kusadasi-Region; Juni–Juli: Izmir-Festival, Bursa-Festival; September: Fest zur Weinlese in Urgüp; Dezember: Konya würdigt Mevlana.

Einkäufe
Teppiche, Gold- und Silberschmuck und kulinarische Spezialitäten wie Tee und Lokum sind typische Mitbringsel vom Großen Basar in Istanbul. Achtung: Hier muss man unbedingt feilschen.

Türkei

Die ganze Finesse der osmanischen Kunst zeigt sich in der „Blauen Moschee" Istanbuls.

der Residenz der Sultane (heute ein großes Museum für islamische Kunst). Bedeutend sind die großartigen Museen (Keramik, Antike, Mosaike), Paläste, Villen und Yalis (Holzhäuser) entlang des Bosporus. die Art-Déco-Fassaden des Beyoglu-Hügels sind unbekannter.

Wer sich von den Strapazen der Großstadt erholen will, besucht die Inselgruppe Adalar, die „Prinzeninseln", mit ihren Stränden und intensiven Düften.

Die Hauptstadt **Ankara** beheimatet eine Zitadelle, alte Viertel, ein Museum für anatolische Zivilisationen und das Mausoleum Atatürks. Östlich von Istanbul findet man weitere archäologische Fundstätten.

Die in **Troja** entdeckten Ruinen haben nur entfernte Gemeinsamkeiten mit den Erzählungen Homers. **Pergamon** zeigt Spuren der griechischen Kultur. **Bursa** trägt osmanische Züge. **Ephesos** besitzt Überreste aus hellenistischer und römischer Zeit und einige wenige Spuren eines der sieben Weltwunder: des Tempels der Artemis. Auch das (griechisch-römische) **Aphrodisias** mit seinem Theater und Stadion zählt zu den Sehenswürdigkeiten der Westtürkei.

An der Südküste gibt es ebenfalls einige lohnende Ziele: **Antalya** mit seinem Mix aus römischen und islamischen Kulturdenkmälern; **Aspendos** mit seinem Theater, das als das schönste römische Theater östlichen Stils gilt; **Side** für die Vielfalt seiner römischen Ruinen; **Myra** wegen seines Theaters, der Überreste lykischer Grabanlagen und dem Andenken an den Heiligen Nikolaus.

In Richtung Landeszentrum entdeckt man **Konya**, das für seine Tanzenden Derwische berühmt ist: Mönche, die gemeinsam mystischen Regeln folgen. Der Orden der Tanzenden Derwische wurde im 13. Jahrhundert von Mevlana gegründet, dessen Geburtstag, insbesondere in Konya, jedes Jahr im Dezember gefeiert wird. In dieser Gegend finden sich auch die Felsenkirchen des **Göreme-Tals**, die mit üppigen Wandmalereien verziert sind (Çarikli, Elmali, Karanlik).

An der Schwarzmeerküste stehen in **Trabzon** (Trapezunt) byzantinische oder byzantinisch inspirierte Kirchen (Heilige Sophia). Die Stadtmauer, stammt aus dem griechischen Reich von Trapezunt (12.–14. Jahrhundert). Auch die Zitadelle blieb erhalten. Südlich der Stadt lohnt das im 4. Jahrhundert gegründete, zerstörte und anschließend wieder aufgebaute Sumela-Kloster einen Besuch. Sehenswert sind auch der Ishak-Pasa-Palast, eine frühere Karawanserei an der Seidenstraße unweit des Ararat und die armenische Kirche zum Heiligen Kreuz auf einer Insel im Vansee. ∎

HINWEISE

▶ **Pluspunkte**
Die Türkei ist den anderen großen Urlaubszielen im Mittelmeerraum ebenbürtig und bietet interessante Stätten im Landesinnern. Zudem ist sie sehr preisgünstig.
Istanbul ist sehr reizvoll.

▶ **Minuspunkte**
Seit einigen Jahren ist die Lage etwas angespannt aufgrund der Anschläge oder drohenden Anschläge, inklusive in den Städten und Touristenzentren.

▶ **Sicherheit**
Die drei Provinzen Siirt, Simak und Hakkâri an der irakischen Grenze und ganz allgemein der Südosten des Landes sollten nicht bereist werden.

▶ **Trends**
Es gibt mindestens zwei: Erstens eine romantische Fahrt an Bord eines Kaik oder eines Schoners entlang der Türkisküste zu unternehmen. Zweitens auf den Spuren des biblischen Mythos den Ararat hinaufzuwandern.

BESTE REISEZEIT		
	Küsten	Istanbul und Kultururlaub im Landesinneren
Januar		
Februar		
März		
April		◉
Mai	☼	◉
Juni	☼	◉
Juli	☼	
August	☼	
September	☼	◉
Oktober	☼	◉
November		
Dezember		

Ungarn

REISEHIGHLIGHTS UNGARN

Städte und Kulturdenkmäler
- Budapest, Szentendre, Hollokö, Sopron, Eger, Fertöd, Györ, Pécs, Székesfehérvár

Landschaften
- Puszta (Hortobágy, Bugac), Seen (Balaton, Velencer See) Mátra-Gebirge, Donauknie, Tokaj, Thermalquellen

Die Kettenbrücke über die Donau zählt zu den Attraktionen Budapests.

Budapest zählt zu den schönsten Städten Europas und zog bereits Touristen an, als Ungarn noch zum Ostblock gehörte. Dieser Trend hält an und immer mehr Urlauber kommen für ein Wochenende in die ungarische Hauptstadt. Aber kein Grund, die anderen Sehenswürdigkeiten des Landes außer Acht zu lassen.

REISEINFORMATIONEN

Erste Infos
Ungarisches Tourismusamt, Deutschlanddirektion, Wilhelmstr. 61, 10117 Berlin, 030/2431460;
Internet: www.ungarn-tourismus.de, www.budapestinfo.hu/de

Formaliäten
Bürger der EU und der Schweiz benötigen einen Personalausweis (Schengener Abkommen).

Gesundheit
Nichts zu beachten.

Flugdauer, Zeitverschiebung
Durchschnittliche Flugdauer Frankfurt–Budapest (838 km): 1 Std. 30 Min.; Berlin–Budapest: 1 Std. 30 Min., München–Budapest: 1 Std. 15 Min. Mit dem Auto:
München–Budapest (684 km): 6 Std. 30 Min.,
Wien–Budapest (243 km): 2 Std. 30 Min. Keine Zeitverschiebung.

Durchschnittliche Reisekosten
Die Preise beginnen bei 300 Euro für ein langes Wochenende in Budapest (für Flug und Unterkunft). Etwa 1000 Euro kostet eine Woche in Budapest, Prag und Wien mit einer Kreuzfahrt auf der Donau.

Sprache, Währung
Das Ungarische hat große Ähnlichkeiten mit der finnischen Sprache. Beides sind finnougrische Sprachen. 2% der Bevölkerung sprechen Romani. Viele Ungarn sprechen Deutsch.
Währung: Forint.
1 Euro = 255 Forint.

Bevölkerung
Von den 9956000 Ungarn (oder „Magyaren") lebt ein Fünftel in der **Hauptstadt** Budapest. Das Land zählt 13 nationale Minderheiten, darunter 8% Roma.

Religionen
Zwei von drei Einwohnern sind katholisch, einer von vieren ist calvinistischer Protestant. Lutherische, orthodoxe und jüdische Minderheiten.

Feste und Feiertage
Februar: Karneval; 15. März: Feiertag der Revolution von 1848; März: Frühlingsfestival in Budapest; August: Volkskunstfestival in Nagykálló.

Einkäufe
Bunte Blumenstickereien, Porzellanartikel, Holzspielzeug, Töpferwaren und Tokajer.

Ungarn

■ Städte und Kulturdenkmäler

In **Budapest** führen neun Brücken über den Fluss. Die „Perle der Donau" ist der Zusammenschluss aus drei Städten: Buda und Óbuda auf der einen Seite, Pest auf der anderen. Geschichts- und Architekturfans gehen ins ruhige Buda mit seinem Burgpalast (Nationalgalerie und Geschichtsmuseum), schlendern durch die alten Straßen des Burgviertels und besuchen die berühmte Matthiaskirche neben der Fischerbastei. Weiter geht es Richtung Gellértberg mit seiner Zitadelle und dem schönsten Blick über Budapest und über die berühmte Kettenbrücke nach Pest. Pest, der historische und wirtschaftliche Schmelztiegel der Hauptstadt, bietet ein anderes Bild. Ihr Kern ist das Zentrum Budapests – Jugendstilfassaden, Vörösmarty-Platz, Váci utca (Waiznergasse). Das Parlament im Norden ist ein neogotischer Bau aus dem frühen 20. Jahrhundert. Wendet man sich vom Fluss ab, gelangt man zum Nationalmuseum und zum Judenviertel. Weitere Attraktionen der Stadt, für die mindestens drei Tage einzuplanen sind, bilden die Andrássy Straße (und ihre wundervolle Oper), der Heldenplatz (und sein sehenswertes Museum der bildenden Künste mit Werken von Raphael, Dürer, El Greco, Manet, Monet, Gauguin) und das Stadtwäldchen. Lohnend ist auch eine Schiffstour auf der Donau. Die etwa 50 Bäder, die den Römern und den Türken zu verdanken sind, sowie die etwa 100 Thermalquellen Budapests haben den Charakter einer Institution: mal volkstümlich, mal luxuriös, und bei den Einheimischen sehr beliebt. Am bekanntesten sind das Gellért-Bad (Jugendstil) sowie das Széchenyi-Bad in Pest, das größte seiner Art in ganz Europa.

Nördlich von Budapest liegt **Szentendre**, berühmt für seine Mauern und die schönste Stadt am Donauknie. **Hollokö** bewahrt Traditionen. Im Osten liegen das mittelalterliche **Sopron** und **Fertöd** (Barockschloss der Esterházys), die malerisch sind. Auch sehenswert sind **Eger** (wegen seiner Lage, seiner Kathedrale und seiner Barockhäuser), **Györ** (barocke Kultur), **Székesfehérvár** (Barock und Neoklassizismus) und **Pécs** (Kulturdenkmäler aus osmanischer Zeit).

■ Landschaften

Die **Puszta** („Ebene") ist die größte Steppe Europas. Hier gibt es noch traditionelle Ziehbrunnen. Die Hauptattraktionen sind der Nationalpark Hortobágy im Osten, wo zum Beispiel Pferde gehalten werden, und der Nationalpark Bugac im Süden mit Mooren, Dünen und Wäldern.

Der **Balaton** (Plattensee) ist der größte Süßwasserspeicher Europas. Er ist im Sommer wie im Winter, ob vom Bakony-Gebirge oder von der Halbinsel Tihany aus betrachtet, idyllisch. Baden und Wassersport war hier lange Sache der Urlauber aus dem Ostblock.

Der **Velencer See** macht dem Balaton Konkurrenz. Lagunen, Schilf, ein Gebirge im Norden, Strände und die geringe Wassertiefe machen ihn zu einem beliebten Ausflugsziel (50 Kilometer von Budapest entfernt). Unzählige Thermalquellen sprudeln überall, besonders im Mátra-Gebirge, einer der schönsten Regionen Ungarns. Inzwischen kommen auch aus Westeuropa vermehrt Kurgäste.

Das Donauknie im Norden Budapests hatte seine Blüte im Mittelalter. Es sind die Ruinen des königlichen Palastes von Visegrád und die Basilika von Esztergom zu sehen. Aus der Region Tokaj kommt der berühmte Weißwein. ■

HINWEISE

▶ **Pluspunkte**
Der Reiz Budapests sowie touristische Highlights im ganzen Land.

▶ **Minuspunkte**
Die meisten Reiseveranstalter bieten nur wenige Reisen nach Budapest an.

▶ **Sicherheit**
Ungarn ist in dieser Hinsicht unbedenklich. Allerdings ist an den touristischen Sehenswürdigkeiten und in öffentlichen Verkehrsmitteln die übliche Vorsicht geboten.

▶ **Trends**
Die meisten Hotels bieten Wellnesscenter mit Massageoptionen, eine Selbstverständlichkeit für ein Land mit so vielen Bädern. Mit dem nötigen Kleingeld lässt sich auch ein Hotel mit eigenem Thermalbad und Blick über die Donau buchen.

BESTE REISEZEIT		
	Klima	Budapest
Januar		
Februar		
März		
April	☼	●
Mai	☼	●
Juni	☼	●
Juli	☼	
August	☼	
September	☼	●
Oktober		
November		
Dezember		

USA

🏁 Die Vereinigten Staaten von Amerika sind seit jeher ein Anziehungspunkt für Besucher jeglicher Couleur. Zu beachten ist bei der Reiseplanung, dass die spektakulärsten Sehenswürdigkeiten nicht in den großen Städten zu finden sind, sondern in den über 40 Nationalparks, die die ursprünglichen Naturschauspiele schützen sollen. Die große Konkurrenz unter den Fluggesellschaften macht eine USA-Reise recht erschwinglich.

Der Osten

■ District of Columbia

Städte

Washington, die Bundeshauptstadt, bietet zahlreiche touristische Highlights wie das Weiße Haus, das Lincoln Memorial oder das Kapitol. Die Stadt besitzt außerdem hervorragende Museen: dank der Smithsonian Institution gibt es 14 Museen allein in einem Stadtviertel. Dazu zählen die National Gallery of Art mit Werken von Miró, Raffael, Rembrandt, Rubens, Van Gogh, Velázquez, Vermeer sowie das Luft- und Raumfahrtmuseum mit der Apollo-11-Kapsel, die erstmals Menschen auf den Mond gebracht hat. Ganz in der Nähe findet man auf dem National-

---

REISEHIGHLIGHTS OSTEN

■ **DISTRICT OF COLUMBIA**
Städte
Washington

■ **GEORGIA**
Städte und Landschaften
Savannah
Stone Mountain

■ **MASSACHUSETTS**
Landschaften
Indian Summer
Städte
Boston, Cambridge, Salem
Küsten
Cape Cod (Walbeobachtung)
Plymouth

In New York City führt eine Vielzahl von Brücken über den East River. Die eleganteste und berühmteste ist die Brooklyn Bridge.

In Boston bildet die Küstenarchitektur einen Kontrast zu den alten Vierteln, die ihr europäisches Flair bewahrt haben.

REISEINFORMATIONEN

Erste Infos
Das Fremdenverkehrsamt für die gesamten USA ist: Discover America, LLC 1100 New York Avenue, NW, Suite 450 Washington DC 20005. Viele Bundesstaaten haben eigene Fremdenverkehrsämter in Deutschland. Im Land selbst gibt es kompetente Infozentren (Visitors' Center, Convention and Visitors' Bureau).
Internet: www.nyvisit.com (für New York), www.ecltd.com (für Louisiana), Disney.go.com/Disneyworld (für den Walt Disney World Resort in Florida), www.flausa.com (für Florida), www.lasvegasfreedom.com, www.wildwestusa.com (für die Rocky Mountains), www.louisianatravel.com

Formalitäten
EU-Bürger und Schweizer können im Rahmen des Visa Waiver Program visumfrei reisen. Man muss sich vor dem Abflug auf der esta-Seite registrieren: https://esta.cbp.dhs.gov/esta/
Reisepässe: alle regulären (bordeauxroten) deutschen Reisepässe (sowohl die vor dem 1.11.2005 ausgestellten maschinenlesbaren als auch die seit 1.11.2005 ausgestellten Reisepässe – sogenannte e-Pässe, die einen Chip enthalten). Schweizer und österreicher Bürger benötigen entsprechende Reisepässe, Kinder ein eigenes Reisedokument.

Gesundheit
Keine Besonderheiten.

Flugdauer, Zeitverschiebung
Durchschnittliche Flugdauer Frankfurt–Boston (5894 km): 8 Std.; Frankfurt–New York (6205 km): 9 Std. (eine Stunde weniger beim Rückflug); Frankfurt–Los Angeles (9343 km): 13 Std.; Frankfurt–San Francisco (9132 km): 11 Std. Um 12 Uhr deutscher Zeit ist es Mitternacht in Hawaii, 3 Uhr in Los Angeles (Westküste) und 6 Uhr in New York (Ostküste).

Durchschnittliche Reisekosten
4 Tage/3 Nächte im Doppelzimmer kosten in New York etwa 400 Euro, in Los Angeles oder San Francisco 500 Euro. Ein Mietwagen kostet je nach Modell von A (Kleinwagen) bis F (Oberklasse) 200 bis 400 Euro pro Woche; Wohnmobile kosten 400 bis 750 Euro pro Woche. Eine geführte Tour in die Canyons des Westens kommt auf etwa 1500 Euro.

Sprachen, Währung
Die Amtssprache Englisch hat sich allmählich in Anglo-Amerikanisch verwandelt.
1 USD = 100 Cents.
1 Euro = 1,30 USD.
Es empfiehlt sich, Kreditkarten oder Reiseschecks in Dollar (sie wurden in den USA erfunden) und nur wenig Bargeld mitzunehmen.

Bevölkerung
50 Staaten mit 293 027 600 Einwohnern, von denen drei Viertel in den Städten leben. Es gibt 200 Städte mit mehr als 100 000 Einwohnern. Von den Minderheiten sind die Schwarzen mit 12 % der Bevölkerung am zahlreichsten vertreten, es folgen Indianer und Asiaten.
Hauptstadt: Washington, das weit hinter den Großräumen New York mit 16 300 000 Einwohnern und Los Angeles mit 12 200 000 Einwohnern rangiert.

Religionen
Die Hälfte der Amerikaner ist protestantisch, ein Drittel katholisch. Die anderen großen Weltreligionen verteilen sich auf 1 bis 4 % der Bevölkerung.

Feste und Feiertage
Silvester unter anderem in New York (Times Square); **4. Juli**: Unabhängigkeitstag; **31. Oktober**: Halloween; vierter Donnerstag im **November**: Thanksgiving.

Einkäufe
Das Land mit seinem legendären kaufmännischen Geschick schafft es, je nach den Besonderheiten der einzelnen Staaten, die Kunden immer wieder zu verführen. Zugreifen sollte man auf jeden Fall beim indianischen Kunsthandwerk. In den Großstädten kauft man am besten Kleidung wie Schuhe, Jeans, T-Shirts sowie Elektronikartikel. Bitte bedenken, dass bestimmte Elektronik- oder Telefonartikel möglicherweise nicht kompatibel sind.

"Indian Summer" mit den rot gefärbten Ahornbäumen am besten bewundern. Die legendäre Laubfärbung erreicht von Ende September bis Mitte Oktober ihren Höhepunkt.

Die Städte

Boston ist die älteste der neuen Städte in den USA. Ein Hauch von England weht noch durch die Wohngebiete wie Beacon Hill. Diese Atmosphäre und die weltbekannten Museen (Museum of Fine Arts, Isabella Stewart Gardner Museum) machen den Reiz der Stadt aus, die man auf verschiedenen, auf dem Pflaster markierten Rundwegen erkunden kann: dem „Freedoom Trail", dem „Beacon Trail" und dem „Black Heritage Trail". Vor den Toren Bostons liegt Cambridge mit **Harvard,** der ältesten und renommiertesten Universität des Landes, die man besichtigen kann. Die Hexen von **Salem** machen die kleine Küstenstadt auch drei Jahr-

friedhof Arlington berühmte Grabstätten, darunter die von Robert, Jackie und John F. Kennedy.

■ Georgia
Städte und Landschaften

Oft hat man die Vorstellung, alle amerikanischen Städte seien am Reißbrett entworfen worden, wie etwa Atlanta, die Hauptstadt des Staates Georgia. Aber es gibt auch klassische Architektur, zum Beispiel in dem 1733 gegründeten **Savannah.** Die meisten der typischen Häuser dort sind kleine Holzbauten auf gemauerten Fundamenten, umgeben von vielen Plätzen und Kirchen.

Nicht weit von Atlanta mit seinem State Museum of Art und dem Coca-Cola-Museum erhebt sich der **Stone Mountain**. In die gewaltigen Granitfelsen sind die drei Persönlichkeiten gemeißelt, die bedeutsam für die Konföderierten Staaten waren.

■ Massachusetts
Landschaften

In Massachusetts kann man, neben Connecticut, einem Teil des Staates New York und den Bundesstaaten an der Ostgrenze Kanadas, den

Abraham Lincoln in seinem Mahnmal in Washington, D.C. Er kämpfte gegen die Sklaverei und scheute auch den Bürgerkrieg nicht.

BESTE REISEZEIT				
	Osten, New York	Westen, Grand Canyon, Kalifornien	Süden, Florida	Mitte
Januar			☼	
Februar			☼	
März			☼	
April		☼	☼	☼
Mai	☼	☼		☼
Juni	☼	☼		☼
Juli		☼		
August		☼		
September	☼	☼		☼
Oktober	Indian Summer ☼			☼
November				
Dezember				

USA

New York, die Stadt, die sich in den USA am schnellsten verändert.

REISEHIGHLIGHTS OSTEN

■ **NEW YORK**
Stadt
New York City
Landschaften
Park von Watkins Glen
Finger Lakes

■ **PENNSYLVANIA**
Städte
Philadelphia, Pittsburgh
Kulturelles Erbe
Amish-Gemeinschaften

■ **VIRGINIA**
Geschichte
Williamsburg, Charlottesville
Landschaften
Shenandoah-Nationalpark, Blue Ridge Mountains

hunderte nach ihren Prozessen berühmt. Das beliebte Touristenziel mit seinen Museen, Häusern und Geschäften liegt 20 Kilometer von Boston entfernt.

Küsten

Die **Halbinsel Cape Cod** ist durch den Nationalpark und zahlreiche Badeorte bekannt. 15 Kilometer vor der Küste liegt ein Domizil des Jetsets: die Insel Martha's Vineyard.
Im Hafen von **Plymouth**, weiter nördlich, landeten im Jahr 1620 die Pilgerväter (Pilgrim Fathers) mit ihrem Schiff *Mayflower*. Ein Museumsdorf, Plimoth Plantation, bewahrt die Erinnerung an ihre Lebensweise.
Von Cape Cod, aber auch von Boston und Plymouth aus, starten von April bis Oktober organisierte Walbeobachtungstouren („Whale Watching Cruises").

■ New York
Stadt
New York City, die „Stadt der Städte", verdient sich diesen Ehrentitel immer wieder neu. Nach der Tragödie vom 11. September 2001 wird am Standort des zerstörten World Trade Center im Jahr 2011 eine Gedenkstätte eröffnet. Reges Leben herrscht nach wie vor in den angesagten Vierteln wie Soho, Tribeca, East Village und Columbus Avenue. Kultur bieten 40 Museen, darunter das Metropolitan Museum of Art, das Museum of Modern Art (MoMA), das Guggenheim-Museum, das American Museum of Natural History und das National Museum of the American Indian. Klassische Musik hört man im Lincoln Center, Musicals am Broadway, Jazz in den Clubs und Kirchen von Harlem. Ein Viertel, das augenscheinlich immer trendiger wird. Symbole der Einwanderer aus Europa sind zum Beispiel die Freiheitsstatue, die seit 1886 am Hafeneingang steht. Und auch Ellis Island, das von 1890 bis 1920 als Sammelstelle für Einwanderer diente – eine Art Schleuse für 17 Millionen zukünftiger Amerikaner. In den alten Gebäuden ist heute das Museum zur Geschichte der Einwanderung untergebracht. Das kosmopolitische, von europäischer Kultur geprägte New York gilt als die am wenigsten amerikanische Stadt des Landes.

Landschaften

Im Staat New York, dessen Fläche größer ist als Frankreich, ist der „Indian Summer" genau so schön wie in Massachusetts. Auch ein Teil der Niagarafälle gehört zu diesem Staat, die auf der amerikanischen Seite weniger spektakulär sind. Glücklicherweise liegen die „echten" kanadischen Niagarafälle nur knapp einen Kilometer entfernt. Sehenswert sind auch das Naturschutzgebiet **Watkins Glen** und das Seengebiet der **Finger Lakes.**
Auf Long Island gibt es sogar ein paar Strände. Von Montauk, im Osten von Long Island, starten vierstündige Walbeobachtungstouren.

■ Pennsylvania
Städte

Philadelphia ist die Stadt des Gedenkens der USA: Im historischen Viertel, im National Historic Park, steht die Independence Hall, wo 1776 die Unabhängigkeitserklärung unterzeichnet wurde. Im nahe gelegenen Viertel Society Hill erheben sich elegante Kolonialbauten im georgianischen Stil. Die Stadt ist ebenfalls reich an renommierten Museen. Das

Die Amish-Gemeinschaften in Pennsylvania lehnen es ab, sich der modernen Welt anzupassen. Sie fahren mit Pferdekutschen.

Kunstmuseum besitzt Sammlungen asiatischer und europäischer Kunst, darunter Gemälde von Léger und Picasso. Die Barnes Foundation, eine Kunstsammlung, die nach einem örtlichen Mäzen benannt wurde, der viele berühmte Meisterwerke aus Europa importierte, besitzt impressionistische und kubistische Gemälde. Zu erwähnen sind auch ein bedeutendes Rodin-Museum und ein Wissenschaftsmuseum.

Pittsburgh ist vor allem als Stadt der Stahlverarbeitung bekannt, besitzt aber auch eine große Zahl viktorianischer Häuser. Dort wurde Andy Warhol geboren, der Maler, Filmemacher und König der Pop Art, dem Pittsburgh ein Museum widmete.

Kulturelles Erbe
Neugier erwecken die überlieferten Traditionen der Amish-Gemeinschaft, einer christliche Glaubensgemeinde deutschen Ursprungs, die auf Strenge und Ablehnung der modernen Technik beruht. Die Mentalität und Lebensweise, die Fortbewegung mit Pferdekutschen und die Kunst des Quiltens, eine besondere Textiltechnik – wie es Peter Wert 1985 in seinem Film „Der einzige Zeuge" schilderte –, haben sich seit dem 17. Jahrhundert nicht verändert.

■ Virginia
Geschichte
Durch Virginia weht ein Hauch von Nostalgie. Es zählte zu den ersten Siedlungsgebieten, dort fand das erste „Thanksgiving" statt, mit dem die „Pilgrim Fathers" Gott dankten, dass er sie dorthin geleitet hatte. Daher ist Virginia eine Art „Wallfahrtsstätte", insbesondere die ehemalige Hauptstadt **Williamsburg,** die 1927 dank der Großzügigkeit John Davison Rockefellers im Kolonialstil restauriert wurde.

Viele Erinnerungen birgt auch **Charlottesville** mit der Universität von Virginia. In Monticello befindet sich der Wohnsitz des Präsidenten Jefferson, in Mount Vernon George Washingtons Haus (das besichtigt werden kann).

Landschaften
Im Nordwesten von Virginia liegt der Shenandoah-Nationalpark mit seinen berühmten Wanderwegen. Er ist Ausgangspunkt für den Blue Ridge Parkway, eine Straße, die sich an den **Blue Ridge Mountains**, einem Höhenzug der Appalachen, entlangzieht.

Vom Lookout Mountain blickt man auf die pittoreske Landschaft, durch die sich der Fluss Tennessee windet.

REISEHIGHLIGHTS MITTE

■ **SOUTH DAKOTA**
Landschaften
Jewel Cave, Wind Cave (Höhlen), Badlands, Mont Rushmore

■ **ILLINOIS**
Städte
Chicago, Springfield

■ **MICHIGAN**
Städte
Detroit
Landschaften
Michigan-, Huron-, Erisee

■ **TENNESSEE**
Kulturelles Erbe
Countrymusic (Nashville), Rock und Blues (Memphis) Elvis-Presley-Verehrung

Die Mitte

■ South Dakota
Landschaften

82 Kilometer Höhlen, von denen ein Teil zum National Monument erklärt wurde, und mehrere unterirdische, mit Kalzit-Kristallen bedeckte Säle –

das ist die **Jewel Cave** (Juwelenhöhle). Mithalten kann hier nur die **Wind Cave** ein paar Kilometer weiter, die ihren Namen Luftströmen in der Höhle verdankt. Interessant ist sie auch wegen der kristallartigen Kalzitablagerungen an den Wänden. Beide Höhlen liegen am Rand eines versteppten Plateaus, den **Badlands,** wo unzählige scharfe Grate und Gipfel über Schluchten emporragen.
In den Black Hills südwestlich von Rapid City erhebt sich der **Mount Rushmore:** Er trägt die berühmten, aus dem Felsen gemeißelten Köpfe der Präsidenten Washington, Jefferson, Roosevelt und Lincoln. Süd-

USA

lich vom Mount Rushmore erstreckt sich Pine Ridge, ein Reservat der Sioux-Indianer.

■ Illinois
Städte

Chicago entstand am Ende des 18. Jahrhunderts aus dem Nichts. Es bewahrte seinen Pionier- und Innovationsgeist (Bauwerke von Frank Lloyd Wright) und bietet zahlreiche Parks und Museen. Im Arts Institute of Chicago sind Gemälde großer Impressionisten wie Degas, Manet, Monet, Pissarro und Renoir ausgestellt. Das Museum of Contemporary Art besitzt Werke von Bacon, Calder, Klee und Picasso. Die Stadt an den Ufern des Michigansees mit seinen vielen Stränden besaß mit den Sears Towers (443 Meter hoch) lange Zeit die höchsten Gebäude der Welt. Chicago ist ein Dorado des Blues und des Jazz. Die Stadt ist Ausgangspunkt der berühmten Route 66, der ersten durchgehenden Straßenverbindung (4000 Kilometer) nach Los Angeles. Heute spielt sie neben den großen „Interstates" keine Rolle mehr. Trotzdem folgen ihr jedes Jahr zahlreiche Fans, vor allem auf Motorrädern, durch legendäre Orte wie St. Louis und New Mexico.

In **Springfield**, der Hauptstadt des Bundesstaates, befinden sich das Wohnhaus und die Grabstätte Abraham Lincolns.

■ Michigan
Städte

Die größte Stadt in Michigan ist **Detroit** mit seinem Henry-Ford-Museum, dem größten Automobilmuseum der Vereinigten Staaten. Auch das Detroit Art Institute lohnt sich.

Landschaften

Der seenreichste Bundesstaat der Vereinigten Staaten grenzt im Westen an den **Michigansee**, im Osten an den **Huronsee** und im Süden an den **Eriesee**. Dort kann man im Sommer baden und die Uferlandschaften entdecken.

■ Tennessee
Kulturelles Erbe

Die Autobahnkreuze um **Nashville** haben die Form einer Gitarre: Kein Wunder, die Stadt ist die Hauptstadt der Countrymusic. Diesen Klängen, die der tiefsten amerikanischen Provinz zugeordnet werden, ist ein Museum gewidmet, das Country Music Hall of Fame. 200 Aufnahmestudios und berühmte Orte wie das Studio B von RCA befinden sich in der Stadt. Der Staat gilt als Epizentrum des Jazz, Rock'n Roll und Rhythm and Blues. Eine der zahlreichen Kuriositäten ist der goldene Cadillac von Elvis Presley mit den goldenen Plattenspielern. Alljährlich im Juni findet ein großes Festival statt, die Fan Fair.

Rock und Blues sind in Memphis zu Hause, genauer gesagt in der Beale Street. Der Schatten von Elvis Presley geistert in seinem Haus in Graceland umher, in Sun Studio und in den Läden mit den unzähligen kitschigen Elvis-Souvenirs. Die Freunde des Blues fahren auf der Route 61, die sie vor Memphis ins Mississippidelta führt. Ein Mississippi-Museum existiert in Memphis, wo man auch den Raddampfer besteigen kann.

Die berühmten Köpfe der vier Präsidenten am Mount Rushmore in South Dakota.

USA

Musiker in Louisiana, der Wiege des Dixielands.

REISEHIGHLIGHTS SÜDEN

■ **LOUISIANA**
Kulturelles Erbe
Dixieland, „French Quarter" von New Orleans, Cajun-Kultur
Städte
New Orleans, Baton Rouge, Lafayette, Natchitoches
Landschaften
Plantagen
Mississippi (Schiffsfahrten)

■ **MISSISSIPPI**
Kulturelles Erbe
Route 61
Blues (Clarksdale)
Coca-Cola-Museum in Vicksburg

Der Süden

■ Louisiana

Kulturelles Erbe

Dixieland, die traditionellste Stilrichtung des Jazz, hat seinen Ursprung im Süden der Vereinigten Staaten. Heute halten die Bistros der historischen Altstadt („French Quarter") von New Orleans die Erinnerung daran wach. Nach und nach wird die Musik jedoch von den Stripteaselokalen der Bourbon Street verdrängt. Einige Hochburgen der großen Stunden des Jazz wie die Preservation Hall haben ihren legendären Ruf behalten, doch die echtesten Klänge sind heute jenseits der Canal Street in den Salons der großen Hotels zu hören. Berühmt sind das Jazz and Heritage Festival, das jedes Jahr im April in New Orleans stattfindet und der bunte Karneval im Februar.

Die Region wurde erst von den Franzosen, dann von den Spaniern kolonisiert. Hier leben Cajuns, Nachkommen der 1755 aus Kanada vertriebenen Franzosen. Es gibt traditionelle Musik, Bälle, Krebsfang und eine ge-

würzreiche Küche. Der Besucher kann mit dem Sumpfboot, einem Flachbodenboot, die Sumpfgebiete befahren. Oder er wagt sich mit einem Kahn in die Bayous, die stehenden Gewässerarme des Mississippis, wo sich mitunter einige eher dösende als aggressive Alligatoren sowie Adler einfinden.

Städte

New Orleans, das im August 2005 vom Hurrikan Katrina verwüstet wurde, wird wiederaufgebaut. Es versucht, das nostalgische Flair erneut zum Leben zu erwecken, das sich Anfang des 18. Jahrhunderts mit der Gründung und Besiedlung durch die Franzosen entwickelt hatte. Die Wohnhäuser im „French Quarter", die wie durch ein Wunder von der Katastrophe verschont geblieben waren, die Kathedrale Saint Louis, das Ursuli-

Fahrten mit dem Raddampfer auf dem Mississippi gehören zu den vielen Attraktionen von New Orleans.

Die Oak Alley Plantage in Louisiana mit ihrer prachtvollen Allee aus 400 Jahre alten Eichen.

nenkloster, das älteste Gebäude im Tal des Mississippis, sind weitere Zeitzeugen, obwohl sie mit spanischen Stilelementen wie schmiedeeisernen Balkons vermischt sind. Am Mississippi kann man sich auf Raddampfern einschiffen.

Louisiana wurde schon 1803 für 80 Millionen Francs an die Vereinigten Staaten verkauft. Doch **Baton Rouge**, **Lafayette** und das historische **Natchitoches** mit dem Altstadtviertel und den Flussufern des Cane erinnern an das alte Frankreich.

Landschaften

Plantagen, große säulenverzierte Herrenhäuser mit Veranden, umgeben von Baumwoll- oder Zuckerrohrfeldern, auf denen im 18. Jahrhundert die Sklaven arbeiteten, zeugen von einer bewegten Geschichte. Die bekanntesten Plantagen sind Oak Alley in Vacherie, flankiert von zwei Reihen majestätischer Eichen, und die sehr elegante Laura Plantation. In Cheyneville in der Nähe von Alexandria liegt die Loyd Hall Plantation.

Der Ruhm des **Mississippis** aus vergangenen Jahrhunderten spiegelt sich in den knallroten Rädern der Dampfer wider. Die Touristen unternehmen gern Schiffsfahrten, begleitet von Jazzklängen.

■ **Mississippi**
Kulturelles Erbe

Ein legendärer Fluss, die berühmte **Route 61** aus Richtung Memphis, Baumwollfelder: Vor dieser Kulisse spielt man den Blues, und seine Klänge und Erinnerungen (Muddy Waters, Bessie Smith, Tennessee Williams) leben in Kleinstädten wie **Clarksdale** fort. In dieser Stadt wohnt eine mehrheitlich schwarze Bevölkerung in bescheidenen Verhältnissen. Dort kann man das Delta Blues Museum besuchen, eine Ausstellung über Leben und Musik im Mississippidelta. Die Authentizität des Südens ist hier besser bewahrt als etwa auf dem „Mississippi Delta Blues"-Rundweg.

Zurück in die Realität: In **Vicksburg** steht ein Coca-Cola-Museum (das Getränk wurde dort 1894 erfunden). Romantischer sind die Kolonialhäuser von **Natchez**, die größtenteils in Hotels umgewandelt wurden.

■ **New Mexico**
Kulturelles Erbe

Typisch für diesen Bundesstaat sind die Adobe-Häuser (ockerfarbene,

USA

REISEHIGHLIGHTS SÜDEN

■ **NEW MEXICO**
Kulturelles Erbe
Indianer, Santa Fe
Landschaften
White Sands, Carlsbad-Höhlen

■ **TEXAS**
Kulturelles Erbe
Ranchs, Cowboys (Kingsville, Fort Alamo)
Countrymusic (Austin)
Städte
Dallas, Fort Worth, Houston

■ **FLORIDA**
Küsten
Suncoast (Badeorte)
Florida Keys (Tauchen in Key Largo)
Miami Beach
Sehenswürdigkeiten
Walt Disney World Resort, Cape Canaveral
Tierwelt
Nationalpark Everglades (Alligatoren, Panther, Luchse)

Eine Art der Indianer, ihre Identität zu bewahren, ist das Tragen traditioneller Trachten.

luftgetrocknete, mit Stroh vermischte Lehmziegel) und die Ruinen präkolumbischer Dörfer. Außerdem hat dieser Bundesstaat den höchsten Anteil an Indianern. Santa Fes Museen erzählen deren Geschichte.

Santa Fe ist eine mystische Stadt: Wiege der Anasazi- und Pueblo-Indianer (Hopi) und ein legendärer Knotenpunkt für die Eroberung des Westens, eine Stadt des Western und des verheißenen Landes Kalifornien mit den historischen Handelswegen Santa Fe Trail, Old Spanish Trail und El Camino Trail.

Der Tourismus konzentriert sich auf die Geschichte der Indianerstämme der Acoma und Tao, auf die Pueblodörfer und auf die Städte, denen der Bergbau Wohlstand brachte. Das Symbol dafür ist die Eisenbahnlinie zwischen Santa Fe und Kalifornien. Auch die Route 66 führt bei Gallup durch New Mexico.

Landschaften

Mit weiten, manchmal wüstenhaften Landstrichen, roten Sandsteinformationen, Bergseen und Wäldern erfreut New Mexico Wanderer. Inmitten des Tularosabeckens, zwischen den San Andres- und den Sacramento-Bergen, erstreckt sich ein Meer von Gips, die **White Sands.** Nur Yuccapalmen und ähnliche Arten haben dort eine Überlebenschance. Auf dem Weg nach Osten trifft man auf die **Carlsbadhöhlen,** große unterirdische Räume mit dicht stehenden, bizarren Tropfsteingebilden und dicken Kalksteinpfeilern

■ **Texas**
Kulturelles Erbe

Als sein letztes Refugium würde der Cowboy den Staat Texas mit den Prärien, den Ranchs und Rodeos wählen. Beispielsweise **Kingsville**, wo die größte Farm der Welt liegt, oder **Fort Alamo**, das dem Gedenken an Davy Crockett gewidmet ist. Zur Kultur dieses Staates gehören auch die Countrymusic-Konzerte, die man am besten in Austin besucht.

Städte

Die Städte **Dallas**, **Fort Worth** und **Houston** (das Raumfahrtzentrum, mit den Schwerpunkten NASA und Mond) besitzen bedeutende Museen, gehören aber keineswegs zu den bevorzugten Touristenzielen der USA. Diese Städte spitzen alle Vor- und Nachteile der amerikanischen Moderne zu.

■ **Florida**
Küsten

Die weißsandigen Strände von Florida, insbesondere diejenigen an der **Suncoast**, genießen einen guten Ruf, weil sie einen ähnlichen Reiz verströmen wie die karibischen Strände. Von Tampa bis zur Südspitze der Halbinsel haben sich häufig Ruheständler in den mit zahlreichen Golfplätzen ausgestatteten, renommierten Badeorten (Naples, Sarasota oder St. Petersburg mit seinem Salvador-Dalí-Museum) niedergelassen.

Das Art-Déco-Viertel in Miami gehört zu den Kuriositäten der Stadt und schillert zwischen Extravaganz und Seriosität.

Den südlichsten Punkt der Vereinigten Staaten bilden die **Florida Keys**, eine Gruppe von 42 Inseln, die durch den Film „Gangster in Key Largo" mit Humphrey Bogart berühmt wurden. Auch Hemingway trug zu ihrem Ruhm bei: Er kam 1931, verbrachte neun Jahre in Key West, dem Kilometer Null der Route 1, und machte den Ort zur Anlaufstelle für Schriftsteller aller Art – inmitten der Schmugglerszene. Key Largo besitzt ein staatlich geschütztes Korallenriff, den John Pennekamp Coral Reef State Park, ein Paradies für Taucher, die tropische Fische lieben.

An der Westküste liegt die Insel **Sanibel** mit berühmten Stränden, Muscheln und dem Naturpark Ding Darling National Wildlife Refuge. An der Ostküste, in **Miami Beach**, zieht sich die Millionaire's Row in die Bucht, deren Häuser tabu sind für die normale Bevölkerung von **Miami**. Durch Miami rollt ein sehr starker Verkehr. Die Stadt leidet unter einem schlechten Image, oft vergessen wird der gute Ruf des Ocean Drive, des Jugendstilviertels (Art Deco National Historic Disctrict), von Little Havana, Coral Gables und South Beach. Weitere bekannte Küstenorte: Daytona Beach und West Palm Beach.

Sehenswürdigkeiten

Neuer (seit 1971) und ausgedehnter als das kalifornische Disneyland ist der 10 000 Hektar große Vergnügungspark **Walt Disney World Resort**, früher Disney World, in der Nähe von Orlando. Er besteht aus vier großen Themenparks: Magic Kingdom, Epcot Center (die Welt der Zukunft), den Disney-MGM-Studios, Disney Animal Kingdom. Außerdem gibt es neben dem Miami Sea Aquarium drei Wasserparks, Blizzard Beach, Typhoon Lagoon und River Country. Zwischen Daytona Beach und West Palm Beach liegt bei **Cape Canaveral** das Kennedy-Raumfahrtzentrum, wo die Raumschiffe starten

Tierwelt

Das wilde Sumpfgebiet der Everglades wurde zum Nationalpark erklärt. Erkunden kann man das Gebiet zu Fuß, mit dem Fahrrad oder am besten mit einem Flachbodenboot. Vor Ort leben zahlreiche Vögel und auch Alligatoren kann man erspähen. Auf Farmen werden sie vom Indianerstamm der Seminolen gehalten. Mit etwas Glück erblickt man sogar Panther, Luchse oder Wildkatzen.

USA

Der Westen

■ Alaska
Landschaften

Alaska, die „last frontier", deren Kälte immer mehr Touristen und Wanderer schätzen, verdankt seine Schönheit den vielen tausend Gletschern. Am imposantesten sind der Columbia-, der Portage-, vor allem der Malaspina- und der Nabesna-Gletscher. Bestaunen kann man sie von kleinen Kreuzfahrtschiffen aus, gleichzeitig kann man die dort heimischen Tiere wie Wale, Seelöwen und Robben beobachten.

Im September, vor den großen Frösten, zeigen sich Natur und Herbstfarben von ihrer schönsten Seite. Beherrscht wird der Bundesstaat vom 6194 Meter hohen Mount McKinley im Denali Nationalpark und den Gipfeln der Wrangell-Berge. Der Mount McKinley, der höchste Berg Nordamerikas, war eines der Ziele der Goldsucher. Ihre bekannteste Route liegt im Südosten des Staates.

Weitere Highlights sind die Fjorde im Nationalpark auf der Halbinsel Kenai, das Gebiet am **Yukon**, das Kajakfahrer begeistert, und die warmen Quellen. Zahlreiche Flüsse, Seen und Wasserfälle locken passionierte Angler an. Interessante Schiffstouren gibt es auf den Flüssen Yukon und Tanana sowie auf dem Lynn-Canal.

Tierwelt

Im Denali Nationalpark leben unter anderem Bären, Elche, Karibus, Grizzlybären, Biber und Adler. Robben, Tümmler und Wale gibt es im Glacier Bay National Monument.

Kulturelles Erbe

Die Eskimos, deren Dörfer man besucht, versuchen ihre Traditionen zu bewahren. Diese Traditionen stellt auch das Kunstmuseum in Anchorage in den Vordergrund. Die Yukon-Route, also die Eisenbahnstrecke, die Skagway mit Whitehorse (Yukon,

Alaska ist aufgrund seiner Gletscher wie dem Le Conte bekannt.

Kanada) verbindet, auf der die Goldsucher ab 1897 ins Landesinnere vorstießen, ist eine bereits verloren geglaubte Attraktion, die durch den Tourismus wiederbelebt wurde

■ Arizona
Landschaften

In Arizona befindet sich die berühmteste Naturschönheit der Welt, der **Grand Canyon des Colorado.**

Der Fluss hat einen tiefen Einschnitt gegraben, der heute eine Folge meist rotorangefarbener Gesteinsschichten erkennen lässt. Der Canyon ist sechs bis 29 Kilometer breit und misst an der tiefsten Stelle 1600 Meter. Man kann den Canyon in einem Kleinflugzeug überfliegen und zu Fuß oder auf einem Maultier erkunden. Große Menschenmengen drängen sich auch an der Grenze zwischen

REISEHIGHLIGHTS WESTEN
■ **ALASKA**
Landschaften
Gletscher, Berge, Fjorde, heiße Quellen
Tierwelt
Karibus, Grizzlybären, Biber, Wale
Kulturelles Erbe
Traditionen der Eskimo
■ **ARIZONA**
Landschaften
Grand Canyon des Colorado, Monument Valley, Meteor-Krater, Petrified Forest, Canyon de Chelly
Stadt
Old Tucson, Phoenix

379

Im Organ Pipe Cactus National Monument in Arizona: Bestimmte Kakteen können 15 Meter hoch werden.

Arizona und Utah, nordöstlich des Navajo-Reservats. Dort erheben sich die roten Sandsteinpfeiler und -nadeln des **Monument Valley**, die die Kulisse zahlreicher Wildwest- und Werbefilme bilden. Ein Symbol für die Hopi- und Navajo-Indianer in den Reservaten ist der **Canyon de Chelly**, in dem die ersten Kulturen Amerikas entstanden sind. Noch heute gilt er bei den Navajo-Indianern als heilige Stätte. Der ungefähr 50 000 Jahre alte **Meteorkrater** entstand durch den Einschlag eines Meteoriten, der ein Loch von 180 Meter Tiefe und 1300 Meter Breite riss.
Ein paar Kilometer weiter wird im **Petrified Forest** sichtbar, was die Wüste hervorbringen kann, wenn die letzten Wasserläufe ausgetrocknet sind.

Im Grenzgebiet zu Mexiko bestimmen Kakteen das Landschaftsbild, riesige Saguaros, die bis zu 15 Meter hoch sind, oder Orgelpfeifenkakteen in der Region des Mount Ajo.
Städte
Im Südosten des Staates liegt **Old Tucson**. Berühmt ist es, weil die Columbia-Filmgesellschaft ihn 1939 zum ersten großen Schauplatz von Wildwestfilmen machte. Und auch die Oase um die Stadt Phoenix ist ein reizvolles Ziel in einem der interessantesten Bundesstaaten der USA.

■ **Kalifornien**
Landschaften
Kalifornien besitzt die meisten großen Naturparks des amerikanischen Westens: den **Kings Canyon Nationalpark** und unweit davon den **Sequoia Nationalpark.** Geschaffen wurden sie unter anderem, um die Mammutbäume zu erhalten, die sehr hoch sind und kleine, schmale Blätter haben. Dort erstreckt sich auch der **Yosemite Nationalpark** mit seinen Seen, jahrhundertealten Grannenkiefern in den White Mountains, Riesenmammutbäumen im Mariposa Grove und schroffen Bergen wie dem Half Dome (2600 Meter). Das **Death Valley** (am tiefsten Punkt 85 Meter unter dem Meeresspiegel) kann man von einer zentral gelegenen Oase aus besichtigen, einem kühlen Ort in einem der heißesten, unwirtlichsten, aber auch interessantesten Gebiete unseres Planeten.
Im Süden, östlich von Palm Springs, liegen die **Mojave-Wüste** und der Joshua Tree Nationalpark mit seinen Kakteen. Entlang der Küste verläuft der Pacific Coast Highway 1, eine der spektakulärsten Strecken der USA. Dann nähert man sich dem Ozean und seiner gut zu beobachtenden Tierwelt (Seeelefanten, Robben, Ohrenrobben, große Möwen). Von November bis zum Frühjahr sieht man auch vorüberziehende Grauwale.

In der Nähe von San Francisco erstreckt sich **Napa Valley**. Dort können Weinliebhaber die kalifornischen Tropfen versuchen. Weiter nördlich kommen Freunde des Bizarren im **Gold Country** auf ihre Kosten. Kleine Täler, Weinberge, Flüsse, auf denen man Kajak fahren und raften kann, Wanderstrecken und die Geschichte vom Beginn des Goldrauschs Mitte des 19. Jahrhunderts.

Wer sich für Erdbeben interessiert, kann zwischen Point Arena und der mexikanischen Grenze über die **San-Andreas-Verwerfung** fliegen. Astronomieliebhaber besuchen das nordöstlich von San Diego gelegene Observatorium auf dem Mount Palomar. Dort steht ein Teleskop mit mehr als fünf Metern Durchmesser.

Städte

Los Angeles ist in jeder Hinsicht eine Stadt der Maßlosigkeit. Die Westseite erstreckt sich über 100 Kilometer Länge. Hier stößt man auf große Legenden des Kinos und berühmte Namen (Hollywood, Beverly Hills, Sunset Boulevard, Universal Studios, – Besuchsdauer: ein Tag). Auf dem etwas altersschwachen Hollywood Boulevard steht das Grauman's Chinese Theatre. Auf dem Zementboden vor dem Kino verewigten sich die großen amerikanischen Stars der letzten Jahrzehnte mit Fußabdrücken und Widmungen. Auf dem „Walk of Fame" ehren rosa Sterne mehr als 2000 Berühmtheiten aus dem Showgeschäft. Insider besuchen die Melrose Avenue. Disneyland, das bekannte Kinderparadies, ist größer und auch älter als Disney World in Florida. Die bedeutenden Museen der Stadt sind das Pasadena-Museum, das Getty Center, das Museum of Contemporary Art.

Das an der gleichnamigen Bucht gelegene **San Francisco** ist besonders reizvoll. Die Touristenattraktionen sind die Golden Gate Bridge, die Cable Cars, die wie Achterbahnen verlaufenden Straßen, Chinatown, das Gefängnis von Alcatraz und dem Ruf nach die freizügigsten Sitten in den USA. Doch die Mythen schwinden. Spuren der Hippiebewegung können sich in der Haight Street und Ashbury Street kaum halten, und das rebellische „The Mission" muss kämpfen, um sich seine Subkultur zu bewahren. Seit 1995 besitzt die Stadt ein Museum für moderne Kunst. Im ehemaligen Fischerdorf Sausalito zogen in den 1960er-Jahren die Hippies ein, dann folgten Geschäfte und Touristen.

San Diego ist beliebt wegen des milden Klimas, seiner Museen (Meeresmuseum, Kunstmuseum), seines historischen Viertels in spanischem Stil (Old Town) und dem Meeres-

Die Golden Gate Bridge war bis 1964 die längste Hängebrücke der Welt.

REISEHIGHLIGHTS WESTEN
■ **KALIFORNIEN**
Landschaften
Große Naturparks im amerikanischen Westen (Kings Canyon, Sequoia Nationalpark, Yosemite Nationalpark, Death Valley), Napa Valley Mojave-Wüste
Städte
Los Angeles, San Francisco, San Diego
Küsten
Strände im Süden, Bucht von Monterey

Las Vegas zeichnet sich durch architektonische Extravaganzen aus, wie bei einem Wiedersehen mit New York.

Themenpark SeaWorld mit großen Walen als Hauptattraktionen.
Ein weniger berechenbares, aber naturnahes Spektakel spielt sich zwischen Mitte Dezember und Mitte Februar ab, wenn Wale von Alaska nach Baja California ziehen.
Keine Stadt, sondern ein echter Mythos ist das Bagdad Café, das echte, das in der Fernsehserie gleichen Namens eine Rolle spielt. Es befindet sich in Newberry Spring, 16 Kilometer östlich von Barstow.

Küsten

In der Umgebung von Los Angeles liegen die bekanntesten Strände der USA, **Santa Monica**, **Malibu**, **Venice Beach** und der Surferstrand **Huntingdon Beach.** Andere liegen weiter im Norden bei Santa Barbara. Hat man sie gesehen, sucht man weitere Strände auf, die kaum weniger besucht sind, an denen aber das Wasser kühler ist. Etwa die Strände an der **Bucht von Monterey**. Dort gibt es auch ein bekanntes Aquarium und schöne Plätze zwischen Pacific Grove und **Carmel** (Seventeen Mile Drive). Ein paar Kilometer südlich der von Clint Eastwood hochgeschätzten Stadt liegt **Big Sur**, das bei anderen Künstlern beliebt ist.

■ Colorado

Landschaften

Die schönsten Landschaften des Grand Canyon sind zwar nicht im Staat Colorado zu finden, der dem Fluss seinen Namen verdankt, doch bietet der Colorado im Südwesten ein anderes Bild. Dort fließt er durch ein großes, von Dutzenden bewaldeter Canyons durchschnittenes Sandsteinplateau, die **Mesa Verde** (grüner Tafelberg). In den Felswänden mit den von Wasser und Wind geschaffenen Höhlen fanden nomadisierende Indianer einen Unterschlupf. Vom 6. bis zum 14. Jahrhundert siedelten sie dort. Heute kann man die Felsbehausungen (Cliff Palace) und mehrstöckigen Häuser in Sun Point Pueblo besichtigen.
Im Staat Colorado gibt es den **Black Canyon**, der wilder ist als der Grand Canyon. In der Tiefe fließt der Gunnison, der aber in der steilen und engen Schlucht kaum erkennbar ist.
Im **Summit County** (bei Denver) liegen die elegantesten Wintersportorte des Landes, Vail, Beaver Creek, Breckenridge und Keystone, wo sich der Motorschlitten durchgesetzt hat.

USA

REISEHIGHLIGHTS WESTEN

■ **COLORADO**
Landschaften
Mesa Verde, Black Canyon, Summit County (Wintersportorte)

■ **HAWAII**
Küsten
Strände, Surfen
Landschaften
Vulkane

■ **MONTANA**
Landschaften und Tierwelt
Glacier Nationalpark, National Bison Range

■ **NEVADA**
Stadt
Las Vegas
Feste
National Final Rodeo

■ **OREGON**
Landschaften
Crater Lake
Küsten
Strände, Steilküsten, Meeresfauna

■ Hawaii
Küsten
Der Archipel aus etwa 20 Inseln, nur sieben sind bewohnt, mit tropischem Klima liegt mitten im Pazifischen Ozean. Sie ist ähnlich exotisch wie die Bahamas, mit weißen, feinsandigen Stränden (der Waikiki-Strand auf der Insel Oahu), Kokospalmen und Korallenriffen.
Beliebte Surferreviere sind vor allem die Strände der Insel Maui. Überhaupt werden auf Hawaii die größten Wettbewerbe der Welt ausgetragen. Auch Windsurfer und Funboarder finden dort ihr Paradies.
Landschaften
Der vulkanischen Oberflächenbeschaffenheit mit zahlreichen Lavaströmen sind grandiose Landschaften zu verdanken, vor allem auf der Insel Hawaii, der „großen Insel". Um die Vulkane **Mauna Kea** und **Mauna Loa** sind Wanderwege entstanden, an denen Hibiskus blüht, die typische Blütenpflanze des Archipels.

■ Montana
Landschaften und Tierwelt
Im Lauf der Jahrhunderte haben sich Indianer und Bisons immer gemeinsam auf den Weg gemacht. Von den rund 20 noch bestehenden Bisonparks und -reservaten liegen viele in Montana und einige im Nachbarstaat Idaho. Die **National Bison Range** in **Moiese** und das Museum der Prärie- und Plains-Indianer in Browning zeugen von dieser Zeit. Nördlich von **Browning** erstreckt sich der **Glacier Nationalpark** mit vielen prächtigen Seen und Wäldern mit zahlreichen Tierarten.

■ Nevada
Stadt
Mitten in der Wüste entstand **Las Vegas**, die Spielerstadt, in der alles schnell geht: Der Weg des Geldes durch die 30 000 Spielautomaten, Eheschließungen und Scheidungen. Die Stadt erzeugt einzigartige Illusionen und Lichtreklamespektakel, am Strip stehen exklusive Paläste. Im Lauf der letzten Jahre wurden die Extravaganzen noch verrückter, zum Beispiel der Nachbau von Gebäu-

Weitab der Vulkane liegt Kauai, die Garteninsel, mit dem Lumahai-Strand.

Der Bryce Canyon im Westen der USA zeigt in geologischer Hinsicht typische Merkmale.

den Manhattans oder von Denkmälern und Orten in Paris.

Festivals
Jedes Jahr Anfang Dezember findet in Las Vegas das **National Final Rodeo** statt, wo sich zehn Tage lang die Elite dieses Sports trifft. Er entstand Ende des 19. Jahrhunderts im Westen und ist überall im Land immer noch sehr populär. Dort beweisen echte Cowboys (und auch Cowgirls) ihr Geschick auf dem Rücken von Stieren.

■ Oregon
Landschaften
Der **Crater Lake** ist ein eingebrochener Vulkankegel, der in der Mitte eines Lavaplateaus einen gewaltigen Krater von acht Kilometern Durchmesser hinterließ. Inzwischen ist er Teil eines Nationalparks im Herzen der Bergwelt der Cascades.

Küsten
Die Küste, an der sich der reizvolle **Highway 101** über 600 Kilometer entlangzieht, ist weniger populär. Aufgrund der geographischen Lage lädt das Wasser nicht zum Baden ein. Dafür gibt es Steilküsten, Flussmündungen, Buchten (Depoe Bay) und Kaps (Cape Foulweather) mit Leuchttürmen und Gischt. Dünenlandschaften, weiten Stränden (Gold Beach) und eine artenreiche Meeresfauna mit Walen, Seelöwen und Ohrrobben.

■ Utah
Landschaften
Der **Bryce Canyon**, eines der beliebtesten Reiseziele im Westen, ist ein Wunderwerk der Natur, nicht ganz so grandios wie der Grand Canyon, in geologischer Hinsicht aber typischer. Kennzeichen sind die vom Eisenoxid rot gefärbten Sedimente

REISEHIGHLIGHTS WESTEN
■ **UTAH**
Landschaften
Bryce Canyon, Großer Salzsee, Rainbow Bridge, Lake Powell, Arches Nationalpark
Cataract Canyon, Capitol Reef Nationalpark
Salt Lake City (Ski)
■ **WASHINGTON**
Landschaften und Tierwelt
Mount St. Helens, Mount Rainier
Schwertwale, Wale
■ **WYOMING**
Landschaften
Yellowstone Nationalpark
Teton Range
Devils Tower
Kulturelles Erbe
Ranches, Cowboyleben

USA

Der Cowboy ist im amerikanischen Westen eher eine legendäre Gestalt.

und die Felsspiralen. **Zion Canyon** zeigt eher klassische Formationen. Andere bedeutende Stätten sind der **Große Salzsee**, Überrest eines im Lauf der Jahrhunderte ausgetrockneten Sees und Tor zu den Skiorten in der Umgebung von **Salt Lake City**. **Rainbow Bridge** im Gebiet des Navajo-Mountain ist ein mehr als hundert Meter hoher und breiter Felsenbogen aus rosafarbenem Sandstein. **Lake Powell** ist ein sehr langer und tiefer Stausee, der zur Entstehung von Canyons beitrug. Im **Arches Nationalpark** ragen bizarre Sandsteinskulpturen aus der Landschaft. Ein Beispiel ist der Landscape Arch, eine hundert Meter lange Felsenrippe. Hinzu kommen der **Cataract Canyon** am Zusammenfluss von Colorado und Green River sowie die roten oder ockerfarbenen Felswände im **Capitol Reef Nationalpark**.

■ Washington
Landschaften und Tierwelt
Dieser Bundesstaat schließt die USA nach Nordwesten hin ab. Die Kaskaden, ein tausend Kilometer langes Plateau mit vergletscherten Vulkanen, teilen den Staat. Die bekanntesten Berge sind der **Mount St. Helens**, – der zueltzt 2005 eruptierte – und der **Mount Rainier** mit seinem schneebedeckten Gipfel über bewaldeten Hängen. Talkessel (Willis Wall), Wasserfälle, und Douglasienwälder unterstreichen die Schönheit des Bundesstaates, den fast nur Wandertouristen kennen.
Everett ist der Ausgangspunkt für Schiffstouren zu den San-Juan-Inseln, wo man Schwertwale und Wale beobachten kann.

■ Wyoming
Landschaften
Der **Yellowstone Nationalpark** ist der größte und bekannteste Nationalpark der USA. Er ist durchgehend geöffnet (Sommer: Wanderungen; Winter: Motorschlitten). In den Wäldern stehen 150 Jahre alte Douglasien und Drehkiefern, aus denen die Indianer ihre Tipis bauten. 1988 zerstörte ein Brand den Park, seine Regeneration dürfte 50 Jahre dauern. Einige Arten sind bereits zu neuem Leben erwacht. Umgeben ist der Nationalpark von Gebirgen, darunter dem bekannten **Teton-Gebirge**.
Quellen, Geysire (Old Faithful im Süden des Yellowstone) und die Tierwelt (Bären, Wapiti-Hirsche, Elche, Wölfe, Kojoten, Bisons) bieten dem Touristen eine große Vielfalt.

HINWEISE
▶ **Pluspunkte**
Eines der am breitesten gefächerten touristischen Angebote der Welt. Nach einem Einbruch im Zusammenhang mit dem 11. September 2001 hat sich der Tourismus wieder normalisiert.
Ungewöhnlich praktische Reiseangebote. Die USA sind Erfinder verschiedener Reisearten, unter anderem mit dem Wohnmobil und dem Flugpass. Beides hat sich bewährt.
Die Konkurrenz der Fluggesellschaften führt in Anbetracht der Entfernung zu moderaten Flugpreisen.

▶ **Minuspunkte**
Durch das recht junge Alter, die USA sind nur etwas mehr als 200 Jahre alt, fehlen alte Gemäuer.
Seit Inkrafttreten antiterroristischer Maßnahmen kommt es zu Sonderbehandlungen an der Grenzen und strengen Besucherkontrollen in Zugangsbereichen.

▶ **Sicherheit**
Sollte man die USA mit dem Auto bereisen, sind unbedingt alle Geschwindigkeitsbegrenzungen gewissenhaft zu beachten. Die Gesetzeshüter verstehen keinen Spaß! Stets bedenken, dass man sich in den Indianerreservaten im Lebensalltag von Menschen befindet.

Am anderen Ende des Bundesstaats erhebt sich eine geologische Kuriosität, eine Attraktion für Kletterer: der **Devils Tower**, ein 265 Meter hoher Basaltturm mit senkrechten Säulen, die wie Orgelpfeifen aussehen.

Kulturelles Erbe
Für viele ist Wyoming ein typischer Staat der großen Ebenen im „Wilden Westen", mit Ranches (auf manchen kann man arbeiten), Pferden und Cowboys. Verschiedene Orte laden zu Besichtigungen ein, insbesondere Cody, die Stadt Buffalo Bills, mit einem Museum für Kunst und Volksbräuche. Auch wenig bekannte Wintersportorte wie Jackson Hole laden zum Skilaufen und Motorschlitten fahren ein. ■

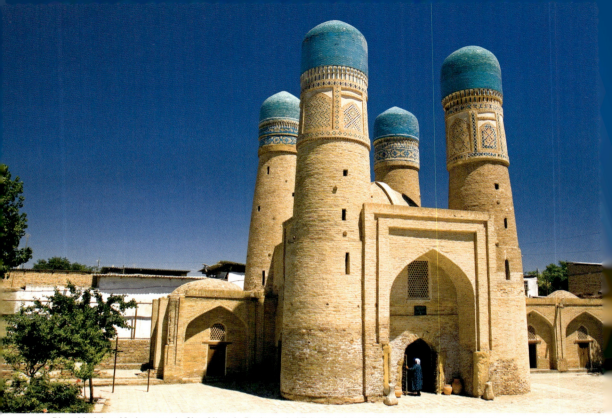

Die zahlreichen Medressen wie Chor Minor in Buchara sind Teil des reichen kulturellen Erbes Usbekistans.

Usbekistan

 Dem mongolischen Herrscher Tamerlan und seinem Reich verdankt Usbekistan seine glänzende Architektur, die vor allem in Buchara und Samarkand zu bewundern ist. Dieses Erbe, die beeindruckenden Hochgebirge, die wunderschönen Wüsten und die Oasen vereinen Nord- und Zentralasien in nur einem einzigen Land.

REISEINFORMATIONEN

Erste Infos
Botschaft der Republik Usbekistan, Perleberger Str. 62, 10559 Berlin, 030/39 40 98 0; Internet: www.uzbek-tourism.uz/en/

Formalitäten
Bürger der EU und der Schweiz benötigen einen gültigen Reisepass; Visa (Pflicht) gibt es bei der Botschaft.

Gesundheit
Impfungen sind nicht vorgeschrieben.

Flugdauer, Zeitverschiebung
Durchschnittliche Flugdauer Frankfurt–Taschkent (4699 km): 7 Std. 30 Min.
Um 12 Uhr deutscher Zeit ist es in Usbekistan im Sommer 15 Uhr, im Winter 16 Uhr.

Durchschnittliche Reisekosten
Die Unterkunft für acht Tage (Vollpension) kostet 1400 Euro, für 15 Tage 2200 Euro.

Sprache, Währung
Amtssprache: Usbekisch (das von 60% der Bevölkerung gesprochen wird), daneben hört man Persisch und Russisch. Westliche Sprachen sind kaum bekannt.
Währung: Sum. Zum Wechseln USD mitbringen.
1000 Sum = 0,78 USD,
1000 Sum = 0,52 Euro.

Bevölkerung
80% der 27 780 000 Einwohner sind Usbeken; Russen, Tadschiken, Tataren und Kasachen bilden Minderheiten.
Hauptstadt: Taschkent.

Religionen
Die Bevölkerung besteht überwiegend aus Sunniten, orthodoxe Christen sind in der Minderheit.

Feste und Feiertage
Februar: „Navruz", persisches Neujahrsfest; **1. September:** Tag der Unabhängigkeit; **September:** „Goldener Herbst" in Taschkent, „Pachta-Bairam" (Erntefest).

Einkäufe
Lokale Kunsthandwerksprodukte sind Teppiche (auf den Märkten in Buchara zu bekommen), Baumwolle, Seide, Keramik, Messer und Holzskulpturen.

Usbekistan

REISEHIGHLIGHTS USBEKISTAN

Städte
- Samarkand, Buchara, Chiwa, Taschkent, Kokand, Rischtan, Fergana

Landschaften und Wandertouren
- Wüste Kysylkum, Ferganatal
- Steppe, Gebirge

HINWEISE

▶ **Pluspunkte**
Die bedeutendsten Kulturdenkmäler Zentralasiens machten Usbekistan zum zweitbeliebtesten Reiseziel in der früheren UdSSR, nach Russland.

▶ **Minuspunkte**
Die touristischen Einrichtungen sind kostspielig und oft noch relativ einfach.

▶ **Sicherheit**
Von Reisen in die Grenzgebiete zu Kirgistan und Tadschikistan wird abgeraten.

▶ **Trends**
Die ideale Usbekistan-Reise besteht aus Übernachtungen im Zelt am Rand der Kysylkum-Wüste und der Besichtigung des magischen Dreiecks Samarkand, Buchara und Chiwa (einige Spezialreiseveranstalter bieten dies an). Auch Wanderungen am Fuß des Pamir-Hochgebirges sind spektakulär.

■ Städte

Als Tamerlan im 14. Jahrhundert **Samarkand** zur Hauptstadt seines Reiches erhob, ließ er sie mit prachtvollen neuen Bauten erstrahlen. Hauptattraktionen der Stadt sind die Nekropole Schahi-Sinda (ein mit blauen Keramikfliesen geschmücktes Ensemble aus Mausoleen und Moscheen), das Gur-Emir-Mausoleum (das Mausoleum Tamerlans mit seinen blauen und goldenen Keramikfliesen) und die Medressen (Koranschulen), darunter auch die Hochschule Bibi Khanum mit ihrer Keramikkuppel. Die authentische Atmosphäre des Basars tut ihr Übriges. 700 Jahre zuvor erlebte die Stadt unter den Sogden ihre erste Blütezeit als prächtigster Knotenpunkt an der Seidenstraße zwischen China und Indien.

Das weniger bekannte **Buchara** hat islamische Kunst, etwa die Festung Ark (ehemaliger Sitz der Emire), das Grab des Samaniden-Emirs Ismael, das Kaljan-Minarett, viele Moscheen und Medressen zu bieten.

Eine weitere bedeutende historische Stadt ist **Chiwa**, eine von Stadtmauern umgebene, uralte Station an der Seidenstraße mit einer Großen Moschee mit freistehendem Minarett, den Mausoleen von Sayid Alauddin und Pahlavan Mahmud und einigen Medressen.

Kokand, **Rischtan** und **Fergana** im Ferganatal bieten Paläste wie den Khanspalast in Kokand, Mausoleen und Moscheen.

Auch **Taschkent** ist ein bedeutendes Kulturzentrum. Sehenswert sind sein orientalisches Viertel mit den Medressen und Museen, dem Kaffal-Schaschi-Mausoleum und dem Prinz-Romanow-Palast, sowie das Museum für angewandte Kunst. Jeden September findet hier ein großes Bauernfest statt, der „Goldene Herbst".

■ Landschaften und Wandertouren

Die felsigen Plateaus und Dünen in der **Wüste Kysylkum** („roter Sand") gehören wie das **Ferganatal** zu den Regionen Zentralasiens, die der Tourismus gerade für sich entdeckt. Im Ferganatal wurde früher die Seide aus China gegen die berühmten einheimischen Pferde getauscht.

Im Westen locken der langgestreckte Aydarkulsee und die Umgebung von Ayaktschi: Flüsse und Wasserfälle führen zum nahen Pamir-Hochgebirge. Die Region ist das Ziel vieler Aktivurlauber, die kulturelle Stätten mit der Erkundung von Steppenlandschaften und uralten Karawanenstraßen kombinieren. Zudem sind authentische Begegnungen mit der Bevölkerung möglich. Die Baumwollfelder bescheren dem Land Reichtum und „Ruin" zugleich: Um ihren Anbau zu ermöglichen, mussten zwei Flüsse umgeleitet werden, was die Verlandung des Aralsees zur Folge hatte. ■

BESTE REISEZEIT		
	Klima	Wandertouren
Januar		
Februar		
März		
April	☼	🚶
Mai	☼	🚶
Juni	☼	
Juli		
August		
September	☼	🚶
Oktober	☼	🚶
November		
Dezember		

Venezuela

Venezuela

🇻🇪 „Klein-Venedig" verdankt seinen Namen den Eindrücken der ersten Europäer: Als diese die Pfahlbauten erblickten, fühlten sie sich an die italienische Stadt erinnert. Das Land hat sich den Ruf als ein lohnendes Reiseziel redlich verdient. Es lockt mit Strand und Sonne an der Küste sowie auf den karibischen Inseln und dem Hochland von Guayana mit den Tafelbergen. Gäbe es noch ein bedeutendes Erbe aus präkolumbischen Zeiten, würde Venezuela in Touristenströmen wohl geradezu ertrinken.

> **REISEHIGHLIGHTS VENEZUELA**
> **Küsten**
> ■ Isla Margarita, Archipel Las Aves, Archipel Los Roques, Halbinsel Paria
> **Landschaften und Wandertouren**
> ■ Hochland von Guayana (Tepuis, Wasserfälle), Pirogenfahrten auf dem Orinoco
> ■ Llanos (Tierwelt), Kordillere von Mérida
> **Kulturdenkmäler**
> ■ Erbe der spanischen Kolonisation in Caracas, Barcelona, Ciudad Bolívar, Coro
> ■ Präkolumbische Felszeichnungen

■ Küsten

Dank der schönen Karibikstrände und der einzigartigen Unterwasserwelt wird Venezuela als Ziel für Badeurlauber immer beliebter.

Die Inseln sind ein besonderes Highlight des Landes. Auf der schönsten, der **Isla Margarita**, bekommt man Meer, 75 Strände und Gebirge zu moderaten Preisen.

Im **Archipel Los Roques**, einem tropischen Gebiet vor der karibischen Küste, sind Korallen und bunte Fische zu entdecken. Auch hier wächst der Badetourismus. Für die Erkundung des Archipels bietet sich eine Kreuzfahrt mit einem Segelschiff an. Zahlreiche, nahezu menschenleere Strände erwarten die Besucher, und man kann große Fische fangen,

Die Isla Margarita mit ihren 75 Stränden macht den anderen Karibikinseln allmählich Konkurrenz.

zum Beispiel Blaue Marline und Schwertfische.

Auch der **Archipel Las Aves** ist bei Badeurlaubern beliebt. Auf ihm leben einige Flamingokolonien.

An der Küste des Festlands, auf der Halbinsel Paraguaná und in der Region Chichiriviche reihen sich feine Sandstrände und Fischerdörfer aneinander. Strand und Urwald verbinden sich auf der **Halbinsel Paria** harmonisch. Es existieren Flüsse, in denen man schwimmen kann, in den Sümpfen sind ab und zu Kaimane zu sehen.

■ Landschaften und Wandertouren

Indianerdörfer und zahlreiche Flüsse prägen das **Hochland von Guayana**; es entwickelte sich in wenigen Jahren zu einem der beliebtesten Touristenziele. In seiner Region Gran Sabana erheben sich die Tepuis, mystische, von tropischem Regenwald umgebene Sandsteinplateaus. Die Pemón-Indianer verehren und fürchten sie zugleich. Auf Wandertouren kann man die Tepuis erkunden. Der Höhepunkt jeder Tour ist der Aufstieg auf den Roraima, mit fast 3000 Metern der höchste von ihnen. In diesem Landstrich wähnten die Konquistadoren einst das Eldorado, in dem sie Unmengen Gold zu finden hofften. Vor Ort sind Fahrten mit Pirogen (Einbäumen) und ein Besuch der „Saltos" (Wasserfälle) des Río Carrao möglich. Der bekannteste, der nur schwer erreichbare **Salto Angel**, ist mit 970 Meter Fallhöhe der höchste Wasserfall der Welt. Das Hochland von Guayana und das Gebiet um den Roraima, eine der schönsten Gegenden an der südamerikanischen Atlantikküste, bieten noch weitere Wasserfälle und atemberaubende Panoramen.

Weiter im Westen trifft man auf den **Orinoco**. Seine Mangrovenwälder lassen sich am besten bei einer Flussfahrt mit Curiaras (Pirogen) in Be-

Venezuela

Der Orinoco ist ein wichtiger Verkehrsweg für die Warao und einer der legendären Flüsse Südamerikas.

gleitung der Warao erkunden. Stromschnellen, Krokodile und Flussdelfine sind die Highlights. Die Region am oberen Orinoco ist das Siedlungsgebiet der Yanomami.

In der Nähe hat die Natur zwei imposante Schluchten geschaffen, die Humboldt- (314 Meter) und die Martel-Schlucht. Man kann sie nicht besuchen – sie sind schwer erreichbar, und es ranken sich nach wie vor ungelöste geologische Rätsel um sie.

Auf dem Weg zur kolumbianischen Grenze liegt in der Gegend um Puerto Ayacucho (im Bundesstaat Amazonas) ein Reservat für geschützte Tier- und Pflanzenarten. Weiter nördlich erstrecken sich die **Llanos**; auf diesen weiten Grasebenen hüten die Llaneros (Gauchos) ihre Zebuherden. Die Region gibt

REISEINFORMATIONEN

Erste Infos
Fremdenverkehrsamt Venezuela, Am Burghof 11, 66625 Nohfelden, 06852/900599; Internet: www.venezuelatuya.com

Formalitäten
Bürger der EU und der Schweiz benötigen einen mindestens sechs Monate gültigen Reisepass sowie ein Rück- oder Weiterreiseticket.

Gesundheit
Für Reisen außerhalb städtischer Gebiete wird dringend eine Gelbfieberimpfung empfohlen. Wer bestimmte ländliche Gegenden oder den Urwald am Amazonas besuchen möchte, braucht eine Malariaprophylaxe.

Flugdauer, Zeitverschiebung
Durchschnittliche Flugdauer Frankfurt – Caracas (8079 km): 9 Std. 40 Min.
Um 12 Uhr deutscher Zeit ist es in Venezuela im Sommer 6 Uhr, im Winter 7 Uhr.

Durchschnittliche Reisekosten
Für eine Woche auf der Isla Margarita (all-inclusive) bezahlt man mindestens 1100 Euro, für eine zweiwöchige Reise mit Reiseleitung, die das Hochland von Guayana, das Orinoco-Delta und den Los-Roques-Archipel einschließt, etwa 2000 Euro.

Sprache, Währung
Amtssprache: Spanisch; Fremdsprache: Englisch.
Währung: Bolívar Fuerte.
1 USD = 3,16 Bolívares Fuertes.
1 Euro = 3,16 Bolívares Fuertes.
Geld wechseln kann man in Banken und „casas de cambio" (Wechselstuben). Manchmal werden auch Kreditkarten akzeptiert, jedoch wird von ihrem Gebrauch abgeraten.

Bevölkerung
Gegenwärtig leben 26 024 000 Menschen in Venezuela, aber die Bevölkerungszahl wächst rasant. Die Kordilleren und die Küste zählen die meisten Einwohner, ein Sechstel der Bevölkerung lebt im Großraum Caracas. 70% der Venezolaner sind Mestizen, Weiße stellen ein Fünftel, der Rest besteht aus Schwarzen und Indern.
Hauptstadt: Caracas.

Religionen
Katholiken bilden mit 92% die Mehrheit.

Feste und Feiertage
Februar: Fiesta del Sol in Mérida; 5. Juli: Unabhängigkeitstag; 24. Juli: Simón Bolívars Geburtstag.

Einkäufe
Zwei bekannte landestypische Produkte sind Hängematte und Rum. Außerdem bekommt man Holz- und Kupfergegenstände, Töpferwaren und farbenfrohe Decken.

Venezuela

Der Salto Angel stürzt in der bizarren Landschaft des Hochlands von Guayana in die Tiefe.

HINWEISE
▶ **Pluspunkte**
Die Hauptattraktionen sind die Karibikküste, das Hochland von Guayana und der Urwald im Bundesstaat Amazonas.
▶ **Minuspunkte**
Es sind keine bedeutenden Überreste präkolumbischer Hochkulturen zu besichtigen.
▶ **Sicherheit**
In Caracas und an den Küsten erfordert die erneut ansteigende Kriminalität erhöhte Vorsicht. Auch die Grenzgebiete zu Kolumbien sollte man meiden.
▶ **Trends**
Bei Wassersportlern liegt Venezuela voll im Trend. Die Isla Margarita erweist sich langsam, aber sicher als ein beliebtes Ziel für den internationalen Badetourismus. Und der Los-Roques-Archipel ist ein Magnet für Taucher.

BESTE REISEZEIT

	Klima	Vegetation auf den Tepuis und im Hochland von Guayana
Januar	☼	
Februar	☼	
März	☼	
April	☼	
Mai		
Juni		
Juli		
August		⇜
September		⇜
Oktober		Ende der Regenzeit ⇜
November		
Dezember	☼	

Tieren mit so mythischen Namen wie Anakonda und Leguan eine Heimat, außerdem können auf faszinierenden Safaris über 300 Vogelarten beobachtet werden.
In der **Kordillere von Mérida** ist der Bolívar mit 5007 Meter der höchste Gipfel. Der hiesige „Páramo", eine Vegetationsform aus Seen, einer reich blühenden Natur und gut erhaltenen kolonialen Siedlungen, bestimmt das Landschaftsbild. Die Seilbahn von Mérida ist die höchste und längste der Welt. Sie bietet ihren Passagieren einen perfekten Überblick über die grandiose Kordillere.

■ Kulturdenkmäler
Der kurze Aufenthalt der Spanier in Venezuela hat seine Spuren hinterlassen. Man findet sie in **Caracas** mit seinem Capitolio, in **Barcelona**, wo das Museo de la Tradición eine regionalgeschichtliche Sammlung präsentiert, in **Ciudad Bolívar** und in **Coro**. Letztere, die erste Hauptstadt zur Zeit der Kolonisierung, hat die schönsten historischen Bauten des ganzen Landes zu bieten.
Die Nationalparks Piedras Pintadas und Cerro Pintado liegen in der Nähe von Valencia, westlich von Caracas. Dort lassen sich präkolumbische Felsgravuren und -zeichnungen bewundern. ■

In Dubai entwickelt sich der Tourismus buchstäblich uferlos, wie das vor der Küste gelegene Burj al Arab Hotel zeigt.

Vereinigte Arabische Emirate

 Wird das schwarze Gold vom Gold der Touristen abgelöst? Dubais Hotellerie und Handel haben sich das Image echter Extravaganz geschaffen – häufig luxuriös, seltener erschwinglich. Zugleich erlebt das Emirat einen gewaltigen Aufschwung im Badetourismus. Diese Entwicklungen veranlassen Nachbaremirate wie Abu Dhabi, Schardscha und Ras al-Chaima, denselben Ideen zu folgen.

REISEINFORMATIONEN

Erste Infos
Department of Tourism & Commerce Marketing, Bockenheimer Landstr. 23, 60325 Frankfurt; Internet: www.dubaitourism.com

Formalitäten
Bürger der EU und der Schweiz benötigen einen nach Rückreise noch sechs Monate gültigen Reisepass, die Aufenthaltsgenehmigung (für einen Monat) wird bei der Einreise erteilt.

Gesundheit
Außer der extremen Sommerhitze ist nichts zu beachten, Impfungen sind nicht vorgeschrieben.

Flugdauer, Zeitverschiebung
Durchschnittliche Flugdauer Frankfurt–Dubai (4850 km): 6 Std. Um 12 Uhr deutscher Zeit ist es in den Emiraten im Sommer 14 Uhr, im Winter 15 Uhr.

Durchschnittliche Reisekosten
Eine Woche (Hin- und Rückflug, Unterkunft) kostet ab 800 Euro.

Sprache, Währung
Amtssprache: Arabisch; Fremdsprache: Englisch.

Währung: Dirham (1 Dirham = 100 Fils); USD mitnehmen. 1 USD = 3,67 Dirham, 1 Euro = 5,02 Dirham. Große Hotels akzeptieren Kreditkarten.

Bevölkerung
Die sieben Emirate Abu Dhabi, Dubai, Schardscha, Fudschaira, Adschman, Umm al-Kaiwain und Ras al-Chaima haben 4 444 000 Einwohner. 850 000 sind Einwanderer, darunter Araber aus verschiedenen Ländern, Iraner, Inder und Pakistani.

Hauptstadt: Abu Dhabi.

Religionen
80% sind Sunniten, 16% Schiiten. Christen bilden eine kleine Minderheit.

Feste und Feiertage
12. Januar: Dubai-Marathon; März: Jazz-Festival in Dubai; 2. Dezember: Nationalfeiertag; Mitte Dezember bis Anfang Februar: Shopping-Festival in Dubai; Fastenbrechenfest: Ende des Ramadan.

Einkäufe
In den lokalen Suks sind Gold und Orientteppiche sehr präsent.

Vereinigte Arabische Emirate

REISEHIGHLIGHTS VEREINIGTE ARABISCHE EMIRATE
Städte
■ Dubai, Abu Dhabi, Ras al-Chaima
Küsten
■ Strände in der Umgebung von Dubai
Landschaften
■ Oase Al-Ain, Ras al-Chaima

HINWEISE
▶ **Pluspunkte**
Der Tourismus entwickelt sich allmählich über Dubai hinaus weiter. Außerhalb der Hauptsaison wird eine Reise erschwinglich.
▶ **Minuspunkte**
Der Tourismus hat sich sehr schnell entwickelt und ist dabei noch etwas zu teuer.
Zwischen Juni und August ist die Hitze sehr drückend.
▶ **Sicherheit**
Die Vereinigten Arabischen Emirate gelten als sicher. Dennoch herrscht in diesem sensiblen Gebiet ein latentes Anschlagsrisiko.
▶ **Trends**
Die Skihalle „Ski Dubai" mit echtem Schnee und das Unterwasserhotel sind Extravaganzen, die typisch für die Vereinigten Arabischen Emirate sind. Wer sich dafür begeistert, wird ihren Preis in Kauf nehmen.

■ Städte
Innerhalb weniger Jahre mauserte sich **Dubai** dank geschickten Marketings zu einem Standardreiseziel, das sich deutlich vom Westen beeinflusst zeigt.
„Ski Dubai" ist nur eine der kühnen Konstruktionen. In dieser Halle kann man auf echtem Schnee Skifahren. Solche Extravaganzen sollten jedoch nicht das andere Gesicht Dubais vergessen lassen: Die Suks, der Goldmarkt und die Altstadt Bastakiya versuchen Authentizität zu wahren, genau wie die Festung Al-Fahidi mit dem Museum, der Palast des Scheiches Said und der alte Hafen am Dubai Creek. Die uralten Holzschiffe (Daus) werden für kleine Kreuzfahrten eingesetzt.
Jedes Jahr von Mitte Dezember bis Anfang Februar findet das Shopping-Festival statt. Dann werden großzügige Rabatte auf Gold, Orientteppiche und alle möglichen Trendobjekte gewährt.
Abu Dhabi bietet Moscheen, Paläste, Parks, einen Suk, ein Museum, das der Entdeckung des Erdöls gewidmet ist, und eine Werft für komplett von Hand gebaute Holzschiffe.
Unweit Dubai, in **Schardscha**, findet man die interessantesten Suks der Emirate. Das Fort von **Ras al-Chaima** ist sehenswert, und auch die Ausgrabungsstätte Shimal mit den Gräbern aus dem 3. Jahrtausend v. Chr. lohnt einen Besuch.

■ Küsten
In den Küstenorten findet man Strände aus feinstem Sand vor. Man ist bemüht, das Image der „Seeräuberküste", das durch Perlenfischer und Schmuggler entstand, allmählich abzulegen.
Am beliebtesten sind die Strände um Abu Dhabi, in Dubai (Jumeirah) und im Emirat Ras al-Chaima. Sie erleben einen rasanten Aufschwung und werden die touristische Zukunft der Emirate mitbestimmen.
Die Umgebung von Dubai bietet sich für einen Aktivurlaub an: Man kann tauchen (Basis Fudschaira), Barrakudas, Schwertfische und gelbe Thunfische fangen und Golf spielen.
Auf dem Meer sind sowohl Daus als auch Perlenfischer traditionelle Realität. Sie stehen in einem scharfen Kontrast zu hypermodernen künstlichen Inseln wie „The Palm" und „The World" oder einem Unterwasserhotel.

■ Landschaften
Die Oase **Al-Ain** mit ihren Kamelmärkten ist sehr beeindruckend. Die Regionen an der Nordspitze und das Emirat **Ras al-Chaima** werden von hügeligen Landschaften geprägt.
Die Weiten der Wüsten selbst sind für den Tourismus in größerem Stil noch nicht erschlossen. Es deutet sich jedoch bereits ein Umbruch an: Es gibt Möglichkeiten zum Dünenski fahren, zur Beobachtung dressierter Jagdfalken und zu Touren mit Geländewagen. ■

BESTE REISEZEIT		
	Klima	Günstiges Reisen
Januar	☼	
Februar	☼	
März	☼	
April	☼	
Mai		€
Juni		€
Juli		
August		
September		
Oktober		
November	☼	
Dezember	☼	

Vietnam

Vietnam

REISEHIGHLIGHTS VIETNAM

Landschaften
- Bergland von Tonkin
- Roter Fluss, Schwarzer Fluss, Wolkenpass, Dalat und Umgebung, Mekong-Delta
- Mandarinstraße

Städte und Kulturdenkmäler
- Von Nord nach Süd: Hanoi, Hue, Da Nang
- Hoi An, Ho-Chi-Minh-Stadt

Küsten
- Halong-Bucht
- Vung Tau, Phan Tiet, Nha Trang, Insel Phu Quoc (Strände)
- Schwimmende Märkte im Süden

Seit Vietnam auch mithilfe des Tourismus um ein neues Image bemüht ist, wird seinen Schätzen mehr Aufmerksamkeit zuteil: die bizarre Welt der Halong-Bucht, die Kaiserstadt Hue, Pagoden, Landschaften aus Wäldern und Reisfeldern, Begegnungen mit den Bergvölkern von Tonkin. Sie gehören zum Beeindruckendsten, was Südostasien zu bieten hat.

■ Landschaften

Die Landschaften der Ebenen verzaubern den Betrachter mit zart-grünen Reisfeldern. Im **Bergland von Tonkin** im Norden leben ethnische Minderheiten wie die H'mong, die Nung und die Dao. Die Gegend wird bei Bergwanderern immer beliebter. Im flacheren Land prägen die heimischen Völker der Yao und der Tay das kulturelle Relief des Landes. Verschiedene Reiseveranstalter ermöglichen Begegnungen mit den Menschen und ihrer Kultur.
Von Norden nach Süden reihen sich viele Orte und Landschaften aneinander, die einen Besuch lohnen: das Tal des **Roten Flusses**, das Tal des **Schwarzen Flusses** (Song Da) mit seinen Schluchten, etwa der von Lai-Chau, die Nationalstraße 1 über den **Wolkenpass** von Da Nang nach Hué sowie die Umgebung von **Dalat**.
Die zahllosen Reisfelder und Gärten an den Kanälen im **Mekong-Delta** können bei Ausflügen mit Sampans (Einbäumen) bewundert werden. Mit dem Schiff gelangt man sogar von Ho-Chi-Minh-Stadt aus nach Phnom Penh.
Die **Mandarinstraße**, die sich an der Küste entlangzieht, gehört zu den von Urlaubern am häufigsten bereisten Routen.

Die Halong-Bucht mit ihren fast 3000 kleinen und größeren Inseln ist allein schon eine Reise wert.

▪ Städte und Kulturdenkmäler

Ho-Chi-Minh-Stadt, Hauptstadt des ehemaligen Cochinchina und „Perle des fernen Ostens" (die einstmals Saigon hieß), hat breite Prachtstraßen und Villen am Stadtrand, die von den französischen Kolonialherren erbaut wurden. Heute ist sie die modernste und dynamischste Stadt des Landes. Am interessantesten ist die Gegend an den Kais, etwa der Ben-Than-Markt oder das Chinesenviertel Cholon. Hier bestimmen kleine Läden, Fahrräder und quirliges Treiben das Stadtbild. Politische und wirtschaftliche Veränderungen bringen langsam die Atmosphäre von einst zurück, als Saigon in Indochina noch die Stadt der Städte war. Die kulturellen Attraktionen in Ho-Chi-Minh-Stadt sind das Historische Museum mit den Cham-Statuen und Exponaten aus der Zeit vor der Errichtung von Angkor, und die Thien-Hau-Pagode.

Hanoi liegt am Hoan-Kiem-See, nahe dem Delta des Roten Flusses. Berühmte Sehenswürdigkeiten sind die Pagoden, etwa die Ein-Säulen-Pagode, und die historischen Häuser am Rand der Altstadt. Der Literaturtempel aus dem 11. Jahrhundert ist Konfuzius gewidmet. Seine Statue ist umgeben von Parkanlagen, Seen und den Stelen von 24 Weisen. Daneben sind das Mausoleum von Ho Chi Minh, der alte Palast des Gouverneurs Doumer und ein ethnografisches Museum sehenswert.

Ein älteres Viertel in Hanoi, der Großstadt im Norden, die sowohl Konfuzius (Literaturtempel) als auch Ho Chi Minh (Mausoleum) ehrt.

REISEINFORMATIONEN

Erste Infos
Vietnam Travel Information, c/o Indochina Services, Enzianstr. 4a, 82319 Starnberg, 08151/770222; Internet: www.reisezielinfo.de/asien/vietnam

Formalitäten
Bürger der EU und der Schweiz benötigen einen Reisepass, der noch mindestens sechs Monate nach Ausreise gültig ist. Visa sind Pflicht und gegen Gebühr bei der Botschaft zu beantragen. Zudem braucht man ein Flugticket oder eine Reisebescheinigung.

Gesundheit
Impfungen sind nicht vorgeschrieben. Außer für die Städte wird für das gesamte Delta des Roten Flusses und die Küstenebene nördlich von Nha Trang eine Malariaprophylaxe empfohlen. Das größte Risiko besteht im Süden (Ca Nau, Bac Lieu) sowie auf den Hochplateaus unterhalb von 1500 Metern.

Flugdauer, Zeitverschiebung
Durchschnittliche Flugdauer Frankfurt–Ho-Chi-Minh-Stadt (9667 km): 16 Std. 30 Min. Um 12 Uhr deutscher Zeit ist es in Vietnam im Sommer 17 Uhr, im Winter 18 Uhr.

Durchschnittliche Reisekosten
Für eine zwölftägige Reise mit Reiseleitung bezahlt man etwa 1400 Euro. Eine zweiwöchige Wanderreise kostet rund 2000 Euro, ebenso eine kombinierte Angkor–Vietnam-Reise gleicher Dauer mit einem Reiseleiter/Fahrer.

Sprachen, Währung
Amtssprache: Vietnamesisch; Fremdsprachen: Englisch, Französisch, Russisch, jedoch nur wenig verbreitet.
Währung: Dong. Das Mitführen von USD wird empfohlen.
1 USD = 16000 Dong.
1 Euro = 23500 Dong.
Einige Hotels und Restaurants akzeptieren Kreditkarten.

Bevölkerung
Das Land ist mit 85262000 Einwohnern dicht besiedelt. Die überwiegende Mehrheit der Bevölkerung stellen Vietnamesen, daneben leben hier 53 Minderheiten.
Hauptstadt: Hanoi.

Religionen
Die Buddhisten bilden mit 55% der Bevölkerung die Mehrheit, 7% sind katholisch, 1% sind Muslime.

Feste und Feiertage
Ende Januar/Anfang Februar: Tet-Fest, das Neujahrsfest nach dem Mondkalender; **30. April:** Tag der Befreiung von Südvietnam; **2. September:** Nationalfeiertag.

Einkäufe
Man bekommt regionale Produkte wie Lackarbeiten, Gegenstände aus Perlmutt und Edelholz, Seidenmalereien und landestypische Hüte.

Hue besitzt eine Altstadt und eine Kolonialstadt. Am besten erkundet man es bei einer Schifffahrt auf dem „Parfümfluss". Das Highlight sind die einzigartigen Kulturdenkmäler: die Kaiserstadt und deren bedeutendes architektonisches Erbe, die Thien Mu-Pagode, die Kaisergräber der Nguyen-Dynastie und der Park des Kaisers Tu Duc.

Da Nang besticht durch das Cham-Museum mit seiner Sammlung von Steinfiguren aus dem Cham-Reich und die Höhlenpagoden aus weißem Marmor in den Marmorbergen. Südlich von Da Nang liegt die alte Hafenstadt Hoi An, wo einst Gewürze

Vietnam

Die Parfümpagode in der Nähe von Hanoi ist ein bekannter Pilgerort.

HINWEISE
▶ Pluspunkte
Das Land, das einen der größten Besucherzuwächse in Südostasien verzeichnet, ist von großer Schönheit. Es gibt die Möglichkeit zu authentischen Begegnungen mit einheimischen Völkern.

▶ Minuspunkte
Zwischen Juni und September herrscht widriges Klima. Die Küsten passen sich zunehmend an die Anforderungen des großen Touristenandrangs an.

▶ Sicherheit
An touristischen Orten und in Großstädten sollte man sich zurückhaltend kleiden und verhalten.

▶ Trends
Die vielen tausend Kilometer Küste werden zunehmend mit großzügig angelegten Hotelkomplexen zugebaut.

BESTE REISEZEIT

	Norden	Mitte	Süden
Januar			☼
Februar		☼	☼
März		☼	☼
April	☼	☼	☼
Mai	☼	☼	
Juni		☼	
Juli			
August			
September			
Oktober			
November	☼		
Dezember	☼		☼

und Seide verschifft wurden. Sehenswert sind ihre Tempel und Pagoden sowie die alte japanische Brücke. Bei Quy Nhon erheben sich die anmutigen Cham-Türme, das Erbe der malayo-polynesischen Zivilisation.

■ Küsten

Eines der reizvollsten Ziele in Vietnam ist die **Halong-Bucht**, ein Labyrinth aus 2600 großen und kleinen Felseninseln, die bizarr geformt und von Höhlen und Grotten durchzogen sind. Sie verteilen sich über eine Fläche von 1550 Quadratkilometern. Es gibt Möglichkeiten, sie beispielsweise mit einer Dschunke zu erkunden. Richtung Süden erstrecken sich 3000 Kilometer Küste, die vom Massentourismus größtenteils noch unberührt sind und mit unzähligen Badeplätzen locken. Unweit von Ho-Chi-Minh-Stadt liegt der bekannte Badeort **Vung Tau**, weiter nördlich folgen **Phan Tiet** und **Nha Trang** mit den Korallenbänken. Das neueste Aushängeschild des Badetourismus in Vietnam ist die bergige Insel **Phu Quoc** ganz im Süden. An ihren weißen Sandstränden sollen in Kürze exklusive, luxuriöse Hotelanlagen entstehen.

Im Süden, im Umland von Ho-Chi-Minh-Stadt, gibt es auf den Kanälen und im Hafen von Can Tho zahlreiche schwimmende Märkte mit Namen wie Cai Rang, Phong Fien und Phung Hiep.

Kreuzfahrten im Südchinesischen Meer erfreuen sich wachsender Beliebtheit. Die Küstenstädte, die auf ihren Routen liegen, gehören zu den interessantesten Orten Vietnams, denn sie gelten als Ursprungsorte verschiedener Kulturepochen. ■

Zypern

REISEHIGHLIGHTS ZYPERN
Küsten
- Strände (Paphos, Limassol, Agia Napa, Polis)
- Aphroditefelsen (Petra Tou Romiou)

Landschaften und Wandertouren
- Tróodosgebirge, Zederntal

Städte und Dörfer
- Nikosia, Paphos

Kulturdenkmäler
- Byzantinische Kirchen, griechisch-orthodoxe Klöster (Kykko)
- Archäologische Grabungsstätten (Kourion, Paphos), Burg St. Hilarion, Abtei Bellapais

Zypern

Stolz rühmt sich Zypern seiner 340 Sonnentage. Die Insel mit ihrem Mittelmeerflair zieht begeisterte Badetouristen an und ihr zentrales Bergland lockt Wanderer. Die Teilung der Insel ist immer weniger zu spüren.

■ Küsten

An Zyperns Küsten gibt es hauptsächlich Kieselstrände, Sandstrände sind selten. Dafür finden sich zahllose malerische Steilküsten, und man kann bis November baden.
Limassol und seine Umgebung sind stark touristisch geprägt. Etwas unberührter ist die Umgebung von **Paphos** (Coral Bay) und **Agia Napa**. Die Gegend um **Polis** im Nordwesten ist vom Tourismus nahezu unberührt. Im Süden kam nach dem Mythos die im Wasser geborene Aphrodite an Land. In idyllischer Umgebung steht hier der Aphroditefelsen, **Petra Tou Romiou**.

■ Landschaften und Wandertouren

Die von Kiefernwäldern bedeckte Landschaft des **Tróodosgebirges** ist ein beliebtes Ausflugsziel der Zyprioten: Im Sommer flüchten sie in Scha-

---

REISEINFORMATIONEN

Erste Infos
Fremdenverkehrszentrale Zypern, Zeil 127, 60313 Frankfurt, 069/25 19 19; Internet: www.visitcyprus.com/wps/portal

Formalitäten
Bürger der EU und der Schweiz benötigen einen Personalausweis oder Reisepass, der noch mindestens sechs Monate gültig ist. In Nikosia erhält man gegen Ausweisvorlage die Besuchsgenehmigung für den Nordteil.

Gesundheit
Keine Besonderheiten.

Flugdauer, Zeitverschiebung
Durchschnittliche Flugdauer Frankfurt–Larnaca (2640 km): 4 Std. 25 Min.
Um 12 Uhr deutscher Zeit ist es in Zypern 13 Uhr.

Durchschnittliche Reisekosten
In der Hauptsaison bezahlt man für eine Woche am Meer (Hin- und Rückflug, Unterkunft mit Halbpension) etwa 600 Euro. Eine einwöchige Rundreise (Hin- und Rückflug, Mietwagen, Hotelreservierungen an Etappenzielen) kostet ungefähr 800 Euro.

Sprachen, Währung
Amtssprachen: Griechisch und Türkisch; Fremdsprache: Englisch.
Währung: im Nordteil Türkische Lira, im Süden Euro.
1 Euro = 1,70 Türkische Lira.

Bevölkerung
Etwa 75% der 788 500 Einwohner leben im griechischen Teil der Insel.
Hauptstadt: Nikosia.

Religionen
77% der Bevölkerung sind orthodox, 22% muslimisch. Kleine Minderheiten von Maroniten und Anhängern der Armenischen Kirche.

Feste und Feiertage
März: Karneval (Grüner Montag) in Limassol (50 Tage vor dem orthodoxen Osterfest, an dem große Prozessionen stattfinden);
1. April: Griechisch-zyprischer Nationalfeiertag;
Mai: Blumenfest (Anthestiria) in Limassol und Paphos; **Pfingsten:** Kataklysmos (erinnert an die Sintflut) in den Küstenorten;
September: Weinfest;
1. Oktober: Unabhängigkeitstag.

Einkäufe
Man bekommt Stickereien, Leder, Spitze sowie Korb- und Töpferwaren.

Zypern

Neben dem charmanten Hafen lassen sich in Paphos noch berühmte Mosaiken in den Häusern des Dionysos und des Theseus entdecken.

HINWEISE

▶ **Pluspunkte**

Das Klima auf Zypern gilt als äußerst gesund und sonnenreich.
Im flachen Meer kann man Kinder beruhigt baden lassen.
Die „Grüne Linie" in Nikosia ist wieder offen.

▶ **Minuspunkte**

Dem Landesinneren wird oft zu wenig Beachtung geschenkt.
Zypern besitzt nur wenig Sandstrände.
Die Folgen der Teilung in ein griechisches und ein türkisches Gebiet sind noch deutlich zu spüren, aber die Entwicklung scheint positiv zu verlaufen.

▶ **Sicherheit**

Es bestehen kaum Sicherheitsrisiken, auch nicht im Nordteil. Seit 2004 kann man problemlos vom Südteil in den Norden reisen und umgekehrt. In Nikosia benötigt man für den Zugang zum jeweils anderen Teil lediglich ein Ausweisdokument.

▶ **Trends**

Die Wanderrouten am Berg Olympos im Tróodosgebirge sind nicht schwer zu bewältigen. Sie erfreuen sich zunehmender Beliebtheit, denn die schönen Gebirge im Landesinneren bleiben von den zahlreichen Badetouristen nahezu unberührt.

ren vor der Hitze im Flachland in das Gebiet des Olympos. Leichte Wanderwege führen bis auf fast 2000 Meter Höhe, und im Winter kann man Skifahren.
Verlässt man das Tróodosgebirge gen Westen, führt eine unbefestigte Straße durchs zauberhafte Zederntal.

■ Städte und Dörfer

Nikosia war ab 1974 durch die „Grüne Linie" geteilt, aber 2004 wurde diese wieder geöffnet. In der Hauptstadt sind einige Attraktionen zu sehen:
– Im griechischen Teil gibt es ein altes Viertel, ein Museum byzantinischer Kunst mit außergewöhnlichen Ikonen, ein archäologisches Museum mit bedeutenden Sammlungen sowie etliche byzantinische Kirchen.
– Der Nordteil bietet die frühere Kathedrale Hagia Sophia, die heute eine Moschee ist, und das Haus der Lusignans. Die Lehnsleute der Grafen von Poitou begründeten hier vom 12. bis 15. Jahrhundert ein Königreich.
In **Paphos** findet man schöne Mosaiken, ein türkisches Kastell, einen hübschen Hafen und in den Fels gehauene Königsgräber. **Larnaka** besticht durch ein archäologisches Museum und ein Kastell, das einen hervorragenden Blick auf die Stadt eröffnet.
In den Dörfern fern der Besucherströme werden traditionelle Feste gefeiert, die die Sitten und Bräuche der Inselbewohner spiegeln. Sie verleihen der Badeinsel Authentizität.

■ Kulturdenkmäler

In vielen kleinen byzantinischen Kirchen im Tróodosgebirge sind erstaunlich gut erhaltene Fresken zu bewundern, vor allem in **Asinou**, **Agios Nikolaos** und **Panagia tou Arakou**. Ein Besuch in einem griechisch-orthodoxen Kloster ist ein weiteres Highlight. Das Kloster in **Kykko** etwa ist etwas überladen, beherbergt aber ein erstklassiges Museum.
Die interessante archäologische Grabungsstätte **Chirokitia** präsentiert rekonstruierte Rundhäuser der ersten Bewohner. **Kourion** hat eine antike griechisch-römische Stadt zu bieten. Die Mosaiken in den Häusern des Dionysos, Theseus und Aion in **Paphos** sind ebenfalls sehenswert.
Im türkischen Teil der Insel liegen die **Burg St. Hilarion**, die ehemalige Zuflucht der Byzantiner vor Richard Löwenherz, und die **Abtei Bellapais** des Prämonstratenser-Ordens. Famagusta besitzt einen mittelalterlichen ummauerten Teil und gotische Bauwerke wie die frühere Kathedrale St. Nikolao, die heute eine Moschee ist. Von dem im 7. Jahrhundert zerstörten antiken Salamis sind noch Ruinen zu sehen. ■

BESTE REISEZEIT		
	Küsten	Binnenland
Januar		☼
Februar		☼
März		
April		☼
Mai	☼	☼
Juni	☼	☼
Juli	☼	☼
August	☼	☼
September	☼	☼
Oktober	☼	
November		
Dezember		

BILDNACHWEIS

AGE 320/321
ASK IMAGES
Frédéric Mouchet: 173; Stanislas Fautre: 248
CORBIS
José Fuste Raga/Zefa: Cover u. M.; Daniel Boschung/Zefa: 26; Kazuyoshi Nomachi: 56; David C. Poole: 64/65; Martin Harvey: 68; Theo Allofs: 69, 86; José Fuste Raga: 71, 90, 218/219, 282, 300/301, 314/315, 370; Staffan Widstrand: 87; Mike McQueen: 103; Richard Bickel: 114; Jorma Jaemsen/Zefa: 118; Tibor Bognar: 129; Sergio Pitamitz: 132/133, 226/227; Wolfgang Kaehler: 150, 171; Christophe Boisvieux: 160; Free Agents Limited: 167; Charles & Josette Lenars: 172; Richard Cummins: 174/175; Bruno Barbier/Robert Harding World Imagery: 176; Brigitte Bott/Robert Harding World Imagery: 177; Christian Kober/Robert Harding World Imagery: 192; Viviane Moos: 194; Bob Krist: 198, 379; First Light: 201; Geray Sweeney: 204; Peter Adams: 214; DLILLC: 215; Danny Lehman: 216; Robert Harding World Imagery: 220; Hugh Sitton/Zefa: 230; Dallas and John Heaton/Free Agents Limited: 234/235; Keren Su: 262/263; Gavin Hellier/Robert Harding World Imagery: 278; J. Darell Gulin: 284; Michele Falzone/JAI: 288, 386; John Hicks: 322/323, 326/327, 336; Ric Ergenbright: 332; Gideon Mendel: 349; Günter Rossenbach/Zefa: 357; Rudy Sulgan: 367; David Muench: 372; Philip Gould: 376; Jean-Pierre Lescourret: 382; William Maning: 384
GETTY IMAGES
Jean-Pierre Pieuchot: Cover o. (Insel); Frans Lemmens: Cover u. r., 148, 272/273, 274, 276/277; Johner: Rückcover l., 134/135, 312/313; Photolibrarycom: Rückcover M., 183; Renee Lynn: Rückcover r., 212/213; Hugh Sitton Rücken u., 266; Stephen Frink: 18; Bruno Morandi: 22, 62/63, 170, 258/259, 344 362, 363; Upperhall Ltd: 51; Michael McQueen: 52; Stephen Studd: 53; Sylvain Grandadam 55, 169, 238, 295; Stewart Cohen: 58/59; James P. Blair: 60; Howie Garber: 67 Martin Barraud: 70; Peter Adams 72/73; Hideo Kurihara: 78; Keren Su: 80, 96, 104/105; Gerald Hinde: 82,83; Ari Diesendruck: 88; Will & Deni McIntyre: 89; Aaron McCoy: 92; James Strachan: 95; Luciano Lepre: 98/99; Paul Chesley: 99, 377; Nigel Hicks: 100; Yann Layma: 102/103; Jerry Driendl: 106; Siegfried Layda: 110/111, 112; Wayne Walton: 126; Guy Thouvenin: 130; John Elk III: 131, 242 Ellen Rooney: 135; Grant Faint: 139, 159; Glenn Beanland: 140; Ben Hall: 143; Martin Gray: 155; Anthony Cassidy: 163, 290; Mark Lewis: 168; Oliver Benn: 184; Gary Yeowell: 185; Gavin Hellier: 186, 241; Joe Cornish: 187; Chad Ehlers: 193; Daryl Benson: 203; Doug Hamilton: 205; Yves Marcoux: 206; Steve Bly: 208; Darwin Wiggett: 209; Angelo Cavalli: 221; John William Banagan: 222; Jane Sweeney: 224; Tim Davis: 232; Raphael Van Butsele: 243, 302; Karan Kapoor: 244; Nicholas DeVore: 244/245 Bill Hatcher: 253; Carolyn Brown: 257; Chad Henning: 264/265; Thierry Dosogne: 275; Alejandro Balaguer: 256/287; Ron Whitby: 292/293; Joao Paulo: 296; Simeone Huber: 297, 352; David Sutherland: 307; Benelux Press: 309; Shaun Egan: 329, 330, 369; Robert Everts: 330/331; Vega: 334; Ian Cumming: 340; Chris John: 347; Daryl Balfour: 348; Chris Cheadle: 353; Neil Emmerson: 354; Travel Ink: 359; Hiroshi Higuchi: 364; Walter Bibikow: 368; Andy Caulfield: 373; Cosmo Condina: 374; Mitchell Furk: 378; Christopher Veer: 380; Glen Allison: 381; James Randklev: 383; Kevin Schafer: 391; Amanda Hall: 392; Margaret Gowan: 396; Martin Puddy: 397; John Miller: 398/399
HACHETTE PHOTOS
Jacques Brun/Explorer/Hoa-Qui/Hachette Ethnie: 21; Emile Luider/Rapho: 113, 268/269; Miguel Angel Munoz/Hoa-Qui: 138; Jean-Pierre Lescourret/Hoa-Qui: 188/189; Sylvain Grandadam/Hoa-Qui: 207; Ariel Fuchs/Hoa-Qui: 246/247; P. Narayan/Hoa-Qui: 308; Wojtek Buss/Hoa-Qui: 311; Emmanuel Valentin/Hoa-Qui: 338/339; Mattes R./Explorer/Hoa-Qui: 375
HEMIS.FR
Gil Giuglio: 16; Stéphane Frances: 25, 316/317; Christian Heeb: 27, 270, 280; Luis Orteo: 54/55; Bertrand Rieger: 76, 236/237; Jean-Baptiste Rabouan: 97, 388/389; Pawel Wysocki: 108, 390; Bertrand Gardel: 116, 228, 254/255, 260/261, 310; Bruno Morandi: 125; Michel Gotin: 153; Stefano Torrion: 154; Paule Seux: 156, 157, 164/165, 358; Franck Guiziou: 121, 161, 162, 350/351, 360/361; John Frumm: 196, 371; Hervé Hugues: 250; Patrick Frilet: 256/257; Christian Guy: 304; José Nicolas: 333; Emilio Suetone: 385; Romain Cintract: 394/395
PHOTONONSTOP
David Ball: Cover u. l., 158; Giovanni Simeone/Sime: 14, 75, 123, 137, 141, 146/147; Reinhard Schmid/Sime: 74, 77; Günter Gräfenhain/Sime: 85; Bruce Coleman Inc.: 101; Riccardo Spila: 142; Eurasia Press: 122; Jacques Loic: 124; Massimo Ripani: 144; Sime: 145, 180, 254, 300, 324, 334/335; Jacques Kerebel: 178/179; Sato Hitoschi/Sime 190/191; Simeone: 210, 298, 299; Valdin: 231; Anne Montfort: 233; Johanna Huber/Sime: 318
REA Martin Sasse/Laif: 342/343
STUDIO X
Steinhilber Berthold/Bilderberg/Studio X: 20

Genehmigte Lizenzausgabe für Verlagsgruppe Weltbild GmbH, Steinerne Furt, 86167 Augsburg
Copyright der Originalausgabe © éditions GEO / Prisma Presse, 2008
Copyright Text © Robert Pailhès, 2008
Titel der französischen Originalausgabe: *GEO Book – 100 pays, 5000 idées*
Autorisierte deutsche Ausgabe veröffentlicht von NATIONAL GEOGRAPHIC DEUTSCHLAND (G+J/RBA GmbH & Co. KG), Hamburg 2009
2. Auflage 2010
Originaltitel der deutschen Ausgabe: *Urlaubsreif? 100 Länder. 5000 Ideen*

Alle Rechte vorbehalten. Reproduktionen, Speicherungen in Datenverarbeitungsanlagen oder Netzwerken, Wiedergabe auf elektronischen, fotomechanischen oder ähnlichen Wegen, Funk oder Vortrag, auch auszugsweise, nur mit ausdrücklicher Genehmigung des Copyrightinhabers.

Alle Angaben in diesem Buch wurden zum Zeitpunkt der Erarbeitung sorgfältig geprüft. Dennoch können sich Details ändern. Der Verlag kann für solche Änderungen, eventuelle Fehler oder Auslassungen keine Verantwortung oder Haftung übernehmen. Bewertungen von Sehenswürdigkeiten etc. geben die Sicht der Autoren wieder.

Übersetzung: Ingrid Frieling, Anja Leisinger, Laurin Singer für red.design GbR, Stuttgart
Umschlaggestaltung: Coverdesign Uhlig, www.coverdesign.net
Umschlagmotive: Vorderseite: © Priet Zone | Dreamstime.com (Palmen); © Thomas Uhlig | coverdesign.net (Brooklyn Bridge, links; Landrover vor Düne, Mauretanien, rechts); © Prisma | f1online.de (Tänzerinnen, Bali, Mitte); Buchrücken: © Amy Hammond | istockphoto.com (Sonnenuntergang, Puerto Rico); Rückseite: © Thomas Uhlig | coverdesign.net (Kamelhirte, Mauretanien, links); © Supachart | Shutterstock.com (Lake Matheson, NZ, Mitte); © Dan Breckwoldt | Dreamstime.com (Sydney Opera)
Gesamtherstellung: Typos, tiskařské závody, s.r.o., Plzeň
Printed in the EU
978-3-3289-3232-6

2015 2014 2013 2012
Die letzte Jahreszahl gibt die aktuelle Lizenzausgabe an.

Einkaufen im Internet:
www.weltbild.de